U0918749

湖南省城步苗族自治县苗学学会 编

城步苗族自治县
历史文化研究成果选粹

情韵苗乡

主编：吴扬勋 曹正城（执行）

中国文史出版社

图书在版编目(CIP)数据

情韵苗乡：城步苗族自治县历史文化研究成果选粹 / 吴扬勋，曹正城主编 .
-- 北京：中国文史出版社，2021.7
ISBN 978-7-5205-3701-8

Ⅰ . ①情… Ⅱ . ①吴… ②曹… Ⅲ . ①城步苗族自治县 - 研究 - 文集
Ⅳ . ① K926.44-53

中国版本图书馆 CIP 数据核字（2022）第 170883 号

责任编辑：方云虎

出版发行：中国文史出版社
社　　址：北京市海淀区西八里庄路 69 号院　邮编：100142
电　　话：010-81136606　81136602　81136603（发行部）
传　　真：010-81136655
印　　装：廊坊市海涛印刷有限公司
经　　销：全国新华书店
开　　本：16 开
印　　张：46.5
字　　数：755 千字
版　　次：2022 年 12 月北京第 1 版
印　　次：2022 年 12 月第 1 次印刷
定　　价：158.00 元（全二册）

编委会名单

城步苗族自治县苗学学会成立大会合影
二〇一三年十月二十九日

热烈祝贺城步苗族自治县苗学会2017年学术年会隆重召开
2017. 12. 22

城步原生态民族歌舞骨干培训班

纪念中央红军长征过城步88周年
庆祝“八一”建军节95周年暨民族非遗文化展演活动
主办 城步苗族自治县苗学学会
承办 城步苗族自治县民间文艺家协会
六六岩花山歌培训基地
2022年7月31日

序

石玉珍

习近平总书记指出："加强中华民族大团结，长远和根本的是增强文化认同，建设各民族共有精神家园，积极培养中华民族共同体意识。"苗族，是我国56个民族大家庭中的一员；苗族文化，历史悠久，源远流长，是中华民族文化的重要组成部分。在推进中华民族共同体建设和把牢"中华民族一家亲、同心共筑中国梦"的伟大征程中，我们苗族人民要充分展示自己优秀独特的文化，更要努力增强文化自觉、坚定文化自信。

岁月奔流，山河故人。城步是全国五个单列苗族自治县之一，总面积2647平方公里，人口约30万。在这片古老而神奇的土地上，有县北西岩的新石器时代遗址、县南十万古田的秦代驻军遗址；三国诸葛武侯南征，在雄溪之滨筑南城，隋唐两代为武攸、武冈县治所在地，宋置军事要塞城步寨，元代建有苗族地区最早的书院儒林书院。城步苗族的先民是汉代溯沅江而上的"武陵五溪蛮"的一支，因地处五溪之首的雄溪流域，人称"雄溪蛮"，处于千里苗疆的东部前沿。盛唐的"七绝圣手"王昌龄任龙标尉时，曾写出《送柴侍御》之武冈留下的千古名句："青山一道同云雨，明月何曾是两乡。"历史典籍更有城步苗族的诸多记载。《湖南通志》《宝庆府志》中载有"城步山峭多石，气象奇伟，历代名将出焉，在宋有杨再兴，在元有杨完者，在明有沐英、蓝玉、杨洪父子，丰功峻烈，照耀宇合……"；唐宋元明清多个朝代对城步杨家将皆有美好的赞誉，如"杨氏九将""杨氏世勋""十亲百将、习得百般""忠义唯凭一点心，誓死疆场万人钦”。宋代抗金名将杨再兴，元代“克全忠义”的苗军元帅杨完者，明代镇朔大将军杨洪等，如群星璀璨，朗耀乾坤。

留华向远，不负流年。城步苗族在民族生存和发展，以及与各民族交往交流交融的漫长过程中，留下了许多独具民族特征、地域特色、溪峒基因的风情习俗和非物质文化遗产，成为中华民族灿烂的民族文化的重要组成部分。改革开放以后，许多从事民族研究的专家学者和实际工作者，对城步一域的优秀苗族历史文化进行了探索研究。如中国社科院语言研究所方言研究室主任、博士生导师李蓝，对城步苗族语言文字进行了为期四年的考究，撰写出了《湖南城步青衣苗人话》一书（中国社会科学出版社 2004 年版），得到了国内外学术界的高度赞扬。本土苗族学者银龙花费十余年心血编著的《城步苗款》（岳麓书社 2004 年版），被专家称为是湘西南乃至中国苗族文化的“活化石”“小百科”。令人高兴的是近年来，城步本土相继涌现出一大批热爱历史、热爱苗族文化、热衷探索研究的苗学人才，他们挖掘、整理、撰写了大量有价值的反映城步苗族地区政治、军事、经济社会、历史文化、风土习俗等方面的文章，尤其是惊艳世界的城步苗族古巫傩文化、杨家将历史文化、吊龙文化、六月六山歌文化、古苗文石刻文化等方面的研究成果，被《人民日报》、《中国民族报》、中国社会科学网、中国作家网、《民族论坛》、红网、《湘声报》、《文史博览》、《邵阳日报》、《五溪》等各类媒体全方位推介，还有许多由光明日报出版社、中国文史出版社、中国文联出版社结集出版，无不彰显了城步苗族文化之渊博厚重的精神内涵。为了保存这些优秀的苗族文化研究成果，擦亮这张精美的苗族历史文化名片，以此振奋民族精神，凝聚民族力量，增强民族团结，城步苗学学会特从近年来苗族文化研究成果中，选出部分优秀论文和其他文稿汇编成《情韵苗乡——城步苗族自治县历史文化研究成果选粹》，并公开出版发行。

沧海桑田，情韵苗乡。此书凝聚着一大批城步本土苗学研究者的心血，其苗族文化特色十分鲜明，是探讨研究城步苗族地域历史文化、经济社会发展的一次价值再发现，其出版是湖南乃至全国苗族历史文化当代价值与传承的一项重要成果和一大盛事，不仅能存史资政团结育人，而且对当今民族地区经济社会高质量发展和助推中华民族命运共同体建设具有较高的借鉴意义。面对如此厚重、丰富的苗族文化积淀，我读后受益匪浅，感触颇深，觉得有义务向大家推荐，希望读者们通过这本书，能快速寻找到了解与研究城步苗族文化的入口，从而增强对中华文化大家庭中的苗族文化的认识与理解。

最后，祝城步的苗学研究工作更上一层楼，苗乡城步的明天更加美好！

是为序。

2022 年 8 月 21 日

（石玉珍，女，苗族，曾担任中共湖南省委常委、统战部部长，湖南省政协党组副书记、副主席等职务）

目　录

第一篇　政治教育

第二篇　历史文化

第三篇　经济社会

第四篇　民俗文化

第一篇　政治教育

弘扬伟大长征精神，走好新时代长征路

余勋伟

习近平总书记指出："我们正在进行实现中华民族伟大复兴的新长征，广大党员干部必须牢记党的理想信念和根本宗旨，必须弘扬伟大的长征精神，必须发扬革命战争年代那种敢于战斗、不怕困难的奋斗精神，勇于战胜各种艰难险阻、风险挑战，奋力夺取新时代中国特色社会主义新胜利。"城步是革命老区县，是一片充满红色记忆的热土，不但有一支红军转战经过这里，更先后有两支红军长征途经这里，陆定一笔下的"老山界"就位于城步境内。我们要学习党的光辉历史，感悟红军长征伟大精神，从党的非凡历程中读懂强党之路、复兴之路，牢记初心使命，坚定理想信念，奋力走好新时代的长征路，谱写新时代坚持和发展中国特色社会主义的城步新篇章。

回顾长征历史，传承红色基因

1930 年 12 月 23 日至 24 日，红七军在邓小平、张云逸的率领下途经城步，留下光辉足迹。1934 年先后两支红军长征途经城步，播下了革命火种，丰富了伟大长征精神。

红六军团西征过城步。1934 年 7 月，湘赣革命根据地第五次反"围剿"失败。中央主力红军战略转移前夕，红六军团奉中共中央和中革军委命令，作为先遣队于 8 月 7 日开始西征。1934 年 9 月 8 日，红六军团所辖十七师、十八师 9700 余人在中央党代表任弼时、军团长萧克、军团政委王震率领下，从广西资源县车田乡翻越湖南界后分两路进入城步境内。一路从湖南界经东河、枞树包至新寨、沙基、蓬洞一带宿营；一路从湖南界经大坪头、岩屋溪到大河宿营；9月9日，进驻桥头寨宿营，飞夺横水界；9月10日，红六军团大部经横水、杓杓、边溪、天鹅界到达岩头寨、丹口、下团宿营；9月11日，红六军团主力翻越乌鸡山向绥宁方向挺进。

中央红军长征过城步。1934年10月，中央红军8.6万多人开始撤离中央革命根据地进行战略转移。中央红军突破敌人第四道封锁线后，1934年12月5日，从广西资源县车田乡大河湾进入城步杨梅坳下牛水等地，到达蓬洞横路口一带宿营。8日，红九军团从茶园出发，经初水、江头司翻越老山界至南山板栗坪、烂泥塘等地宿营。9日，红三、五军团部分后卫部队从江头司出发到达南山大坪、鸡爪坪等地宿营。中央主力红军途经城步汀坪、五团、南山、长安营等四乡镇，12日离开城步，共计历时7天7夜、行程335公里。

把握红军过城步的精神价值，赓续红色血脉

政治意义。习近平总书记指出，“长征是一次理想信念的伟大远征”，“一次唤醒民众的伟大远征”。红军长征转战城步，是党领导人民为实现民族独立解放而浴血奋斗的一个生动缩影。这段历史，对教育引导党员干部感悟红军为挽救国家民族危亡、为人民幸福而浴血奋战的奉献精神，领悟人民政权、党的领导与执政地位是无数红军战士和革命群众用流血牺牲换来的，始终坚持不忘初心、牢记使命，永葆政治本色，具有重大而深远的历史意义和现实意义。在长征中，我们党积极推行民族政策，沿途书写宣传标语发动群众，鼓励群众参加革命当家做主，使党的影响在激烈的征战中持续扩大；红军官兵严格执行党的民族政策，严明纪律，买卖公平，秋毫无犯，帮群众砍柴担水，赢得当地苗、汉、瑶等各族人民的尊重；城步各族同胞积极行动起来，将肉菜、食盐送给红军，还为红军挑运物资。红军以实际行动赢得了苗乡人民的信任，与苗乡人民结下了深厚的感情。苗乡人民从红军身上看到了不畏艰难、勇于牺牲、一往无前的崇高革命精神和密

切联系群众的优良作风。红军沿途播下了革命的火种。

社会影响。红军的战斗精神和帮助穷人的举动让群众认识了红军部队。城步各族同胞当年给红军带路的有 90 余人，给红军报信反映情况的达 120 多人，给红军挑担的有 90 多人，抢救掩护收留红军伤病员的有 70 多人；有的贫苦农民还自动组织起来，成立“梭镖队”，为红军站岗放哨，护送红军过境。五团坪山村马桂莲老大娘，先后收留红军伤病员 60 多人，一连二十多天每天寻找草药为红军治病，直至红军伤病员痊愈，才让他们走；原长安营乡岩寨村农民杨昌和曾多次给红军送信反映情况，又主动给红军带路去通道县临口，在返回途中，被国民党军抓住，受尽拷打折磨，最后英勇就义。新中国成立后，城步人民积极送子弟参军，各处红军墓在清明节被城步人民自发祭扫。

文化价值。城步作为两支红军长征过境地，境内分布众多的红军文物、红军战斗遗址、会议旧址、红军宿营地、红军墓、红军岩、红军标语、红军画等，留下了“毛主席不收鲤鱼”“一条棉裤”“一盏马灯”“一张欠条”等故事，积淀了厚实的红色文化。以长征精神为主旋律的理想信念教育是党性教育、忠诚教育的珍贵资源，重走红军长征路是加强党员干部党性教育的重要方式；以长征文化为鲜活教材，有利于引导人民群众践行社会主义核心价值观；以传承、保护和利用红色遗产为抓手，加快开发红军长征过城步精品旅游路线，有利于实现历史文化价值的叠加厚植，有利于发扬光大红色文化。

弘扬长征精神，担当红色使命，走好新时代的长征路

伟大长征精神，是党和人民付出巨大代价、进行伟大斗争获得的宝贵精神财富，一直激励着中华民族为实现伟大梦想而团结奋进。我们要牢记伟大长征精神、学习伟大长征精神、弘扬伟大长征精神，使之成为走好新时代长征路的强大精神动力。

要坚定理想信念，持续强化理论武装，始终忠诚于党和人民。长征是一次理想信念的伟大远征。长征历时之长、行程之远、敌我力量之悬殊、自然环境之恶

步，在人类战争史上极其罕见。习近平总书记指出，在风雨如磐的长征路上，崇高的理想，坚定的信念，激励和指引着红军一路向前。心中有信仰，脚下有力量。奋力走好新时代的长征路，我们必须弘扬长征精神，永远保持对信仰信念的坚定执着，筑牢信仰之基，补足精神之钙，把稳思想之舵，自觉做共产主义远大理想和中国特色社会主义共同理想的坚定信仰者和忠实实践者。我们要持续强化理论武装，坚持不懈用习近平新时代中国特色社会主义思想武装头脑，树牢“四个意识”、坚定“四个自信”、捍卫“两个确立”、做到“两个维护”，更加坚定自觉地忠诚核心、拥戴核心、维护核心、捍卫核心，更加坚定自觉地把革命老区对党忠诚的红色基因代代相传。

要高举伟大旗帜，始终保持政治定力，为建设社会主义现代化新城步而不懈努力。长征的胜利，是方向和道路的胜利。习近平总书记指出，面对乱云飞渡、惊涛骇浪，我们党表现出无所畏惧的伟大实践精神，表现出浴火重生的伟大创造精神，在血与火中蹚出了一条走向新生、走向胜利的革命道路。旗帜决定方向，道路决定命运。奋力走好新时代的长征路，我们必须弘扬长征精神，高举习近平新时代中国特色社会主义思想伟大旗帜，始终保持政治定力。我们一定要树立正确政绩观，把发展作为第一要务，立足实际、科学研判，筑基础、望长远，一步一脚印，一步一台阶。要紧扣高质量发展主题，聚焦党的十九届六中全会、省市第十二次党代会、县第十三次党代会以及中央、省委、市委、县委经济工作会议明确的重大战略、重要任务、重点举措，创造性开展工作，以久久为功、利在长远的耐心和耐力，努力把各方面工作抓紧、抓实、抓出成效，为实现第二个百年奋斗目标添砖加瓦。

要强化担当实干，在推进社会主义现代化建设的新征程中展现新作为，彰显新担当，谱写新篇章。长征的胜利，靠的是红军将士压倒一切敌人而不被任何敌人所压倒、征服一切困难而不被任何困难所征服的英雄气概和革命精神。习近平总书记指出，实现伟大的理想，没有平坦的大道可走。我们还有许多“雪山”“草地”需要跨越，还有许多“娄山关”“腊子口”需要征服。艰难困苦，玉汝于成。奋力走好新时代的长征路，我们必须弘扬长征精神，做到在加快发展上敢担当、在深化改革上敢担当、在改善民生上敢担当、在破解难题上敢担当，一门心思谋发展、抓工作、促落实，全面落实好“六保”“六稳”工作，努力在推动高质量发展上闯出新路子，在构建新发展格局中展现新作为。我们要大力实施“生态立县、产业兴县、人才强县、开放活县”战略，围绕“一都二地三区”发展定位，发展壮大优势产业，加快培育新兴产业，改造提升传统产业，持续贯彻新发展理念，推动改革开放，奋力谱写新时代坚持和发展中国特色社会主义的城步新篇章。

要始终坚持以人民为中心的发展思想，千方百计让老百姓过上好日子。一部红军长征史，就是一部反映军民鱼水情深的历史，就是一部与民同苦、为民而战、唤醒和解放民众的伟大史诗。习近平总书记指出：“实现中华民族伟大复兴，必须坚持以人民为中心。”崇敬人民者受人民崇敬。奋力走好新时代的长征路，我们必须弘扬长征精神，始终坚持把全心全意为人民服务作为党的根本宗旨，把人民对美好生活的向往作为奋斗目标，全力推进巩固拓展脱贫攻坚成果同乡村振兴有效衔接，扎实做好普惠性、基础性、兜底性民生建设，致力于解决好群众关切的“急难愁盼”问题，织牢社会保障网，创新强化社会治理，抓好安全生产等工作，用实际行动维护好、发展好最广大人民的根本利益，进一步增强人民的获得感、幸福感和安全感。

要始终坚持党的领导，讲大局、讲团结、讲纪律，凝聚干事创业的强大合力。长征胜利启示我们：党的领导是党和人民事业成功的根本保证。奋力走好新时代的长征路，我们必须弘扬长征精神，自觉坚持和维护党的领导，竭尽全力完成党交给的职责和任务。要团结干事、和谐共事、按章办事，健全党委议事规则和决策程序，提高决策的科学化、民主化；完善民主生活制度，运用批评和自我批评武器，求同存异、坦诚相待、共同进步。要以更高标准、更严要求加强自身建设，严格遵守党的纪律，真正筑牢“不敢腐、不能腐、不想腐”的思想堤坝；要依法依规行使权力，带头学法、尊法、守法、用法，严格按法律、规则、制度用权办事；要自觉接受群众监督、舆论监督，慎独、慎言、慎行，做到台上台下一个样，人前人后一个样，始终保持为民务实清廉的政治本色；要带头弘扬社会主义核心价值观，带头恪守社会公德、职业道德，带头树立良好家风，做到无愧于党、无愧于民、无愧于心。

（作者系中共城步苗族自治县委书记。原载 2022 年第 2 期《湘潮》杂志）

抢抓新时代发展机遇　全面推进全县乡村振兴

王慧敏

国家要复兴，乡村必振兴。实施乡村振兴战略，是党的十九大做出的重大决策部署，是全面建设社会主义现代化国家的重大历史任务，是新时代“三农”工作的总抓手。城步苗族自治县地处湘西南边陲，农业是城步的主产业，农村是城步的主区域，农民是城步的主群体。党的十八大以来特别是习近平总书记在湖南提出精准扶贫以来，在党中央、国务院、省委省政府、市委市政府的正确领导下，在上级有关部门的大力支持下，我县经过近 8 年艰苦卓绝的脱贫攻坚战，于 2020 年成功摘掉了贫困县帽子，2019 年、2020 年连续两年获评全省脱贫攻坚先进县。脱贫攻坚取得全面胜利后，县委、县政府始终坚守政治站位，充分认识实现巩固拓展脱贫攻坚成果同乡村振兴有效衔接的重要性和紧迫性，把巩固拓展脱贫攻坚成果同乡村振兴有效衔接工作作为重要政治任务来抓，举全县之力，统筹安排、强力推进，推动脱贫攻坚政策举措和工作体系向乡村振兴平稳过渡，脱贫成果得到持续巩固，乡村振兴有力有序推进。下一步，我们将围绕“产业兴旺、生态宜居、乡风文明、治理有效、生活富裕”二十字方针，统筹推进农村经济建设、政治建设、文化建设、社会建设、生态文明建设和党的建设，全面实施乡村振兴战略。

一、坚持党的领导，正确处理好“党建”和“善治”的关系

在乡村振兴开展过程中，我们必须始终坚持加强党的领导下，正确处理好党的基层组织建设和自治、法治、德治三大善治的辩证关系，做到乡村振兴路线精

准、方向不偏，在行动上、思想上与党中央保持高度一致，确保全县各族人民群众的利益最大化，实现乡村振兴的治理有效。

（一）坚持抓党建促乡村治理。基层党组织是乡村振兴的桥头堡，工作的第一线。俗话说“火车跑得快，全靠车头带”。强化农村基层党组织建设，就必须建立一个强有力的基层党组织。首先要树立起农村基层党组织的领导核心地位，树立起担当意识，主动挑起全县乡村振兴的重担。其次要不断创新全县基层党组织的设置和活动方式，吸引年轻优秀党员干部到村任职，不断激发基层党组织的活力和创造力，发挥其在乡村振兴中“生力军”作用。再次就是选优配强村村党组织书记，把一些政策明白人、致富带头人、群众贴心人选到村党组织中来，不断引导发挥党员的先锋模范作用，发挥其“领头雁”作用。最后就是要持续不断地整顿软弱涣散村党组织，稳妥有序开展不合格党员处置工作，严厉整治侵害群众利益的不正之风，实现基层党组织和党员的争先创优。

（二）坚持抓自治促乡村治理。国家的一切权利属于人民。习近平总书记在党的十九大报告中指出：“把坚持人民当家作主作为新时代坚持和发展中国特色社会主义的基本方略之一”，“坚持以人民为中心的发展思想”。首先要坚持在党的领导下抓好乡村自治。我国是人民民主专政的国家，中国共产党始终代表最广大人民群众的根本利益。要坚持尊重全县各族人民群众意愿，发扬民主，发展村民自治，充分发挥全县各族人民群众在乡村振兴中的智慧和积极性。其次要不断健全和创新村民自治制度，完善基层民主制度，依托村民会议、村民代表会议、村民议事会、村民理事会、村民监事会等，形成民事民议、民事民办、民事民管的多层次基层协商格局，实现人民群众的正当权利得到尊重和实现。再次就是要维护村民委员会、农村集体经济组织、农村合作经济组织的特别法人地位和权利，让自治组织能够自主地、积极地参与到乡村振兴工作上来。最后就是要修订完善村规民约，坚决治理侵犯群众民主权益、损害群众合法权益行为。

（三）坚持抓法治促乡村治理。习近平总书记指出，我国宪法是党和人民意志的共同体现。首先要坚持在党的领导下建立健全民族区域自治立法。我国坚持的是社会主义法治道路，建设社会主义法治体系。我县是全国五个苗族自治县之一，享有民族区域自治立法权。我县人大必须坚持在党的领导开展制定民族区域地区的自治条例和单行条例，研究制定关乎乡村振兴等各项规章制度。其次要加强农村法治宣传，建设法制学校，不断提高农民法治素养，切实增强农民尊法学法守法用法意识，既要让群众认识到自己应尽的法律义务和责任，也要学会拿起法律武器确保自己的法律权利得到维护。最后要推进乡村调解、援助、治安防控等体系建设，加大平安创建活动，严厉打击各类村匪恶霸、聚众赌博和坑农、害农等违法犯罪行为，为乡村振兴提供一个安定健康祥和的社会环境，提高全县人民群众居住幸福感。

（四）坚持抓德治促乡村治理。习近平总书记指出：“道德是基石，任何时候都不可忽视。”首先要注重道德的正面引导。在改革开放的大浪潮下，一些偏激、奢靡、腐朽等落后思想接踵而至，起到了极大负面作用。我们要提高对道德的重视度，加大历史传统文化、红色文化等精神的传播等，提升社会正能量。其次要推进社会公德、职业道德、家庭美德、个人品德建设，在党员领导干部中，要形成带好家风的良好习惯。要提倡职业道德，强化职业道德考核。要充分发扬家庭美德，开展寻找“最美家庭”活动，大力宣传“最美”典型事迹。要深化个人品德培养。最后要以社会主义核心价值观为引领，发扬尊老孝亲、夫妻和睦、教子有方、诚实守信、崇俭尚廉、脱贫致富、书香世家、身残志坚、平安和谐、邻里互助、热心公益、移风易俗、绿色环保等各类中华传统美德。

二、坚持绿色发展，正确处理好“生态”和“产业”的关系

生态宜居是乡村振兴的目标要求，而乡村发展必须依靠产业的支撑。改革开放以来，由于粗放型经济的发展，和对环境保护的忽视，使得我县生态环境造成了一定的破坏，农民环保意识不强，乱丢乱倒现象普遍存在，农村环卫基础设施相对薄弱，无垃圾处理厂，生活垃圾只能堆放、填埋和焚烧，存在一些高耗能、高污染的工矿企业，如小水电开发破坏了河流生态、造纸、采矿等行业导致了水源污染、竹木加工业导致了森林面积的下降，等等。城步是湖南南山国家公园体制试点所在县，良好生态环境是最大优势和宝贵财富，我们必须坚持走绿色发展道路，发展生态产业，充分尊重自然、顺应自然、保护自然，推动乡村自然资本

加快增值，发展绿色产业，打造美丽宜居新家园。

（一）坚持生态立县的战略不动摇。自第八届县委以来，我县一直坚持生态立县战略，取得了一定的成效。逐渐建立了南山国家公园、两江峡谷国家森林公园、白云湖（十万古田）国家湿地公园、金童山国家级自然保护区等国家级生态保护区域。农村生活垃圾得到有效控制，生活环境得到有效改善，通过深入推进“四边五年”绿色行动，扎实开展农村环境综合整治，全力开展白云湖水域综合治理，全面关停小型造纸和黏土砖厂，农村天蓝山青水绿，生态环境得到完整保护。一是要推动开展山水林田湖草的生态保护修复。共抓大保护、不搞大开发，分类清理整顿全县小水电开发项目和风电项目，同步开展生态修复。二是划定生态环境保护红线、环境质量底线、资源利用上线和环境准入负面清单的“三线一单”，农村公路、房屋建筑工程、矿山、水电、风电以及工业企业等各类建设项目严格按“三线一单”和国家法律法规的有关要求进行项目准入。同时建设生态保护红线监管平台，开展生态保护红线监测预警与评估。三是严格实行生态环境保护的“七个一律”，持续开展“绿盾”自然保护区监督检查专项行动，严肃查处破坏生态环境的违法违规行为。四是持续推进“四边五年绿色行动”，加快县城和新农村绿化，做好绿色通道、绿色水道、绿色县城以及美丽乡村（秀美村庄）建设。实施新一轮退耕还林、天然林保护、巫水河两岸绿化、石漠化治理等林业生态工程。

（二）坚持绿色产业发展的思路不改变。城步生态资源十分丰富。全县森林面积320多万亩，楠竹25万亩，林木蓄积量1000余万立方米，银杉、红豆杉等珍稀树种多达30余种。全县森林覆盖率达80.3%，是湖南省重点林区县和全国重点商品材基地县。有草山154万亩，其中八十里大南山有集中连片草山23万亩。20世纪70年代，我县便充分利用我县草山生态资源，发展了南山奶业、罐头等产业，南山全脂奶粉、竹笋罐头等生态农产品享誉全国乃至国外。首先要发挥草山资源和奶业发展优势，以“南牛北羊”为基本思路，形成“一园两区”、南牛北羊产业区域布局，以湘商产业园为中心，建设乳制品工业园，以南山牧场奶牛基地和西岩镇、金紫乡奶山羊基地为中心，建立绿色奶源优势产业区。其次是要发挥独特的高山气候优势，大力发展优质大米和番茄、红茄、萝卜、辣椒、西瓜等粮食蔬菜种植基地。利用生态林业优势，发展种植红豆杉、楠竹、青钱柳、苗香梨、杨梅、猕猴桃、樱桃、油茶、脆枣等特色经济林木基地。最后大力发展乡村旅游，开发系列地方民族特色的文化旅游商品，推进文化和旅游的深度融合，发展一批以农家乐、渔家乐、牧家乐、休闲农庄、森林人家等为主题的乡村度假产品，建成一批具有民族特色的乡村旅游景区，形成一批乡村民宿、自驾旅游、体育健身、康复养老、科研考察等新业态，支持和鼓励景区打造经典文化节会和演艺曲目。加强生态建设，打造亮丽名片。

（三）严守环境保护的底线不突破。城步是湖南资江的发源地，境内巫水河是沅江的重要支流，浔水南汇珠江水系，是长江流域和珠江流域重要的生态保护区。在产业发展过程要加大对环境治理，特别要注重农村环境卫生的治理。一是加大农村人居环境专项整治。做好村庄规划编制，规范农村建设，开展“空心房”整治。二是全面推进农村垃圾分类减量处理，构建“户分类、村收集、乡（镇）集中、县处理”的农村垃圾治理长效机制，严禁随意倾倒垃圾和渣土。三是加强农业面源污染防治，实现投入品减量化、生产清洁化、废弃物资源化、产业模式生态化。深入实施化肥、农药使用量负增长行动，实现农作物化肥、农药使用量逐年下降。加大土壤污染防控宣传力度，加强农用地土壤污染风险管控，开展畜禽养殖废弃物资源化利用。四是加强农村水环境治理。因地制宜确定改厕模式，大力推进厕所革命。推动乡镇污水处理厂及管网建设和农村污水处理，提高乡镇污水处理率。加强工业污染源整治，严厉打击偷排、漏排、超标超总量排污等环境违法行为。加快重污染企业、落后工艺和国家淘汰落后产能关闭进度。全面落实“河长制”，建立健全入河排污口监管长效机制，依法取缔关闭不符合规划、区划要求的入河排污口。全面实施水质监测断面监测预警，全面开展乡镇、农村饮用水水源保护工作。五是持续推动大气污染防治攻坚，严厉禁止垃圾、秸秆焚烧及烧山行为。加强监管，严厉打击各类污染大气环境违法行为。加强农村公路、房屋建筑等工地物料堆放和渣土运输监管，控制扬尘、粉尘无组织排放。

三、坚持深化改革，正确处理好“区域”和“协调”的关系

受改革开放政策影响，城步大量年轻劳动力转移就业到沿海地区，在家留守

的主要为老年人、妇女和儿童，返乡创业人员较少，现有乡村医生和农村教师无法满足农村现实需求。受区位和地理环境影响，城步北部乡村普遍比南部乡村发展要好，交通便利的乡村比偏远的乡村发展要好，第三产业发展不快，占比不高。一乡一村兴盛不等于一县兴盛，乡村振兴需要平衡发展，全县一盘棋，不能顾此失彼。

（一）将深化改革进行到底。乡村振兴的发展关键要靠生产力的发展，而生产力的发展又依靠生产关系的不断发展完善。所以要大力推进全面深化改革，搞好农村生产关系，激活人、地资源。一是探索宅基地所有权、资格权、使用权"三权分置"，落实宅基地集体所有权，保障宅基地农户资格权和农民房屋财产权，适度放活宅基地和农民房屋使用权，不得违规违法买卖宅基地。二是要深化农业农村"放管服"改革，清理规范涉农行政审批中介服务。对惠农的行政审批事项，逐步下放到各乡镇（场），减少审批环节，打开乡村振兴战略绿色通道。在乡镇（场）推进"一门受理、窗口办理、限时办结"的"一站式"运行模式。三是要继续深化集体林权制度、小型农田水利工程产权制度改革，推进供销合作社综合改革，统筹推进高标准农田建设综合改革试点和农业水价综合改革。

（二）将一张蓝图干到底。要因地制宜，实事求是地集合城步经济发展实力，科学规划城乡布局，推进全县社计民生各项重点项目工程，推进城乡一体化进程。首先是按照"一带、三点、五区"的规划布局致力乡村振兴。"一带"即百里苗乡振兴示范带，范围为两河口至南山至长安营至丹口。"三点"即南山国家公园东门、西门、北门乡村振兴示范点。"五区"为北部工业、商贸经济区，东部为笋竹林经济区、南山国家公园生态体验区、南山奶业经济区、边境民族特色展示区。其次按照"东延西改南建北扩"思路推进县城扩容提质，不断拉开县城框架，真正形成"三纵九横"路网骨架。再次进一步提升城乡基础设施互联互通水平，抓好城乡客运一体化试点建设，推进用水、用电城乡联网同价，用气同步规划、同步实施。推动医疗、教育、养老、社会保障、文化体育、就业培训等社会事业向农村延伸，促进公共服务资源均衡配置，促进农村生活城镇化、城乡保障一体化。最后继续推进特色小城镇建设，使特色小城镇成为城乡互联互通、产业转型升级的新载体，实现"产、城、人、文"深度结合。按照《城步苗族自治县民族风格建筑条例》要求大力推广民族特色建筑。

（三）将多种产业融合到底。一是调整农业结构，以农产品加工业和农村创业创新为重点，促进农村一二三产业融合发展，积极培育和大力发展农产品加工企业、家庭农场、农民专业合作社、种养加大户等新的规模经营主体，发展超市加基地、企业加基地等模式，壮大优势产业链，实现农工贸一体化、产加销一条龙。二是做大做强龙头企业，突出发展以奶业、茶叶、农产品加工为主的食品加工业，加大原料基地的建设步伐。三是充分利用商务部在城步定点帮扶的契机，大力推进电商助力乡村振兴。进一步完善创业孵化、电商培训、线上推广、线下展示、物流代发、货品代售的服务职能和电商物流园、电商物流运营区、电商物流中转区、电商物流冷库使用功能。四是大力推进文化和旅游的深度融合，发展一批以农家乐、渔家乐、牧家乐、休闲农庄、森林人家等为主题的乡村度假产品，建成一批具有民族特色的乡村旅游景区，形成一批乡村民宿、自驾旅游、体育健身、康复养老、科研考察等新业态。

四、坚持科技创新，正确处理好“质量”和“品牌”的关系

质量是农产品的生命线，品牌是在市场经济中形成对产品质量的重要保障。不重视品牌质量，将会受到市场的严厉惩罚，全国三鹿奶粉事件的教训极其惨痛，导致城步南山奶粉受到了严重冲击。我县农产品发展存在几点局限：一是农副产品为城步农村主要产业，但全县尚未形成保鲜、储运、烘干、加工、冷链物流等配套产业链，农产品卖相不好，质量不稳定，品牌效应不高，价格极易受市场影响。二是农民利润少，收入也很不稳定，且普遍缺少规划，存在跟风现象，产业选择随意性大，单打独斗的居多。三是受地形影响，我县耕地面积少，多数为山地，无法进行大规模机械化操作，产业化、规模化、机械化程度较低，抗风险能力较差。要保证我县农产品高速、高质量发展要从以下三个方面展开：

（一）以质量为先。一是坚持标准化生产，推进“三品一标”基地认证，净化产地环境，从源头把好农产品生产安全关。加大标准化技术的推广应用，广泛开展标准化技术培训，指导农产品生产经营主体掌握动植物重大疫病和常见病虫

害防治技术，普及标准化生产知识技能，扩大标准化覆盖面和普及率。二是积极发展绿肥种植和推广秸秆还田，以培肥土壤，减小化学肥料用量，确保可持续发展。三是开展禁限用农药、“瘦肉精”、兽用抗菌药、农资打假、生鲜乳、畜禽屠宰等各项整治行动，投入使用食品快速检测车，设立农产品快检中心。

（二）以科技为重。1973 年，城步南山知青通过自力更生，培育出了适宜南山气候的牧草，从而推动了南山牧场的建立，推动了南山奶业的发展。如今乡村振兴更需要科技的支撑。一是要大力支持农业技术研发、技术改造、技术创新，加快构建农业科技创新体系和推广体系，提高农业良种化、机械化、科技化水平。二是要大力支持农业科技人才培养，加大科技服务力度，组建科技服务队伍，落实“科技下乡”、科技特派员等服务政策。加强科技中介服务体系建设，促进科技成果供需对接。以科技成果和专利技术转化为主线，实现星火、火炬、成果推广、农业科技成果转化基金、中小企业创新基金等科技资源的集成。三是要加大政策支持和资金扶助力度，鼓励企业自主创新，培育适宜我县实际的农产品。构建农业农村智慧产业发展体系，实施农林水智慧工程。实施农机合作社培育工程，发展现代农机专业合作社，补齐农机化短板。

（三）以品牌为强。加大城步品牌争创、整合、管理、宣传和保护力度，全面形成“一品为主、多品为辅”的发展格局，提高农产品市场竞争力。一是加大品牌企业帮扶力度，构建“企业为主、政府推动、部门协调、社会参与”的品牌发展模式，打造一批中国驰名商标、湖南省著名商标和邵阳市知名商标。二是整合现有品牌发展布局，保护和使用好青钱柳国家地理标志品牌，打造以南山为主的区域公用品牌，以南山牧业、彝牧公司等为龙头的企业品牌，以奶业养殖、高山果蔬、青钱柳茶叶、优质大米、地道中药材、高山峒茶、竹制品等为主的农产品品牌，以湖南南山国家公园为主的生态品牌和“六月六”山歌节为主的文化品牌。三是研究品牌企业文化，加大品牌广告投放力度，提高品牌的认知度。四是用好管好品牌，加大品牌合作，发挥品牌带动效果。五是维护品牌形象，严厉打击侵权行为。

五、坚持以人民为中心，正确处理“社计”和“民生”的关系

城步是湖南省 15 个乡村振兴重点帮扶县之一，“十四五”时期，是扬帆起航开启全面建设社会主义现代化国家的新起点、新征程，脱贫攻坚取得全面胜利后，推进乡村全面振兴，是党“三农”工作重心的历史性转移。下一步，我们将认真贯彻落实党的十九届六中全会精神、省市第十二次党代会精神和县第十三次党代会精神，持续巩固拓展脱贫攻坚成果，大力实施“生态立县、产业兴县、人才强县、开放活县”战略，围绕“一都二地三区”发展定位，写好乡村振兴这篇大文章，推进城步经济社会高质量发展。

（一）持续巩固脱贫攻坚成果。健全防止返贫动态监测和机制上下功夫，继续大力推行“一村一信息员、一户一台账、网格化分类管理”和“一月一排查、一月一比对，三级联动帮扶机制”工作模式，建立全方位无死角的防返贫监测网，做到早预警、早发现、早帮扶。在持续巩固“两不愁三保障”成果上下功夫，继续用心用力帮扶农村低收入人口，健全完善分层分类的社会救助体系，把民生保障网织得更加密实牢靠。在抓好易地搬迁后续扶持上下功夫，多渠道促进搬迁户稳定就业，突出抓好社区治理工作，建立长效管理机制。在促进脱贫人口稳定就业上下功夫，持续加大脱贫人口劳务输出力度，积极拓展就地就业渠道，继续办好就业帮扶车间，统筹用好公益岗位，吸纳更多脱贫人口就近就业。

（二）增强自我发展动力源。一是培育乡土人才。乡土人才是乡村振兴的主力军，没有人才的乡村，振兴只会沦为空谈。加强对农村“田秀才”“土博士”等能人的培养，大力培育有知识、懂技术、会经营、善管理的新型职业农民，协助他们成立专业合作社，扩大种养规模，扶持成为种养大户，并树立正面典型，形成示范效应。加大乡村医生、农村教师、农技人员、乡村旅游管理人员等专业人才的培养，改善他们的工作环境和待遇，用优惠政策、优厚待遇吸引和留住专业技术人员。二是要培育良好乡风。推动农村移风易俗，开展农村“人情风”问题专项整治，规范红白喜事流程，制定操办标准。遏制铺张浪费、大操大办、打牌赌博、庸俗表演、请客送礼、厚葬薄养等陈规陋习，树立文明新风。三是深入挖掘民族特色文化。加强对农村优秀民族民间文化资源的系统发掘、整理和保

护，树立一个良好的民族风俗风气。城步吊龙、油茶习俗、南方杨家将故事、三叶虫茶、苗俗婚嫁习俗、庆古堂等国家、省、市级非遗保护项目，加强清溪古民居、高山红哨、蓝玉故里、南门城楼、孔圣庙等5个省级文物保护单位保护力度，加强现存古民居、古村落的保护力度。收集整理民间文学故事、诗歌、音乐、舞蹈、工艺、节日、建筑、服饰、饮食、祭祀等文化，办好六月六山歌节，加强文化产业的深度研究、开发和非物质文化遗产的传承、发扬，促进文化旅游深度融合。

（三）加快招商引资外引力。城步地处中部内陆地区，经济社会发展长期受到交通条件限制。城步要抓住商务部定点帮扶的机遇，脚踏实地，采取有效措施，推进高水平开放。要大力发展开放型经济，通过招商引资推动发展，全力承接产业转移，努力放宽优惠政策，在土地和税收等关键领域，通过与周边县市对比，做到优人一等。精心做好项目包装，建立和完善项目库，实现动态管理，通过开展“以诚招商、以情招商”，积极借鉴邵商大会成功模式，大力开展“引老乡、回故乡、建家乡”活动，特别要充分利用“两节”“深洽会”等大好时机，精心挑选好项目，确保一批项目签约落地。要跟踪重点外贸企业，全力扩大外贸出口，做好规划。要鼓励心系故土的有识之士返乡到农村发展，给他们创造有利条件，提供政策上的支持，支持他们去乡镇、农村投资办厂，实现农民工就近就业。

实施乡村振兴战略是一项长期工程，我们必须坚持党的领导，按照党中央决策部署，坚定信心、咬定目标，坚持开放创新引导，深化改革，做到苦干实干、久久为功，扎扎实实把乡村振兴战略向前推进。

（作者系中共城步苗族自治县委副书记、城步苗族自治县人民政府县长）

胡耀邦关注的城步报告

——贫困苗乡调研背后的故事

黄璐　李姝

1986年1月，在城步苗族自治县成立30周年前夕，城步的贫困状况引起了时任中共中央总书记胡耀邦的关注，这在之后推动了国务院成立专门机构，对传统的救济式扶贫进行彻底改革，确定了开发式扶贫的方针，受访者认为从此开启了中国有计划、有组织、大规模（区域）扶贫开发的历史。

1986年12月，国务院确定城步为重点贫困县之一——在这之前，国家还没有提出“贫困县”的概念。从这个意义上，受访者认为城步苗族自治县作为“中国（区域）扶贫第一县”的由来，由此确立。全国开发式扶贫工作最早从这里发源。

脱贫攻坚事关全面小康能否如期实现，这一直是习近平总书记“最关心的事”，可谓念兹在兹，身体力行。2013年，习近平总书记在湖南湘西十八洞村提出“精准扶贫”理念，这构建起新时期中国扶贫新格局。这使湖南又成为新的扶贫政策发轫地。

今天，站在城步开发式扶贫这个源头回望——我们看到，中国扶贫战略在30年历史中的不断演进，与时俱进。30年扶贫故事以城步为起点，时代在变，但忠于国家、忠于人民的时代理想和信念始终没变。

1986年春节前夕，一个叫张正清的年轻人，到中共城步苗族自治县委办公室报到。他担任的是办公室主任一职。春节还没到，他隐隐感觉城步有一件大事要发生。

1986年1月，一则《湖南省城步苗族自治县经济文化落后，群众生活困难》的报告，刊登在1986年1月23日的内部刊物《群众反映》（86）第十七期上。

三天后，这份《群众反映》被送达总书记的办公桌上。时任中共中央总书记胡耀邦仔细地阅读了这份材料，饱含着对贫困群众深切的关怀，做出沉甸甸的批示：

“兆国同志阅后，转湖南省委。从这个材料看，我们一些同志的工作太不深入了，应该从中得出教训，像城步这样的县湖南是否还有？请省委认真讨论一次，拿出切实办法。”

正是这个批示，成为中国扶贫事业的一个新起点。国务院开始成立专门机构，对传统的救济式扶贫进行彻底改革，确定了开发式扶贫的方针。

原地矿部驻城步讲师团的考察

省委研究室、省委农村工作部、省农办……几乎是包括所有的部门，都围绕胡耀邦的批示，来布置任务。经历了从省委到地委层层会议和领导，胡耀邦于 1 月 26 日的批示才真正传到城步县委。

而说到这份批示，则先要从原地矿部派讲师团到城步考察说起。

1985 年，地矿部派讲师团驻地方支教。驻城步讲师团的组长名叫于力平，白白净净，一派书生气。他很敏锐，在驻城步支教过程中，他真切地感受到这方人民艰难生活的情景。

于是，他与团队成员决定对城步的经济社会情况做深入调研。半年时间里，沿着上世纪 30 年代地质学家李四光在城步考察的路线，他们跋山涉水、走村串寨，深入苗民家中，掌握了大量第一手材料。他们走到位于城步县境西南的长安营乡。该乡边境村分别与广西龙胜县平等乡，湖南通道县木脚乡和绥宁县黄桑乡搭界。在 20 世纪 80 年代，这里曾有首山歌这样唱道：“养女莫嫁长安营，麻布袋子当衣裳，半边锅子煮南瓜，全靠挖蕨度饥荒。”

“全乡百分之四十的人一年吃不上几斤油，百分之十的人家里连买盐的钱都没有。该村八组的于组长一家 8 口人，仅有一条棉被。于组长前几年患肝炎，因无钱治病，一直拖到今年秋天，全身浮肿，水米不进，才抬到 50 里以外就医。横坡村 139 户人家，散居在海拔 1600 多米的高山里，几乎与世隔绝。”

群众生活困难，文化教育落后，这是真实可触的城步边境村的景象。于力平在长安营乡看到，全乡 1600 多人，文盲半文盲近三分之二。全乡没有中学，仅有八所小学。8所学校，仅有一座砖房，其他校舍均为破旧木板楼，以树皮代瓦，多数不能挡风雨。“洞里小学的房子严重倾斜，真担心倒掉，将师生们埋在里边。”

余力平一笔一笔地写下：看到这些情况，我们的心情十分沉重，心里有说不出的滋味和感慨。

发现城步“五难”

城步这个地方为什么这么穷，其根本问题和原因在哪里？这个问题，也时常搅动着时任城步县委书记肖尊国的心。

1980年，肖尊国任城步苗族自治县副县长；1983年，他任县长。任职期间，他主抓县域经济工作，年轻气盛，他有着一派实事求是的干劲。

但这时候的他发现，许多的数字报的很高，但其实老百姓真实的生活水平很低。他的内心十分矛盾：解放以来，历届党委政府做了大量工作，城步各方面也都发生了翻天覆地的变化，然而，它仍旧无法摆脱贫困的原因是什么？该从哪些方向主攻，改变城步的贫穷面貌？

带着这个问题，1985年，升任城步县委书记的肖尊国召集县委、县人大、县政协、武装部等五大机构的主要领导，发起了一场“城步边界行”。

六七月，他们绕着城步边境村，爬山、走路，15天里他们走进1300多户人家。所到之处，有的老百姓痛哭流涕，有的是高兴得敲锣打鼓——因为很多边远地区从来没见过所谓的“官”。

城步真实、贫穷的农村图景，被肖尊国归纳为“五难”。

吃饭难。“用钱靠贷款，吃饭靠返销”，这在城步当时是一句俗语。自然条件恶劣，经济发展落后，城步每年的粮食只够吃半年，其余依靠国家每年拨100多万斤返销粮。尽管如此，能吃上一粒米依旧举步维艰。把老百姓家锅盖揭开，“都是南瓜红薯，就像猪食一样。老百姓面黄肌瘦、营养不良”。

读书难。在城步曾流传着一个顺口溜：“田圹高来学校低，天晴带斗笠，下雨背蓑衣，妈妈问我在哪里，我坐在水涝里。”和地矿部讲师团所记载同样的情形，肖尊国走访的大量边境村里，学校破烂，教室是树皮盖起来的，学生在牛栏里上课。

住房难。1984 年，城步县 70% 的老百姓住的是木皮屋，就是用树皮盖的房子。“如果起火，老百姓就会倾家荡产，甚至人都会被活活烧死。”肖尊国考察时，还有 24 户人家房子也没有，直接住在岩洞里生活。

看病难。在南山脚下有一户人家，一个女孩背上长了个脓包，因没钱治疗，脓包越长越大，背都烂掉了。当时 30 多岁的肖尊国把一个月 50 多块钱工资给了这个女孩，让她家人赶紧抬她去看病。看病只能去县城，最终在距离医院 100 多公里去看病的路途中，女孩死了。

行路难。当时 34 个乡镇，有 6 个乡镇没通公路，全靠走路。太平村的村书记买了一台拖拉机给老百姓种地，可是村里没有路，拖拉机开不上去，于是只能把拖拉机拆了运到山里。

“几十年来，城步人民生活在穷山僻壤还是这么穷，作为县委书记感到愧对老百姓。”肖尊国的内心，百味杂陈。

他记录下调研的所见所闻，记录了老百姓真实而贫穷的生活状况，记下他们的喜怒哀乐。他把内心的想法，以及对城步调研中了解的“五难”与于力平交流。二人一拍即合。

半年后，腊冬时节。于力平等讲师团成员回京过春节的时候，向中共中央办公厅呈送了一份考察报告。报告结合了城步县三年的数据、肖尊国带队在基层的调研情况，以及讲师团半年的所见所闻。

“省委还是实事求是”

这则反映边陲真实农村景象的报告，被中央办公厅信访局以《湖南省城步苗族自治县经济文化落后，群众生活困难》为题，刊登在 1986 年 1 月 23 日的内部刊物《群众反映》（86）第十七期上。3 天后，胡耀邦看到，立即做下批示。

批示下来，省里立即展开了行动。省委工作组撇开任何陪同，到城步边境村，将考察报告里的数据、实例一一进行核实，真实的贫穷状况让人心惊，甚至有过之而无不及。于是，省委工作组这才找到肖尊国："老肖，你反映的情况是客观真实的。"

几个月来精神紧绷，肖尊国心里的石头终于落了地："省委还是实事求是的。"

1986年6月，湖南省在湘西召开第一次全省贫困工作会议，湖南省20多个县参加，时任湖南省委书记毛致用参加会议。

原本城步没有做发言安排，但顶着当时巨大的压力——"总书记对城步有了批示，那么城步也要做一个力争三年有明显变化的表态和决定"——肖尊国向省委请求：有一次发言机会。

当晚九点，肖尊国得到通知：明天早上的会，城步第一个发言，要有书面材料。

"我高兴得不得了，只要让我发言，就好办。"

这一晚，通宵达旦。摇着两个大蒲扇，肖尊国同当时的城步县委办公室主任张正清两人，把城步县真实的"五难"、把对贫困真实的思考和建议写进去。在昏黄的灯前，肖尊国如此叩问和深省："当年王震去过南山，红军留在南山的标语还在，这些历史都历历在目，然而几十年了，我们还是这种情况，对不起党，对不起革命的老前辈。"

第二天发言。"要建立专门的扶贫机构，这是我们的第一个建议。"肖尊国回忆道，"要建立湖南省扶贫领导小组，要建立办公室统一协调扶贫工作，这样贫困地区的人才有娘家可找。"

同时，教育怎么扶贫，医疗怎么扶贫，供销社怎么解决种子问题，交通厅怎么为贫困地区修路，水利局怎么为贫困地区搞好水电设施，地矿厅怎么为贫困地区探矿……具体的扶贫措施和请求一一呈述。

会议上很多领导都坐不住了。毛致用同志三次站起来，直接询问相关职能部门有关情况：是否做得到。

就是在这次会上，要在全省设立一个专属机构负责扶贫，首次提出。

两个月后，省里下发文件：包括湘西州所有的县，以及城步县、通道县、江华县、新晃县等，被划定为第一批贫困县。

1986年12月，国务院确定城步为重点贫困县之一——在这之前，国家还没有提出"贫困县"的概念。

“没有扶贫成果不能提拔”

城步县的扶贫开发工作摆上了国家、省、市、县等各级领导的重要工作日程上。

国务院成立专门工作机构，安排专项资金，制定专门的优惠政策，对传统的救济式扶贫进行彻底改革，确定了开发式扶贫的方针。

“自胡耀邦的这个批示后，有关部门意识到贫困不是个别现象，贫困是区域性的，更是老少边穷地区的普遍现象。”张正清说。

湖南省省农业局、林业厅、农业厅、商业厅、交通厅、教育厅、卫生厅……几乎所有部门主要领导都奔赴城步，具体考察实际情况。“包括盐业公司都过来了，因为城步很大部分的人缺碘，患有大脖子病”。

根据胡耀邦“力争三年有个明显变化”的批示，城步县委决定：一切工作以“扶贫脱贫”为中心。

城步县在机构设置里专设了扶贫办，挑选得力的人专门负责。在具体工作的展开上，“对口”便是在当时提出来的。

“一个机关要负责一个村，不仅要给它资金，帮它联络，还要想点办法帮他们做点项目。”肖尊国从干部中抽调专人，驻扎在村，除了加强领导，还要负责规划、筹措资金，“三年没搞出成果你就不要出来，不能提拔”。

与此同时，解决观念问题亦迫在眉睫。“城步向来吃饭难，以前上面一来领导，我们就问上面要返销粮。大家都不愿意走出去，坐井观天，闭关自守，这样导致外面的东西进不来，里面的东西出不去。”

肖尊国对领导干部谈话，要转变观念，多争取项目，有了产业支撑，才有后续发展的源泉和动力。“把这些问题解决，大家思想慢慢开放了。”

时代理想和信念不变

由此，城步县以白云湖、南山牧场和十万古田等项目为重点的扶贫开发紧锣密鼓地拉开帷幕。

1986年8月，《中共中央国务院加强贫困地区工作的意见》提出，要将输血式扶贫转变为造血式扶贫。国家从松散的点对点扶贫，到开始陆续设立贫困县、贫困乡、贫困村，开始整体连片推进。中国自此开启了有计划、有组织、大规模的扶贫开发史。

“贫困由来已久，老一辈无产阶级革命家体恤农民群众、要求农民脱贫的理想也是由来已久，当代共产党人不断为实现脱贫的愿望而实践，亦由来已久。城步是有故事的，中国扶贫的源头在这里，我们不重视不行。”邵阳市政协副主席王若波说。

几代基层干部前赴后继，一路行走和发现，触碰最真实、最触动人心的农村贫困面貌，投身扶贫实践。其最根本的原则是“实事求是”，其最根本的宗旨是“人民大于天”。

正如老县委书记肖尊国所说：“这些年的扶贫，不是说要抢着去争取贫困县，而是应根据地方贫困的实际，实事求是去扶贫。漫天叫喊、搞高指标，这是害人的东西，只会越搞越穷。只有脚踏实地带领大家去干，把穷根子找到，扶贫扶到点子上，扶到造血上。”

时代在变，但忠于人民的时代理想和信念，始终没变。今天，我们站在城步，可以看到30年扶贫故事以城步为起点，中国贫困村的面貌与程度不同，采取的方式方法和政策，也几经调整。中国扶贫战略，开启了30年历史的演进。

（原载湖南省政协《文史博览·人物》2016年第10期，选入本书有删节）

我沿中国扶贫起源县走一圈

肖殿群

2020年是中国决胜全面小康、决战脱贫攻坚的收官之年，也是实现“两个一百年”奋斗目标的历史交汇之年。在这个不平凡的年份，我不禁想起30多年前发生在中国扶贫起源县的那个扶贫初始故事——“苗疆边境千里行”。

这事还得从1985年说起。那年国家地矿部讲师团进驻湖南省城步苗族自治县“支教”。在半年时间里，他们走村串寨，深入苗乡，写出了一份反映城步苗民困难现状的调查报告。

1986年1月，中共中央办公厅信访局内部刊物《群众反映》以《湖南省城步苗族自治县经济文化落后，群众生活困难》为题，刊登了这份调查报告，引起了当时中共中央总书记胡耀邦同志的注意。

胡耀邦批示：“兆国同志阅后转湖南省委。从这个材料看，我们一些同志的工作太不深入了，应该从中得出教训。像城步这样的县湖南是否还有？请省委认真讨论一次，拿出切实办法。”

当时谁也没有想到，正是这个批示，成为中国扶贫事业的起点。1986年春节期间到任的湖南城步苗族自治县委办公室主任张正清说：“自从胡耀邦作出这个批示后，大家这才意识到，在改革开放的大好形势下，国内存在的贫困问题还不是个别现象，更是老少边穷地区的普遍现象。我们必须全力拉动贫困地区，整体推进改革开放。”

1986年6月，湖南省在湘西自治州的吉首市召开第一次全省扶贫工作会议（初称“省委工作会议”）。参加会议的城步苗族自治县县委书记肖尊国急了：“总书记因为城步作出批示，而城步怎么可能没有脱贫计划和行动呢？”争取到会议发言机会后，肖尊国与张正清在吉首市“边城宾馆”摇着两把大蒲扇彻夜未眠，心如煮海：当年红军长征激战湘江后，叶剑英的军委第一纵队等中央红军就到达了城步蓬峒、茶园、五团、江头司一带。当时，中央党政军领导随军委第一纵队行动，毛泽东还在城步汀坪横路口等处的苗寨吊脚楼里住宿过；而任弼时、肖克、王震的红六军团还直接穿越了城步八十里大南山和长安营……红军早就在苗疆播下了革命的种子。现在半个多世纪过去了，翻身做主的苗区人民却还是这么贫困，我们如何对得起革命老前辈？

次日，肖尊国向会议报告了城步苗民生产生活的“五难”问题（吃饭难、读书难、住房难、看病难、行路难），报告了对扶贫工作的思考和建议，报告了县委政府带领苗民脱贫致富的“三年计划”，得到湖南省委、省政府的高度重视……

湘西会议后，湖南省将城步苗族自治县、通道侗族自治县、江华瑶族自治县、新晃侗族自治县和湘西自治州所有县划定为全省第一批贫困县。1986 年 8 月，中共中央、国务院下发了《关于加强贫困地区工作的意见》。1986 年 12 月，国务院确定城步苗族自治县为“全国重点贫困县”。而在此之前，中国还从来没有“贫困县”的概念。

由此，城步苗族自治县由“中国扶贫起源县”列入了“中国第一批扶贫县”。城步抓住契机，确定了贫困乡、贫困村，努力探索“以生产帮助为主、以无偿救济为辅”的扶贫开发新路子，实行区域性扶贫，得到上级的肯定和推广。于是，省、市、县的“对口扶贫”随即在全国铺开。城步又作为“中国区域扶贫第一县”，为后来全国的“精准扶贫”探索了路子、积累了经验。

中国扶贫事业的起点在城步，城步怎么办？肖尊国急忙召集县委、人大、政府、政协、人武部“五大家”的领导商量：城步苗疆至今无法摆脱贫困的原因是什么？我们应该向哪些方向发力、采取哪些措施来改变城步的贫穷落后面貌？

带着这些问题，肖尊国组织了一场访贫问苦、寻找良策、对症下药的“苗疆边境千里行”活动。那时笔者叫肖波，在湖南省城步苗族自治县人民武装部工作，并作为苗疆青年文学组织“山径文学社”的社长参加了这次活动；县广播站编辑、山径文学社编委委员杨常青也作为随队记者同行。

1987 年 6 月 26 日至 7 月 9 日，历时半个月的“苗疆边境千里行”如期进行了。参加人员有：城步苗族自治县县委书记兼县人武部党委书记肖尊国，县委副书记、县长杨容来，县人武部党委副书记、部长朱育林，副县长刘爱光，县委办副主任肖明柱，县处纠办（处理山林纠纷办公室）主任杨盛鑫等。

“苗疆边境千里行”是从湖南城步西岩靠近绥宁县的黄茅岭开始徒步的。我们沿枫木界、青界山、莲荷、枧坪、洞头山、竹岔山、乌鸡山、六甲六马、长安营，经南山牧场到了湖南省与广西壮族自治区交界的城步五团；又沿大地茶园、蓬峒、杨梅坳、十万古田、金紫山、壮团园、十里平坦、二宝顶等处，再经湖南城步、新宁县边界的韭菜坪、大古山，从湖南城步和武冈县界区的城塘下了威溪，再乘车经西岩返回县城。

一路上，我们访问了明朝弘治年间平定苗王李再万大起义，从而促使城步建县，开了中国500年“改土归流”先河的苗军大本营“大地茶园寨”，也访问了清朝镇压粟贤宇、杨清保苗民起义后设立并一度成为边陲重镇的“长安营”；我们走过了号称“南方呼伦贝尔大草原”的南山牧场；也穿过了历经繁华与萧索的神秘的十万古田，还有妙曼如仙、深闺难识的十里平坦……

我们每到一个寨子，都要抢时间走访苗民、询问苗情、察看农桑、召开座谈会，认真听取村组干部和深山苗民的意见。所到之处，很多老苗民都哭了。他们说许多年、许多代，从来就没有这样的“朝廷大官”来过这里；他们说朝古朝代，只见“朝廷的兵”进来剿杀我们，从来没有“县太爷”还爬山越岭地来看望我们。因此他们欢天喜地，奔走相告，又是打油茶、斟烧酒，又是抓溪鱼、打野味……

行动中，笔者担任随行文秘，并负责安全保卫工作。开始，我携带的是一支金弹满匣的五六式冲锋枪，胸前弹袋里还插满了弹匣，可谓弹药充足，财大气粗。但是一路走下来，连兽毛都没有看到一根；而爬山过涧，汗流浃背，渐渐感觉枪重难负。于是，我利用下到蓬峒过夜的机会，通过乡政府的摇把手电话机，请武装部的战友送来一支五四式手枪，将那支笨重的五六式冲锋枪换了回去。

更换武器装备后，虽然爬起山来轻松多了，但是手枪火力太弱，万一碰到什么老虎野猪之类的大家伙，我如何应付？一路上心中底气不足，小心翼翼地走在前面，时刻手抚枪套，双眼总是睁出水来。

有一次走在十万古田的青苔岭上，突然从前面树丛深处“扑”地一声窜出一只花羽大鸟来！我大吃一惊，急忙掏枪，擦枪上膛，根本来不及瞄准，就“叭叭”几枪乱甩过去了。不料那只野鸡竟然还优优雅雅地拖着它的漂亮长尾，“呱呱”地叫唤着凌空飞了去，气得我两眼翻出鱼肚白！

肖尊国是一位退役老兵，见状大笑：“手枪打惊鸟，那是瞎子去碰猫屁股，只在电影里面才有这种情节，你如何打得着？”一向对手枪自负的我顿时闹了个大红脸，急忙退子弹打保险，灭屁消风地拨丛而去……

这次“苗疆边境千里行”共爬山越岭 1260 华里，途经 5 个区、13 个乡、2 个林场、43 个村，对 215 个偏远苗寨进行了一次实地考察和调研。

1986 年，县（市、区）人民武装部改归地方建制。1987 年参加完“苗疆边境千里行”活动后，笔者打一个野战背包，着一身草绿军装，揣一份县委的任命文件，下到地处苗山深处的湖南省城步苗族自治县丹口区平林乡挂职，担任该乡党委副书记，直接投身到基层扶贫帮困工作中去了……

而一同参加了“苗疆边境千里行”的“山径文学社”文友杨常青，却真正领略到了醉人的苗疆风光，思路大开，笔底流彩。他觉得大美苗乡如处子，待字闺中任时飞——于是到处游说要成立旅游局，以推动苗乡的扶贫与发展。后来他就真的去县旅游局做了首任局长……

如今，30 多年过去了，但往事并未如烟逝去。中国的扶贫战略不断完善，与时俱进，其成果举世瞩目。当年那次“苗疆边境千里行”，其实是对“全面建成小康社会”“实现第一个百年奋斗目标”的一种虽说微小，却十分真切的努力。

2020 年 11 月 28 日

（作者系邵阳市民政局原副局长）

关于城步长征红色文化资源的调查与研究

曹正城

1934年10月—1936年10月，中央红军（红一方面军），红2、红6军团（红二方面军），红四方面军和红25军相继撤离长江南北各苏区，进行战略大转移。在长征途中，中国共产党领导红军冲破国民党上百万兵力的围追堵截，四渡赤水，巧渡金沙江，强渡大渡河，激战腊子口，翻越终年积雪的崇山峻岭，穿过人迹罕至的茫茫草地，克服了以王明为代表的“左”倾教条主义和张国焘的分裂主义等错误，纵横十余省（区），行程二万五千里，胜利到达陕甘宁地区，实现了红军主力的大会师。这场惊心动魄的远征，历时之长，行程之远，敌我力量之悬殊，自然环境之恶劣，在人类战争史上是罕见的。二万五千里长征也可以说是一寸山河一寸血，一抔热土一抔魂，是一部撼天动地的千古壮丽史诗，是中华民族伟大复兴历史进程中的巍峨丰碑。红军长征的胜利，是中国共产党人和红军将士弘扬“一不怕苦、二不怕死”伟大革命精神的胜利，也是沿途各族人民群众鼎力支持的胜利。

红军长征文化是以马克思列宁主义为指导的，中国共产党领导下的中国工农红军在艰苦卓绝长征时期创造出来的，民族特色鲜明，时代内涵丰富的无产阶级反帝反封建的革命传统文化，它是马克思主义中国化的优秀成果。长征时期的特殊历史条件和社会环境使长征文化具有了革命性、阶级性、时代性、民族性、科学性和大众性等特征。今

天，在实现中华民族的伟大复兴过程中，我们可以充分利用长征文化这一宝贵的资源和财富，继续指引中国人民夺取新长征的伟大胜利。红军长征文化资源既包括物质文化资源（如纪念馆、历史资料、文物以及遗址遗迹等）又包括非物质文化资源（如红军革命精神、政治与文化思想形态、道德传统、理论纲领、政策制度以及红色风情等）。

“长征是宣言书，长征是宣传队，长征是播种机”。从其出发点到终点的行程轨迹分析可知，他们所过之地，多为少数民族地区和边远山区，所留下的文化遗产资源不计其数，其价值难以用数字表达。2021 年，我结合党史学习教育，对我县红军长征红色文化资源进行了一次全面调查研究，现将有关情况介绍如下。

一、红军长征在湖南城步苗乡侗寨留下了光辉的足迹

城步地处湖南西南边陲，与广西桂北的龙胜、资源交界。第二次国内革命战争时期，城步是红军长征进入邵阳的第一县，红军先后三次从这里经过，开展革命活动，打击地方反动派，尊重少数民族风俗，同苗乡人民结下了深厚的鱼水深情。城步人民从红军身上看到一种不畏艰难、勇于牺牲、一往无前的崇高革命精神和密切联系群众、不拿群众一针一线、纪律严明的优良作风，使城步人民在黑暗中看到了革命的曙光和希望。

一是湘江战役后，红一方面军主力从广西资源进入城步。1934 年 12 月 5 日，红一方面军第一、九军团从广西资源出发，到达城步蓬洞横路口一带宿营。6 日，分两路向茶园进发。7 日，红一、九军团在茶园开展政治宣传，召开群众大会惩办地主恶霸和土匪。8 日，红九军团从茶园出发，经江头司至南山宿营；红一军团从茶园经五团到达广西龙胜县境宿营。9 日，红九军团主力从南山进至长安营，途中击溃反动“义勇军”和地方民团。10 日，红九军团主力兵分两路行进，左路从长安营出发经三浪等地赶往通道县临口；右路从长安营拔营下长坪，在大寨、岩寨一带宿营，并于夏佑卿家召开了干部会议。11 日，红九军团右路军从大寨、岩寨出发，经绥宁县黄桑的平溪抵达通道县临口与主力会合。

此外，军委第一纵队，红三、五、八军团部分部队也经过城步。红一方面军长征过城步，历时 7 天（伤病员及后卫部队过境时间前后达半个月之久），行程约 335 公里。

二是湘赣红军根据地第五次反“围剿”失败，为保存革命力量，红六军团临危受命，作为先遣队（侦察、探路）先行突围西征拉开了长征序幕。1934 年 9 月 8 日，红六军团所辖十七师、十八师 9700 余人在军团长肖克、党中央代表任弼时、军团政委王震、参谋长李达率领下，从广西资源翻越湖南界后分二路进行入城步境内。此时，敌人调动大量兵力向城步集结，妄图将红六军团围歼在城步以东地区。9 日，红军前卫部队第四十九团在离县城 19 公里处的横水界，击溃湘敌保安第二十团覃有晋部。10 日，红六军团经横水、边溪、仙鹅界到达岩头寨、丹口、下团宿营。11 日，红军主力翻越乌鸡山向绥宁方向挺进。红军第五十一团第三营驻守丹口莲花桥，以掩护军团主力西进。红军第三营以三个连迎击敌人八个团，打退敌人三次进攻。战斗从当晚 9 时打响持续至次日凌晨结束。有两名红军战士在此牺牲。12 日拂晓，三营官兵奉命撤出阵地，从孟公坳以北翻越乌鸡山，向绥宁县进发，于傍晚追上大部队。成功完成了保护主力西进的任务。红六军团西征过城步，行程约 150 公里，历时 5 天。

三是红七军转战经过城步西岩地区。大革命失败后，1929 年 12 月在广西进行革命活动的张云逸、邓小平等人策动举行百色起义，创立了中国工农红军第七军。1930 年 11 月，红七军在河池会议上提出攻打柳州、桂林等大城市，后决定改经三江、龙胜等县入湘西南后再转至桂林。12 月中旬，邓小平、李明瑞、张云逸领导的红七军 4000 多人经过湖南通道、绥宁后，于 12 月 23 日翻越绥宁与城步交界的枫木界，到达西岩山口村宿营。当晚，红七军领导决定攻下武冈城，进行休整和补充给养，以恢复战斗力。次日，红七军主力经金紫、西岩、花桥刚进入武冈县境，城步县长卢枕毅即率城步、绥宁、武冈三县团防军数百人在当地豪绅协助下，气势汹汹前往西岩，清剿部分殿后红军部队和掉队的战士及伤病员。双方在山口村展开激战。敌人死伤 25 人，有 10 名红军在此牺牲。12 月 24 日至 27 日，红七军围攻武冈县城 4 昼夜。攻城失败后，红七军转至广西全州。1931 年 7 月，红七军到达江西于都县与中央红军胜利会师，后编入红三军团长征又过城步。红七军这次在城步行程约 30 余公里。

红军在城步期间，还对那些为富不仁、欺压百姓的土豪劣绅恶霸进行打击处理。共打击土豪劣绅 126 人、恶霸地痞 7 人、土匪 45 人，处决了其中 21 名罪大恶极者。红军所过之地，扫除了地方的害群之马，得到了群众称赞。红军以自己的实际行动，深深感动了城步人民。不少群众冒着生命危险，带路当向导，提供食宿，送子送夫参军，精心救治、保护、收养掉队的红军伤病员 100 多名（后定居城步的有 40 人）。红军长征过城步，前后虽然只有十多天时间，但苗乡人民为支持红军过境，做出了不可磨灭的贡献。

二、城步长征文化资源的构成及其独特优势

（一）城步长征文化资源的构成

红军三过城步，为我们留下了极其丰富而又珍贵的红色文化遗产资源。现存城步的长征红色文化资源主要有两种。

1. 物质文化资源

一是红军留存下来的战斗和生活用品等文物有近两百件。如枪支、手雷、子弹、匕首、借条、调羹、背水壶、棉裤、军毯、扁担、脸盆、马灯、行军灶、算盘，等等。

二是重要战斗遗址主要有有横水界战斗、莲花桥战斗、堡上（长安营）战斗、九打界（脚板界）战斗等四处。1986 年 3 月 10 日至 12 日，中顾委委员、原人民解放军海军中将副司令员周仁杰一行来城步考察长征史实。周仁杰在长征时期为红六军团 17 师第 51 团第 3 营营长，当年以少胜多、掩护红军主力部队突围的莲花桥战斗就是他亲自指挥的。周老将军寻找到莲花桥并悼念了当年牺牲掩埋在桥西侧的两位红军烈士后，激动不已地说：“在我几十年的戎马生涯中，爬山涉水，横渡江河，走了不知多少座桥，绝大多数桥都淡漠了。但有一座桥，随着岁月的流逝，在我的记忆中却越来越清晰，它就是湖南省城步境内的莲花桥。”

三是红军缩营地十二处。主要在原来的团心寨、蓬洞、沙基、茶园、江头司、大坪、长安营、大寨、岩寨、横水、下团、丹口等十二个村（居委会）。

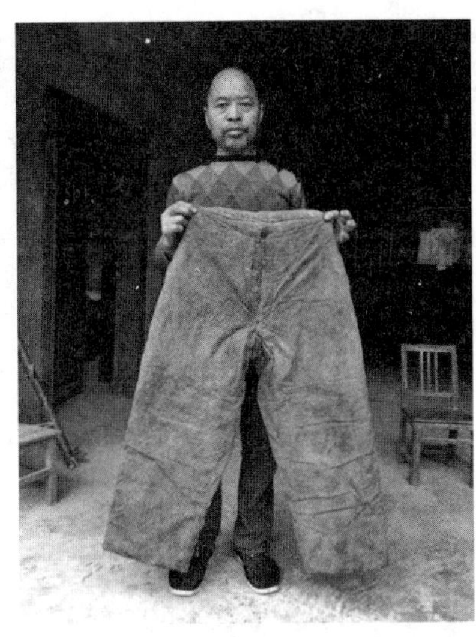

上二图系 2021 年 4 月 25 日湖南城步长坪村四组村民周旺华（侗族），向作者展示 1934 年 12 月初中央红军长征经过城步南山时，红军赠送给其爷爷周世忠的一条棉裤，现已珍藏 87 年。

1934 年 9 月 11 日，城步丹口镇下团村民吴老福用苗药诊治了几位红军伤病员。临行时，红六军团 17 师 51 团 3 营营长周仁杰为感谢吴老福，将这盏马灯送给了他，现由其孙子杨光清珍藏。

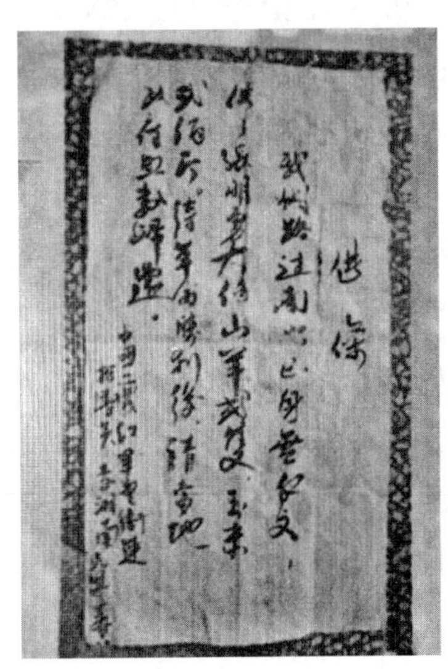

借条写着：“我们经过南山，已身无半文，借了张明勇大伯的山羊二只、玉米二百斤，待革命胜利后，请当地政府照数归还。中国工农红军九军团警卫连指导员李湘南，一九三四年十二月十日。”现藏于湖南城步南山高山红哨内“红军长征过城步展厅”。

以上二图系坐落于城步丹口镇的莲花桥，1934 年红军曾与蒋匪军在此发生过一次激战。湖南省重点文物保护单位。

四是纪念碑、亭、路、桥六处，其中红军战斗纪念碑、红军长征烈士纪念碑、南山老山界纪念碑、红军亭、红军路、红军桥各一处。

五是红军革命传统教育基地五处。主要分布在老山界、南山、丹口、长安营、汀坪等地。

六是红一军团红和红六军团司令部住址（会址）五处。

七是红军墓五处。分布在丹口（下团）、长安营（长平、岩寨）、汀坪（蓬瀛）、白毛坪（原温水村，今白毛坪村）四个乡镇。

八是红军在汀坪所建立的城步第一个苏维埃政府即“蓬瀛乡苏维埃政府”旧址。

九是红军印发的宣传铅印件《中国共产党中央委员会告民众书》。

十是红军在城步的有关文件、电报等资料。

城步长安营镇长坪村的“红军长征烈士纪念碑”。

2. 非物质文化资源

一是红军宣传标语。经调查，当年红军在城步书写留下的标语有近百条。城步是苗、侗、瑶等少数民族聚居区，红军尊重少数民族，严守群众纪律，每到一地都积极宣传共产党的主张和民族政策。红一军团在茶园宿营时，在周新旺家板壁上写有“取消一切高利贷！红政宣”。红九军团途经长安营青山口时，在周春生家板壁上写有“只有苏维埃才能救中国！”

二是红军歌谣。根据1976年城步红军历史调查资料统计，红军在城步民间留下的歌谣有《红军纪律歌》《当兵歌》《当兵就要当红军》《送郎去当兵》《杀敌歌》等近20首。我县汀坪、平林等地的很多农民会唱这样一首山歌“共产党，像太阳，长征路上放光芒；红军过后留哪样，留下标语暖心房。”

三是红军故事。主要有《毛泽东长征过城步考》《毛主席苗山播火种》《朱总司令在瑶寨苗乡》《坚守莲花桥》《我家的传家宝：一条红军棉裤》《一盏小马灯　映照鱼水情》《一张借条》《龙奶奶救护小红军》《酸菜坛里有银圆》《惩办杀害红军的地主》《建立我们劳动人民自己的政府》《红军智擒匪霸》等20余个。

（二）城步长征文化资源的独特优势之处

城步长征文化资源，与红军长征所过其他之地留下的大量文化资源相比，既有其共性又有其个性，个性即它的独特之处。

1. 长征途中红军时刻不忘共产党的初心和信仰。1934年9月11日，时任红六军团政委王震到达城步八十里大南山时，看到一望无垠的大草原，他豪情满怀地说：“多好的草山啊，等革命胜利后，我们一定要在这里建设一个大牧场。”新中国建立以后，他的这个梦想变成了现实。在他（王震，浏阳人，开国上将，曾任国家农垦部部长、国务院副总理、中华人民共和国副主席等职）的深切关怀支持下，南山已成功建立起一个以养殖奶牛为主的现代化高山苔地种草养畜大牧场，已成为国家级旅游风景名胜区，并被国家文物局、国家林业和草原局命名为“红色草原”。如今南山被誉为中国南方的呼伦贝尔，南山牧场也成为了中国第一牧场（2009年6月底，湖南省南山种畜牧草良种繁殖场接到国家农业部草原监理中心来函，称：“从创办时间、国家支持力度、草原畜牧业发展水平、人工草场面积、产业化模式等五个方面综合来看，南山牧场是‘中国第一牧场’。”）。此事说明了在那么十分艰难危险的特殊年代，红军还时刻不忘初心与信仰，不仅要为劳苦大众打江山坐江山，而且在革命成功以后，还要更好地建设好江山，造福于人民。

城步南山牧场、湖南（城步）南山国家公园一景。

2.“通道转兵”的前奏发生于城步，西进贵州的重大抉择酝酿于城步。毛泽东在城步一路的深思熟虑、科学分析和精准预判，从而避实就虚，改北上湘西为西进贵州，甩开了数十万敌军的围堵，使中央红军免于灭顶之灾，挽救了红军，挽救了党。“通道转兵”，是红军由失败走向胜利的关键转折点，为黎平会议、遵义会议纠正“左”倾军事冒险主义错误，确定毛泽东在全党全军的核心领导地位，确保长征胜利打下了坚实的基础。

任何一个重大历史事件的发生必有其前因和后果。城步是从湘江战役到遵义会议实施通道转兵的核心相关毗邻地区。“强渡湘江血如注，三军今日奔何处？”第五次反“围剿”的失败和湘江血战之后，红军何去何从，已成为长征初期全体将士最关注、最热议的焦点和最为担忧的核心问题。蒋介石得知红军抢渡湘江后，立即紧急部署围堵。在红军到达通道（1934 年 12 月 12 日）之前，中央军委二局破译了国民党军多份密电。湖南军阀何键密电称：“判断匪寻肖（克）匪故道西窜已甚明显”，何键电令刘建绪和薛岳部分别组成两个兵团迅速向新宁、城步、绥宁、靖县方面转移，并在湘西修筑四道封锁线，张网以待。国民党各路总兵力达 15 个师，等待红军钻入口袋聚歼。面对如此严重的敌情，博古、李德仍然固守其事先制订的战略计划，于 12 月 3 日命令红军西进龙胜准备北上湘西，同红 2、6 军团会合。

1934 年 12 月 1 日下午，毛泽东随军委第一纵队走浮桥渡过湘江（王树增：《长征》），然后于 12 月上旬爬上湘桂边界的越城岭、八十里大南山。陆定一

《长征日记》12 月 5 日记载："红军总部胜利翻过老山界。九军团到达社水（初水，今城步五团镇的一个村）、茶元（今城步五团镇的行政村），军委二纵队随三军团后跟进"；12 月 8 日记载："九军团到长安营鸡公界，二纵队到长安黄祥（黄羊）（两地均在城步）"。我们还可从《毛泽东年谱》（上卷 437 页）看到："毛泽东对警卫人员讲，我们即将进入苗族区，要更好地遵守群众纪律"。正是在这个关键时候，"毛泽东、王稼祥（曾任中央政治局委员、中国工农红军总政治部主任、军委副主席）、张闻天（曾任中央政治局委员、中央书记处书记、中央政府人民委员会主席），在（城步）一起行军途中酝酿了必须向中央提出讨论军事失败和避开敌人陷阱改道贵州继续西进的问题"（《毛泽东年谱》上卷 438 页）。再看《红军在城步》文献，1934 年 12 月 5 日，红军第一、九军团从广西资源出发，到达湖南城步县汀坪、横路口一带宿营。军委第一纵队、红三、五、八军团也经过城步，行程 335 公里，历时 7 天。这 7 天，就是 12 月 5 日—11 日。时间、地点和《毛泽东年谱》记载的完全吻合。

再看当年二局向军委报告："12 月 8 日二局报告：刘建绪主力正向新宁、武网、绥宁、靖县、洪江一带运动；10 日又报告：刘建绪部第 63 师已到绥宁，第 62 师正向绥宁开进"（《红军破译科长曹祥仁》80 页）。

中革军委作战参谋吕黎平回忆："12 月 12 日，党中央与军委领导同志到了通道（距城步县南山仅 30 公里），仍准备按原计划向北进军。12 月 11 日晚到 12 日凌晨，军委二局破译了国民党军第 1 兵团总指挥刘建绪部截击红军的密电。毛泽东看到二局送给他的情报和我军次日行动计划后，非常生气，心急如焚，立即到一局找周恩来、博古，激动地说：'我军如继续北出湘西，正中敌人下怀，不是硬往死亡洞里钻吗？'"当晚，应毛泽东的要求，中革军委在通道恭城书院召开了紧急碰头会（史称"通道转兵"），在朱德、周恩来、张闻天、王稼祥的支持下，博古、李德被迫同意毛泽东的主张，向敌人兵力比较薄弱的贵州黎平方向进军，避免了自投罗网被歼灭的命运，把红军从死亡的悬崖边上拉了过来。当日 19 时 30 分，中革军委紧急命令全军西进贵州黎平。12 月 15 日，中央红军占领贵州黎平。12 月 18 日，中共中央政治局于黎平县城召开会议（周恩来主持，史称"黎平会议"），再次肯定了毛泽东的意见，会议通过《中央政治局关于战略方针之决定》。

三、城步长征文化资源的发掘与保护利用状况及短板

新中国成立以来以来，城步历届县委、县政府十分重视红军长征文化遗产资源的发掘与保护利用开发，并做了大量卓有成效的工作。

一是红军长征胜利60周年和80周年，均举行了隆重的纪念活动。活动中，开展了红色之旅，与会人员实地体验了重走长征路、翻越老山界的艰辛，对红军精神、长征精神和共产党人的初心、信仰从何而来，有了更直接更深刻的认识和理解。

二是1949年10月城步解放以后，先后组织了三次（60、70、80年代）大规模的红军长征文化资源调查，整理编辑出版了《红军在城步》《红军长征过城步》《红军标语集》《红军歌谣集》《红军故事集》等多本书籍，使红军长征精神和红军故事更加深入人心，从而倍感我们今天美好幸福的生活来之不易，教育后人要世世代代不忘红军、不忘长征、不忘共产党。

三是红军留存文物由县文物管理局负责珍藏。

四是成立了县委党史研究室，致力于红军长征文化资源的挖掘与保护开发利用传承研究工作。

红军长征中所过的第一座难走的山——老山界

四是对遗址遗迹和红军墓多次进行修复。“老山界”，不仅是地理的老山界，而且是历史的老山界。近几年来，为擦亮“老山界”这张长征红色文化名片，加大对游客的视觉冲击力、特色吸引力，紧紧围绕吸“眼球”和富“脑袋”工程，对老山界的遗址遗迹重新进行了规划修整，增加充实了有关红军长征过老山界的文化内涵。

五是建立了老山界等五处红军长征党史教育基地。今年以来，中共邵阳市委常委、城步县委常委和县内外的一些单位、学校、游客，纷纷前往该县党史教育基地开展党史学习教育和考察活动。每年的“春节”“五一”和“十一”长假，老山界及南山大草原会吸引成千上万慕名而来的省内外游客，红色文化旅游已成为我县旅游产业中一张亮丽的名片。长征红色文化助推了旅游产业持续升温，2021 年全县年接待游客突破 253.85 万人次，实现旅游综合收入 27.48 亿元。

六是关心、关照留居城步的老红军。城步县委、县政府，曾多次召开因伤病等原因失散定居城步境内的老红军座谈会，每逢春节、重阳、中秋等传统节日和“八一”建军节，县领导和有关部门均登门拜访慰问他们，让他们回顾长征史，用他们的亲身经历教育后人、启迪后人，对他们的生活、工作及其子女从各方面给予关怀照顾，使他们从内心深深体会到身居他乡胜故乡的温暖感。

但是，由于历史的原因和客观条件的限制，还存在一些短板：一是发掘与保护开发利用中尚存在着交通相对落后；二是基础建设及配套设施薄弱；三是资金投入有限；四是缺少有轰动效应的精品项目，对长征红色文化资源所蕴含的精神内涵还缺乏系统深入的发掘，观众只能“走马观花”式地逛逛，带给人心灵的震撼还不够强烈；五是宣传力度和影响力度有待进一步加强；六是一些珍贵的文物尚未馆藏（如红军棉裤、马灯），还散落留存民间等。

四、长征文化资源发掘与保护利用对策

荜路蓝缕创伟业，长征文化耀千秋。2020 年 9 月习近平总书记在湘考察时，赞誉湖南“十步之内必有芳草”，同时对湖南深情寄语：“要把红色资源利用好、

把红色传统发扬好、把红色基因传承好。”红色文化对我们中华儿女来说意义非凡。每个红色文化资源都承载着一段厚重的历史，都是一本生动的教科书。

长征红色文化资源是不可再生的珍贵资源。我县对其发掘与保护开发利用，应遵循国家文化公园建设工作领导小组《长征国家文化公园建设保护规划》（新华社北京 2021 年 8 月 8 日电报道）、《湖南省红色资源保护和利用条例》（2021 年 7 月 30 日湖南省第十三届人民代表大会常务委员会第二十五次会议通过），本着“保护在先，利用在后；深度保护，合理利用；坚持发掘与保护利用并举”的开发原则。湖南是长征国家文化公园建设十分重要的一段，而城步又是红军长征进入邵阳市的第一县。因此，长征国家文化公园湖南段建设，不但要有邵阳的元素，而且应该有我们城步浓墨重彩的一笔。

（一）精心科学规划、全面统筹协调，健全长征红色文化资源发掘与保护利用的长效机制

1. 重视顶层规划设计，摸清长征文化资源家底，严把史实关、内容关，科学编制长征文化资源专项发掘与保护利用规划，指导长征文化资源的保护与开发利用。

1969 年被中央军委命名的“高山红哨”，坐落于城步南山牧场西山山顶。1934 年冬，中国工农红军总部及第九军团等经过此地。

2. 将县内老山界、南山高山红哨、丹口莲花桥纳入标志性发掘与保护利用项目建设，并上报争取纳入长征国家文化公园湖南段建设重点项目，还要力争纳入国家重点项目支持。突出讲好这三处及一条红军棉裤、一盏马灯、龙奶奶救小红军等精彩感人的故事。

3. 将长征文化资源的发掘和保护开发利用，与乡村振兴有机结合起来。在乡村振兴中增加红色文化的元素，比如在红军经过的重要节点修建雕塑、纪念碑和指示牌等，研发文产品，不断发掘红色故事，进行深度的研学和开展各项红色文化系列活动，让长征精神和红色文化为乡村振兴插上腾飞的翅膀。

4. 制定领导协调机制，定期研究解决在长征文化资源发掘与保护开发利用中遇到的问题。

5. 制定责权机制，明确党政部门的权利和职责，并纳入工作考核指标。

6. 制定考核评价机制，按属地原则对各乡（镇）村、各部门长征文化资源保护力度与成效，开发利用的科学化、合理化和经济、社会效益进行定期考核，形成评价意见。

7. 制定问责机制，确定好长征文化遗址遗迹的“看门人”，约束主体责任人承担职责和履行义务。

8. 将留存民间的红军珍贵文物尽快收归县馆藏。

9. 加大向上争取资金项目力度，改善交通环境，完善基础设施。着重突出加快城龙（城步—广西龙胜）高速公路建设进度，尽快启动县城两河口—丹口—长安营的公路改造升级项目，力争怀桂（湖南怀化—广西桂林）高铁、兴永郴赣（贵州兴义—湖南邵阳永州郴州—江西赣州）快铁过城步并设站。

（二）积极拓展长征红色文化资源育人价值与功能的渠道

长征红色文化资源是我们党和红军奋斗历程中所创造的巨大精神财富，具有革命性、先进性的红色基因，为社会发展与进步提供了思想源泉、精神养分和创新动力，具有强大的育人价值。

充分发挥长征特色红色文化的育人价值，创新长征红色文化的宣传形式，推出符合时代要求和社会需求的文化产品，并将新涌现的先进集体、先进人物优秀事迹和形成的新精神纳入红色文化资源。如我县南山牧场的“艰苦创业精神”、原县造纸厂的“主人翁精神”、原县氮肥厂的“拼搏精神”、原县土桥农场敢为人先的“开拓精神”，还有曾三次受到习近平总书记接见、“全国脱贫攻坚奋进奖”获得者杨淑亭“轮椅上绽放青春之花”的身残志不残、自强不息、“扶贫攻坚精神”等。

注重发挥长征红色文化育人价值的社会引领功能，根据不同年龄层次和知识水平采取不同的教育方式，挖掘长征红色文化资源中平民化、生活化、“乡土”化的内容，用群众易于接受的语言表达和形式展现，实现育人目的。

（三）力推长征文化资源与其他生态旅游文化资源的整合，实现其新时代价值最大化

结合时代特点和人民群众的文化需求，整合保护与开发利用创意，丰富文化类型，形成独具城步特色的长征红色文化产业链。

把先进的技术融入长征红色文化资源的发掘与保护开发利用，使长征红色文化资源优势转化为旅游经济优势，力促其资源新时代价值的最大化。

积极推动长征文化与其他文化整合发展，把长征文化与生态旅游产业有机结合起来，培育长征红色文化旅游市场主体。城步境内绿色自然生态环境十分优美（有南山国家风景名胜区、两江峡谷国家森林公园、白云湖国家湿地公园、金童山国家自然保护区和南山国家公园等 5 张国字号生态名片）、民族历史文化悠久（有历经唐、宋、元、明、清五个朝代的中国南方城步杨家将千年历史文化和飞山文化）、民俗文化独特（有城步吊龙舞国家级非遗文化、中国传统村落文化、国家重点文物保护单位古苗文石刻文化、“中国山歌之乡”之称的苗族歌舞文化等），这些资源相互依存、互相交融。通过融合，坚持以绿带红，以红衬绿，红绿结合，红俗结合的文化旅游建设思路，从而促进城步长征文化资源底蕴更加深厚、内容更加丰富、魅力更加独特，达到文旅融合高质量发展的目的。

通过文化旅游资源整合，构建省内外长征红色文化旅游联动发展大格局。在突出自身特色的同时要争取打通地域限制，在交通串联、宣传推介、市场拓展等方面，紧抓长征国家文化公园建设这一重大机遇，与毗邻红军长征所经过的桂（广西全州、兴安、资源、龙胜等地）湘（湖南通道、绥宁、武冈、新宁等地）黔（贵州黎平等地）三省区牵手，建立县际、市际乃至省际合作协调机

制，抱团发展形成合力，做到“信息互通、游客互送、广告互打、线路互推”，着力打造一条山水文化、民族文化、长征文化于一体的全国最美的文化旅游千里长廊和建立一个展示美丽中国的示范样本区，同时积极融入大桂林、张家界、怀化和贵州黔东南的国际国内旅游循环圈，形成区域性民族旅游联合体，从而成为他人文化旅游项链上闪闪发光的“珍珠”，让绿色城步、红色城步、民俗城步名满天下。

还要通过实施政府财政支持为主渠道，引进社会资本参与的措施，实现资本与文化资源的深度融合。

（四）不断深挖长征红色文化资源的湖湘文化特色

文化内涵是文化资源的灵魂，只有深挖长征文化资源所承载的政治、教育、艺术等多重内涵，发挥和传承其价值、功能，长征文化资源才会释放强大的向心力、凝聚力和感召力。城步是邵阳市唯一的少数民族县和湖南两个苗族自治县之一。而湖湘文化是湖南得天独厚的知名文化，是长期以来在湖南境内形成和发展起来的一种区域文化，体现了湖南人的气质、风气、价值观等。学以致用的经世精神、“敢为天下先”的创新精神、“以天下为己任”的担当精神、“扎硬寨”、“打死战”的奋斗精神、“先天下之忧而忧，后天下之乐而乐”的奉献精神等，湖湘文化精神在湘籍无产阶级革命家群体体现得淋漓尽致。湖湘文化也生动体现在湖南境内红色遗址上，无论是伟人故居、纪念馆、纪念广场，还是革命旧址、博物馆、战斗遗址等，其结构、特色、表现形式都具有浓厚的湖湘文化气息。因此，城步长征红色文化资源的发掘与保护利用也均离不开湖湘文化，只有紧抓、发扬和体现湖湘文化特色，全面展现湖湘文化的历史，赋予其新的时代特征，城步长征文化资源才能发挥其吸引人、影响人和教育人之功效。

（五）善于打造长征红色文化资源易于传播的内容和新表述

1. 在融媒体海量信息时代，长征文化传播要“叫得响、传得开，群众喜欢听、愿意看”，必须要对群众的“胃口”。长征文化的表现形式多为历史文献资料、实物、影音、资讯和反映长征红色精神的文艺作品。通过利用大数据平台分析社会各阶层需对长征红色文化多方面、多层次、多元性的了解，精心设置城步长征文化易于传播的内容和形式，善于从红军长征历史的宏大叙事中，提炼打造大众易于理解、乐于接受的新表述，提高内容的普遍知晓率、公众认同度、内外融合性。如讲述长征中的红军故事，要讲得具体、形象、生动，讲得有意思、有温度、有味道，勿堆砌“学术”“文件”语言。

2. 城步应结合自身的长征文化资源优势和特色，推陈出新一批具有时代表现形式的长征红色文化精品，如文学戏剧作品、影视作品（含微电影）、动漫、网络游戏等。

3. 将新技术、新表述应用于长征红色场馆建设，及时更新换代。

4. 继续用好节日仪式（湖南城步南山六月六山歌节，省级非遗项目）与活动仪式（城步苗族自治县成立日大庆和小庆活动）的开展，推介和传播好城步长征红色文化。结合“六月六山歌节”，每年举行一次红军长征过城步的纪念活动。

5. 加强长征红色文化资源的数字化保护，建立爱国主义教育基地网络平台和数据库，让长征红色文化资源得到永久保存和世代传承。

五、结　语

民族地区长征红色文化遗产资源的鲜明特点和独特优势，决定了其有着深厚的历史价值、文化价值、旅游价值。民族地区长征红色文化遗产资源中蕴含着崇高的思想境界和高尚的革命道德情操，每一处革命遗址遗迹、每一件珍贵文物、每一个革命先烈的故事都是鲜活的教材，都折射着革命先辈们崇高的理想、坚定的信念以及爱国主义的光芒。传播其理念、彰显其精神有利于继承和弘扬红色文化，对于我们当今全面培育和践行社会主义核心价值观，教育后代启迪后人，助推民族地区经济社会高质量发展，筑牢中华民族共同体意识，早日实现中华民族伟大复兴之梦，有着极其重要的现实意义和历史意义。

［本文2021年获中共邵阳市委宣传部、邵阳市社科联《庆祝建党100周年　助力邵阳（十四五社科好文章）征文一等奖］

充分发挥乡贤文化在城步苗族乡村振兴中的重要作用

张正清

乡贤，顾名思义，就是“乡里”的“贤人”。指的是在当地有德行、有威望、有口碑、有主事能力且办事公道正派，深受各族民众推崇敬重的古今贤人。

乡贤文化是扎根于中国乡村故土的母土文化，是伴随着乡村而生的传统文化，集中体现了一方风气和文化底蕴。是以乡贤为核心的地方文化和民族文化，是一种具有鲜明地域特色的榜样文化、先进文化，是一个地域的精神标记，也是探寻文化血脉、张扬文化传承的原动力。

费孝通先生在《乡土中国》一书中说：“从基层看去，中国社会是乡土性的，乡贤文化就是推动着庞大的中国社会正常运转几千年的基层力量。”中国传统乡土社会有“皇权不下县”的传统。数千年来，乡贤以自身的影响、精神和名望作用于乡土社会，维持着乡间的礼仪和秩序，传承文化，崇儒兴学，教化民众，编修族谱，倡建宗祠，成为了传统乡土文化的创造者、传播者和引领者，为乡村相对闭塞的世界搭建了一座通往山外世界的桥梁。

本文拟以城步苗族村寨为例，通过回顾苗族村寨古代乡贤的德行和功业，展望当下苗族村寨乡贤文化回归的大好契机，进而分析充分发挥乡贤文化在城步苗族乡村振兴中的重要作用，以求教于大方之家。

城步苗族先民的主体是汉代溯沅江而上、逐水而居的“武陵蛮”人，隋唐时称为“五溪蛮”。城步苗族因生活在五溪之首的雄溪（今巫水）流域，人称“雄溪蛮”。雄溪位于五溪中的最东边，“雄溪蛮”地成为千里苗疆的东部前沿，受汉文化的影响浸润，常常早于西部苗疆。明中叶弘治十四年（1501），时属武冈州的今城步境爆发了大地茶园李再万领导的苗民起义。明廷派大军镇压后，于弘治十七年（1504）析武冈县西南部地、绥宁县东南部地设置城步县，并在今城步北境实施“改土归流”，开了中华五百年“改土归流”的先河。正如苗族作家肖仁福先生说的：城步开了“改土归流”的先河，“以苗区方寸之地的风云际会，极富传奇地演绎出中华各民族长期以来撕裂黏合，再撕裂再黏合，最后实现民族大融合的痛史。痛史自然是痛苦的残酷的无情的，可没有这种痛苦经历，就没有中华民族的生生不息，这就是民族大融合的价值指归。”城步苗区由于最早“改土归流”，接受汉族的先进文化和生产技术较早，受汉文化的影响较深。接受并弘扬汉族的乡贤文化自然而然比其他苗族地区更有自己的时代特征和地域特色。

一、城步苗族村寨历代乡贤前徽未远

在我国汉族地区传统的乡村社会，以及受汉文化影响较深的城步苗族村寨，乡贤是传承文化，教化民众的中坚力量。古代那些从乡村走出去的精英，通过在外求学，多年打拼历练，最后功成名就，在外地或成为饱读诗书的学者，或成为位高权重的官员，或是富甲一方的商贾。待到年事已高，他们无一例外都会选择衣锦还乡，“叶落归根”。“文官告老还乡，武将解甲归田”，正是这些乡贤们的写照。这些乡贤回到桑梓之后，带回来的除了丰富的社会资源和财富，还有自身的阅历、经验和专长，以及外界的先进文化、知识和技艺，成为了反哺桑梓、泽被乡里、温暖故土的不可或缺的重要支撑。还有一些乡贤，一辈子不离土不离乡，由于耕读传家和社会生活的历练，他们是一个村寨、一个家族、一门术业的头领、族长、掌门，或是擅长文脉和技术的师爷、教师、郎中，或是苗族传统文化和祭祀活动的会首、巫师等。他们以乡情、乡愁为纽带，用其学识和专长，在苗族村寨起着示范和引领作用。更用自己历练奋斗的事例激励着更多的乡邻和本民族同胞，改变自我，改变生活。城步苗区由于位于千里苗疆东部，受汉文化熏蒸，又最早“改土归流”，有典籍记载的一个又一个乡贤回归反哺桑梓、一代又一代乡贤文化传承的故事，前徽未远，史迹昭然。

元皇庆二年（1313），武冈赤水图（今城步蒋坊）苗族乡贤杨再成与其他苗族村寨的贤达杨景清、江正顺、张茂卿等人，筹款捐资，在今城步县城创办儒林书院，成为我国苗族地区最早的书院。民国二十九年（1940），城步县城首次设镇，以元代儒林书院的“儒林”为镇名。

明正德九年（1514）曾任广西武宣知县的戴梦玺，系城步县西岩人。他任知县公务闲暇时，常去书院讲学。告老还乡后，在故乡开办学馆，教授生童，临近西岩的武冈、新宁等县的青少年都来求学，他曾任知县的广西武宣的学子也慕名前来寄读。

明嘉靖四十三年（1564），城步县盘石人张大威以选贡授四川通江知县，后升迁广东市舶司提举、云南禄劝州知州。晚年仕归，应城步知县谌廷锦之聘，与吴道宣、肖应韶一道主纂《城步县志》，万历二十九年（1601）成书，为城步历史上第一部地方志书。他还与其弟张大翔在县东盘石浮石书院习经讲业，以开民智。

清乾隆年间，城步县杨梅坳高寨的苗族乡贤阳再达，牵头组织湖南、广西边界 30 多个村寨的各族民众，历时 10 年修通城步经江底、过九江、出西岭，直达桂林的青石板大道，路程较老路减少一半，并沿途设置茶亭、驿站。以前要翻越四座大山，改道后只翻越一座大山。此后，该路成为城步通往桂林的主要驿道。

二、城步苗族村寨乡贤文化回归顺应天时

在新的时代、新的世纪，随着时代发展的脚步，工业化、城镇化、信息化的进程，如大江东去，势如潮涌。广大的农村，包括城步的苗族村寨，乡土文化无疑受到了严重冲击，越来越多的村寨精英进入了城镇，留在了城镇，维系乡情、亲情、乡愁的主体缺失。在造就城市繁荣的同时，加剧了苗族村寨的空心化，加剧了苗族村寨更加分散和因人口外出导致的田地荒芜。这种现象，在许多村寨让党和国家号召的乡村振兴发展战略成为了无源之水无本之木。这种现象，更呼唤着苗族村寨乡贤文化的回归。

在实现两个百年目标的第一个百年目标——全面建成小康社会的关键时候，党和国家确定乡村振兴的发展战略，连续发文强调要发挥乡贤在乡村振兴中

的积极作用，定然会给中国乡土，包括城步的苗族村寨注入新的活力，带来全新的发展契机。

2015 年中央一号文件提出，要创新乡贤文化，弘扬善行义举，以乡情乡愁为纽带，吸引和凝聚各方人士支持家乡建设，传承乡村文明。

2016 年中央一号文件强调，要培育文明乡风、优良家风、新乡贤文化。

2017 年中央一号文件再次提出，要培育与社会主义核心价值观相契合、与社会主义新乡村建设相适应的优良家风、文明乡风和新乡贤文化。

2018 年中央一号文件再次强调，积极发挥新乡贤作用，推动乡村治理重心下移，尽可能把资源、服务、管理下放到基层。国家“十三五”规划纲要的“解释材料”中，对乡贤文化做出了这样的解释：乡贤文化是中华传统文化在乡村的一种表现形式，具有见贤思齐、崇德向善、诚信友善等特点。借助传统的“乡贤文化”形式，赋予新的时代内涵，以乡情为纽带，以优秀基层干部、道德模范、身边好人的嘉言懿行为示范引领，推进新乡贤文化建设，有利于延续农耕文明、培育新型农民、涵育文明乡风、促进共同富裕，也有利于中华传统文化创造性转化、创新性发展。

党的十九大报告提出的“实施乡村振兴战略”，描绘出一幅“产业兴旺、生态宜居、乡风文明、治理有效、生活富裕”的美好图景。近几年的这类中央文件，都无一例外地强调了要发挥新乡贤在乡村振兴中的积极作用。

2018 年 6 月 15 日，人民日报刊登《发挥新乡贤的有益力量》一文，指出“提升乡风民俗，传播诗书礼义，焕发德行光芒，修复乡村记忆，聚拢乡愁文脉，新乡贤的作用几乎是不可替代的……建设新乡贤文化，培育新乡贤群体，将为乡村振兴战略注入凝聚人心、教化群众、淳化民风的强大正能量。”

三、充分发挥乡贤文化在城步苗族乡村振兴中的重要作用

从传统的乡土社会、包括城步苗族村寨来看，长期以来，乡贤就是乡村之心、村赛之心。乡村的发展，村寨的进步，没有这样一颗热气腾腾、生生不息的

心，是万绿丛中缺点红，一切无从谈起。在党和国家实施乡村振兴战略的当下，结合城步苗族村寨的特点，尤其要着力充分发挥乡贤在乡村振兴中的四个作用：

一是精神引领作用，提振城步苗族村寨的精气神。中华优秀传统文化不同于西方文化，中国人对乡贤的推崇和信服，来源于中华文化的信仰崇拜，有时间积累、自然产生的特点。苗族同胞对乡贤的推崇和信服，大多来源于苗族流传久远的英雄崇拜和祖先崇拜。在城步苗族长期的乡土社会，乡贤主要是指有作为的本地籍、本族籍的官员，有崇高威望、为社会做出贡献的社会贤达。在当今社会，乡贤发生了新的变化，指的是耕读故土的贤人志士、反哺桑梓的财富精英、退休返籍的官员学者、德高望重的基层中坚、有口皆碑的模范人物，以及其他愿意为家乡建设发展建言献策、出钱出力的各类典型。他们既是风气教化的实施者，又是苗族村寨发展进步的设计者、建设者，是政治供体制之外的“魅力权威”。从这个意义上讲，乡贤无疑是苗族村寨的“魂”，是乡村文化的“魂”。然而城镇化、工业化的澎湃大潮，加之城镇的的生活环境、经济收入、教育医疗等资源配置等，让苗族村寨中的优秀人才流向城市，留在了城镇，使原本可以引领乡村文化进步、苗寨经济发展的乡贤人群，多数变成了“城里人”。苗族村寨乡贤群体的消失，等于是村寨之“魂”丢失了。失去了传统文化的传承人，失去了村寨领袖和灵魂人物，苗族村寨的凝聚力、精气神，无疑就减弱了，乡愁也渐渐变淡了。以至出现了一些见怪不怪的消极现象：修桥铺路，本是造福同胞的好事，许多人却不愿牵头，尤其是涉及自身的拆迁，往往讨价还价；贫弱乡邻，关怀不够；公共基础设施、公共服务事项，不去爱护支持。很多公益活动变成了金钱交易，淡忘了亲情、乡情，也失去了村寨的向心力，故乡很难说再是亲情乡情的温暖港湾。在乡情乡愁纽带越来越松弛的当下，如何呼唤乡贤的回归，助力乡贤的崛起，发挥其核心引领作用，让苗族村寨重拾邻里温情、同胞温情，让乡愁“风筝不断线”，无疑是苗族地区各级党委和政府，以及各级苗学会的一项迫在眉睫的重要任务。只有发挥乡贤的精神引领作用，用他们的所言所行引起苗族同胞的共鸣，犹如火种，点燃、激活苗族乡亲的善念和激情。而这种善念和激情一旦被点燃，就会成为苗族村寨振兴的强大动力，就会提振城步苗族村寨的精气神。

二是产业示范作用，带领苗族村民同奔小康路。苗族村寨的振兴，首先是在脱贫攻坚基础上的经济振兴。在苗族村寨面临人才流失、主体弱化等诸多难题的今天，特别需要一批又一批从苗寨走出去在外面的世界创业成功的经济能人，通过资源返乡、影响力返乡、技术返乡、智力返乡、资金返乡等方式，积极投入苗族村寨建设，发展与苗族村寨资源禀赋相适应的实体产业，用其学养专长、创业经验反哺桑梓，示范引领苗族村寨产业发展，从而拉长苗族村寨经济发展的短腿。苗乡的各级政府要出台培育新乡贤，鼓励乡贤建设家乡的相关优惠政策。通过引领方向、搭建平台，鼓励、倡导、吸引乡贤回乡发展实体产业。同时帮助苗族村寨积极对接山外面的各类资源，打通技术、管理、资本运作、人才支持等多种通道，引导苗族农民以闲置房屋、闲置土地、劳动力等方式入股乡贤建立的各类产业合作社，盘活苗族村寨资产资源，引导构建一、二、三产业融合发展的体系，带领苗族村民同走小康路。尤其要注重发现和弘扬能为苗族青年一代做出示范和表率，有较强的社会实践能力、实际操作技术和专业工匠精神的乡贤典型，让广大年轻的同胞学有榜样，赶有方向，干事创业有可效法的先进事例。这方面，城步苗绣非物质文化遗产传承人伍前金，可以说是佼佼者。她出生于城步腊里苗寨，在外省一家职高毕业，走上了外出打工之路。2006 年她辞工返乡，投身祖传的苗绣事业，先后创办了城步苗绣文化开发公司、城步苗绣文化研究所及两家苗绣合作社。她“天生就是干苗绣的料”，让城步苗绣走出了大山，先后获得了中国工艺美术“百花奖”、湖南省工艺美术精品博览会金奖、中国创翼大赛全国总决赛团体第三名等殊荣。她且不是一枝独秀，她直接培训辅导的苗绣人才达 100 多人。参与苗绣实践的留守妇女达几千人。在伍前金的传承下，城步苗绣成为了城步苗族优秀传统文化的一张闪亮名片。

三是村寨治理作用，推进乡村治理现代化。2018 年的中央一号文件提出乡村 0.19 者只能落实在表面上。如果有奉献精神和创业能力的乡贤与苗寨村、组干部能够合二而一，融为一体，就能够在乡村治理现代化中发挥出更大的作用，真正成为政府在乡村治理和乡村发展中有力助手和中坚力量。

四是榜样教化作用，泽润文明乡风带动淳厚民风。乡贤是乡村的精神支撑，苗族村寨历代乡贤如此，当今不离土不离乡或外出成功又反哺桑梓的乡贤更是如此。他们是有本事，德高望重，见多识广，学有专长，或者是有一定经济实力、政治地位的人，他们既具备优雅的素质和厚重的道德底线，又能给苗族寨带来丰富的物质财富和技术资源；他们乐善好施、为人正直，为乡村文明苗寨进步增添了仁厚的气息；他们扶贫济困、急公好义，让苗族村寨文明更有侠肝义胆、古道热肠；他们和平处世、淡定从容，让苗族村寨文明多了一些现代化气息和时尚的颜色。可以说，这些乡贤是生活在苗族同胞“身边的榜样”，对于广大同胞尤其是年轻人，将会起到无声的教化、无形的文明和道德的感染，能引领苗族同胞修身齐家，靠拢文明；能真正激荡苗族同胞的心灵，泽润文明乡风，带动淳厚民风，从而提升广大苗族同胞的精神风貌和文化层次。如何把乡贤身上的优秀品质和高尚情操、桑梓情怀作为榜样继承下来，通过现代载体的复制如移植，继续影响和引导广大苗族同胞见贤思齐，更是立足于发展弘扬当下城步苗乡乡贤文化的根本目的。

（作者系邵阳市政协原副秘书长、经科委主任）

关于自治县举办逢十周年庆祝活动的思考

邓集勇

根据《中华人民共和国民族区域自治法》和《城步苗族自治县自治条例》的相关规定，城步苗族自治县逢十周年举办大型庆祝活动，逢五周年举办小型庆祝活动。近年来，在上级党委、政府的亲切关怀下，城步县大庆筹备工作走上了和谐发展的道路，大庆献礼项目争取、衔接和立项工作、文艺演出方案的筹划、发展成果的宣传推介和庆典活动的综合预算等筹备工作有条不紊地开展起来，领导重视，部门联手，群众参与，齐头并进，取得了众目共睹的成绩。

一、基本情况

城步苗族自治县地处湖南省西南边陲，沅江一级支流巫水上游；东界新宁县，南邻广西资源县、龙胜各族自治县，西接绥宁县、怀化市的通道侗族自治县，北毗武冈市；总面积 2647.07 平方公里，县城儒林镇距邵阳市 206 公里，距省会长沙 436 公里。全县辖 13 个乡（镇）、272 个行政村、20 个居委会，总人口 28 万。有苗、汉、侗、瑶、回等 24 个民族，以苗族为主体的少数民族人口占总人口的 57.8%，是全国五个苗族自治县之一。1956 年 11 月 30 日根据国务院决定撤销城步县，设置城步苗族自治县，1986 年被列为国家级贫困县，1996 年被定为省级贫困县，2001 年重新被列入国家扶贫开发工作重点县，是目前全省最边远、经济欠发达的少数民族自治县。2013 年，全县国内生产总值完成 27.3 亿元，同比增长 10%；财政总收入突破 3 亿元，同比增长 22.63%；规模工业增加值完成 5.3 亿元，同比增长 12.6%；固定资产投资完成 26.2 亿元，同比增长 36.5%；农民人均纯收入达 4140 元，同比增长 12.2%；城镇居民人均可支配收入达 15324 元，同比增长 10.1%。

二、城步县举办庆祝活动的主要做法

城步苗族自治县逢十周年庆典活动按照“隆重、热烈、节俭、安全”的原则，由县委、县人民政府主办，县民宗局牵头，全县各部门参与，筹备工作安排周密。主要由庆祝大会、民族团结进步表彰大会、民族文艺汇演、方块队和彩车游行、发展成就展、焰火晚会和社区文艺表演等七大内容组成，气氛隆重热烈，展示了城步的崭新形象、美好愿景和各族人民良好的精神风貌，既得到了上级领导的充分肯定和高度评价，又赢得了全县各族干部群众及社会各界的广泛赞誉，达到了预期效果，取得了圆满成功。

（一）积极向国家、省、市汇报，争取各方支持

我们就我县逢十大庆筹备工作，向国家、省、市民委进行了汇报衔接，专程向国家、省、市民委进行了专题汇报。通过省、市民委请求省、市政府就我县逢十大庆筹备工作、项目建设工作召开专门的会议，并提出参加听取汇报会的建议名单。五十大庆筹备期间，原市长黄天锡率领市民委、市国土局、市水电局、市交通局、市计委、市卫生局、市教委、市扶贫办、市财政局等 9 个相关单位，亲自来到我县就县五十大庆筹备工作进行现场办公。省民委副主任田代武亲临城步，考察我县五十大庆筹备工作。省、市民委领导对献礼项目建设中存在的问题进行了详细了解，随后向有关部门进行了专题汇报。

（二）提前争取大庆建设项目，让全县人民得实惠

县庆前期，我们的主体任务是以大庆建设项目为核心，按照定准、定好的原则，精心筛选大庆上报项目。要求全县各单位要以大庆为契机，积极搞好献礼项

目的资料准备、申报和向上级部门的衔接工作，要把项目争取工作作为县庆前三年工作的首要任务。我们对所收集的项目进行了反复的分析、论证，召集计划、建设、交通、教育、卫生、扶贫、财政、重点项目办公室等十几个单位负责人对上报的项目进行初步筛选，提交县委、县政府研究确定，再上报。2006 年五十大庆时，我们经省民委衔接，通过省长办公会议上，共有省财政厅、省发改委等 26 个单位支持我县县庆项目资金 2810 万元。确定了人民医院外科大楼、地税征收大楼、新华图书城、邮电大楼、城南河堤、儒林大酒店、一中体育馆、农贸市场、县行政中心、儒林广场、竹城公路等 26 个大庆献礼项目。

（三）围绕“隆重、节俭、安全”的主题，做好大庆庆典筹备工作

一是制定了实施方案，明确职责任务。成立以县委书记，县人大常委会主任，县政协主席为顾问，县委副书记、县长为组长的筹备工作领导小组。领导小组下设办公室、组织组、宣传和文艺演出组、项目建设和市容市貌管理组、招商旅游组、外事联络接待组、安全保障和信访稳定组、督查组等 8 个职能机构。确定了庆祝大会、文艺汇演、方块队、表演队和彩车队游行，烟火晚会，在外城步老乡座谈会，招商引资签约仪式，邀请嘉宾县内主要景点巡游等 8 个主要活动。二是做好外联和接待工作。我们对应邀领导和嘉宾的调查摸底工作，对我县在外地工作的副处级以上领导干部和副高级职称以上专业技术人员进行了全面摸底，经庆典筹备领导小组研究，确定邀请人员。三是强化综合治理和城市美化工作。我们组织人员对县城内现有宾馆、酒店的接待条件进行详细摸底，对五十大庆庆典所需各项开支预算情况进行初步核算，对庆典活动场地和安全保卫力量进行了规划，组织开展社会综合治理工作，维护社会稳定。积极开展城市整治美化工作，对县城交通秩序、市容市貌、环境卫生、划行归市、临时建筑等方面进行重点整治，努力塑造文明、卫生、有序、和谐的城市新形象。四是积极筹划庆典文艺演出。五十大庆时，我们与中央民族歌舞团联系筹划《激情苗乡——庆祝城步苗族自治县成立五十周年》大型文艺演出节目。中央民族歌舞团专门派出舞蹈编导、舞台美术、音乐创作、节目总策划等专业技术人员到城步，与我县文艺工作者一道进行采风、编导、设计、策划和排练。

三、举办县庆活动的意义

（一）是展示党和国家民族政策、法律法规贯彻落实情况的需要

城步作为一个自治县，沐浴着党的民族政策的阳光雨露，坚定不移地贯彻执行党的民族政策，致力于民族地区政治稳定、经济发展和民族团结进步事业。通过举办县庆活动，歌颂党的民族政策的正确、伟大；讴歌党和政府与少数民族人民群众的血肉关系；体现党中央、国务院和各级党委、政府对少数民族地区和少数民族同胞高看一眼、厚爱一层；激发少数民族群众拥护党中央和国家的民族政策，一心跟党走，全面建设小康社会的豪情；增强民族荣誉感和自豪感，增进各民族之间的团结和共同进步。

（二）是展示民族区域自治的辉煌成就、振奋民族精神、弘扬民族文化、增强各民族大团结的需要

举办县庆活动，既是民族大团结的盛会，也是展示民族区域自治政策所取得的历史成就的总结大会，更是一次承前启后，继往开来，描绘自治县宏伟蓝图，谋求更大发展的动员会、鼓劲会。城步苗族自治县成立以来，在党的民族政策的指引下，全县各族人民同心同德，开拓进取，经济建设和社会各项事业都取得了前所未有的业绩。自治县成立逢五逢十周年庆祝，旨在展示自治县成立来取得的成就和巨变，着眼未来，规划长远发展目标，用成就振奋民族精神，用蓝图激发全县各族人民与时俱进，共建美好家园的壮志情怀。

（三）是加快自治县经济社会发展再上台阶，促进民族团结进步、共同繁荣的需要

民族问题归根结底是平等、团结、发展问题。实现各民族共同进步与繁荣是解决民族问题的关键。少数民族地区基础差、经济落后，在建设有中国特色的社会主义和小康社会的进程中已落后于经济发达地区。因此，民族区域自治地区要迎头赶上，一方面要将党的民族政策用足用活，另一方面通过举办县庆活动，大

力实施经济建设项目，改善经济发展环境，增强经济发展后劲，走可持续发展道路。因此，通过县庆的筹办，借助省市的支持和招商引资，上一批建设项目，使城步面貌大改观，经济建设大发展，人民生活水平大提高。同时，也通过县庆活动，广交一批朋友客商，促进招商引资；进一步取得省市委、省市政府和省市直各部门单位的大力支持、关照。

四、筹备县庆活动的建议

县庆活动是少数民族自治县各族人民政治、经济、文化生活中的一件大事，应动员各方力量，以满腔的热情和顽强的意志投入筹备工作和庆典工作，认真筹备，扎实苦干，努力拼搏，无私奉献，不辜负上级领导和各族人民对我们的期望，确保庆典工作圆满成功。

（一）抓好项目建设，加快经济发展

抓项目就是抓经济，抓项目就是抓发展。大庆工作是实实在在的工作，不能做表面文章，它必须依靠项目建设作支撑。我们要紧紧围绕省长办公会议精神，努力加大项目建设力度，以县庆为契机，确保这些献礼项目圆满完成，通过项目建设促进发展，通过项目建设树立形象。

（二）抓好文艺演出，弘扬民族文化

少数民族地区民族文化源远流长，多姿多彩。在县庆活动中通过大型文艺歌舞节目充分展示民族文化。学习各兄弟民族的经验，提升本民族的文艺水平，要求上级专家对民族地区的民族节目进行指导，使民族地区民族文化演出水平上一个台阶。为配合大庆文艺节目，还可以制作县庆主题歌，歌咏当地的山水名胜、风土人情，歌咏民族自治地区成立以来的发展变化。

（三）抓好新闻宣传，展示发展成果

民族自治地区成立以来的发展成果需要宣传，改革开放、和谐发展的城步需要宣传。可以全面制定宣传策划方案，成立宣传组，下设新闻宣传组、网络宣传组、简报宣传组、画册宣传组、社会宣传组、广告宣传组等机构，全方位、多角度进行宣传推介。大庆办将充分利用媒体，多形式、多角度宣传民族地区的风土人情和自治县成立以来的发展成果，及时全面反映县庆筹备工作和庆典工作动态，介绍大庆重点项目建设进程。

（四）抓好迎宾接待，融洽民族关系

每逢县庆，中央、省、市和周边民族自治地方都将派出代表团参加庆典活动。一般还会邀请在外地工作的老乡（副处级以上领导干部和副高级职称以上技术人员）和外地在本地工作过的外地领导干部回乡观礼，邀请国内外知名企业老总和有实力的客商前来城步投资经商。各部门单位也抓住这一契机，主动与省市垂直部门单位的对接联系，争取上级部门的支持。认真细致地做好迎宾接待工作，周密部署后勤保障工作，把客人名单摸清摸细，修建、改善好酒店宾馆，让客人宾至如归。

（五）抓好安全保卫，确保庆典稳定

县庆期间，中央、省、市都将派出慰问团，各兄弟民族州县也将派出代表团，对各族同胞进行慰问，在外地工作的城步老乡也将应邀回乡观礼。搞好县庆安全保卫工作极其重要，不能有半点松懈。一是要做好交通安全工作。对各交通要道要派员守护，搞好道路巡查；对各险湾陡坡路段，要搞好路标警示设置；周密安排庆典活动的行车路线和秩序，搞好交通管制工作。庆典期间，病险车辆和农用车辆严禁上路进城。二是要搞好食宿安全工作。卫生、防疫、工商、质监等部门要对各宾馆酒店的饮食进行严格检查，确保饮食安全，武警、公安、消防等部门要对各宾馆酒店的安全隐患进行排查，庆典期间要安排力量值班巡逻。三是要搞好庆典安全保卫工作。大庆主会场的安全保卫工作、游行队伍的安全保卫工作、各展馆展厅的安全保卫工作、各旅游景点的安全保卫工作以及所有临街建筑、娱乐场所、油库网吧等公共活动场所的安全保卫工作都要做好做严，决不疏忽。

五、结 语

城步苗族自治县自成立以来，每五年举办小庆，逢十年举办大庆。通过开展各项庆典活动,使全县各族人民更加坚定了在党的领导下走中国特色社会主义道路的信念，使城步的崭新风貌和各民族大团结的生动局面得到全方位展示，极大地振奋了全县各族干部群众的精神,为实现全县四大战略目标和建设小康城步提供了强大的精神力量。

民族团结进步之花绽放苗乡大地

——城步苗族自治县创建民族团结进步模范县工作纪实

肖祥海　阳望春

2014 年 9 月 28 日至 29 日，中央民族工作会议暨国务院第六次全国民族团结进步表彰大会在北京隆重召开，城步苗族自治县被评为“全国民族团结进步模范集体”。

这是城步各族人民政治生活的一件大喜事，苗乡 30 万人民欢欣鼓舞，为欢乐祥和的国庆佳节增添了新的喜悦。沐浴着党和国家民族政策的阳光雨露，苗乡大地旧貌换新颜，民族团结之花正在湘西南边陲绚丽绽放。

民族团结一家亲

城步苗族自治县成立于 1956 年。58 年来，历届县委、县政府始终将民族团结进步工作作为重要政治任务和民生福祉来抓。特别是去年来，县委将创建全国民族团结进步模范县列入全县发展“四大战略”目标，成立了县委书记任组长的创建工作领导小组，形成党委牵头、政府推动、部门联动、群众参与的创建格局，全力推进全国民族团结进步模范县创建工作。

“要通过深入开展民族团结进步创建活动，在全县形成处处讲民族团结、人人做团结模范的良好局面，成功创建为全国民族团结进步模范县，为建设和谐富裕文明城步创造良好条件。”在 2013 年的县委十一届三次全会上，县委书记罗建南的讲话引起了全县各族群众的强烈共鸣。

为让民族团结进步成为舆论最强音，该县因地制宜、因时制宜，通过少数民族群众喜闻乐见的“六月六山歌节”、“庆鼓堂”、“打泥脚”、“嘎友”、县庆、民运会等传统民族节庆活动以及说快板、唱苗歌、写标语、黑板报、文艺演出、广播电视、手机报等形式，广泛开展党的民族政策宣传教育。先后举办了民族政策、民族语言、民族歌舞培训班 112 期，县四大家班子成员、县直各单位、各乡镇（场）干部 3.5 万人及旅游从业人员、文艺爱好者近 5000 人积极参加，有力地提高了党员干部和各族群众的民族知识和民族政策水平。

注重整合各类学校和农村电教系统等教育资源，深入开展民族政策宣传教育“五进”活动，即进机关、进村（居）、进社区、进学校、进企业，以各族青少年学生和机关干部为重点，突出抓好党的民族政策进课堂和民族团结进步理论知识学习。如今，“汉族离不开少数民族、少数民族离不开汉族、各少数民族之间也相互离不开”的“三个离不开”思想观念深入人心，各族人民互相学习、彼此尊重、团结互助、和睦相处、和衷共济蔚然成风。

一个典型一根标杆、一个模范一种导向，全县建立民族团结进步示范点 23 个，带动了全县民族团结进步创建工作，涌现出了一大批民族团结进步的先进典型，先后有 15 人被评为全国、全省民族团结进步模范个人，8 个单位评为湖南省先进集体，土桥农场、长安营乡、兰蓉乡先后被评为“全国民族团结进步模范集体”。该县还与广西龙胜等周边县市区建立民族联谊机制，实现了 23 年无民族边界纠纷。近年来，该县没有发生一起涉及民族关系、影响民族团结的事件，去年被评为全省社会管理综合治理先进县，今年上半年的综治民调由去年的全省 57 位上升为 37 位，各民族之间和睦相处，社会和谐安定。

民族产业带民富

改革开放以来特别是步入 21 世纪以来，城步依托丰富的水能、风能、森林、草山、旅游资源优势及高寒山区独特的地理气候条件，大力发展民族特色产业，不断壮大民族经济。

加快建设湖南风力发电第一县，相继引进大唐华银、国电集团、湘电集团等国有企业投资开发风电产业。大唐华银南山风电场一期、二期工程相继竣工投产，现已累计发电3亿多千瓦时，实现产值2.2亿元，发挥了良好的经济和社会效益，南山风电场一期工程被评为国家高山风电场建设样板工程。牛排山、十里平坦、五团等3个风电场建设扎实推进，乌鸡岭、十里平坦二期等4个风电场获得国家核准计划，力争在五年内建成70万千瓦风力发电的奋斗目标正在稳定推进。

加快建设中国南方乳业第一县，以南山牧场为龙头，着力扶持企业和基地发展，先后培育了亚华乳业、南山牧业等奶业龙头企业，形成“公司+基地+农户”的奶业发展模式。突出科技兴奶，大力推行标准化规模养殖，投资4000余万元建成清溪牛场、板栗坪等16个奶牛标准化养殖小区，奶牛头平单产达4.5吨每年；引进民营资本组建了湖南南山牧业有限公司，年产值2亿元、税收上千万元的两条液态奶生产线已于去年8月建成投产，每天生产出来的20多万瓶液态奶成为全市中小学生营养午餐指定产品，投资3亿元的县城高端奶粉生产线项目进展顺利。良好的奶业发展态势，使广大奶农收入不断增长，养殖积极性进一步提高，全县养殖规模不断扩大。

加快建设湖南生态文化旅游强县，以推进生态、科考旅游开发为契机，加快完善旅游基础设施，洞新高速西岩支线建成通车，白云四星级国际酒店建成投用，儒林四星级大酒店升级改造全面推进，武靖高速城步支线、边溪至南山公路加快建设。整合资金2亿余元倾力打造民族文化浓郁的特色村寨20个，其中长安营乡大寨村、丹口镇桃林村、边溪村、儒林镇清溪村、汀坪乡横水村等五个村寨进入“十二五”期间全国少数民族特色村寨“国保”名录，一大批星级农家乐、农家酒店如雨后春笋般出现。着力打造南山草原风光、两江峡谷生态民俗旅游区、十万古田生态旅游区、白云湖和白云洞景区、长安大寨侗族风情区、沙角洞银杉公园6大特色景区，被评为全国最佳生态旅游县、中国区域休闲旅游目的地城市和中国深呼吸小城100佳。今年该县共接待游客60万人次，实现旅游综合收入4亿多元，同比分别增长31.5%、34%。

民族新型工业加快发展，逐步形成以清洁能源、绿色食品加工、生物制药、高新电子为主的民族新型工业体系。全县风电装机达10万千瓦，每年发电2亿度以上，“南山”品牌荣获国家驰名商标称号，科源生物制品公司的“青蒿素”、雪峰果业的“罐头食品”等产品成功打入国际市场，新鼎盛电子科技有限公司生产的电容式触摸屏产业化项目被省人民政府确定为“十二五”战略性新兴产业重大建设项目，产品得到了华为、TCL 等电器大鳄的青睐。

该县利用高寒山区气候特点发展红茄、西红柿、南山萝卜等有机蔬菜，建立绿色食品、无公害蔬菜生产基地 12 个，供港蔬菜基地 4 个，种植面积稳定在 3.5 万亩以上，年产值达 3 亿元，成为农民稳定增收的重要渠道。城步被农业部授予绿色食品基地县，成为湖南省放心菜生产基地县和供港澳蔬菜基地县。

民族事业大进步

城步是老、少、边、穷地区，如何将有限的财力用在最大限度地保障民生、改善民利上，一直是该县县委、县政府思考的课题。近年来，该县将八成以上财力用于保障和改善民生上，一件件让群众看得着、摸得着的实事让全县人民共享改革发展成果。

“治穷先治愚，治愚先兴教。”近年来，该县先后投入资金 6.22 亿元，完成学校 D 级危房改造 2.6 万平方米，新建校舍面积 4.3 万平方米，成功创建 32 所义务教育合格学校和 7 所农村合格公办幼儿园，撤并中小学校 58 所，形成城乡两个优质教育圈，全县教育教学条件明显改善。

积极争取省市资金项目支持，全面实施了县城及所有乡镇卫生院改造，新型农村合作医疗参合率由 2006 年的 78% 提高到 2014 年的 99%，总补偿比例超过 70%。全县所有乡镇卫生院全面实施国家基本药物制度，新型农村合作医疗保险、城镇职工基本医疗保险和城镇居民医疗保险覆盖全县各族人民，苗乡群众得病小病拖、大病扛的现象一去不复返。

坚持精准式、造血式扶贫方针，实施“基础、产业、科技、生态、信贷”五大扶贫。2005 年起，在全县 90 个贫困村中扎实开展三轮整村推进扶贫工作。近年来，新修县级公路 192 公里，修筑村级公路、机耕道 493 公里，改造中低产田 5.6 万亩。投入 1.2 亿元扶助 20 个村架设了高低压输电线路 104 千米，完成

128 个行政村的电网改造。每年培训转移就业 5000 多人，就业率高达 95%，达到“培训一人、就业一人、致富一家”目标。2013 年，该县农民年人均纯收入达到 4140 元，贫困人口从原来的 14.2 万减少到 5.8 万。

民族传统体育得到长足发展，先后被评为“全省少数民族地区体育工作先进县”“全国少数民族体育工作先进模范集体”称号。城步龙舞、苗拳、打禾鸡 3 个项目进入国家体育非物质文化遗产保护与推广名录。连续获得三届邵阳市少数民族传统体育运动会团体总分和金牌总数第一的优异成绩。

民族文化放异彩

浓郁的民族风情，悠久的民族文化，深厚的文化底蕴，使城步苗乡犹如一颗璀璨耀眼的明珠镶嵌在湘桂边界。

全力保护民族特色文化。2007 年，城步苗族自治县委、县政府下发《非物质文化遗产保护工作实施意见》，成立了县“非物质文化遗产保护中心”。对“吊龙”“苗乡油茶习俗”“贺郎歌”“傩戏”“苗乡竹衣制作工艺”等进行深入挖掘和精心整理。已成功将“油茶习俗”“贺郎歌”列入省非物质文化遗产名录，“城步吊龙舞”列入国家级非物质文化遗产保护名录。加强了对少数民族文化的收集和整理，已累计收集、登记造册的少数民族古籍达 5000 多册（件），整理出版少数民族古籍 200 多种。特别是将濒临失传的 11 世纪《苗款》翻译成汉文译本，荣获邵阳市“五个一”工程奖。协助出版的《中国湖南城步青衣苗人语》概述了城步苗族语言的发展演变，填补了湖南苗族语言空白。收集各种山歌 12 万余首、谚语 1.2 万余条、民间故事与民间传说 5000 余个、民间音乐 200 余首、民间戏剧舞蹈 50 余个，《庆鼓堂》于 2011 年亮相湖南卫视春节联欢晚会。

强力打造传统文化节目。注重精品文化项目，推动民族特色文化做大做强。精心编排的《油茶舞》参加了全国少数民族业余艺术观摩演出，《挤油尖》《打禾鸡》荣获全国少数民族传统体育运动会表演项目一等奖，《打泥脚》荣获全国少数民族文艺调演二等奖。“城步吊龙”先后获得“第十届中国民族文艺山花奖舞龙大赛”金奖和“第九届全国少数民族传统体育运动会”表演项目一等奖，2010 年 7 月赴上海世博会参加了湖南宣传周演出。同时将贺郎歌、嫁女歌、油茶舞、炭花舞、庆鼓堂、打泥脚等特色文化打造成接待游客的表演节目，深受广大游客喜爱。为推介本地文化和旅游资源，摄制了《醉寨》《锦绣苗乡》《城步吊龙舞》《巨蘚之谜》《湘西苗乡探秘》等文化旅游专题片以及电影《爱洒人间》《一步之城》《古镇郎中》。

精心办好旅游文化活动。坚持“节庆牵线、文化搭台、旅游唱戏”，以文化活动推动旅游发展、以文化作品提升旅游名气，做强文化旅游产业。现已连续举办 17 届六月六山歌节，特别是今年 7 月举办的“中国湖南（南山）六月六山歌节”，实现了“山歌节”品牌的三级跳，升级成为湖南省的节庆活动，为加速融入大桂林旅游圈和大湘西生态文化旅游圈打造了一张亮丽的名片。

民族家园生态美

如今，走进城步苗乡，清澈溪水潺潺流淌，一排排绿树、一幢幢高楼倒映其中，吊脚楼、风雨桥等一个个景点点缀其中。

近年来，该县坚持“生态立县”的战略，着力抓好以天然林保护、封山育林、生态公益林、自然保护区为重点的生态林建设。每年安排 80 家单位和 300 余干部驻村办点示范，年均新造林 4 万亩、新造楠竹 1 万亩、楠竹低改 10 万亩。将辖区内 S219 省道沿线山脊、资巫浔渠四水流域两岸和生态脆弱地带纳入全面封禁区；严格林木限额采伐，不但从未突破上级下达的木材采伐指标，而且每年还要申请削减砍伐指标 6 万立方米；设置“绿色门槛”，执行环保准入制度，20 余个建设项目因为高能耗、高污染在环保审批过程中被否决；关闭污染环境的企业 13 家，停产整治项目 13 个，竹木加工企业由原来的 200 余家减少至 60 家。目前，城步森林覆盖率达 83%，地表水质达Ⅱ类，空气质量稳定好于国家二级标准，成为全国生态示范县。儒林镇、白毛坪乡以及白羊村、桃林村被省环保厅命名为“环境优美乡镇”和“省级生态村”；长安营乡、南山镇成功创建为省级环境优美乡镇，长安营乡大寨村等4个村创建为省级生态村。

为建设好一个富有苗族特色的生态宜居县城，该县制定出台了《民族风格建筑条例》，完成县城总体规划和土地利用总体规划修编，按照建设让人“望得见山、看得见水、记得住乡愁”的湘西南生态民族美丽山城的目标，加快县城扩容提质步伐。横跨巫水河的儒林大桥、城南沿江风光带、城东路等一批新的城镇开发项目的启动，县城基本形成了“三纵九横”骨干路网。县城主要街道民族特色改造开始启动，一路一特色，一街一景观，将为城步古城增添浓郁的民族气息。

按照“南建中改北扩”的城市发展战略，能容5000学生的城北学校，民族建筑风格浓郁的民族文化体育中心，城区三纵之一的主干道——白云大道，福龙名都商住小区，县城至茅坪“南水北调”供水工程等一大批投资额度大，带动力强的项目，使县城面积从2007年的3.8平方公里扩展到8平方公里。随着城市道路、城市供水、城市通信、城市物流等设施的更加完善，古老而又年轻的城步县城呈现出勃勃生机。

乘风破浪会有时，团结进步谱新篇！在党的民族政策光辉照耀下，城步县委、县政府正团结和带领30万各族人民同心同德，迎难而上，务实创新，奋力谱写建设“湖南省生态文化旅游强县、湖南省风力发电第一县、中国南方乳业第一县、全国民族团结进步模范县”的崭新篇章！

创新民族地区文艺创作人才队伍建设的思考

曹正城

国家非物质文化遗产——城步吊龙舞

文化是民族的血脉，是人民的精神家园。党的十七届六中全会指出："推动社会主义文化大发展大繁荣，队伍是基础，人才是关键"；党的十八大报告首次明确提出了"建设社会主义文化强国"的宏伟目标；2014年10月15日，中共中央总书记、国家主席、中央军委主席习近平在北京主持召开的文艺工作座谈会上强调：文艺工作"要通过深化改革、完善政策、健全体制，形成不断出精品、出人才的生动局面"；在党的十九大报告中，习近平总书记进一步指出：要"加强文艺队伍建设，造就一大批德艺双馨名家大师，培育一大批高水平创作人才。"近年来，党中央如此高度重视文化工作和文艺人才队伍建设，对民族地区文化的繁荣发展又一次带来了新的机遇、新的挑战和新的考验。没有民族地区的文化大发展大繁荣，建设社会主义文化强国的目标也就难以圆满实现。在实施文化强国的过程中，文化艺术人才队伍的建设是文化强国的关键，而文艺创作人才队伍的建设又是关键中的关键。本文试以湖南省城步苗族自治县为例，就民族地区如何创新文艺创作人才队伍建设谈几点粗浅的看法和建议。

一、目前我县文艺创作人才队伍及创作成就的基本情况

我县地处湖南省湘西南边陲，系全国五个单列苗族自治县之一，国土面积2647平方公里，总人口约30万，其中以苗族为主的少数民族人口占60%以上，森林覆盖率达80.3%。城步民族文化底蕴十分深厚，文化生态旅游资源非常丰富，境内有著名的八十里大南山国家级风景名胜区和湖南南山国家公园、两江峡谷国家森林公园、白云湖国家级湿地公园、金童山国家级自然保护区，还有明朝开国第一大将蓝玉故里、中国南方杨家将的杨氏官厅、十万古田、长安营城等历史文化古迹。

到2016年底，我县作家协会、美术家协会、戏剧曲艺家协会、音乐舞蹈家协会、摄影家协会、民间文艺家协会、书法家协会等共有登记备案的会员170余人，其中省以上各类文艺家协会成员为16人。新中国成立以来，尤其是1956年中央批准我县为苗族自治县以来，在党的“双百”（百家齐放、百家争鸣）文艺方针和“古为今用、洋为中用”的正确思想指引下，在历届县委、县人民政府的大力支持下，文艺创作队伍不断壮大，文艺创作成果令人瞩目。据不完全统计，仅1999—2016年，我县文艺工作者在市以上发表、展出、演出的各类文艺作品达3000余件。2008年，我县被湖南省民间文艺家协会命名为“中国南方杨家将文化艺术之乡”。《城步吊龙舞》被列入国家非物质文化遗产名录，2010年7月代表湖南参加了上海世博会的展演，还获得过第十届中国民间文艺“山花奖”。还有舞蹈作品《挤油尖》获全国民运会表演项目一等奖。我县文艺界的代表人物和代表作有：

（一）县文化馆原美术辅导专干、邵阳市美术协会原副主席、中国著名的版画家、享受国务院特殊津贴的副高级研究员邹洛夷，自 1957 年从邵阳师范毕业来到城步苗乡，一生辅导学生创作，闲时勤奋耕耘，毕生创作发表的版画作品达 170 余幅。他工作在城步、生活在城步、奉献也在城步。他创作的作品，均源于城步的生产生活和苗乡人民的民风、民情、民俗。1963 年他创作反映苗乡农民牵牛扛犁耕作而归的《山区行旅》版画，1982 年在法国、日本等国家展出，并发表在美国纽约《美洲华侨日报》上，是世界版画史上里程碑式的代表性作品，也是中国版画百年标志性的珍品。他的创作精神和作品风格，受到中外美术界的称道。中国当代美术家在日本最有影响的人物只有两个：一个是范增，另一个就是邹洛夷。1986 年日本成立了"邹洛夷版画研究会"。由于创作成果十分出色，20 世纪 60 年代初，他被评为"中国十大青年版画家"之一，还受到周恩来总理的亲切接见，并且担任过湖南省政协委员。

（二）从我县走出去的邵阳市原文联副主席、中国作协会员、全国著名的优秀中青年苗族作家肖仁福，到目前为止，已创作发表文学作品一千万余字，其中有震惊四座的现实主义力作长篇小说《位置》《仕途》《局长红人》《家国》《阳光之下》和反映历史人物的五卷本鸿篇巨制《李鸿章》《李鸿章·平步青云》《苏东坡传》等多部。1994 年贵州民族出版社推出了他的小说集《萧声曼》，1997 年获中国作家协会、国家民委主办的第五届全国少数民族文学"骏马"奖。2006 年中国青年出版社出版了他的另一佳作——《官运》，一夜之间红遍大江南北，引起了省内外文坛的极大关注，读者竞相购买，登上了国内各大中城市畅销书排行榜，年内重印了 10 余次。2021 年又隆重推出了另一长篇力作《阳光之下》。由于他的官员政事人情小说集中反映了读者熟悉的生活，关注了现实人生，几乎将当下官场生活原汁原味地搬了过来，从而被文艺界人士和广大读者称之为湖南"官场小说三家村"之一（原有廖浩明的官场历史文化小说，王跃文的官场世俗心态小说）。

（三）我县在省内外文艺界有影响的文艺家还有：张正扬（中国版画家协会会员）、尹建德（中国曲艺家协会会员）、唐尧（湖南省作协会员）、吴合腾（湖南省美协会员）、曾令多（湖南省音协会员）、万千（湖南省戏协会员）、杨雄（湖南省作协会员）、李桂英（湖南省作协会员）、赵和平（湖南省书协会员）、艾军（中国艺术摄影家会员）、叶飘（湖南省作协会员）、唐陈鹏（湖南省作协会员）、刘太琼（湖南省书协会员）、周牧游（湖南省书协会员）、周红（湖南省舞协会员）等。

二、我县民族文艺创作人才队伍存在的问题和不足

（一）文艺创作队伍人才数量较少、年龄偏大、结构不合理，专业人才青黄不接，且经费投入有限

据统计，到2016年底止，在我县县级各类文艺家协会登记备案的会员总数还不到两百人，这对拥有面积2647平方公里、人口约30万的城步来说是不太相称的。在这些会员中，其中40岁以下的会员只有30人，仅占会员总数的18%，而50岁以上的会员高达60余人，占会员总数的36%。在这些会员中，第一学历为文学艺术专业的研究生、本科生极少。在音乐舞蹈家协会会员中，真正能够作曲并能在省市以上刊物公开发表作品的人也不多。文学创作这块的会员在整个会员中相对来说力量雄厚些，但优秀的影视、导演、戏曲、表演等专业创作人员十分匮乏，非常拔尖、高层次的并在国内有一定影响的文艺专业创作人才简直如凤毛麟角。近年来，县财政对文艺创作的投入应该说是尽了力的，每年安排了10余万元（含办刊）经费，但从实际需要和加速推进我县文艺创作上水平、上档次，全面实施生态文化旅游强县的伟大战略，文艺创作走进全省和全国的先进行列还远远不够。

（二）在全省、全国有影响的精品力作较少

一方面，少数民族文艺创作曾一度在边缘文化的影响下进行，某些作品或许在特定时期产生过一定的影响，但一些文艺作者并没有随着社会的发展进步去创新写作方法，吸取先进经验，从而导致思维落后，创作手法陈旧，创作质量和作品得不到社会的认可。另一方面，最近十多年来，我县虽然民族文艺创作和发表的数量取得了长足的突破，发表、出版、展示、演出的作品几乎是过去的总和，

但透过数字，我们可以发现一部分文艺作者的眼光还只是停留在“可以发表、出版、展出、演出”的层面上，有“高原”但缺少“高峰”，数量庞大的作品中真正能产生较大社会影响的佳作却不多见，致使文艺作品的数量与质量不成正比。

（三）文艺作者学习、创作环境还不尽人意

由于受到地域的限制和经济的制约，导致文艺创作信息相对闭塞，难与外界互动交流。一些文艺作者的文艺创作跟不上当今文艺发展的时代脉搏。有些创作题材难以得到政策上、资金上的支持，难以进行深度采风、集中心思创作。同时，还缺乏作品发表平台，作品不易向社会推介，学习深造交流的机会也较少。因此，不同程度地影响了一部分文艺作者的创作热情和积极性。

三、繁荣民族文艺创作，不断创新我县文艺创作人才队伍建设

人才兴，文化兴，文化兴，国运兴；人才强，文化强，文化强，民族强。

只有有了优秀的文艺创作人才，才能创作出优秀的文艺作品，才能引领、创造良好的文化氛围。同时，大力繁荣我县民族文艺创作，不断创新文艺创作人才队伍建设，对加快我县经济社会发展和奔小康的步伐来说具有重大的、特殊的现实意义和历史意义。一是创新实施民族文艺创作人才队伍建设工程，是构建社会主义核心价值体系的需要，是全面实现我县生态文化旅游强县目标以及建设和谐民族文化的重要支撑；二是创新实施民族文艺创作人才队伍建设工程，是我县文化大发展大繁荣的基本标志，也是建设我县生态文化旅游强县的客观要求；三是创新实施民族文艺创作人才队伍建设工程，是保障苗乡人民文化权益，让苗乡民众共享文化发展成果的时代诉求；四是创新实施民族文艺创作人才队伍建设工程，是提升城步文化软实力，推动城步经济社会快速、优质、高效发展和脱贫攻坚奔小康的必然需要。

如何建设培养我县一支高质量的文艺创作人才队伍，本人建议今后5年内甚至较长的时间内，应从如下几个方面着力创新推进。

（一）我县民族文艺创作人才队伍建设的方向

要坚持以人民为中心的创作导向。要着眼于“出作品、出人才”，更要着重于促进思想精深、艺术精湛、制作精良的经典文艺作品问世并能传世，力求文艺作品的社会效益和经济效益相统一，不断提升城步文化品位，营造文化城步氛围，同时借助城步独特优美的生态环境使城步的民族文化和城步的优秀文艺创作人才走向全国、走向世界并能影响世界。

（二）五年内奋斗的主要目标

建立一支规模较大、结构合理、门类齐全、素质优良、实力雄厚的文艺创作人才队伍。基本文艺创作人才队伍数量要大力增加，即县级各文艺家协会会员总量要达到 300 人以上，市级以上会员达到 100 人，新增省级会员 20 人，新增国家级会员 10 人，形成薪火相传、持续发展、老中青相结合的文艺创作人才梯队。要创作出数十件以上在全省、全国有较大影响力的思想性、艺术性、观赏性俱佳的各类文艺作品，使城步的文艺创作工作迈进全省乃至全国的先进行列，成为生态文化旅游强县建设中又一叫响的品牌和亮点。

（三）实现上述目标的具体措施

1. 要高度重视文艺创作人才队伍建设工作

着力促进民族文艺创作繁荣，要牢固树立人才是第一资源的观念，始终坚持党管人才的原则。各级党委、政府和文化行政主管部门，要定期研究涉及文艺创作人才队伍建设的重大问题，选好配强文艺单位领导班子，将文艺创作人才队伍建设规划纳入全县人才队伍建设的总体规划。要遵重文艺创作工作者的创作个性和创造性劳动，政治上充分信任，创作上热情支持。对文艺创作人员在工作生活上存在的具体困难，要妥善给予解决，为他们营造最佳的创作环境和空间。

2. 要建立完善全县文艺创作人才数据库

对全县现有的文艺创作人才（含退休人员），由县文化部门和县文联进行一次全面普查登记。就基本情况、文学艺术创作简历、主要作品、创作演出展出情况、创作计划与发展方向等进行全面统计，进一步摸清家底，建立文艺人才网，数据全面入库。对专家级、重点培养级、后备人才级要分类存档、分别管理。

3. 要建立民族文艺创作人才培养激励扶持考评机制

繁荣民族文艺，就必须有展出创作成就的平台。要通过扶持机制出人才，奖励机制出作品的有效途径。要科学制定符合文艺创作人才培养特点的考核评价体系和奖扶机制。一是建议每两年开展一次“德艺双馨”的文艺创作评比活动，设立一个由县委、县政府颁发的全县最高文艺创作奖——城步“苗岭文艺奖”，表彰在文艺创作成就突出，为城步文艺事业发展做出重大贡献、具有良好文学艺术修养的“德艺双馨”的文学艺术家，并形成长效机制。二是县财政设立文艺创作奖扶基金，增加文化部门和文化艺术工作经费。对反映城步苗族历史和当今经济社会发展的重大题材创作，要给予作者时间上的保证、深入生活调研采风的便利、经费上的扶持，作品创作成功并获社会好评，还要给予作者重奖，并通过各种途径向社会推荐、宣传。三是创新符合文艺创作人才特点的招录机制。要根据文艺创作人才培养的特殊性，做好招考、录用和引进工作，注重实际创作业绩，对特别优秀的紧缺人才，如影视、戏曲、声乐、文学等创作专业人才，要视实际情况给予特殊招录。四是大力加强优秀中青年文艺创作人才的培养考核。对符合优秀中青年文艺创作人才培养条件的人选，要有重点的予以推荐和选拔培养，包括选送到高等文艺院校和上级文艺部门进修深造挂职，特别优秀的还要提拔重用，从而营造有利于出精品、出人才、出效益的良好文艺创作氛围。五是坚持文艺创作从娃娃抓起，为文艺创作人才培养后备力量。要定期在全县中小学生中开展征文、书画大展、器乐、歌舞表演大赛等活动，从而发现一批文艺新苗并从各个方面给予引导扶持。六是要充分发挥已退休老文艺家传帮带的作用，不断提携新人。

4. 以实施项目带动文艺创作人才队伍建设工程

依托我县实施生态文化旅游强县的重大项目，形成项目建设带动文艺创作人才培养的机制。在实施生态文化旅游强县的过程中，必定要打造一批全省、全国乃至世界性的文化品牌，推出一批具有影响力的重大文化节庆活动和精品文化工程。如进一步办好每年的中国湖南（南山）“六月六山歌节”、南山风筝节等各类民族体育文化赛事，每5周年、10周年自治县成立日的大型庆典活动，全国五个苗族自治县的“苗族文化论坛”等。在这些活动中，要把培养文艺创作高层次人才作为一个重要内容，给文艺工作者压担子、定任务，每一个活动项目要吸收本地一些文艺人才全程参与，把项目的实施和人才的培养有机地结合起来，从而随着项目的实施完成，也就锻炼培养造就了一批文艺创作人才。

5. 国家有关部门要从财力人力物力等方面加大对民族地区文艺创作人才队伍建设的帮扶力度

创新民族文艺创作人才队伍建设是一项长期的、艰巨的、重大的文化发展战略任务，如单靠民族地区自身的力量，要做到民族文艺创作人才辈出、不断壮大、精品力作不断问世并载入国家史册，不论是人力物力还是财力等方面，皆存在一定的困难和局限性。因此，从民族地区的长期稳定发展和文化建设的需要，建议国家民委、文化部、全国文联、财政部每年设立少数民族文艺创作重点扶持项目和扶持基金，有重点、有计划、有目的地对少数民族文学艺术家的创作进行专项扶持。同时，还建议中国文联下设的各类文艺家协会、中央各演出团体、国家各类文艺出版部门和文艺报刊杂志社，在少数民族地区开设中、短期文艺培训班，让一些全国著名的作家、各类艺术家、评论家前来授课，为民族地区的文艺作者提供更多的学习、交流、提高的机会。

6. 建立与先进发达地区合作培训文艺创作人才的长效机制

针对我县目前戏曲创作、影视文学创作、音乐创作以及歌舞表演等方面的专业人才青黄不接的状况，可以选送一些有培养前途的文艺骨干到北京、上海、长沙、深圳等地的文联、作协、文艺出版部门以及文艺演出团体等单位挂职跟班学习，将外地先进开放的文艺创作表演方式方法以及思维融入本地，从而系统地提高其文艺创作表演水平，使其作品不断从“高原”走向“高峰”，为城步文化的大发展、大繁荣注入新的活力。

（原载 2018 年 3 月 9 日《中国民族报》、2015 年第 1 期《文史博览·理论》杂志。）

加强苗族地区人才建设的思考

——以湖南省城步苗族自治县为例

杨焕忠

少数民族人才是少数民族中的优秀分子,是党委政府联系少数民族群众的重要桥梁和纽带。边远少数民族地区人才队伍的状况，是衡量当地民族发展进步的重要标志，加强少数民族地区人才建设，是振兴民族地区经济的需要，是坚持和完善民族区域自治制度，实现民族发展、民族团结的需要，更是巩固和发展团结稳定的政治局面的需要。加快民族地区发展，人才是根本。没有一支庞大的适应民族地区大发展需要的各级各类人才队伍作支撑,民族地区发展战略就难以实现。近年来，城步苗族自治县高度重视人才队伍建设，采取公开选拔、竞争上岗、请进来传经、送出去培训，加强同县内外发达地区联系，出台人才引进政策等措施，为推进城步的发展与进步，选拔、培养了一批批各级各类人才。他们在维护社会稳定、加快城步经济和社会各项事业发展中做出了积极的贡献，也为实施民族地区的发展与繁荣战略奠定了比较坚定的人才基础。但是，面对日趋激烈的国际国内人才竞争,少数民族地区尤其是像城步这样边远欠发达的少数民族地区在人才竞争中面临的形势更加严峻，稳定和吸引人才的任务更加繁重。培养和建设一支高素质的人才队伍是我们面临的现实而紧迫的重大课题。当前，城步县人才队伍建设存在形势与任务不相适应的突出问题，表现在四个方面：

一是人才数量虽足，但质量不高，高层次人才紧缺，人才数量与人才质量不相适应。截至 2013 年底，全县现有各类人才总量 9579 人，其中行政管理人才 2300 人，占人才总量的 24%，少数民族占 78%，研究生占 0.08%，大专、本科占 82%；有各类专业人才 3599 人，少数民族民族占 76%，高级职称占 2.3%，中级职称占 21.07%，研究生占 0.08%，大专、本科占 91%。从以上数字比例看，人才质量并不低，以大专以上学历为主体，中、高级人才占总量的三分之二。但是，“高学历低水平”“高职称低能力”的现象比较普遍，真正高层次人才偏少的问题还十分突出。全县没有博士生，研究生学历几乎都是通过成人教育获得。大专、本科学历者相当一部分是通过电大、函授等形式获得。

二是人才结构欠优，配置不佳，人才结构与经济结构不相适应。从单位内部人员结构与上级政策要求看，按照国家有关规定，事业单位人员结构比例为：管理人员占总人数的10%左右，专技人员应占总人数的70%以上，工勤人员占总人数的10%左右。而我县现有事业单位管理工勤类人员严重超员，如林业部门事业单位人员共有339人，专技人员占有112人，仅占33%；交通部门事业单位人员有87人，专技人员20人，仅占23%；规划建设部门共有事业单位人员69人，专技人员25人，仅占36%。由于专技人员配置不合理，影响了部门行业工作的正常开展。从分布的单位性质看，主要分布在行政事业单位，企业、新兴实业人才较少；从分布的行业看，98%以上人才集中在教育、卫生及农林牧行业，其他行业偏少，电子信息、商贸旅游和生物工程人才更是稀缺；从分布的区域看，乡镇基层人才更少，如威溪、长安等乡镇卫生院具有职业资格人员极少，很多器械设备无人会用，基本处于闲置状态；从年龄结构看，高级人才年龄多在55岁左右，35岁以下的中青年高级人才稀少，显示出严重的“老龄化”趋势和紧迫的“青黄不接”局面。如教育部门55岁以上的教师共有194人，农村教师就占了110人之多；农业部门高中级职称人员年龄大都在50岁以上。

三是人才流失严重，难以引进，人才集聚与经济发展不相适应。一方面原有的优秀专业技术人才和管理人才大量向沿海等经济较发达城市转移，近5年来，仅人民医院就有18名高、中级人才外流，导致县人民医院严重紧缺学科带头人；另一方面又很难引进具有本科及以上学历及高级职称以上专业技术人才，如近3年我县每年给卫生部门10个双向选择指标到南华大学等高校选择本科生，每年只能招到4至6个，其中只有1至2个南华大学本部一本生，造成我县医学高、精、尖人才十分欠缺，某些专业如医学影像等出现人才断层。这种“本地人才想外出，外地人才不愿来”问题的出现，既影响了当地经济社会的发展，也影响了现有人才队伍的稳定。

四是人才管理、使用和配置机制不活，人才管理的封闭性与市场经济的开放性不相适应。人才的竞争机制尚不健全，使一些优秀人才难以脱颖而出；人才所有单位旧的管理理念比较严重，导致人才资源共享，开发效率低；分配上的平均主义，使一流人才得不到一流待遇，难以激发其积极性和创造性；人才市场发育不全，市场配置人才的功能未能充分发挥，专业人才均是按传统人事调配方式流动。人才内流不畅，难以整合人才力量。

存在上述问题的主要原因有以下几方面：

第一，经济发展水平低。人才的集聚与经济的发展相互作用，互为促动。城步地处湖南西南边陲，地理环境特殊。改革开放前，国家投入的建设项目和资金极少，造成地区经济基础差、底子薄。改革开放以来，国家实行优先扶持东部沿海地区发展的战略，对西南地区投入的建设项目、资金仍显不足，加之地区经济结构不合理，资源优势没有较好地转化为经济优势，不能形成因经济的大发展和产业结构大调整而引发人才需求的大环境，既不能吸引外地人才来这里施展抱负，又使得本地现有人才因“英雄无用武之地”而被闲置。一些专业人才为求发展或其他原因千方百计流向经济发达地区，而本地考出的人才“返乡”极少。地方财政困难，用于人才开发的经费极为有限，各类人才普遍缺乏及时“回炉”“充电”，导致个人技能退化、素质下降。由此造成高层次、高技术人才短缺。由于教学条件差、师资力量弱，升学率低，学生在报考志愿时都是选择一些省内外报考人数少、招生人数多的教育、卫生等专业，致使地区专业人才队伍结构不平衡。

第二，生活环境欠佳。由于医疗条件差、水平低，高血压、关节炎等地方病发病率、死亡率高，一些人得重病后需到二三百公里之外的邵阳市甚至省城长沙治疗，造成医疗成本高。由于运输线长，工业品、生活用品价格普遍偏高；教育基础差，高考升学率低，到了初中、高中阶段许多人想方设法把孩子送往外地就读，加重了经济负担，造成生活成本高。城步是个“要饭”财政，办公经费紧张，专业人才除了工资外，几乎没有其他福利和补贴，特别是基层人才，由于政策原因，职级低、职称评定难，实际收入很低。在这样的环境下，干部付出的多、得到的少，生活成本高、质量差，导致人心不稳，使有意流入的人才望而生畏。

第三，人事制度改革迟缓。市场配置人才机制尚未建立，还没有形成区域性人才市场，人才有序、合理流动的渠道不畅，人才旧的管理模式没有改变，缺乏有利于发挥人才作用的管理机制；由于经济发展缓慢，财政困难，各级党委、政府往往把地方有限财力最大限度地投入到经济建设和人民群众最迫切需要解决的问题上，而对文化教育、科研卫生等方面的投入相对较少，用于提高人才待遇、解决各种困难的资金更少，缺乏拴心留人的保障机制。少数民族地区在推进干部人事制度改革中还存在许多实际问题，在强调公平竞争的同时，又必须考虑平衡照顾和社会稳定，缺乏一个平等竞争的平台；有的领导往往对项目、资金情有独钟，对人才建设重视不够。或是只看人才弱点，不看人才优势。或是只重人才拥有，不重人才开发；或是只用现有人才，不重视挖掘培养新人才。人才综合开发使用效益不高，缺乏人才是财富，人才是效益，人才是第一资源的观念。

组织部门肩负着加快建设适应少数民族地区发展需要的人才队伍的重要责任，要以强烈的政治责任感、历史使命感和时代紧迫感抓好人才队伍建设。认真贯彻党的十八大提出的人才建设的要求，坚持用好本地人才与吸引外地人才并举，人才引进与智力引进并重，人才开发与人才培养同步。加快干部人事制度改革步伐，努力创造人才脱颖而出、充分施展才华的环境和条件，为全面建成小康社会目标提供强有力的人才支撑。当前，要结合我县实际，抓紧做好以下几方面工作。

一、牢固树立人才是第一资源的观念，提高抓好人才队伍建设重要性和紧迫性的认识

马克思主义认为，人是生产力中最革命、最活跃的因素。市场的竞争，说到底是人才的竞争。人才是第一资源，是最宝贵的资源的观点，已被世界各国所认同。建设高素质党政领导人才、经营管理人才、专业技术人才三支队伍，是认真贯彻党的十八大精神，全面建成小康社会，实现中华民族伟大复兴中国梦的迫切需要。边远少数民族地区，经济基础薄弱，各方面条件艰苦，人才缺乏的矛盾比较突出，尤其是经营管理人才和科技人才缺乏问题更为突出。新的形势使少数民族地区面临着前所未有的发展机遇，更加迫切需要使用好现有人才，培养出新的人才，引进大批高素质的各类人才。各级党委和组织人事部门应带头转变观念，进一步解放思想，加强对人才工作的领导，切实把人才队伍建设摆上各级各部门的重要议事日程，把党的干部和人才统筹规划、协调发展的机制建立起来，形成

党委统一领导，组织部门牵头抓总，有关部门各司其职、密切配合的人才新格局。切实抓好稳定人才、培养人才和吸引人才工作。进一步加大人才资源开发力度，加快制度创新和政策调整步伐，努力造就一支数量充足、结构合理、素质优良、门类齐全的人才队伍。

二、强化培训教育，切实做好人才的培养，提高人才队伍素质

人才培养是人才队伍建设的基础性工作。要从推动党和国家事业发展的战略高度来认识人才教育培训的重要性，树立大教育、大培训的观念。

（一）抓好教育培训

以领导干部、中青年干部和新进班子成员为重点，做到重点干部重点培训，优秀干部加强培训，年轻干部经常培训，紧缺人才抓紧培训。着力提高党政人才的执政能力，经营管理人才的驾驭市场能力，专业技术人才的创新能力；充分运用广播电视和信息网络等推进远程教学和社会化教学，使各类人才接受高水平的教育。通过委托办学方式，培养民族地区需要而无法引进或关键岗位不能引进的人才；逐步实行培训机构资格审查制度和培训质量评估制度，推进教学改革，提高培训的质量；坚持把培养少数民族人才作为人才培养的重点，抓好继续培训；加快构筑终身教育体系，积极引导和鼓励企事业单位加大人才资源开发投入，建立政府、企业、社会、个人多元投资机制，促进各类人才更新知识、提高能力。

（二）抓好实践锻炼

遵循领导人才成长的一般规律，把干部特别是年轻干部放到艰苦环境和基层一线去锻炼。知识分子同实际结合，是人才成长的重要途径。积极引导和鼓励各类人才到基层一线，到艰苦恶劣环境，到矛盾复杂、困难较多的地方去磨炼意志，砥砺品格，增长才干，建功立业。拓宽干部交流渠道，扩大地区不同部门、不同行业之间干部的交流力度。通过多方面、多层次交流，培养出更多的人才。

三、营造良好环境，完善用人机制，稳定现有人才队伍

环境和机制对于人才的成长和发挥作用十分重要，关系到能否将各类人才“引得进、留得住、出业绩”的关键。

（一）坚持管理创新和分配创新

人事管理要改变过去那种把人用户口、身份、档案固定的管理模式，要由“固定控制型”向“指导激励型”管理转变，打破人才的部门、地域、所有制壁垒，建立开放灵活的人才流动机制；积极引导人才向基层一线、向经济建设主战场合理流动，选拔优秀年轻干部到贫困乡镇、重点改制企业挂职任职，使人才结构、分布同经济与产业的发展方向相配套；鼓励各级各类人才领办、创办、承包企业、项目，或从事个体、私营经济活动；组织各类科技人员到贫困乡镇、村开展技术承包、技术咨询、技术推广、科技扶贫活动。把在基层一线、在经济建设主战场实践的经历作为选拔任用干部的一个重要条件，并在职称评定方面实施倾斜政策。完善人才激励机制，进一步将按劳分配与按要素分配相结合，实现“智力资源资本化”。建立人才贡献与收入相适应的分配制度，按劳分配和按知识、技术等生产要素分配相结合的制度及人才贡献的奖励制度，以体现人才的能力价值、知识分量、业绩，真正使人才的贡献得到应有的回报，多劳多得，才有所值。

（二）创造良好的生活环境稳定人才

少数民族边远地区仅用高薪、优厚待遇留住人才是不现实的。因此，既要注重硬环境、宏观环境的改善，更要注重软环境、微观环境的优化，千方百计在“事业留人、感情留人”方面下功夫，急人才之所急，想人才之所想，帮人才之所需，努力给各类人才创造良好的生活环境，营造心情舒畅的氛围。同时更需要争取中央和省、市党委在政策、资金、项目上给予大力扶持。对专业人才实行特殊的工资政策，切实提高收入，鼓励他们安心边区。进一步加大财政扶持力度，在税收政策、信贷资金等方面给予更大的倾斜。进一步加大科技扶持、

项目扶贫力度，促进地方经济的发展，夯实以优厚的待遇和良好的环境留住人才的物质基础。

（三）推进干部人事制度改革，形成有利于人才脱颖而出的用人机制

认真完善干部考察预告、差额考察、任前公示和竞争上岗经验，加大公选干部的范围和规模，积极推行领导干部任期制、试用期制和辞职等制度，以公开促公平，以公平体现公正，使优秀人才脱颖而出，实现优胜劣汰。改革创新职称评聘制度，把学历、资历同考试考核、业绩贡献结合起来，坚持评聘分开，实行高职低聘、低职高聘，低聘低薪、高聘高薪，有效地发挥职称这一杠杆的激励、约束作用。

四、加强宣传教育，完善引进政策，积极吸引县内外人才来边远地区建功立业

边远欠发达地区与东部发达地区的人才竞争条件差距很大，用高薪和优厚的待遇吸引人才是不现实的，也是难以做到的。必须认真探索吸引人才的新思路、新办法，采取积极灵活、有效的政策和措施。

（一）加强宣传，倡导艰苦创业

民族地区的发展需要一大批具有战略眼光、现代知识的人才，也为有志之士提供了施展才华的广阔舞台。采取多种措施，大力宣传中央关于加强少数民族地区发展的重大意义，宣传民族地区建设和改革开放的巨大成就，宣传民族地区的环境优势、资源优势和发展前景，宣传民族地区的政策，激发有志之士的热情和成就一番事业的雄心；宣传长期在边远艰苦民族地区辛勤的干部、知识分子的事迹和奉献精神，努力在全社会营造尊重知识、尊重人才、尊重劳动、尊重创造的良好氛围，积极鼓励人们干事业，大力支持人们干成事业，以他们的艰苦创业和无私奉献的革命精神感召和激励有志之士来民族地区创业。

（二）创新观念，采取灵活多样的人才引进政策

摒弃人才“为我所有”的旧观念，树立只求为我所用、不求为我所有的人才观，以政策为导向，以利益激励为基础，建立更加灵活优越的柔性的人才流动机制；发挥项目吸引、市场配置、感情凝聚、灵活多样培训教育方式吸引人才；坚持以资源换技术，以市场换人才。对发达地区的人才，可以采取聘用、技术入股、技术承包、项目合作、受聘讲学、咨询服务、成果转让等各种形式进行合作；对引进的关键岗位人才，不受编制、进人计划、专业技术岗位指数限制，在工资待遇、所创效益提成比例等方面给予更为优惠的政策；要面向经济建设主战场、面向基层一线引进急需的高层次人才，逐步实现一流人才，一流待遇；积极引导高等院校毕业学生“返乡”创业。

（三）积极争取中央对边远民族地区更大的人才支持，补足后续人才

建议国家采取激励措施调整毕业生就业政策，对民族地区考入外地院校的大学生，规定毕业后到外地党政机关、事业单位的，应“对口”到边远民族地区工作3—5年，提高其工资补贴和津贴。对期满，愿意继续留在边远民族地区的要广泛宣传，并在工资待遇上采取特殊政策；对期满政绩突出的予以提拔重用，支持和鼓励大学毕业生到边远民族地区建功立业。设立边远民族地区引进高层次人才专项基金，切实改变当前高级高职能人才紧缺的局面，以适应边远民族地区发展对人才的需求。

（作者系城步苗族自治县政协提案委主任）

苗族非物质文化遗产传承人培养初探

杨成胜

苗族历史悠久，在长期的生产生活实践中，创造了大量丰富的非物质文化遗产。非物质文化遗产与物质遗产一样，都是人类文明的结晶和共同的宝贵财富，是人类社会得以延续的文化命脉。非物质文化遗产的保护与传承已引起世界各国政府的普遍重视和普通民众的广泛关注。在非物质文化遗产传承过程中，传承人是主要承载者，传承人培养成为传承工作的关键。著名作家和当代中国民间文化抢救保护的发起者冯骥才指出："代代相传是文化乃至文明传承的最重要的渠道，传承人是民间文化代代薪火相传的关键，天才的杰出的民间文化传承人往往还把一个民族和时代的文化推向历史的高峰"。近年来，苗族非物质文化遗产保护取得了较大的成效，但传承人培养存在不少问题，值得我们进行探讨。

一、非物质文化遗产传承人及其作用

非物质文化遗产是人类文化的重要组成部分。关于什么是文化，英国人类学家爱德华·泰勒指出，"文化，或文明，就其广泛的民族学意义来说，是包括全部的知识、信仰、艺术、道德、法律、风俗以及作为社会成员的人所掌握和接受的任何其他的才能和习惯的复合体"。根据联合国教科文组织《保护非物质文化遗产公约》定义，非物质文化遗产指被各群体、团体、有时为个人所视为其文化遗产的各种实践、表演、表现形式、知识体系和技能及其有关的工具、实物、工艺品和文化场所。

人是一切文化的主体，是文化的创造者和传承者。各民族群众人是非物质文化遗产的创造者，又是非物质文化遗产的实践者和传承者。从普遍意义上说，每一个人都是非物质文化遗产的创造者和传承者，都在非物质文化遗产传承过程起着主体的作用。但从对非物质文化遗产活动的投入程度和作用大小上说，每一个民族都有一批专注本民族非物质文化遗产收集、研究、传承、传播、创新并在非物质文化遗产发展中起着与众不同的重要作用的优秀分子，他们就是非物质文化遗产的传承人。

国内较早出台的非物质文化遗产传承人管理文件《湘西土家族苗族自治州民族民间文化遗产传承人保护管理暂行办法》界定其所指“传承人”，是指“州人民政府公告命名并在我州境内通晓本民族传统文化活动内涵、表现形式、组织规程或在本民族民间工艺领域中技艺精湛或掌握有一定数量的民族传统文化原始文献、资料和实物，并有一定研究成果被群众公认的代表人物”。著名民族学家祁庆富先生在全面梳理了非物质文化遗产传承和传承人的学术史后，将非物质文化遗产传承人定义为：“在有重要价值的非物质文化遗产传承过程中，代表某项遗产深厚的民族民间文化传统，掌握杰出的技术、技艺、技能，为社区、群体、族群所公认的有影响力的人物。”

非物质文化遗产传承人在非物质文化遗产传承和发展中具有重要作用，主要表现在：一是传承人是民族文化历史发展链条上主要的齿轮，缺少了这个环节，民族文化就将会衰亡和断链，正是因为一代接一代的非物质文化遗产传承人在文化传承中所起到的承接与传授、再承接与再传授作用，才使民族文化有了延续与发展，从历史走向了当代，从传统走向了现代；二是传承人是民族文化的创新者，正是因为他们在民族文化方面的不断创造与创新，才实现了民族文化的再生产，促进了民族文化的积淀深厚与向前发展；三是传承人在进行民族文化传承与再生产的过程中，能够通过师徒方式或言传身教方式培养出新的传承人，为民族文化的传承发展造就了新的传承主体与血脉；四是传承人一般都较为注意做好民族文化历史文献、原始资料和珍贵实物等的收集、整理与保存，有利于民族文化的保护与发展；五是传承人一般都是民众中间有知识有文化的优秀人物，他们一般聪颖智慧、能思善想，对民族文化的传承与发展怀有较高的历史责任感，较为熟悉民族文化的内涵与形式，能于把握民族文化发展变化的趋势与规律，对民族文化有一定甚至是较深的研究，有利于民族文化的传承与发展。所以，著名民俗学家刘锡诚先生总结说：“非物质文化遗产的大部分领域，如口头文学、表演艺术、手工技艺、民间知识等，一般是由传承人的口传心授而得以代代传递、延续和发展的。在这些领域里，传承人是非物质文化遗产的重要承载者和传递者，他们以超人的才智、灵性，储存着、掌握着、承载着非物质文化遗产相关类别的文化传统和精湛技艺，他们既是非物质文化遗产的活的宝库，又是非物质文化遗产代代相传的‘接力赛’中处在当代起跑点上的‘执棒者’和代表人物。”中国民间文艺家协会副主席郑一民先生指出：“与物质文化遗产不同的是，非物质文化遗产的产生、传承和发展始终由其载体——‘老艺人’来完成。他们掌握并传承着古老的民间文化知识和民族技艺的精髓，既是非物质文化遗产活的宝库，又是非物质文化遗产代代相传的代表性人物。如果没有了传承人，就丧失了非物质文化遗产；没有传承人坚持非物质文化的生态延续，其保护与传承也就成了一句空话。”

二、苗族非物质文化遗产传承人及其培养存在的问题

苗族非物质文化遗产种类多样，近十年来，各地秉持人才资源是第一资源的理念，积极培养传承人。然而，随着时间的推移，苗族非物质文化遗产保护工作的瓶颈越发明显，在传承人及其培养方面存在不少亟待解决的问题。

1. 传承人缺乏必要的保障。在现有传承人中，除少数会经营、收入稳定、生活有保障外，其他大多数传承人生活在农村，经济收入不高，家庭困难，生活得不到充分保障。国家补助的生活津贴也就主要用来解决生活开支，真正用于传承活动的经费十分有限，无力购买器材、原料和租用传习场所，仅靠补助的部分生活补贴来完成传承活动显然不足。另外，由于多数传承人在家务农，在社保和医保方面都没有相应的保障，既不利于传承人的培养，也不利于非物质文化遗产传承。

2. 传承人传承积极性不高。部分传承人对传承工作满意度偏低，传承意愿不强，积极性不高，原因主要有以下三方面：首先是兴趣问题。部分传承人对于非

物质文化遗产的传承热情不高，对非物质文化遗产传承工作并非很热爱。如个别非物质文化遗产是家庭承袭的模式，父业子承，可是新一代的传承人并无兴趣。其次是收入问题。由于大部分非物质文化遗产的传承工作没有与获得经济利益相联系，部分传承人全身心投入传承工作导致自身经济拮据，也有部分传承人迫于经济压力，仅仅把传承工作当成副业。由于经济收入原因，导致传承人的精力不集中，影响了传承工作。最后是社会地位问题。社会地位不仅包括财富，还包括他人认同等因素。鉴于非物质文化遗产的民间性和民俗性，不少人对其并不十分了解，甚至视之为下里巴人的玩意儿，这使得非物质文化遗产传承人的社会地位偏低。另外，目前没有专门的政策法规对非物质文化遗产传承人进行保护，一定程度上影响了传承人的积极性。

3. 传承人队伍青黄不接。非物质文化遗产传承人大多数生活在广大的农村地区，经济状况欠佳，年龄普遍偏高，正常开展传承活动较为困难。而年轻的一代有的迫于生活的压力不得不外出务工，不能学习传承父辈们的“绝技”；有的对身边珍贵的非物质文化遗产缺乏兴趣，不愿意潜心学习和传承，致使非物质文化遗产传承人出现断层，后继乏人。正如有的研究者指出的，传承人“大部分处于经济来源困难、家庭生计困顿、年老无力的艰难状况，生活甚至不如一般人……极大地影响到了传承人对民族文化的传承，也现实地影响了年轻后生学习文化传承的积极性，造成了民族文化传承人的断代”。由于非物质文化遗产传承人青黄不接，一些珍贵的非物质文化遗产将会十分可惜地随着老一代传承人的去世而消失。

4. 对传承人培养重视不够。对非物质文化遗产传承人的培养，是实现非物质文化遗产可持续传承的必要条件。保护和传承非物质文化遗产的长久之计就是要加强对传承人的培养。当前，政府和相关部门在非物质文化遗产的抢救、保护、整理等方面做了大量的工作，也取得了较大的成绩，但往往忽视了对传承人的培养，缺乏必要的资金扶持和政策倾斜，结果导致许多非物质文化遗产随着传承人的离世而走向消亡。

5. 传承人培养缺乏规范性。当前，各地在非物质文化遗产的抢救、保护、传承上做了大量工作，也制定了不少文件和规定，然而在非物质文化遗产传承人的培养方面却非常滞后。首先在国家的层面上，目前还没有出台一个具有全局指导性的传承人培养方案。尽管有些地方在尝试着探索传承人培养的方式方法，但目前还没有形成一个系统、规范、可行的传承人培养模式。虽然有些地方政府、高校、协会根据自身的需要制订了一些传承人培养的计划和方案，但从整体来看，这些计划和方案大多数随意性比较强，而且缺乏规范性、协调性和可持续性。

6.传承人培养效果不理想。近年来，各地广泛开展民族文化进校园活动，非物质文化遗产是其中的重要内容。学校希望通过这一活动，让学生学习了解非物质文化遗产，发现并培养新的传承人，但效果不尽人意，普遍存在的问题有：缺乏足够的认识，推进工作的力度不大，没有形成从管理到实施的有效机制，难以达到常态化、规范化；活动内容简单，教学方法单一，形式多于实际，教学实际效果不好；缺乏专门的教师，师资有限、力量薄弱；经费保障不足，教师培训工作不能正常开展，课堂教学的教具、乐器、服装等不能配备，支付外聘民间艺人的工资较低。这些都导致了传承人的培养质量不高。

三、加强苗族非物质文化遗产传承人培养的对策建议

针对苗族非物质文化遗产传承人培养面临的问题,需要采取一些现实可行的对策措施，培养造就一批非物质文化遗产的传承人。只有这样，才能实现苗族非物质文化遗产可持续的传承。

1.保护好文化生态。传承人培养是一项复杂的系统工程，受各种因素的制约影响，其中文化生态是一个关键性因素，只有在适宜的文化生态中才能培养出优秀的传承人。文化生态包括文化生成、发展的自然环境和人文、历史基础，文化生态与非物质文化遗产是皮与毛、鱼与水的关系。“皮之不存，毛将焉附？”在选择工业化道路的同时，须精心培育好非物质文化遗产赖以生存发展的农业、手工业，让非物质文化遗产传承成为有源之水、有本之木；须尊重并支持开展好作为非物质文化遗产载体的各类节日、各类仪式、各类形式的文艺体育活动；须保护好非物质文化遗产生成、传承、发展的文化生态，防止非物质文化遗产资源的

过度和泛滥开发，制止民族地区环境的污染和生态的破坏，用生态博物馆、民族文化生态村、民族文化保护区等形式保护好非物质文化遗产传承的血脉，解决好少数民族和民族地区传统与现代化、保护与发展、开发与利用等关系，才能让传承人在非物质文化遗产这块沃土上有地可耕，而非空中建阁。

2.营造良好的传承条件。要继续做好非物质文化遗产传承人命名工作，建立传承人档案，将传承人的保护工作列入政府的中长期规划和年度计划。要进一步加大政府保护传承人的力度和投入，为传承人提供良好的生计保护，为传承人开展传统文化传习工作提供支持和服务，使得老传承人无忧传承、年轻一代积极参与传承。要制定和完善保护非物质文化遗产的法律法规，加强对非物质文化遗产的宣传，帮助普通民众提高对非物质文化遗产的认识，增强民众对传承人身份的认同感，激发民众参与非物质文化遗产传承的兴趣，同时也增强传承人的社会认同感，提高其传承积极性。

3.改善传承人的社会境况。许多非物质文化遗产传承人生活处境不佳，往往是物质生活的匮乏者。已命名的传承人均享受到相应的生活补贴，经济上有了一定保障，但那些未被命名、在民族文化传承中又扮演重要角色的文化拥有者，应当引起关注，并给予扶持，确保他们能正常开展传承工作。为了提升传承人的社会声望与社会地位，要充分重视给传承人以社会表达的机会，给他们一个扩大社会影响、传承文化遗产的社会空间。可适当在各级人大代表、政协委员中配备一定的传承人名额，增加他们的话语权。可定期给他们提供专门面向公众的讲述与表演机会，在大型公益文化服务活动中邀请传承人参与，将他们视为地方文化的形象人物，等等，形成对非物质文化遗产抢救保护的正确导向。充分关注传承人生命健康，健全医疗保障制度，给他们购买医疗保险，让他们没有后顾之忧，可安排他们定期进行身体检查，控制、降低因为身体健康问题给非物质文化遗产传承带来的风险，保证传承人良好的身体传承条件。

4.设立保护性基地扶持传承人。对具有代表性、独特性而又濒临消亡和传承危机的非物质文化遗产建立保护性基地，并建立相应的激励机制，对基地范围内的传承人及传承对象重点扶持，保证这类重要非物质文化遗产的永续传承下去。一方面除了每年颁发的传承人政府津贴外，还应设立特殊项目经费资助，专项用于传承活动开支和传承人、传承对象的物质激励。另一方面，针对传承生源缺乏的问题，采取深入宣传发动、激发人们对本民族文化认同感、提高他们学习民族文化的兴趣、帮助他们脱贫致富等措施，最大限度地调动大家学习传统文化的积极性和参与性。

5. 支持传承人发展文化产业。传承人掌握的文化和技艺，是民族文化的精华，是无价之宝。怎样开发利用好他们手中的宝藏，事关民族文化的发展与利用，也影响着传承人进行非物质文化遗产传承的积极性与创造性。因此，政府应发挥规划、调控、组织等职能作用，指导传承人从事自己擅长的技能、技艺的非物质文化遗产的开发，形成民族文化产业，支持传承人从事有偿的文化传承活动。对传承人进行非物质文化遗产传承和从事民族文化产业的，应制定倾斜政策并相应减免相关管理费用与税收。既使非物质文化遗产有好的载体、好的渠道，又可激发传承人乃至整个非物质文化遗产主体传承、保护、开发、利用民族文化的热情；既可创造可观的经济效益，又可创造良好的社会效益，从而更好地促进非物质文化遗产的传承与发展。

6. 加强对传承人管理和服务。要严格贯彻执行《国家级非物质文化遗产保护与管理暂行办法》及地方相关规定，进一步细化有关工作措施，切实加强对传承人的管理和服务。国家级非物质文化遗产项目代表性传承人应当履行传承义务；丧失传承能力、无法履行传承义务的，应当按照程序另行认定该项目代表性传承人；怠于履行传承义务的，取消其代表性传承人的资格。对传承人实行动态管理，管理期满后，按程序重新申报评选。优秀传承人每年须规定一定的时间从事传承活动，达不到规定时间的，取消荣誉和相关待遇。同时不断提高对传承人的服务质量，促使传承人更好地完成传承任务。

7. 抓紧做好年轻传承人的培养。解决传承人老化、断代，大量优秀非物质文化遗产传之无人、不断消亡问题，关键是要有计划地选拔、培养一代接一代的年轻传承人，让年老一代以老带新、言传身教地把自己所掌握的非物质文化遗产精华传给年轻一代。要充分发挥中小学的作用，大力开展非物质文化遗产进校园活动，引导学生积极学习非物质文化遗产知识，培养他们对非物质文化遗产的兴趣，使其中的热心爱好者成为未来的传承者。还要创新培养非物质文化遗产传承人的途经，一方面，政府应着力为非物质文化传承人提供条件，如搭建一个集演出、传承、交流于一体的平台等，切实为培养人才、提高专业技能提供支持；

另一方面，政府可以通过与高校联合办学、定向培养、在职进修培训、实践锻炼等多种途径，培养高层次、复合型人才。这样不仅带动和促进更多人接触、认识非物质文化遗产，从中培养新一代传承人，而且能推动非物质文化遗产的理论高度，提高传承人队伍整体素质。

（杨成胜，中南大学人类学研究所所长、教授，湖南省苗学学会副会长）

论人才在苗学研究领域的重要作用

杨德红

苗学研究，是一门新兴的学科。苗族历史悠久，内容广泛，加之史料记载甚少，语焉不详，研究起来确实不易。解放前，苗学研究这一领域几乎一块空白，一片处女地。解放后，在一部分苗学专家学者的辛勤耕耘下，取得了一定的成果，但还有很多领域值得去探讨和研究，任重而道远。下面笔者就人才在苗学研究的作用这一视角谈谈自己的粗浅的看法，不妥之处，望专家指教修正。

一、什么是人才，如何树立正确的人才观

人才，是指具有一定的专业知识或专门技能进行创造性劳动，并对社会做出贡献的人，是人力资源中能力和素质较高的劳动者，简单地说人才就是劳动者。但这种劳动者应具备“能力和素质”这两个要素，其评价标准便是对社会是否有贡献，当然贡献可以不论大小。随着社会的发展，社会分工的细化，所需的人才也具有多样性，正如俗话所讲的“七十二行，行行出状元”。人才，有谋事之才、谋略之才、将帅之才、栋梁之才。一个国家人才的众寡优劣直接影响着国家的兴衰存亡，一代又一代的人才在各自的历史时期不辱使命地扮演了自己的角色，推动着社会的发展。我个人认为：一个国家、一个企业、一个团队，其领导者非常重要，决定其国家、企业、团队的兴衰荣辱，不管是历代封建王朝还是当代社会现实生活无不证明了这一论题。例如：唐玄宗李隆基前期亲政仁民，勤于朝政，关怀自己的子民，开创了“开元盛世”的繁荣局面。后来疏于朝政，宠信

奸臣，与贵妃饮酒作乐，结果来个“安史之乱”，唐朝由此走向衰落。原云南红塔集团的掌舵人，领军人物褚时健，把一个濒临倒闭的玉溪卷烟厂，整成一个为国家创了991亿元税收的亚洲烟草大鳄。后来以“经济问题”被判无期徒刑，时年71岁。其唯一的女儿因受牵连被判刑，不久在狱中自杀。三年之后褚时健因严重糖尿病保外就医，带着妻子上哀劳山种田，后承包了二千四百亩荒地种橙子。人家的橙子论斤卖，而褚时健的励志橙即“褚橙”按个数卖，多少钱一个，畅销北京、上海、广州等一线城市，为他的农民团队创了不少的收入，时年已85岁。一个优秀的领导者，总会让他的企业、团队优秀。中央电视台《东方时空》著名主持人白岩松先生，商界巨子、万科集团创始人王石先生无不景仰他的领导才能和奋斗精神，也完全可以说是中国人的骄傲，我们华夏子民学习的楷模。所以我非常欣赏西方的一句名言，“一头狮子领导的百头绵羊可以打败一头绵羊领导的百头狮子”，说的就是领导者、领军人物的重要性。单就我们苗学研究这一领域来看，2014年9月，苗学研究专业委员会成立以来，不管是学术论文的发表还是专著的出版都是有史以来的丰产期，苗学研究的团队也逐渐壮大，研究人员近二万人，既有大学教授、专家，也有民间草根学者，苗学发展各方面的资源也得到了充分的整合。但是，不管学术产能，还是学术队伍都有待发展，特别是苗学研究的领军人物要不断发现、培养、重用，才会让我们这个苗学研究事业更加兴旺。否则，在国际上没有学术地位，难以形成大气候。

关于正确的人才观树立的问题，其实就是人才即劳动者与社会关系的问题。一个人所生存的时代与社会发展有着密切不可分割的关系。如何处理劳动者个体（人才）与社会整体的关系，是人才健康成长必须思考的问题。人才个体要摆正自己的位置，要以自己的才智为社会、国家服务为目的，要主动地、积极地融入社会大环境，同时社会、国家也要为有用之才、有志之才创造好平台，让其才能得到充分发挥，更好服务于社会，为国家创造财富，为社会做出贡献。像有些人恃才傲物，没有把自己融于社会大环境，玩世不恭，自命清高，这样不仅没有成为社会有用人才，反而会成为社会的绊脚石，甚至是社会的罪人，像那些吸毒败毒分子，那些利用高科技犯罪之人均属此行。抗日战争时期汪精卫和他的“汪伪集团”便是明证。像古代一些有才学之人，如杨修，学识广博，智商超人，屡屡与曹操斗法，其才能不但没有发挥，对社会进步做出贡献，反而“聪明反被聪明误”，自取灭亡。像历史上曾国藩虽智商不高，情商却发挥到了极致，进退自如，在官场上永远是一个“不倒翁”，且对清朝晚期的政局做出了重大的贡献。共产党团队中的周恩来总理，心系百姓，忠于国家，鞠躬尽瘁，死而后已，摆正了自己的位置。像林彪则不顾国家利益出逃苏联，结果葬身火海，死于异国他乡。所以每个人的才能应放到时代和社会中去考量，把个人才能与社会、国家相融合，真正做到像宋代大文学家、改革家范仲淹所说的“先天下之忧而忧，后天下之乐而乐”。这样才能成为社会真正的有用的人才。为自己的祖国和社会做出应有的贡献，否则智商再高，学识再广，也只会碌碌无为，干不出什么大事的。

二、人才的发现、培养和任用

任何一个智力正常、身心健康的人都会成为人才。但人成才是需要一个成长过程的，一方面需要自身努力，另一方面也需要一个好的社会环境。人才就好像是混在沙砾里的金子，需要人去发现打造，否则也难以为社会所用，埋没于尘世间。正如唐代大文学家韩愈在《马说》里所阐述的一样，“世有伯乐，然后有千里马，千里马常有，而伯乐不常有。故虽有名马，祇辱于奴隶之手，骈死于槽枥之间，不以千里称也”，这就说明了发现人才的重要性。正如世人所说：人的成长需要遇“贵人”，这里的“贵人”就是发现人才的领导者，韩愈《马说》所说的“伯乐”。自古至今，那些未遇“伯乐”之人才，常常自认为“怀才不遇”，事实上成就大事业的“将帅之才”“谋略之才”“栋梁之才”无不与“伯乐”有关。“萧何月下追韩信”这个典故说明了韩信之所以成为刘邦的将帅之才，与萧何的发现、培养、重用有着密不可分的关系。刘备的“三顾茅庐”成就了诸葛亮的历史地位，左宗棠的成功离不开曾国藩的发现、栽培和包容；姜子牙在未遇周文王之前只不过是一个垂钓于渭水磻溪的老者，时年 72 岁。后来得周文王的器重，委以“太师”，尊为“师尚父”，被后人尊为“百家宗师”。宋朝岳飞少年时不思进取只顾愚玩，经周侗启蒙打磨后建立了“岳家军”，让金兵闻风丧胆。以上事例无不说明了“伯乐”“贵人”在人才成长过程中的重要性。

在我们苗学研究领域里，也需要更多的“伯乐”“贵人”。在研究苗学的过程中，不断去发现人才，培养和重用人才，给他们创造更好的事业平台，让他们的爱好，才能得到充分的发挥，使他们成为苗学研究领域的佼佼者。最好培养出更多的领军人物，让我们苗学研究领域出现更多更好的论文、作品、团队，改变当今苗学研究在国际上的地位。增强大陆在苗学研究的影响力。力争几年后，大陆的苗学研究达到“国际认同”“国家认可”“社会认定”的目的。人才培养，尤其领军人物不断涌现跃上一个新的台阶。

三、人才的成长与社会环境的关系

第一，社会环境。大熊猫为什么生存于中国四川，而不是美国纽约；针鼹为什么生存于澳大利亚而不是法国；雪莲为什么生存于青藏高原而不是在江南水乡；骆驼刺为什么长在沙漠而不长在珠江平原；荷花为什么要长在淤泥里而不是旱地里。无须问“为什么”，不管是动物还是植物都会有自己的生存环境，否则就难以存活。一棵树能否长参天大树，需要肥沃的土壤、适当雨水和充足的阳光。在温室里是不可能长成参天树的，人的成长也跟动植物一样，需要有好的自然环境，但更需要好的社会环境。社会环境可分为家庭环境，家国环境和历史（时代）环境。家庭环境好比就是人才成长的土壤，土质的好坏优劣就是人才成长的基础，它包括家庭出身、家庭教育和父母素质。在隋朝科举制度没有实行之前，家庭出身是非常重要的。普通的家庭很难进入上层社会，不管那个人有没有能力。家庭教育与父母素质也是人能否成才的重要因素，尤其是母亲对家庭、对后代的影响力更大，历史上有足够的典型事例可以能证明这一论题。“孟母三迁”成就了孟轲在儒家学说里“亚圣”的地位；宋代欧阳修的母亲，家贫无力买得文房四宝（笔、墨、纸、砚），用荻杆培育出一代北宋文坛领袖；“岳母刺字”刺出一个令金兵闻风丧胆的“岳家军”；范仲淹、宋濂等，诸如此类，不胜枚举。

第二，家国环境。一个国家只有尊重知识，尊重人才，为各种人才建立一个好的施展才华平台。像建国初期，中国为了提升自己的军事实力，研究“两弹”及建立“两弹”基地为钱学森、邓稼先等一批优秀科学家打造了一个好平台，也为中国挤身于拥有“核武器”的第三个国家。自从隋朝科举取士制度实施之后，为人才的培养、选拨、重用创造了一个好的平台，为人尽其才创造了一个好条件。清代诗人龚自珍发出了“我劝天公重抖擞，不拘格降人才”的呐喊。所以国家要建立一套完善的培人、选人、用人的制度，尽可能做到“人尽其才”。一个国家的兴衰存亡与人才有着重大的关系，尤其是领导人才、将帅之才、谋略之才、栋梁之才在社会发展中起着巨大的作用。“二战”期间，美国在全球抢夺人才资源成就了战后经济的迅猛发展，我国伟大的工程院院士袁隆平带领他的团队培育了杂交水稻，不仅解决了中国十三亿人的吃饭问题，而且对世界粮食问题的解决做出了巨大贡献。

第三，时代（历史）环境。时势造英雄，人才的成长跟历史时代、社会背景有着密不可分的关系。战争年代造就了许多将帅之才，英雄人物，三国时代曹操、刘备、孙权等，曾国藩要不是太平天国运动，也许打造不出如此著名的帅才，左宗棠、李鸿章亦如此。我们新中国的“十大元帅”“十大上将”等都是战争打造出来。春秋战国动荡时期，不仅培养出像张仪、苏秦这样谋略家，也培养出像廉颇、白起、孙膑这样军事家，更值得大书特书的便是出现了一大批哲学家、思想家、文学家，呈现了真正的“百花齐放，百家争鸣”局面，为中国古代灿烂文化写下辉煌一页。每个历史时期都会出现一批与时代相对应的杰出人才，“江山代有人才出，各领风骚数万年”，是最好的总结。但是，在历代封建王朝也有压制扼杀人才的时代，秦始皇的“焚书坑儒”，明清时期的“文字狱”就是强有力的证据。

在当今的中国，政治清明、社会稳定和谐，是一个尊重知识、尊重人才的好时代，为学术研究创造了好的环境。也是我们苗学研究大展宏图的好时候，所以我们不能辜负这个伟大的时代，在我们苗学研究这一片天地里培养更多更好的专业人才，让我们苗学在中国民族学的花园开得更加鲜艳。

四、苗学研究与人才战略的关系

苗学作为一个学科研究，离不开人才，人才就是生产力。一方面，再有价值的学科，如果没有团队去研究也做不出任何成果，更不可能服务社会，所以人才是关键。尤其需要培养，重用一大批德才兼备领军人物，需要一大批教授、专家、学者去辛勤耕耘，才会出成果。另一方面，人才也需要选对自己的研究方向，研究领域，选择错了也许要走不少弯路，有可能一辈子也无收获，所以两者是相互依存、相互作用的辩证关系。

（杨德红，中学语文教师）

城步苗区教育面临的主要问题及对策

吴进学

城步苗族自治县位于湘西南边陲，全县总面积2647平方公里辖13个乡镇，292个行政村（居），境内居住着苗、汉、侗、瑶、回等13个民族，总人口27万人，其中苗族人口17．28万人，占60．4%，是全国5个苗族自治县之一。全县现有各级各类学校185所，其中高中3所（含职业高中一所），初级中学12所，九年一贯制学校12所，中心小学25所、村级小学（含教学点）96所，特教学校、教师进修学校、社会力量办九年一贯制学校各一所，公办幼儿园2所，社会办幼儿园36所，现有在校学生33584人，其中小学17873人、初中5998人、高中1911人、特教25人、幼儿园7777人，现有在编在职教职员工2762人，其中高中275人（含职高55人）、初中729人、九年一贯制学校和小学1638人、特教6人、幼儿教师45人，教师进修学校和局下属二级机构69人。近年来，在党中央优先发展教育战略和建设教育强省方针指导及国家、省、市少数民族政策的大力扶持下，民族教育得到了长足发展，呈现出力度加大、整体推进的良好局面。但与非民族地区甚至发达地区相比，差距仍然很大，面貌仍趋于落后。

一、存在的主要问题及原因

1.基础设施薄弱。主要体现在农村学校，普遍存在校舍面积不足，教学用房陈旧，功能用房不配套。大部分村级小学（教学点）仅有黑板、课桌凳，无任何音乐、体育、美术等教学设施，更谈不上图书室、实施室等设施，无法满足正常的教育教学需求。严重制约素质教育质量的提高，大部分农村中心小学、初中，撤并了村小后，又无学生宿舍、食堂、澡堂，学生居住生活条件极为艰苦，严重影响了学生的身心健康成长。

2. 教育资源分布不均衡。农村学校“弱”而“空”，城区学校“强”而“挤”，教育资源结构性短缺问题也较为严重，大量进城务工人员子女进城读书，城区学生人数迅速增加，城区教育资源十分紧张，城区学校大班额现象尤为突出，多的班额在 80 人以上。广大农村中小学校的就学条件相当艰苦，有的学生，家门前学校被撤并后，到中心小学读书要走 10 ~ 20 公里。

3. 师资力量薄弱。我县现有教职工 2762 人，小学教师专科率 69.4%，初中教师本科率 60.3%，高中教师本科率 80.6%，职业学校教师学历“双师型”达标率 3%，初中教师学历合格率居全省 120 位，小学教师学历合格率居全省 118 位。教师的年龄结构老化，55 ~ 60 岁的占 14%，50 ~ 54 岁的占 33%，40 ~ 49 岁的占 35%，30 ~ 39 岁的占 16%，30 岁的占 5%，形成了“哥哥姐姐教高中、叔叔阿姨教初中、爷爷奶奶教小学”的局面。教师区域结构不够合理，城区优秀教师多，县城学校教师非常紧缺，城郊学校教师严重超编，边远地区山村教师也十分紧缺，且合格教师少，中青年骨干教师尤为缺乏。教师专业结构不合理，语文、数学、政治科目教师偏多，英语、计算机、生物、历史、地理及音体美教师较少，农村学校表现更为严重。

4. 教育教学改革举步维艰。部分教师由于自身素质偏低和习惯了传统教学模式，面对新的教学模式，感觉茫然无助。由于缺乏科学的评价机制，应试教育仍为主流，教师一方面要应付应试教育，一方面要倡行新课程理念，完成教改任务，部分教师不知如何处理素质教育与应试教育、学校改革与社会理解支持程度，教师权威与学生主体观的民主意识、家长的维权意识的关系，处于矛盾冲突而畏缩不前。新课程理念需要教师具有更强的课程资源开发的能力、课堂驾驭能力、课堂活动开展的组织能力、对学生的激励评价能力。部分教师担心失败，对教学研究、课堂调控、教学改革信心不足，担心改革后教学成绩不佳影响教师的威信和自己的声誉。传统的考试重在考察学生学习的最终结果，对学生的学习过程考察难以体现。因此，素质教育是口号，应试教育是法宝，学生分数、升学率是教育行政部门的“GDP”。教学管理机制、评价制度的不科学，严重影响教师进行教学改革的积极性，教学改革缺乏“引力”和“推力”。

5. 优质生源大量外流。我县的教育水平总体不高，教育吸引力不强，县一中近六年来出不了“高、精、尖”人才（清华、北大录取生），已引起了社会不满的议论。由于县域经济的落后和教育基础的薄弱，我县教育与发达地区的差距还将扩大，省内部分“名校”的违规招生、掠夺性地招收了我县的大量优质生，形成了我县教育发展的“恶性循环”。我县初中毕业的前 200 名学生进入湖南省“四大名校”及邵阳、武冈省示范高中就读的 2008 年 160 人、2009 年 154 人、2010 年 148 人、2011 年 130 人，部分学生小学毕业后就成为“名校”学生，2008 年我县流入“名校”小学毕业生 380 人、2009 年 360 人、2010 年 310 人，这些优秀学生的流失，既让学生的个人教育资源造成浪费，又严重影响了我县的教育质量和教育形象。

6. 职业教育薄弱。我县职业中专办学水平整体不强，学校校园面积仅 51.3 亩，硬件设施相当短缺，教学仪器设备陈旧、老化，技术先进的设备严重缺乏。当前，我县鄙薄职业教育的观念，轻视职业教育的地位作用的现象仍然不同程度的存在，对职业教育的地位和作用认识不到位，存在偏见。认为职业教育是“二流教育”，职业中专的学生是“二流学生”，职业教育发展的社会环境和氛围令人堪忧，县财政对职业教育发展的经费投入严重不足。专业教师少，其中不少是半路出家转行的，专业技术水平不高，实践经验缺乏，尤其是“双师型”教师少，不能满足文化课、专业理论课以及专业实践操作教学的需要，学校招生困难，职业中专与普高中学生比例偏低。

究其原因，有如下几个方面：

1. 政府对教育的投入不足和社会对教育的重视不够

苗族地区条件相对较差，财政困难，国家规定的“两个比例”“三个增长”等教育投入政策很难落实到位，造成教育投入严重不足。一些地方领导不愿花大力气来支持发展教育，宁愿将钱投入到形象工程或 GDP 工程里去，学生家长宁愿让学生早一点去挣钱，也不愿花很多钱在学生学业上。

2. 优秀教师难以引进，骨干教师很难留住

苗族地区大多是老、少、边、穷地区，交通不便利，待遇低，工作生活条件艰苦，优秀教师难以引进来，本土的骨干教师也很难稳住，部分青年教师有的到

发达地区或优校名校另攀高枝，有的通过公务员考试等方式脱离了教师队伍，优秀教师流出现象严重。

3. 环境闭塞，学生素质较低

苗族地区由于地处偏僻，环境闭塞，学生尤其是农村学校学生知识面比较狭窄，见识的教学方法较少，使用过的设备不多，探究、合作学习、野外观测、课外活动的机会少，缺乏相关的经验、习惯和能力技能基础。同时，还存在语言障碍和文化差异的问题，部分学生缺乏进取心和良好的行为习惯，普通话听和说也存在一定问题。

4. 教研、教改缺乏强大的智力支撑

苗族地区教学研究部门和教学改革指导部门缺乏专业性，创新性的理论人才和组织人才，对教学改革缺乏理念理论指导，对教师和基础教育管理者缺乏应有的科学的培育和技术指导，可以说，苗族地区教研部门普遍缺乏专职的、专业对口的教研人员。

二、教育发展的思路与对策

1. 与高等学校联合，加强苗族地区师资建设，加大继续教育力度和培训的力度，着重培养本土“永久牌”教师，提升师资水平。

苗族地区要通过优惠政策等措施留住人才和引进人才，通过科学的激励机制发现人才、造就人才，着力打造本土“永久牌”教师。重视师资力量的培育和抚育，利用高校在教育力量和教育理念、教育设备、教育资源等方面的优势，加大教师继续教育和培训的力度，同时，激励教师岗位自学，大力创建学习型教师，打造学习型教师队伍，大面积地提升教师的整体素质。

2. 教师要更新教育和教学管理理念，更换角色定位，加大教材研习的力度，加强教学基本功的训练，改革教学方法。

教师要更新教学和科学管理理念，加大教材研习的力度，加强教学基本功的训练，提高教师从教和进行教学研究，教学改革的能力，要更换角色定位，变传授者、教导者为引导者、帮助者，与学生达成民主和谐的学习共同体，共同构建知识、体验知识生成的过程与方法，要改革教学方法，摈弃课堂授受式的传统教学，改变学生的学习心理状态和学习行为习惯，培养自主探索的精神，营造合作学习的氛围，抓大放小，整体上把握学生的学习方法，把课堂还给学生，大胆地让学生去探究，注重学生知识系统的形成和知识的纵横串联。由于苗族地区学生素质较差，教学改革要注意循序渐进。

3. 加大经费投入，促进教育公平，加强学校软硬件建设，优化教育教学环境和教师工作生活环境。

要争取国家和省、市对苗族地区的优惠政策和倾斜政策，大力争取项目和资金。同时，当地各级政府要加大对教育的投入，着力加强苗族地区学校尤其是农村学校的软硬件配套设施建设，完备好足够容量的图书室、实验室、教室、学生活动室和教师办公室、教师周转房。在此基础上，科学合理地调整好学校布局，整合和优化教育资源，配置完善各种教学用的盘片、图册、建设学生学习、教师教学用的探究实验基地，创设适合自学、探究学习和教师导学的教学环境，优化教育教学氛围。

4. 强调地方特色，开发相关的课堂资源，加强校本研究，提高教学改革的效益和针对性。

苗族地区的教学改革要立足地方基础和条件，突出民族特点和地方特色，针对本地和各个学校的特点制定教育教学改革方案，引导学校加强校本教育教学研究，校本课程资源的开发，增强教育教学改革的针对性和实用性。做到一校一品、一品一特，不能简单地照抄照搬某种模式。

（作者系城步苗族自治县教育局原副局长，城步苗学学会副会长）

城步苗族优秀传统文化事例素材在中学政治教学中的运用

李林松

苗族，是一个古老的发源于中国的民族。苗族的历史源远流长，和远古时代的“九黎”“三苗”“荆蛮”是一脉相承的渊源关系。苗族在历史上由于战争、饥馑、疾病流行、生育繁密、农田丢荒等原因而不断迁徙。其悠久的历史、艰难的迁徙经历孕育了苗族独特的民族习俗、民族文化、民族风格。在苗族传统文化中，有许多优秀的文化基因需要传承，有许多特色的文化内涵需要拓展，有许多精华的民族精神需要弘扬。

城步是一个苗族自治县，苗族是本地的主体民族，占总人口的比例接近60%。城步先民活动可以追溯到新石器时代，苗、侗先民在城步境内生息繁衍，古老的巫傩文化和苗民风俗相互交融一脉相承。悠久的历史渊源与民族特色和地方特色滋养出独具魅力的苗族文化，有着许多可以在中学政治教学中运用的优质事例素材。例如，城步是我国南方的“杨家将文化艺术之乡”，有杨家将历史人物54位，其中包括著名的爱国英雄抗金名将杨再兴；有功成名就德被乡梓的龚继昌，捐资修建了城步县城南巫水河石墩风雨桥“荣昌桥”和城步文庙（孔圣庙）；有被誉为喜剧“活化石”的桃林傩戏；有被列入湖南省第二批省级非物质文化遗产与第三批国家级非物质文化遗产名录的吊龙；有陆定一所写的著名散文《老山界》中红军长征经过的红色旅游胜地南山老山界；有独具城步饮食特色的油茶；有荣获纪念改革开放40周年“中国优秀节事奖”的湖南城步“六・六山歌节”……如此种种，不胜枚举。这些有的是本地中学生在日常生活中有所了解和接触到的，有的只是听说过而已，有的也可能闻所未闻，但不管怎样，都属于本地与苗族的传统文化，比教材中的事例素材更接地气。同时，这也符合新课程改革的要求——将教材本土化、校本化。

一、将本地苗族优秀传统文化事例素材运用到中学政治教学中的必要性

在当今市场经济社会，人们的信仰迷失、价值观缺失，外来的西方思想文化和价值观念乘虚而入，落后文化和腐朽文化沉渣泛起，表现在官场的腐败豪贪、商场的假冒伪劣、学术的抄袭造假、媒体的哗众取宠，无一不在警示中华民族优秀传统文化的遗失与核心价值观念的缺失所产生的不良社会效应，是我们实现中华民族伟大复兴梦想的最大的绊脚石。

当今社会是自媒体时代，中国已成为世界上手机拥有量最多的国家，其中中小学学生大都成为了手机用户。所谓“一机在手，天下我有”，学生通过手机和网络接触到大量的不良信息，有的学生沉溺游戏之中而荒废了学业，有的学生受到不良文化的影响而不思进取，有的学生因为不怀好意的人引诱而违法犯罪。如何加强对学生的思想道德教育，实现“立德树人”的根本任务，成为各级各类学校尤其是中学的重要课题。

党的十九大报告指出：“文化是一个国家、一个民族的灵魂。文化兴国运兴，文化强民族强。没有高度的文化自信，没有文化的繁荣兴盛，就没有中华民族伟大复兴。”因此，文化自信是一个国家、一个民族发展中更基本、更深沉、更持久的力量。坚定文化自信，事关国运兴衰、事关文化安全、事关民族精神独立性。没有高度的文化自信，没有文化的繁荣兴盛，就没有中华民族伟大复兴。

要使广大学生树立起正确的价值观念和理想信念，养成良好的学习习惯、行为习惯，懂得感恩，勤奋好学，自强不息，就必须加强对学生的中华优秀传统文化的学习教育，从优秀传统文化中吸取精神营养和力量，让学生树立起中华民族文化自信。而尤其是对于民族地区来说，本地区、本民族的优秀传统文化对学生更具有吸引力和感召力，更容易让学生通过学习和了解本民族的文化精髓，油然而生民族自豪感、自尊心、自信心。

在中学的学校教育中，思想品德课、思想政治课是中学德育的主导渠道，承担着对青少年树立正确的为人准则和理想信念的重要导向作用，帮助学生逐步形成良好的思想品德和正确的世界观、人生观、价值观，为他们自主、自立、自强

的终身发展奠定基础。在现有的中学思想品德课、思想政治课教材中已经融入了中华优秀传统文化的内容，为学校德育教学提供了很好的蓝本。然而，教材的内容对于民族地区的学生而言，还是缺乏直接而生动的地方性民族性的事例素材。作为中学思想品德课、思想政治课教师，有意识而适当地将本地方少数民族的有关优秀传统文化的事例素材添加和穿插在课堂教学中，使教学事例素材接近学生的认知范围而更具有说服力和感染力，激发学生的学习兴趣和主动参与性，提高教学效果，并以此对学生进行本地方、本民族优秀传统文化的传承教育与思想品德教育。

二、将本地苗族优秀传统文化事例素材运用到中学政治教学中的手段和方式

政治课教师在遵循教学大纲的基本要求，悉知初中《思想品德》、高中《思想政治》教材内容体系前提下，自己先要去了解和收集与教学内容相关的、可以在实际课堂教学中能够运用作为佐证材料的、本地苗族传统文化中对学生产生积极引导作用并必须大力传承与弘扬的事例素材。

事例素材内容可以涉及城步苗族历史渊源和历史人物、本地民间传说故事、苗族风俗习惯风土人情、苗族文化艺术（音乐、山歌、舞蹈）、苗族传统节日、苗族衣食住行特色、苗族语言、苗族技艺、苗族建筑、苗族生产方式，等等。

事例素材根据教学运用的需要，可以是视频资料、音频资料、图片资料、文字资料、实物资料等。同样的素材也可以用多种资料方式呈现。

收集和存储各种类型的资料，一般情况下可以通过查阅城步县志及相关档案资料与著作、网上收集下载，可以到县档案局、宣传部、广播电视台等单位与县苗学会咨询并获取有关事例素材资料，必要时可以走访调研实地了解，亲自拍摄、录制、记载有关素材资料。

在课堂教学过程中，将事先准备好的素材资料根据教学内容的需要，在备写教案与制作多媒体课件时融入其中，取代教材中同类素材或增加为素材，在实际

教学中进行展示呈现。一些学生比较感兴趣且有所了解的素材可以由学生进行讲述或参与互动提供。

除了在课堂教学的过程中充分运用到上述事例素材，还可以延伸至课外。德育不只在于课堂，还要通过参加社会实践活动、公益活动、集体活动等加强学生的思想品德教育与体验苗族传统文化的魅力。因此，可以在适当时间组织学生或布置学生自发的参观当地的历史文物遗迹。在城步如可实地参观县民族文化体育中心的苗族传统文化展览馆、杨家将村的杨家将文化展览中心、孔圣庙、南山老山界等。可以通过参加“六六”山歌节的活动，亲身感受苗族传统文化的深厚与特色。还要在学校营造传承与弘扬苗族优秀传统文化的文化氛围，如城步第一民族中学在校园内修建了苗族传统文化墙，对具有代表性的苗族优秀传统文化进行集中展示，让学生对苗族优秀传统文化能有基本的了解并潜移默化地产生引导作用；将学校办公大楼命名标识为“再兴楼”，对爱国英雄抗金名将杨再兴的生平事迹做了简要阐释，使学生受到爱国主义的教育，树立爱国情怀。

三、将本地苗族优秀传统文化事例素材运用到中学政治教学中的原则和要求

一要坚持一切从实际出发、实事求是的原则。所收集并运用的事例素材必须是经过考证的真实的事例，不能想当然的捏造或依据道听途说人云亦云，对素材所涉及的内容在制作成多媒体视频、音频与图像资料时要忠于事实，经得起时间与实际的考验。

二要坚持以人为本、立德树人的原则。事例素材的收集与应用要有利于培养学生的人文精神和思想道德素质的提高，让学生从中吸取苗族传统文化中的精华，激励学生健康成长。

三要坚持讲政治、树正气的原则。事例素材的收集与应用要体现正能量，把握正确的政治方向，在对学生进行思想品德与思想政治教育中起到示范与引导作用。

四要坚持继承传扬与探究创新相结合的原则。事例素材的收集与应用要致力于继承传扬苗族优秀传统文化，弘扬苗族的民族精神，让苗族的优秀民族特色、民族品质、民族精神、民族传统得以发所光大，同时，激发学生自主探究精神，对苗族的优秀传统文化在加以时日有条件的情况下，能积极地进行相应的研究，为永葆苗族优秀传统文化的生命力做出贡献。

五要坚持灵活处理、注重实效的原则。事例素材的收集与应用要根据现有教材的相应内容，注重针对性、实用性、科学性、效率性，而不是为了形式上的需要牵强附会地联系。因此，课前必须做好充分的准备，教师对素材内容了解于心，驾轻就熟，避免一知半解，更不能歪曲事实。

六要坚持统编教材与校本教材相结合的原则。校本教材开发是新课程改革实验的需要，通过校本教材的开发，将学生的个性发展、教师的专业发展、学校的特色发展视作校本课程开发的价值追求。以统编教材为基础，融入当地民族优秀传统文化的事例素材也是校本教材的一种呈现方式。

传承弘扬与发展创新苗族优秀传统文化，是苗族子民义不容辞的历史使命。“越是民族的就越是世界的”，苗族优秀传统文化是中华民族优秀传统文化的重要组成部分。在党和国家大力推进社会主义文化强国建设，大力提高我国文化软实力和国际竞争力，实现中华民族的伟大复兴的新时代，当代中学生肩负着国家强盛、民族复兴、人民幸福的重任。对广大中学生进行中华民族优秀传统文化的教育，是中学德育的重要内容，是贯彻落实立德树人教育根本任务的基本要求。作为中学思想品德、思想政治教师，在教学研究过程中，关注和重视本民族的优秀传统文化，探究将当地民族的优秀传统文化事例素材融入教学之中，编写校本教材与制作校本课件并运用到教学实践中，是符合新课程改革理念与新高考发展趋势的有效途径。

（作者系城步苗族自治县第一民族中学教师）

论苗族地区寄宿制学校面临的新困境及其对策

吴进学　吴转龙

城步苗族自治县地处湘西南边陲，全县总面积2647平方公里辖13个乡镇（场），292个行政村（居），境内居住着苗、汉、侗、瑶等24个民族，少数民族人口16.8万人，占总人口的58%，是全国5个苗族自治县之一，邵阳市唯一的少数民族自治县。全县现有各级各类学校224所，其中完全中学2年，职业高中一所，初级中学10所，九年一贯制学校14所，中心小学24所，村级小学及教学点119所，特教学校1所，幼儿园52所，教师进修学校1所，现有在校学生32278人，其中小学生21300人，初中生7560人，高中生2825人，职业中学生557人，特教学生36人，在园幼儿9057人，全县少数民族学生总人数25783人，占学生总数的80%，近几年来，县委县政府认真贯彻实施教育强省、强市战略，加大了教育投入，在大力改善办学条件、实施“精准扶贫、学生资助”、推进教育均衡发展等方面做了大量工作，也取得了一定的成效，但教师队伍年龄老化、学科结构不合理；村级小学及教学点教学设施严重匮乏，办学条件差；农村教师不安心教学，工作积极性不高；相当部分学生每天上学放学来回走四五十里山路，处于疲惫学习状态；教育教学质量不高，离上级部门和人民的要求相差甚远。从而导致苗族地区民族教育不能稳步快速发展。

一、义务教育寄宿制学校建设与管理存在的突出困难和问题

（一）硬件建设薄弱，基础设施配备面临诸多困难

近几年来，城步绝大部分学校维修和新建了教学楼、学生宿舍、学生食堂，

但相关配套的基础设施仍然薄弱。一是有食堂少餐桌、有宿舍少床铺、有厕所少蹲位的困难较大突出。如丹口镇柳寨中心小学现有寄宿生 23 人，学校没有专门的学生宿舍，一直用两间教室作为男生与女生宿舍，仍有学生在校外寄宿，有的学生寄宿在农户家，学校校园面积只有 3900 平方米，学生宿舍、澡堂和教师安置房没有场地修建，严重制约了学校的发展。汀坪乡中学现有学生 290 人，其中寄宿生 155 人，占学生总数的 53%，食堂面积 60 平方米，虽然配置了大量的学生餐桌，但因无处摆放而闲置。寄宿生宿舍面积极小，一间 24 平方米的小房住 30 个学生，人均面积 0.8 平方米。宿舍无厕所，深夜学生大小便要到离宿舍近 100 米的公厕如厕。西岩中学现有学生 1029 人，寄宿生 812 人，不但宿舍楼相当紧张，而且床位也十分紧缺，90% 的学生是 2 人共用一个床位。据调查，2 人共床的现象在其他寄宿制学校也普遍存在。二是学生饮、用热水的困难较为突出。90% 的寄宿制学校没有配置安全饮水系统，学生饮水有的在学校周边商店购买矿泉水，有的学校少量烧一点开水，有的学生甚至直接饮用自来水。绝大部分学生在校寄宿饮水是自然生水，洗澡没有淋浴，并且还是传统的盆浴或桶浴。学校没有专门的饮、用热水供应设施，无法保证正常的饮、用热水的供应，造成学生经常感冒，严重影响学生的正常学习、生活和身心健康。三是学生寒冬取暖、夏天防暑的困难较为突出。调查中发现寄宿制学校没有取暖防暑设施。冬天取暖仍然是火桶烧炭，低年级的学生不会生火，如果老师关心不到，学生挨冻的事时有发生。高年级学生即使会生火，也是弄得灰头灰脸。夏天高温季节，教室寝室没有安装防暑设施，中暑事件经常发生，学生晚上不能安稳入睡，白天不能安心学习。寒冬、酷暑恶劣天气均严重影响了学生身心健康。四是体育场地建设、文体器材配备的困难较为突出。如威溪乡中心学校学生 518 人，寄宿生 448 人，而校园除有两个篮球场外，再没有其余的体育场地。有的学校有场地，但少器材，而有的学校有器材又没有场地，80% 的学校图书室藏书甚少，而且种类单一，学生课余阅览选择性非常少。寄宿制学校体育设施缺乏，课余活动的缺失，大大限制了学生的校园生活，学生的身心健康受到影响。五是教师住房紧缺的困难较为突出。调查中，很多学校反映，教师居住条件差，教师周转房远远满足不了实际需求。

（二）编制配置紧缺，教职工队伍建设面临诸多困难

受人口增长、社会发展等诸多影响，现有中小学校教职工编制与配备的结构性矛盾十分突出。表现在：1.城区、农村教师趋少，城区周边教师趋多。伴随着生源的流动，尤其近年来的“农村包围城市”之势，部分家庭经济较好的学生挤向城区学校，城区和农村教师资源明显不足，而城区周边师资过剩，使得城区学校、农村学校教师工作量相对较大。2.余缺并存。从编制使用来看，绝大部分学校教职工编制都有空余，但实际情况是近年来分配的农村教师又没有编制，导致农村学校“编制虚超”。城区学校由于学校规模扩大，致使教师缺口比较大，编制严重不足。从年龄结构来看，老年教师有余，青年教师缺乏。相当部分年纪大的教师有心而无力，严重影响教学质量，农村学校尤为突出。从所授学科来看，基础学科有余，专业学科紧缺，基础学科的专任教师相对偏多，而从事音、体、美、信息技术、英语等专业的教师明显不足。3.工勤人员空编十分严重。据调查，95%以上的学校没有配备专门的工勤人员，92%的学校都是编外临聘了炊事、宿管、清洁、保安人员，既加重了学校负担，也增加学校的管理难度。如五团镇中心学校应有编制92人，实有教职工79人，缺编13人，而且因为教师紧缺，幼师也用来教小学和初中，因此势必影响教学质量。该校每年付给临聘人员的工资就达218400元。

基于学校教职工编制与配备的结构性矛盾，教师队伍建设面临诸多问题：一是学校教职工机构编制管理不规范。从政策层面上讲，尽管对学校机构设置、教师编制核定与管理有专项的政策规定，但对寄宿制学校岗位设置、合理配置教育资源、有效调动教师积极性、提高教职工队伍素质和教职工补充、转岗等方面缺乏明确规定，造成寄宿学校教职工队伍管理工作无章可循。二是学校教师编制核定标准与实际发展不适应。调查发现，现在的农村寄宿制中小学虽然班数少、班额小，师生比例比城区略大，特别是边远的学校，这些学校对教师需求相对较多，农村学校调进教师很难，本来就稀缺的业务骨干又“纷纷南飞”，致使一些学校正常排课都很困难。近年来，学校布局、生源规模、教育管理已发生了较大变化，全社会对教育公平、教育质量、教育管理、教育服务的期望和要求越来越高，原有编制核定标准已经不能适应教育发展的需要。三是教职工队伍人员结构

不合理。近年来，随着教职工编制管理日趋严格，人员控制非常紧，在某种程度上造成了寄宿制学校教师年龄结构断层，中老年教师偏多，青年骨干教师偏少；加之中老年教师知识更新较慢，部分由民办教师直接转为公办的教师年龄过于老化，受自身学识的限制，无法有效进行转岗，造成了一方面人员积压，一方面个别专业的教师却严重缺乏的结构性缺编现象。大多数学校的英语、美术、信息技术、音乐等学科缺专业教师，均由其他科教师兼任。同时，由于人事制度改革工作原因，学校职工有编制也进不了人，造成了寄宿制学校后勤工作实现社会化困难。上述问题长期积压下来，造成寄宿制学校教职工结构不合理问题日趋严重，已严重影响到教育资源的优化配置和教学工作的科学有序开展。四是教师队伍的流动与实际发展不协调。据调查，师资队伍几乎是单向流动的。其一是向城区周边挤。受地理环境、经济效益等问题的影响，使得农村特别是边远学校的教师千方百计挤向城区周边，而偏远学校又没办法及时补充相关专业教师来满足教学工作需要。其二是向外地和外行业流动。近年来，许多农村教师想方设法通过调离、考公务员等跳槽方式离开农村学校，造成农村学校优秀教师严重短缺，这种流动造成了师资的严重不均衡，城区的几所学校由于师资和校舍资源的限制，不得不加大班额，有的班学生多达 84 人，少的也有 70 多人。从而也加大了教师的工作压力。

（三）经费投入不足，学校运转面临诸多困难

一是公费经费标准不合理。目前，寄宿制学校公用经费执行的是与非寄宿制学校同等的义务教育经费保障政策（小学生年生均经费 500 元，初中生年生均经费 800 元）。而寄宿制学校与非寄宿制学校相比，必须增加学生寄宿用的床铺、餐桌与其他相关设施经费，同时必须增加水电费及生活设施维修费用，还要增加后勤生活服务人员工资等，其运作成本明显高于非寄宿制学校。随着寄宿生人数的不断增加，需增加的各项费用更多。显然，现行的经费保障政策必须进行调查。二是免收寄宿费后，学校经济负担加重。自实行农村寄宿学校免收寄宿费后，给贫困家庭学生带来实惠的同时也给寄宿学校的运行带来了一定的压力，虽然国家有“两免一补”等政策对寄宿制产及其学生进行经济补助，但是这些拨款并不能满足学校日常运行的所有需要，如果遇到拨款不及时或被挪用等情况，那

学校的运行就更加困难。自实施寄宿制以来，学校要安排老师专门负责寄宿生的安全和生活问题，这就需要对相关老师有一定的奖励或补贴，可是拨款中根本没有这一项支出，但是老师额外付出的劳动，又切实需要给予适应的报酬，这部分资金就只能从各项开支中省下来，而学校总的经费已经是捉襟见肘了，现有的经费已经很难维持学校的正常运转，学校的经费压力已严重制约着学校的发展。

（四）安全责任压头，学校管理工作面临诸多困难

一是安全压力。学生在校一分钟，学校就要为学生负一分钟的安全责任，尤其是课外休息等学生自由活动时间段里。每天下午放学后到第二天上学这段时间是学校管理压力最大的，这是学生自由活动的时间段，虽然安排有早晚自习，但是相对来说学生受到的约束减少了，安全事故发生的几率也相应增加。管得太紧，学生会抱怨没有自由，管得太松，又会留下安全隐患。除此之外，还有各种突发事件的处理。如学生打架、突发疾病等，这些都给寄宿制学校的安全管理带来了比非寄宿制学校更大的压力。此外，还包括饮食安全、住宿安全以及周末往返途中的安全等。二是人员压力。一方面，实施寄宿制后，由于缺乏管理人员，教师工作量增大，尤其是农村教师一个人往往需要身兼数职，教师同时扮演老师、家长、保育员甚至心理医生等多重角色，致使教师的身心压力不断增加。另一方面，现有教师编制没有将保育员等后勤人员纳入编制，没有为寄宿制学校专门配备后勤人员，再加上学校经费有限，学校往往不能专门聘请工勤人员来照顾学生生活，而老师身兼多职，其精力有限，难免会分身无力，如果再遇到教师数量不足，人员压力就更加明显，导致寄宿制学校的许多日常工作难以有效开展。三是来自学生的压力。来自学生的压力主要体现在某些特殊的学生群体上，由于这些学生自身的某些特点使得他们的管理相对要困难一些，这些学生主要有三类：一是低龄学生。主要是低年级的小学生，他们年龄偏小、自理能力差、安全知识匮乏且安全意识淡薄，因此对他们的照顾就必须更加仔细，更加贴心，老师所花费的精力也就相对更多；二是留守儿童。这些孩子的父母常年在外，使得他们长期得不到父母的关爱，当他们看到别的孩子享受父母的关爱时，难免会产生孤独和自卑。对于这些孩子，教师除了要在生活上加以关心外，还要在心灵上给予更多的呵护；三是单亲家庭子女。单亲家庭孩子的一些问题与留守儿童类似，

但也有其特殊性，毕竟家庭的破裂对于孩子幼小心灵的冲击是巨大的，虽然老师在平时开导的比较多，但是他们内心世界仍然是比较孤独甚至是痛苦的，和留守儿童一样，他们也需要更多心灵上的沟通和呵护，以帮助他们走出阴影。上述种种情况给学校日常管理带来诸多困难。

二、义务教育寄宿制学校建设与管理对策

（一）急需加大义务教育寄宿制学校基础设施建设投入

要加大向上争取资金的支持力度，进一步抓好义务教育寄宿制学校基础设施配套建设，尤其是完善校舍、体育场所、食堂、宿舍、饮水工程、防寒防暑等基础设施的配套与建设，以满足学生住校就读的需求。应将寄宿制学校建设资金、学校危改资金、维修经费、希望工程资金及各级教育专项资金集中捆绑统筹使用，配备一批必需的教学设备和文体器材，丰富学生校园生活，不断改善寄宿制学校的办学条件。要加强资金监督，规范资金使用范围。财政应从教育转移支付中单列建设经费，并做到封闭运行、专项调度、专款专用，切实保证寄宿制学校建设资金来源渠道稳定，建立各项相关资金监管有效措施，从而提高资金使用效率。要搞好寄宿制学校基础建设规划。随着国家计划生育政策的调整，生源将不断增加，需提前扩充寄宿制学校基础建设。

（二）急需加强义务教育寄宿制学校教师队伍建设

应完善好用人机制、激励机制和管理机制，促进在岗教职工肯做事、能做事、做成事，切实提升教师教育教学能力和管理水平；应完善教师编制体系，优化师资配备。在目前我县教师紧缺、“编制虚超”的实际困局情况下，合理定编，动态调整，从学校布局现实出发，合理教师资源，促进教育均衡发展。一是应加强寄宿是学校教师编制动态管理。根据学校学生情况、学校规模、班额大小、地理位置、生源变化趋势及教师工作量等因素，科学测算各寄宿制学校教职

工编制需要量，并按照倾斜农村、从严从紧的原则，与财政、人社部门共同做好有关工作。在编制标准和政策规定范围内做好各寄宿制学校机构编制核定和人员调配工作，实行余缺互补、动态管理，既因地制宜、实事求是地解决因教职工配备不足影响教育发展的问题，又防止因教师资源配置不合理而造成资源闲置和浪费现象的发生。二是科学引导教师资源有序流动。要加强义务教育教师的宏观调控力度，加强对寄宿制学校教育资源投入的倾斜，适度提高对寄宿是学校教师，特别是农村寄宿是学校教师编制标准、教师待遇、职称评定指标等其他教育资源，让寄宿制学校有优秀教师想进来、留得住。确保教师安心工作，教学质量得到有效保障。采取定期有序流动轮换人员制度，一方面让优秀教师到基础薄弱寄宿制学校支教，带领教学团队，帮助他们提升教学水平；另一方面派遣薄弱寄宿制学校的教师到优质资源学校任教，在教学中得到锻炼和进步。同时，把新招考的大学生，择优到教师比较缺乏的寄宿制学校任教。通过这些有力措施，有效促进学校教师有序流动，平衡教师资源。三是整合城区周边学校的教育教学资源，实现资源的科学合理配置。如城郊的白云、塔溪、金水、浆坪等寄宿制学校均有戴帽初中，但初中生源少，一般一个年级一个班，只有 20 多名学生，三个年级三个班共计也不超过 80 名学生，但麻雀虽小，五脏俱全，也要配置相应的体育教师和教学设施。而儒林镇初级中学是儒林镇一所独立的初中，学生人数也不多，上述四所戴帽初中完全可以整合到一所中学，这样教师和教学资源会得到合理利用。

（三）急需加快解决义务教育寄宿制学校工勤人员配置及相关问题

一是要从政策层面统筹解决寄宿制学校的工勤人员编制及相关经费问题。要从政策层面统筹考虑，重点解决寄宿制学校的工勤人员编制与相关经费问题。根据寄宿制学校规模、学生人数，合理配备工勤人员编制，如门卫、保安、宿管员、保洁员、食堂工作人员、校医等人员。采取国家配备工勤人员编制与学校自行聘用工勤人员相结合方式，由财政拨出专款，增加学校公用经费，并明确规定寄宿制学校工勤人员的工资待遇从公用经费中支出比例，解决当前寄宿制学校工勤人员紧缺问题，使学校自行临聘工勤人员的工资待遇从公用经费中正常支出，切实规范寄宿制学校用工问题。二是要由有关机构制定寄宿制学校工勤人员用工制度和标准。1.由相关管理部门制定寄宿学校工勤人员用工制度和标准，包括文化程度、日常工作能力、道德品德等。2.采取统一公开透明向社会招聘工勤人员办法，统一公开招聘工勤人员。3.按国家劳动法有关条款制定工资及有关待遇标准，规范用工制度，保证其合法权益。三是要对寄宿制学校工勤人员实施培训。由相关部门联合制定寄宿制学校工勤人员培训制度，指定师范院校或有关培训机构对工勤人员实施岗前培训、定期培训。统一编制有关工勤人员《后勤服务工作手册》及相关资料，以学习培训提高工勤人员思想认识和管理水平，树立后勤人员服务育人、助教理念，增强后勤服务责任意识和育意识。

（四）急需调整义务教育寄宿制学校经费投入政策

一是合理调整目前保障政策。目前寄宿制学校公用经费与非寄宿制学校公用经费没有区别，实际上寄宿制学校在学生学习、生活以及学校配备相关工勤人员上开销的费用要比非寄宿制学校多得多，运行成本明显高于非寄宿制学校。因此，合理调整保障政策势在必行。二是提高寄宿制学校公用经费标准。寄宿制学校学生越多，学校用食宿开支、安全管理等支出就越大，公用经费十分紧缺。目前的经费标准难以维持学校教育教学的正常开展，迫切需要给予提标。三是改善教师工作、生活条件。稳定寄宿制学校教师队伍是实现教育均衡发展的一个重要方面，因此，寄宿制学校，尤其是边远地区的学校教师周转房的建设势在必行，由于项目建设任务重，资金投入大，学校根本无力解决，建议省级及中央切实加大该项目建设的资金投入，给教师创造一个拴心留人的环境。

（五）急需完善义务教育寄宿制学校管理工作

一是教育主管部门及学校应进一步完善寄宿制学校有关管理规定。依靠强有力的管理措施进一步规范学校的管理，杜绝安全事故的发生。二是强化保育工作。应按照科学比例配备保育员，实行保育员食宿“双陪”制和两班倒值班制度。特别是对小学低年级学生的衣、食、住、行全程陪同，做到让学生吃得好、睡得香。三是强化安全保卫工作。寄宿制学校应实行封闭式管理和严格的门卫制度，对学生出校和外来人员进校进行严格管控。实行教师家长接送制度，确保学生上学和放学路途安全。四是强化医疗卫生工作。寄宿制学校应配备专职校医，同时与驻地卫生院签订医疗合同，发现问题及时由驻地卫生院出诊，为学生提供优质医疗服务。四是投保校方责任险。寄宿制学校应与保险公司签订校方责任险合同，有效化解学校安全风险。

（写于2017年9月16日）

第二篇　历史文化

南方杨家将　湘楚屋脊“飞山”之雄

——湘西南城步苗区千年杨家将历史文化探究

吴扬勋　曹正城　杨凯焱　杨友文

在湘西南及湘桂黔渝鄂五省（市、区）交汇区，每年的清明节、农历六月初六（杨再思生辰）和农历十二月初六（杨再思忌辰），无论是阴天下雨还是冰天雪地，总会有大批的苗、侗、土、瑶等各族民众，不约而同前往当地“飞山庙”“飞山宫”“飞山亭”和湖南城步杨家将村的竹枝坡（杨再思墓葬地），以不同的方式祭奠一位民族英雄、唐末五溪十侗“飞山蛮”酋长（首领）、诚州刺史、宣明顺助王、千古一良将——杨再思，以及历朝历代的杨氏文臣武将。此“清明同扫”“冬夏同祭”的习俗已传承上千年，且代代相传。千百年来，这里的各族人民为什么会这样一直崇拜、缅怀他们呢？通过深入追寻、探究唐宋元明清以来城步杨家将的史迹，我们发现了许多鲜为人知的历史故事，同时也找到了答案。

一、南方杨家将的奠基人、湘西南及湘桂黔渝鄂五省（市、区）交汇区民众千古传颂的“飞山令公”——杨再思

南方杨家将始于唐朝湖南城步。城步杨姓始祖杨再思（860—954）生于唐末，身经五代十国，历任湘西南五溪[①]十峒（侗相当于县级建置）首领、叙州（今湖南靖州县）知州、诚州（今靖州县）刺史、江淮湖广都钤辖使、龙虎大将军、左仆射尚书（该职自汉武帝至唐末设置，是为朝廷重臣）等，是中国南方杨家将[②]的奠基人和杰出代表。他曾于湖南靖州城西北五公里处的飞山建立了杨氏军事集团。五代（后梁、后唐、后晋、后汉、后周）十国［前蜀、后蜀、南吴、吴越、闽、

楚、南汉、南平（荆南）、北汉等十余个割据政权，被《新五代史》及后世史学家统称十国］之乱，群雄并起，争夺中原，整个北方狼烟滚滚，天下生灵多遭涂炭，独杨再思统领下的湘西南兵民屯集，经济繁荣，商贾出入，社会和谐，民族团结，享60多年的安宁与发展，逐渐形成了以靖州飞山为中心的湘西南民族经济、政治、文化、军事集团——“飞山蛮”（蛮：我国古代称南方的民族）。“飞山蛮”影响了湘桂黔鄂渝五省（市、区）毗邻区域，跨长江、珠江两大水系和雪峰山、武陵山、南岭三大山系，后影响逐及川滇、东南亚等地。再思生前上尊朝廷，下顺民意，安抚百姓，缔造乐邦，抗击外敌，一马当先，实行土地分封制度，有力促进了当时诚、叙二州及湘桂黔边区经济社会的发展和各民族的融合团结，使苗、侗、土、瑶等各族先民由部落共同体转化为民族共同体，深受所属各地各族人民的拥戴，奉为良将，为唐王朝所倚重。他的治世之德，安邦之功得到王朝褒扬：先后两次被封王，两次被封公，五次被封候。逝世后又立有阴功，十次诰封，四次封王，六次封候，在我国历朝历代仅此一人。他被民众奉若“神灵”千古传颂，建祠立庙祈祷，亦风调雨顺。城步历代杨家将均是杨再思的后人，这些叱咤风云的杨家将在中国历史舞台上曾发挥了极其重要的作用，产生了十分深远的影响。

北宋神宗元丰六年（1083），宣帝赵顼（北宋第六位皇帝）顺应民意，赐建“杨再思庙”于靖州城西北飞山主峰，故名“飞山庙”（后于1185年被宋靖州知州孙显祖移至州城西门外一里多的原作兴书院左侧，明正统十年即公元1445年知州苏文重修），他被后人尊称为“飞山令公”“飞山王”，后“奉旨列入祀典”。南宋爱国诗人、文学家、史学家陆游至飞山庙观游时曾题联赞云：

“澄清烽火烟，赤胆忠心昭日月；开辟王化路，宣仁布义壮山河。”

中国南方杨家将奠基人、唐末诚州刺史杨再思画像

后人在湘西南及湘桂黔渝鄂五省（市、区）交汇区杨姓村寨中建有“飞山庙”“飞

山宫”“飞山亭”“飞山桥”等多处，其中建于贵州锦屏县的“飞山庙”2013年5月被国务院列入全国重点文物保护单位。

飞山庙

南方杨家将奠基人、“飞山令公”杨再思以“天地国亲师”为宗旨，以“孝悌忠信”为根本，以“精忠报国”“为民造福”为目标，以“再、正、通、光、昌、盛、进（秀）”七字为等级建立封建领土分封制发展为特征，掌居湘西南沅水中上游主要支流的五溪流域及湘桂黔渝鄂五省（市、区）交汇区，相当如今70余个县、市行政区。杨再思共有十个儿子，每个儿子掌管一个峒，其中次子正滔和第三子正修及其后裔在城步苗区这片广袤的土地上繁衍壮大，成为全国有名杨姓居多的县，史有“城步地、杨半边”之称，人口发展到14万余（不含城步杨姓迁出至外地以及其后裔发展到的200多万人口），是自唐至清南方杨家将的中坚力量，其影响力也是最广泛的。

二、杨再思后裔枝繁叶茂，将才辈出，力走天下

（一）杨再思次子杨正滔系

主要分布在湘西南巫水、资水、渠河等流域的城步众多杨姓村寨。通过分析史上城步杨氏发展脉络，可以看出世居城步的杨氏，发展十分雄劲，培养了大批

杨氏将才。正滔（杨再思生前已将军事指挥权交付其）生四子，长子通声，湖广渠河等地都元帅。通声生三子，长子光宾，授龙虎卫上将军，任古州（今贵州省榕江县一带）军民宣抚使、银青光禄大夫。光宾生五子，四子昌晋，授金吾卫上将军，节镇广西柳州。昌晋生四子，长子盛和（葬城步儒林勤俭村婆子冲），封镇国将军，镇守广西柳州。盛和生四子，长子进宝，封威武将军，居湖南城步大竹坪（今杨家将村）。进宝生二子，长子再初，授武显将军。再初生四子，次子正千。正千生七子，长子通荣，任镇远府（今贵州镇远县），通荣生四子，次子光甫。光甫生二子，长子昌万，任贵州黄坪参将（葬城步原大竹坪村竹枝坡）。昌万生五子，长子盛荣，次子盛贵，三子盛华，四子盛魁，五子盛忠。盛荣生五子，三子谷贤，谷贤生三子，次子再淡，迁往山东省，三子再志，往京师助国。昌万次子盛贵为贵州黄坪府知府。盛贵生三子谷富、谷俊、谷仪。同迁往四川省。昌万五子盛忠生二子，次子谷英驻京助国。昌万三子盛华袭父职，任贵州黄坪府营参将。盛华生七子，长谷真，次谷从，三谷明，四谷智，五谷祥，六谷尧，七谷庆。七子均于明惠帝（朱允炆）建文四年（1402）杨昇请旨诰封伯父谷真为营骑尉，成为湖南城步杨氏官厅著名“老七户”。盛华子谷庆，生子三，次子再禄生于元顺帝至元四年（1339），居大竹坪大巷子，十八岁从军，于元至正二十一年（1357）入赘常德府武陵县白沙村豫彰侯刘兴一府为婿，入其军卒，承其军职，为刘姓。元至正二十七年（1362）冬十一月与周德兴、张彬取广西。元朝末期受城步苗军统帅杨通贯杭州事件（杭州杨氏九将之变）的影响，投靠了朱元璋。洪武元年四月戌申，杨昇与徐达常遇春大破元军于洛水北，逐围河南，梁王阿鲁温降，河南平，丁巳克永州，壬戌又与朱亮祖克靖江。洪武十年（1377）调东昌（今山东聊城），平山海卫（天津北）有功，升指挥佥事，复姓杨名昇。洪武十二年（1379）回城步大竹坪祭祖创修杨氏祠堂，均分家产，祭扫七户各处坟茔，立再思、正滔、正修诸公神位。洪武十二年秋辅佐燕王朱棣，打洛南、白河大战，克沧州、浑州，打西水寨、凤凰山、东坪泛上、东昌、山海卫、昌平、雁门关、陕西、延绥，平定的大片地区属燕王朱棣管辖（这时杨昇可谓身经百战，深得燕王喜爱）。

为了大明江山的稳固和确保朱明皇朝“万世一系”统治体系，明朝建立后不久，朱元璋就在高层开始疯狂实施“荆条除刺”的政治战略，大肆剪灭功臣旧将。洪武八年（1375），第一个被其赐死的是时年仅53岁的开国名将廖永忠，罪名系“僭用龙凤”（就是在家具上使用“龙凤”的图案）。洪武十三年（1380），时任左丞相的胡惟庸以结党谋逆罪被诛九族，同案株连一公，二十一侯，后诛三万余人。当时远在北平的杨昇也被奸臣列为胡党，太祖下令燕王朱棣就近诛杀杨昇，灭其三族。此时的燕王已被杨昇的忠勇和功绩所感动，也需要杨昇。燕王在诸皇子拥兵最多，边功最著。在大谋士姚广孝的精心辅佐下，一边积蓄实力、一边窥测朝中动向，并派姚广孝四处云游，为其网罗人才。杨昇便是其网罗的人才之一。当燕王朱棣接到父皇旨意后，便与姚广孝密谋。他们深知杨昇乃忠勇之士，如今身陷谋逆之罪，实属无辜，若能设法将其全活下来，今后可有大用。于是由姚广孝出面，说服其追随燕王共成大事。杨昇见有全家活命的机会，自然乐意相从。通心之后，姚广孝亲自为杨昇设谋诈死。食毒菇诈死，杨昇依计而行，先让居豫彰候刘兴一家的元配夫人刘氏携其所生二子远遁湖南城步老家。杨昇诈死后被安排到天津瀛西西大营，为守仓河将，由此改名为杨璟。因这里属于燕王封地，比较安全，风头一过，就被燕王秘密派往辽东铁营，为其操练人马。在诈死之后，杨昇又娶了施氏夫人、吴氏夫人。建文四年（1402）终于爆发了“靖难之役”，后来杨昇返回比平，率大军一路南征，在灵璧大战中杨昇挺身护驾，挡箭舍身弃命。永乐帝登基后，将他的生前覆历及往事前功一概抹去，并在实录中，史籍中均不能作任何记载，只是以杨璟一族为瀛西杨氏了。凡涉及杨璟身世的地方一律削方就圆，凡需隐讳的内容，再也不能实话实说。

所以，在《明史》中，杨昇、杨洪的身世及户籍没有湖南城步籍了，只是在内部家族中进行严格的保密，任何时候都不能向外公布，以免株连整个家族。因嘱后人要常与祖宗地联系，便有后来的杨洪的子侄亲回湖南城步大竹坪祖籍地祭祖，到大竹坪杨氏祠堂向再思、正修、正滔、谷真、谷庆等祖宗上香。永乐末年杨洪子侄回乡祭祖，将杨氏宗祠的祖像、祖匣、祖谱等祭祀物品运至天津瀛西，足足装了十三大车，走了三个月之久。嘉靖三十五年（1557）总兵杨洪曾孙彰武伯杨瑾请奏朝廷，回乡祭祖，封城步杨昌登等10户为“官户”，发执“官户”照牌，行文照会省府州县。万历十年（1583）杨洪玄孙彰武伯杨瑀在武冈营守备卢铭世陪同下亲至大竹坪祠堂祭祖并题匾“勋裔”悬挂祠堂。批引一张，命赴京相叙以表一本亲爱之意。崇祯五年（1632），太仆寺卿湖广监察御史杨洪第七世孙杨乔然监察湖广军务，回乡大竹坪祭祖，于南明隆武二年（1646）根据皇上诏书，将杨氏祠堂更名为杨氏官厅。并将杨昇（杨再禄）、杨洪、杨瑛等祖宗牌位供奉于杨氏官厅神位之上，题匾“派总关西”。

杨洪，杨昇次子。正统年间，官都督，英宗北狩敌，长驱薄都城，洪率兵败之，因功，封昌平侯，英宗复位晋封颖国公。杨洪生于洪武十四年（1382）城步大竹坪村大巷子，成长于天津瀛西西大营（现天津市武清区河西务镇），一生戍边四十八年，殁于1451年。杨洪袭父职，调任开平。明永乐十二年（1414），杨洪随成祖征讨北寇，他善骑射，打仗身先士卒，冲锋陷阵，封为千户。正统元年（1436），英宗皇帝登位，加封杨洪为游击将军，正统二年，杨洪官升都指挥佥事。正统七年，杨洪领兵奉旨勅授总兵官，击败边寇兀良哈，升为指挥同知。之后，杨洪向朝廷陈报修筑加固开平城和抵御外寇之法，官授都指挥使。正统九年，杨洪出兵大同，打败列苏，升为总都督，部下将士受赏的达9900余人。杨洪领兵有方，兵精马强，为当时边关将领的佼佼者。他还爱好文学，曾报请朝廷在军中建立学府，教授将士子弟。正统十二年，杨洪任总兵官。北部边寇进逼京城，杨洪奋力作战，追敌至霸州，击溃了敌寇，并擒获寇首阿归，俘获人马上万。

明正统十四年（1449）六月，英宗被外寇虏之。瓦剌部落以英宗皇帝为质进逼中原，外寇入侵，边境告急，杨洪陈献保国御敌之策，交兵部议行，景帝上位封他为奉天翊卫宣力武臣。景泰二年（1451），杨洪佩镇朔大将军印，权镇宣府。

总兵杨洪者，盛和公元九世孙也，努力自强，秉大明隆兴忠臣忠英，佐郭元帅荡平边患，敕镇雁门，等等。封彰制于东南，后镇口北卫，封彰武伯，昌平侯，谥武襄，起行武，善机变，三杨皆受重之，瓦剌诸部称为杨王。

杨氏将军为国尽忠南征北战，为湖南、贵州、四川、云南、湖北等地的和平、稳定和发展做出了突出贡献。明正统丁卯岁（1448）为明朝封总兵昌平伯兼侍御史，以武职奉命率子西征楚黔，镇抚八蛮九溪洞口等地，平夷南蛮，有后裔定居柱邑（天柱县）渡马大坎头，修建杨柳八角亭为记。后裔因人丁繁衍，烟户星罗，分居湖广会邑（今湖南会同县）漠滨，又从漠滨徙居贵州天柱地样坳发迹。其后裔一支据守会邑、漠滨，建祠宇于会同杨家渡，后又改建于步云桥头。清康熙辛未岁（1691）又改建祠于会邑城东大井头，因非吉地，又买城南基地再建会邑城南总祠。会同县漠滨乡、贵州天柱等地，尊杨洪为始祖，该支由杨洪起，字派为“洪、万、华、政、通、光、昌、顺、俊、秀”，后又续拟字派为：“朝廷文武、再政通光、昌顺俊秀、定国安邦、明良喜起、协和平章、守枝永茂、美大荣芳”。已繁衍至“邦、明”两代，为杨洪26、27世后裔。杨洪取吴氏生四子：万朝（居杨溪）、进朝（居天柱江东）、晚朝（居东城）。万朝取田氏生七子：华一（居天柱渡马）、华二（居天柱纹溪）、华三（徙陕西）、华四（徙中节）、华五（居漠滨）、华七（居黔阳深度）、华八（止）、华九（居漠滨江边）。另取白氏生四子：华六（居黔的卧龙）、华十（居天柱新州）、华十一（失考），又取吴氏生二子：华十二、华十三均失考。今居会同漠滨等地为华九后裔，该支在漠滨建有宗祠，裔孙支分派衍，人丁上万。华九名再品，取将氏生三子：政瑛、政琮、政富，政富（居天柱新丹陡坡）。之后华九（再品）华五公（再春）又在漠滨分建宗祠（该宗祠于2012年漠滨修建水电站而拆迁）。政富（华九三子）由漠滨迁回贵州原籍天柱白岩塘（今天柱白市镇）新舟朗溪居住，人丁日繁，文人蔚起，杨俊桂（政富第五代孙）后裔于明末择基于白岩塘左侧，海马唧珠，在此修建杨氏宗祠“白市杨柳氏先祠”，明末择基始建造至清嘉庆二年（1797）才基本竣工，历经百余年。咸丰、同治年间（1857—1862）因兵燹四起，世道混乱，宗祠被毁坏。清光绪年间（1875）杨洪四子晚朝之孙华先，明正统十二年（1448）迁贵州天柱兰田地锁竹园坪，传四世，支分四房，裔孙繁衍，徙居各处。该支族谱记载明、清两朝文士中的庠生、增生、贡生数十人，武官参将守备亦有多人。四子万乘（晚朝）后裔联合再维修白市杨氏先祠（《弘农杨氏族史》，陕西出版集团三秦出版，2013年5月）。民国四年（1915）杨洪先祠又进行维修，总建筑终于竣工，完成了绘画雕刻工艺的所有工程。这次维修规模宏大，构造精良，古色古香，十分雄伟壮观，时为湘黔边境祠宇之冠。这里地势优越，风景幽雅，山清水秀，祠堂左侧有马脑洞，此洞若海马昂居于江岸，前有团鱼岩，凸如珠矶，漂浮水面，故名“海马唧珠”。祠内刻画许多杨氏家族的历史故事，如“关西世泽”“三鳝兆喜”“四知垂馨”“清白家声”“杨坚立帝”“杨衮教枪”“杨六朗教子”“百岁桂帅”“杨七朗打擂”“杨宗保平南”“杨文广夺印”“二十四孝”。1995年被天柱县人民政府定为县级重点文物保护单位，2005年该祠被天柱县和黔东南州联合申报，同年经贵州省人民政府批准，确定为贵州省级文物保护单位。

贵州天柱、怀化会同杨洪后裔于1995—2005年一直寻找杨洪墓，经过10年的艰苦努力，走了湖南多地调查，天柱杨氏历届族谱记载，杨洪逝后葬于湖南宝庆府城步县狮子山打鼓洞。几百年来只见记载不见坟墓，无从祭扫，否实难定，先辈老人及近年族人都到湖南寻找考察过，都无果。2008年冬，获悉会同县宗亲杨顺录（会同县原文联副主席，2012年退休）等人找到了杨洪墓，他们也找了6年时间，真是喜从天降，令人欢欣鼓舞。2005年12月23日祠长杨政伦邀约杨顺录等5人驱车前往湖南城步大竹坪寻找杨洪墓。目睹一切，行者无法控制那万分激动的心情，热泪盈眶，心潮澎湃。经天柱县与会同县杨洪后裔联合努力，将杨洪墓于2013年进行整体维修，并刻立了杨洪组合墓碑。

“永乐年之后又有杨洪为首的杨氏父子为国尽忠，一生戌边，亲率兄弟子侄20余众，多年镇守宣化、大同一线，为抗击瓦剌入侵立下了不世之功”。至今流传于世的《杨家将演义》一书，其内容和故事原型人物主要取材于杨洪父子，杨家将美名由此流芳千古，永为世人仰慕。

杨瑛，杨洪子，袭都指挥佥事，升左参将，分守独石口，有功升副将，协守宁夏于杨显堡获贼有功，何锦舍命黄河水战，获安化王船只，又斩三百余名，授都督佥事，正统总兵挂帅征西将军镇守湖广抚安贵州，转至华容县病故，勅封袭昌平侯。瑛生五子，长继祖，祖生杨浩，父子袭职，授都督佥事，杨浩回乡城步祭祖病逝，葬大竹坪竹枝坡一千米处，现小地名叫杨浩塚。次子继先授指挥，永乐年杨继先绘书官户图文，创建大竹坪杨氏祠堂。三子继业，四子继宗，五子继德，是时将士迭出，任北京官即住北京，任川、贵者即住川、贵，其后裔杨信、杨质、杨杰、杨俊、杨珎、杨儒勅受奉天翊卫宣力武臣特进荣禄大夫，晋爵昌平侯口北总兵，杨焕其余世袭侯爵、伯爵、将军、守备、都司等官三十余员，镇守三海口北、京都，遂居北边。明代平北之功惟杨姓之将才不及此尔。

杨乔然，杨再禄第十世孙，系崇祯年太仆寺卿。杨乔然于崇祯十七年至隆武二年，任湖广监军监察御史、监察湖广军务。隆武二年五月二十四日回城步大竹坪祭祖，挂匾“派总关西”，立房分支祖神牌于上，立杨洪、杨瑛二神位于下坎，根据明皇旨意，更杨氏祠堂为“杨氏官厅”，外五百米处另建花庙，塑再思圣像，挂“通灵显应”四字以就乡人祭祀。越数百年，房分祠共，春秋同祭，清明同扫，思祖寿诞同庆。其间杨乔然率众亲在满地铺毯、鸣锣开道的隆重气氛中于竹枝坡、邓公冲、婆子冲祭扫杨再思、杨昌万、杨盛和、江氏祖婆墓地。重刻再思、昌万、盛和、江氏祖婆墓碑。杨昌万墓碑刻联："威助大明兼一统，功流海内启后裔。"碑内刻、钦命太仆寺少卿巡按湖广监军监察御史九世孙乔然为杨洪公祖原黄营参将（讳）昌万公之墓，旁刻太始祖杨宝、杨震，下刻赠云骑尉诰封，孝先、谷从、聪伯、真伯、成伯、谷尧、高伯（谷庆），时皇明隆武二年丙戌岁仲冬月。杨乔然祭祖后，即与湖广省宝庆府城步县正堂加三级刘为公务事，将省府察院内刻革免行户碑刊至朱家坳茶亭门口，后迁杨氏官厅。至此杨一元等二十九户杨氏再次被列为"官户"，并与本县面议随蒙依出示晓谕，通县人等知悉，杂差行户尽行革免。大竹坪杨氏一族享受政府特殊待遇。

杨乔然任监军御史后佐南明皇室于武冈州转桂林，再达昆明，辅佐南明皇朝在昆明立都二十三年，任云贵总督二十年。后被明朝叛将吴三桂赶至缅甸，三年后被吴三桂杀害于昆明。杨乔然宁死不屈，吴三桂称只要杨乔然脱离明朝皇室，即不杀可放生，但杨乔然誓死不从，做一个宁死不屈的忠臣，殁后葬贵州黎平。

清道光七年丁亥岁（1827），从前往川入籍后裔：钦加太子少保晋爵一等男，兵部尚书兼都察院左都御史、乾清门领侍卫、劲勇巴图鲁、总督部堂杨遇春，钦命提督甘肃全省总兵官功加一等巴图鲁、带加五级杨逢春，钦命提督陕西固原全省等外地方军务总兵官、功加一等巴图鲁、湖广总督杨芳，钦命兵部侍郎、都察院右副、安徽全省理粮管兵马司加五级、杨国珍四位将军携家人诣杨氏官厅致祭杨再思等祖宗，题"父叔品臣"匾。

明朝太仆寺少卿、湖广监察御史、云贵总督杨乔然题匾

杨再思次子正滔系后裔在城步籍后裔约5万人，外迁其他省、市、区发展至80万人众。贵州最多，广西、重庆、云南、绥宁、会同、通道、四川、邵阳、美国、新加坡、印度尼西亚、日本等地区。城步主要有儒林镇的大竹坪村（现为杨家将村3668人，80%为杨姓）、楠木山村、南门村、塔溪村、城南村、白良村、十里树村、勤俭村、冷水坪村、芭蕉村、盘石村、大桥村、甘溪村等。蒋坊乡的丁界村、杨家团村、杉昌村、大寨村等。长安营村的长坪村、岩寨村、六甲村等。汀坪乡的独宿村、大候村、团心寨村、温塘坪村、沙基村、蓬洞村、长滩村、隘上村、小阳坪村等。兰蓉乡的尖头田村、新寨村、水淅村、报木坪村等。白毛坪乡的下小言、上坪村、腊屋村、白毛坪村、卡田村、白头坳村等。分布在全县八个乡镇四十多个行政村中。于乾隆三十一年（1766）修谱改班次为，通光昌盛进再正，远大宗支开文运，志立才全守先公，永世兴荣家传定，二十八代转宗。

（二）杨再思第三子杨正修系

杨正修，北宋诚徽州十峒领主之一，世居赤水峒（今城步县蒋坊乡杉坊、茅坪镇金兴地带）。宋太平兴国五年（980）庚辰敕差，韶州都统郑律，并堂新兄弟十二人，官诏各一道，授银青光禄大夫。子通昭，授检校太子宾师兼监察御史上骑都尉，知辰州事。昭生长子光裕，授紫金光禄大夫，分居微州（今绥宁大园），次子光斌，宋仁宗庆历四年（1044）授银青荣禄大夫。斌生五子，昌秀、昌透、昌福、昌尧、昌温。昌秀生长子盛宣。次子盛勤居赤水，任湖州都监，古山得道，封济世行雨侯王。现蒋坊乡竹林村建有杨公庙，以纪念杨再思、杨盛勤等祖宗功德，方圆的蒋坊乡、茅坪镇、儒林镇的大部分杨氏后裔约八万人常年在此敬香祭祀。每年定十月二十六日进行为期三天的隆重祭祀仪式，且抬着杨氏再思像绕三村近十余公里进行游行缅怀。

正修世居赤水后以再正通光昌盛进七字排辈，分居于城步的资水、巫水流域的广大地区，几乎占据城步的所有乡镇。其中有蒋坊乡杉坊村、柳林、竹林村，茅坪镇的土桥村、金兴村、白竹山村、铜龙村等，西岩镇的水东村、杨家山村等110多个行政村中的自然村。以西岩镇崆峒口村为例，世系分派如下：再思1世—正修2世—通昭3世—光斌4世—昌福5世—盛廉6世—进谦7世—再世8世—正贤9世—通玉10世—光鲁11世—昌爵12世—盛朝13世—进白

14世—再纲15世—正位16世—通权17世—光韬18世—昌学19世—盛先20世—进义21世—再鳌22世—正荣23世—通昭24世—光前25世—昌亭26世—盛周27世—进仁28世—再谋29世—正之30世—通祥31世—光信32世—昌兴33世—盛全34世—进国35世—再纲36世，支系按七安辈转宗，同名同字的太多。清乾隆二十一年，改延长辈次。如蒋坊乡杉枋村京凉是正修的始祖地，就改为三十代转宗，“再正通光昌，盛进焕文章，祖宗明德远，礽云世绪长，作述承先泽，万代永联芳。”正修支系在城步县发展的后裔约八万，外迁发展的有广东、广西、云南、贵州、四川、湘西、湘南、江西、美国、日本、台湾、泰国、马来西亚等国家与地区120多万。

杨再兴，杨再思第八世孙（1104—1140），苗族，出生于武冈军绥宁县石井图（今城步西岩镇水东村）。原为曹成麾下一猛将，南宋绍兴二年（1132），岳飞击败曹成，杨再兴被岳飞义降后收为护国将军，升军前统制。杨通贯（？—1358），系杨再思第十七世孙，他“善骑射，通文章，有入相出将之鸿才”。在十岁就能组织苗家少年操兵练武，从小练就了军事指挥才能。“大元末壬辰年间，四方寇起，剽掠荆楚，楚王师讨之，不克。杨正衡败散财招勇带领弟杨正仁、正德，子通昭、通傅、通贯，侄通泰、通智、通朗，父叔九人，统率万余苗乡子弟，经过四个月的征招和强训，队伍迅速扩展到二万六千人，本来也想雄居一方。至正十二年（1352）徐寿辉攻陷武昌，又陷岳州（今岳阳），元廷大惊，急忙谕令各地勤王镇乱。城步杨氏家族祖辈受朝廷多次封赏，怀有记恩之情，决定为国平乱。元朝镇乱大臣陶梦祯派人请其出兵，他们就自备粮响、衣装，星辰派子侄往谒。陶梦祯见苗军将领士气高涨，连连叫好，乡道此来，我军胜矣。即赠正衡千户，以苗军为先锋，挺进武汉，一举收复武昌，苗军名声大振，元廷对城步杨氏大加封赏。”（1996年《城步县志》）

三、南征北战，血洒沙场，效忠朝廷，官至公侯

杨再思在城步的主要两支后裔，发展雄劲，枝繁叶茂，自宋代至清代，有六品以上文臣武将三百多名，四品以上有一百二十多名，仅明朝就有三十六位，其

中大竹坪村明朝在朝为官的将军、都司、侯、伯爵就有二十三人。自宋、元、明三朝，有宋朝的杨再兴军事集团，元朝的杨通贯军事集团，明朝的杨洪军事集团。元朝的杨通博被封衡国公，“克全忠义”的杨通贯被封潭国公，明朝威震北寇杨洪被封颖国公。

杨再兴军事集团。我国古代以少胜多、以弱胜强的杰出名将，“郾城大捷”南宋参战的主要将领之一，在西京长水县与金军作战，杀死孙都统和统制满近1000人，接着又在孙洪涧的郾城大败金兵2000多人，俘敌千余，缴获粮食、军械、马匹数以万计。

杨通贯军事集团。元至正十三年（1353），率苗军随湖广平章阿思兰，顺江南下，准备进攻庐州（今合肥），苗军声势浩大，杨通贯采用“诱敌深入”战法，将淮军诱至峡谷，伏于两岸的苗军把备好火把投入敌船，恰逢南风大作，大火焚烧四十多里，淮军死伤甚众，苗军趁机出击，大败淮军，斩首七千，俘虏数千。苗军威震东南，壮大成二十万之师。至正十七年（1357），元廷升杨通贯为浙江省右丞、骠骑将军，以“克全忠义”赐名“杨完者”，封潭国公，其兄通溥赐名“伯颜”（蒙古语，意为富有、财富多），封衡国公。

杨洪军事集团。赴京授指挥同知，调遣陕西延绥等处，杀贼有功升总兵官，明成化六年（1470），宣府南城杀贼有功，封昌平侯。子杨瑛，袭都指挥佥事，升总参将，分守独石口，有功升副将，协守宁夏于杨显堡杀贼有功，河水战获安化，王船只又斩三百余，授都督佥事。正统年总兵挂帅征西将军，镇守湖广，抚安贵州，转至华容道病故，敕封昌平侯。杨瑛生五子，长继祖，祖生杨浩，杨浩父子袭职（殁后葬城步上官村，现有小地名杨浩塚），次继先授指挥，三继业，四继宗，五继德，是时将军迭出。任北京官即住北京，任川贵者即住川贵，其后裔杨

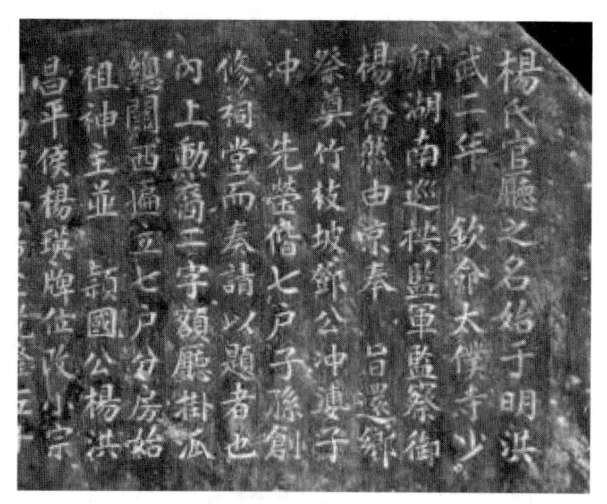

民国十二年杨氏家族题刻维修杨氏官厅碑记

信、杨质、杨杰、杨俊、杨琼、杨濡，奉天翊卫宣力武臣进荣禄大夫，进爵昌平侯，口北总兵杨焕，其余世袭，侯爵、伯爵、将军、守备、都司等官三十余员，镇守三海口北都遂居北边。明代平北之功唯杨姓将才不及此尔。因功封颖国公。

洪武五年至崇祯五年壬申岁城步大竹坪籍在朝廷任职的杨氏官员由都指挥杨继光所辑名单如下：（载《杨氏族谱》中）。

1. 杨再禄（昇、璟）于明洪武五年往京征讨有功，历升口北卫总兵（从一品）。

2. 杨琳　赠武强伯（从一品）

3. 杨能　奉天翊卫宣力武臣．特进荣禄大夫武强伯（正一品）

4. 杨信　奉天翊卫宣力武臣特进荣禄大夫彰武伯谥威殿（正一品）

5. 杨洪　奉天翊卫推诚宣力武臣特进荣禄大夫柱国、昌平侯、追封颖国公、谥武襄（正一品）

6. 杨传　忠义官（从二品）

7. 杨忠　赠武强伯（从一品）

8. 杨俊　奉天翊卫宣力武臣特进荣禄大夫柱国昌平侯（正一品）

9. 杨杰　奉天翊卫宣力武臣特进荣禄大夫昌平侯（正一品）

10. 杨伦　昭勇将军（正三品）

11. 杨伸　镇国将军（从二品）

12. 杨智　镇国将军（从二品）

13. 杨俭　昭勇将军（正三品）

14. 杨瑾　彰武伯（从一品）

15. 杨玺　镇国将军（从二品）

16. 杨玹　昭勇将军（正三品）

17. 杨瑀　武德将军　彰武伯（从一品）

18. 杨瑄　武德将军（正四品）

19. 杨继隆　昭勇将军（正三品）

20. 杨诺　万全都司现任赤城都指挥使司（正四品）

21. 杨谕　任守备都指挥使司（正四品）

22. 杨珎　昌平侯（正一品）

23. 杨仁　明威将军（正四品）

24. 杨瑛　恩授湖广统兵挂印平蛮将军（从一品）

25. 杨继聪　赠镇国将军（从二品）

26. 杨璞　赠镇国将军（从二品）

27. 杨质　奉天翊卫宣力武臣特进荣禄大夫，追封彰武伯侯谥威殿（正一品）

28. 杨纶　奉夫翊卫宣力武臣特进荣禄大夫，追封彰武伯（正一品）

29. 杨诸　任守备都指挥使司（正四品）

30. 杨炳　在京任总督彰武伯（正一品）

31. 杨谷真　驰赠云骑尉（正六品）

32. 杨继先　都指挥（从三品）

四、传播儒学 培育济世人才

杨再思第三子杨正修自幼熟读“四书”“五经”，“夺经魁”，“中进士”，成为一个地道的儒者，在杨再思的家规、家训、家风的感染教育下，以“责任、担当、荣誉、忠义”为做人准则，极力传播学习儒学思想，学习如何治理国家之道，如何治理五溪杨氏管辖地区，以天地国亲师、孝悌忠信为做人的道德宗旨和行为规范，使得宋初时期湘西南五溪地区社会稳定，经济发展，民风日上。正修重孙乡贤杨再成，根据高祖杨正修的遗训，在乡绅名士杨景清、江长顺、张茂卿等人的协助下，筹款捐资，于元皇庆二年（1313）在今城步创建“儒林书院”（是我国少数民族地区最早建立的儒家学院，仅晚于全国四大书院之一——长沙岳麓书院）。民国二十九年（1940），城步县城首次设镇，以元代儒林书院的“儒林”命名为镇。从此，一批又一批湘西南汉、苗、侗、瑶学子在这里求学读书，考取功名，走上仕途，成为国家的栋梁之材。他们教育子孙“幼知书，不谋利，刻意儒风”。儒学思想的教育，主要表现在“功德、爱德、诚德、孝德、仁德”几方面。“功德”就是要尽自己最大努力为国立功，为国做贡献。“爱德”就是互敬到互爱为目标，培育爱心，关爱他人，助人为乐，遵守公德、见义勇为。“诚德”就是培育个人信誉，突出诚信待人，忠于国家。“孝德”就是以尊老爱幼，勤俭持家，家庭和睦为目标。“仁德”就是以乐于奉献，敢于担当，养成一个从善、尚美、憎恶、存道德的人。“五德”的建立完善了千年杨氏家族文化，也进一步丰富了杨家将历史文化内涵。尤其以“四知第”“清百家”，作为每家每户的前门招牌，要求每个杨氏后裔都要廉洁奉公，使每个杨氏后裔成为一个对民族、对国家有贡献、有作为的人。

五、英雄史诗　流芳百世

英雄功业在，日月光芒长。

综上所述，在中国历史上南方城步杨家将，将星辈出，可谓盛矣！概括起来其具有五个显著特点：

第一是历代城步杨家将“精忠报国”“为民造福”“耕读传家”“尚武强身”“传播儒学”的初心不改、使命不忘；

第二是城步杨家将延续时间长，自唐朝开始至清朝跨越上千年；

第三是担负的职位高，从四品到一品的官员比比皆是，最高当属明代景泰年间朝廷四大勋臣之一、封颍国公的杨洪，相当现在的副国级领导；

第四是任职的人数多，仅明朝城步四品以上的杨氏文臣武将就达 30 余位；

第五是忠烈满门产生的社会影响从南到北、从古至今十分广泛深远。

为了纪念杨家将定国安邦的历史功德，城步杨家将后裔彰武伯杨璃于明朝万历十年，回乡大竹坪杨氏官厅祭祖后，每年都按昌平侯杨昇（璟）制定的规矩，清明同扫，冬夏同祭。即在立夏日和冬至日，再思诞辰日和忌日组织杨氏后裔同祭。“文革”中，因破“四旧”，此项活动被停止。自改革开放后的 1985 年开始，广东、贵州、广西、云南及周边县市的杨氏后裔以小团体的形式到杨再思墓地和杨氏官厅进行祭祀，每年参加祭祀的团队几十个，人数 5000 多人。贵州、黔东南州史志办总纂杨昌润自 1985 年开始至 2018 的 30 多年间，从未间断，组织贵州二十余县的杨氏族人对杨再思进行祭祀。2010 年，城步杨氏族人在杨氏老人杨文焱、杨文江、杨支善、杨开桂、杨开辉、杨支温、杨宗志等的倡议下，组织选举产生了以杨开清为会长，杨开焱为副会长兼秘书长的“城步苗族自治县南方杨家将历史文化研究会”。该研究会聘中国社会科学院历史研究所研究员杨文衡（苗族，第九届全国政协委员）、湖南省湖湘文化研究会会长阳盛海、中国民俗学专家邵阳市原外经委主任（原市招商局局长）杨光勋、中南大学历史人文研究所所长博导杨成胜教授、城步苗族自治县人民政府县长杨博里等为顾问，从事杨家将历史文化研究和杨家将爱国精神纪念公祭活动。该研究会自 2010 年清明节后三天开始，共组织了湖南、广西、贵州、四川、重庆、云南六省区杨氏后裔约五万人进行了杨家将公祭活动。活动中，与会人员缅怀祖先丰功伟绩，吟诵杨家将千年历史英雄史诗，使参加公祭人员倍受教育和鼓舞。

杨家将为国尽忠、为民造福的英雄事迹撼天地、英雄史诗惊朝野。

（宋代　孙国权）

扫尽五溪烟，忠心耿耿辉庙宇；
大化千年患，声威赫赫壮山河。

题显名（元代　进仁）

历代开基赤水杨，忘家为国岂怀乡。
丹心义胆冲天汉，镇服边疆护帝王。
忠义惟凭一点心，疆场誓死万人钦。
挥戈铁马成旧日，捷报飞云扶州城。

题杨再兴（明代　黎公弁）

河流向东南，界断鄙城路。
凿石作危桥，来往无辛苦。
桥边有战坊，战事在前史。
金人寇我边，将军躬御侮。
断首数千人，功建义而死。
岳帅虽痛惜，宋主竟如此。

我欲问流水，滔滔去无语。
英雄杨再兴，无愧宋将军。
赢得沙场死，千秋慕英名。

哀完者公（元代　刘廉）

汝上孤城破，将军百战余。
敌京非剧孟，请援失包胥。
鼓谒悲风劲，云摧落月虚。
水盘如剑处，微落重欷嘘。

（明万历十年彰武伯杨瑀题匾）

“勋　裔”

［清道光七年，城步杨氏后裔清朝四大重臣杨芳（湖广总督）、杨逢春（甘肃总兵）、杨遇春（兵部尚书）、杨国珍（兵部侍郎兼督察院副都御史）合题］：

“父叔品臣”

（明隆武二年　杨乔然回城步祭祖题）

“英雄撼天地，史绩震朝野”。
题刻“威助大明兼一统，功流海内啟后裔”“派总关西”。

记通贯公等等赞颂南方杨家将爱国精神的古诗古联近千首（对）。

（明代　杨逢时）

调将提兵数千里，马蹄踏破半山川。
旌旗掩映遮星月，剑气辉煌遍海天。
忠义于君持虎节，英雄报国扫狼膻。
坐看谈笑平淮寇，始把芳名万古传。

清朝杨氏后裔赞杨乔然

遥忆中丞文且武探本溯源还乡土
丰碑建竖思祖德留取声名照千古

（湖南省文史馆员胡静贻题）

宋室匡扶几多艰险，杨门壮烈莫不英雄。
将星云集儒林镇，清史齐名老令公。

（湖南怀化作家杨顺禄）

忠烈杨门功赫赫
清廉四第誉煌煌

（湖南省苗学学会会员、邵阳市政协文史研究员杨凯焱赞南方杨家将）

题杨再兴

（再）兴公自幼丧严父，随母入住外婆峒。成年之后返故土，练兵习武进乡勇。曹诚手下为猛将，护卫乡邻十峒楚，金兵入侵宋疆土，岳飞军前帐先锋。无畏大敌万丈箭，临颍河上垂千古。

题杨通贯

贯公出生苗峒中，学文尚武乐其中。十峒八寨称豪杰，组练苗军傲雄鹰。元廷局势呈太急，义为朝廷平乱地。息乱湖广震东南，江浙太平朝廷赞。“杭州之变”遭陷害，“克全忠义”垂千古。

题杨洪

洪公自是杨门后，故土祖居大巷子。将才英俊承升职，守土护疆晋昌候。明室王朝多艰险，“涤上方略”固国本。军功显赫将士前，世祖流芳万代贤。

南方杨家将奠基人、“飞山令公”杨再思及在城步的后裔为国为民做出了巨大贡献。原国务院参事、中国文联副主席、国家民间文艺家协会主席冯骥才在评述城步杨家将时说：“……城步杨家将（事迹集中载于《杨再思氏族通志》《中华杨氏通谱》《城步人物谱》中）与山西杨家将一样，都具有爱国精神，为国而捐躯，为国而奋斗。其‘精忠报国’的精神是用血和肉凝结成而的，是中华民族文化的瑰宝。城步杨家将历史人物时间跨千年，是实实在在、货真价实的历史。通过他们奋不顾身的英雄事迹，城步可称为中国南方杨家将文化艺术之乡。”

湖南省文史馆馆员、中国民俗学家编审李鸣高，湖南省文史馆馆员、省政府参事、文艺出版社原社长弘征，湖南省文馆馆员、省政府参事、省政策研究室原主任郭辉东，湖南省社会科学院历史研究所原所长、研究员、省文史馆馆员伍新福，湖南省文史馆馆员、研究员、省文联副主席、民间文艺家协会主席张劲松等18位专家、教授一行从2004年4月起至2008年11日，经过4年多次深入城步考察，对城步杨家将的历史遗迹、民间史料与国家正史、地方史志相核对后，一致评定城步为“中国南方杨家将文化艺术之乡”。2012年8月，城步“苗族杨家将传说”被湖南省人民政府确定为“湖南省非物质文化遗产”。

2010年8月，城步苗族自治县人民政府与邵阳市文化局，联合召开了“南方杨家将历史文化研究座谈会”，就如何进一步挖掘南方杨家将历史文化和传承发扬杨家将“精忠报国”“为民造福”的精神达成了共识。2019年城步杨家将村入选第五批“中国传统村落”名录。现在，城步苗族自治县委、县人民政府已将杨家将村“杨氏官厅”确立为青少年爱国主义革命传统历史教育基地，每年的国防教育与征兵，都把杨门精忠报国、能征善战、爱岗敬业、好学求进、为民造福作为重要的教育内容，从而弘扬了社会主义新时代下团结拼搏、爱民爱国爱党、无私奉献的伟大民族

城步“苗族杨家将传说”被湖南省人民政府确定为“湖南省非物质文化遗产”。

精神，发挥了良好的教育作用和社会影响力，使当今社会主义核心价值观更加深入人心和苗乡大地。

六、结　语

南方杨家将历史文化，是中国苗族历史文化的重要组成部分和中华文化的一部分，也是中华文明一脉从未间断过的独特经线。

南方杨家将是中华民族精神的杰出代表，同时还是安邦济民的英雄斗士。南方杨家将精神内容十分丰富，体系比较完整，其主要内涵可以从精忠报国、能征善战的爱国主义精神；不畏艰险、视死如归的牺牲奉献精神；薪火相传、自强不息的家国主义情怀；为民造福、共建中华民族共同体的意识；追求和谐统一的不屈意志（南方杨家将渴望通过战争来消灭战争，使人民过上安定和谐的生活，这种追求和谐统一的不屈意志贯串了整个南方杨家将的历史）；“耕读传家”的儒家思想；“尚武强身”的民族血性等七个层面来进行探究。

城步是南方杨家历史文化的发源地和圆心。南方杨家将是城步的骄傲，也是湖南和整个中华民族的骄傲。南方杨家将历史文化，不仅得到了民间的普遍认同和传承，如湘西南及湘桂黔渝鄂五省（市、区）边区民众每年的“清明同扫”“冬夏同祭”就是最好的的证明，而且也得到了史学界和国家层面的认可，如北宋朝廷赐建的“杨再思庙”，根据明皇旨意将城步杨氏宗祠更名为“杨氏官厅”（2011年被列入湖南省级文物保护单位），新中国成立以后，郭辉东、弘征、李鸣高、伍新福、张劲松等著名史学专家多次前往城步的考证及冯骥才对城步杨家将的评述，还有湖南省人民政府已将其列为省级非物质文化遗产名录，目前正在申报国家非物质文化遗产等。这些，无一不说明了南方杨家将历史文化是货真价实的。

深入探究、传承发扬南方杨家将“精忠报国”“为民造福”的伟大精神，对当今巩固拓展扶贫脱贫成果，助推乡村振兴，不忘初心、牢记使命，增加各民族的团结交往交流交融，筑牢中华民族共同体意识，建设中华民族共同体，共圆中华民族伟大复兴之梦等活动的开展，教育人、启迪人，发挥社会的正能量，仍具有较大的影响力和深远的现实意义及历史意义。

注释：

①所谓五溪，狭义的五溪是指，当今湖南境内重要的沅水支流巫水（雄溪）、渠水（满溪）、酉水（酉溪）、潕水（㵲溪）、辰水（辰溪）等，古称“武陵五溪”，涵盖了整个湘西南；广义的五溪范围是指，湖南沅水中上游地区，以怀化为中心地带，包括湘黔渝鄂等省市的周边地区，共三十几个县市。今怀化市、湘西自治州、张家界市以及邵阳市西边的城步、武冈、绥宁、新宁等县市历史上都在五溪之内。

②所谓南方杨家将，是指唐末湘西南叙州知州、诚州刺史、湖南城步苗族自治县杨氏始祖杨再思为杨家将奠基人的杨家将群体，同时包括其后裔，历经唐宋元明清五个朝代。据《南北杨家将均出自杨居本家》（杨进义、杨开清，2012 年 4 月“城步杨家将史迹”）、《湖南杨氏通谱》载：宋代山西太原以杨业为代表的北方“杨家将”是杨再思之弟杨再滔的后代，而再思、再滔均为杨居本之子。因此，南北杨家将同出一宗，有着血脉相连的渊源。从历史资料看，以唐末城步杨再思为首的南方杨家将军事集团要早于北宋杨业为代表的北方杨家将军事集团。

（吴扬勋，城步苗族自治县人民政府原副调研员，县苗学会会长，湖南省苗学学会理事；曹正城，本文主笔，城步苗族自治县政协原党组第一副书记、常务副主席；杨凯焱，本文主笔，县苗学学会秘书长；杨友文，湖南南山国家公园两江峡谷森林公园管理处主任。本文原载 2019 年 8 月 29 日《邵阳日报》，入选时有增删。）

城步历代将才辈出初探

杨宗兴

回溯千年历史，钟灵的城步苗乡走出了数以百计的叱咤疆场人物。清道光《宝庆府志》云：“城步山峭多石，气象奇伟，历代名将出焉，在宋有杨再兴，在元有杨完者，在明有沐英、蓝玉、杨洪父子，丰功峻烈，照耀宙合。”观乎灿若星辰的众将领，杨氏将领居多唯盛，自唐末杨再思以下至清末，授封公、侯、伯、将军、守备、都司等官爵者，据不完全统计近 80 人。地处边远的区区城步何以将才迭出，功丰至伟？笔者细览国史方志及谱牒，用历史唯物观做了一些探究，愚以为有以下几个因素。

一、人文因素的影响

城步历代出将才，人文影响是为首要。

（一）苗族文化影响

苗族的发展史是一部迁徙的历史、拓荒的历史、与命运抗争的历史、为自由而战的历史。苗族始祖蚩尤被轩辕氏黄帝和神农氏炎帝联合战败后，从富庶的黄河中下游地区淡出，含着血泪背井离乡，开始了史无前例的大逃亡。他们涉过黄河，涉过长江，在荆楚彭蠡地区立足建立了新部落九黎，三苗古国，后又被迫溯沅江而上进入武陵地区以致更远更偏的黔川滇等地区。无论逃亡迁徙到哪里，也不管所处的地方多么艰难困苦，只要一息尚存，他们就要坚强地活下去，斗争到底。这便是苗族的个性。因此，在别族看来，苗族是强悍的，不屈不挠的。这种带有血性的民族基因代代相传，薪火不断。应该说城步历代名将无不受苗族内在的精神所潜移默化。

（二）巫傩文化影响

巫傩文化是城步传统文化的主体主流，其实质是一种宗教文化，所反映的是苗、瑶、侗各族人民对天地鬼神的敬畏，对祖德宗功的敬重，对历史英雄的敬仰。笔者研究“庆鼓堂”习俗发现，古时候各苗寨都要在“水口”（或村口）建立“鼓堂庙”，架“风雨桥”，培植枫树或柳杉。庙中普遍供奉开天辟地的“盘瓠大王”“呼风唤雨的战神蚩尤”“五谷大王”“风神雨师”等。除此以外，就是供奉峒酋祖宗，比如上峒将军杨昌宝、中峒将军潘金盛、下峒将军李再万、进宝将军杨清保、萝卜将军蒲寅山等。为什么苗族人祭祀的多为本民族的英雄呢？这是由他们的民族情结决定的。庆鼓堂活动中讲英雄故事，祭英雄英灵，扬英雄精神，充分体现了苗族人民的价值取向和世界观。这对陶冶人的心灵、磨砺人的意志、培养人的尚武精神是有积极作用的。

（三）氏族文化影响。

中国西南杨姓聚居地区普遍建有“飞山庙”，庙中供奉的正神为“飞山侯杨再思令公”。杨氏族人每逢清明节、十月二十六令公诞均要举行隆重的祭典。杨再思是公认的中国南方杨姓氏族始祖，处在唐末五代乱世。他审时度势，采取中立态度，在马楚政权消灭了寇武冈的潘金盛后，乘势接管了西南十峒，被奉为十峒首领，经过他的苦心经营，把原始的五溪十峒推向了封建社会，建立了和谐稳定繁荣的西南少数民族共同体。他不降梁、不附楚，和蛮界各少数民族和睦相处，在乱世中却打造了较太平与繁荣的一方区域，其功昭著，其德丕显，得到身后各朝廷的认可与追封，又为世代万民所景仰。所以在中国南方，一直盛行春秋祭祀令公的习俗。参加祭祀的不仅仅限于杨氏族人，其他姓氏信众无不前往祭祀。

除此之外，在城步还有专门祭祀杨家将的习俗。一是白毛坪乡城溪村正月初十公祭杨业令公。北宋杨家将的故事是众所周知，耳熟能详的。太原杨家将与城步杨家将是什么关系？为何城溪杨姓人祭祀杨再思令公的同时，还要公祭杨业令公呢？谱载，杨再思胞弟杨再韬移居四川，次子正镇守山西，生杨信，信生杨业。也就是说，太原杨家将和南方杨家将同根同源。传说杨业父子正月初十奉命攻辽，结果兵败陈家谷，杨业撞死于李陵碑下。城溪杨姓人对杨业一门忠烈很是仰慕，塑杨业金身塑像立于飞山庙中，并把正月初十作为纪念日，按四房轮值，每年举行祭祀。初九下午择时开坛请神，晚上众会首及司职人员在“飞山庙”守神。初十早上择吉时抬着杨业圣像巡视四个团（即四个自然村）。令公出行时最为热闹，锣鼓喧天，礼炮动地，号角争鸣，人声鼎沸。滚龙舞出翻江倒海的气势，雄狮要出地动山摇的威风。扮演征战的杨家军将士人员边行边使兵器，展现出英武之姿。这场面蔚为壮观。巡游完毕，把轿停在“落船屋”（专门为令公行营休憩所建的屋子）演唱傩戏，内容为杨业的身世，投宋和抗辽的故事。杨业父子忠心耿耿，为国捐躯，其情可哀，其节可敬。一场傩戏演译下来，观众无不潸然落泪。二是，儒林镇大竹坪“杨氏官厅”每年冬至日举行公祭杨家将的典礼。谱载，元顺帝至正二十年冬，浙江行省丞相贴识达睦迩与降将张士诚合谋暗害浙江行省右丞苗军统帅杨完者。张士诚请完者发兵攻取被朱元璋占领的浙东地区，自己攻打淮南。张士诚嘉兴之战被苗军大败，迫于苗军声威诈降元廷受封为太尉。他处心积虑，不择手段拉拢完者部属，取得了完者的信任。由于完者的轻信，未能觉察其阴谋，把苗军主力全部派往浙东作战。张士诚探得消息，令佯攻淮南的十万大军星夜兼程围攻杭州。杨完者这时已无回天之力，率老弱之兵出城杀贼，直至战死。这就是史称的“杭州之变”。事变发生后，苗军总算认清元朝的用心，愤然倒戈，投奔了朱元璋。他们按江南杭州冬至日祭祖的习俗，祭祀杨完者等殉难的杨家将领。此俗一直在城步杨姓人中流传。明末，湖广监军监察御史杨乔然回城步大竹坪祭祖，上观祠堂“勋裔”匾额，心情难以平静，历数杨再思以下历朝杨家将四十余人，便提议按冬至日祭祀杨完者的惯例，祭祀本境所有杨家将，并将这规矩载入谱牒。大竹坪杨氏官厅公祭杨家将的礼俗就此弘扬光大并沿袭至今，形式和内容都因时而变，无不打下时代烙印。但实质是一致的，公祭所要表达的唯一就是不忘杨家将报效国家的精忠精神和高尚情操，激励后人学英雄做英雄。

城步杨氏文化的核心精神就是“爱国”“清廉”，主要内容就是“尚武”。这种文化以习俗为载体，代代传承。它的教化作用是非常明显的，也是非常有意义的。

二、历史因素的影响

烈火见真金，时世造英雄。下面以城步杨家将为例进行分析。

（一）城步杨家将的发迹时期。

唐末，镇国大将军杨居本兄弟自淮南迁叙州，镇守五溪蛮地。本生再思再韬。再思自幼随父征战西南八番蛮帅，在平定叛乱中屡建奇功，后受江陵节度使器重，被举荐为叙州知州。天佑年间，天下纷乱，再思奉命守沅州。后梁开平四年，叙州蛮首潘金盛寇武冈兵败被戮。再思乘机接管了五溪蛮地，为辰州刺史。为避免生灵涂炭，再思采取韬光养晦之略，与楚王马殷订立盟约，互不侵犯。同时，推行峒制，按五溪划分十峒，分封土地予十子及州内吴、龙、兰、石、邓、向、李、潘、秦等姓，被奉为十峒首领。暮年，将十峒分给十子掌管。《宋史·诚徽州传》“诚徽州，唐溪峒州。宋初杨氏居之，号十峒首领，以其族姓散掌州峒。太平兴国四年（979），首领杨蕴（再思之孙）始来内附。五年杨通宝始入贡，命为诚州刺史。”杨蕴审时度势归顺大宋，保住了祖上的领地和爵位，为杨氏的繁荣发展奠定了基础。《宋史·溪洞传》载，宋熙宁八年（1075）杨光富率其族姓二十三州峒归附，诏以光富为右班殿值，昌进五人补班奉职，晟（盛）清等十六人补二司军将。再思后裔的明智选择，使杨氏统领州峒，世代袭爵八百余年。

（二）城步杨家将的发展时期。

元朝末年，阶级矛盾和民族矛盾日益尖锐，韩山童、徐寿辉在湖北蕲春起义，郭子兴、朱元璋在安徽濠州起义，张士诚在江苏泰州起义。大元朝廷势如累卵岌岌可危。此时，城步赤水峒杨正修后裔杨正衡兄弟子侄密切关注天下形势，积极厉兵秣马以图用事。由于世受皇恩，他们受诏北上勤王，和陶梦祯一道攻打武汉。作为前锋的苗军英勇善战，一举收复武昌，索回了威顺王子送归京师。元延便对杨家将大加封赏，授杨正衡为潭州路同知，旋升湖广右丞，杨正仁为湖广都元帅副使，杨通贯为湖广副都元帅，其他叔侄一并加封。至正十二年（1352）

秋，苗军兵分两路，杨正衡统兵进攻粤西，杨通贯统兵开赴江浙。苗军的日益壮大，引起了朝廷的猜疑，暗中加强了监视。正是这样，杨正衡在粤西战场因孤立无援而败亡；杨通贯在“杭州之变”中被害。

（三）城步杨家将的鼎盛时期

明初城步大竹坪杨谷庆三子杨再禄（杨昇）往京助国，征讨有功，历升北口外总兵。杨昇长子杨琳袭父职，历任总兵、总管大人，因功封奉天翊卫宣力武臣，赠“武强伯”。杨昇次子杨洪随明成祖北征，在斡难河战役中，一举成名，镇守北疆以来，屡立战功，官至都督，封柱国昌平侯、颖国公。《明史·列传六十一》记载，“洪父子兄弟皆佩将印，一门三侯伯。其时称名将者，推杨氏。”杨洪嫡孙杨继先于崇祯五年（1632）亲书明代城步杨氏勋爵名单寄回大竹坪载谱中。所列人员有杨琳、杨洪、杨能、杨俊、杨忠、杨信、杨杰、杨瑛等33人。由此可见，明代时城步杨家将发展到一个巅峰。原因之一：元末“杭州之变”后，杨通贯（杨完者）余部看透了元廷的险恶用心，悉数参加了朱元璋领导的红巾军起义。原因之二，元朝残余势力一直没有停止过与明廷的对抗，北疆战事不断。杨洪父子毕生在长城戍守，对蒙古部族知根知底，攻无不克，战无不胜，立下了赫赫功勋。在朝廷看来杨家军就是铜墙铁壁。因此，自杨洪以下，子子孙孙都颇受重用，奉诏镇守北疆。

另一个历史原因，到宋代，朝廷在武冈设“军”，在城步设“寨”。虽然“军”和“寨”与“州县”都是行政单位，但有很大的差别。宋朝一改前朝的羁縻政策，在民族地区建立“军寨”，实行军管。《宋史·志·十四五》记载：武冈军十寨，三门、石査、真良、兵溪、临口、关硖、黄石、新宁、绥宁、永和。前四寨均为城步要塞。可见，那时候城步是一个军事重地。据大竹坪杨盛福老师研究，宋代城步寨周边置十二烽火台：三地烽火台（址于今大古管理区铁顶岩）——负责掌握新宁、武冈、城步三地的军事动向，高寨烽火台（址于今梅溪、杉坊交叉口）负责瞭望绥宁、武冈以及茅坪的军事动向，虎背界烽火台（址于今茅坪镇宋溪江）负责观望土桥军事动向，两省烽火台（址于今城步、新宁、广西资源三县交界的二宝顶）负责湘桂两省区的军事动向，以狼烟为号，白山、猪婆界、雷公尖、云雾岭、马鞍山、漏通风、马屁股等烽火台为寨内哨卡和战情观测点。

宋代的军管制度，对少数民族地区的管理并没有发挥积极有效的作用。相反，加剧了民族矛盾，“土人”起义时有发生。抗金名将杨再兴最初就是义军头目，后被岳飞招抚，成为军前统制。

可见城步历代将才辈出，也是历史的产物。

三、地理因素的影响

城步地处雪峰山脉和越城岭山脉交汇处，介于湘桂黔三省区之间，古称“楚南极地”“苗疆要区”。境内山高林密，沟深壑险，是典型的山地地区。从有人类繁衍生息到明朝设置城步县之前的漫长历史长河中，城步有武攸、武强很多称谓，从属过不同州郡，但它始终被统治者视为“蛮夷”。诸如“西原蛮”“桂林蛮”“五溪蛮”，等等。“蛮”从字面上看是“亦虫组合”，意即“讲话如虫之啾啾，不知所云。”而其内涵根本就是等同于另类，等同于原始落后。用现代话说“蛮”是对少数民族的蔑称。不难看出，历史上的城步人在相当长的时间里都处在原始的刀耕火种和渔猎社会。射天上飞鸟，猎林中野兽，捕水里鱼鳖，自然是城步先民的主要活动。清光绪《城步县志》云：苗人喜裹头巾挎腰刀，弄枪射弩。这寥寥数语正是对城步古人渔猎生活的真实写照。另一方面，在不太平的时期，山区易成为盗匪的据地。县志和谱牒记载，城步自宋至清几朝，苗乡经历了上百次匪患，各民族同胞横遭劫戮。

舒适的环境是怠惰的温床，而穷山恶水则是意志的磨砺。城步先民在那样恶劣的环境下，必须养成大山一般的沉稳品质，必须蓄积大山一般不拔的力量。所以，他们要去习练生产生活的技能，要去习练上山能打虎下河能缚龙的本领。清道光《宝庆府志》所载“城步山峭多石，气势雄伟，历代名将出焉”从这段记叙中可以看出，城步历代将才迭出地理环境影响是一个重要因素。正所谓一方山水养一方人。

清廉为官　精忠报国　清白传家

——城步杨家将优良传统家风砥砺后人培养贤良

杨焕忠

城步古属五溪南蛮之地，历史悠久，山灵水秀，人文资源极为丰富。在这片古老神奇的土地上，不仅养育了一代又一代勤劳智慧的人民，而且还涌现出了许多风流俊杰，产生过几多惊天壮举。在古代杰出人物中，仅杨氏自唐末至宋、元、明、清五代城步籍七品以上官员就达300多人，其中以杨家将最为著名，如杨再思、杨正修、杨再兴、杨完者、杨洪等都是有史可考，有据可查的人物。城步杨氏在唐末至清代的朝廷命官，文臣武将之多，实属罕见。城步杨氏自古以来之所以英才辈出，与其优良传统家风是分不开的。弘扬优良传统家风，在当今民族复兴的伟大变革中，具有重要的现实意义。数千年的杨氏繁衍史，贯穿了一条刚正不阿、清廉正直、精忠报国、清白传家、博学儒雅的优良传统家风的主线。正是杨氏这个优良的传统家风伴随着家族血统的世代传承，赋予了杨氏家族强大的生命力，更注入了杨氏家族与命运抗争，创造辉煌业绩，为国家和民族做出重要贡献的聪明才智与超凡能力。杨氏的优良传统家风是什么？这不是一个仅用寥寥数语就可以回答的问题，然而明晰此问题无疑有着十分重要的意义。现结合杨氏列祖列宗的行实，对杨氏的传统家风略作浅析。

以德养尊　清廉正直

城步杨姓嫡祖杨再思之远祖系上古黄帝，居姬水，以姬为姓，生二子，长玄嚣即吾祖，传至后稷，迁居于邰（今陕西武功县），其后历唐、虞、夏、商，由此派发。民国《辞海》载“《左传》襄二十九年：‘虞、虢、焦、滑、霍、杨、韩、魏皆姬姓也。’”至公元前211年秦始皇最后灭齐，统一六国，置郡县时，嫡祖杨章居华阴（今陕西潼关华山北），功至征东大将军。至二世秦乱，章子杨款不仕秦而从汉，高祖封为太史。至元鼎四年（前113）设弘农郡，辖华阴，治弘农县（今河南灵宝市东北）。西汉昭帝元凤五年（前76），弘农一世杨敞为相，弘农为“全国望郡，杨氏望族”。西汉末年，丞相杨敞之后杨宝出世，他隐于华山，潜心攻读儒家经典，教授生徒，东汉光武帝多次请他出山，均坚辞不仕。杨宝之子杨震，他就是拒贿千金，史称“四知”的著名“清白传家”的大清官。时隔千年，然杨震世系所恪守的以德养尊，清廉正直，清白传家的家风轶闻，却至今为世人传颂。其人学识渊博，他少而好学，博览群经，英年即已成为名满天下的大儒。他自费设塾授徒，坚持数十年的塾教生涯。他不分贫富贵贱，广教弟徒，弟子多达三千余人。人称“关西孔子”。由于他坚持执教不仕，远近钦慕。朝野十分敬重杨震的学识、贤名和品行，虽已年届半百，还是终于请他出仕任职。杨震无论在何职都始终恪守以德养尊，清廉正直。他任荆州刺史时发现王密才华出众，便向朝廷举荐王密为昌邑县令。后来他调任东莱太守，途径王密任县令的昌邑（今山东金乡县境）时，王密亲赴郊外迎接恩师。晚上，王密前去拜会杨震，俩人聊得非常高兴，不知不觉已是深夜。王密准备起身告辞，说道：“恩师难得光临，我准备了一点小礼，以报栽培之恩。”杨震说：“以前正因为我了解你的真才实学，所以才举你为孝廉，希望你做一个廉洁奉公的好官。可你这样做，岂不是违背了我的初衷和厚望。你对我最好的回报是为国效力，而不是送给我个人什么东西。”可是王密还坚持说：“三更半夜，只有我知，你知。不会有人知道，请收下吧！”杨震听后立刻变得非常严肃，声色俱厉地说：“你这是什么话，天知，地知，我知，你知！你怎么可以说，没有人知道呢？没有别人在，难道你我的良心就不存在了吗？”王密顿时满脸通红，王密羞愧而出。后人王融《沈冥地狱篇颂》曰：“阴墙虽两密，幽夜有四知。”

以“四知”为廉洁奉公之意的夜半却金的故事载入正史典籍，流传甚广。自汉至今数千年来，“四知”成为中国官吏廉政自律的千古美谈。“天下杨姓出弘农”，城步杨氏也不例外，其裔孙皆以“四知堂”作为堂号。如今，只要见到房屋槽门上书有“四知堂”“清白第”人家，其户主定是杨姓无疑！1986年8月4

日《人民日报》第8版《杨震的家风》一文载：杨震，性公廉，不受私谒。其子孙经常蔬食淡饭，俭朴度日。平时出门也经常步行。有人劝他购置家产，杨震不以为然地说："使后世称为清白吏子孙，以此遗之，不亦厚乎！"……不贪赃，不受贿，居官清廉，这就是杨震的家风。在封建社会里，官吏钻营取敛，唯利是图者比比皆是。杨震数代独能博得清白吏子孙的称号，为千古所传颂，确实难能可贵。杨氏后人也一直秉承清白遗风，并以此为自豪。

以德兴仁　赤胆忠心

有史以来，忠诚是最重要的道德规范，是维护国家、团体利益和社会稳定的基石。在"文革"之后的特定历史环境中，"忠"字往往被赋予贬义，同"愚忠"等概念相提并论。然而，当现代之风吹遍中国每一个角落的时候，人们发现，"忠诚"实已成为一种现代规范和现代概念。在法律和制度制约下对国家、企业、单位和家庭的忠诚，是对每个现代人的一种基本要求；而那种独立于法律和制度，自觉的，甚至不惜舍弃自我的忠诚则更是一种普世美德。杨氏以忠孝为本，尤其是杨家将列祖列宗中，"忠诚"的典范比比皆是。"奉唐勤王"的城步杨氏嫡祖杨再思就是杰出代表。

杨再思系唐懿宗咸通元年（860）六月初六日生于叙州（今靖州芷江会同洪江黔阳）。自幼聪颖，文武兼备，14岁就随父亲守叙州。是时西南八番蛮帅据地称雄，袭南诏（今云南大理）、寇播州（今贵州遵义），边境无宁。杨再思随父平定叛乱，屡立奇功，受江陵节度使器重，举荐杨再思为叙州知州，用安抚之策为治州方针。在五溪酋长潘金盛、杨承磊被灭之后，大有灭族的威胁。具有汉族血统的杨再思带头以飞山蛮之地附楚，是扭转乾坤的决策，以五溪王化之地为基础，配合朝廷"征蛮尽节""开辟王化路，澄清烽火烟""扫尽王溪烟，大化千年患""助圣朝干舞""志伏群蛮"。杨再思曾以飞山作为根据地，所以被五溪人尊称为"飞山令公"，飞山的杨令公有十二个儿子，总称"十二杨王"，这"十二杨王"中有十个为"飞山十峒"的"峒主"，分管湘、黔、桂三省交界的古州（即上里平，今黎平之孟彦的罗里）、龙里、潭溪、洪州、八舟、湖耳、中林、亮寨、欧阳、新化等十峒地界，第 11 个儿子应召到澧州为官，成了“澧州蛮”的领袖，第 12 个儿子应召到了山西麟州（即太原）为官，这就是抗金名将杨令公杨业的曾祖。据宋朝著名文人宋濂的《杨氏家传》记载：杨业的后代杨文广奉命到广西“征蛮”时，曾到贵州与当地的“杨姓蛮酋”那里“通谱修好”，增进了民族团结，避免了战祸，是古代“民族统一战线史”的一段佳话。

杨再思虽受广大飞山蛮拥戴，上升为土著酋豪，但仍坚持清白家风及孔孟之道，主张以德兴仁；坚持国家统一，反对分裂；坚持君轻民重，爱护百姓；坚持汉蛮民族和睦，反对互相歧视。他对当时的藩镇割据、天下纷争、酿成生灵涂炭、民不聊生的社会局面，极为不满。当他接受潘金盛、杨承磊的 13 峒拥戴的共同首领后，决心施展他的抱负，励精图治，解民于倒悬，在他管辖的范围内，实行以人为本的改良。时值乱世，十多个藩镇争战不息，杨再思领地四面受敌，立志不从梁叛，不附楚王，居中自立，忠实于唐，始改叙州为“诚州”，以示忠诚于唐。使用昭宣帝“天佑”年号，叙州军民奉杨再思为诚州刺史，仍镇滇、黔，保境卫国。从 906 年起，梁、唐、晋、汉、周相继争夺中原，无暇顾及南国，诚州得以和平建设，富州强兵，安定团结，生产发展，人民生活提高。天佑四年（907）四月，朱晃废唐昭宣帝，自称皇帝，建立后梁，号太祖，改元开平元年，原唐重臣亦多归附，荆州节度使降梁，封渤王，踞江陵；安武节度使马殷，梁封楚王，占长沙；清海节度使刘隐，受梁南海王，踞广州；刘隐子刘岩亦称帝。杨再思看到中原兵荒马乱，欲想有所作为，无奈五溪之地民穷兵弱，只好采取保境安民，追随大唐的防守政策。在军事上“戒严其境”。加强军事训练，防务教育，增强边防警戒，组织搜查，限制交通。在政务上“相势勤王”，维护唐君主统治，排除内乱外患，积蓄力量，响应光复唐室天下。后唐末帝清泰元年（935），李从珂得知杨再思之志，欲安其心，授银青光禄大夫，诚州刺史，左仆射尚书，食邑一万二千户。后晋时期（936—946），都匀蛮长尹怀昌、牂牁蛮长张万浚复犯诚州界，被杨再思击败后，投奔楚王马殷，马殷联络西南八姓番帅，实施合围。五溪东面、北面是楚国，西面是前、后蜀国，南面是南汉国，西北角上还有荆南国，随时都有寇侵的可能。因此，杨再思逐渐将训练有素的十个儿子（政隆、政滔、政修、政约、政款、政绾、政岩、政嵩、政权、政俭）分镇各峒要塞，组织各峒青壮年编队习武，定期训练，实行全“蛮”皆兵，杨再思与十子孤军不惧，胸有成竹，调回柳州兵力，采取分部防守，重点攻击，各个击破的持久战术，经过八年努力，父子与将士同心，将敌方消灭在黔粤交界（今桂黔边境）的两江溪洞，凯旋诚州时已 84 岁高龄。见诸子已锻炼成才，逐将政权交予七子政岩，军权交予次子政滔，颐养天年。至后周显德元年（954）十月二十六日，再思公仙逝于诚州，享年 94 岁。杨再思逝世后，诸子遵从“戒严其境，相势勤王，开疆拓边，保障滇黔”的钦定之策，与军民共守，继续保持诚州地区的安定团结，出现生产、生活蒸蒸日上的繁荣景象。

北宋太祖赵匡胤建隆元年（960）立朝，杨再思诸子见唐祚已终，观宋代社稷应天顺人，民心所向，遂虔诚附宋，开宝八年（975），继位子正岩、正滔献诚州版图称臣纳贡，太祖大喜。认为杨再思父子是抚边重臣，开辟王化，施仁布义，其功德伟绩为历代仅见，表为当朝楷模，追封杨再思为“诚州刺史”、“英惠侯王”（亦称英惠公），赐立“杨英惠侯墓碑”致祭。据《靖州乡土志》载，册封正岩为国公、诚州刺史；正修刺史、正滔知郡、正约知州、正绾知州、政权太尉、正隆少保、正嵩都使、正钦（俭）都统，分掌诚州军政大权。太平兴国五年（980），杨再思之孙通宝入贡，受朝廷嘉奖，封诚州刺史，从湖耳移治内古州（原称谭阳县，今黎平孟彦之罗里）。神宗熙宁八年（1075），曾孙杨光富率族众二十三峒朝贡方物。元丰三年（1080），朝廷以沅州之贯堡砦（寨）置渠阳县，隶诚州，州治由内古州迁渠阳（今湖南靖州）。崇宁二年，六世孙世袭诚州刺史杨晟臻入贡，这都充分说明杨再思后人始终坚持以德兴仁，对朝廷赤胆忠心，坚持国家统一，反对分裂的良好传统家风。至宋徽宗思杨氏靖边之功，百年无患，赐改诚州为“靖州”。

杨再思及后人的这种优良传统家风，不但影响着杨氏族人，而且对团结和管理飞山地区，推动当地人民的团结和融合。这种以德兴仁、赤胆忠心的爱国思想影响族人，也教育了飞山族群，为维护飞山地区的社会稳定和发展进步做出了巨大的历史贡献。南宋著名诗人陆游盛赞飞山令公杨再思：“澄清烽火烟赤胆忠心昭日月，开辟王化路施仁布义壮河山。”

以德修身　礼义诚信

礼是一种道德伦理规范，是人类文明的标志，是理性化的情感以及某一群体、某一时代的秩序。《礼记》有云：“凡人之所以为人者，礼义也。”“无礼无义，禽兽之道也。”义是内在道德规范。汉董仲舒曰：“义之法，在正我，不在正人。我不自正，虽然正人，弗以为义。”义作为内在道德规范，就成为礼的内容或内在价值意义，而礼则成为义的形式或外部行为规范。杨氏尤其是杨家将氏族发展史中尤为重视修身养性，追求道义诚信。为追求道义诚信，不惜舍己求义，舍身求义。从而造就了杨家将刚直不阿、道义诚信的优良家风。“义”“礼”“诚信”在诸多杨氏先祖身上体现得淋漓尽致。南宋抗金名将杨再兴就是其中的典型代表。杨再兴生于宋崇宁三年（1104），死时为绍兴十年（1140），36 岁。自幼习武，弓法神奇，幼年家境贫寒，跟随父亲打鱼为生。其祖先乃北宋世代忠良——杨家将——杨继业。高宗绍兴元年（1131），曹成拥众 10 万之兵，占道州、贺州，再兴为曹成部将，兵败岳飞部下，岳飞以抗金为重，不计个人恩怨，劝其“以忠义报国”。再兴大为感动，誓以忠义相报，从此追随岳飞南征北战，遂成抗金名将。绍兴六年（1136），岳飞驻军襄阳，誓复中原。再兴受命为前锋，开赴长水县（今河南洛宁），在郧阳一带与金军交战。初战即阵斩孙都统，杀金兵 600 余人，俘 100 余人。次日，会战孙洪涧，破敌 2000 余，得粮二万石，军械马匹无数，乘胜收复西京一带险要，直下蔡州，焚金军粮草。积功升中军前统制。绍兴十年（1140）七月上旬，金军元帅兀术会合兄弟龙虎、盖天两大王及韩常部，大举进犯郾城，双方激战 10 余次，金兵不退。杨再兴浴血战斗，杀金兵数百人，他受伤 10 数处，血透战袍，终获全胜，史称“郾城大捷”。七月中旬金兀术又率兵 12 万，聚攻临颍时，岳飞督军迎军。杨再兴率轻骑 300 为前哨，至小商桥，遇金军大队人马，陷入重围，浴血奋战，斩敌 2000 余人，因雪掩河道，马陷河中，金兵乘机万箭齐发，他与所部 300 人皆战死，及获杨尸，得箭镞 2 升之多，时年 36 岁。中国礼教德治，以父子忠孝、兄弟忠义、人事诚信为要义。杨再兴的忠孝、忠义、诚信的优良品质表现在好汉认识英雄的礼教伦理。弃暗投明的归降，是中国古代礼法制度下战俘活命和自由的文明教化。好汉归顺英雄，不损英勇名声。杨再兴战死疆场，马革裹尸，其悍、其勇是震撼人心的，他这种忠义报国、礼义诚信的优良品质令人敬佩！

感吾祖德宗功，震古烁今。《易》云：“积善之家，必有余庆。”从杨震起，震子杨秉、秉子杨赐、赐子杨彪，都因功绩卓著、清廉公正、德业相继而蝉联四代太尉；从杨再思赤诚报国到诸子归宋靖边；从杨再兴弃暗投明，以身殉国到杨通贯（杨完者）克全忠义，为国平乱都成为中国政治史上的千古佳话，后世对此津津乐道，不仅是因为他们在政治、军事舞台上位高权重，无尚尊荣，更主要的还是在学识上他们都是当世阐扬践行儒家经典的学儒，在道德人品上，也都是累世坚持清廉正直、清白传家的正人和无私无畏、敢于拒贿洁身的清流。他们以自己的思想言行，给后世树立了光辉的榜样。

从湘桂边界苗民起义看城步苗族的抗争精神

杨盛科

湘桂边界的城步苗族人民勤劳勇敢、灾难深重，为了本民族的生存与发展，不得不与大自然和统治者抗争，故历来富有抗争精神。为了反抗历代统治者的民族压迫和民族歧视，湘桂边界曾爆发过大小规模不等的苗民起义数十次，其中规模最大的苗民起义是明弘治十四年（1501）大地茶园李再万领导的苗民起义和清乾隆五年（1741）粟贤宇、杨清保领导的苗民起义。虽然历次苗民起义都失败了，明清统治者不得不对城步苗民做出了某些让步，而城步苗民屡败屡战、永不言败的抗争精神与英勇事迹却载入史册而受后世敬仰。

抗争的历史原因：一是土地过于集中，“田大半归富户，而民丁大半皆耕丁”，失去土地的苗民难以维持生计，“灾举惊惶，民心伤痛入骨，灾异由此而生”。二是赋税过重。明清时期的赋税有兵赋、田赋、户税、人头税、茶税等数十种，过多过重的赋税负担压得广大苗民抬不起头来。三是差役过多。“工匠人等白令做工，仅与饭食，不给工钱，连旬匝月，妻子啼饥号寒。”“柴薪有买之名，无买之实。”官府与恶吏对苗民随意苛派各种差役，苗民每月给官府当脚夫、轿夫等无偿劳役在10天以上，加重了苗民精神压力和经济负担。压迫手段越残忍，抗争也越激烈。

抗争的大体经过：明弘治十四年（1501），李再万率领城步五峒四十八寨共4万多苗、瑶、侗民起义，明廷派湖广都御史闫仲宇调集湘桂黔三省6万官兵分8路围剿。由于苗民义军武器原始、粮草奇缺，更无后勤保障，义军最后兵力不足万人。李再万只好率义军“皆奔广西黄墙、炮溪两山”沿巨藤入洞中藏匿，后官兵砍断义军入洞的巨藤，“贼众万人皆饿死洞中，今土人名其曰藏军洞”，李再万领导的苗民起义划上句号。清乾隆五年（1741），粟贤宇、杨清保又率领湘桂边界 4 万余苗民举义旗反抗清廷的民族压迫，清廷令刘策名与张广泗急调 5 万清军用了 1 年多的时间才将苗民义军镇压下去，粟贤宇、杨清保被捕后病死狱中。

两次苗民大起义失败的原因，一是苗民义军缺乏一个正确的政党领导集团。苗民首领文化素质低，无远见，缺乏政治头脑，提不出明确的政治纲领，仅靠“合款”“吃斋挖窖”等原始手段鼓动苗民参加起义，提不出带有号召性的政治口号鼓舞义军；苗民义军首领只关注生活资料（吃、喝、住等），不注重生产资料的分配（为苗民分山、林、田地等），苗民义军只顾眼前利益，缺乏长远的奋斗目标。二是义军的“根据地”太狭窄。长安营乡一带流传的“长坪府、大寨县，长安有个金銮殿”的民谣从一个侧面证实了当年苗民义军曾有个“根据地”，虽然地势险要，山高林密，但地瘠民贫，交通不便，方圆不足 30 公里，弹丸之地无法长期固守。三是敌强我弱。明清官兵都是训练有素的朝廷正规军，富有作战经验，武器精良，有坚实的后勤保障。苗民义军体质差，武器原始，无雄厚的经济基础支撑，无后勤保障，无法补充兵员，在军事、战术、后援等方面都处于劣势，无法与强势的官军抗衡。

抗争赢得部分权益：通过明清时期两次大规模苗民起义的打击，消耗了明清两朝统治者的财力，动摇了统治阶级的统治，明清统治阶级开始清醒头脑，反思自己，只好调整苗疆民族政策以缓和民族矛盾：一是新建城步县。明弘治十七年（1504），明廷“割绥宁七里半、武冈二里半，拓城步巡检司旧址置诚步县，隶宝庆”，将两地四都五图与当地五峒四十八寨合并建立城步县，设县治于儒林，隶属宝庆府，这是当时全国成立最早的“民族特区”。又在莫宜、江头、蓬峒、栏牛、横岭等地建巡检司加强基层防御。建县后始筑城步城，现存的巫水河北岸的古城墙、利济门城楼和吕家巷子内的千户所就是当年城步建县的历史见证。二是推行“改土归流”政策，废苗王、撤土官，委派流官治理，推行新政，使城步成为全国推行“改土归流”新政最早的苗区。三是将部分被强占的土地归还给苗民，使苗民有田可耕、有地可种，以此安抚人心。四是建立长安营等民族管理机构。清乾隆五年（1741）九月建长安营，移宝庆理瑶同知署驻此，常驻旗兵近千人，分防城步、绥宁、义宁（龙胜）3 县苗瑶，相当于现代的民族事务管理“派出机构”，被人称为“宝庆二府”，前后共经营了 170 年，清宣统二年才裁撤。

五是加强基层政权建设、颁布民族政策。清廷多次颁布一系列的民族政策并刻碑公布于众，原县祁剧团后面保存的 6 块大石碑的碑文就是当年清廷颁布的民族政策内容。从乾隆六年（1741）至咸丰九年（1859）清廷共下发“中央文件”6 次，明文规定为城步绥宁苗民减赋税、减免税租十分之三，明令禁止官吏差役侵扰苗民，基层官吏要尊重苗民习俗，不准无故入寨侵扰苗民，在经济上减轻苗民负担；同时收缴兵器，苗民不得聚众闹事。六是“销毁苗文，永禁学习”；同时设义学、立书院，振兴苗区汉文化教育，以文化人。《宝庆府志》载：“复役五峒义学，延师教苗民子弟，晓以礼义孝悌，苗俗渐化。”清知县张方佳将白云庵改建成白云书院，没收叛产（农田）归书院管理用于日常开支，广招苗峒子弟免费入学。清廷颁布的一系列民族政策在一定程度上缓和了当时的民族矛盾，从清乾隆五年（1740）建立长安营起至宣统二年（1910）的 170 年间，城步再没有发生过大规模的苗民起义，使当时的社会出现相对稳定的局面。

抗争的重要意义：自古以来，城步苗民只认理、不认输的抗争精神是出了名的，他们面对强暴与不合理、不公道的行为敢于抗争。史书说城步苗民“三十年一小反，六十年一大反”，其实并不是城步苗民爱造反，而是官逼民反，民不得不反；城步苗民为了本民族的生存和发展，在明知力量悬殊的情况下，还是举义旗与明清统治者奋勇抗争，民族压迫下的反抗是历史的必然，压迫下的反抗是天然的正义。事实证明许多权益都是通过抗争获取的：明代的苗民起义与朝廷抗争“争”来了城步建县，“争”来了流官治县；清代的苗民起义与朝廷抗当争“争”来了设书院、办义学，使苗民子弟能免费入学，“争”来了免苗米、减税赋等一系列民族政策的颁布与实施。虽然明清两朝在城步境内所实施的一系列治理措施不可避免地带有阶级性和历史的局限性，但它从民族地区的实际出发，因地制宜和因俗而治，在一定程度上改善了苗民的生存环境与生存空间，在客观上有利于苗区经济文化的发展和社会的稳定。这正是城步苗民与明清统治者顽强抗争的历史功绩所在。城步苗民坚韧不拔的抗争精神、前赴后继的抗争气概在我国民族斗争史上写下了光辉的一页。

（作者系湖南省苗学学会会员，邵阳市政协文史研究员）

戎马一生打天下　叱咤军营明朝将

——纪念苗族大将军蓝玉

吴杨勋

蓝玉，他是明朝开国元勋，官拜大将军，朝廷封他为梁国公，经考究追寻，查档阅谱，蓝玉 1340 年出生于扶城峒枫木林棕树园（今城步苗族自治县丹口镇太平村），苗族。殁于 1393 年，享年 53 岁。

追溯扶城蓝氏先祖，要从唐末五代说起，先祖蓝光晋和长子蓝昌见于梁开平四年（910），从江西太和县瓦厂坪迁徙湖广后，同杨再思拔取“飞山寨”，后在湘西南、桂西北、黔东南建立“飞山蛮”氏族联盟，因献地归楚有功，后被朝廷招安，蓝光晋被封为“飞山部酋五道大将军”，杨再思据飞山自守，蓝昌见据扶城。自此，蓝姓将在扶城区域名声大振，繁衍生息。

元末，公元 1340 年，蓝昌见十三世孙蓝春应儿子蓝玉降生在扶城；《蓝氏族谱、序》记载，蓝玉祖籍扶城，苗族。

据《明史》《苗族通史》记载，元末兵乱，朝廷腐败、民不聊生，百姓处在万般苦难之中，就这样，引起苗、瑶、侗等民族人民大反抗，后来许多地方少数民族都纷纷举行大起义，蓝春应和李十一（沐英父亲）也参加了元至正九年（1349）爆发的由吴天保和杨留领导的苗、瑶、侗大起义，兵败后，为防止苗民再生造反举行了一次大的苗民大迁徙，“举家谪戍安徽濠州”。少年蓝玉是随父母充军到安徽濠州定远的，沐英家也和蓝玉一家一样。所以，后来有人称蓝玉、沐英乃定远人。

那年代，各地百姓都处于水深火热之中，农民起义在各地风起云涌，处处揭竿而起反抗元朝暴政，当时最著名的农民起义军是以郭子兴（安徽人）为首领的红巾军，以排山倒海之势，蓬勃发展起来。当时蓝春应与李十一为寻求生计，借机参加了郭子兴的起义队伍，由于蓝春应、李十一武功高强，得到了郭子兴的器重。据考证，当时朱元璋也参加了郭子兴领导的起义军，转战淮西南后，这支起义军越战越勇，迅猛发展壮大，朱元璋在发展中迅速成为中层将领，朱元璋的部属常遇春在一次偶遇中看中蓝玉的姐姐，便将年轻貌美的蓝寒梅娶为妻子，婚后恩爱有加，相敬如宾。蓝玉与沐英从小一起玩耍长大，聪明伶俐，活泼可爱，喜爱学文和习武，别人在练武时，他俩在旁边跟着练，动作麻利到位，很受人喜欢。常遇春见他俩十分用功，便将蓝玉、沐英收在自己的帐中，经过常遇春的严格训练，蓝玉进步很快，加之个子长得彪形体壮，武功功底也十分了得。后来每次打仗都非常勇猛，敢于冲锋陷阵。

由此，蓝玉得到了朱元璋和常遇春的重用提携。蓝玉在军中严守军规，忠心耿耿，不仅胆识过人，而且武功超群，足智多谋，每一次和敌人作战，都能做到身先士卒，勇猛顽强，克敌制胜。

《明史》记载，说蓝玉有“大将之才”，作战勇敢，有胆有识，能征善武，屡立战功，深受朱元璋和常遇春的赏识，不久就被授予六品管军镇抚之职。后因战功卓著，相继升任为五品武德卫千户所，新军千户所，再升至正二品都督指挥使，大都督府佥事。其后又不断建立军功，明皇朱元璋对蓝玉更加器重，渐次被封为永昌候、大将军、梁国公（凉国公），成为明朝战时统兵的最高将领。

明代初期，元朝的残余势力还十分猖狂，保留着一股强大的反扑势力，接二连三地在各地叛乱，而平息这些叛乱的领军人物中却离不开蓝玉，蓝玉因战果辉煌，取得了丰功伟绩。洪武四年（1371），蓝玉跟随征西将军傅友德出征四川，攻克锦州。次年蓝玉跟随大将军徐达北征，出雁门，败元兵于乱山、土剌河。二年后，蓝玉亲自率兵攻占兴和，活捉元国公贴里密赤及其下属等大小官员及要人，此战，受到朱元璋的重赏。洪武十一年（1378），蓝玉同西平侯沐英领旨前去剿灭西番叛乱时，活捉了西番首领三副使、歼灭叛乱者一千余人，有力地镇压了叛军，大获全胜。蓝玉即在次年被朝廷封为永昌侯，受赐世袭，食禄二千五百石，执掌着一方的军政大权。蓝玉在凭借着一次又一次的战争经历，积累经验，提高战术，充实带兵打仗的勇敢和机智，逐步走上了明朝的军中领头人物角色，很受上层首领的提拔和重用。

洪武十四年，蓝玉、沐英分别被拜为征南、左、右副将军，随傅友德大将军出征云南，进入云南后，蓝、沐二将军以迅雷不及掩耳和所向披靡之势，彻底消灭了盘据在云南的元军。蓝玉、沐英两副将军在这平息云南的叛乱中又立下了汗马功劳，得到了傅友德的荐举和宠爱，傅友德将蓝玉、沐英的勇敢和杀敌功劳呈报朝廷，朱元璋大喜，给蓝玉、沐英分别赐禄五百石，并将蓝玉之女册封为蜀王朱椿的妃子。

洪武二十年（1387），蓝玉跟随大将军冯胜讨伐元太尉纳哈出。在这次征战中，于庆州杀死元军平章果里来，生擒了平章果里来的儿子不兰溪，又在金山将纳哈出招安。这次征战大获全胜，凯旋而归。由于蓝玉、沐英屡战屡胜，在朝诸位军事将领之中有人对冯胜大将军产生嫉妒，互不服气，怨气也大。有些人将冯胜大将军告上，在冯胜讨伐元太尉返回朝廷后，即被拿下，赐予罪臣斩首并灭族。如此，朝廷即赐蓝玉为“总管军事”，拜为大将军，由于残元势力在北疆骚扰、捣乱，企图卷土重来，在此紧要关头，朝廷下令蓝玉带领 10 多万人马前去征讨，蓝玉受命，马不停蹄，夜不休眠，日夜急行，直驱敌营，由于敌军估计不足，毫无准备，知道是蓝玉领军到来，敌人吓破了胆，军中乱成一团，无法应战，被蓝玉所带领的军队倾刻间杀得一败涂地。这次生擒元军部属 3000 多人，俘虏男女 7 万余人，缴获元军大批军用物资和粮食、牲畜，摧毁了元军的指挥机构，彻底消灭了元军在北疆的残余势力。朱元璋收到捷报后，格外开心，向身边朝臣官员伸出大拇指，赞赏蓝玉是明朝之英雄，给予蓝玉将军的嘉奖，并赐封蓝玉为梁国公。

蓝玉在一路征战中连连取胜，步步升迁，加官进爵，被戴上了许多光环，备受人夸奖。他在少、壮年时，就学文习武，刻苦学习，精心钻研，虚心拜能者为师，学文为自己添加了聪明的智慧，习武练就了自己强壮的身体和杀敌本领，为打胜仗打下了牢固的基础，直至一路高升到皇帝的左右大臣。蓝玉由于战功显赫，深受朝廷重用，而且总揽了军政大权，在高位得志时，由于放松了对自己的要求，朝臣的眼里也逐渐容不下这颗太刺眼的新星。在他自己的心目中也逐渐无人可随，性情高调，骄傲情绪日渐高涨，最后发展到高傲自大，目空一切的程度。这给他在自己的圈内造成痛失人心的境地，积累了下属的怨气，降低了自己与部属同呼吸共命运的载体，慢慢地脱离了群体，脱离了息息相关、生死相依的这支大队伍，从而变成了居功自傲，目空一切，在言语上敢说敢为，从不绕弯子，直至铤而走险，把自己发展成为一个人见人怕的将军。由于权势过大，战功过多，光环耀眼之势也给他带来在别人心目中的嫉妒和对立面，树敌如林，正如常人所说：“同行生嫉妒，官场互咬人”，在个人所为不受限制时，狂妄、高傲、自大、我行我素的表现日益抬头，得罪了周围的大臣们，相互间失去真诚和友谊，引起了各位大臣的高度戒备和警觉，甚至发展到有人谋划挑拨蓝玉与皇上的关系，最后为自己带来杀身之祸。

譬如，有一次蓝玉北征回朝，夜半来到喜峰关城下，要求开城门，关吏限于制度没有及时开门，他就要命令部下撞关而入。身为高级将领的蓝玉无视关规，专横跋扈，肆无忌惮，带其部队强行闯关。还有他一意孤行，高傲自大，甚至发展到参拜皇上时竟不下跪行礼，上朝时甚至顶撞皇上，让皇上寒心。所以，朱皇把原赐封蓝玉官爵的梁国公削为了“凉国公”。在狂妄自大中，蓝玉经不起下属对他的怨恨，也经不起同僚的冷眼和向皇上对他的指控，更经不起皇上对他的怀疑，执迷不悟，特别是锦衣卫蒋瓛对蓝玉目中无人之傲，直接向朱皇面控蓝玉有谋反行为，严重威胁着皇位的稳定和安全。朱元璋得知后，心中大怒，下令立即将蓝玉抓获打入死牢，并下达此人不可久留之圣旨。且用最残忍手段将蓝玉以割头和剥皮之极刑处死，抄没其家，灭其三族，与蓝玉相联的将领都被统称为“蓝党”，被处死受株连的人数超过 1.5 万多人，这是有史以来震惊古今的最大牵连案。朱元璋是一个心狠手辣，很不讲情面的君王，他在位时杀了诸多开国功臣，胡惟庸案也和蓝玉案不分上下，同样杀了 1.5 万多人。像将领徐达、冯胜等很多无辜者都惨死在朱元璋的屠刀下。蓝玉的死法更显示出朱元璋残忍的一面，割下头，剥下人皮，填充稻草，并把头颅悬挂城门示众，这在封建王朝的历史上实属罕见。蓝玉虽然有过错，但是也为明朝立下了汗马功劳，这样的下场实在是过于残忍。

在为明朝打天下的时候，给了蓝玉一个大显身手的机会，他在消灭北元势力的战斗中，立下了无数大功劳。就是这些功劳，给蓝玉这个没有受过挫折的常胜将军带来了对自己极为不利的隐患。据《中华传奇 · 大历史》讲述，蓝玉是一代不懂政治的将领，由于骄傲自满，目中无人，致使自己伤害至极的是，在上朝时竟然公开顶撞皇上朱元璋，犯了朱元璋的忌讳，给了朱元璋除掉心患创造了机遇，朱元璋找了个机会给蓝玉安了一个谋反的罪名并为了警示天下，赐蓝玉割头剥皮之极刑。时隔多年，传说张献忠攻破成都，在成都城内发现有一个蓝玉雕像，雕像外面穿着衣服，张献忠摸着这个雕像感觉里面有什么东西，他把衣服去除之后发现这个雕像后背处有明显的缝合痕迹，贴近一看，竟然是一张人皮，这就是当年蓝玉的人皮，据传张献忠收藏了这张人皮。张献忠死后，人皮也不知去向。另外有人说蓝玉的头颅被一个化装成百姓的蓝姓士兵将头颅藏在谷箩中，用最快的行军速度偷偷送回扶城安葬。到扶城后发现藏放蓝玉头颅的那筐内稻谷全部被血染成乌黑，族人不忍将稻谷舂米吃掉，便留下作种子，次年撒在秧田，秋后稻田结出的谷米全部呈紫黑色。蓝姓后人为纪念蓝玉，便将蓝玉被杀之日（四月初八）定为纪念日（忌日）。2007 年丹口镇太平村举办了纪念明朝开国元勋蓝玉诞辰 666 周年大祭，来自湖南各地及安徽、江西、广西、贵州、云南、四川等外省蓝姓后裔及专家学者 500 多人参加了此次隆重的祭祀活动。

综上所述，封建的社会统治阶级不是为人民谋幸福的政体，而是为个人的专制和本族的利益而设置的个人集权政权。只要是与专制的皇上意见不一，不论是什么高官大将，都会带来杀身灭族的灾祸。蓝玉为明朝立下显赫战功，也惨遭杀头、活剥人皮的极刑。蓝玉惨案，血的教训是：“只知晓效忠朝廷，不懂政治”，指望所有后人要汲取先辈血的教训，在各自岗位上居功不傲，视下属为子女，视同级为兄弟，讲究真诚团结，相互信任，谦虚谨慎，遵纪守法，忠贞爱国，献身于民。

蓝玉是明朝的开国元勋大将军、梁（凉）国公，也是我们苗族人民的骄傲，是扶城人之荣耀，也是我们苗族人民永远敬仰的、纪念的大英雄、大将军，我们将尽己之力，宣其功劳、敬其英雄、实事求是地将蓝玉大将军从小学文习武、机智灵活、勇猛杀敌之本领还原于世，让其精神发扬光大、代代相传。

城步杨氏官厅的来由及其历史影响

杨进步　曹正城

官厅者，是政府设立的官员处理政治、经济、社会事务的场所。而南明隆武二年（1646）由朝廷授予城步“杨氏官厅”，实属罕见。考诸中国历史，由朝廷授予姓氏官厅的，全国仅有 4 处，即山西朔州“李氏官厅”、山东泰安“魏氏官厅”、河北怀来“刘氏官厅”与湘西南城步“杨氏官厅”，可见其政治地位的高贵。

位于城步苗族自治县儒林镇将军村（原大竹坪村）的杨氏官厅

杨氏官厅位于“南楚极边”的“苗疆要区”城步县城北杨家将村（原大竹坪村），始建于明永乐二年（1404），距今已 600 余年。原为杨家祠堂，砖木结构，是由前厅、天井、正厅、左右两厢房组成的四合院落，坐南朝北，建筑面积 1100 多平方米。厅内现塑有再思公、正滔、正修公之尊像。杨氏官厅记载着自唐末杨再思至清朝鸦片战争时期抗英名将杨芳等5朝800多年间，城步杨家四品以上文武官员的爱国事迹，是我县重要的人文旅游景点和珍贵的文化遗产。

一、城步杨氏官厅的来由

（一）“李赖皮”霸地占房

在明代中期，城步城北有处山冲叫李家湾。李家族辈勤劳敬业，农商兼顾，家业日益殷富，置田买地，富甲一方。可惜到了侄辈却出了个名叫李玉卿的，此人聪明、灵活，有一身力气，但好逸恶劳，专干一些欺诈的行当。当时城步有条通往湘桂的商贾盐道，经过南门口巫水河，李玉卿就在南门口做起“接脚担”生意。什么叫“接脚担”？就是盐夫、货商从巫水河过来，李玉卿就赶忙走上去，说：“你这么远挑担子来，马上进城了，我给你挑一下，让你歇歇气。”这些盐夫们也不知他的来意，也巴不得想松口气，就让他把担子接过去。只要问清楚送货地点，“李接担”就会把货送给货主，盐夫也乐意给他几个赏钱。一来二去，“李接担”摸清货主行道，只认货不认人。于是“李接担”就直接与货主结算，拿上货款就从后门溜走了，害得盐夫子一个月的汗水力气打了水漂，喊天天不应，叫地地不灵，人生地不熟，到何处寻找“李接担”呢！

“李接担”坑骗了几回盐客，担心日久会露出马脚，也就不干“接担”了。有一回，他来到县城北大竹坪杨家庄，看到一伙木匠在做屋架子，就和木匠们闲聊。木匠师傅是外地人，也不知道这个没话找话的人是何方人士，也就不介意。这个满脑子鬼主意的“李接担”很会钻空子，帮着老木匠师傅拉墨线，抬方片，当下手，勤快得很。一日三餐他跟着木匠一伙人喝酒呷饭。修房房主（杨能家）也分不出这个人是不是木匠师傅，木匠师傅也不知道这个人是不是户主，一个多月的修建房屋工程，“李接担”就跟着一起吃喝了40多天。木匠师傅结账后挑着担子走了，可是“李接担”就赖了下来，说他是“掌墨师傅”，为什么不给他工钱？杨家的男人们都在外头为朝廷打仗，在家里的媳妇、婆婆搞不清楚这个人是不是“掌墨师傅”。一日不付“工钱”，“李接担”就赖着不肯走。杨能媳妇没办法，就去县衙击鼓告状。当时城步的县令是个广东香山人，名叫郑士熙，几天前“李接担”就给县令封了几两银子，说他为大竹坪杨家修房子没有得到工钱，要县太爷为他“做主”。这个腐败县令只图得到银子，当然答应为他“断案”。杨家媳妇击鼓告状时也弄不清“恶人先告状”的背景，于是，郑县太爷惊堂木一拍，喝斥杨家媳妇“造房不付工钱，于理不合，若无家资，以房相抵”，将杨氏新房判给了这个“李赖皮”了。可怜杨能媳妇有理讲不清，刚刚修好的房子就被这个李赖皮白占了。

（二）孺妇千里告状

封建社会交通闭塞，除了朝廷官文有快马报送外，老百姓想要通过音信比登天还难。杨家婆媳打官司丢了房，婆婆气不过，一命呜呼。杨能媳妇求亲告友，才把婆婆安葬了。可是这个“李赖皮”隔三差五找上门来，说什么用房子赔工钱太少了，要把房子周围的土地给他，要不然要杨家寝食难安。无奈之下，这座新房子周围的田土又被李赖皮白占去了。

杨能媳妇忍气吞声好不容易又熬过了 3 年，看看儿子已 15 岁，身材也与大人差不了许多。一天晚上，母亲拉过儿子的手说：“崽呀，俗话说男子十五托父志，你 15 岁了，可你的爹还在外面为朝廷打仗，也不知是死是活。现在我们的家也被人占了，地也被人抢了，我实在咽不下这口气！我们娘俩找你爹去，你也大了，我们若找到你爹了，就要他为家里出口气，找不到，你也去当兵去！”儿子点头应允。

明正统十四年（1449）城步籍杨洪升任云南、贵州镇边总兵官，封昌平伯，率子侄驻兵云南大理。其后裔杨能也因战功显赫升任左都督宣府总兵官，封为武昌伯。他们长年征战在外，只在边境安宁之时，才能回故里省亲，征招士兵。杨能媳妇这才知晓杨家将士远在云南。

母子主意已定，便打点起干粮、行囊，徒步起程。他们从未出过远门，也不知云南、贵州究竟在何处地方，只听人说往太阳西落的方向走就没错。娘俩朝行夜宿，经叙州，过剑州，爬雷山，至孟关。出门一个月，打听才到贵州，到云南还不到一半的里程。可随身带的干粮早已吃完，鞋子磨穿了，脚也行肿了。母子俩开弓没有回头箭，再苦再累也要往前走。这以后的日子可想而知，靠沿途乞讨过日子，有上顿没下顿，有时露宿在野外，有时寄住人家屋檐下，母子俩相依为命，但认定一个目标，要找到自己的家人，要出这口受侵凌的恶气。老天不负有心人，这两个早已不成人样的母子爬山涉水千余里，终于来到了云南大理行营。他们向门卫说自己是湖南城步人，要见湖南城步籍的兵。兵士见衣衫褴褛的母子执着的样子，赶紧报告行营总兵府。杨能听说是家乡的叫化子，就宣令带进中军帐来要问个明白。叫化婆在儿子搀扶下一步一拐地走进站满手执长矛兵士的大堂，远远看见案边端坐的竟是自己的丈夫杨能，就扯着儿子道："快叫爹，这是你爹……"就昏了过去。儿子一声"爹"，惊醒了还在狐疑中的杨能。他忙唤随营军医，抢救昏死的妻子，又安抚着涕泪满面的儿子："是何原因让你母子千里寻来？"儿子哽咽着把"李赖皮"霸房占地，县令贪赃枉法，奶奶气死的情况一一告诉杨能。杨能暴跳如雷，一拍桌子："我不杀了这个李赖皮，不出这口恶气，誓不为人！"旁边站着的中军帐（相当于现代的军中参谋）忙说："总兵请息怒！此事可禀告朝廷，依法惩处，方是上策！"杨能冷静一想，是个道理！他想到了在朝廷任湖广监察御史的堂侄杨乔然，于是修书一封，将"李赖皮"的事实一一陈述。这封十万火急的总兵奏折，不到 10 天就送到监察御史杨乔然手中。

（三）明皇拍案授诏

杨乔然，苗族，明万历十六年（1588）出生于城步原大竹坪村，万历四十二年（1614）中进士，万历四十七年（1619 年）任朝廷太仆寺少卿，兼湖广巡按监军监察御史。他的才学过人，很得明皇朱由校（熹宗）赏识，曾任近侍监察史。明崇祯十三年（1640），明皇朱由检任杨乔然为吏部监察史。崇祯十六年（1643），南北烽烟四起，战事频繁，杨乔然代明皇处理军机事务，真可谓日理万机。他在数百奏折中，突然看到了远在云南任总兵的堂叔杨能的军机要件，不看犹可，一看十分震惊：想不到我们杨家将士祖祖辈辈戍守国家疆土，为国尽忠，置乡梓家事于不顾，竟然遭此奇耻大辱，今不奏明皇上，有辱祖宗。随即将杨能奏折亲呈皇上，奉请崇祯帝御览。崇祯帝接过奏折，深知此事关系云南、贵州安稳大局，吴三桂已叛明作乱，若不安抚杨家苗军，天下势必大乱。于是拍案而起，向杨乔然面授诏书："自唐宋以来，杨氏世代为国尽忠，功德可彰。钦授杨氏官厅，杂差行户尽行革免，纠纷犯科自行处置，州府不得干涉。特此诏示。”并钦许杨乔然择日回乡省亲，督办落实。

（四）官厅昭显威仪

南明隆武二年（1646）五月，杨乔然领亲兵百余人回到湘西南城步大竹坪故里，办了5件大事：一是亲临高祖山（竹枝坡），祭扫祖茔。面对杨氏祖先，他当场口述对联一副：“威助大明兼一统，功流海内启后裔”；二是将“李赖皮”李玉卿缉拿归案，在杨氏宗祠公开处死；三是如数收回李氏非法霸占的房屋田产，明令李姓不得再行欺骗、敲诈、横行乡邻之事，否则严惩不贷；四是将贪赃枉法的县令郑士熙革职查办；五是根据明皇诏书，将杨氏宗祠更名为“杨氏官厅”，晓谕族众，并从长沙抚院刊刻“革免行户杂差碑记”一块解运城步，最先立于朱家坳，后地方民众将此碑移至杨氏官厅内保存。自此，杨氏官厅载入史册，声名远播。同时城步杨氏以官厅为族众议事之所，每逢春节、清明、端午诸节日，杨氏众亲聚会，祭奠列祖列宗，传承精忠报国家训，教育儿孙为国尽忠，做一个对国家，对社会的有用人才。

二、城步杨氏官厅的历史影响和现实意义

杨氏宗祠更名为杨氏官厅，在湘西南以及云贵少数民族地区所产生的社会影响是深远的，历史作用和现实意义是巨大的。从明代开始，城步杨氏官厅就已成为我国西南苗胞和戍守边关的南方杨家将士，寻根问祖、传承优秀民族文化、缅怀先祖的圣地，也是他们心灵的归宿和难以抹去的一缕乡愁。杨氏官厅的设立，有如下作用和意义：

一是昭显了皇权威仪。在漫长的中国封建王朝历史中，地方县令虽然官职不大，却是一县之长，权倾一方，能一手遮天，是非曲直，是黑是白，全凭他一句话。因地域辽阔，加之交通不便，朝廷对地方事务鞭长莫及，在客观上造成了地方官吏可以无法无天。城步县令邓士熙贪赃枉法也是难免。如果杨门受敲诈勒索

一案不是朝廷授权官厅查办，也是有冤无处申，无可奈何也。南明朝廷设立杨氏官厅，将县令邓士熙贪赃枉法革职查办，严惩了称霸一方的地痞流氓无赖，昭显了皇权威仪，地方官员从此对杨氏一族刮目相看，不得有半点怠慢与差错。

二是稳定了军心、安抚了民心，免除了杨门将士后顾之忧，确保了苗疆的发展和封建王朝政权的巩固。杨氏将士从军在外，置生死于度外，时常牵挂家乡父母儿女，顾国而难顾家是军人最大的顾虑。杨氏官厅的设立，稳定了当时远在云南、贵州戍边的杨门将士的军心，也稳定了其他各地各民族的戍边军人及家人之心，调动了他们戍边的热情和积极性。这对加强封建王朝的统治和苗疆的稳定发展，起到了较大的作用。在城步和西南地区就流传着这样一首歌谣："跟随杨家军，打仗立功名；家业有担保，在外莫担心；建立英雄业，子孙万代兴。"因而城步在明末清初从军将士众多，尤以龚继昌（城步四都人，今西岩镇白水村）最为著名。他由一名普通士兵靠战功官居贵州、云南镇远总督，后又升任湖北郧阳督造长江防洪大堤总兵。他捐资修造了城步至贵州的商道、城步至桂林的盐道以及城步荣昌桥、城步孔圣庙等，对促进湘、黔、桂、渝西南少数民族地区经济社会的发展起到了一定的作用。

三是充分体现了南明王朝执政者对城步历代杨家将士为国戍边、精忠报国精神的褒奖。在明代，城步杨家将的发展到了最鼎盛的时期，可谓人才辈出，将星云集。他们为明朝江山的建立和稳固不断浴血奋战，立下了赫赫功勋，在朝廷有着举足轻重的作用。如镇守宣府的杨洪是一位名震一方的将军。杨洪，明代著名武将，因功加封昌平侯，明景泰年间四大勋臣之一，追封颍国公，谥武襄。据《明史・列传六十一》记载："洪父子兄弟皆佩将军印，一门三侯伯。其时称名将者，推杨氏。"杨洪父亲杨再禄（又名杨昇），因功升山海卫佥事，口北卫总兵，后在安徽灵璧为国捐躯。杨洪胞兄杨琳，袭父职，正统元年（1436）任指挥佥事，后升总兵官。杨洪长子杨万朝，袭父职，封殿前侍郎，后升总兵官。杨洪次子杨都朝，袭父职，封保驾大将军。杨洪三子杨进朝，封御使。杨洪四子杨万城，封节度使。杨洪五子杨晚朝，袭父职，封定国大将军。杨洪六子杨瑾，升右军都督总兵，挂帅征西将军。杨洪七子杨瑛，升总兵官，挂帅征西将军。杨洪庶子杨俊（为妾所生），封右参将，辅佐于谦镇守宣府，管三千营。杨洪之侄杨信，成化十三年（1477）敕封为侯，其后裔杨能于天顺初年敕封为宣府总兵官。

以上均是为大明朝打天下、护江山、出生入死、流血流汗的城步杨氏名将。可以说，杨氏官厅由城步杨家将士用血肉凝结而成，是一种至高无上的荣誉，更是一种责任、信仰和忠诚。

杨氏官厅（含前身杨氏宗祠）设立6个多世纪以来，既是城步杨氏后代祭祖缅怀先辈的场所，又是传承忠勇爱国的民族精神基地。每逢清明，远在云南、贵州、广西甚至缅甸、泰国、柬埔寨的杨氏后裔都来城步祭祖扫墓。2008年11月8日，湖南省民间文艺家协会弘征、伍星福、李鸣高、郭辉东等18位著名史学家、民俗学家亲赴城步，多方考证杨氏官厅等多处城步唐、宋、元、明、清时期的遗址和实物后认为，“城步历朝历代的朝廷文臣武将之多，实属罕见。许多保存下来的明清建筑群落、古代文化实物，虽年深月久，仍依稀可辨，印证了这里的历史人物及其社会地位。这些文物是货真价实的、实实在在的、原汁原味的历史文化遗产，对于弘扬中华民族文化有非常重要的价值和作用。于是经研究，确定城步苗族自治县为中国南方‘杨家将文化艺术之乡’”2011年1月24日，杨氏官厅被湖南省人民政府确定为省级文物保护单位，并开列了“杨家将历史展示厅”，更加丰富了城步民族历史文化内涵，增强了精忠报国的历史意义与现实教育意义。现在，城步已将杨氏官厅确立为青少年革命传统历史教育基地，每年的国防教育与征兵，都把杨门精忠报国作为重要的教育内容，发挥了良好的教育作用和社会影响力。

（原载2018年10月6日中国社会科学网）

湖南城步古苗文字的前世今生

雷学业

一、历史上我国苗族先民确实创造了自己民族的文字

苗族，是我国一个极为古老的民族，人口较多，分布较广。据2010年全国第6次人口普查，国内苗族人口9426007人。从人口数量看，居全国56个民族第4位。同时苗族迁居国外的也不少，据有关资料报道，国外苗族人口约400万，国内外苗族总人口1300余万。在数千年的岁月中，苗族同胞世世代代在祖国的大地上辛勤劳作，繁衍生息，形成了悠久的民族文化，为中华文明的繁荣做出了卓越的贡献。

苗族有自己民族的语言。苗族语言属于汉藏语系苗瑶语族苗语支。由于几千年来长期迁徙，苗族各支长期分散，各地苗语差异较大，可分湘西方言（东部方言）、黔东南方言（中部方言）和川黔滇方言（西部方言），以及若干方言和土语。古代苗族也曾有过自己的文字，后在频繁的大迁徙中失传，这从苗族的古歌和传说中可以得到印证。至今流传的湘西苗族古歌《在中球水乡》就有关于苗文丢失的传说。据古歌叙述，苗族先民在迁徙过大河时，“代扎”（汉人）将笨重的青冈木船偷换了“仡雄”（苗人）的杉木船，杉木船很轻，“代扎”带着文字乘杉木船走了，“仡雄”的青冈木船走得很慢，“追也追不上代扎，赶也赶不上代扎”，结果，苗族从此丢失了文字。

由吴荣臻教授主编、民族出版社出版的《苗族通史》中对“苗族文字”作过如下简要介绍：据考，历史上苗族曾多次创立苗文，又多次被朝廷销毁而失传。历史上的苗文多半是地方性的，没有在整个苗区通行。近来，据苗族语言学

最新研究成果推断，甲骨文有一部分是苗文，用苗语（东部方言）可以读。苗族巴得雄（苗老司）祭祀仪式中的符号，人们大都不能辩认，叫“鬼画桃符”，实际上是一种古苗文，与甲骨文有许多相似之处。传说苗族在唐宋以后曾多次创制苗文，苦于无史佐证，无法确定。清代南山片区苗民曾创立并使用苗文。湖南城步、绥宁和广西龙胜一带苗民，曾利用这种苗文作宣传发动和下达号令，但在乾隆六年（1741）被清廷下令销毁禁止而失传。20世纪初，英国传教士坡拉德同苗族知识分子杨雅各等人在贵州黔西北威宁石门坎地区创制了一种拼音文字，称为“坡拉字母苗文”，用之翻译基督教《圣经》，编写课本，记录苗族民间故事、诗歌及记事等。民国初年，英国传教士胡托在黔东南炉山县旁经镇创造了一种“注音字母苗文”，用之翻译宗教读物。湘西苗族诗人石柏塘于清末民初运用“六书”的造字规律，借用汉字偏旁，创制了方块字形的苗文。但因种种条件的限制，这些苗文都未能在群众中广泛推广。

贵州民族出版社出版的《苗族简史》也有如下记载：“……苗族古代曾有文字，后来由于种种原因失传了。”但据清代和民国的文献记载，湖南城步苗族曾使用过一种类似汉字篆文的文字，乾隆六年当地杨清保苗族起义失败后被官府强令禁用而失传。此外，清人陆次文的《峒溪纤志·志余》、谢斌的《云南游记》、于曙峦的《贵州苗族杂谭》、华学疏的《国文探索一斑》等书中，也提到云、贵、川等省确有苗文。但字数不多，还不是作为记事和交际之用。

二、城步苗族先民创造并广泛使用过苗族文字

（一）史籍中留存下来的城步苗文字，其内容跟苗族先民的生产生活息息相关

据城步苗族口碑文献《城步苗款》以及清代文献《峒溪纤志》等记载，城步苗族确实创造了自己的文字——“苗文”，并且流传很广，使用时间很长，有些常用“苗文”至今仍在使用。

在城步挖掘出的苗族古款的原始资料中，发现有类似汉文篆文的苗族文字夹在里面。据岳麓书社出版的《城步苗款》一书记载，城步苗族世代流传的《苗款》中“天地起源款”就记录和保留了部分城步古苗文字：“[illegible][illegible]年间，漆空虚，上阳朝[illegible][illegible]间，乱阳世界，包罗天地，先置黑地，后置明天。上出[illegible][illegible][illegible]立乾坤。”这段苗款中出现的“[illegible][illegible]”二个苗文字，按湘西南桂北苗族地区的方言，读为“海冒”，意为漆黑，译释成汉语，就是“混沌”前的状态。苗款中出现的“[illegible][illegible][illegible]”三个苗文字，苗语读为“雾麻麻”，意为有微光，译释成汉语为“混沌初始”状态。《城步苗款》中共保留了19个古苗文方块字。如下图：

苗　文	译成汉语	苗　文	译成汉语
[illegible]	混	[illegible]	听唱
[illegible]	沌	[illegible]	松
[illegible]	初始	[illegible]	炼铁工具
[illegible]	禾稻	[illegible]	泰山
[illegible]	气、烦	[illegible]	教育
[illegible]	锤打	[illegible]	太
[illegible]	山坡	[illegible]	老虎
[illegible]	在	[illegible]	穴、坑
[illegible]	狗叫	[illegible]	教
[illegible]	扯		

另外，清末陆云士（又名陆次云）所著的《峒溪纤志·志余》中专门保留了“苗书二章”，给我们留下了宝贵的城步苗文资料。陆云士说：“苗人有书，非鼎钟，亦非蝌蚪，作者为谁，不可考也，录其二章，以正博物君子。”其中一章名曰《铎训》，内容是：“孝顺父母，尊敬长上。和睦乡里，教训子孙。各安生理，毋作非为。天地君亲为大，兄弟手足之亲。孝乃人之百行，忠在人之本心。士农工商，各居其业。礼义廉耻，切著胸襟。子能孝父，变冬为春。臣若忠君，瑞气盈门。忠孝两尽，万古留名。夫妻和睦，家事必成。弟兄友爱，万事和平。幸逢比干，忠烈直臣。管仲鲍子，不愿分金。田氏睦邻，树发紫荆。鉴古来往，

是道常存。纲常以正，日月洞明。乾坤清秀，宇宙光亨。又可调羹，君臣庆会。龙虎相迎，万世永赖，忠孝是存。”《铎训》苗文如下图：

铎　训

（二）清初城步苗民在武装起义中曾广泛使用苗族文字

作为苗族聚居区，城步本是“化外之地”，明以前隶属武冈、武强、武攸、靖州、临冈、时竹等州县管辖。明弘治十四年（1501），城步苗民在酋长李再万的领导下举行起义，弘治十五年（1502）三月被朝廷剿灭。乾隆四年（1739）七月，城步再次爆发以苗族首领粟贤宇、杨清保为领袖的苗族大起义，乾隆六年（1741）二月失败。

在震动全国的以城步为中心的湘桂黔边境苗民大起义斗争中，苗族义军曾广泛使用过苗文。在起义过程中，起义领袖为了逃避清廷的通缉、围剿，所刻制的印信、图章，所印发的文告以及往来书信、手札，均系苗文。这种似篆非篆的文字，就是城步苗族先民精心创造的“苗文”。“苗文”最早在城步横岭峒一带使用，到了清朝乾隆年间，已在城步五峒四十八寨广泛流传使用，进而影响到湘桂黔边境的绥宁、通道、龙胜、锦屏等苗族地区，但与苗民分界居住的汉民并不认识“苗文”，高高在上的清廷官兵更是视“苗文”为“天书”了。

乾隆五年（1740）七月二十一日，贵州总督兼管巡抚事务臣张广泗给乾隆皇帝上了一封奏折——《张广泗奏查获杨成保等人折》，奏折上写道："……并据该州将抄录符纸临摹呈送到臣，臣将送到符纸详细查阅，类系巫师祈禳，并无句读文义可寻，印摹似篆非篆，亦不成文，实系愚顽匪类，希图诳骗财物起见。"（见《清代前期苗民起义档案史料》上册，第349—350页）。乾隆五年七月二十九日，贵州布政使陈惠荣给乾隆皇帝上奏折《杨成保捏称仙女出世惑众情形折》云："其首犯黎阿兰、陆石保等，现已悬赏，责成土官严拿，尚未报获。再验其牌票，系用黄白纸朱书词语，不可解说，其旗长有尺余，每一条用红土写一十字或耳字，其印方止寸余，亦有三尖者，篆文不可识别……"（见《清代前期苗民起义档案史料》上册，第359页）。又，贵州总督、云南巡抚张允随、贵州提督王无党给乾隆皇帝上奏折《奏骆阿乔等捏造妖言售卖印符惑众折》说："拿获府属平浪司地方苗人骆阿乔、杨成保、杨计留，供出为首平州司王蜡寨匪犯黎阿兰、陆石保捏造妖言，卖给印符……所散符纸、假印，亦无句读篆文……"（《清代前期苗民起义档案史料》上册，第390—392页）。这些奏折中提到的"符纸、假印，亦无句读篆文"都是"苗文"。

（三）清廷严酷统治城步，彻底剿灭苗族文字

清军镇压城步等地苗民起义以后，清廷根据张广泗《署湖南巡抚许容等人关于苗疆善后事宜》的奏议，为了强化对湘西南城步和桂东北义宁一带苗瑶各少数民族人民的统治，采取如下几项措施：

1.筑城安营，增兵设官。2.籍没叛产，召民立堡。3.安插苗瑶，编制保甲。4.设立苗瑶义学，实行民族同化政策。5.蠲免租赋，减轻苗民负担。

而第6条便是剿灭苗文。城步粟、杨苗民起义被镇压下去之后，清廷认识到这种似篆非篆的图文，实为城步苗民内部使用的特殊文字——苗文。为防止苗民使用这种文字再次举事，乾隆皇帝下旨规定："从前捏造的篆文，即行销毁，永禁学习；如有违故，不行首报，牌内一家有犯，连坐九家，治寨长失察之罪。"（见《朱折》冯光裕折，乾隆五年六月十五日）。于是，朝廷对苗族居民进行逐寨逐户地全面搜抄、清查、销毁，永远严禁学习和承传使用苗文。众所周知，清朝的"文字狱"是空前绝后的，在清廷的残酷镇压下，城步苗文在湘桂黔边区慢慢消失了。

三、新中国成立后城步民间仍在流传使用的一些“苗文”

20世纪60、70年代，城步一些上了年纪的苗族老人，仍普遍使用一些较为简易的苗文来记工分或记数。这些常用的代表数量的苗文字如下图：

苗民用文	译成汉语	苗民用文	译成汉语
勹（简写）匋（古写）	斤（简写）觔（古写）	∸	六
刄	两	÷	七
分（中医也用）	钱	亖	八
石	担、石	夊	九
丨	一	이	十
川	二	卄	二十
川	三	卅	三十
χ	四	刀	初
ϭ	五		

这些苗文符号生命力之强，流行之久远，说明城步苗族文字在明清时代确实很盛行。城步原浆坪乡有位名叫陈显馀（1902—1971）的苗族老人是个文盲，他的记性和心算能力极强，新中国成立前以种地主肖某的佃田为主，他妻子皮氏是种田蒸酒的能手，因此他们夫妇俩租了一座四排三间的木屋，开了一间卖猪肉和米酒的铺子。当时做酒肉生意的人不多，当地人户稀散，方圆十里左右，居住100多户人家，买酒买肉，赊帐的不少，必须记账。陈显馀不识字，怎么记账？当地杨姓居多，他就根据买货人的年龄大小、个子高矮、外貌形象等，画只山羊图，在羊的边上加上大小高低记号。当地有两户姓苏的，他就画上大小两把梳。当地有10多个姓，每个姓都有符号代替。记数则用苗民曾用的苗文符号，分别用丨、川、川、χ、ϭ、∸、÷、亖、夊、이、卄、卅等代表一、二、三、四、五、六、七、八、九、十、二十、三十……一个普通的苗族文盲都能用苗族符号

记帐，可见城步苗文的影响力和生命力确实很强。2016 年 4 月清明节期间，笔者回老家城步兰蓉乡扫墓，特意拜访了当地懂苗文符号的苗族古稀老人江长清，他很认真地为我书写了从一到九十这套完整的苗文数字符号：/、[illegible]、[illegible]、[illegible]、[illegible]、[illegible]、[illegible]、[illegible]、[illegible]、[illegible]、[illegible]、[illegible]、[illegible]、[illegible]、[illegible]、[illegible]、[illegible]、[illegible]……1952 年，邵阳市历史学家马少乔先生在城步蓬峒沙基参加土改工作，有天傍晚在河边散步，发现一块苗文碑。但当时没有收藏，后来修水利时被当地群众作坝基石用了，苗文碑石再无处可寻。20 世纪 70 年代，城步县委宣传部副部长丁中炎同志下乡，在岩寨乡大寨村的回龙桥头，发现一块苗文碑。他要求当地干部群众认真加以保护，将此碑抬进大寨古楼里面存放，但时至今日该碑已无处可查了，可能毁于“破四旧”。

另外，时至今日，城步苗族自治县境内一些上了年纪的苗族木工，干活时会将一些苗族文字书写在做好的木料上做记号，这些苗文字和它们所代表的意义如下图：

苗民用文	译成汉语	苗民用文	译成汉语
[illegible]	左	[illegible]	柱
[illegible]	右	[illegible]	瓜
W	山	P	方
G	正	[illegible]	排
[illegible]	前	[illegible]	詹
[illegible]	后		

城步苗、侗、瑶一家，饮食居住言语服饰相同，文字相通。20 世纪 70 年代初，该县县委宣传部干部丁中炎同志在清源公社黄伞大队蹲点时，发现当地瑶族妇女中流行一种外人不认识的歪歪斜斜的文字。1986—1993 年期间，清华大学研究女书的副教授赵丽明博士根据这条线索，先后 5 次深入该县黄伞、漆树田和寨子溪等瑶寨调研，终于在兰蓉公社漆树田瑶寨找到了会记瑶字的七旬老太太沈子娥，她向赵教授书写了 10 多个瑶族记事符号。据赵教授研究，这种文字不能和语言中的词一一对应，而是一个符号代表一句话，每句话都由线条形成符号组成一

个方块团，如“ṿ”表示“强盗来了不要走”，“v̇”表示“强盗来了快点走”，这种符号可用于通信、诉讼、发送情报等，但只能供瑶族妇女内部传承使用。

该县兰蓉乡报木坪村苗族七旬老人江长清，曾担任过多年村主任和村支书，他至今仍能书写一些苗文字，用苗文制作剪纸和年画，如“新年快乐”“小康城步”“中国梦”“世界和平”等，张贴在自家或邻居的门枋上，是现代版的“苗文春联”。2015 年 5 月，笔者在该县白毛坪乡水田村进行苗族习俗调研时，在一杨姓苗胞家发现了一幅副用苗文书写的春联横幅，中间两个是繁体汉字“华开”，左右两端的两个苗文字“似篆非篆”，“似图非图”，字体烦琐，布局工整，上下左右对称，笔画流畅，一气呵成。此苗文横幅大气精美，令人叹为观止。看来此作者应是一位既懂古苗文字，又擅长古苗文字书画的苗族秀才！

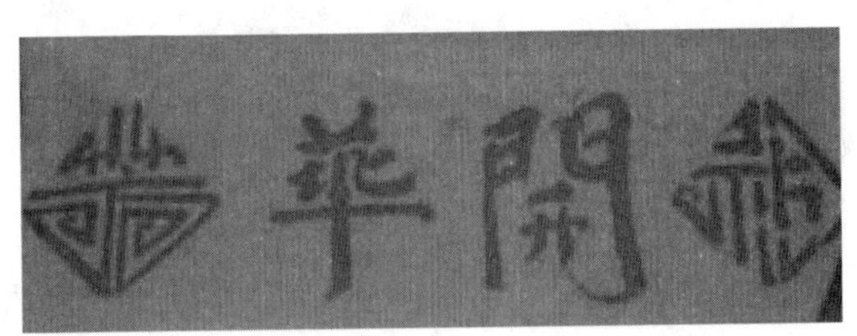

四、陡冲头古苗文石刻群的发现印证了古苗文字的存在

2010 年年底，作者本人与县摄影家协会副会长熊正斌同志赴我县丹口镇陡冲头村采风，行至该村一组时，无意中发现 10 多块刻满“天书”的大石块。这些“天书”似篆非篆，似图非图，似画非画，似汉字非汉字。它们有的耸立在高高的田坎上，有的横卧在草丛中，有的深埋在泥沙中只露出半截身子，有的被高深的灌木掩埋，有的已断裂，有的已风化但隐约可见石面上写满文字……作者本人长期从事苗族历史和苗族文化研究，现在破天荒在陡冲头村发现了这么多古苗文字石刻遗存，当即写了一篇消息稿《城步发现“天字碑”》在《邵阳日报》发表（见《邵阳日报》2011 年 1 月 21 日第 1 版）。这个重大消息见报后，立即引起了省、市、县文物部门的关注。邵阳市文物局于 2012 年 3 月组织省内外专家对这些石刻上的文字进行考察研究。中南民族大学著名女书研究专家李庆福教授、湖南师大李绍平教授、湖南省文物考古研究所吴顺东教授等一行专家学者深

入城步陡冲头村，调查考证并与该县现存古苗文字进行对比分析后，确认石刻上的文字就是失传了两个半世纪的城步古苗文字。

2014年，城步陡冲头古苗文字石刻群被列入国家文物局的重大考古发掘范畴。2014年6—12月，经湖南省文物考古研究所专家历时半年的系统调查和考古试掘，该遗址的文化内涵、埋藏性质、时代跨度、分布范围等多个方面，均取得了显著的突破。在发现并初步确认“三体”苗文的基础之上，还打开了早期岩画、石雕艺术的神秘之门。现将湖南省文物考古研究所的《考古发掘报告》摘录如下：

城步石刻考古的最初切入点，在于更多苗文石刻遗存的发现及其性质、年代等方面的考证，但最终的收获不限于此。据不完全统计，现阶段发现的苗文石刻、苗文相关的文字或图符石刻和其他图形石刻，以及各类建筑基址等遗存点，已达到92处。近古居住址与近体苗文、变体苗文、汉义汉文之间的关系，也已脉络渐清。

（一）现阶段已发现的文字石刻为20余处。由于多数文字石刻点汉义汉文常与苗文体系的文字错杂共存，因此苗文石刻的统计数据，事实上约略等同于前述文字石刻的总和。

（二）苗文石刻主要分布在陡冲头村第一村民小组地界内。其中最具代表性的苗文石刻又较为集中地分布于龙家河中下游的金鸡湾、新屋边、袋子丘、赵家门口中塅、下塅，大水溪中上游的白竹山、九层皮、烂泥坳等处。皆为当前续耕或已抛荒的漫坡地带。内容最重要的石刻，无一例外地位于近古关键路口。

（三）从镌刻工具到字形字体，应该说苗文石刻包含了古体、近体、变异体等三个门类。现存数量方面，近体为最，古体次之，变异体又次之。无论哪种体格，苗文的产生都离不开汉字这一母体。三者的差别，特别是古、近体的差异，跟日文平假名与片假名之间的差异倒很有些相似：前者走的是圆润路子，后者练的则是钢筋铁骨。而变异体，很显然受道教符箓的影响不小。迄今所知唯一存世的古体苗文发现于金鸡湾至水头古道口，总字数20个，笔画古拙，具有强烈的图形文字意味。有关内容尚待释读。

当前发现的存世苗文石刻主要为近体苗文体系。总字数约140字。笔触刚劲有力。有较为固定的造字基本元素，常见在汉字原型上增减笔划构成全新字的做法，但也常常杂糅汉字原型而不加变更。已能形成独立的篇什。从当前可初步释读的内容看，可能涉及当时的居民点，或者指示各处山产、地产的法定拥有者；后者的约束力大约相当于瑶族的石牌律。异体苗文所见不很多，但颇具原始宗教的符箓体格。或与道教在该地区的流传相关。根据白竹山、大水溪一带‘光天化日月圆之夜’之类完全性汉文石刻的普遍存在，结合大桥村官方镌刻的‘光天化日’大字石刻的可考纪年，初步推定该地区存世的苗文石刻的年代下限为清乾嘉之际。古体苗文石刻的年代上限，当前参考金鸡湾、新屋边勘探、试掘所发现的多件宋代瓷器残件，可暂定南宋。

岩画的发现是城步石刻考古工作中的重要新收获。岩画形象包括水生、陆生生物等。这项新发现的意义在于，既填补了省境内该项文化遗产的空白，同时也可能成为沅水流域白陶凤鸟文化源头式探讨的重要参考。水生生物岩画所表达的对象多为鱼类，雕刻手法同样融汇了平面雕刻和浅浮雕工艺。岩画主题中还有一个重要的组成部分，那就是关乎生殖崇拜的本真式表现。还不乏取材于现实生活的器具形象、运动形象，源于生活但高于生活的神异形象，等等。

五、加大对城步古苗文字实物的保护和开发力度

文字是一个民族的文化名片，保护好文字符号就是保护好一个民族的生命。城步古苗文石刻的发现，使我国苗族古代文字露出了冰山一角。正如李庆福教授所说："以前只是史料记载苗族有文字，这次找到实物印证了。这是迄今为止国内首次最大规模的苗族文字发现。"随着我国考古技术的逐步提高和考古发掘工作的深入，将有更多的苗族文物尤其是古苗文字呈现在世人面前。目前，做好城步古苗文字实物的保护和研发工作，显得尤其重要。

一是要加大对城步陡冲头古苗文石刻群等苗文实物的保护力度。要提升到国

家少数民族语言文字文化层面进行认识，加大投入。目前陡冲头古苗文石刻群第一阶段考古发掘工作已顺利完成，经湖南省文物考古研究所专家历经半年的系统调查和考古试掘，在多个地点不同海拔地区发现了极为重要、极具典型代表的古苗文字石刻和岩画。但是，由于分布广，且石刻群都暴露于野外日晒雨淋，保护任务艰巨。由于经费欠缺，目前尚未对这些石刻采取相应的保护措施，以致部分石刻遭到不同程度的人为破坏。另外陡冲头村平均海拔在1100米左右，属于典型的高寒地区，上山道路有20余里，地质地貌原因复杂，道路等基础设施投入巨大。以上困难，亟待引起国家民委和国家文物局的高度重视，迅速采取得力措施加以解决。

二是继续加大对城步古苗文石刻群遗址的发掘力度。2014年，经湖南省文物考古研究所对陡冲头核心区敏感地段的小面积试掘，已发现苗文石刻、岩画、石雕以及各类建筑等遗存点92处，石刻遗存范围辐射到丹口镇的共和、大桥等村，以及比邻丹口镇的长安营乡、南山镇等处，遗存丰富，分布广阔。希望国家和省文物局进一步加大发掘力度，以摸清底子，掌握实情，让这些极其宝贵的珍稀文物早日浮出地面，与全国人民见面。

三是要加大对古苗文字和岩画、石雕的破译力度，尽快还原城步古苗文字乃至苗族历史的真实面目。有关陡冲头古苗文石刻所蕴藏的内容，省文物考古研究所的《发掘报告》已做出了一些分析。要破译城步古苗文石刻所蕴藏的密码，笔者认为还得结合城步苗族的地理位置、历史事实和风俗习惯进行研究。从地理位置看，陡冲头距县城约20多公里，地处古代城步历次苗民起义的核心地带，如横岭峒李天保起义、粟贤宇起义，咸宜峒杨清保起义，蓬峒李再万起义，扶城峒蒲寅山起义，拦牛峒雷再浩起义，等等，扶城峒的中心地位可以与其他四峒遥相呼应。而城步史上最后一次苗民起义又是清朝乾隆初年爆发的粟杨起义，这次起义的大本营是在与陡冲头一山之隔的长安营，陡冲头的苗民也卷入了这场武装斗争。苗文是这次苗民大起义的有利武器，义军首领发布命令、文告、通知，公文上加盖的印信、图章，苗军士兵相互来往的书信、手札，等等，使用的都是苗文，清军“概莫能识”。而这次起义惨遭镇压失败后，清军上下乃至乾隆皇帝才发觉苗民利用苗文进行战斗，因而恼羞成怒，不仅对苗民要赶尽杀绝，就连苗文也不放过，也要剿灭。乾隆六年，乾隆帝下旨销毁和永禁学习苗文，圣旨下达后，清军和县衙对城步苗民进行挨家挨户的搜抄，清查并即行销毁，永远严禁学习和传承使用苗文。在这种空前绝后的“文字狱”镇压下，古苗文字从城步乃至湘桂黔边区消失绝传了。另外，陡冲头所属的扶城峒也是城步苗族精英——明朝开国元勋沐英、蓝玉的桑梓之地，胞衣之地，祖茔之地，这是一个注定要产生重大故事的地方。苗文在这里诞生和留存也在情理之中。从城步的历史来看，湘桂黔边区苗民自唐宋至清朝，曾发生过七八次规模盛大的“合款议盟”（相当于现在的人大代表会议），除在广西义宁（今龙胜）召开过一次“合款议盟”大会外，其余全在城步举行。这种会议商讨苗族地区的一切大小事议，包括宗教祭祀和军事活动，所达成的条款相当于现在的“宪法”，是各地苗族遵照执行的最高准则。“苗款”经议定后，要由当时的苗族秀才整理成文，再请来苗族工匠镌刻在大青石上，名曰“款碑”，深埋地下，永远遵守，不得违犯，如有违犯，必按“苗款”严处。可以设想，如若当年在陡冲头召开了“议榔合款”大会，将议定的“苗款”刻成“款碑”，深埋地下，直至留存至今……

根据以上分析，建议由国家级语言文字专家、考古专家和苗族地区的“土专家”一起组成城步古苗文字破译团体，尽快破解城步古苗文字所隐藏的秘密，还原苗族历史真面目。

（原载《中国民族报》、中国社会科学网）

蓝玉、“蓝狱”及蓝玉故里

雷学业

引 言

2017年农历四月初八，是湖南省城步苗族自治县蓝氏苗胞的“乌饭节”。这天，该县蓝氏各支会首集聚于丹口镇太平村蓝氏宗祠内，纪念蓝玉诞辰676周年，并举行了第十届四八乌饭节活动。纪念活动中宣读了祭文，贡献了祭品，冥化了纸钱，并向蓝玉塑像举行三鞠躬礼，然后共同蒸吃了蓝氏家族内部传种的“乌米禾”饭。

蓝玉其人

蓝玉，元至正元年（1341）出生于湖南城步扶城峒（今湖南省城步苗族自治县丹口镇太平村），苗族。其先祖蓝昌见于五代初随“飞山蛮”首领杨再思献地归楚有功，被封于城步扶城。蓝玉系昌见第十四世孙。城步《蓝氏墨谱》载：“……昌见子孙为七房，蒙家八房，李家六房，潘家六房，秦家四房，邓家五房。……以‘再、正、通、光、昌、盛、晋’七字为派，周而复始。……昌见公于五代梁开四年……居扶城，世守其地……昌见公生七子……壬生生春应，春应生声远。声远即梁国公。”“昌见之十四世孙曰玉，佐明太祖逐元主有大功，封梁国公，甚得众心。明祖忌之，或言其私元主妃，又告其谋反者，明主遂杀玉。

玉公子紧元（杨氏所生），生五男一女：男曰富安、相宇、进势、进才、田受；女曰贵女。俱遇害。玉有遗腹子曰昌建，侍妾向氏育于云南沐氏，故蓝、沐合为一家……蓝昌建避祸于黔国，亲如公子，博学诗书，服膺礼教，故其裔胄虽处荒陬而能独无渎姓之也。”

据康熙二十四年（1685）《城步县志・吣旧十三》载：“蓝玉，扶城人。其先曰昌见……世居扶城。玉，昌见之十四孙也，祖某同沐氏徙濠州，遂为定远人。玉姊适开平王常遇春。故初棣常遇春帐下，临敌勇敢。玉、春数称于太祖……奏捷班师。帝大喜，赐勒保劳师还，进凉国公。玉身长赤面，饶勇略，有大将才……因事族诛者万五千人。当族诛时，有侍妾身怀六甲，匿西平侯沐春家，春以与玉同乡，诛非真罪，不忍绝其世，匿妾于府中。遗腹生子昌建……昌建长于黔国。成化初，子孙俱已成立。黔武僖公琮，知禁网已解，乃使昌建率其眷属归原籍扶城。嘱其世守王坟。……深感沐氏继续之惠，其于黔宁先王之坟，不啻其鼻祖也。”

清道光《宝庆府志》第三十二卷氏族表一第11页载道：“凉国公蓝氏，其先曰光晋，光晋生昌见……昌见世居扶城，其后分为七族：杨、蓝、蒙、李、潘、秦、邓。昌见十四世孙曰玉，佐明太祖有功。洪武二十一年封凉国公。二十六年二月乙酉诬以反，灭其族。玉之侍妾有身，西平侯沐春以于凉国公同乡，不忍其绝世，匿侍妾于其府中，遗腹生子昌建……及成化初，昌建子孙俱已成立，黔武僖公琮知禁网已解，且念先王之坟莫之扫也，乃使昌建率七眷属归原籍扶城，嘱其世守王坟。”

据《明史》载，元末兵乱，城步苗民纷纷北上，蓝玉父亲蓝春应与沐英祖父李十一携家孥徙居安徽濠州定远。

据湖南吉首大学吴荣臻教授调查研究，并在《苗族通史》中记载，蓝玉“徙居濠州定远”的原因，是蓝玉其父蓝春应参加了元至正六年（1346）爆发的由吴天保和杨留总领导的城步苗瑶人民大起义，兵败后，被朝廷“举家谪戍濠州定远”。少年蓝玉是随父母作为罪犯被朝廷充军到濠州定远的。据《元史本纪・五行志》《湖南通志》《宝庆府志》《武冈州志》《辰州府志》《沅州府志》记载，元至正元年（1341）至至正六年（1346），湘桂黔边境遭受特大天灾人祸，城步苗族首领吴天保领导这里的苗瑶人民举行了震撼朝廷的反元大起义。起义军攻克或占领了武冈、靖州、黔阳、辰州、沅州、叙州、城步、绥宁等地。还有一支苗军北上湖北，转战河南、攻克了荥阳等地。朝廷命江西和湖广数省合兵会剿，历时4年方才平息了这次苗民大起义。蓝玉父亲参加了这次大起义。起义失败后，元朝将参加这次起义的苗瑶人民共十余万众举家谪守安徽濠州定远一带。这样，少年蓝玉也便随谪贬大军到了濠州定远。

在定远，年轻貌美的蓝玉之姐被朱元璋部将常遇春在淮西战役时相中，娶纳为妻。元至正年间，濠州人朱元璋领导的农民起义军辗转于淮西各地，待蓝玉长到10多岁，便投奔到其姐夫常遇春帐下，加入了朱元璋的起义军队伍。《明史》说蓝玉“有大将才”，作战勇敢，有胆有识，能征善战，屡立战功，深受朱元璋和常遇春赏识，不久就被授予六品管军镇抚之职，后因战功卓著，相继升任为五品武德卫千户所、新军千户所，再升至正二品都指挥使，大都督府佥事。其后又不断建立军功，明皇朱元璋对蓝玉更加器重，蓝玉逐渐被封为“永昌侯”“大将军”“梁国公”“凉国公”，成为明战时统兵的最高将领，成为明朝的“开国元帅”。

关于蓝玉的苗族族别，吴荣臻教授在《苗族通史》中作了论证。他列举了四条理由。一、根据《蓝氏墨谱》记载，蓝玉祖上于“后梁开平四年，昌见等居扶城，世居其地”。至蓝玉出生的元末，蓝氏祖辈已经在城步扶城居住了450年以上，他们与城步苗族共同生活了四五个世纪，是苗即苗，不苗亦苗了。且现在城步丹口（古扶城）的蓝姓居民均认定为苗族成分。而带领蓝昌见一同献地归楚的杨再思则被认定为城步杨姓苗族始祖，杨氏后人是城步世居苗族。以此认定，蓝玉其人当为苗族。二是城步的扶城、横岭、莫宜、蓬峒和拦牛五峒四十八寨历代属苗区，蓝玉出生在城步扶城峒苗区，自然属苗族。三是城步自明弘治十七年（1504）“改土归流”后，在朝廷政策高压下，其他地区的蓝姓改报为汉族，唯扶城蓝姓一直未改，且在农耕经济和语言习俗等方面保持苗族不变，直至民国时代，官方均认定为苗族。也就是说，扶城（今丹口）苗族为城步世居苗族。四是1956年，经国务院批准撤销城步县，建立城步苗族自治县，扶城改名为丹口，这里的居民仍然属于苗族，保留着苗语和苗族传统文化。吴荣臻教授据以上4点，得出了蓝玉的族属是苗族的结论，并在其《苗族通史》巨著中，专门为蓝玉立传，另立一章，由此可见城步苗族大将军蓝玉在我国苗族历史上的地位之重要。

蓝玉其功

据《明史》载，蓝玉“长身赤面，有大将才”，又多立战功，屡受太祖朱元璋厚遇，为明朝统一中国做出了重要贡献。

洪武二年（1369），常遇春北征开平，死于南归途中。当时东南局势已平，中原已定，而北方地区仍然是北元势力范围，甘宁一带常与明廷有战事，四川有夏的割据势力，云南梁王忠于北元，誓不附明。洪武三年（1370），蓝玉被擢为大都督府佥事，进入明朝最高军政机构。

洪武四年（1371），蓝玉随征西将军傅友德出征四川，攻克绵州，元末形成的最后一个割据势力被平定。

洪武五年（1372），蓝玉随大将军徐达北征，出雁门关在乱山、土剌河等地大败元军主力王保保（扩廓帖木儿）。

洪武七年（1374），蓝玉独自带兵占领兴和，俘获元国公贴里密赤等59人。

洪武十一年（1378），蓝玉同西平侯沐英讨伐西藩叛乱，大获全胜。第二年班师还朝后被封为永昌侯，赐世券，食禄2500石，进入明朝的贵公之列。

洪武十四年（1381），蓝玉与沐英并列为左、右副将军，随征南将军傅友德率30万大军取西南重地云南，在曲靖大捷中擒获元将平章达里麻，梁王把匝剌瓦尔密被迫投江自尽，云南平定。战后评功，蓝玉最著，增禄500石，册封其女为蜀王妃。

洪武二十年（1387）正月，蓝玉为右副将军，和大将军冯胜、右将军傅友德率兵出击驻东北的元朝世将纳哈出。驻通州后，蓝玉探知汀州有纳哈出部驻守，率轻骑冒大雪奇袭，取得胜利。夏六月，冯胜率大军攻金山。纳哈出见久战必败，派人到大将军冯胜处请降，冯胜派蓝玉前往受降。蓝玉设酒宴款待纳哈出。纳哈出斟酒谢蓝玉，蓝玉不喝，一定要纳哈出先穿上明朝衣服才喝，意为纳哈出必须先降明称臣。纳哈出不肯，双方争执不下，形成僵局。纳哈出将酒浇在地上，和随从密语几句想走。在场有人明白纳哈出密语的意思，告诉常茂（常遇春子，冯胜婿，蓝玉外甥），常茂急忙上前阻拦，将纳哈出砍伤，纳哈出部众四处惊散，冯胜派人花了很大力气才将其大部收服。回军路上，明军遭暗藏的纳哈出余众获击，3000殿后骑兵全军覆没。冯胜让常茂承担这个责任，到朱元璋面前去说明。常茂说明了情况，朱元璋说："如尔所言，胜亦不得无罪。"于是收回了冯胜的总兵印，命蓝玉行总兵官事，不久又在军中拜蓝玉为大将军。到此时，蓝玉成为明战时统兵的最高将领。而纳哈出降明后被朱元璋封为"海西侯"。

洪武二十一年（1388），元顺帝孙脱古思铁木尔继位，经常骚扰明朝北境。朱元璋命蓝玉率兵15万北征，出大宁到庆州，探知脱古思铁木尔驻军捕鱼儿海，蓝玉抄近道日夜兼程赶往，掘地洞做饭，不露烟火。元军不觉，直至明军突然出现，慌忙迎战，大败，太慰蛮子被杀，余众被擒，脱古思铁木尔携太子天保奴等数十名随从仓皇北逃。蓝玉率精兵追击，又获其元皇次子地保奴妃公主、代王达里麻及平章以下官属3000人，男女7万余众，缴获大量宝玺、符敕、金牌、金银印章及牲畜，销毁敌军军械不知其数。元主北逃后被人杀死，北元四分五裂，不久灭亡。蓝玉胜利班师。朱元璋闻讯极为高兴，大加褒奖，封其为"梁国公"。

洪武二十二年（1389），蓝玉受命督修四川城池。第二年受命平定施南、忠建、都匀等地叛乱，加禄500石。

"蓝狱"其案

当蓝玉的政治生涯和军事武功达到巅峰的时候，也是他形成居功自傲、专横跋扈恶劣作风的高潮。朱元璋手下锦衣卫盛行，专职监督军政重臣的各项工作甚至日常生活。蓝玉军功盖世，朱元璋恐其军威持重，在其身边安排了锦衣卫"辅之"。洪武十四年（1381），蓝玉任征南左副将军收复云南期间，锦衣卫告其"私搞盐引（食盐运销专利凭证）"，牟取暴利。洪武二十一年（1388），蓝玉率兵15万北征元顺帝获胜后，锦衣卫告其私占大量珍宝、驼马，私纳元妃。朱元璋闻报大怒："玉无礼如此，岂大将军所为哉！"立将其"梁国公"改为"凉国公"，以示朱元璋对蓝玉的凉心之意。蓝玉班师至喜峰关，时已夜深，关门未能及时打开，蓝玉大怒，纵兵破关而入。锦衣卫又据此向朱元璋告御状，加深了朱元璋对蓝玉的不满。蓝玉领兵在外，奉行"将在外君令有所不从"，有时为抢占战机需要而“违诏出师”，这都被朱元璋认定为“擅专自用”。与同为开国大帅的同乡沐英不同，在朱元璋面前，蓝玉有时言语傲慢，举止不恭，矜才自负，颇失臣礼，有时连皇上召他上朝议事也不听从。有一个细节可以佐证，有一次朱元璋召见蓝玉，蓝玉带卫兵觐见，朱使眼色命卫兵退下，卫兵不动，直到蓝玉命退，卫兵方退。蓝玉的高傲自大和胡作非为，引起了正在巩固和加强中央集权的朱元璋的极大不安。朱元璋估计他的子孙无能力“驾驭”这匹烈马，便计划在他手下除掉以绝后患。这时有人诬告蓝玉蓄庄奴、假子数千人，横行霸道，强占民田，鱼肉百姓，胡作非为，导致百姓上告，且遭御史官举劾。洪武二十六年（1393），锦衣卫指挥蒋瓛诬告蓝玉同景川侯曹震等有谋反行为，朱元璋即以“谋反罪”将蓝玉打入大牢，继而处死抄家，灭其三族，坐党论死者 1.5 万人。蓝玉享年 53 岁。当时的《大明律》极为严酷，规定替死人犯辩护者斩，因而无一人敢为蓝玉申辩。太子朱标对这种滥杀无辜感到不满，上谏曰：“陛下诛戮过滥，恐伤和气。”朱元璋用荆杖为喻：“我把荆杖的刺去掉再交给你是为你好，我杀的都是国家敌人，杀掉他们你才能稳坐江山。”

“狡兔死、走狗烹，飞鸟尽、良弓藏，敌国破、谋臣亡。”昔汉高祖刘邦在其功成业就、江山稳固后，以“谋反罪”残杀韩信、彭越、黥布等开国功臣，以剪除异己，稳坐天下，使其大汉江山不落他族。朱元璋的伎俩与刘邦如出一辙，蓝玉之死与韩信之死似同复制。“蓝狱”恐怖波及蓝玉故里城步扶城和安徽定远，城步扶城蓝姓居民改从“秦”姓；而蓝玉定居的安徽定远的蓝姓居民则全部改为“青”姓，取“青出于蓝而胜于蓝”之意。

蓝玉故里

蓝玉故里位于城步苗族自治县县城西南 11 公里的丹口镇太平村。故居现有太平桥和蓝氏宗祠，宗祠北面山坡上建有蓝玉墓，宗祠东为凤凰山，西为丹口镇政府所在地，南为松树林，北为城绥公路，扶城河由西向东至沅江渡注入巫水。

据城步丹口蓝姓族谱《蓝氏墨谱》、清道光《宝庆府志》和康熙《城步县志》记载，与蓝玉同为城步扶城峒籍且与蓝玉颇有世交的苗族名将沐英之子、黔国公沐春为保存蓝玉遗脉，冒着生命危险将怀有身孕的蓝玉侍妾藏于沐府，后生下遗腹子蓝昌建。明成化年间（1465—1487），也就是蓝玉被杀 70 年后，蓝玉遗腹子蓝昌建子孙繁盛，而“蓝狱”禁网日渐废驰，黔国武僖公沐琮（沐英孙）命蓝昌建回原籍城步扶城“世守王坟”，并回祖籍扶城修建了蓝氏宗祠，内设有蓝玉、沐英、常遇春等先祖塑像，供后人瞻仰祭祀。昌建回扶城后，即在原住宅处修建了“太平桥”，其后人于隆庆五年（1571）在枫林寨修建了蓝氏宗祠，还在太平桥东南旁修筑观音阁。观音阁于 1953 年被拆毁开田。太平桥于民国三年被火烧毁，民国八年又补修，新桥共 16 排木架组成，中间有阁楼，供奉佛像，桥宽 4 米，长 30 米，高 8 米，两头为斗拱结构，1958 年修公路时被拆毁北端桥头。蓝玉故里 1981 年公布为全县重点文物保护单位。1985 年又由政府拨款，群众捐助，恢复了桥头，并加油漆彩绘，使其更加美观大方。2002 年 5 月 19 日被公布为湖南省文物保护单位。

宗祠又称为祠堂、家庙，是供奉先祖神主牌位的地方，同时也是宗族事务管理的的场所和机构。蓝氏宗祠全长 100 米，宽 34 米，高 20 米，占地面积共 1334 平方米。宗祠正门顶上的石楹用正楷墨笔写着“蓝氏宗祠”四个苍劲有力的字，正门两侧的柱子上有副对联：创立功成继续黔国，重光伟绩绍恢汝南。“黔国”指的是明朝初年的黔国公沐英，“汝南”指的是蓝氏始祖汝南郡主。对联的大意是要继续黔国公的事业，并重新恢复汝南郡的风光。蓝氏宗祠门口的对联为什么表示要继承黔国公的事业？这与“遗腹子”的传说有关，也是前文提到的蓝玉被诛杀后其小妾有身孕，经由沐英后代沐春保护存活下来，后来被遣送回扶城。所以蓝氏后人要报答沐家恩典，世代记述沐家恩德。

蓝氏宗祠分为戏楼、中堂、主堂 3 个部分。戏楼（即牌楼）共有 4 排 3 间，中间为戏台，台面宽约 6 米，总高约 8 米。中堂西端通向山墙，有两间阁房相连，当是议事的主要场所；左侧厢房两间，旁边树有黔宁王沐英的大石碑。主堂的正中间设立神主台，台上置有凉国公蓝玉的高大塑像，侧面则绘有沐英、常遇春的画像，显得威武雄壮，令人肃然起敬。在这座宗祠之内，无论木构件、石构件上的图案，构思精巧，雕工细腻，不论是正面牌楼上或两侧墙上的檐口、窗棂，或泥塑，或彩绘，无不精美绝伦，巧夺天工，栩栩如生。有的描绘将士们南征北战的历史画卷，有的描绘了苗族地区的民俗风情和奇花异草、珍禽怪兽，还有八仙过海、卧冰取鲤、孟东哭笋等与二十四孝故事有关的图案。牌楼两边泥塑有“寿”字窗棂。上承梁上雕刻了一只龙犬，其腹部又雕刻了一个圆盘，在圆盘中间又雕有一亭子样的图案。据民俗专家林河先生分析，原来这亭子是盘瓠大王居住的龙亭，而龙犬、圆盘、龙亭等都是盘瓠崇拜的遗迹，是盘瓠文化在苗族民间艺术中的孑遗。其他雕刻如饕餮、猛犬等，都是盘瓠文化在苗族民间艺术上的反映。

蓝氏宗祠拥有430多年悠久历史，是典型的明代建筑，其雕塑、绘画具有鲜明的民族风格，大方气派，精美绝伦，富丽堂皇，古色古香，是苗族传统建筑艺术的瑰宝和典范之作，蕴含着值得重视的历史价值、科学价值、艺术价值和民俗价值。蓝玉故里是城步古代苗族英雄人物留存在城步民间的活化石。

蓝玉后人纪念先祖有一个流传已久的习俗，便是每年农历四月初八吃“乌饭”或“乌米粑”。当年蓝玉被杀后，其族人冒死将蓝玉头颅装入谷箩内藏好，连夜逃出京城，马不停蹄赶回其祖籍地城步扶城峒。蓝玉的头血将箩内稻谷染得乌黑，族人就留作种子，来年撒在秧田，结果长出了紫黑色的稻米。蓝姓后人为纪念祖公，便将蓝玉被斩杀之日——农历四月初八定为忌日，规定各家各户不得生火煮食，须在前一天煮好乌饭，做好乌糍粑，敬奉祖先，然后全家同吃一餐乌米饭，而糍粑则留待初八日冷食，或宴请宾客。但这种“乌米”稻种从不外传，只在蓝姓内部自种自食，世代相传至今。2007年，丹口镇太平村隆重举办了“纪念开国勋臣蓝玉诞辰666周年暨首届扶城四八乌饭节庆典”，除本县1000多名蓝姓苗胞外，还有来自湖南武冈、绥宁、会同、洪江、黔阳等县以及安徽、广西、广东、湖北、云南等外省蓝姓同胞400多名来宾参加了庆典仪式，举行了祭祀、看戏、踢棉布球、水田捉鱼，吃“乌米饭”“乌米粑”等活动。从此，太平村每年都举行这一活动。从蓝玉被诛杀至今，经过600多年的发展，城步蓝氏人口现已达到5000余人。

据道光《宝庆府志》载：“上扶城峒，在（城步）县西南二十里，有蓝玉墓。”传说蓝玉砍头后被运回扶城葬在扶城桥侧的平地上，但没有立碑，1956年修建城丹公路时被毁。2007年10月，城步蓝氏宗族筹资在蓝玉故里北面之太平桥侧城丹公路上面海拔500米的山顶上修筑了一座新的蓝玉墓。墓碑基础用大理石装饰，高9.48米，宽10米，墓地占地约100平方米。据查得知，在全国各地蓝氏居住地，只有城步太平村建有蓝玉墓。蓝玉墓成为蓝氏后裔清明祭祖的一个庄重场合。

蓝氏宗祠、蓝玉塑像、蓝玉墓和太平桥，构成了蓝玉故里的四大亮丽景观。蓝玉故里现已被湖南省人民政府确定为湖南省省级文物保护单位。

（原载 2017 年 5 月 10 日中国社会科学网）

龚继昌的感恩情怀及其现实意义

谭瑛和

龚继昌，本名昌遇，号荣甫，族人称他“老学”，生于清道光十一年（1831），城步四都（今西岩镇白水村）龚家冲人。民间传说，光绪十五年（1889），龚继昌因与一官僚争夺妻妾而后被对方诬告为贪官，这年年冬被清廷处斩，终年58岁。

龚家几代均为乡村读书人。但到了龚继昌这一代，由于幼年丧父，龚继昌缺少管教，性格顽皮，不好读书，好习武，10岁寄养在邻村祝家坊姑父祝启室家里，宁愿砍柴、捉泥鳅、干农活，也不愿意读书。他好赌好打抱不平，成年之后，多次拿着姑父给的经商本钱在牛市桥、三岚铺一带输得精光。后来姑父为了锻炼他吃苦耐劳的精神，给本钱送至枫木界，让他去广西担盐。龚继昌每次能挑一百七八十斤，常往返于湘桂间。每次过县城巫水时，总要在渡口杨卓镐开的粑粑店里饱吃一餐，可惜次次赊账。但杨卓镐见他为人老实，不但不计较还借钱给他作买卖头本，此后，两人遂成莫逆之交。有一次他从桂林挑盐回到城步县城，恰遇涨大水，无法过河，他对杨老板说：“若有出头之日，一定要在这里修座大桥，以解来往行人渡河之苦。”

太平天国起义爆发后，龚继昌盐帮也做不成了，想去从军，姑父给了他两次盘缠和新衣服，都被他输光了；第三次，姑父亲自送至武冈城。他因上茅房没有手纸，误撕了招兵广告，和把总比武，龚继昌赢了，误打误撞进了江忠源的楚勇营［一说，清咸丰二年（1852），龚继昌在广西投奔清军楚勇将领刘长佑］。从军后，龚继昌作战勇猛，先后辗转于湖北、江西、安徽等省，后又随曾国藩的湘军席保田部转战于江西、湖南、云南、贵州数省，先后领兵攻克了贵州金溪、崇仁等地，因战功卓著，被提升为游击加参将衔，是席保田部最具实力的战将。

同治三年（1864），龚继昌在贵州生擒太平天国领袖洪秀全之子洪福瑱，被赏赐换花翎加提督衔，全家受诰封。同治六年至十一年（1867—1872），龚继昌在贵州参与了镇压咸同起义战役，因功被清廷加授贵州镇远府总镇将军，赏云骑尉世袭，光绪七年拜湖北郧阳总兵。授湖北郧阳总兵后，湖南巡抚上奏将其留下统带西路防营兼长胜水师，驻守辰沅，同治十三年（1874），赴郧阳任助修堤工。

我们中华民族是一个最懂得感恩的民族，龚继昌深受中华民族传统文化和苗族侠义文化影响，发迹后充满感恩情怀，回报桑梓，回报亲人，回报故旧。具体表现在以下几个方面。

（一）修路架桥，方便百姓

龚继昌荣归故里，从贵州带兵回家时，沿途逢山开路，遇水架桥，所筑绥宁关峡、茶江一带经枫木界至城步西岩的青石通道和石拱桥至今犹存。光绪元年（1875），龚继昌为践行其诺言，不惜万金，委吕赞臣督修了城步县城南端的巫水河石墩风雨桥，并将其取名“荣昌桥”。此桥修好后，方便了南来北往的苗乡各族人民。1936 年，因“特大山洪，水石激荡，中流石墩三倾其二，护桥角石四存其一，两端护堤，亦溃其半”，当时商绅募捐对桥进行了维修，并撰有“桥记”，盛赞首修者龚继昌的功德。1958 年修建城步至汀坪公路，将桥上 28 排风雨亭台和两边石栏拆除，荣昌桥又作了公路桥。直到 1972 年，城汀公路要拓宽提级，将荣昌桥炸毁建了钢筋混泥土桥。荣昌桥近百年数代人受其益，它虽然消失了，但人们却永远记得那个龚大人龚继昌。如果不是人为原因，荣昌桥至今还横卧在巫水之上，发挥它的应有的作用。据说他还和苏元春捐资在席保田的家乡东安修了一座桥，石碑碑记还在。

（二）兴学建庙，播撒儒教

兴学馆，资助贫寒学子学习文化。龚继昌在祝家坊待了 10 多年，后来祝家坊祝家祠堂里的学馆大部分就靠龚继昌的捐助，他在家乡龚家冲建的学馆则全部由龚继昌赞助，这个在龚氏族谱里都有记载，与龚继昌同时代的乡贤祝青松在其《军门龚荣甫公传》做了较详细的记载：“同治戊辰（1868），军务匆匆，趁华构落成，命家人速建家庙。光绪乙亥（1875），军务稍闲，乞假归，率族老续修族谱。”“嘉惠寒儒，每届给送科费，且修文庙以培文风，捐试馆以寓试士。凡裨益于巫水者指不胜屈。至为国荐贤，尤内举不避亲，外举不避怨焉。”

光绪十五年（1889），龚继昌又捐巨资建城步县城文庙孔圣庙，以传播孔孟之道。该庙仿山东大成殿和故宫太和殿建造，建筑面积1842平方米。全庙建筑工艺精巧，表饰壮观，美轮美奂，具有较高的科学、艺术、历史研究价值。这些兴学建庙修谱的义善行动，无一不体现了龚继昌的忠孝之心和感恩报恩情怀。

（三）赈灾济民，报效桑梓

光绪十五年（1889），城步大饥，龚继昌亲自从辰沅运米到县内赈灾，解救苗汉难民于水火，生人给棉衣，死者给棺材。《军门龚荣甫公传》：“丙戌（1886年，与史料有出入），吾郡大饥，公由辰沅运米归赈，全活无数。又尝寒施棉衣，死施棺木，无少吝。”当时其关心家乡父老的义善之举，其报效桑梓的赤子情怀得到了城步各族同胞的交口称赞。

（四）感恩亲友，报养育之恩

龚继昌是个大忠大孝大义之人。他尽忠报国，出生入死，屡建奇功，屡受封赏。他6岁死了父亲，10岁寄养在姑父家。他体恤母亲的含辛茹苦，对母亲非常孝顺，在姑父家，常常打柴、捉泥鳅卖钱接济母亲。遗憾的是，母亲在龚继昌17岁那年也去世了。龚继昌在邻村祝家坊待了十多年，是姑父姑母养大了他。他发迹后，对姑父一家的回报可以说是一掷千金。他的姑父祝启室在龚继昌游手好闲、嗜赌如命，连姑妈也瞧不起之时，姑父就断定龚继昌将来必有大出息而对他百般迁就，关怀有加，故龚继昌对姑父非常感激。姑父有4个儿子，他从军后不久就把表弟祝荣楚带到身边，祝荣楚后来做了龚大人的军师兼后勤运输，官授同知衔。有一次，龚继昌从贵州荣归故里，买了100亩良田送给姑父，但祝启室没接受良田，在内侄走后，撕了地契。祝家建豪宅，八子宅门，龚继昌还嫌不大气。他说：需要银子，只管开口，如果地皮别人不肯卖，就用银子给我镶拢来。可见其财大气粗。时人一赞祝启室的仗义疏财，二赞龚继昌的阔手报恩。

龚继昌不平凡的人生经历，让他懂得知恩、感恩、报恩，他大富不忘故旧，大贵不忘桑梓，他传承着中华民族的传统美德，发扬了苗族同胞的优良作风。

苗族一品提督龚继昌死因辨析

祝军刚

龚继昌（1831—1889），字昌遇，号荣甫，祖籍城步金紫乡，近代邵阳历史名人，晚清湘军著名将领。在镇压太平天国起义、咸同苗民起义的历次战斗中屡立战功，被清廷授予一品顶戴，加提督衔，御赐黄马褂，三代诰封，先后获得“果勇巴图鲁”“额腾依巴图鲁”荣誉称号。

龚继昌大字不识几个，27 岁才在武冈城投入江忠源创建的楚勇团练（其时刘长佑为军师），战场上勇猛无比，在他的眼里只有萝卜白菜，没有人头，砍死对方毫不留情。后来在表弟祝荣森、祝荣楚的帮助下，逐渐成为一个文武双全的智将，用兵常常出奇制胜，一改先前猛打猛冲的作风，深为席宝田器重。

同治十年（1871）年，席宝田因病告假，龚继昌代理平苗最高统帅。在镇压苗民起义的过程，疯狂实行清政府的“擒渠犁庭扫穴”政策，大肆抢劫金银财宝，成为巨富。他发达之后，迷信杀人过多，对后人不利，乃乐施好善，捐资修路架桥，建文庙、办学馆，资助寒门学子，饥荒年岁出巨资赈济乡人，在本县、周边县市和湖北郧阳，口碑极佳。

就是这么一个前半生杀人无数、后半生救人无数的晚清将军，在湖南和贵州两省人们评价迥然不同。新中国成立后新修的《城步县志》里有《龚继昌》一文，最后一段是这么写的：“同年龚继昌与一官僚争妻妾，埋下祸根，后被对方告为贪官。光绪十五冬被清廷处斩，终年 58 岁。”

笔者对他被清廷处斩一事多年来一直深表怀疑，持相左观点。龚继昌是因病正常死亡，而不是民间所传言的被斩首，事实如下：

一、笔者查阅了《清朝光绪朝实录》，其中光绪十六年实录是这样描述龚继昌去世后朝廷安抚事宜的：“以战功卓著，予故湖北郧阳总兵龚继昌、照军营立功后积劳病故例优恤。事迹宣付使馆立传，附祀江西贵州等处席宝田专祠。城步县本籍捐建专祠，从云贵总督王文韶之请也。”

这是一个反驳龚继昌犯罪枭首最有力最直接的证据，如果刑部判龚继昌为重刑犯共斩，朝廷就不会在第二年（1890）按卓著战功、军营立功积劳成疾病故的规格优抚家属；并且云贵总督王文韶提出给龚继昌在江西贵州等处、席宝田专祠附祀及在城步县建专祠的请求，朝廷自然不予理睬。

王文韶作为封疆大吏，熟知官场规则，断然不会去触及清当权派的底线，为一个“罪大恶极”的贪赃枉法者翻案请命，给他一百个脑袋也不够砍。于国于民于己不利的糗事，头脑十分清醒的王文韶是要权衡利弊、深思熟虑之后才会上书的，若龚继昌触犯了刑律，王文韶还会被朝廷表扬、记在光绪十六年实录上么？

二、龚继昌没有必要去贪污军饷，也不可能去贪污军饷。贵州是贫瘠之地，人民苦不堪言，咸同年间战乱不断，经济遭到重大破坏。龚继昌在贵州作战 5 年（中间 1868 年休战一段时日），执行“雕剿战术”打击苗军，每占领一处苗寨，下令抢光所有财富。这些不义之财，他不可能一个人独吞，孝敬席宝田自然不必说，部下也有辛苦的份子钱。保守估计，算每年 100 万两银子落入他的腰包，充其量也就 500 万两左右。

贵州平乱之后，一贫如洗，安抚苗民的工作很压头，镇远府驻兵 10367 人，基本都是精毅营的原班人马，龚继昌没有必要也不敢克扣军饷。

1881 年 2 月 10 日，兵部档案记载：“咨军机处奉上谕湖北郧阳镇总兵员缺着龚继昌补授。”调令下达后，考虑到实际工作需要，湖南巡抚上奏，要求驻守辰沅地区的龚继昌继续留任，并统领湖南西路防营兼管长胜水师，慈禧太后准奏，龚继昌得以留在湖南。

一直到 1888 年龚继昌将湖南的一切军务交部将代，夏天入京觐见光绪帝之后，赐馔，赏扳指、大小荷包等，享尊贵之待遇。同年冬天，景宗才令其赴湖北郧阳走马上任，督修河堤。

龚继昌在郧阳总兵任期间，整饬军事，为民办了不少实事，当地老百姓有口皆碑，视他为衣食父母。龚继昌发迹以后，作为封疆大吏的他有个三妻四妾无可厚非，加上原配戴氏，一共有八个老婆，广西、贵州、四川的都有。在湖北郧阳期间，一心行善积德，军务繁忙，此时是比较低调的。

龚继昌不会为了一个女人和张之洞斗富、炫富。身为直隶总督的张之洞，晚清北洋大臣，进士出身，能够在官场左右逢源，从其人品和为官一贯作风来看，为了区区一个女人，处心积虑地陷害功臣龚继昌的几率极小。

即使张之洞和龚继昌争女人结仇，他上奏以贪污军饷之罪弹劾龚继昌，一手遮天，他没有这个能耐，况且这个时候湘军出身的朝廷重臣还有不少。这么一个大案，湖南官员不可能不过问，坐视不管。正因为有湘军将领的团结一心，效力朝廷，才有了同治中兴。

若龚继昌真的犯案，刘坤一、彭玉麟、苏元春等必定会过问，特别是龚继昌的老战友苏元春（此时为广西提督兼任广西边防督办，抗法英雄），必然要求走法律程序，洗清冤情，慈禧太后是不会持异议的。

顺便再提一下苏元春。1902 年，王之春就任广西巡抚后，与苏元春不睦，便弹劾苏元春“日久玩忽，侈然自大……通匪济匪，弊难数举，游匪之乱，苏始酿之”。未几，御史周树模亦劾苏元春征剿会党、游勇不力。

于是，清廷谕令新任两广总督岑春煊查办苏元春案。岑春煊本与苏元春有过节，在“纵兵殃民”的基础上，奏苏元春克扣兵饷、题诗造反。苏元春遂被革职，锒铛入狱。

入狱后，苏元春自我辩白申冤，还有不少人为之上书辩诬，清廷均未采纳，仅将其死罪改为发配新疆充军。

从苏元春的案例来看，终审判决贪污军饷之罪，也没有被斩首示众。后来，因为案件的重审，苏元春罪名被洗脱掉了。

由此观之，一品提督龚继昌即便遭张之洞陷害，战功赫赫、民众爱戴就足以将功折罪，顶多革除功名，当然子孙就不能世袭功名了。

其三，龚继昌之子龚盛阶（1871—1922），作为龚继昌唯一的嫡子，在其父去世后，袭云骑尉，诰封荣禄大夫，官至安徽郎用道署理徽宁池太广兵备道一职。

龚盛阶虽然才能平庸，做官没有犯过什么大错误，不称职而已，衣食无忧，却也潇潇洒洒地活到了民国十二年，死后风光大葬。慈禧的父亲也做过徽宁池太广兵备道一职，这可是个肥缺，一般的官员是谋不到这个官位的，虽然只是个五品，收入却惊人。

如果龚继昌真的被斩首，一切封赏和称号都要剥夺，其后裔不是充军，也要受牵连，没籍为奴。龚盛阶作为龚继昌唯一的嫡传血脉，朝廷不可能平白无故给他加官进爵的。《光绪实录》对他的从政经历、政绩，均有确切记录。

“光绪二十年甲午，十月，己未。……又谕、电寄许景澄、电已悉。俄嗣主成婚……以捐饷三万。予分省补用道龚盛阶军机处存记，摺包，壬申，世宗宪皇帝诞辰……”

“光绪二十八年壬寅，十二月，丁亥朔……戊戌。孝德显皇后忌辰，遣官祭定陵，黄绫本例……候补道龚盛阶才具平庸，举止轻率，不胜监司之任，著以同知选用。候补知府祺厚、庸鄙玩公，有忝表率，着以通判选用。庐江县知县汪锡麟、御下不严……”

这几个简短的叙述，表明龚盛阶并没有因为父亲是“罪人”而受连坐，依然活跃在晚清的官场。

其四，岑春煊为龚继昌写的《湖北郧阳镇龚荣甫公神道碑》一文也没有“斩首说”。岑春煊写的《神碑》：“十五年，公解兵柄，人观其门，始携武经出，膺专阃……十二月十九日卒于位东岩西峡，难铭上将之功……”

岑春煊是晚清著名的反贪风云人物，被他弹劾或者处理的官员成百上千，对腐败分子毫不手软，开创了海外追捕逃犯的先河，故岑春煊有“官屠”之称。倘若龚继昌真的因贪污军饷被斩首，他不可能冒天下之大不韪为其撰写碑传，歌功颂德。

此外宣统二年，城步县优廪生祝青松有感于龚继昌做官清廉、为民造福，特作《军门荣甫公传》：“……十一月，周览山川要隘遍秦蜀豫诸界，冒雪巡阅竹山三协，忽疾作旅馆，病笃势几危，民拥入镇署大堂。终，军民哭泣如丧考妣，护送出境。奉旨沿途川城，以彰劳绩……”

这一段话和岑春煊的《神道碑》异曲同工之妙，互为补充，相得益彰。仔细比对这两篇传记，不难得出一致结论：龚继昌是在郧阳总兵任上积劳成疾而去世的，属于正常死亡，绝非城步县志所载被清廷处斩，死于非命。

总之，笔者查阅帝王实录、龚继昌族谱（1910）、城步县志，并求证龚继昌玄孙龚循模，拨开历史的重重迷雾，还原历史面目，使真相大白于天下——龚继昌是在湖北郧阳总兵任上积劳成疾、因公殉职的，与张之洞争妻妾乃空穴来风、民间讹传，被朝廷定为贪污犯处斩更是无稽之谈。龚继昌无愧于国家，有功于家乡，无损于子孙，晚清城步有龚继昌幸矣。

（作者系城步苗族自治县白毛坪中学教师）

论南北杨家将均出杨居本家

杨开清

杨姓是古老的姓氏，自周初封国为姓以来，人才辈出，见之于正史者，近八百名。历史上，杨氏精英南征北讨，出生入死，拜相封侯，在中国历史上创下了辉煌史；近百年来，杨姓子孙为中华民族的崛起与复兴不畏艰难、兼人之勇、前赴后继，取得殊勋茂绩。杨氏子孙志存高远、勤勉好学、善于创造、勇于献身。

所谓南方杨家将，是指以唐末诚州刺史、湖南城步杨姓始祖杨再思为杨家将奠基人的杨家将群体。冯骥才在评述南方杨家将时说："……南方杨家将与山西杨家将一样，都具有爱国精神，为国而捐躯，为国而奋斗。南方杨家将历史人物时间跨千年，是实实在在、货真价实的历史。通过他们奋不顾身的英雄事迹，城步可称为中国南方杨家将文化艺术之乡。"

北方杨家将是指唐末五代北汉至北宋初期，出现在山西河东太原，以智勇无敌的杨业为奠基人的杨家将群体（据《华夏姓氏丛书·杨》的作者熊远报、王大良称，北方杨家将始祖是杨业的父亲杨信）。

杨业的父亲是谁？史学家们几乎都认同《宋史》之说，即"父信，为（后）汉麟州刺史"。其中《华夏姓氏丛书·杨》，对杨信的介绍尤为详尽。

杨家将的早期历史

杨家将的始祖杨信，其籍贯有多种说法。《宋史·杨业传》称杨信的儿子："杨业，并州太原人，父信，为（后）汉麟州刺史。"《资治通鉴》则称："麟州土豪杨信，自为刺史。”而乾隆《保德州志》又称：“杨业，旧志谓即本州人。”后汉时麟州治今陕西神木县西北杨家城，清代保德州治山西保德县，两地隔河相邻，在历史上可能同在一个行政区域内。后世的一些研究者则认为其原籍在保德州的河曲一带（在今保德县北），其族后来分为两支，一迁新秦（即神木县），一迁太原。

杨信原名杨弘信，在后晋、后汉之际，因其家乡处于羌人的活动之地，北边邻接契丹国境，为维护身家财产，他组织、训练了一批人马，结堡筑城，并先后攻取了保德、离石、临县等地。后与另一地方武装首领折从阮、折德康父子结盟，共同抗击契丹南侵。及攻克麟州，又自立为刺史，不久即得到北汉朝廷的认可。至乾五年（952），他死于任所，因长子杨业远在北汉国都太原居官，其职便由次子杨重勋接任。

杨重勋原名崇训，初改名重训，后再改重勋。因屡立战功，入宋后任麟州节度留后，与折家军东渡黄河，收复河曲、奇岚、岚州等地，升任宿州保静军节度使。其子杨光任麟州刺史，光子杨琪累官至提典河东、京西、淮南等路刑狱，加银青光禄大夫，封爵源武伯。琪子杨畋，进士出身，历宫内外，最后官至龙图阁直学士。杨信长子杨业及其后人，则走上了另外一条道路。

业父信，信父谁？史学家对此似乎有默契，都不愿谈及这道题。笔者从明朝巡抚少卿杨乔然亲自续修的《杨氏族谱》（分上、下册）发现南北方杨家将均出自杨居本家，这本族谱至今保存在城步儒林镇大竹坪村通时支的后裔手里。

该族谱的“源流总序”第 4—5 页记载：

居本生三子：长再思，生唐懿宗咸通元年（860）庚辰岁十月二十六；次再韬；三再兴，兴后未详。韬生二子：长正云，授扬州宣慰使，子孙世袭守上。次正奉命守西土，亦世袭安抚之职。生通照，徙居太原府应（麟、并）州山后。通照生继业，五代时仕后汉高祖有功，封郝山王、金刀令公。宋太宗三下河东，镇太原闻名，称杨无敌。其后裔闻名北宋，定居北方，不再赘述。

在上册《再思令公实录》一文中再次提到：

将军（居本）于懿宗咸通元年庚辰六月六日寅时生再思令公。次子再韬，生正云，授扬州宣慰使，子孙世袭守之。次正，奉命守西士，子孙世袭安抚之职（即西番山海关）。生通照，照生继业。

上述两段里的继业与其父通照，虽与史书中的杨业、业父信名字都不相同，但两书叙述继业与杨业，通照与杨信的籍贯、经历、功业、功名号都是相同的。据此，笔者认定，族谱里的杨继业、杨通照就是《宋史》《华夏姓氏丛书·杨》等史书中所传颂的北方杨家将杨业和他的父亲杨信。因而，杨业也是杨居本之后。

中国史学会副会长李学勤主编的《中华姓氏谱·杨》里的三段论述，辅证了族谱里继业即杨业，杨业是居本之后这一观点。《中华姓氏谱·杨》里的三段论述如下：

在中国历史上，不乏这样的情形：有的杨姓成员因特殊原因，改了姓，后来又改回杨姓。当他们改为他姓时，便从杨姓成员中消失，一旦回归杨姓，又使杨姓中增添了新的成员。从这个角度看，这种类型也构成杨姓的一个来源，属于特殊的转姓。

最突出的例子，就发生在妇孺皆知的杨老令公——杨业身上。杨业本名崇贵，后避北汉世祖刘崇名讳，改名重贵。杨重贵少年时投身刘崇，刘崇赐其姓刘，改名继业。刘崇之子刘承钧有养子刘继恩、刘继元、刘继忠，杨重贵赐姓名为刘继业，可能是因为刘崇长子刘资早死无后，遂以杨重贵为刘继业而为其后裔。宋太平兴国四年（979），宋太宗赵光义统兵攻北汉，围太原，北汉主刘继元降宋，而刘继业尤据城苦战。宋太宗喜其忠勇，喻刘继元招降继业。于是继业归宋，复姓杨氏，只名业。杨业归宋复姓，是杨氏历史上的大事，若无此事件，以后怎会产生传颂千年的形形色色的杨家将的故事呢？

前面提到贵州台江巫脚乡的苗族杨姓。过去，有一户姓杨的迁到翁慕沟居住。由于那里是欧姓聚居区，这位扬姓苗民不久也改姓欧，以便同欧姓村民亲密相处。后来他的兄弟又恢复杨姓。原因是他们已经在翁慕沟住稳了。解放后，他的儿子也改姓杨。

从第二段看出，杨姓长子杨崇贵自改为重贵，被北汉高祖改名唤刘继业，降宋后宋太宗允许崇贵恢复杨姓名继业，自愿用单名业，这里经过了 4 次改名、2 次换姓的过程。由此事件推测，既然那个时代可以换姓改名，那杨正到西番山海关之后是否也改了名，甚至把自己儿子“通照”也改名“弘信”或单名“信”，以免在蜀都时的仇敌找到自己？若此推断是实，那杨信之子杨业是居本的后裔这一论点也是成立的。

为什么族谱里的杨继业在《中华姓氏谱·杨》《华夏姓氏从书·杨》里称杨崇贵呢？笔者翻阅多个版本的《杨氏族谱》，是这样理解的：杨居本曾祖父于陵是东汉杨震之后，少有奇志，学富五车，登进士后，任唐户部尚书。他为子孙编排了“帐临居再正”五字辈序（至今仍有人沿用此辈序），结束了先辈们“子名父取”，取名无字辈的历史。

居本长子杨再思是文武双全之人，娶5妻生10子（据说再思后裔现在已经发展到500万）。他弃用了五字辈的前三字，以自己的“再”字辈为首，编排使用“再正通光昌盛秀（进）”七字辈。再思弟弟再韬的二儿子正是再韬跟随其父居本迁居蜀都成都后才出生的。他的辈份是五字辈中最末一个，有为儿孙取名而编排新字辈的义务。他奉命到西番山海关（窃以为是现在的山西省河曲县东北的“偏关”处）守土，西番山海关与成都、诚州两处千里迢迢，交通不便。或许不知伯父再思已编排七字辈，或许有随乡入俗亲近当地杨姓宗亲的意图，或许仍继续迷恋古代推行的“父为子取名”的做法。大概是最后一种想法促成其行动，杨正为儿子取双名“弘信”，单名“信”；杨信给长子取名“崇贵”，再改名“重贵”，后又被北汉高祖改姓换名为刘继业，再经宋太宗允许恢复姓杨单名“业”。

在君为臣纲、父为子纲、兄弟孝悌的人治社会里，不经族长同意是不能擅自不按族规字辈改名换姓的。深谙此道的再韬，不敢把杨正不按七字辈取名的实况告诉哥哥，只能按照哥哥再思谱书里的“七字辈”排法称：“正生通照，照生继业。”这是杨业有杨崇贵、杨继业两种称谓，“父（业）信”“通照生继业”两种说法出现的根本原因。

把史料提供的居本至杨业五代人的生辰列成世系表比照，也可发现其代与代之间符合中国婚育习惯。印证“杨信”即“通照”，“杨业”即“继业”，南、北杨家将均出自杨居本家的论点是正确的。

（杨开清，中国南方杨家将故里城步民族文化研究会会长）

关于明代颖国公杨洪祖籍的考证

吴扬勋　曹正城　杨凯焱

杨洪（1381—1451），字宗道，明朝前中期名将，“靖难之役”将领杨璟（杨昇）之子。永乐元年（1403），杨洪担任百户，远戍开平府。追随明成祖朱棣北伐、阳武侯薛禄攻打大松岭，长年守备边关。正统元年（1436），升任游击将军、都指挥佥事。正统九年（1444），进左都督。正统十三年（1448），授镇北将军、宣化总兵。戍守边境40余年，以敢战、善战、能战闻名，声震蒙古。“土木堡之变”后，拒绝向瓦剌太师也先俘虏的明英宗打开城门。明代宗即位后，受封昌平伯。北京保卫战胜利后，进封昌平侯，赐号“奉天翊卫宣力武臣”，并赐世券。景泰二年（1451），授镇朔大将军、镇守宣府，上疏乞休，因病返京，卒于家中，时年70岁，获赠颖国公，谥号“武襄”。

2019年，我们先后在中国社会科学网、中国苗族网、红网论道湖南频道、《湘声报》、《邵阳日报》等媒体发表了《南方杨家将　湘楚屋脊“飞山”之雄——城步千年杨家将历史文化探究》一文。文中，我们论述明代边关大将、总兵、颖国公杨洪的祖籍属湖南城步。随后有人提出异议说“这篇文章有关昌平侯杨洪的记述违背历史”。对此，我们十分重视，再次对明代杨洪祖籍属城步的有关史料进行了考证。

一、明代杨洪祖籍属湖南城步依据充分

（一）清代道光湖南《宝庆府志·老旧传勋镇一》（第四十二册，第百二十一卷，第11页）记载：

1.“城步山峭多石，气象奇伟，历代名将出焉，在宋有杨再兴，在元有杨完者，在明有沐英、蓝玉、杨洪父子，丰功峻烈，照耀宙合。”

2.“镇赠侯谥武毅，洪（杨洪）父子（父杨昇、璟）兄弟皆佩将印，一门三侯伯，其时称名将者惟杨氏。”

3.“杨洪字宗道城步人……”（下图框内文字）译文为：“杨洪，家族谱名叫杨宗道，城步人。他的先祖是汉朝太尉杨震之后，唐朝末期杨再思是他的16

黔武傳公琮知禁網已解且念先王之墳莫之埽也乃使昌建率
其眷屬歸原籍扶城屬其世守王墳於是城步始復有藍氏故藍
秦二氏至今不通婚而深感沐氏繼絕之惠其於黔寧先王之墳
不啻若其鼻祖也
楊洪字宗道城步人其先出漢大尉震之後唐末有再思者因世
亂據有誠徽谿峒梁開平時爲誠州刺史十四傳有名政者明初
以功爲漢中百戶始占籍爲六合人洪之祖也父璟嗣職爲百戶
戰死靈壁洪嗣職調開平善騎射遇敵輒身先突陣初從成祖北
征至斡難河獲人馬而還帝曰將才也令識其名進千戶宣德四
年命以精騎二百專巡徼塞上繼命巡西猫兒峪留兵戍之敗寇
於紅山英宗立尚書王驥言邊軍怯弱由訓練無人因言洪能詔
加洪遊擊將軍洪所部才五百詔還開平獨石騎兵益之再進都

鎮贈侯謚武毅洪父子兄弟皆佩將印一門三侯伯其時稱名將
者惟楊氏
志曰漢書有云關東出相關西出將蓋言地氣使然也城步山峭
多石氣象奇偉故歷代名將出焉在宋有楊再興在元有楊完者
在明有沐英藍玉楊洪父子豐功峻烈照耀宙合稽之載籍犖乎
偉矣顧歷來史傳多著寓籍而楚人尤甚如鄧處訥周湛皆武岡
人也而唐書以處訥爲龍潭宋史以湛爲穰縣楊守謙彭澤顧成
皆長沙人也而明史以守謙爲徐州澤爲蘭州成爲蘇州若此之
類蓋非一事世徒據明史定遠六合之文以沐藍楊三家非城步
產雖以 國初修通志諸君距明初不遠遺蹟猶存流風未沫亦
不能詳爲考證但云三族俱出城步而已嗚呼不通乎古今族望
世系源流與夫圖經地志同異詳略致古蹟就湮故家澌滅好古

《宝庆府志》

世祖。由于世乱，再思据有诚徽溪峒（唐代五溪地区），后梁开平年间（906—910）任诚徽州刺史。史载杨政[①]是明初大将军汉中百户（四品朝官），安徽六合人（现为南京六合），系杨洪祖父。杨洪父杨璟继承杨政军职为百户，“靖难之役”为保护燕王朱棣战死灵壁，杨洪承父职调开平（明代地名）。杨洪骑射本领高超，遇到敌人，总是冲锋陷阵。成祖帝（朱棣）初期，杨洪北征至翰难河缴获大批人马而归，成祖帝称赞说，杨洪将才也，论功升其为“千户”（官三品）。宣德四年（1428）杨洪受命以精锐铁骑200人专巡塞上和西猫儿峪，并驻军守之，打败入侵之敌于红山。英宗派尚书王骥镇边，言边防军战斗力极弱，无人愿意指挥。杨洪自告奋勇说，能担当统领边防军。皇帝非常高兴，即下诏书提升杨洪为游击将军。杨洪所统率的部队才500人，奉诏即赴开平、独石（明代边关地名），率骑兵一路所向披靡，然后凯旋而归进入北京。

（二）清代《光绪湖南通志》第五册（清李瀚章、裕禄等编纂，2009 年 8 月岳麓书社重印）记载中，明确指出：“杨洪，城步人，正统间官都督。英宗北狩，敌长驱薄都城，洪率兵败之。固安以功封昌平侯，英宗复辟，晋封颖国公。”

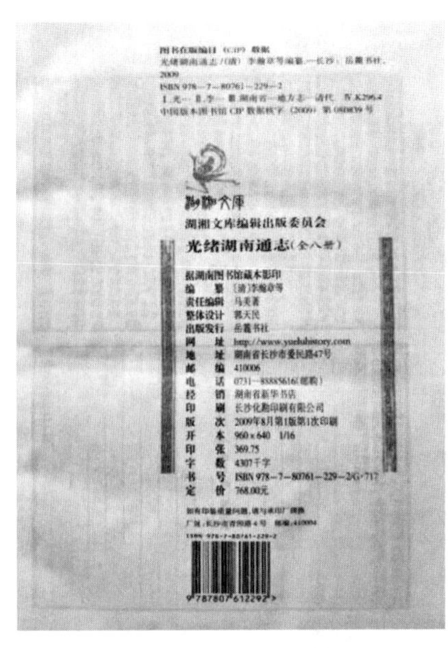
湖湘文库
湖湘文库编辑出版委员会
光绪湖南通志（全八册）
据湖南图书馆藏本影印
编 纂 ［清］李瀚章等
责任编辑 马美著
整体设计 郭天民
出版发行 岳麓书社
网 址 http://www.yuelubistory.com
地 址 湖南省长沙市爱民路47号
邮 编 410006
电 话 0731—88885616（邮购）
经 销 湖南省新华书店
印 刷 长沙化勤印刷有限公司
版 次 2009年8月第1版第1次印刷
开 本 960×640 1/16
印 张 369.75
字 数 4307千字
书 号 ISBN 978－7－80761－229－2/G·717
定 价 768.00元

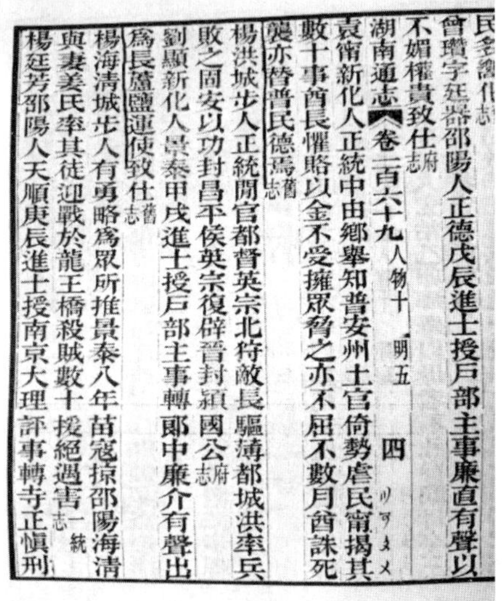
曾瓚字廷器邵陽人正德戊辰進士授戶部主事廉直有聲以不媚權貴致仕府志

湖南通志 卷一百六十九 人物十 明五 四

袁甯新化人正統中由鄉舉知普安州土官倚勢虐民甯揭其數十事酋長懼賂以金不受擁眾脅之亦不屈不數月酋誅死襲亦替普民德焉舊志

楊洪城步人正統間官都督英宗北狩敵長驅薄都城洪率兵敗之固安以功封昌平侯英宗復辟晉封潁國公府志

劉顯新化人景泰甲戌進士授戶部主事轉郎中廉介有聲出爲長蘆鹽運使致仕舊志

楊海清城步人有勇略爲眾所推景泰八年苗寇掠邵陽海清與妻姜氏率其徒迎戰於龍王橋殺賊數十援絕遇害一統志

楊廷芳邵陽人天順庚辰進士授南京大理評事轉寺正慎刑

清代《光绪湖南通志》第五册封面

（三）2011年10月天津市武清区档案局编辑出版的《武清瀛西杨家将》（主编马金东、吴继良、陈景山）一书，其中《杨家将源出城步》（第18页）一文也有对杨洪身世的记载："追溯杨家将的历史，其起源应归于湖南城步……南宋

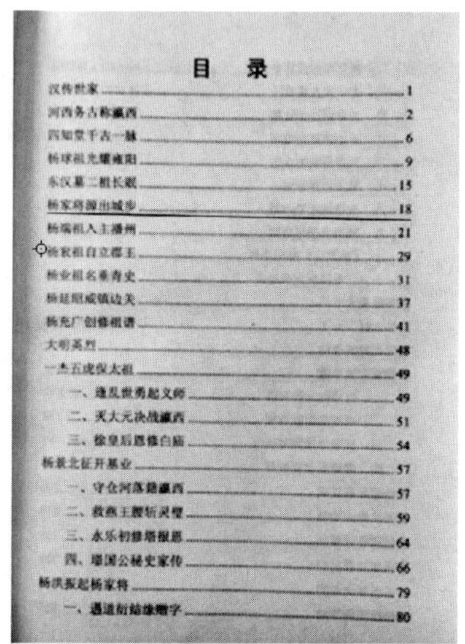

目 录

杨家将源出城步

杨球之子杨境，于东汉末年由瀛西迁至渔阳郡（今北京密云）。多年之后，这支杨氏渐至族大支繁，其子孙后代复又辗转各地。其中长门一支最为昌盛，因其父子兄弟多为统兵将领，故于唐代初期被派往湖南驻防，防地即如今的城步苗族自治县。当时的城步地区，亦属羁縻府州，境内分布着五峒四十八寨，聚居着大小不一的各种苗人部落。这些原始的部落组织，附叛无常，时生祸乱，向被朝廷视为国患。杨氏统兵至此，便各率所部分驻于几个重要据点，与之俱来的族人家眷则散居于不同的村寨中，如茅坪镇的杉坊村、金塔村，西岩镇的水东村，儒林镇的大竹坪等处。杨氏镇守城步，由唐迄宋，长达数百余年，支派繁衍，人口迭增，渐至成了当地的巨族大姓，时有"城步地，杨半边"之称，是说杨氏族人之多。后来许多带杨字的地名，如杨家山、杨家团、杨家湾等等，均由杨氏居址驻地得来。儒林镇的大竹坪，一直被立为杨氏家族的总根据地，历代的族长、主将均坐镇于此。大竹坪开设"杨氏官厅"，专门作为家族议事的场所和军事指挥的核心。杨氏家传的祖像、祖匣、祖谱等即全都供奉于这里的家祠之内。直到明朝永乐末年才由其嫡传后裔迎至瀛西，据说足

·18·

足装了十几大车，沿途整整走了几个月。

城步杨氏始盛于唐，其后世子孙大都出于军伍，个个能征惯战，故常被朝廷所征调。《杨氏祖谱》中的始祖杨端，即由其父辈或祖辈开始从湖南奉调山西太原的，故其与子孙数代均被史称为并州太原人。杨端先在山西，后迁会稽为官，唐僖宗乾符三年始率长子一支入主播州。其次子杨会，字师厚，久经战阵，屡败胡人，唐末官拜征西大将军，封金刀王。这支次门杨氏仍留居太原。杨会之子杨信，字君爱，谱名弘信，自称杨衮。久在军旅，北汉时以功封麟州刺史，举家移居陕西神木县。其子杨业，字绍祖，谱名重贵。以骁勇过人，号为"杨无敌"。有功后汉，官拜建雄军节度使。归宋以后，率众子及家将、亲丁组成杨家军，戍边抗辽，相传数代。后世所称杨家将，实由杨业开端。

至明初洪武开基，先有杨氏"一杰五虎"报效军中。永乐之后，又有杨洪为首的杨氏父子为国尽忠。杨洪字宗道，生于瀛西，为杨业十九世嫡孙。其一生戍边48年，亲率兄弟子侄20余众，多年镇守宣（化）大（大同）一线，为抗击瓦剌入侵立下了不世之功。至今盛传于世的《杨家将演义》一书，其内容即主要取材于杨洪父子。杨家将美名由此流芳千古，永为世人仰慕。

天津市武清区档案局编辑出版的《武清瀛西杨家将》

抗金名将杨再兴，元代苗军统帅杨通贯（元顺帝赐名杨完者），明代边关大将杨洪等，这些中国历史上有名的爱国将领，均出身湖南城步，或为其嫡传子孙……以其与《杨氏族谱》及《瀛西杨氏宗谱》和家传口碑等互相考证，均证实宋、明两代杨家将确实与湖南城步有着渊源关系。”

（四）1996 年湖南出版社出版的《城步县志》（第 595 页），对城步杨洪的身世也有详细的记录：“杨洪（？—1451），字宗道，苗族，系‘飞山蛮’杨氏后裔，出生于城步图（今清溪乡）大竹坪（现为城步儒林镇杨家将村）。祖父杨政，明初任过汉中百户。父亲杨璟，为国战死在灵璧。杨洪又袭父职，调任开平……”

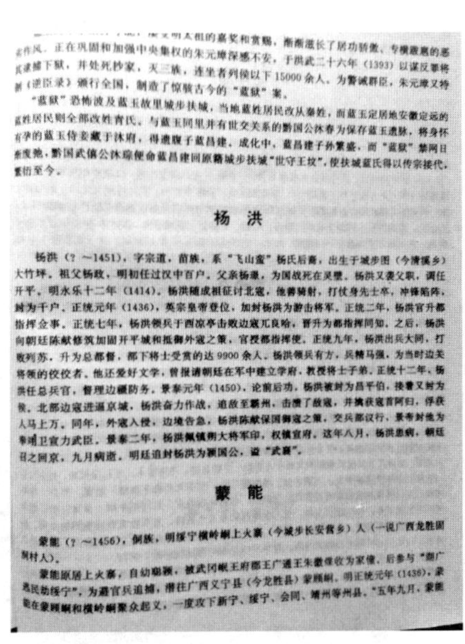
……明太祖的嘉奖和赏赐，渐渐滋长了居功骄傲、专横跋扈的恶劣作风。正在巩固和加强中央集权的朱元璋深感不安，于洪武二十六年（1393）以谋反罪将其逮捕下狱，并处死抄家，灭三族，连坐者列侯以下 15000 余人。为警诫群臣，朱元璋又将《逆臣录》颁行全国，制造了惊骇古今的“蓝狱”案。

“蓝狱”恐怖波及蓝玉故里城步扶城，当地蓝姓居民改从秦姓，而蓝玉定居地安徽定远的蓝姓居民则全部改姓育氏。与蓝玉同里并有世交关系的黔国公沐春为保存蓝玉遗脉，将身怀有孕的蓝玉侍妾藏于沐府，得遗腹子蓝昌建。成化中，蓝昌建子孙繁盛，而“蓝狱”禁网日渐废弛，黔国武僖公沐琮便命蓝昌建回原籍城步扶城“世守王坟”，使扶城蓝氏得以传宗接代，繁衍至今。

杨洪

杨洪（？～1451），字宗道，苗族，系“飞山蛮”杨氏后裔，出生于城步图（今清溪乡）大竹坪。祖父杨政，明初任过汉中百户。父亲杨璟，为国战死在灵璧。杨洪又袭父职，调任开平。明永乐十二年（1414），杨洪随成祖征讨北寇，他善骑射，打仗身先士卒，冲锋陷阵，封为千户。正统元年（1436），英宗皇帝登位，加封杨洪为游击将军。正统二年，杨洪官升都指挥佥事。正统七年，杨洪领兵于西凉亭击败边寇兀良哈，晋升为都指挥同知。之后，杨洪向朝廷陈献修筑加固开平城和抵御外寇之策，官授都指挥使。正统九年，杨洪出兵大同，打败列苏，升为总都督，部下将士受赏的达 9900 余人。杨洪领兵有方，兵精马强，为当时边关将领的佼佼者。他还爱好文学，曾报请朝廷在军中建立学府，教授将士子弟。正统十二年，杨洪任总兵官，督理边疆防务。景泰元年（1450），论前后功，杨洪被封为昌平伯，接着又封为侯。北部边寇进逼京城，杨洪奋力作战，追敌至霸州，击溃了敌寇，并擒获寇首阿归，俘获人马上万。同年，外寇入侵，边境告急，杨洪陈献保国御寇之策，交兵部议行，景帝封他为奉诩卫宣力武臣。景泰二年，杨洪佩镇朔大将军印，权镇宣府。这年八月，杨洪患病，朝廷召之回京，九月病逝。明廷追封杨洪为颖国公，谥“武襄”。

蒙能

蒙能（？～1456），侗族，明绥宁横岭峒上火寨（今城步长安营乡）人（一说广西龙胜[illegible]村人）。

蒙能原居上火寨，自幼聪颖，被武冈岷王府郡王广通王朱徽煠收为家僮，后参与“湖广苗民助绥宁”，为避官兵追捕，潜往广西义宁县（今龙胜县）蒙顾峒。明正统元年（1436），[illegible]“五年九月，蒙能在蒙顾峒和横岭峒聚众起义，一度攻下新宁、绥宁、会同、靖州等州县。

1996 年湖南出版社出版的《城步县志》

清乾隆湖南靖州《渠阳志》记载：“杨洪，城步人，墓葬城步大竹坪狮子山打鼓洞。”湖南会同、靖州、通道，贵州天柱、剑河、娄山、凯里、黎平等 10 余个县的杨洪后裔，多年来一直在寻找杨洪墓。2008 年 12 月，杨政伦、杨秀汉、杨顺录等 10 余人在城步杨氏族人的指引下，终于找到尘封 400 多年的杨洪墓，就在城步大竹坪村狮子山打鼓洞口。紧接着，对杨洪墓实施保护、维修。自此以后，每年清明节杨洪后裔都组织杨洪墓祭扫，祭扫人数达万人。

寻找洪公坟

我族历届族谱记载，新一世祖杨洪葬于湖南宝庆府城步县狮子山打谷洞。几百年来只见记载不见坟墓，从无祭扫，否实难定。先辈老人及近年皆族人都到湖南寻找考察过，都没找到。

二00八年冬，突然获悉会同族人顺禄等人找到了洪公坟，真是喜从天降，欢欣若狂。十二月二十三日祠长政伦邀约顺禄等人驱车前往湖南城步寻找洪公坟。

洪公确实葬在湖南城步县青溪乡大竹坪村狮子山、打谷洞洞口，与老谱记载一点无误。此地群山峻岭，风景十分秀丽，一片开阔山地，三座狮子山并排。洪公坟葬在第一个狮子山。这个山上有个洞叫“打谷洞”洪公葬在正洞口，坟墓不高约50厘米成圆形。

2011年贵州省天柱县《杨氏族谱》

杨洪墓及墓碑（其后裔于2011年10月重立）

湖南怀化会同县漠宾乡和贵州天柱县白市镇杨洪的后裔均于清嘉庆时期建立了杨洪公祠。白市杨洪公祠于1995年被定为天柱县重点文物保护单位，2005年被贵州省确定为省级重点文物保护单位；会同县漠宾乡杨洪公祠于2012年因修建漠宾水电站拆迁。天柱白市《杨氏族谱》记载，“杨洪公以武职奉命率子西征黔楚，镇抚八蛮九溪洞口等，平夷南蛮，长子万朝，次子都朝分居白市、会邑（会同县）、漠宾等地，至此，后裔繁衍，烟户星罗。”杨洪妻吴氏殁葬杨洪公祠旁前左 20 米。

（六）2020 年 10 月 7 日晚 23 时 18 分，中央电视台科教频道（CCTV-10）播出的《中国影像方志》第 680 集（湖南城步篇）也讲到：“南宋的杨再兴，明朝的杨洪等，都是从城步走出的名将。”

《中国影像方志》第 680 集《湖南城步篇》

二、杨氏家谱对杨洪的身世及祖籍属城步均有记载

（一）杨洪的父亲杨昇（璟），在《杨氏家谱》中均记载得很清楚："……七房谷庆居大巷子，庆子再禄（官方名杨昇），系常德豫章侯刘兴一上门之婿，奉文承刘军官职，于洪武年间调往东昌（今山东）守卫，洪武十年调山海卫，建文元年北平报效郑填有功，克苏州白河大战，打洛南克沧州、深州，打西水寨、凤凰山、东坪、泛上等处，兵部奏明，奉旨升山海卫指挥佥事，复姓名杨昇，请诰封父伯云骑尉。'靖难之役'之前，杨昇已被燕王更名为杨璟，但他的活动轨迹一部分还是在湖南周边地区。甲寅，杨璟克宝庆，长子杨琳，次子杨洪赴京授指挥同知，调遣陕西延绥等处，杀贼有功，升总兵官，封昌平侯。"清乾隆四十年《杨氏族谱》载："自洪武年间，再禄（杨昇）归家冢祭扫高祖山（城步杨氏始祖杨再思葬于此地，又名上官村，今城步十里树村）、邓公冲婆子冲、青狮岩各祖考祖妣坟茔，创修祠堂（即现在的城步杨氏官厅），编修《杨氏族谱》。"

（二）民国十二年（1922）城步《杨氏通谱》记录：清康熙五十一年（1712）壬辰，城步县知县赵路公作城东飞山庙碑记云，城步杨氏皆杨无敌之后……赵路在碑记中明确说到，明朝杨洪总兵官殁后葬城步大竹坪（今城步杨家村）。

楊氏再碧公譜派廣流長
城步縣六都九甲下茅坪
合房後裔重新捐金修纂

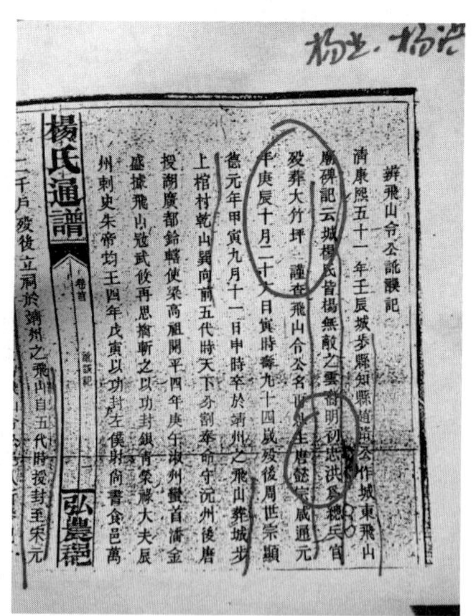

辨飛山令公訛騐記
清康熙五十一年壬辰城步縣知縣趙諱[illegible]公作城東飛山
廟碑記云城楊氏皆楊無敵之裔有明初忠洪爲總兵官
歿葬大竹坪謹查飛山令公名再思生唐懿宗咸通元
年庚辰十月二十六日寅時壽九十四歲歿後周世宗顯
德元年甲寅九月十一日申時卒於靖州之飛山葬城步
上棺村乾山巽向前五代時天下分割奉命守沅州後唐
授湖廣都鈐轄使梁高祖開平四年庚午敘州蠻首潘金
盛據飛山跳武攸再思擒斬之以功封銀青榮祿大夫辰
州刺史朱帝均王四年戊寅以功封左僕射尚書食邑萬
二千戶歿後立祠於靖州之飛山自五代時授封至宋元
楊氏通譜 卷首 弘農

《杨氏通谱》

（三）清同治三年（1865）城步县《杨氏族谱》载：杨洪往京杀贼有功，升指挥同知。城步籍明朝太仆寺卿湖广监察御史杨乔然回城步大竹坪祭祖时，在杨氏官厅（杨氏祠堂）将杨洪、杨瑛灵牌供于神位下坎，其他先祖奉于上坎。

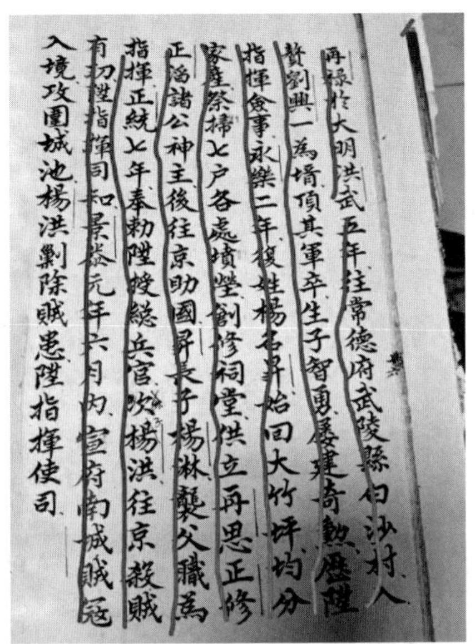

再禄於大明洪武五年往常德府武陵縣白沙村人
贅劉興一為壻頂其軍卒生子智勇屢建奇勳歷陞
指揮僉事永樂二年復姓楊名昇始回大竹坪均分
家產祭掃七户各處墳塋創修祠堂供立再思正修
正滔諸公神主後往京助國昇長子楊琳襲父職為
指揮正統七年奉勅陞授總兵官次楊洪往京殺賊
有功陞指揮同知景泰元年六月內宣府南城賊寇
入境攻圍城池楊洪剿除賊患陞指揮使司

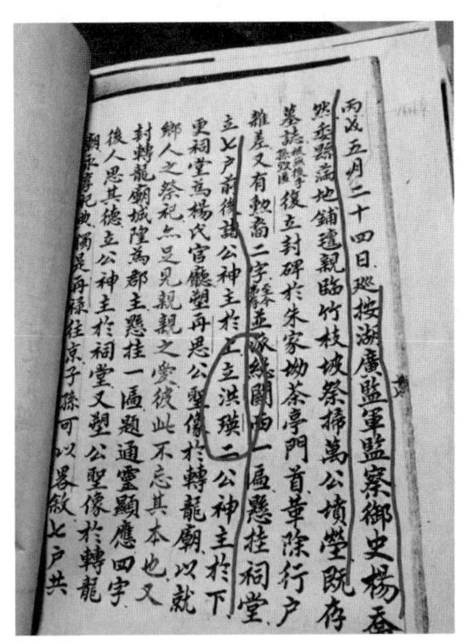

丙戌五月二十四日巡按湖廣監軍監察御史楊喬
然委縣[illegible]地鋪遶親臨竹枝坡祭掃萬公墳塋既存
墓誌[illegible]復立封碑於朱家坳茶亭門首華陳行户
雖差又有勅齋二字[illegible]並派[illegible]一區懸挂祠堂
立七户前後諸公神主於上立洪瑛二公神主於下
更祠堂為楊氏官廳塑再思公聖像於轉龍廟以就
鄉人之祭祀然足見親親之愛彼此不忘其本也又
封轉龍廟城隍為郡主懸挂一區題通靈顯應四字
後人思其德立公神主於祠堂又塑公聖像於轉龍
廟[illegible]再禄往京子孫可以畧敘七户共

清同治三年（1865）湖南城步县杨氏族谱

（四）明、清时期杨昇、杨能、杨瑀、杨乔然、杨芳等多名朝廷高官曾回乡祭祖或关注家乡。

最早回乡祭祖的是洪武十五年（1382）杨洪的父亲杨昇（再禄），他回城步后创修祠堂，均分家财，请旨大伯父杨谷真被朝廷诰封云骑尉（四品官），其牌位被立祠于正堂中，同立再思公、正滔公、盛和公上坎牌位。

其次是永乐二十三年（1424），杨洪命侄杨能（杨清次子）、子杨俊赴城步祭祖，并带南方族人到塞北从军。杨能、杨俊到达城步大竹坪后先是祭祖，后带杨达［杨昇长子，明洪武十二年（1379），杨昇秘派其自六合杨氏宗祠将祖谱、祖匣、祖像秘运湖南城步大竹坪藏于族亲家中，杨达改姓亲自守护］及其子和更多族人将暂置城步大竹坪的部分杨氏族谱祖物运抵天津武清瀛西。此次杨能、杨俊之行历时半年之久，从南方带回家人及随从共计 2000 余人。景泰元年（1450）这些人中有几十人因功升职。

其三是明万历十年（1582）杨洪直系后裔彰武伯杨瑀札委武冈营守备卢铭世，亲至大竹坪祠堂祭祖，并题刻《勋裔》字匾立于祠堂的正堂。

其四是明崇祯五年（1632），钦命太仆寺少卿湖广监军监察御史杨乔然致信城步大竹坪村杨氏，就李姓插葬高祖山打官司一事予以关注。

其五是明隆武二年（1646）5月，杨乔然亲临城步大竹坪祭扫祖茔。杨乔然见杨氏宗祠正厅悬挂“勋裔”匾额，于是列举建祠以来城步杨氏府第迭出文武官员50余人，其中正一品16人，从一品9人，正二品11人。他总结祖上功德时说：“明代戍边之功，惟我杨氏为最。”同时，他还做了如下几件很有影响的事：

1. 回城步前已奏请明崇祯皇帝许可，将位于北京怀柔的“杨氏官厅”（据传为明太祖朱元璋钦定书写）匾牌迁至湖南城步大竹坪，将“杨氏宗祠”更名为“杨氏官厅”，同立七房支祖于神牌位于上，立杨洪公、杨瑛二神位于下。自此，杨氏官厅载入史册，目前存世的全国仅此一处。杨氏官厅不仅是城步杨氏荣誉的象征、批阅官书的场所，还是湘、桂、黔、渝等地杨氏后裔认祖归宗之地。真可谓：英雄感天地，史记惊朝野。

现存城步杨氏官厅的《察院》石碑

2. 从长沙省府用青石板刻制了一块《察院》的石碑，将杨一元等31户杨氏后裔定为“官户”。“官户”享受县府俸禄，可革免地方差役、杂役等，这在湖南省是首例，也是城步杨姓乃至湖南省杨姓在历史上唯一被定为“官户”的姓氏。早在嘉靖三十五年（1556），《杨氏族谱·杨洪认宗录》记载：“敕镇边关军门总府大将军杨洪裔孙，宣府总兵杨斌，捍城门都指挥杨臣，太守仓卫杨束，行文通会祖籍族人，具明宗支，来京相认。杨一元等三人奉票告批，转报相符，附牌遣还，开列户长杨昌赞、昌登、进朝等十人于嘉靖三十七年春月朔，具情移文所属州县，开为官户。”（《宝庆风情》，马少侨著，中国文史出版社 2006 版）。

3. 在祠堂边建立功德碑亭，该碑亭直到“文革”时为建学校而作为建筑用材被拆除。

4. 题写《派总关西》（意思是城步杨再思及其之后大竹坪杨氏均出自秦汉时陕西关西之地）匾额挂于杨氏官厅内前厅。

5. 题刻了“威助大明兼一统，功流海内启后裔”的大石碑。

其六是清乾隆时有“宝庆第一才子”之称的朝廷武英殿拔贡、嘉庆进士、四库全书编撰杨兆鳣回乡祭祖，续修《杨氏通谱》。

其是清道光七年（1827），时任湖广总督杨芳、陕西部院杨遇春、甘肃提督杨国珍、四川提督杨逢春 4 位大人一同回大竹坪祖籍地祭祖，并题刻“父叔品臣”牌匾悬挂于杨氏官厅。

“父叔品臣”匾额

三、杨洪薨后葬城步，现还有遗迹可考证

杨洪葬城步是有历史依据的。一是他祖籍地是城步；二是他的侄子杨浩告老还乡居城步，现有小地名杨浩塚；三是他南方有 4 个儿子分居贵州黔东南州

和湖南的湘西南会同、通道等地。风水师和老族长们讲，杨洪葬城步是源于城步原大竹坪这片地区的风水好所至。城步杨氏官厅有一对彰武伯杨瑀题写的杨洪墓的隐字联，墓葬周边都是地名，为什么要写隐字联留于后世，笔者认为应是防止盗墓。

隐字联是：

支分颖国，郁郁桂花闻觉古，三官迭起，卜居矮寨，笑看青狮，大竹坪上齐发迹；

派衍飞山，依依杨柳荫茔台，六子荣登，步入先冲，欣瞻白石，枫树林边共盘桓。

杨氏官厅厅外墙上的隐字联

联中的“颖国”指颖国公杨洪，“桂花”是墓东面的桂花桥，“觉古”是指墓西面觉古山，“三官”是指墓东西面的地名“三公堂”，三公堂是为纪念三国公杨正衡、杨通贯、杨洪的纪念堂，该纪念堂于清朝末年被盗贼烧毁，现留遗址。“矮寨”是墓的东北面矮寨村，“杨柳”是指墓的北面地名杨柳冲，“六子”是墓南面的地名六子桥，六子桥是为纪念杨氏九将之中投靠朱元璋的杨通智等6

位将军，它修建于北通宝庆、南通桂林的省官道桥亭。“先冲”是指墓的西北面的地名先冲，“白石”是指墓东北面的地名白石岩，“枫树”是墓的东北面枫香村。墓的东南西北八面都著有地名。据城步清嘉庆年间《杨氏通谱》记载，明初洪为总兵官，殁葬大竹坪……。据《武清瀛西“杨家将”》记载：城步“大竹坪设‘杨氏官厅’，专作为家族议事场所和军事指挥的核心。杨氏家传的祖像、祖匾、祖谱等全奉于这里的家祠内，直到明朝永乐末年部分祭祀品才由外迁嫡传后裔迎至天津瀛西（武清区），足足装了十几大马车，沿途整整走了几个月。城步杨氏始盛于唐，是当地的豪姓大族，有‘城步地，杨半边’之称，其后世子孙大都出于军伍，个个能征善战，常被朝廷所征调”从《城步杨氏族谱》看，迁居在天津瀛西（武清区）的城步杨氏后裔就不足为奇了。

四、《明史》为何将杨昇、杨洪定为安徽六合人？

这里有两个重要原因：

其一，杨洪的父亲杨昇（杨再禄）青年从军后，入赘湖南常德豫章侯刘兴一家，而刘兴一原是安徽六合人，所以杨昇嗣入职后只好在档案上填六合人。据传杨洪也曾手书祖居六合，这是人之常情。刘兴一死后，杨昇又调往山海关任职，为了认祖归宗，又复为杨姓，这也不足为奇。

其二，还有一个被隐藏了几百年、鲜为人知的惊天秘密，是杨昇被奸臣列为“胡惟庸（明代宰相）案”同党，朱元璋下旨要燕王就近除掉杨昇，灭其三族。其时，杨昇在北平燕王朱棣门下为大将，深得朱棣厚爱。朱棣接到父皇的旨意后，便与军师姚广孝密谋。燕王不想杀杨昇，但皇命又不可违，若能设法将其全活下来，今后必有大用。于是便由姚广孝亲自出面，说服杨昇追随燕王共成大事，姚广孝亲自为杨昇设谋诈死瞒过朝廷，待风头过后再行议事。随后，杨昇以匿名杨璟的身份在天津瀛西大营帮助燕王练兵。建文元年（1399），爆发靖难之役，杨璟（杨昇）返回北平，然后随靖难大军一路南征。建文四年（1402）在决定双方胜负的安徽灵璧大战中，杨昇挺身护驾，为救燕王而舍命捐身，以此报了燕王的活命全家之恩。朱棣登基后，出于政治上的考虑和皇权地位的合法性，将杨昪的“生前”履历及往事前功一概抹去，在实录和史籍中均不做任何记载，且全部修改个人资料，以杨璟一族为天津瀛西杨氏，并追封其为璟国公。凡涉及杨昪身世的地方一律削方就圆，凡需隐讳的内容，再不实话实说。此后，为避免麻烦和另生祸乱，杨昪的真实身份、身世仅在杨氏家族中密传。所以，在《明史》中就没有杨昪（杨璟）、杨洪祖籍地是湖南城步的有关记录。但是，杨昪直系后裔到祖籍地湖南城步祭祖的有：彰武伯杨瑀、总兵杨斌、太仓卫杨臣、都指挥杨東、指挥佥事杨浩、太仆寺卿湖广监察御史杨乔然，还有远房宗亲湖广总督杨芳、杨逢春、杨遇春、杨国珍等朝廷高官。

注释：

①“杨政”疑指豫彰侯刘兴一，杨昪为避免胡惟庸案的牵连而将百户刘兴一改为杨政（待进一步考证，据天津市杨氏家族谱记载，为保全杨昪不被灭三族遂改变了杨璟的全部历史资料）。杨昪回城步老家祭祖省亲，将其在外的事迹写得非常清楚，但在《明史》中却没有刘兴一的记载，只有六合地名，这是一个未解的谜，应该与杨昪诈死有关。

（吴扬勋，城步苗族自治县苗学学会会长；曹正城，本文主笔，城步苗族自治县政协原党组第一副书记、常务副主席；杨凯焱，本文主笔，城步苗族自治县民间文艺家协会主席。本文获湖南省苗学学会 2020 年年会征文二等奖。原载 2020 年 10 月 15 日中国苗族网“历史钩沉”专栏）

十万古田居民消失之谜探究

肖三雄

湘桂边界的十万古田位于湖南省城步县汀坪乡和白毛坪镇交界处，南与广西资源县车田乡相邻，面积约 9 万亩（不包括广西 5.5 万亩古田区域）。笔者 5 年前随白毛坪中学团队前往古田地区，与该校的文史组、生物标本组、地理组等 6 个组，一道对十万古田进行了为期 1 天的科学考察。

在中古田，圆形古城址、护城河、古驿道、废弃梯田、水渠等呈现在眼前。由于溪流纵横，沼泽遍布，海拔高，道路不便，十万古田成了荒无人烟的地方。古田是湖南省乃至全国罕见的灾难性历史文化遗存，堪称“中国的庞贝古城”。

偌大的十万古田古城和居民哪儿去了呢？古田守护者易宁鸿介绍，据说是咸丰十一年（1861），该地暴发蝗灾和瘟疫导致古城消失的。“蝗灾说”实在匪夷所思。

笔者查阅《宝庆府志》《城步县志》《永宁州志》等地方志，都没有城步、资源两县关于古田山区有大面积蝗灾的记录；又走访了离十万古田约 20 公里的白毛坪镇坳岭村、汀坪乡大河村村民，均无蝗灾的传说。

十万古田植被丰富，鸟类、蛙类繁多，又是“西伯利亚—中国—南澳大利亚”候鸟迁徙的通道之一，这都不利于蝗虫的生存。

蝗虫活跃在海拔 700 米以下平原或丘陵的干旱地区，这种地区大面积暴发蝗灾的可能性很大，而且越干旱，蝗灾就越严重。而湿热的古田山区平均海拔 1680 米以上，一年中有 200 天以上为大雾天气，因而从生物学、地理学角度来说，“蝗灾说”显然难以成立。

笔者以为，古田居民、城镇（寨）消失是一个长期的过程，与明朝、清朝长期以来残酷镇压少数民族起义的政策有关，并不是在清朝咸丰年间突然蒸发的。

古田城镇（寨）的消失源于两次血腥屠杀和一次大规模的军事移民强迁行动。

从明朝朱元璋开国（1368）到城步苗区“改土归流”（1502），城步苗民地区及广西古田县（洪武元年，改古县为古田县）为明朝的心腹之患。明朝见之于史书和方志的苗族起义就多达16起，包括城步境内的“蒙李”苗民起义、广西境内的5次农民起义，其中以覃万贤、韦朝威、韦银豹、黄朝猛领导的古田起义规模最大。这些起义被明朝调集大军镇压。

据《武冈州乡土毒·瑶种志》记载：明洪武四年，武冈中州侗蛮杨清甫反。洪武二十四年（1391），武冈苗叛。永乐十一年（1413），武冈苗叛。正统元年（1436）横岭苗劫绥宁。正统十四年（1449）苗叛，新宁侗苗杨文伯应之。

景泰元年（1450），苗寇占武冈，杨友遣绥宁县丞冯旺抚降之。景泰二年十一月广通壬微蝶、阳宗壬微措反，诸苗复叛，陈友败于苗于武冈之千田。

景泰二年十二月，诸苗派遣2000人跟随蒙能攻武冈，总督王来、总兵梁瑶等连战破之，蒙能攻入广西称蒙王。景泰五年二月，蒙能率5万余人，浩浩荡荡打回黔东，屡败官兵。

景泰三年二月，蒙能攻打平溪卫牺牲，由芷江麻城苗族农民李天保继为首领，称“武烈王”，以城步长安坪、古田山为根据地，对抗明政府。

同年十一月，明廷命南和伯方瑛为总兵官，调兵7万余人围剿，鏖战多年，直到天顺四年（1460）才算平息。李天保被俘后在北京遇害。这次起义几起几落，长达24年，是苗族人民古代斗争史中最壮丽的篇章之一。

天顺三年（1459）七月，右布政马谨同参将李震剿武冈苗，擒杨光拳。天顺七年（1463）巡抚王俭、总兵李振、巡按郑泰谦俱以苗变，巡视武冈要害。

成化二年（1466），苗寇劫武冈，守备庄荣破之。成化十二（1476）年武冈壬戊、李振大破叛苗。成化十三年武冈苗作乱，署部督合法事王信平之……

据《明史》记载，明孝宗弘治五年（1492）朝廷征南将军杨文、广西都指挥韩观军共同镇压韦朝威、覃万贤领导的苗瑶起义军，18360名义军和家属8280人被杀害，韦朝威、覃万贤战死。

起义进入低潮，古田义军没有被吓住，在韦朝威之子韦银豹等人的领导下，继续反抗朝廷的暴政，得到城步境内苗瑶人民的积极响应。

时隔10年之后，城步境内发生农民大起义。明孝宗弘治十四年（1501），李再万举行苗民起义，湖南、广西的壮、苗、瑶、侗等民族纷纷加入，义军不但势众，且地域广阔，实力不可小觑，极大震动了明廷。

明廷迅速调集湘、桂、黔三省兵力 65000 余人，由湖南巡抚闫仲宇、总兵徐琦带领，分三路进剿，动用军粮 500 多万公斤，历时 1 年，才将这次起义镇压。这一次明军大屠杀，杀义军 2 万人，俘虏义军家属 5 万余人，古田地区人口锐减。

第一次大屠杀在城步人民流传数百年的《苗款》中得到证实，《苗款》如是记载："带兵十万，比城步的人口多几倍。大兵到来杀不尽，洪水到来打烂田，收着大阳峒，收着小阳峒，收了八十二个头头的人头。头发盖得屋，人头砌得街，血水流成河，大屋无人住，妇家无人要，小孩无人养，走的走，杀的杀，投的投……"

从以上历史看出，明朝为剿灭苗民、瑶民的起义，以绝后患，屠杀起义军、苗民是杀红了眼。十万古田是起义军的中心营地，古城应当是剿灭起义军后变成"鬼城"而被废弃的。

古田遭到第一次大规模血洗之后，官军并没有对古田人民采取妥善的安抚政策，随后撤出了古田山区。为了便于管理城步寨，明廷首次在城步正式立县，废除土司，采用流官制度，丈量土地，收取租税，试图完全割裂湖广边界的少数民族之间的联系与往来，但收效甚微。

古田地区第二次被血洗，则和壮族人韦银豹、黄朝猛起义有关。广西韦银豹起义军活跃在湖广崇山峻岭中，曾一度攻入广西的省城桂林。湖广的武同、城步也是韦银豹起义军的势力范围，形成了以古田、义宁、永福为根据地，管控范围方圆 600 公里的农民政权。城步县（寨）古田山区的苗瑶人民也参与了其中（见《明代广西古田农民起义》,《广西民族学院学报·社会科学版》1982 年 1 期）。

嘉庆三十九年（1560），古田瑶攻克城步。四十五年，古田瑶再克城步。

明隆庆年间，古田地区烽火再起，人民又一次面临灾难。穆宗皇帝坐不住了，"四年，朝议推江西按察使殷正茂以都御史授节钺，诸路汉土官兵一十四万属之，总兵官俞大猷分七哨，以四年十二月朔进讨。"明军步步推进，血洗古田起义军根据地。"（韦）银豹、（黄）朝猛皆就戮，余贼擒斩万计"，俘虏数以万计，古田人口急剧下降。战后，总兵俞大猷在古田县（今永福县境内）万寿山令人勒石记功，刻《平古田纪要碑》。

隆庆五年（1571），因被其兄韦银站等人出卖，韦银豹、韦扶壮（韦银豹之孙）在古田被明军俘虏，送往北京处斩，长达80年的古田农民起义宣告失败。

经过这两次屠杀，古田地区人民再也没有能力组织大规模的农民起义，古田地区的人口、经济不复从前，逐渐荒凉起来。

咸丰六年（1856）九月，太平天国发生杨、韦事变后，翼王石达开受到天王洪秀全的猜忌，被迫于1857年6月率20万大军出走，转战江西、浙江、福建、广东、广西等地，于咸丰九年正月三十日（1859年3月4日）进入湖南境内。

四月八日，3万太平军前锋抵达宝庆城南，安营扎寨，准备攻城。二十二日，石达开所率主力部队由祁阳进入宝庆之谷洲、杨伯山、檀江桥一带，大本营驻东乡泥湾朱家大屋后山，分屯歇场岭、七星岩、燕子岩、渡头桥等地，“遍扎营垒，连营数十里，皆掘壕深丈余，宽2丈，中插竹签，外铺巨木，发巨炮击城，子落瓦屋，轰然有声”，对宝庆府城形成围困之势。

太平军围攻宝庆府90余天，因湘军的及时回援，太平军以失败告终。在宝庆籍将领龚继昌等人的追击下，分两路，一路由东安撤退，另一路沿城步境内的湖广驿道，经古田地区撤回广西老巢。

不甘失败的石达开于咸丰十年（1860）十月四日，再次领兵进入城步县城，杀知县安和，占据城步一个星期，湘军追剿，太平军于十一日撤离城步。

镇压太平天国起义之后，为了永绝后患，震慑湖广少数民族，镇守辰沅州、兼任长胜水师的湘军提督龚继昌在清朝廷的授意下，采取安抚为主、迁移为辅的政策，将古田地区的居民有序地迁移到平地或丘陵地带，修复湖广驿道，恢复生产，捐资兴建学馆、孔圣文庙，实施儒化教育，成效显著。

丙辰年（1886），城步大饥，龚继昌出资，从辰沅州运大米回城步，生者给棉被，死者给棺材，深得民心，移民行动落到实处。

自此，多次作为农民起义中心的古田地区大批的古城（寨）彻底消失在人们的视线里，成了名副其实的无人区，人类在此生产生活2000余年的家园成了悲壮的传说。

杨再思墓葬式探源

杨盛科

苗族历史上的丧葬方式经历了风葬、火葬、树葬、崖葬、悬棺葬、岩洞葬等多种葬式，近代才普及土葬。风葬是将尸体放置枫树枝上让其自然风干的葬式。火葬主要用于在战争中死亡或难产妇女等“见血者”的葬式。树葬是将尸体塞进古树洞内的葬式。将装有尸体的棺材藏于悬崖下岩穴内摆放称崖葬。将尸体装进棺材升至数十丈高的悬崖上方的天然岩洞内摆放称悬棺葬——若无天然岩穴，则在悬崖上方人工凿洞成穴，或在悬崖上人工凿洞安桩以置棺木；据说棺木摆放的位置越高越吉利，其后代越兴旺发达。将棺材置于坡度不太陡的山坡岩穴内称崖洞葬。后来因棺材过多、崖洞越来越少，受汉族的影响，至清代后期苗族地区普遍流行汉族民间“入土为安”的土葬方式。我国福建、江西、云贵高原、武陵山脉、雪峰山脉一带的苗族聚居区曾发现多处悬棺葬、崖洞葬的遗迹，这是苗族和其他民族历史上最久远的葬俗。20 世纪 80 年代，笔者在参加全县文物普查、古墓葬调查活动时，考察调查了县境内 100 多座古墓葬，发现其中 99% 以上都是土葬，唯独儒林镇十里树东山唐代杨再思令公墓地属崖洞葬。这处崖洞葬曾引起当地文物学界、民俗学界专家们的关注。

2011 年 11 月，笔者随县政协文史委主任雷学业、杨家将文化研究专家杨凯焱、杨家将文化研究会会长杨开清一行 4 人再次考察了杨再思墓地。笔者在杨再思令公墓前默哀作揖时，望着威严肃穆的“龙开口”墓地，不由对苗族先民的葬俗发生了兴趣。

据古籍载，在人类社会发展的历史长河中，人类最先的居住方式是洞居（又称穴居）。《幼学琼林》载：“洪荒之世，野外穴居。”《太平御览》载：“上古皆穴居。”北京“山顶洞人”就是典型的例证。岩穴里冬暖夏凉，十分坚固，又能防火防兽，居住十分安全，是原始人理想的天然居所。有些地方的苗民世代居住在岩洞里，舍不得搬迁，至今还以洞穴为居所。《楚天金报》报道：贵州省安顺市紫云县的中洞苗寨至今仍有 21 户苗民住在岩洞内。据国家旅游局考证，这是我国乃至全亚洲最后的一个洞穴部落（见《文萃报》2039 期 7 版）。远古时期，岩洞与土穴是原始人理想的居所，是原始人的家。古人们生前居住在岩洞或土穴里过着穴居生活，死后也应回归洞穴之中歇息，这是让亡者魂归故里的一种表现形式。苗族先民最先住在黄河下游一带生产和生活，涿鹿之战战败后，他们分批向西南大山区迁徙。他们在西南大山区定居后，把原来的古老葬俗也带到这里，因而使云贵高原、雪峰山脉等地分布有悬棺葬、崖洞葬的遗迹。

岩洞是人类祖先灵魂的理想安居之处。苗民的宗教观念认为，人死后其灵魂虽然与肉体分离，但永远存在并护佑其子孙。人死后其灵魂一分为三：一个居守在坟地，苗族民间在每年清明节由长辈带领儿孙赴先祖坟地挂青扫坟就是祭祀居守在坟地的先祖灵魂；一个居住在家先神龛上，每月的农历初一和十五、逢年过节及宗教节日，长辈在神龛前燃香点烛摆供果祭祀就是祭拜居住在家先神龛上的先祖灵魂；一个则沿着祖先迁徙而来的路线回到先祖最初居住地与先祖的灵魂团聚。道士为新逝亡者念经“开大路”就是指示新亡灵、告知其路线回到祖先最初居住处的“送别”仪式。若道士在念经时粗心大意，指示新亡灵的路线模糊不清或出差错，使新亡灵在回归途中迷失方向无法与先祖的灵魂团聚，新亡灵则返回来找该道士的“麻烦”。故道士们在举行“开大路”仪式时十分谨慎，不敢马虎大意。苗族宗教观还认为，原来居住在黄河下游的祖先灵魂为了方便护佑儿孙后代，也随后代们的迁徙路线西迁南下。由于社会的不断发展进步，苗民后代的服饰、饮食习俗和居住环境都发生了新的变化，祖先们的灵魂虽然“跟踪”来到西南大山区，却无法识别后代们的屋居，只好居住在村寨附近的岩洞里。苗民后代将新逝者的遗体直接安葬在村寨附近的岩洞里，就是方便新逝者的亡灵能与远古时期的先祖亡灵在岩洞中团聚，从而免去新亡灵长途奔波之苦。这就是苗族先民西迁南下定居后兴起岩洞葬式的主要原因。这种安葬方式在一定程度上反映了一个民族在一定的历史时期的宗教观念、安葬习俗及心理状态。

杨再思墓地位于湖南省城步苗族自治县儒林镇十里树村与大竹坪村东面半山腰岩洞“龙开口”处，从山脚的机耕道沿小道而上到墓地约半公里。据《杨氏族谱》载：杨再思生于十月二十六日寅时，系湘西南、黔东北杨姓苗族始祖，是唐末统管飞山十峒政治、文化、军事的首领，五代时奉守沅州。后唐明宗李亶丙戌（926）授湖南省都钤辖使，食邑1万2000户，其十子分守十峒，与北方杨家将齐名。后周显德元年甲寅（954）卒于靖州，享寿94岁，葬于城步，立祠于靖州之飞山。杨再思生前身经五代十国乱世，历任叙州知州、江淮湖广都钤辖使、左仆射尚书等职，为唐朝西南地区的社会稳定做出重大贡献。他曾先后2次封王，2次封公，5次封侯，深受万民拥戴，城步历代共有50多名杨家将领都是杨再思的后裔，他们在维护祖国统一、精忠报国方面都做出了不可磨灭的贡献。因他生前执政时热心公益事业，爱民如子，在十峒中威信极高，殁后被世人尊称为“令公”，常年享受四方香火祭祀。湘西南地区凡是飞山庙都供有杨再思令公塑像，各族民众争相祭祀。湘、桂、黔民间流传有杨再思之妻一品夫人潘氏（民间称杨令婆婆）为其寻找墓地的故事：杨令婆婆为了给再思寻找理想的岩穴墓地，令本家族的地理先生们分成几组赴贵州、广西和湖南三省境内寻找风水宝地。地理先生们找到多处岩穴，经筛选后只有贵州黎平长岗岭和湖南城步十里树东山两处洞穴最为理想。而贵州黎平长岗岭距靖州太远，沿途山高路遥，水深流急，后代祭祀不便，又难以守护。比较而言，十里树东山的“龙开口”岩穴海拔不高，距靖州较近，后代祭祀方便；墓地前地势平坦，左边云雾岭山脉“青龙”起伏有序，右边“白虎”圆润，水口紧闭；墓地后面的十八罗汉山千姿百态，气势磅礴，形神厚重，势雄力足，是日后出文臣武装的最贵吉穴。杨再思卒后，杨令婆婆决定将其遗体葬于此处。为防不测，在扶柩出寨时，杨令婆婆下令将九副棺材同时抬出寨门各奔东西，令世人真假难辨。在长岗岭和靖州飞山等地设疑冢八处，秘密地将遗体安葬于十里树东山“龙开口”岩穴，乾山巽向立坟，并将真实安葬地记载于《杨氏族谱》。刚安葬完毕，岩穴上方一块巨石轰然坠落，严实地盖住洞口。穴后几株金黄色的苗竹将竹尾垂向墓前的祭祀台，在微风的吹拂下，竹尾左右摇摆，常年将祭拜台扫得一尘不染，故《杨氏族谱》与民间称此处墓地为“金竹扫坟台”。

杨再思第28代孙杨进瑛在祭拜了该墓后，对墓地周边的自然地理环境及风水龙图十分赞叹，特写诗词一首载于《杨氏族谱》：

插笔青天第一峰，诸山旋绕势重重。
甲袍现出金汤固，狮象排来左右逢。
剑锋闪耀宜将相，玉屏护后显文宗。
竹坡毓秀叨天顾，奕禩簪缨起卧龙。

二十八代孙杨进虎也附诗一首载于族谱中：

秀峰耸翠立天心，何意名山在竹坪。
白剑甲盔如布阵，黄旗马伞若兵行。
玉屏拥后培元气，金竹扫坟见物情。
秀水名山朝胜地，左狮右象拥佳城。

历史事件因时间的推移演变成民间传说。民间传说是历史事件的艺术记录，是艺术化的历史，可以说是一种通过艺术加工的口碑文献。杨再思的真实安葬处，长期以来在民间有争议。特别是在旅游事业迅猛发展的今天，人们都想借历史名人发旅游财，借历史名人提高知名度，其心情可以理解。但是，我们必须尊重历史、用事实说话，才能取信于天下。《杨氏族谱》是保存上千年的历史文献，族谱的记载不会有假。将族谱记载与民间传说结合起来分析，杨再思的真实安葬处在湖南城步十里树与大竹坪东山“龙开口”岩穴应该是可信的，民间长期以来的一些争议可以休矣。杨再思墓葬葬式应是崖洞葬，而不是悬棺葬。

崖洞葬、悬棺葬、崖葬等葬式是人类在远古时期流行的一种葬俗。这种葬俗虽然古老，但用现代的观念来看待这种葬式，仍然具有积极的意义。类似杨再思墓地的崖洞葬等葬式一般是选择在远离村寨的山坡高地岩穴内，不占用耕地，不毁坏林木，不污染水源，对村寨周边的自然环境不构成影响，可以说是一种“环保葬式”。这种崖洞葬等葬式对于研究苗族社会的宗教信仰、丧葬习俗和心理特征等方面都具有重要的研究价值。

丹口三岩

杨宗兴

能去城步丹口苗文石刻公园观研自然是风雅趣事，然品味其邻居大桥头汉文石刻群亦是极其快乐的。

十一月的一天，蓝天高阔，冬阳清丽。我约几位同学直奔神秘的燕子岩而去。大约个把小时，就到了大桥头境内了。这个村庄位于陡冲头苗文石刻群落的北山脚下，因村中大桥而得名。背依陡峭雄伟的乌鸡岭，前临崎岖跌宕的围洲界。四周峰峦耸峙，翠竹密布。山风吹过，千万杆翠竹像向人鞠躬作揖，细碎的声响像情侣耳鬓厮磨发出的呢喃。梯田坡地上陈列着形形色色大小各异的麻石，什么罗汉打座，蓝鲸出海，猛虎下山，蛟龙过江，鹞子穿林，孤帆远影，大漠落日……如此等等，不一而足。简直就是一个天造地设的石头公园呢！

公园里的石头不仅仅是自然的，也是人文的。许多石头上都镌刻着秀丽的汉字，其代表作有錾字岩、应声岩、燕子岩，与陡冲头苗文石刻形成鲜明的对照。隐隐之中我们闻出封建社会里苗汉文化的比拼与撞击之味。

錾字岩

顾名思义，錾字岩因其体勒有文字而得名，挺立于村子上头的孟公坳山坡高处，居高临下，俯视全村。其状如早晨初升的大半轮红日，慈祥地照临山脚下的村庄，又像是一面屏风，遮挡住背后的寒风，守护着身前的山民。不是吗？你看它的通身被寒风苦雨打上道道斑花，沧桑不已。

錾字岩的前额上锈刻着“光天化日”四个醒目的大字。字体饱满丰腴，隽永中透着遒劲。落款“乾隆丙子春三月，楚南使者陈弘谋”。

中国石刻文化源远流长。勒石最早可溯到春秋战国时期，秦楚交战，秦惠文王为了打败楚国，就使出心理战术，写了道《诅楚文》刻在石头上。《韩非子》中记载了秦昭王与神仙在华山下棋的故事，便有了《华山勒石》。东汉大将军窦宪攻打北匈奴，将其驱逐出数千公里，并在燕然山勒石记功，等等。

陈弘谋，清雍正进士，历官布政使、巡抚、总督，至东阁大学士兼吏部工部尚书等。是清朝中期的名臣。他为何在苗疆要津城步丹口大桥头题词勒石呢？乾隆二十一年（1756）春，时任湖广总督的陈弘谋，深入不毛之地的城步长安营视察军务。城步山区的三月天，常常是寒雨霏霏，雾霭沉沉，弯弯山道湿滑难行。这种天气，毕竟致人心境晦暗情绪压抑，陈弘谋一路走来唏嘘不已。上了围洲界，来到孟公坳山脚，突然狂风大作，霎那间云开雾散，太昊当空。苗疆气候的瞬息万变陡然触动了陈弘谋的政治神经。溪峒多变的历史画卷历历在目。乾隆五年（1740），长安坪龙溪侗民粟贤宇和江头司苗民杨清保不满清廷对苗区的高压统治而率众起事，苗变事态迅雷般发展，势力波及湘桂黔三角地带。朝廷急调重兵平定这场民变，并于大南山下的长安坪设长安营和理瑶同知署，以重兵镇之，确保苗疆长治久安。时隔 15 年，陈弘谋远道而上长安视察边情，不就是要巩固边城的安定局面，赓续康乾盛世吗？抚今追昔，百感交集，于是效先贤索笔墨在官道旁的巨石上题词“光天化日”，以宣示皇恩浩荡、国泰民安，也期苗疆民众安守本分，与国同心。

陈弘谋虽为一代廉吏清官，但因时代的局限，又岂能从根本上去触动统治者的利益，创造出真正意义上的属于劳动人民的太平盛世呢！

錾字岩是有幸的，它见证了今天伟大的社会主义新时代，把“光天化日”赋予了全新的内涵。

应声岩

下午，当地兰师傅带我们去看应声岩。下了车沿着通向大桥头二组的砂石公路走了约1公里，便到了应声岩。顺着向导手指的方向看过去，只见密密麻麻的竹林深处，竖着一尊雄伟的花岗石。高约2丈，前后裂为两片。传说这岩能回应人声的。我们为了求证一下，便朝它大声地“啊”起来。可是它置若罔闻、毫无反应。这是为什么呢？有村民说，很久以前，应声岩被雷击过，从此它便聋了哑了，再不回应别人了。说得好玄乎呀！

其实应声岩的命名不像山野村夫说得那么简单。应该另有缘由吧。从向导的口中得知岩的后背刻有字。这些刻字是否与岩名有关？穿过竹林攀爬而上，绕到岩的背面，睁大眼睛认真搜索着，并未看到石刻。我登上岩的腰间，再细细地找，正上方果然有字，从左至右刻着“正义育仁”四个字。但按古人的书写习惯应读作“仁育义正”。典出儒学大师周敦颐著的《通书顺化第十一》：“故圣人在上，以仁育万物，以义正万民。”意思是说，圣人以仁爱化育万物，用道义规范万民。从石刻的内容看，绝非是民间百姓所为，那又是谁所题呢？清道光《宝庆府志》、清同治《城步县志》等典籍中记载，应声岩距城步县城40里，距长安营城80里，是城步县城通往长安营城官道上的重要驿站。清代这里设置应声讯，驻军数十人，是长安营下辖的重要军事机构。应声岩周边的营房，练兵场旧址至今还依稀可辨。

从錾字岩的“光天化日”看，“仁育义正”应是陈弘谋视察时对长安营驻防官兵和地方官员的要求吧。于是地方官吏就将其勒于石，作为座右铭。因其回应天意，便将其岩命名为应声岩。

“仁”为儒学的核心，几千年来，以仁爱治理天下，以道义训育人民一直是中华文明主流。如今，仁育义正的思想光辉对我们构建和谐社会，建设和平世界都还有着积极的意义。

21世纪的中国通过改革开放，实现了和平崛起，走进了中国特色社会主义社会新时代，正在朝着社会主义现代化强国迈进。楚南极地的城步丹口大桥头在伟大祖国的怀抱中稳健发展，摘贫脱帽，沿着乡村振兴的道路奋进。应声岩应怎样回应这个伟大的时代呢？我们该把它做成怎样的时代高标呢？

燕子岩

沿进村公路七拐八弯地一路向上行驶，到山坡额头处，便呈现稀稀疏疏的木质结构民房，村落前斜靠一叠梯田，燕子岩就矗立于村落与梯田之间。

远观燕子岩，像一面大鼓，煞是壮观。为什么要叫燕子岩呢？村民告诉我们，从前，每到春暖花开的时节，燕子就飞回来，它们很少去民居筑巢繁衍生息，而是成群成群地住进这个巨岩的洞穴中，把这里当成一个集体大宿舍呢！因而村民们就将其叫燕子岩。这个名字好，在东南亚，燕子是群居的，集体主义思想强。当年我们搞互助组合作社人民公社，多少借鉴了一下“燕子公社”吧。

燕子岩高约 4 米，顶部覆盖两三层龟甲状石板，自然形成重檐屋顶式建筑物一般。从稻田向上仰望，岩顶一角微微上翘，活脱脱像一只乳燕的喙探出燕窝，静静等待妈妈捉虫子回来喂它。好温馨的待哺画图呢！恐怕这也是燕子岩命名的一个由头吧。有木梯通到岩顶，顶分三级。第一级两米见方，平整而光洁。中刻有棋盘，可以想象，村民们劳动之余便爬上岩顶博弈，杀斗几局下来，无论输赢，岂有不快之哉？第二级略向前倾斜，其间分布几只眼睛状的图案，有的眼角边上刻画几根睫毛，这些眼睛是那双仰望苍穹问天的眼睛吗，是那双天真无邪数星星的眼睛吗，还是那双俯看大地踏实前行的眼睛、慈祥的眼睛、渴望的眼睛……也许都不是。眼睛图案的中间镌刻着一个赫然夺目的“贵”字，那些眼睛是盯着“贵”的吧。追求荣华富贵是世俗的共性，古往今来又有谁能真正挣脱得了呢！距离燕子岩数十步之遥的民宅前有一匍匐的石头，其上刻写着“和为贵，孝当先”六个字，字迹端庄清秀。从此处石刻推断，燕子岩上的“贵”不仅指富贵吧。儒家思想体系中，“和”就是强调国与国之间，民族与民族之间，人与然之间，人与自然之间要友好相处，放弃战争才能和平，放弃争端才能和谐，放弃怨仇才能和睦。最终我们世界才是和谐的，人民才有幸福。只有和才是世界上最可贵的，黄金白银之贵不及其毫毛之万一。由此而论，燕子岩顶上錾一个“贵”

字其意不可谓深远矣。

村民们说，不知啥缘故，燕子好久不回燕子岩了。今年到是来了一位中年汉子，携家带口的，在燕子岩旁修了一处精致的房子，说是要办民宿。这汉子叫丁仁爱，品其名，究其义，嘿，你还别说呢，他却与此地有缘分哩。也许冥冥之中早有安排。丁仁爱放弃县城优裕的生活，偏偏要来燕子岩耕耘，为了啥，据他说，这里有原生态汉字石刻群，儒学思想文化于此与苗族文化相撞相融；这里是红六军团西征走过的地方，一盏马灯，一柄钉锤等红军留下的信物在此成为了红色的高标，红色基因代代相传，红军精神光照千秋；这里蕴藏着深厚的苗族文化和吊龙舞、上刀山、下火海等民间绝技。他上山开办城步县古苗农庄文化研学基地就是要开发这里的汉字石刻公园，要走好长征路弘扬长征精神，要传承民间绝技赓续非遗文化，要办好民宿，助推乡村振兴。

丁仁爱是我们这个时代那只不一般的燕子。看了他上刀山、下火海的绝技表演，我们深信他一定能把燕子岩塑造成英雄的岩、造福乡邻的岩、建功新时代实现梦想的岩。我们期待着那只胜于雄鹰的燕子！

湘西南民族地区历史上的“改土归流”

刘期劲

许多读者都想知道少数民族地区历史上“改土归流”是怎么回事。

“改土归流”是我国明、清两代在西南少数民族地区实行流官（实行轮换制的外地官员）统治的一种政治措施。改土归流后，朝廷收缴少数民族地区土司的印信，再不让他们掌管该地区政治、经济、文化、法制等权力，设置府、州、县，委派有任期的官员进行统治，实行和汉族地区相同的政治制度，从而加强朝廷对少数民族地区的控制。

今湘西南的城步苗族自治县是我国西南地区实行改土归流最早的少数民族地区。明洪熙元年（1425），明朝廷为了控制土司，在这个地区设置了巡检司，始派流官，首次实行改土归流，隶属宝庆府武冈州。

明弘治十四年（1501），莫宜峒（峒，少数民族地区乡土名称，今城步五团镇一带）苗族首领李再万，联合周边的桃林、蓬溪、横水、扶城等峒寨的苗、瑶族群众，以及广西兴安、义宁（今龙胜各族自治县）的泥田、小江、杨岛、大步、万山等地的壮、瑶族寨民共数万人，举行武装起义。明王朝调集湘、桂、黔官兵 5.7 万余人，从武冈、绥宁、广西全州、兴安、义宁等处分八路进军莫宜峒，镇压起义军。起义军利用山势险要的有利地形，灵活出击，打得官兵晕头转向，狼狈不堪，虽然寡不敌众，却坚持战斗 1 年余，实为历史上的壮举。

为了遏制苗、瑶寨民的起义活动，巡抚闫仲宇上奏朝廷，于弘治十五年（1502）在今城步实行改土归流，于明弘治十七年（1504），析武冈州的威溪半图（图，古代少数民族地区行政小区，近似现代的乡镇），石井二图、城步图及扶城峒、莫宜峒、拦牛峒、蓬峒、横岭峒和绥宁县的安化 4 个都（都，乡土名称）、石井一图、赤水图等地，正式置城步县，以原城步巡检司旧址拓为县治，隶属湖广布政司宝庆府。同年，移城步守御千户所至城内，调靖州卫所千百户19家驻守城步，屯兵600余名。城步巡检司迁县北茅坪铺，次年（1505）迁山口（今西岩镇山口村）。明万历九年（1581），又将绥宁县大水峒（今城步丹口镇羊石、柳寨两个管理区）划归城步县。清乾隆三年（1738）设寨头巡检司，辖莫宜、扶城两峒。乾隆六年（1741）移驻长安坪，更名横岭巡检司。

清乾隆五年（1740），城步县横岭峒龙家溪（今长安营）侗族首领粟贤宇、上莫宜峒（今五团镇江头司管理区）苗族首领杨清保，率领苗、瑶、侗族寨民起义，提出“五峒连天地，苗瑶共生存，今日举义旗，同铲官祸根”口号，迅速壮大成数千人的队伍。清廷大惊，派镇筸总兵刘策名和驿盐道马灵阿率领官兵5000人进剿起义军。起义军多次打败清军，仅竹岔山一战，就杀死靖州千总张文英、把总王宗江、常德把总张童等数百人。7月，清廷派云贵总督、总理苗疆钦差大臣张广泗统兵15000人征剿起义军。终因弱不胜强，粟贤宇、杨清保于8月28日、29日先后被俘遇害。清军血洗苗、瑶、侗村寨多处，残杀寨民5000余人，劫掠妇孺5000余口。接着，清廷在横岭峒长安坪设立长安营，隶属镇筸镇（今凤凰县），分防城步、绥宁九峒（城步扶城峒、横岭峒、蓬峒、莫宜峒、拦牛峒；绥宁罗岩峒、芙蓉峒、石驷峒、绊峒）苗、瑶人民。乾隆六年（1741），原驻城步的宝庆府理瑶同知移驻长安营，人称“宝庆二府”。同时置江头巡检司，分辖莫宜、蓬峒、拦牛峒3峒。

长安营设游击1名，为从三品武官；千总2名，把总5名；马步战守兵1000名。官兵中有不少是来自京城的满族，因此这里从此有了满族人。下设镇彝（今绥宁县境）、都里、陟塘3汛（汛，清代兵制，千总、把总统率的绿营兵，其驻防、巡逻的地区称汛地）。乾隆八年（公元1743年）正式建立长安营城。城内设有游击署、守备署、千总署、把总署、横岭巡检司署、军局、药局等军事机构，并建有点将台、跑马场、校场坪等军事设施。乾隆二十九年（1764）裁减守兵100名。乾隆四十四年（1779）又裁减守兵300名，并裁减守备1员。直至清宣统二年（1910）才裁撤长安营。长安营城于民国七年（1918）毁于兵火。至今，该乡一部分村民中（尤其是满族）还存留着京话的语音。

从实施改土归流的实际效果看，打破了某些少数民族地区闭塞落后的状态，有利于国内各民族经济、文化的密切联系，促进了少数民族地区的社会进步与繁荣。但是，在改土归流的过程中，采用了一些暴力手段，如强迫大批苗胞化为汉民，也给少数民族地区带来了灾难性损失，不利于民族团结。

（刘期劲，男，汉族，中共党员，1933 年出生于城步塔溪，原任城步县志办公室副主任、《城步县志》副主编。）

千年杨府孕育千年文化

杨凯焱

杨姓是湖南城步苗族第一大姓，历史上称“杨半边”。以城步的京凉和赤水老屋场为根基，以唐代的杨再思为始祖，杨府历经千年，繁衍出600万子孙，分布在我国中南六省70多个县市以及东南亚国家和地区。

城步千年杨府既重武功，又重文治，可谓武功赫赫、文采斐然。历史上，杨府一门曾出现过抗金名将杨再兴、“杨氏九将”，又建立了我国最早的少数民族书院——儒林书院，将儒家思想广泛传播于苗疆。

武　功

南方“杨家将”忠勇仁义、护国安邦

城步杨姓始祖乃杨再思。唐昭宗光化元年（898），扬州白沙县桐木村人杨居本因家中失火，失去了隋朝玉牒之文（家谱及诏书）。第二年，兄弟二人自淮南徙于湖南城步京凉（有的谱志上说是徙叙州）。

《城步苗款》载，杨居本之子杨再思18岁自京凉从军。当时，大唐王朝走向崩溃，中国进入分裂割据的五代十国时期，各地豪强并起。杨再思武艺高强，作战勇敢，很快便成为湘西南较大的军事力量的首领。

“先说杨氏一代，长出杨王天子，十二周姓，十亲百将，落进城步京凉桥坪。木瓜桥上好打伞，京凉桥上好走马，停兵歇马，停马歇兵，铁旗不担自动，十鼓不打自响，白马不骑自行，翻身上得刀，复身下得塘，十京百将，习得百般。”

这是《城步苗款》对杨再思在京凉练兵的记载，从中可见练兵之刻苦。“十京百将，习得百般”，说明杨再思有建造一支强大军队的愿望，也说明他有雄才大略，因此能在湘西南有立足之地，不断发展壮大。

史载，五代后梁开平四年（910），杨再思替后梁朝廷擒获了盘踞在飞山和武冈（即今城步）的潘金盛，被授左仆射尚书一职。此后，杨再思开始以靖州飞山为根据地，不断扩大自己的势力范围。

杨再思让自己的10个儿子分别管辖近千个峒寨，使五溪地区（五溪即沅水上游五大支流，其范围以湖南怀化为中心，包括湘黔渝鄂等省市的周边地区。——编者注）在五代至宋初近百年间处于和平稳定时期。杨再思的后代造就了3个著名的军事集团，即宋朝的杨再兴军事集团、元朝的杨完者（杨通贯）军事集团、明朝的杨洪军事集团。杨家军忠义护国，英勇无畏，创造了著名的“杨家将”文化。

先说宋朝的杨再兴军事集团。杨再思入居靖州之后，他的第三子杨正修居赤水，管辖赤水四十八峒。杨正修的第七世孙杨再兴，18岁从军，在曹成手下为将。南宋绍兴二年（1132），岳飞打败曹成，杨再兴被俘，后随岳飞抗金，成为一代名将。杨再兴参与保卫宋朝、抗击金军的大小战役30余次，其中，“郾城大捷”一役以弱胜强，击败金兀术十员猛将。绍兴十年（1140），20万金兵聚攻临颍，杨再兴被困临颍小商桥，为国捐躯。

元朝杨完者（杨通贯）军事集团的首领杨通贯，是杨再思的十九世孙。元朝至正年间，杨通贯奉诏平乱。他在3年时间里，平定了湖南、广东、浙江、安徽、江苏等地的叛乱，他带领的苗军名声显赫，威震东南，杨通贯也被朝廷封为湖广副都元帅。杨通贯的另一个名字杨完者，乃朝廷所赐，寓意“克全忠义”。杨通贯及父叔子侄、九人，并称“杨氏九将”。

千年杨府培育的第三个军事集团首领，是明朝的杨洪及其父叔子侄。杨洪的父亲杨昇（又名杨再禄）是杨再思的二十一世孙，他在明朝初期为朱元璋清除了邵州、益阳、湘西、岳阳、长沙等地的反对势力，稳定了湖广局势。据《明史》记载，杨昇练兵辽东，封璟营阳侯，禄千五百石，予世券。杨昇死后，其子杨洪嗣职。明正统十四年（1449），“土木之变”发生，明英宗被俘。瓦剌太师也先掠英宗至宣府城下，企图用英宗手谕诈开城门，杨洪不为所动，也先只得退去。

明代宗即位后，杨洪因功封昌平伯。明英宗被迎回后，杨洪获授奉天翊卫宣力武臣，并赐世券。

文 治

功德、爱德、诚德、孝德、仁德，讲究“五德”的苗家人

城步杨氏家族不光重武功，也重文治。从始祖杨再思那辈起，杨氏家族就用儒家思想来治理所辖区域，以“孝悌忠信、礼义廉耻”作为修身、治家、报国的祖训。杨氏历代子孙始终遵从祖训，从文修德，如今，中南六省的很多杨姓人家还在正堂挂“天地国亲师”牌位，以“天高地厚国（君）恩远，祖传宗功师范长”来教育子孙。

杨再思的第三子杨正修虽然行军打仗不行，但对于如何治理好所辖地区赤水很有一套。他熟读“五经”，“夺经魁”，中进士，是一个地道的儒者。在他的影响下，儒学思想在五溪杨氏聚居区广泛传播。

杨正修的后代杨再成，于北宋皇庆二年（1313）在城步创办儒林书院，教育子孙“幼知书，不谋利，刻意儒风”，城步儒林镇因名而起。据史学家考证，儒林书院是我国最早建立在少数民族书院，历史上曾与岳麓书院齐名。在儒林书院学风的影响下。成长起一批儒士，如清朝嘉庆年间进士、《四库全书）的编修者之一杨兆鳣等。

千年杨府孕育了多元的民间文化，主要表现在以下几个方面：

一是孕育和传承了“杨家将”文化。城步杨姓家族把“杨家将”的事迹编成故事讲给子孙听，如《杨令婆祭祖》《函谷关大捷》《郾城大捷》《杨家将征西》等。据统计，流传在民间的“杨家将”故事有百余个。2008 年，城步被授予“杨家将文化艺术之乡”称号。2013 年，“苗族杨家将故事”入选湖南省“非遗”名录。

二是产生了多种形式的艺术文化，如石刻艺术、木雕艺术、建筑艺术等，这在城步县儒林镇大竹坪村清溪古民居中体现得最多。民居建筑上的绘画、石雕、木刻等，表现了“鲤鱼跳龙门”“一脚踩三鲤”“信鸽传官书”“将军剑”等文化

故事100余个。如“鲤鱼跳龙门”，表现的是“杨家将”远离家乡、为国尽忠的故事；“信鸽传官书”，展现的是“杨家将”放飞信鸽，把自己建功立业的消息传递给家乡父老的场景。

三是对五溪地区的家规产生了重要影响。杨府统辖范围内的王姓、饶姓、张姓、易姓、彭姓等，都效仿杨姓家族的家规、家训、家风，以此来管理自己的家族。尤其是家族班次轮回，都是以杨姓家族定制为依据的，即“再正通光昌盛进（秀）”。他们以效仿杨姓为荣，彭姓和饶姓人家甚至在自家的祖宗牌旁加上一个“杨大将军”，意即对杨姓先祖同等敬奉。

总而言之，千年杨府在培育栋梁之材方面，主要表现为“五德”的建立，即功德、爱德、诚德、孝德、仁德。“功德”就是尽自己最大的努力为国立功，为国家作贡献；“爱德”就是以互爱互助为目标，以助人为乐、遵守公德、见义勇为为目标；“诚德”就是注重个人信誉，诚信待人，忠于国家；“孝德”就是以尊老爱幼、家庭和睦、勤俭持家、夫妻和睦为目标；“仁德”就是乐于奉献、敢于担当、勤劳善良，以从善、尚美为目标。

（本文2017年7月14日发表于《中国民族报·文化周刊》）

浅谈城步历代“将军”文化的核心价值

吴扬勋　杨凯焱

翻阅千年《府志》，探寻城步英雄源头，叱咤疆场的风云人物将城步衬托为一块育人的宝地、清道光《宝庆府志》记：城步山峭多石，气象雄伟，历代名将辈出，宋有精忠报国将军杨再兴，元朝有爱国将领杨完者，明朝有蓝玉、沐英、杨洪父子等，丰功伟绩，照耀宇合。群英辈出，将才盈门，他们在千百年的代代相传中，总是围着正义与和平而努力抗争、为真理而战、为正义而奋斗，为和平而敢于牺牲，抛头颅洒热血。他们的努力和牺牲，积厚存德，功聚千秋，沐浴着一代又一代名将，让城步这块“宝珠式”的英雄摇篮，出现前赴后继的民族英雄人物、历代将军300多名。

一步之城何所傲，历代英烈育后人。

这块湘楚屋脊大山深处峡谷连连、陡峭悬崖的地方为何将才辈出，影响震天、功绩至峰，我们认为杨家军将文化的核心价值主要由以下几个方面汇成。

一、在艰难环境中、艰苦磨炼中形成的钢铁将军

苗族的发展是在迁途中发展成长壮大的，也是在躲躲藏藏，长期穿越深山老林，在那穷山恶水、悬崖峭壁的恶劣条件下生存的一支苗族支系，他们凭着自己的智慧和勤劳与大自然抗争、与命运抗争、与歪风邪气抗争、与世事不平抗争、与饥寒交迫抗争。苗族始祖蚩尤被轩辕氏皇帝和神龙氏炎帝联合战败后，背井离乡从黄河中下游大迁徙、大逃亡、求生存、保族根。迁徙中苗族同胞不管怎么艰

辛，不管遇到多么大的困难，只要能求生度日，他们就会顽强地坚持活下去，与各种艰难困苦斗争到底。这就是苗族的特长与个性，也就是这支苗族的强劲力，也是怎么也镇赶不绝、杀不完的强悍劲族的具体表现。苗族走到哪里，哪里就有勤劳勇敢的农耕文化、娱乐文化和社会文明文化。城步苗族就是其中千万苗族游离各地的有代表性的精英代表，也正是他们在艰苦煎熬和拼搏中而寻求到的生存之路。明朝诗人（字子马、县巡检司被朝廷委派的流官梅蕃祚安徽宣城人，明朝著名文学家梅鼎祚的堂弟），在明洪熙年间流放城步写下著名诗作《抵城步途中记事》“万岭参差尽刺无，千盘鸟道头上悬。度车几处防危石，饮马多方觅逆泉。水耨火耕通缴俗，瑶花蛮鸟接人烟。微官何事投荒处？回首长安在日边”。从诗中看到城步是“万岭参差尽刺无”的环境恶劣景象，“度车几处防危石”说明城步的地形险要，寨民尽是处在“水耨火耕”的原始农耕生产方式，经济极度落后。在这种艰难环境中生活的各族人民没有顽强的抗争精神，没有坚韧不拔的斗争精神，这里的各族人民怎能很好地生存下去。通过艰难环境磨炼出了顽强不屈的品性，才能壮大自己发展自己，他们经常走在高山与飞膽在深谷与山中的各种野兽，练就了强壮的体魄和高超过硬的格斗本领，才能在关键的紧要关头为民除害，为国效力，从而在乱世中诞生了许许多多的不畏牺牲的英雄人物。抗金名将杨再兴和为国平乱而赤胆忠心的苗军元帅杨通贯等将军就是其中典型的代表人物。

二、注重公正、寻求公道，为民探求太平日子

过去在民间流传出这样一句话：官出于民、民出于土。也就是说，当官的是从人民群众中产生的，人民群众是靠种田而生存的，简单而言，人靠土地来养活自己，官靠人民来养活自己。在南方苗族人家的神位中，有“天地国亲师”位，同于苗、侗、汉、瑶等各个民族，“天地国亲师”的排位也是一致的，不可分割。在南方所出现的将帅中有一个共同点，就是为全体百姓寻求太平之日，让百姓过上安稳的太平之日。他们不论任职何方，不论官位多高，不论权力多大，

都在当官为民做主，为民谋福利。为民伸张正义、为人民做好事、为民过上平稳安乐之日。所以，他们每到一处，都是打富济贫、扫霸除恶，都得到了百姓的支持和拥戴，他们的作为得到了百姓的认可，他们公正当官、务实于民，甘洒热血的精神，永远传播和烙印在苗侗瑶汉等民族同胞的心中，成为苗族后人学习的榜样和典范。在这样的思想氛围中产生了历代名将。南宋正是国家处于危难之时，北宋皇帝被掳走，连爱国名将岳飞也被奸臣杀害了，全国上下都处于一个混乱时期，各地民众造反，北方全面入侵。作为有着民族自尊心的民族英雄杨再兴义不容辞地走在抗金前列与金军金兀术 20 万大军生死相搏，最后战死临颍县的小商河上。金国兀术杀害杨再兴后抢走了大量百姓（劳力和女人，老弱病残全部杀光）和数以千万计的金银财物、牛、马、羊牲口，给宋朝造成了重大的战争灾害，才有了岳飞的《满江红》“靖康耻、犹未雪、臣子恨、何时灭……”

三、民族英雄造就民族精神，使本民族从此强大起来

杨再兴、杨通贯、杨洪、蓝玉、沐英、龚继昌、吴天保、李天保、孟光爵等等将领都是本民族的民族英雄，不管是城步，还是绥宁；不管是湘西，还是湘桂黔；不管是湖南还是全国各地的都是支打不垮，灭不掉，甘为人民打天下、寻求过上太平日子的好英雄，他们的创举是全国人民学习的榜样，他们是受全国人民敬重的英雄，他们的英勇事迹将融入伟大而光辉的史册。民族英雄不仅是本氏族的学习榜样，也不仅是城步、湖南人民学习的榜样，而是全国各民族学习的榜样。这些民族英雄是从苗族人民中成长起来的各部首领，他们不仅在维护本民族的利益和发展，大长本民族之力，为本民族增添光彩。更大的功劳还是为国效力，在爱国方面做出最大的贡献。抗金名将杨再兴奉岳飞之命去西京长水县与金作战，在郯阳一战，杀了孙都统和编制满 500，俘敌 100 人，在孙洪涧与金军一战，歼敌 2000 余人，收复长水县，缴获粮食 200 余石，军械马匹数以千计，西京险要之地全部收复，因功晋升军前统制。岳飞在郾城打败金兵后，金兵不服，组织龙虎大王、盖天大王率领 12 万大军来围歼岳飞和杨再兴部，金兀术为了击

败岳飞部亲率最精锐的“铁浮屠”和“拐子马”1.5万余骑兵，向岳飞军的杨再兴0.3万部队攻来，直扑郾城指挥部，而“铁浮屠”和“拐子马”是金兀术的侍卫亲军，是多次大战中取胜的强军。杨再兴等与部属商议如何破这支强敌，想了许多战法，杨再兴通过众将的商议决定用扎刀、提刀、大斧组成精锐敢死队，最先冲上前，用大斧下砍马脚，上冲马身，只要有一匹战马伤倒地，另外两匹马也就无法行动，双方鏖战了4个多小时，直到黄昏，金人的重装骑兵损失惨重，大败而逃。这就是民族英雄杨再兴不畏强敌，创造了击败军事上强于自己数倍力量的敌人，创造了中国历史上以少胜多、以弱胜强的战争范例，成为中国人民不畏强敌的英雄模范，从此郾城边得以安宁。才有元朝杨氏后裔杨进瑛赞颂诗句：“历代开基赤水杨，忘家为国岂怀乡。丹心义胆冲天汉，镇服边疆护帝王。”

民族英雄们在求和平、保太平、保平安，他们最伟大的闪光点就是为广大人民不分地域、不分族别，为的是所有的劳苦大众。这些民族首领他们不分民族、地域，一切为和平而斗争。所以他们受到所到之处人民的敬重，他们的爱国精神永远代代相传。所以我们在研讨过程中，绝对不能将这一代又一代的民族首领神秘化、私有化、变相化地去总结、描述、评价。要深入民间调研，实事求是地评价先人和首领英雄，让历史事实成为一部实事求是记载前人是非功过的翔实历史档案，成为激励后人前赴后继为国为民的典范。

城步杨氏苗族支系人才辈出、英勇盖世，他们是各族人民的英雄、国家的英雄。我们只有实事求是地尊重历史，敬仰英雄，并将他们的优秀事迹世代相传。

四、杨家将为国捐躯的突出贡献和历史地位

（一）杨家将将军们对国家的贡献

在南宋由于杨再兴的英勇无畏，给全国士兵提起了复仇的抗争精神，杨再兴部下纷纷要求为杨再兴报仇，以振国威。在明朝，由于英宗才九岁，所有国内朝中大事由于谦把握，军事上由杨洪等“三杨内阁”共理军国大事，在军事上使瓦剌部占劣势，通过几次小战争，瓦剌部队连连吃亏后逐渐放弃了入侵，使明

朝恢复了安宁。杨洪的威名使北部瓦剌部属闻风丧胆，谈杨色变，藏在山谷间的间谍，只要窥见旌旗知为杨洪，便奔窜相告："杨王来也、不可出！"杨洪呈报的御敌之策"屡见嘉纳"。纪洪久居宣府，治军严厉，兵精马强，为当时边将之首，而且守边抚民，御外诲内，勋功卓著位登极品。以致有万历十年（1582）彰武伯杨玮回乡城步大竹坪杨氏官厅祭祖时题匾"勋裔"二字。

（二）杨家将在历史上的历史地位

杨家将故事被中国人民所传颂，已有近千年了。通过《杨家将演义》小说的宣染，英雄故事更加感人，其实在我国历史人物中可以说很少有人能象杨家将这样，被人民给以此热烈的赞颂和如此深深的同情。有关"杨家将故事"从最初的民间传说，到后来的戏剧词曲，再到小说传奇，千百年来，一直在里巷间、在乘中、在舞台上、在说书场、在茶馆流传敷演，且越演越繁，使杨家将人物都成了家喻户晓的忠于谋国、忧于忘家、勇于任事、不避艰危的一批可爱的英雄形象。观者、听者、读者莫不为他们斗争的胜利而快慰，为他们的不幸而忧伤。通过湖南省马少侨、伍新福、弘征等众多的专家教授的研究，一致评定城步为"杨家将文化艺术之乡"，"城步杨家将故事"被列为湖南省非物质文化遗产、"杨氏官厅"被列为湖南省重点文物保护单位，杨家将后裔 81 岁的杨支永被湖南省人民政府公布为"杨家将故事"非物质文化遗产传承人。杨家将故里大竹坪村被省编制地名办公室注册为"杨家将村"。国家商务部对杨家将村确定为精准扶贫点，国家住建部确定杨家将村为"国家级民俗文化村"。

我们要借现在这一千载难逢的机会，重点开发修复将军的居住区，古民居、杨氏官厅、孔圣庙、飞山庙、蓝玉故里，等等，把它打造成一个考证苗族历史文化、苗族古文、苗族服饰的前沿阵地，充分领会它的核心价值，并将其为城步的经济发展，旅游开发建设新型的绿色环保天然氧吧一流的国家公园——城步而努力。

论杨家将武术的文化内涵

杨盛科

南方杨家将武术与苗族抗争精神有密切的关联。在冷兵器时代，战场上主要靠超强的武功与顽强的毅力。苗族武术有广义与狭义之分，广义的武术包括武功中的徒手与器械，狭义的武术单指武功中的徒手即拳术。武术大师大都精通苗医苗药，民间有“未曾学武先学药”之说。特别是跌打损伤的草药，凡习武者必先学之。杨家将武士在崇尚武术、讲求武德、和善为怀、抵御强暴等活动与内容中蕴含有深厚的传统文化，城步杨姓苗族的全民尚武习俗中无处不渗透有顽强刚毅的文化内涵。

崇尚武术

由于历史的原因，城步杨姓苗族内部自古以来就形成全民尚武的习俗，“佩刀挟弩”的苗族风情随处可见。旧时民间流传有“百寨苗民百寨兵，千里苗疆千里营”的民谣。杨姓苗民平时不分男女老少腰间总是佩挂有锋利雪亮的弯刀或扛有火枪，一旦遇有外敌入侵则“群起而攻之”，随时可以参战。民俗学专家马少侨先生在考察杨家将武文化时就吟诗赞道：“赤水西头古寨高，飞山神庙已蓬蒿。杨家风范依然在，丫角村姑也配刀。”清溪古民居内至今还保存有昔日杨姓苗族先辈们练武用的石礅、石锁、上马石、插枪用的有眼石板等遗物。古民居内还保留有明清时期朝廷赐给杨氏武将的牌匾，这些由朝廷赠送的军功牌匾记载着明清时期杨氏武将征战沙场、精忠报国、维护中华民族统一的爱国精神。杨姓苗民尚武习俗从古代一直延续到解放后，凡杨姓男丁必须自备器械参加武术训练达 5 届（期）以上，每届 30 天左右。20 世纪 70 年代前，城步苗族民间常利用农闲时间举办习武短训班，训练时注重实战，动作弧度小，技击性强，极少有花架子。练苗拳时先练桩，拳击不晃荡；双脚前弓后箭，发功顺强。苗拳攻防手法多，有劈、挑、拨、推、插、勾、拉等，套路有六合拳、四门拳、猴拳、猫拳、鹰爪拳等，据说是由蚩尤拳演变而来，后来统称为苗拳。苗拳短训班每期 30 天左右，每期参训的男女青年 30–40 人；每年春节期间舞狮都要插入群众性的武术表演活动，元宵节若有几路狮灯同时拥进县城，在游街舞狮时刀枪棍棒林立，实际上就是一场精彩的武术表演大赛。杨家将使用的武术套路极少有少林拳那样的大幅度跳跃，其套路紧凑，练习时幅度小，速度快，动作严谨，稳健紧凑，有时在四方桌上练拳，尽量不消耗体力，以适应大苗山“地无三尺平”的地形，故又称“船拳”，是一种十分古老的拳种。1993 年，城步儒林镇金水村苗族武师创办有习文练武的苗龙山文武学校，每年招收学徒近 60 人操练苗拳，其中杨姓学员约占半数，学制两年，已向沿海各单位输送上百名保安人员，每年又为武警部队输送 10 余名武术基本功十分扎实的新兵。苗民尚武既可强健身体，又可使苗族武术代代传承。历代杨姓苗民为了自卫求生存、全民习武备战、保家护寨的尚武习俗其实是不畏强暴、勤于备战与敢于抗争的苗族尚武精神的具体表现。

讲求武德

苗族文化中各行业都有自己的行规，如从艺者讲究艺术道德，从商者讲究商业道德。城步苗族的全民尚武习俗并不是图好斗好战，武术界内部讲求武德、崇尚信誉，其规矩极严。旧时，杨姓苗族武师收徒时坚持一定的原则性，规定“三教三不教”：即脾性好的教，脾性暴躁者不教；诚实本分、老实忠厚者教，游手好闲不务正业、心术不正者不教；讲求礼仪信誉者教，六亲不认不孝者、好勇斗狠者不教。苗族武师们在实战时实行“三打三不打”的规矩：即在生死关头对首犯我者打，对无意伤害我者不打；对欺辱杨姓家庭或门派者打，对被我击败向我求饶者不打；对肇事之首者打，对胁迫无辜者不打。苗族武师教徒时必须先教徒弟学会如何做人，学武与学做人同时并重；在拜师的仪式上徒弟必须向师傅及众人宣誓：保证不忘师恩、不辱师祖、不欺老少、讲求武德、不轻易出招伤人等，得到师傅认可、有众人“担保”才能正式加入习武行列。武术界这些规矩通过不断丰富、发展、完善和严格实行，不仅保证了苗族武术队伍的纯洁性，又确保苗族武术的崇高威望和武术界的社会道德，故在战时具有极强的号召力与凝聚力，在有外族强行入侵的紧要关头，只要政府一声号令或有人振臂一呼，则应者如云，参战者则为了本民族的利益奋不顾身，勇往直前。

和善为怀

苗族民间的商户中流传有“和气能招千里客，公平易取四方财”的俗语，这是苗族民间商业文化的精髓，苗商凭着以和善为怀的宗旨和“重利而不轻义、图利而不忘义”的苗商精神打遍天下。苗族武术界自古以来严格讲求和善为怀的社会道德，在训练和实战时，极少或没有“先发制人”的进攻动作，而是防中有攻，攻中有防，以防为主。这种以防为主的特点，反映了苗族武师们以和善为怀的社会道德，同时也反映了苗族人民在旧社会长期忍受着民族压迫和民族歧视时，在反抗外侮的交战中仍然采取以礼相待、忍让为本、和善为怀的心态与战术。他们尽力做到不惹祸、不生事，但不怕事。在复杂的社会环境中，杨姓苗民磨砺成讲义气、为人坦荡、不欺弱、不称霸、在逆境中不灰心气馁的顽强意志。他们严格遵守武术界不许先发制人、主动出击的古训，他们在实战时采取以礼相待、忍让为怀、以防守为主的战术。苗族武术没有花拳绣腿，出招则伤人，但在实战时苗族武师须先让人三招再出手，不到生死关头，从不首先采取凌厉的进攻手段或使用毒招伤人。

抵御外侮

为了本民族的生存与发展，杨姓苗民通过苦练武术培养了坚毅顽强、富于抗争精神的民族性格和强烈的民族意识，涌现出一大批苗族武师。如宋代岳家军军前统制杨再兴，凭着一身过硬的武术累建奇功，在抵抗金兵的入侵中，杨再兴被称为常胜将军，虽然最后战死在小商河，但他为国为民抵御外侮尽忠尽义的行为被载入史册流传千古；还有都元帅杨正滔、都练史杨正隆等为宋朝的社会稳定屡建奇功。元代苗帅杨完者统率10万精通武术的苗军转战湘、鄂、浙、皖等地，威震东南数省；还有百骠骑将军杨通泰等7名武将为元朝的国土完整做出了不可磨灭的贡献。明初名将杨洪、征西将军杨瑛、武强伯杨琳、宣力武臣杨能等苗族将领凭一身武功为朱元璋创基立业，南征北战，历尽艰辛。清代苗民起义领袖杨清保、陕西总督杨遇春等都是武功非凡的武将；现代革命战争中涌现出的开国上将杨至成、百战英豪杨得志、忠良战将杨成武等都是苗族中的武林高手，他们在反抗民族压迫、维护国家领土完整统一的战争中曾称雄一时。从历代苗族武师的各自成长与参战经历来看，无不包含有顽强刚毅、忠义英勇的抗争精神与深厚的文化内涵，值得苗文化专家学者们研究与探讨。

第三篇　经济社会

生态游　民俗游　开心游

——城步打造乡村旅游产业的探索之路

吴扬勋

在地大物博、幅员辽阔的我国西南地区，生活着苗族、壮族、瑶族、侗族、布依族等数十个少数民族。数千年来，他们在这里开疆拓土、安居乐业。这里风光优美，自然奇丽，民情民俗纯朴，民族文化浓郁。新中国成立以后，尤其是改革开放以来，西南地区各族人民翻身解放，当家做主，他们自力更生，艰苦奋斗，在党和政府的领导下，把这片土地建设成为祖国的大花园。充分利用西南地区的自然景观和人文资源，积极开发乡村旅游产业，实现精准扶贫和精准脱贫，具有非常重要的现实意义。

下面，笔者以湖南省城步苗族自治县为例，对开发少数民族地区乡村旅游进行初步探讨。

一、利用生态资源优势构建多姿多彩的“生态游”

城步苗族自治县地处湘桂黔边陲，自然风光极为优美，民俗民情丰富多彩。拥有南山国家级风景名胜区、两江峡谷国家森林公园、白云湖国家湿地公园、金童山国家级自然保护区和南山国家公园五块“国”字号金字招牌。利用这些资源优势，开发生态旅游和特色村寨旅游，发展前景广阔。民族村寨的建设与发展，一定要与民族的优秀传统文化结合起来，达到民族风情与旅游开发共赢目的。充分利用城步苗族的文化资源优势，激活山歌、故事、非遗项目等沉淀的文化品牌，打造民族文化与生态资源融合发展的格局。尤其要充分利用“中国·南山六月六”这个大平台，做好山歌文化文章，让城步山歌唱响苗乡山寨，唱响三湘大地，唱响神州内外，让优美动听的歌声成为吸引世界的磁场。

苗族人民勤劳勇敢，多才多艺，热情好客。苗族人民用竹筒做梆，用木叶吹歌，用芦笙和唢呐鸣曲，苗族姑娘随着音乐翩翩起舞，婀娜多姿，用欢乐的歌声和优美的舞姿为苗乡大地增颜添色。近几年来，城步苗乡在省市民委的关心支持下，积极开发生态游、民俗游、乡村游产业，带动县域经济蓬勃发展，带领30万苗汉侗瑶同胞脱贫致富。

二、利用“六月六山歌节”文化品牌构建其乐融融的“民俗游”

城步是闻名全国的“山歌之乡”“情歌之乡”。城步“六·六山歌节”是湖南省四大“节庆品牌”之一。与木叶芦笙做伴的城步苗族山歌，现已传遍了三湘大地和神州内外，“六月六”成为全国闻名的“山歌节”，悦耳的山歌乘着湖南（南山）六月六山歌节的翅膀从湘西南飘向全国，今年更是飘到了“世界的十字路口”——美国纽约时代广场，吸引了全世界的眼球。

山歌、情歌是苗族人民追求爱情、追求幸福美满生活的必不可少的工具，苗族青年男女通过对唱山歌来传音定情，自由恋爱，直至结婚生子，组织家庭，传承后代。如男女恋爱，男唱：

水往低流人望高，花扇无风妹莫摇。
帽子无顶妹莫戴，不是好郎妹莫招。

女唱：

两棵大树栽门口，随哥拿斧砍哪蔸；
不能遮阳哥就砍，若能遮阳哥就留。

男又唱：

妹想连哥哥难求，哥家煮菜没盐油，
帮人打工混饭吃，一日三餐在田头。

女答：

韭菜开花细茸茸，有心连妹莫讲穷，
只要二人真心愿，冷水泡茶慢慢浓。

美丽甜蜜的语言，真挚的情感，冲破了嫌穷爱富的旧观念，以情感为根，以志同道合为本，经过长期的对歌交流，终于迎来了幸福甜蜜的爱情。山歌交心，山歌传情，山歌结爱，这就是传统文化源远流长，川流不息，得到世代传承、发扬光大的缘由，这就是多情的苗族山歌永不凋谢的根本。近几年来，党中央加大对民族地区的政治关心，文化扶持和资金投入力度，让苗族人民过上好日子。苗族人民充分利用山歌文化发展民俗文化旅游，哪里有游客，那里就有苗族的歌声，优美动听的山歌，把游客们吸引到了美丽的苗家山寨。游客们听着山歌，看着苗舞，品着油茶米酒，陶醉在风情苗乡……

新的时代，情歌也跟着新的形势进一步得到发挥，这簇鲜艳的民族文化之花，展现了我们的民族风貌。歌声带来了各民族的团结与进步，歌声带来了各民族的兴旺与繁荣。丰富多彩的词汇、形式多样的韵律、生动形象的比喻、别具一格的情调，使苗族山歌在全国浩如烟海的民歌中独树一帜，成为瑰宝。歌声是苗族人民的脸面，歌声是苗族人民与其他各族人民交谊来往的纽带。让山歌搭台，请旅游唱戏，把民族地区的经济社会舞活起来。

三、突出旅游的六大要素构建和谐自然的“开心游”

旅游是 21 世纪的“朝阳产业”。旅游业作为国民经济的增长点，已日益成为第三产业最具发展活力的产业。党的十八大报告指出，“要因地制宜，调整产业结构，发展特色区域经济”。根据苗族地区实际情况，大力发展特色旅游不失为发展特色经济的一项良策。旅游具有“吃、住、行、游、购、娱”6 大要素。民族地区发展乡村特色旅游，除了紧紧抓住民族文化和生态环境外，还要始终围绕旅游的 6 大要素做文章，让特色旅游风生水起。

一要突出以苗族美食吸引游客。苗族崇尚美食，历经数千年发展，形成了独特的适应山区生存的饮食风味和饮食习惯。发挥并传承苗族饮食文化，对于促进苗族地区特色旅游极为重要。城步苗族拥有众多的特色品牌，腊肉、猪血饼、血浆鸭（鹅）、清炖土鸡（鸭）、香辣椒、竹笋粑、蕨粑、浆盐菜、小河鱼……这些特色风味小吃，对于那些来自繁华都市，吃腻了大鱼大肉的游客来说，简直是天上美食，人间珍品。抓住了游客的胃就是抓住了游客的心，一日三餐，全是色香味俱佳的苗族美食享受，使游客们沉浸在苗族美食的熏陶之中，令人如入仙境，乐不思归。

二要突出以美丽苗乡吸引游客。城步拥有五张国字号生态名片，绿化率达到83.7%，是全国“最佳旅游目的地”“文化旅游百佳县”，凭借优良的生态环境，越来越吸引观众的眼球。穿行在动步即景的南山国家公园，神秘的两江峡谷、动植物基因库金童山国家级自然资源保护区、白云湖国家湿地公园，无不令人赏心悦目、心旷神怡。城步还拥有众多古朴雅致的古民居古村落，如大连、清溪、铺头、杉坊、太平、羊石、易家田等古村落，一座座明清四合院鳌头高耸，灰墙黛瓦，雕梁画栋，古色古香，恍如隔世，让游客仿佛穿越时空，充盈了历史沧桑感。城步还有一座座高大壮观、叫人叹为观止的神秘吊脚楼，依山傍水而建，鳞次栉比。美丽的苗乡山寨，风景如画，摄人魂魄，游人至此，如入仙境。

三要突出以迷人的苗族文化吸引游客。城步苗族是一个能歌善舞的民族，苗族的山歌、情歌、呜哇歌、采茶调、嫁女歌、贺郎歌……歌声动听，曲调迷人。城步苗族舞蹈形式多样，油茶舞、挤油尖、庆鼓堂、打泥脚、踩脚尖、摇摇舞、芦笙舞、竹杆舞……韵律优美、曼妙多姿。一台篝火晚会，让游客尽情领略苗族文化的精华，洗去白天的辛劳疲惫，享受视听和心灵的饕餮大餐。正如中国社科院李蓝博士所评价的那样：“城步的苗族山歌，时时新、字字鲜、句句真，是开发民族旅游的一块瑰宝，是一座挖不完、捡不尽的山歌智库。”

四、结　语

民族文化是人类族群在长期的生产生活过程中形成的物质文化、精神文化和制度文化的总和。民族文化具有能够普遍引起人们情趣意志、感觉认知方面的关注和体验，通过一定的包装营销，使之成为旅游产品。城步苗族通过努力挖掘丰富多彩的自然生态文化、民俗风情文化，并加以很好的包装营销，以“生态游”“民俗游”“开心游”的形式，使游客对这些旅游产品产生兴趣并付诸行动，从而激活旅游市场，带动苗族地区人物、运输、信息和资金的流动与经济繁荣，产生良好的社会效益和经济效益。

（此文发表于 2017 年 9 月 8 日《中国民族报·理论周刊》）

试论民族地区的绿色发展

——以城步等全国五个单列苗族自治县为例

曹正城

绿色是生命的象征，地球上如果没有了绿色，就如同沙漠里没有了绿洲，地球和人类社会的一切，都将化为乌有。

党的十八届五中全会和党的十九大报告均明确提出了“创新、协调、绿色、开放、共享”的五大发展理念。2016 年 3 月全国人大、政协两会中，李克强总理所作的政府工作报告一共 9 次提到了“绿色”，10 次提到了“生态”，彰显出本届政府坚决贯彻实施生态保护、绿色发展理念的信心和决心。当今中国，多年经济高速增长铸就了世界第二大经济体的“中国奇迹”，也积累了一系列深层次的矛盾和问题。其中，最主要的矛盾和问题是：资源环境承载力逼近极限，高投入、高消耗、高污染的传统发展方式已不可持续。种种情况表明，全面建成小康社会，最大瓶颈制约是资源环境，也是最大的“心头之患”。绿色发展理念的提出，顺应了民心民意，完全符合我们的国情，体现了党对我国经济社会发展现阶段情况特征的科学把握。走绿色低碳循环发展之路，是调整经济结构、转变发展方式、实现中华民族永续发展的必然选择。

绿色发展是以效率、和谐、持续为目标的经济增长和社会发展方式。当今世界，绿色发展已成为一个重要趋势。早在 2010 年 4 月，习近平同志出席博鳌亚洲论坛开幕式并发表演讲时就鲜明提出：“绿色发展和可持续发展是当今世界的时代潮流。”这一大趋势在国际上也表现得越来越明显：美国奥巴马政府颁布了“绿色新政”，欧盟出台了《欧盟 2020》绿色发展战略，日本提出了“绿色发展”方针，韩国通过了《国家绿色增长战略（至 2050 年）》等等。

绿色发展是民族地区发展“利器”。对于民族地区脱贫攻坚来说是一个很重要的抓手或者一个渠道，就是落实好绿色发展理念。本文试以城步等全国五个单列苗族自治县（湖南的城步苗族自治县、麻阳苗族自治县，贵州的松桃苗族自治县，广西的融水苗族自治县，云南的屏边苗族自治县）为例，就少数民族地区如何落实习近平总书记这一重要讲话精神，又好又快地走上绿色发展之路，谈点个人粗浅的认识和看法。

一、民族地区实施绿色发展的有利条件

（一）民族地区群众热盼绿色发展

我国的少数民族人口主要集中在我国西部及西南等地区。曾经一段时间为了片面追求一时的 GDP 增长，这里的生态环境遭到了不同程度的破坏，人民群众生产生活也受到了一定的影响。改革开放以后，尤其是近年来这里的人民群众特别是苗族同胞有了“求生存”到“求生态”、从“盼温饱”到“盼环保”的新期待，绿色发展理念已逐步根植于少数民族群众心中。大力建设生态文明是中华民族永续发展的千年大计。生态兴则文明兴，生态衰则文明衰。作为“十三五”时期的“五大发展理念”之一，“绿色发展”成为如今最需要关注、最需要重视的一场变革。保护生态平衡，建设山清水秀、绿色富饶的中国，不仅是国家的长期战略目标，也是民族地区老百姓的共同心愿，事关我们的子孙万代。好生态是国家的一笔宝贵财富，是各族人民共同生存、共同发展和实现富强美丽幸福中国梦的重要保证，更是实现中华民族伟大复兴中国梦的基础。生态环境是一条大船，每个人都在船上，都不是旁观者，要人人参与、个个建设。通过八年抗战和三年解放战争，毛主席、共产党领导我们建立了新中国，苗族同胞和其他各族人民从此“站起来”了，但如何持续“富起来”“强起来”，通过多年的实践表明，只有创新绿色发展才是科学正确的选择。

（二）民族地区有优美的生态环境和丰富的自然资源

资源丰富、生态环境优美是民族地区最大的优势，也是民族地区绿色发展的一张“王牌”。我国少数民族地区占全国国土面积的 64%，拥有全国 75% 的草原

面积和44%的森林面积以及66%的水资源，还拥有超大比重的矿产资源和新能源。就城步等全国五个单列苗族自治县而言：

2015年全国五个单列苗族自治县森林覆盖率统计表

县名	城步县	麻阳县	松桃县	融水县	屏边县
森林覆盖率（%）	8	62	56	78.8	67.8
高于全国森林覆盖率(%)	58.67	40.37	34.37	57.17	46.17

（注：2015年全国森林覆盖率为21.63%）

一是有丰富的森林资源。从以上全国五个苗族自治县森林覆盖率统计表上就可以看出，上述五个县的森林覆盖率大大高于全国21.63%的森林覆盖率。其中城步县的森林覆盖率高达80.3%，高出全国森林覆盖率的58.67%。城步县境内有林面积21.93万公顷（329万亩），活立木蓄积量达1000万立方米以上，是湖南的天然氧吧和全国的重点林区县；融水县有林面积33.82万公顷，森林覆盖率78.8%，高出全国57.17%；屏边县有林面积12.92万公顷（193.8万亩），活立木蓄积量达605.6万立方米，森林覆盖率67.8%，高出全国46.17%；松桃县有林面积14.89万公顷，全县森林覆盖56%，高出全国34.37%，被列入贵州杉木林基地县；麻阳县有林面积108.85万公顷（885.71平方公里），活立木蓄积量104.62万立方米，森林覆盖率62%，高于全国40.37%。城步、融水、屏边三县还是“全国绿化模范县”。

二是有丰富的水能风能资源。五个苗族自治县的水能蕴藏总量达166.09万千瓦，可开发利用的达125.27万千瓦。

三是有丰富的草山资源。主要集中在城步和松桃两县。其中城步境内有150万亩优质草山，有中国南方“呼仑贝尔大草原”之美称的八十里大南山位于城步南部；松桃有“黔东草海”人工草场2.3万亩，该县还在境内盘石、甘龙两片区建生态防护草场23.2万亩。

四是有多张“国字”号的生态名片。全国五个苗族自治县，除松桃外，其余城步等四个苗族自治县均为国家重点生态功能区。城步最近还被国务院批准为国家公园体制试点区，全称为“湖南南山国家公园”（与北京八达岭、吉林长白山、湖北神农架等同批开展国家公园建设）。城步境内有两江峡谷国家森林公园、金童山国家自然保护区、白云湖国家湿地公园、南山国家级风景名胜区；麻阳有“中国冰糖橙之乡”“中国长寿之乡”之美称；松桃西南部有世界自然遗产、“贵州第一名山”、“武陵山脉第一峰”之称的梵净山国家级自然保护区和国家级风景名胜区，1982 年梵净山还被联合国列为世界一级生态保护区，1986 年经联合国教科文组织“人与生物圈”国际协调理事批准，被接纳为世界人与生物圈 MAB 保护区网成员，成为中国的第四个国际生物圈保护区，全区森林覆盖率 94.5%，林木蓄积量达 381 万立方米；融水有元宝山国家森林公园和贝江国家 4A 级景区，元宝山为广西第三高峰，因整体外形奇特象大元宝而得其名；屏边有被誉为“动植物基因库”“天然美容院”的大围山国家原始森林公园。

（三）民族地区有得天独厚、异彩纷呈的民族传统文化、民俗风情、人文景观

1. 古建筑文化吸引四方游客

（1）松桃县的苗王城。该城始建于明洪武初年，距今已有 600 多年的历史，经苗王石名野、龙达哥、吴不尔、龙两坡、吴黑苗等长期经营，逐步成为腊尔山区南长城外围的“王者之城”。此城分为东城和西城。原有城墙 2000 余米，顶宽四尺，底宽六尺，高九尺。有四个城门，城内有 11 条巷道，巷道内有 11 道寨门。鳞次栉比的吊脚楼、“歪门邪道”的建筑不仅具有一定的战争防御能力，而且体现了较高的建筑水平。经专家考证认为：

此城设计“既能攻、又能守、也能退”，是一个具有相当军事构筑工事水平的古王城，是中国“南方长城”独具的风格，是民风民俗保存得比较完整，体现得比较充分的苗乡建筑工艺品，是全国为数不多、保护较好的古王城之一，有很高的观赏、保护、旅游价值。同时，该城记录了几百年来当地苗族人民为争取自由平等幸福，不满明清封建王朝的横征暴敛揭竿而起的悲壮血腥历史。该城通过近些年的保护开发，核心景区达 10 平方公里，集山、水、泉、瀑、峡谷、森林、古树、原始村寨、军事巷道、苗族风情为一体，被誉为“千里苗疆第一寨”，同时也成了西部影视拍摄基地，有《战士》《边城汉子》《拯救女兵司徒慧》《风雨

梵净山》等多部影视剧在此拍摄完成。

（2）还有距今100多年屏边苗族自治县的人字桥。人字桥是滇越（云南昆明至越南河内）铁路横跨在屏边境内两座悬崖峭壁间的一座纯钢材结构铁路大桥，桥长71.5米，宽4.2米，距谷底102米，桥重179.5吨，全用钢板、槽、角钢、铆钉联接而成。它以独特设计、精巧的造型名传天下，被西方记者称为除巴拿马运河、苏伊士运河之外的近代世界第三大工程，具有较高的科研价值和旅游观赏价值。2006年被国务院批准列入第六批全国重点文物保护单位名单。该桥凝聚了苗族人民的聪明才智和勤劳的汗水；见证了中国与世界的一系列重大事件：河口起义、护国起义、抗日战争、解放战争、援越抗法、援越抗美、自卫反击、对外开放、东盟贸易；其承载的荣辱与沧桑，丰富多元的历史文化内涵，书写了永远无法抹去的浓墨重彩。

（3）城步清溪古民居建筑群。该建筑群始建于元朝至元四年（1267），已有长达七个半世纪的悠久历史。古民居内现有村民1300余人，其中杨姓苗族人口占80%，全村保留有较完整的元明清古建筑110余座，完整的四合院18座，属湖南重点文物保护单位和湖南省民族特色十强村寨。清溪古民居是中国南方（城步）“杨家将文化”的一个重要组成部分。这里面保存完整的古道、古井、古院墙和槽门、木雕、大宅院，是城步杨姓先民近千年来生产、生活、军事、习俗的真实记录和表现，承载了厚重的历史文化，浓缩了城步苗民的精神状态和美好的追求。同时，城步各地还有独具风格的苗侗风雨桥、鼓楼和吊脚楼。

城步苗族自治县清溪古民居建筑群一景

2. 节庆文化丰富多彩

苗族人民“大节三六九”，“小节天天有”，这句话道出了苗族人民的节庆活动名目繁多。除了下文单独举列的几个节庆外，还有如下主要传统节日：苗族自治县成立日大庆（十年一大庆）、苗年、开年节、龙船节、姐妹节、赶苗场、新节（也叫新禾节、尝新节）、赠带节、羊马节、赶秋节、砍火星节、客家年（春节）、晾桥节、爬山节、祭鼓节、斗马节、芦笙节、捕鱼节，等等。

（1）盘瓠（麻阳苗族信奉的始祖）龙舟节，是麻阳苗族人民端午习俗的最集中表现，举办地在该县锦江河段。从农历五月初一开始，直到十七结束，共历时 17 天。初一“开神门”，唱《开神门歌》《根源歌》，邀请祖神参加节日，实际是向临近村寨苗民发出节日邀请。初二至初十“唱大戏”，十一“龙下水”，十二至十四“参神期”，十五至十七“竞渡期”，百船竞渡龙船潭，沿岸观众如潮。

（2）“神奇苗乡韵·多彩四月八”，是苗族同胞的传统节日，是苗族的祭祖节、英雄节、联欢节、姑娘节。松桃苗族自治县的每年四月八，苗王故里——苗王城内人山人海，歌声飞扬，高台舞狮、钢针穿喉、二指砍碗、下火海等绝技绝艺、苗族歌舞、滚龙等原生态节目动人心魄，扣人心弦，办得非常有民族特色，已成为招商引资、促进经济发展、生态文明和精神文明建设的盛会。

（3）屏边苗族自治县的苗族“花山节”申“国遗”成功。2014 年 12 月，经国务院批准，云南屏边的“花山节”被列入第四批国家级非物质文化遗产名录。踩花从正月初三开始，到正月初七结束。立花杆的地方就是花山场，只要看到花杆，苗族群众就会在正月初三这天从各地赶到花山场踩花山。花杆有一传说，就是苗族的祖先蚩尤大战败后，大家为了寻找在战争中失散的族人，立起花杆，好让大家到花杆下相聚。

（4）农历苗族“六月六山歌节”。中国山歌在苗族，苗族山歌在城步。六月六是城步苗族等同胞们在每年的这天举办的一场盛大的歌会，当天苗、汉、侗、瑶等各族男女群众便会相聚人口比较集中的地方唱山歌，用山歌交流思想、感情，用山歌讲述历史、鼓舞士气、传递信息，用山歌唱山、唱水、唱生活、唱爱情、唱农耕。这一风俗已传承了上千年。九州山歌聚城步，一路山歌上南山。2015 年城步“六月六山歌节”暨首届全国山歌大赛，依托中国音乐家协会的权威性和“新浪”的覆盖面，由湖南经视倾情打造，在全国设五大赛区，最终决出全国十大山歌王，齐赴城步唱响山歌节。城步“六月六山歌节”已成为湖南四大民俗节庆品牌之一。城步去年还荣获“中国品牌节庆示范基地”的称号。

2015 中国湖南（南山）“六月六山歌节”开幕式现场——苗族竹竿舞

3. 红色文化激励后人

红军北上抗日进行的二万五千里长征，经过了 11 个省（区）、大多数为少数民族地区。长征是宣言书，是宣传队，是播种机。红军曾在城步、松桃、融水等苗乡大地留下了革命的火种和光辉的足迹。

（1）早在 1934 年 6 月，贺龙领导的中国工农红军第三军（后恢复红二军团建制）就踏上了松桃的土地，开辟革命根据地，成立黔东特区革命委员会，实行土地革命，组织工农武装。8 月在甘龙建立严家坡（今麻阳乡南）区革命委员会和坝木、浑泉等 10 个乡苏维埃政府。10 月 24 日贺龙率红二军团与萧克率领的红六军团在该县石梁场（偏僻的山村）会师，当地群众为纪念这一次会师，还特地编了一首歌谣：

十月里来枫叶红，萧克过来会贺龙，
两军石梁大会合，千军万马逞英雄。

（2）1934 年 9 月至 12 月，中国工农红军第六军团先遣队和红一方面军主力，长征先后经过城步南境的杨梅坳、蓬峒、江头司、五团、丹口、南山、长安营等地。红军在城步苗岭山寨留下了光辉的历史足迹。当年红军在城步时书写的一些宣传共产党主张和民族政策、打倒土豪劣绅、不拿群众一针一线、共产党万岁的标语至今在一些村寨清晰可见。如红一军团在茶园宿营时，在周新旺家板壁上写下“取消一切高利贷”，红九军团途径长安营青山口时，在周春生家板壁上写下“只有苏维埃才能救中国”，时至今日，我县仍然保留数十件红军革命文物；还有红军纪律严明、不扰民但处处帮民爱民以及勇歼蒋匪的故事如今还在城步苗乡广为传颂。如《我家的传家宝：一条红军棉裤》，讲述的是当年红军过城步南山在周旺华爷爷家吃了一顿红薯苞谷早餐，为还一饭之情，红军留下了一条棉裤，被周家珍藏了 87 年的感人故事。《酸菜坛里有银圆》，说的是一天夜里 10 多名红军来到城步贺家寨一个叫杨远庭的农民家里，因房主不在家，做饭菜时用了他家酸菜坛里的酸辣椒和酸水，事后将两块银圆放在他家的酸菜坛子里。红军对那些为富不仁、欺压百姓的土豪劣绅进行打击处理，在城步共打击土豪劣绅 126 人、地痞 7 人、土匪 45 人，并处决 21 名罪大恶极者；还有在城步的行军途中，毛泽东同志心情十分沉重，带病躺在担架上多次与时任总政治部主任王嫁祥同志讨论当前军事指挥存在的危险性，商量行军方向和转兵事宜，为后来的湖南通道转兵和贵州黎平会议、遵义会议的召开并确定毛泽东同志的军事指挥地位、确保红军突破敌人的重重围追堵截北上胜利打下了坚实的基础；还有红军长征经过城步境内南山的老山界，陆定一同志笔下描绘的城步《老山界》一文，更是全国解放后革命传统教育的红色经典之作。

4. 历史文化积淀深厚

苗族是一个发源于中国的全球性的优秀民族。20 世纪澳大利亚民族学家格迪斯在他的著述中这样感叹：“世界上有两个苦难深重而又顽强不屈的民族，他们就是中国的苗族和分布于世界各地的犹太人。”本世纪苗族作家南往耶写道：“苗族是一个不断被驱赶甚至被消灭的民族，但他们一直没有对生命和祖先放弃，自五千年前开始，爬山涉水，经历千难万苦，逃到云贵高原和世界各地，朝着太阳落坡的地方寻找故乡，用血泪养育古歌和神话，没有怨恨，把悬崖峭壁当作家园，梯田依山而建，信仰万物，崇拜自然，祀奉祖先，感谢仇人。”

历史上苗族远祖蚩尤曾率领族人开掘葛卢山铜矿，研制发明了刀剑矛戟大弩等兵器，还创制了刑法和宗教。蚩尤的三大发明，说明远古时期的苗族文化科技就已经相当发达。

公元前4600年，涿鹿大战，蚩尤在翼州平原被黄帝、炎帝联合战败而死，其九黎部落被迫离开“甘丹地坝”（同海相连的平原），迁离位于黄河、长江下游之间的东部平原地带，向西南迁徙至“斗南莫”（大江边），聚居长江中游地区。自秦汉开始，一直到清朝初叶，由于自然灾害和封建王朝实施民族歧视政策，不断发动对苗族人民的讨伐征剿，迫使苗族人民历史上三次大迁徙我国大西南，还有一部分漫入越南、泰国、老挝等东南亚国家。为摆脱被压迫、被剥削、被奴役的苦难生活，苗族人民一直在不断地抗争。在数千年的历史长河中，有史记载的苗民大小起义有上百次。规模最大的为咸同大起义。清咸丰五年（1855）至同治十一年（1872），以贵州黔东南为中心的苗族地区，爆发了由张秀眉等领导的历时18年的苗民大起义。起义烽火遍及贵州及湘、桂、滇、川边150多个州县，参加起义的苗民在100万以上。清王朝先后调集数十万人进行镇压，军费开支达1.5亿两白银。明清期间城步曾爆发了苗侗农民领袖蒙能、李天保（建立了苗族史上第一个王国——“上堡古国”，年号“建元武烈”）、李再万、粟贤宇、杨清保等率领苗侗农民反封建反压迫的悲壮起义。因历代苗民起义如今尚存湘、桂、黔、川、鄂等苗乡各地的古寨堡、古地道、古战壕、古宗祠、古城墙、古墓、古义旗、古兵器等，都将演绎成厚重的苗族历史文化。事实也证明，苗族人民的起义有力的推动了中华民族历史的前进和生产力的解放。

5. 民族传统文化特色鲜明

苗族人民传承着绚丽多彩的民间文学故事、诗歌、音乐、舞蹈、工艺、服饰、哭嫁、祭祀等苗族文化瑰宝，创造了丰富多彩的民族文化财富，形成了独具特色的民族风情。苗族文化艺术中的苗歌有山歌、情歌、贺郎歌、嫁女歌、花歌、古歌、酒歌等。如新中国成立后的60年代，根据城步《贺郎歌》的唱腔，由著名作家叶蔚林作词、“湖南民歌之父”白诚仁先生作曲、歌唱家何继光演唱的名曲《挑担茶叶上北京》，作为湖南进京向毛主席和党中央的汇报演出节目之一，曾引起全国的轰动，如今还在大江南北广为传唱。苗族饮食文化也别有特色，“苗家米酒”“苗家腊肉”“苗乡油茶”（城步油茶被列入湖南省非物质文化遗产）等闻名全国。城步、融水、麻阳、松桃等4县先后被国家文化部授予“中国民间文化艺术之乡”的称号，松桃还有“中国民间绝技艺术之乡”的美称。

（四）民族地区具有倾斜的绿色发展政策

近年来，国家一系列发展战略的实施和倾斜性支持政策，给民族地区绿色发展带来了宝贵的发展机遇。继西部大开发和全国 14 个连片特困区扶贫攻坚国家战略的实施后，国家十三五规划纲要明确："把加快少数民族和民族地区发展摆到更加突出的战略位置，加大财政投入和金融支持，改善基础设施条件，提高基本公共服务能力。支持民族地区发展优势产业和特色产业。" 2014 年中共中央、国务院下发《关于加强和改进新形势下民族工作的意见》指出："率先在民族地区实行资源有偿使用的制度和生态补偿制度。"

二、民族地区绿色发展的瓶颈、难点

（一）区位条件欠佳，生态环境脆弱

一是由于民族地区大多处于高山高原高寒地区，海拔较高，自然条件恶劣，自然灾害频繁，土层稀薄，水土流失较为严重，生态地质环境极为脆弱，一旦被破坏修复难度很大。上述城步等 5 个苗族自治县，均处于高山高原地区。二是基础设施、社会服务体系不完善。由于民族地区地域辽阔，集中分布在全国主要的山地、高原、戈壁、荒漠，进行基础设施建设的周期长，建设成本高，道路网络全覆盖难度大，交通运输、邮电通信、水利建设基础薄弱，从而导致生产能力不能充分利用，制约了民族地区的绿色发展。三是民族地区原有的比较优势难以得到发挥。由于大部分民族地区在地理位置上远离国内主要消费区 2000—4000 公里，长距离运输使原有的资源和资源产品的比较优势也难以得到发挥。如上述城步等五县均地处各省（区）和我国的边境边疆之地。

（二）民族地区经济社会发展滞后，贫困面广程度深，小康社会建设压力大

2015年全国五个单列苗族自治县有关情况统计表

序号	单位	县域国土总面积（平方公里）	总人口（万人）	地区生产总值（亿元）	人均地区生产总值（元）	一般公共财政预算总收入（亿元）	人均一般公共财政预算收入（元）	农村居民人均可支配收入（元）	城镇居民人均可支配收入（元）
1	城步县	2647	28.58	33.54	11828	3.95	1382	5332	18125
2	麻阳县	1568	40.34	64.00	18334	3.99	989	6158	17924
3	松桃县	3409	73	102.90	14096	10.20	1397	6643	21769
4	融水县	4368	51.55	76.50	14840	6.02	1168	6742	25566
5	屏边县	1906	15.6	25.74	16500	2.18	1397	6424	23856
	合　计	13898	209.07	302.68	14477	26.34	1260	6259	21448
	全国		137462	67.67（万亿元）	49228	15.2217（万亿元）	11073	11422	31195

（上表数据均来源于上述五县2015年度统计公报、政府工作报告和国家统计公报）

1.经济社会发展比较滞后

新中国成立以后，在党的民族光辉政策的照耀下，民族地区的面貌发生了翻天覆地的变化。但由于历史的原因，从上述所列统计表我们可以看出，无论是纵向比还是横向比，全国五个单列苗族自治县的经济总量还是不大，发展相对滞后。五县2015人均地区生产总值（GDP）14477元，仅为全国人均49228元的29.41%；人均一般公共财政预算收入1260元，仅为全国人均11073元的11.37%，其中麻阳县人均989元，不足全国人均的10%；农村居民人均可支配收入6259元，仅为全国人均11422元的54.80%；城镇居民人均可支配收入21448元，仅为全国人均31195元的68.75%。

2.贫困面广程度深，小康社会建设压力大

目前全国14个连片特困地区共有680个县，其中371个地处民族自治地方，占54.6%，上述全国五个单列苗族自治县均在其中；在全国592个国家扶贫开发

工作县中，有 263 个县地处民族自治地方，上述全国五个单列苗族自治县也均在其中。2013 年五个苗族自治县仍有贫困人口 61.81 万人，占当时五县总人口 206.05 万人的 30%。苗族自治县的贫困程度之深面之广，可以说是贫困中的贫困。

（三）民族地区实现绿色发展，存在资本、技术和人才障碍

相对于东部沿海发达地区，民族地区一直处于资本稀缺、企业技术水平整体落后、人才缺失的状况。由于受到地理位置、人文环境以及历史的原因等因素影响，民族地区的文化教育水平明显落后于全国平均水平。近些年来，民族地区的人才流失现象也越发凸显。

三、民族地区实施绿色发展的路径

民族地区应以绿色发展理念统筹经济社会发展的大局，加快推进产业结构优化升级，充分发挥自身的生态文化资源优势，实现经济后发赶超，加速推进民族地区经济发展、生态良好、民生改善、民族团结、社会稳定。既不能守着绿水青山讨饭吃，更不能为了“金山银山”舍弃“绿水青山”。要大胆创新绿色发展的模式，实现“绿水青山”与“金山银山”的双丰收，坚定不移地走“经济活起来、腰包鼓起来、生态环境美起来、生活幸福指数不断升起来”的新路子。

（一）着力从国家层面完善、落实好对民族地区实施绿色发展的差别化支持政策，激发动力、补齐短板、填平洼地

李克强总理在 2014 年中央民族工作会上指出：“支持民族地区加快发展，要完善和实施好差别化支持政策。”当前应该重点完善、落实的几项差别化政策：

一是财政转移支付政策。除加大一般性转移支付外，还要继续加大民族地区专项转移支付、民族政策转移支付。在财政专项资金改革中，对涉及少数民族和民族地区的专项资金和政策应灵活掌握、尽量保留并不断强化。

二是配套资金政策。应该协调国家有关部门下发红头文件，明确民族自治地

方州县一级原则上不要地方配套，省区一级可以配套，但规定一定配套幅度，并依据经济发展水平允许按不同比例配套。

三是产业政策。要发挥国家的引导作用，支持能源资源类重大产业项目向民族地区优先布局，提高在民族地区加工、深加工比例，延长产业链、提高附加值，把资源优势转化为经济优势。也可以在经济较发达城市设立民族地区经济开发区，通过税收返还等政策，开展异地开发，发展“飞地经济”，既保住民族地区绿水青山，又能同时获得“金山银山”。促进民族地区传统产业转型升级，加快发展服务业，要把旅游业做成支柱产业，抓住机遇发展物流快递、电子商务、创意产业等新兴产业。要充分考虑民族地区的特殊性，完善资源开发利益分配机制，采取更为灵活的土地使用政策，支持金融服务业发展和资本市场建设。

四是资源有偿使用和生态保护补偿政策。民族地区地上地下资源丰富，且在国家主体功能区中，大多是禁止开发和限制开发区，可以选择若干有代表性的民族地区开展资源有偿使用和生态保护补偿的试点，取得经验再逐步推开。按照“谁保护谁受益，谁使用谁付费”的生态保护补偿原则，对处在民族地区的大江大河源头生态区和重点林区，其所提供的生态产品、损失的发展机会，中央财政要给予弥补。如城步是湖南湘资沅澧四大水系中资江的源头，也是沅水上游的重要支流发源地之一。

五是金融支持政策。金融在民族地区是发展的短板，也是投资多元化和转变发展方式的潜力所在，要积极协调银行、银监会、证监会、保监会等部门，加大金融对民族地区的支持。

六是沿边开放政策。充分发挥民族地区沿边区位优势，积极投身丝绸之路经济带建设，大力发展边境贸易，加强与周边国家的经贸往来和合作，建设和谐、稳定、富裕的民族边疆地区。如在全国五个苗族自治县中的云南屏边县，南面紧邻越南，是通往东南亚、南亚各国的重要门户，也是历史上南方古丝绸之路的途径地。

七是人才支持政策。国家应从政治、经济待遇上采取措施留住民族地区现有的绿色发展人才，通过各种途径加大绿色发展人才的培养力度，同时鼓励中央机关企事业单位和大专院校的绿色发展人才流向民族地区，去民族地区创新、创业。

（二）着力提高民族地区森林覆盖率，增加森林面积和森林蓄积量，筑牢民族地区绿色发展之基

2014年12月25日在中央政治局常委会议上，习近平总书记又谈到了森林，指出森林“是国家、民族最大的生存资本，是人类生存的根基，关系生存安全、淡水安全、国土安全、物种安全、气候安全和国家外交大局”我国的森林资源有近50%处于民族地区。因此，民族地区的森林资源是否保护好发展好意义非常重大，是关整个国家的生态安全、绿色发展、人民福祉、美丽富强健康中国梦的实现。

1. 摸清资源家底，做到科学规划。要以民族县为单位，明确本区域森林覆盖率增长极限值和增长的渠道。

2. 切实落实用地，提供基础保障。各民族县要切实落实好造林用地，将造林绿化用地纳入土地利用总体规划；荒山荒地要全部用于造林绿化。

3. 加大投入力度，确保建设需要。积极争取落实国家、省级造林绿化项目资金、退耕还林资金，实施好荒山造林和退耕还林工程。中央应逐步提高国家生态公益林补偿标准（现为20元／亩左右）；参照公益林补偿标准，将国家自然保护区、国家湿地公园纳入国家生态补偿体系或转移支付体系，用于保护区日常工作开展及基础设施投入和区内禁牧禁伐农牧民生态补偿；对处于民族地区的国家公园体制试点区，国家在基础设施建设上、生态保护上、财力转移支付上要给予其超常规的投入和支持。

4. 创新体制机制，激发活力动力。积极推行先植后补的造林补偿机制，完善配套服务政策，建立财政激励机制，激发集体、个人造林绿化的积极性。

5. 加强管理管护，确保建设成效。林业部门要规划和指导建设林木良种和苗木生产基地，培育良种壮苗，确保造林绿化需要。加强种苗市场监管和执法，保证造林种苗质量，杜绝将劣质苗木用于造林绿化。

6. 强化科技支撑，加强示范带动。强化科技支撑，引进和培养林业高层次人才和优秀人才，聘请省内外专家为民族县造林绿化发展提供智力支持，推动林业科技成果转化、林业科技示范咨询培训，加快良种繁育和林产品精深加工等技术的研发、引进和推广。

7. 加强资源保护，巩固建设成果。建立健全森林资源保护任期目标责任制，把森林保有量、森林蓄积量、森林覆盖率、林地（湿地）保有量作为县级政府保护发展森林资源的核心目标，切实把森林资源保护好、管理好、发展好。全面深入开展森林保护“六个严禁”（严禁盗伐滥伐林木，严禁掘根剥皮等毁林活动，严禁非法采集野生植物，严禁烧荒野炊等容易引发林区火灾行为，严禁擅自破坏植被从事采石采沙取土等活动，严禁擅自改变林地用途造成生态系统逆向演替。），建立保护森林资源的长效机制，推动森林资源保护执法的常态化、规范化。严格管控森林面积损耗，加强采伐迹地、火烧迹地更新管理，及时做到损耗、更新或补充平衡。

8. 建立领导干部森林、草山、水等自然生态资源资产离任审计、差异化绩效考核评价体系，不简单以 GDP 论英雄。

（三）着力发挥民族地区人文生态资源优势，做大做强民族文化生态旅游产业

2015 年 6 月 18 日，习近平总书记在贵州视察时明确要求：“要把旅游业做大做强，丰富旅游生态和人文内涵。”进入 21 世纪，文化旅游产业是全球最具生命力的新兴产业，其关联度高、涉及面广、辐射力强、带动性大，也是当今世界高经济产出的产业。旅游除了观赏山水，更重要的还是寻找、感知、体验差异文化。随着全民旅游时代的到来，旅游文化产业的竞争性也日趋白热化。如今多数省（区）市和 50% 以上的县提出了建旅游大省（市）、旅游兴县的发展战略目标。城步等全国 5 个单列苗族自治县生态环境优美，各县均具有国家风景名胜区、国家森林公园、国家级自然保护区和国家非物质文化遗产名录，同时苗族文化又十分独特，来者均感觉到这里的“青山绿水养眼、蓝天净土养肺、传统饮食养颜、民族文化养心、田园生活养神”。这些宝贝均是做大做强旅游文化业的基础和前提。如今，上述 5 县的文化旅游产业要进一步做到社会效益、经济效益和生态效益三赢，必须要有创新开拓精神。要大力实施“精品旅游景区”工程，强化旅游文化产品“人无我有，人有我优，人优我特”的资源识别性和比较优势的再认识，不断探索“差异”发展模式和特色经济的新举措，大力培育国内一流、世界知名的景区景点。城步等五县文化旅游的发展，目前拟定位在全力打造“国

家全域旅游示范区”“中国原生态苗族文化世界旅游目的地”这两张闪亮的品牌上，从而实现“民族文化生态旅游强县”这一目标。如城步正着手力争到2020年创建4A级景区2个以上，3A、2A级景区4个以上，全县旅游接待人数突破300万人次，综合收入过20亿元，进入湖南省前30名。实现上述目标的具体措施建议如下：

1. 通过靠大靠强，做实景区品牌包装提升与营销工程

城步、麻阳、松桃、融水四县，要积极融入湖南张家界、广西桂林、贵州黔东南的“湘桂黔”中国旅游金三角，在市场导向下，通过靠大靠强，形成互补，实现资源共享、信息互通、广告互打、客源互送的大旅游、大市场的新格局。在中央和省级主流媒体，对城步等五县独特性的旅游景区景点要实施长期的、有力的、固定的宣传，使其“从无声到有声、从有声到名声、从名声到美声”并具有较大的市场效应。在打造全域旅游的过程中，不仅自己的文化旅游“珍珠”要连成线，还要能够成为别人文化旅游项链上的“珍珠”。

2. 大胆探索旅游、文化、生态“三位一体”可持续发展的保护与利用多赢的景区深度开发建设新路子围绕当今以“时空压缩”为主要特点的高速高铁航空时代，锁定城步等五县“国家全域旅游示范区”“中国原生态苗族文化世界旅游目的地”这两张品牌上，坚持文化为魂、生态为依、旅游为体的“三位一体”系统性、协调性差异化的错位发展原则，让文化进景区、让生态进景区，把景区的深度开发过程变为“大资源、大产业”相匹配的提升优化过程、变为文化旅游创新区的建设过程、变为绿色经济产业区的建设过程，把景区建设成休闲康（健康）养（养生养老）度假区、科考探险体验区、生态文明试验区。如“寿比南山”的城步南山国家公园，冬无严寒、夏无酷暑，具有中国南方独一无二的山水风景，最适宜观光、休闲、康养、度假。城步的民族文化生态旅游，还要以南山国家公园建设为契机，主动适应并融入沪昆高铁（上海—昆明，经过邵阳）、呼南高铁（国家十三五规划拟建，呼和浩特—南宁，经过邵阳）经济带，为城步旅游的快速高效优质发展增添新的动力和活力。

3. 提升旅游景区的吸引力和竞争力

从旅游市场的角度看，旅游景区深度开发的目的，其本质就是要延展旅游产品的生命周期率。旅游产品生命周期率的两个核心支撑是旅游吸引力和旅游竞

争力，增强旅游吸引力、竞争力的关键在产品的“精”和“新”，“精”就是要符合国际惯例、达到国家标准，“新”就是要有视觉冲击力和特色吸引力。重点要围绕游客“眼球”，实施“三眼”系统工程，即形成环境“养眼”、景区“留眼”、景点“抢眼”。

4. 要按旅游拳头产品的要求，着重在拳头的“力量”上做到位

做到用唯我独有的“力量”撬动市场，占领市场，发挥“自我”的综合吸引力，立足点在引导市场。如松桃的苗王城和城步的长安营古城，应以古巷道、古城墙、古寨门为重点，在内容上深挖建筑文化、历史文化、军事文化、传统民俗文化、山水文化，等等，借文化之力把“空壳建筑”“空壳古巷道”等充实起来、丰富起来、诠释出来，亮出文化旅游之魂，放大历史空间尺度，并定格在明、清两代。

5. 以“五个结合”为发展特征带动相关产业

一是旅游与扶贫帮困相结合，促进精准扶贫、精准脱贫，带动惠民产业；二是旅游与文化相结合，带动文化产业；三是旅游与农业相结合，带动生态产业；四是旅游与新农村建设相结合，带动庭院产业；五是旅游与城乡相结合，带动第三产业。

（四）着力利用民族地区山地资源优势，走现代山地绿色高效农业发展新路

从城步等5个苗族自治县的县情看，各县基本是九山半水半分田（屏边总面积99.3%为山地），山高坡陡，交通不便，耕地质量低，是典型的山地农业县，如生产和平原、沿海地区相同的农产品，由于受机械化、生产技术、劳动投入等因素影响，产品不具市场竞争优势。因此，必须扬长避短，发挥特色。城步等五县农业发展的特色在山、潜力在山、希望在山、出路也在山。要立足山地优势，开发山地资源，念好“山字经”，栽下“摇钱树”，真正把绿水青山变成金山银山，促进农业增效，农村发展，农民增收，推动实现农业现代化与工业化、信息化、城镇化同步发展。在稳定粮食安全生产的基础上，结合实际，以附加值高的农产品为重点，在市场化、精细化、产业化上下功夫，打造绿色高效农业特色精品系列。

一是大力发展生态畜牧业。根据市场需要科学发展肉牛、肉羊、蛋禽、肉禽、生猪等为主的养殖业，不断推进专业化、标准化、合作化生产，并形成规模和效益。城步高山苔地草原资源丰富，最宜发展奶牛业。随着城乡居民可生第二胎的政策放开，市场对奶粉的需求会成倍的增加，又一个奶业生产的春天即将到来。城步奶业可通过靠大靠强，采取公司＋基地＋农户的运作模式，在坚持“种好草、喂好牛、产好奶”的发展基础上，继续打造好城步“南山”这一具有全国影响力的绿色乳业品牌，其发展规模、目标力争到2020年改良天然草山20万亩，治理退化草山8万亩，养殖奶牛3万—5万头，年产奶制品20万吨、年产值20亿元、年税收超1亿元（2007年税收曾突破6000万元），使城步苗族自治县成为中国南方的乳都和奶业第一县。

城步苗族自治县南山牧场一景

二是大力做强生态精品水果蔬菜茶叶等特色农业。各县要因地制宜建成一批蔬菜、水果、茶叶基地和标准园，培育一批果蔬茶地方特色优势品牌，扶持和壮大一批果蔬茶龙头企业、种植大户和农业合作组织，瞄准珠三角的“菜蓝子”，通过创新发展山地果蔬茶业，使苗乡大地成为“春天是花园，夏天是林园，秋天是果园，冬天是乐园”别具一格的花果世界。城步拟争取到2020年将高山蔬菜种植面积扩大到50万亩以上（含有机竹笋）；还有屏边县目前以培植百万亩绿色产业为目标，在全力推进新现河百里枇杷大峡谷及枇杷庄园经济带、南溪河百里荔枝大峡谷及荔枝庄园经济带、玉屏—新华—和平—白云百里猕猴桃产业及猕猴桃庄园经济带建设。

三是大力培育生态农产品精深工体系，以工业化致富农业产业化。上述城步等五县林业资源十分丰富，靠卖原木原竹这种粗放型的经营模式不能再延续了，必须走“山上建基地，山下建工厂，山外拓市场”的农工贸三位一体的发展新路子，各县拟引进1—2家现代竹木精深加工企业，确保林业综合产值达10亿元以上，提高林产品对农民和国营、集体林场增收的贡献率，实现由林业大县向林业强县、林业富县的转变。

四是大力开发生态能源业。在确保生态环境不受影响的情况下，不断发展水电、风电和光电这三种可再生的生态能源。城步这几年的生态能源业发展一路高歌猛进，目前的风电、水电装机容量已近50万千瓦，拟力争到2020年，全县风力发电总装机达60万千瓦，水电增效扩容5万千瓦，太阳能光伏发电装机达10万千瓦，实现新能源总产值10亿元以上，税收5000万元以上，建成“湖南风力发电第一县”和国家绿色能源示范县。

五是大力注重互联网+农业，走农业信息化之路。依托互联网打造农业大数据平台，为推广民族地区农业大数据服务农业生产和消费市场，将民族地区优质的农产品通过大数据平台展示出给世人。

（本文原载2017年4月21日《中国民族报》。分别获2016年邵阳市政协、湖南省政协优秀调研报告征文一等奖、二等奖）

杨氏官厅是杨家将村的“镇寨之宝”

吴扬勋

杨家将村座落在湖南省城步苗族自治县儒林镇北大门县行政中心以北 2 公里处，该村现有人口 884 户，3695 人，杨姓人口 2468 人，是全县杨姓人口最多的村，24 个村民小组，苗族人口 83.5%，人均耕地 0.65 亩。新中国成立前，不通公路的时候，有通往宝庆、桂林、贵州的茶马古道千余公里。该村地形地貌奇特，气势雄伟，历史悠久，人文荟萃，古代在湖广楚边有很大的影响力。

该村原名叫大竹坪村，2015 年行政地名改革，将原大竹坪村、枫香村、十里树村联合改名为“杨家将”村。该村仅明朝一朝便培育了 34 位四品以上的将军，被历史学家誉为“将军村”。明朝万历中期以后，该村为了纪念杨洪等将军，在该村的罗汉山脚下修建了“三公”纪念堂；为了纪念城步籍的杨氏九将的 6 个投明将军，修建了“六子桥”纪念桥亭；为了纪念城步杨氏始祖杨再思、总兵杨盛和、参将杨昌万、都指挥杨浩，竹枝坡墓地被命名为“上官村”，意即上等官员安葬的山村，该地名一直沿用到新中国成立初期。

杨家将村的神奇魄力

杨家将村最具历史文化特征的是杨氏官厅。杨氏官厅原名杨氏宗祠，于明朝洪武五年由指挥佥事杨昇负责修建，整个构造图纸由都指挥杨继先亲书“官户图文”提供。杨氏官厅坐落在城步苗族自治县儒林镇大竹坪村中心地带，是大竹坪杨氏家族祭祖的场所，也是大竹坪籍在朝廷任职官员回乡祭祖的重要场所。历史上大竹坪杨氏在朝廷任职的官员一批又一批，回乡祭祖的官员也一批又一批，共有 10 多批官员计 39 位文武官员。史料记载，有 10 多位四品以上朝廷命官回乡祭祖。洪武五年（1372）指挥同知杨昇（族名杨再禄）第一批回乡祭祖，创修了杨氏宗祠，之后均分家产，确定再思、正修、正滔、谷真、谷庆等祖辈的神位，确定七户后裔祭祖扫墓的区域，并向皇帝奏请诰封杨谷真为云骑尉官职。城步杨氏自唐代中期杨再思祖父杨临党被委派到五溪蛮驻防，到杨再思始祖开始就有杨氏发派，到了宋代杨氏家族很发达，枝繁叶茂，造就了后来的“城步地，杨半边”，产生了一批又一批为国效力的文臣武将。在宋有杨再兴，元有杨完者，明有蓝玉、沐英、杨洪父子，丰功伟绩，照耀宇合。在杨氏官厅，有明朝万历十年彰武伯杨瑀题刻的“勋裔”匾牌，有明朝崇祯十七年太仆寺卿、湖广按察御史杨乔然题刻品“派总关西”，有清朝道光七年湖广总督杨芳和杨国珍、杨逢春、杨遇春等四位一品大员回乡祭祖题刻的“父叔品臣”匾牌。杨氏官厅成为爱国主义传统教育基地，也成为历代城步杨家将回乡祭祖的主要场所。

明朝皇帝朱元璋题“杨氏官厅”匾

清朝湖广总督杨芳和杨国珍、杨逢春、杨遇春四位一品官员题匾

杨氏官厅是杨家将村的“镇寨之宝”

杨氏官厅经过600余年的风雨沧桑，分别在崇祯五年（1632）、清道光年间、民国十一年（1922）、1985年、2017年进行过维修（主体结构不变）。杨氏官厅之名为洪武皇帝朱元璋所赐。明朝末年，清军打到北京城，明朝皇室危在旦夕，杨乔然借按察湖广军务之机，奏请崇祯皇帝将“杨氏官厅”牌匾迁回城步大竹坪祖籍之地，得到皇帝恩准。隆武二年（1646），杨乔然回乡，满地铺毯，隆重地将杨氏官厅匾牌悬挂于杨氏宗祠之上。从此，杨氏宗祠更名为“杨氏官厅”。杨乔然在回乡祭祖的同时，还与都察院会同湖广省府刊刻一块高2.2米，宽1.4米的大石碑，将大竹坪杨一元等29户杨氏后裔定为“官户”，对这些“官户”进行杂役、徭役的革免，并行文通会州府、县衙以照会。

杨氏官厅是一座砖木结构的四合大院。造型带有北京四合院特色。湘西南、黔东北祠庙建筑林立，大多数有高大的封火山墙和气势雄伟的前门牌楼，但在这一点杨氏官厅不突出，显得朴素独行。主要原因是杨家先祖杨震倡导清廉为官的祖训，千百年来素有“清白家”“四知第”的好名号，所以杨氏官厅在建造规模和装饰上就不能显得奢侈。大门厅堂和正常都显得高大雄伟，可容纳近千人的祭祖活动，后房等其他用房则紧凑毗连，继承了传统的景观园林建筑的传统形式，适应当地潮湿气候特点。这样有气势的明清古建筑在改革开放前有20余座，现只有5座，完整的只有1座了。

杨氏官厅的建筑形制源于京派建筑，又融合了多种多样的南方建筑形式和汉族四合院的礼制以及少数民族苗寨的地域特色。湘西南地区干栏式建筑、鼓楼、风雨桥、祠堂、家庙等都是极具有少数民族特征的，而杨氏官厅则是两者合一，特色鲜明，是一座典型的明带代祠堂建筑。杨氏官厅为砖木结构，院中的柱、枋圆大宽厚，很有气势。整个建筑由前大厅、天井、正厅、左右厢房组成，在正厅左侧和右侧分别建配套的工作房和碑亭（该碑亭于“文革”中拆除），碑亭立有建祠以来各位朝廷命官为国家所做贡献而刻的功德碑，每荣立一次功或中进士之类的荣誉便刻有一碑，整户碑亭立有各种功德碑和荣誉碑共30多块（“文革”中被村集体搬去作农田水利建设的基础石）。整座官厅坐南朝北，屋面盖青瓦，挑檐翅角，正厅柱体粗大，柱基础石雕刻精细，柱墩雕有龙腾图案和飞禽走兽。梁、檐、柱、门窗、屋顶、栏杆、马头墙等依据空间私密程度的不同采用建筑造型元素对空间进行划分。天井建筑、内部空间联系和过渡的主要构件，具有防火、防潮、防腐、通风等多种功能。整个建筑以内院为中心性组织，所有建筑物均以中轴中心为主，主厅正中还建有神坛（“文革”中被拆除），背靠外围，形成舒适安全独立的空间环境。

建筑具有整体封闭的特征。为了防盗，建造了封闭为主的独立建筑形式，一把锁就能控制整个建筑，形成一个封闭的空间。杨氏官厅的建筑有别于当地传统的建筑，这种建筑形制在北京城很普遍，而在城步的少数民族地区却是独一无二。尤其是官厅内的各种雕刻、画像、塑像都体现杨家将文化特色，体现杨家将为朝廷效力、护国安邦、情系家乡的赤子之心。

杨氏官厅在建筑装饰上风格鲜明。一是吉祥图案与当地风貌、湘西南的浪漫楚巫风情相融合，既体现苗族文化，又体现了汉族传统文化。杨氏官厅从屋

杨氏官厅为明朝洪武五年修建的古建筑

脊到梁柱再到支柱的下础石、檐板和门窗、柱石都有精细的雕刻，整个建筑中甚至还有双镂雕，体现了当时建造者的雕刻艺术，突出了当时的工匠与杨氏族人的智慧和审美要求。雕刻图案有人物故事、花鸟鱼虫，表达了求福“保平安”建和谐社会的强烈愿望。如杨文广征西，刻画了杨文广为了南疆的稳定奉旨征南，

为剿平匪患陷入囹圄的故事。正门上方的“鲤鱼跳龙门”图绘，意即杨氏将军经常在皇帝身边，常年为朝廷、为国家效力，做出了重要贡献。正堂中柱石上的“信鹊传官书”意即杨家将在边关戍边，用信鹊传书的方式将杨氏将军立功的消息传递给家乡父老乡亲们。窗格上的双飞蝙蝠图像，意即整个杨氏家族们都能乐享清福，共驻太平。窗格上的梅花图案，意即在严寒的状态，在艰难困苦的世态中要像梅花一样傲视群芳。鹿的造像表示“禄”，希望世代享有国家奉禄。桃子表示“寿”。雕刻各式各样，种类繁多，表达杨氏家族人民对美好生活的向往。大门两侧书有一副杨洪国公墓的“隐事”联，用杨洪墓东南西北四方地名衬托出杨洪墓的中心位置，足见杨氏官厅创始人对国公杨洪墓的隐秘之事可谓独具匠心。卷草纹是中国传统图案之一，兴盛于唐宋时期，一般是将藤花处理成“S”形，围绕在柱墩上，主要物质以金银花为背景，意即有金有银，共同富裕，或围成方形在门窗上，圆润丰满，展现自然界旺盛的生命力。杨氏官厅的柱石和大厅上梁枋，刻有“卍”字图案，警醒人们在太平之时不要骄傲，以追求和平为至尚目的。

总之，杨氏官厅的建筑艺术体现了苗族人民居住区的人文风貌及人与自然的和谐共生，建筑图案增添了整个建筑群体的美感，具有强烈的民族气息。

1987年7月，杨氏官厅列为县人民政府第一批县级重点文物保护单位。2011年，杨氏官厅被列为省级重点文物保护单位。2008年，城步将杨家将村命名为“中国南方杨家将文化艺术之乡”。她将以更新的姿态展现在世人面前，成为城步苗族人民的一个集历史文化、旅游观光、休闲娱乐的新亮点。

（作者系城步苗族自治县人民政府原副调研员、县苗学会会长）

全国苗族地区经济社会发展之比较研究

——以城步等全国五个单列苗族自治县为例

雷学业　曹正城　刘学用

苗族是一个优秀的民族，也是一个发源于中国的全球性的民族。在 2010 年的全国第六次人口普查中，苗族总人口为 9426007 人，主要分布在贵州、湖南、云南、重庆、广西、四川、湖北、海南等省市区。在长期的迁徙漂泊中，部分苗族现已在越南、泰国、老挝、缅甸、美国、法国、澳大利亚等国家定居生活。20 个世纪澳大利亚民族学家格迪斯在他的著述中这样感叹："世界上有两个苦难深重而又顽强不屈的民族，他们就是中国的苗族和分布于世界各地的犹太人。"本世纪苗族作家南往耶写道："苗族是一个不断被驱赶甚至被消灭的民族，但他们一直没有对生命和祖先的放弃，自五千年开始，跋山涉水，经历千难万苦，从中原逃到云贵高原和世界各地，朝着太阳落坡的地方寻找故乡，用血泪养育古歌和神话，没有怨恨，把悬崖峭壁当作家园，梯田依山而建，信仰万物，崇拜自然，祀奉祖先，感谢仇人。"

新中国成立以后，在党的民族政策光辉照耀下，广大苗族人民翻身解放，当家做主，揭开了苗族历史新的一页，苗族人民从此走上了社会主义康庄大道，各方面都有了较大变化，政治上实现了民族平等，实行了区域自治。至今为止，先后与其他兄弟民族建立了 7 个联合自治州、22 个苗族自治县、5 个单列的苗族自治县。在经济文化上也取得了显著进步，与其他少数民族一样，融入了现代先进中华民族大家庭。

2014 年，湖南省城步苗族自治县承办第五届"中国苗族文化论坛"，借此良机，该县政协决定开展一次全国五个苗族自治县经济社会发展状况大调研，对全国苗族地区经济社会进行比较研究，总结苗族社会发展成果，探寻苗族社会发展规律，寻找苗族地区发展差异，向中央及各级党委政府提出促进全国苗族地区经济社会发展的对策和建议，使苗族社会紧紧融入全国建设小康社会、实现中国梦的时代潮流。

一、全国五个单列苗族县基本县情

城步苗族自治县成立于1956年11月，是全国第二个建立的苗族自治县，位于湖南省西南部，距省会长沙436公里，距国际旅游城市桂林210公里。全县国土面积2647平方公里，辖14个乡镇（场）292村（居、社区），境内居住着苗、汉、侗、瑶等24个民族，总人口28万，其中苗族人口占总人口的59%，以苗族为主的少数民族人口占总人口的63%。境内生态优美、物产富饶、气候宜人，有森林、草山、矿藏、电力、旅游五大优势资源，林地总面积21.5万公顷，森林覆盖率达80.3%，草山面积9.1万公顷，水能蕴藏量30万千瓦，风电蕴藏量80万千瓦，矿产资源探明储量的有32种，锌镉、硫铁、辉绿岩、滑石、碎白云母为大型矿藏。旅游资源有国家3A级风景名胜区南山牧场、金童山国家自然保护区、两江峡谷国家森林公园、十万古田白云湖国家湿地公园，先后获得“全国民族团结进步模范县”“国家级生态示范区”“全国最佳生态旅游县”“中国区域休闲旅游目的地城市”“中国最具影响力文化旅游百强县”“中国山歌之乡、油茶之乡、吊龙之乡”等“国字号”荣誉。

广西融水苗族自治县成立于1952年，是全国最先建立的苗族自治县。融水是广西唯一的苗族自治县，现为国家扶贫开发工作重点县。全县面积4638平方公里，辖20个乡（镇），总人口50.6万人，居住着苗、瑶、侗、壮等13个世居民族，少数民族占全县人口的74.4%，其中主体民族苗族人口21.13万人。融水境内资源丰富，河流水流蕴藏总量达54.65万千瓦；风能发电可装机20万千瓦；已探明的矿产主要有金、煤、铁、锡等40多种；有林地面积530万亩，森林覆盖率达78.8%。融水山清水秀、生态优美、风光如画，境内有元宝山国家森林公园、九万山国家级自然保护区，有国家级4A级景区1个、3A级景区4个、全国旅游示范点1个、“柳州市十大美丽乡村”10个，享有“百节之乡”“中国芦笙斗马文化之乡”美誉，“融水苗族系列坡会群”被列入国家首批非物质文化遗产名录。先后获得“全国民族团结进步模范县”、“广西优秀旅游县”、“全国绿化模范县”、“全国林业信息化示范县”、“广西林业产业发展十强县”、“广西文化先进县”、建设“平安广西”活动先进县等荣誉。

松桃苗族自治县成立于1956年，位于贵州省东北部梵净山麓，地处贵州、湖南、重庆两省一市交界处。全县辖28个乡镇509个行政村，国土面积3409平方公里，人口72.6万，其中苗族人口占全县总人口的68.1%。松桃区位交通优势明显，铜仁·凤凰机场位于县境内，湘渝高速、杭端高速穿境而过，立体交通网络已初步形成。矿产资源十分丰富，锰矿、钒矿、铅锌矿、页岩气等储量较大，锰矿储量达1.2亿吨以上，有中国“锰都”之称。旅游资源独具魅力，境内有国家级风景名胜区梵净山，有“东方氧都”桃花源，有原始古朴的“中国苗王城”。该县民族文化古朴神奇，苗族绝技绝艺、苗族傩戏、苗族服饰银饰、苗族刺绣等享誉海内外，先后被命名为“中国民间文化艺术之乡”“中国滚龙艺术之乡”“中国民间绝技文化艺术之乡”“贵州花鼓艺术之乡”等，原生态苗族文化节目《苗族花鼓舞》《武陵雄风》先后获得中国民间文艺“山花奖”，苗族刺锈花鼓系列产品被国家外交部指定为外交用品。

屏边苗族自治县成立于1963年7月，位于云南省南部、红河州东南部，距省会昆明320公里，距国家级开放口岸河口95公里，是通往东南亚、南亚各国的重要门户，也是历史上南方“古丝绸之路”的途经地。全县国土面积1905平方公里，辖6乡1镇、80个村（居）民委员会，境内聚居着苗、汉、彝、壮、瑶等17种民族，总人口15.6万，其中苗族人口占总人口的46%，以苗族为主的少数民族人口占总人口的66%，是云南省唯一的苗族自治县。屏边气候宜人，被誉为“中国最南端的春城”，全县有林地面积193.8万亩，森林覆盖率67.8%，林木绿化率76.4%，水能理论蕴藏量56.94万千瓦；珍稀资源有熊胆、大黄藤、红豆杉、石斛等；矿产资源有铅、锌、铁、钨、锰等有色金属矿和大理石、硅石、花岗石、无烟煤等非金属矿；旅游资源有大围山国家公园、天然大睡佛、园内罕见的史前陆地火山、景致迷人的高山瀑布、举世瞩目的滇越铁路和人字桥等自然人文景观。近年来，屏边先后被授予“国家卫生县城”“全国造林绿化先进单位”“全国民族团结进步模范集体”“全省双拥模范县”等荣誉称号。

全国最后一个建立苗族自治县的是湖南麻阳。1988年10月经国务院批准，设立麻阳苗族自治县。全县总面积1568平方公里，辖23个乡镇、321个村（社区），有苗、汉等17个民族，2013年末总人口39.35万人，其中苗族占78.8%。境内生态良好，有奇特的地质地貌和丰富的水资源，气候温和、雨量充沛，全县森林覆盖率达62%，空气环境质量好，促进了人民的健康长寿，人均寿命高于全国水平3岁。近年来，先后获得了“中国冰糖橙之乡”“中国长寿之乡”“中国民间文化艺术之乡”等荣誉称号。

二、全国五个苗族自治县经济社会发展现状

全国五个苗族自治县2013年末基本县情一览表

县名	成立自治县时间	总人口（万）	苗族人口（万）	少数民族人口（万）	县域面积（平方公里）	全县乡镇（个）	森林覆盖率（%）	优势资源	旅游景点	荣誉称号
城步县	1956年11月	28	16.56	17.64	2647	13	8	森林 草山 矿藏 电力 旅游	南山国家风景名胜区、金童山国家自然保护区、两江峡谷国家森林公园、白云湖十万古田国家湿地公园	“全国民族团结进步模范县”“中国山歌之乡、油茶之乡、吊龙之乡”“国家级生态示范区”“全国最佳生态旅游县”“中国区域休闲旅游目的地城市”
融水县	1952年	50.6	21.13	37	4638	20	78.8	电力 矿藏 旅游	元宝山国家森林公园、九万山国家自然保护区、苗族系列坡会群	“百节之乡”“中国芦笙斗马文化之乡”“全国绿化模范县”“全国林业信息化示范县”

松桃县	1956年9月	72.6	49.43	51.8	3409	28	56	矿藏 旅游	梵净山景区 苗王城景区 寨英古镇 潜龙洞景区等	“中国民间文化艺术之乡” “中国花鼓文化艺术之乡” “中国滚农艺术之乡” “中国绝技绝活之乡” “中国西部影视基地”
屏边县	1963年7月	15.6	71760	10.3	1906	7	67.8	森林 电力 矿藏 旅游	大围山国家公园 天然大睡佛 史前陆地 火山、高山瀑布 滇越铁路和人字桥	“国家卫生县城” “全国造林绿化先进单位” “全国民族团结进步模范集体”
麻阳县	1988年10月	39.35	78.8	30.7	1568	23	62	水果 旅游	石羊哨温泉景区 西晃山 “天下第一寿山”景区 苗族盘瓠民俗文化村	“中国冰糖橙之乡” “中国长寿之乡” “中国民间文化艺术之乡”

苗族是一个古老的民族，也是一个灾难深重的民族。由于历史造成的五大迁徙，苗族人民被迫迁徙到我国西南地区的崇山峻岭之中，各部分彼此隔绝，自然条件艰苦恶劣，生产技术极为原始落后，导致苗族社会经济发展极为缓慢。新中国成立后，苗族人民在中国共产党的英明领导下，团结拼搏、艰苦奋斗，用自己勤劳的双手，建立起崭新的家园，创造了丰富的物质文明和精神文明。进入21世纪以来，全国各地苗族人民奋发有为、锐意进取，在建设具有中国特色社会主义和实现“中国梦”的伟大征程中做出了新的贡献。

（一）民族工业蒸蒸日上

工业生产取得史无前例的成就。解放前，苗族地区工业生产极为落后，工业基础薄弱，几乎是一片空白。城步工业始于1952年，当年工业总产值仅49万元，占全县工农业总产值的8.1%。改革开放以后，全县工业企业大幅增加，到1985年，全县共建成工业企业89家，职工4874人，固定资产原值4553.8万元，基本形成了水电、食品、造纸、建材、冶金、化工等门类比较齐全的轻重工业体系，工业总产值达4553.8万元。进入21世纪以来，城步工业发展潜力不断增强，招商引资和项目建设力度加大，新型工业异军突起，2013年全县22家规模企业共实现工业总产值22.6亿元，规模工业增加值5.3亿元，工业固定资产投资16亿元，技改投资43亿元，工业信息化投入2000万元，战略性新兴产业增加值占生产总值的比重为45%，实现税收6700万元。

麻阳县1949年工业总产值150万元，占工农业总产值的19.63%。到1988年建立自治县时，已经形成了以电力、造纸、食品、化工、冶金为主体的工业结构，工业总产值达7960万元，占工农业总产值的30.5%，近年来，该县突出“培育新型工业集群”战略重点，加快项目建设进度，着力加速推进新型工业化进程，使规模质量稳步提升，发展后劲明显增强，产业集群独具特色。到2013年底，规模工业企业完成现价产值44.83亿元，工业税收完成7433.5万元。

屏边工业始于1952年。1963年成立自治县时，全县有工业企业19个，工业总产值仅95万元。近年来，该县工业发展速度不断加快，国有企业改革不断深化，不同所有制企业发展壮大，招商引资助推工业经济发展。到2013年，全县有工业企业60户，主要产品涉及电力、化工、矿业、制药、煤炭、食品加工、建材、民族服饰八个大类，实现工业总产值107589.1万元，利税总额12353.3万元，利润总额10230.9万元，二产业实现地区生产总值74935万元，占全县GDP的37.44%，二产业在三次产业中位居榜首，工业经济已成为全县国民经济的重要主导产业。

融水苗族自治县坚持工业经济主导地位，加快建设特色工业发展平台。一是抓好传统工业持续发展。加快传统工业升级改造，整改高耗能企业，对部分规模以上企业进行技改升级，扩大产能和提升产品质量，增强传统工业的发展后劲；二是促进工业园区经济加快发展，2013年园区面积达2775亩，实现产值11.3亿元；三是加大能源资源开发，累计建成投产电站65座，总装机33.75万KW；水电行业产值4.08亿元。2013年全部工业总产值完成49.18亿元，其中规模以上工业总产值完成41.01亿元。

（二）农林水牧各业成就骄人

山高水冷，土壤贫瘠，九山半水半分田，吃了上顿愁下顿，这是昔日苗乡山寨的真实写照，直到新中国成立，受尽苦难的广大苗胞终于圆了“耕者有其田”

的梦想，真正成为苗乡大地的主人。党的农村政策释放了数百万苗胞身上的巨大能量，使苗乡的山山水水发生了翻天覆地的巨大变化。

城步自古以来就是个农业县，农业经济历来是县域经济的主体。1956 年自治县成立时，城步有耕地 15.61 万亩，当年全县农业生产总值 2422 万元（按 90 年不变价计算）。从致力解决温饱问题到实现粮食基本自给，城步走了 22 年。1978 年党的十一届三中全会以后，全县全面落实家庭联产承包责任制，积极调整农业产业结构，农村经济获得了持续、稳定的发展，当年耕地面积 17.14 万亩，全县农业总产值 4736 万元，占全县国民生产总值的 42%。到 2013 年，全县耕地面积 19.32 万亩，粮食总产 81234 吨，农业总产值 51432 万元，占全县国民生产总值的 34.1%。城步是林业大县，全县共有林地面积 329 万亩，占全县总面积的 83%，活立木总蓄积量为 950 万立方米，森林覆盖率达 80%，拥有高等植物 2200 余种；珍贵树种 110 种，国家Ⅰ、Ⅱ级重点保护树种 30 多种，国家二类保护野生动物 14 种；草地总面积 9.1 万公顷。在计划经济期间，全县累计为国家提供木材 1000 万立方米、楠竹 2500 万根，为国家建设做出了重大贡献。至 2013 年底，全县林业总产值达 10 亿元。畜牧业方面，1949 年，城步有牛存栏 1.54 万头、猪存栏 1.99 万头、家禽存笼 12 万羽。到 2013 年，该县发展到牛存栏 8.95 万头、猪存栏 18.6 万头，家禽存笼 130 万羽。随着南山牧场的崛起，城步畜牧业产业建设实现跨越式发展，2003 年县委出台了《关于加快奶业发展的决定》，2005 年出台了《关于进一步加强科技兴奶工作的意见》，到 2007 年奶业获得空前发展，全县共饲养奶牛 1.98 万头，全年生产商品奶 1.25 万吨，鲜奶产值 3390 万元，实现奶业工业产值 12 亿元，创利税 6078 万元，以城步为重要奶源地的南山奶粉的销售业绩进入了顶峰，成为全国奶粉行业销售“五强”品牌，全年销售额达 15 亿元左右。水利电力方面，境内共有大型水库 1 座，库容 3.6 亿立方米，小Ⅰ型水库 7 座，库容 1550.4 立方米。小Ⅱ型水库 19 座，库容 266 万立方米，山平塘 1220 口，库容 204 万立方米，电灌站 71 处，水轮泵 66 处，河坝 1090 座，渠道水圳 12500 条，全县蓄、引、提水量 44655 立方米，有效灌溉面积达 14.31 万亩，旱涝保收面积达 10.65 万亩。至 2014 年 8 月，全县共建成电站 105 处，机组 211 台，装机容量 128854KW。全县共有 220KV 变电站 1 座、110KV 变电站 4 座、35KV 变电站 10 座，年供电量约 3.7 亿 KWH，年售电量约3.3亿KWH。

麻阳是个农业大县，1988年自治县成立时，在全县31.53万人口中，农村人口28.95万人，全县农林牧渔业总产值1.35亿元，农民人均纯收入407元。到了2013年，麻阳农村经济有了新进步，全县农业总产值19.98亿元，全年粮食种值面积30.35万亩，总产10.64万吨。农田水利建设强力推进，投入资金1.8亿元，实施了兰里、谷达坡等5个小农水建设项目，完成38座小Ⅱ型水库除险加固，实施了滑石江、濠洛溪的中小河流治理项目，被评为“全国水土保持生态文明县”。林业建设成效显著，完成工业原料林2.96万亩、补植补造6000亩、“三边”造林4700亩、绿化提质144公里，森林覆盖率达66.3%。农业机械化水平不断提高，全县农机总动力16.5万千瓦，全县农业机械化水平达32.9%，农业综合开发力度加大，完成土地开发整治1.58万亩，中低产田改造8000亩，被评为全省土地治理项目“优质工程开发县”。全县完成户用沼气池600口，新建乡村能源服务网点5个，推广太阳能热水器580台及气化炉700台。

屏边县委、县政府团结带领全县各族干部群众，紧紧围绕经济建设这个中心，坚持农业的基础地位不动摇，以发展为主题，以结构调整为主线，以科技进步为动力，以农业增产、农民增收、农村稳定为目标，加大对农业的投入，大力推广良种良法，狠抓科技项目的实施工作，农业产业经营水平全面提升，全县农业发生了巨大变化，取得了辉煌成就。1963年自治县成立时，粮食播种面积223150亩，总产量2.07万吨，平均单产92.3公斤，农村经济总收入322.8万元，农民人平纯收入34元。1978年，党的十一届三中全会以后，全县大力实施科技兴农的发展战略，全面落实和完善家庭联产承包责任制，积极调整农业产业结构，加强农业基础设施建设，农村经济获得了持续、稳定的发展，自给半自给的传统农业逐步转向商品农业、市场农业、现代农业。2013年全县粮食播种面积367429亩，粮食总产量78029吨，粮食平均亩产213公斤，农村经济总收入72568万元，农业总产值88925万元，农民人平纯收入3565元。林业方面，2013年全县共有林地面积189万亩，森林覆盖率67.8%，林业绿化率75.6%，林业产值达到2.8亿元。畜牧业方面，2013年全县牛、马匹类、生猪、山羊存栏分别达48017头、16318匹、263303头、11268只，分别比自治县成立当年增长221.23%、95.5%、750.32%、178.98%。至2013年，屏边共建成水源工程水库9

座，总库容406万立方米；投入资金5529.5万元，解决全县7个乡镇710个自然村28613户151390人、59406头大牲畜的农村饮水困难；投入资金11.67亿元，建成水电站34座，总装机容量17.78万千瓦，发电量69456万千瓦时，实现了农村初级电气化。

融水苗族自治县在稳定粮食生产的基础上，加大“三农、三香、三林、三养”等特色农业产业发展扶持，农业产业化进程不断加快，竹木加工产业进一步规范和壮大，品牌质量不断提升。2013年完成粮食播种面积75.89万亩，粮食总产量11.66万吨，茶叶种植总面积3.3万亩，干茶总产量552吨；桑园种植总面积3.3万亩，鲜茧产量2152吨；水果总面积4.9万亩，水果产量4.75万吨；蔬菜种植面积12.55万亩，总产量12.3万吨；肉类总产量和水产品总产量各为3.84万吨、0.82万吨，猪、牛、羊、家禽分别出栏32.85万头、3.27万头、2.96万只、820万羽，2012年农民人均纯收入4698元。

（三）城建交通电信蓬勃发展

1949年，城步城区面积才0.75平方公里，人口2804人。解放60多年来，城步城市建设突飞猛进，县城共建成大小街道20多条，城区面积扩大到7.8平方公里，城镇人口8万余人。解放前，该县没有一条公路，也没有运输船只，水陆交通闭塞，全靠肩挑背负。从1952年开始，该县开始大修公路，到2005年，共修建县乡公路68条，计720公里，村级公路450公里。自2003年开始，国家加大对农村公路改造建设投资力度，城步全县人民掀起了农村公路改造建设高潮，至2008年止共投入资金28718万元，共完成223公里通乡公路砂改油改造，完成203个行政村562.8公里农村公路通畅工程建设，实现了乡乡通油路目标。2009年至2013年，全县共完成县乡道改造370.4公里，完成农村通畅工程645.1公里，累计完成投资45281万元，新建县乡道81.6公里，完成投资1224万元，100%的行政村都有公路通达，93%的行政村达到通畅水平。高速公路实现从无到有，2013年底建成了武冈至西岩高速公路。至2013年底，全县共有二级汽车站1个、农村客运站5个、农村客运招呼站123个，渡口码头16个，长、中、短途客运班线38条，189个行政村有客运班车通过，通航34公里。1949年启动电信建设，到1999年全县交换机容量达到了3万门，安装电话2.35万户，全县现有乡镇所在地，85% 以上的行政村都通了电话；2013 年县城全面实现光纤上网，全县行政村通光缆宽带率达 85%，移动信号覆盖 95% 以上行政村和 90% 以上自然村。

麻阳全力推进新型城镇化建设，城乡面貌日新月异，截至 2013 年底，城区面积达 8.5 平方公里，全县城镇化率达 39.8%，开通公路 1503 公里，其中高速公路 1 条 30.1 公里、国道 1 条 59.9 公里、省道 5 条 221 公里、县道 11 条 197 公里、乡道 44 条 310 公里、村道 648 公里；航道 5 条、渡口 60 处。全县有 4 类火车站点 4 个、汽车站 1 个、农村客运站场 13 个。全县通信光缆总长 1898KM，县城城区及全县 23 个乡镇全面实现光网传输，电信 C 网基站 57 个，C 网信号覆盖城区及 100% 乡镇 95% 以上村组。

屏边县城区面积 2.16 平方公里，县城人口 2.43 万人，城市道路长 19.44 千米，城市供水管道长 35.12 千米，城市供水能力 1.35 万立方米，全县城镇化率 19.6%。屏边早在 1911 年就开通了滇越铁路。到 2013 年，境内共有铁路 1 条 70 公里，公路 480 条 2330 公里，其中国道 1 条 40.846 公里、省道 1 条 57 公里、县道 11 条 354.171 公里、乡道 71 条 581.871 公里、村道 387 条 1274.37 公里、专用公路 9 条 21.318 公里，全县 7 个乡镇已有 4 个乡镇通油路、3 个乡通弹石路、76 个行政村 694 个自然村已全部通公路。

融水苗族自治县加大县城扩容力度，促进城镇化建设增速，近年来引资 10 亿元开工建设一批重大项目，城镇面貌日新月异。民族体育休闲公园、芦笙广场、会展中心等设施相继投入使用，城市基础设施明显改善。全县公路通车里程达到 1561.62 公里，实现乡乡通油路、村村通公路目标。

（四）旅游事业阔步向前

城步旅游资源得天独厚，开发空间和发展潜力巨大，已规划的旅游资源主要有儒林慢乐文化休闲区、大南山国家旅游度假区、白云湖休闲度假区、两江峡谷生态休闲区、十里长寨生态文化旅游区、罗汉洞银杉生态旅游区、十万古田高山探险区等 7 大景区，资源组合堪称完美，山乡民俗风味浓郁，历史人文底蕴深厚。现有国家级风景名胜区 1 处、国家级森林公园 1 处、国家级湿地公园 1 处、国家级自然保护区 1 处、国家 3A 级景区 1 处，三星级和二星级酒店各 2 家，五星农家乐1处、四星乡村旅游点3处，共有旅游接待床位2227张，旅游购物商场3家、旅行社4家，旅游产业初具规模。2013年实现接待游客56.5万人次，旅游综合收入3.84亿元，占全县GDP的14.08%。

麻阳旅游产业起步于21世纪初，该县抢抓大湘西生态旅游圈的发展机遇，以重点旅游项目为龙头、以景区建设为核心、以市场为依托、以打造旅游产品为关键，积极开展好各项工作，全面提升旅游产业发展整体水平，推动了全县旅游事业蓬勃发展。目前，全县共有三星级旅游宾馆2家、星级乡村旅游区（点）6家、旅行社4家、旅游商品生产企业11家。到2013年，全县共接待旅游总人数71.5万余人次，实现旅游总收入10498万元。

屏边苗族自治县旅游产业始于21世纪90年代，1993年建成“大围山水围城风景区”，并对外开放经营，迈开了旅游业发展的第一步。进入21世纪以来，屏边县旅游业向广度和深度发展，取得了全面进展，逐步成长为全县国民经济中的一个新兴产业和特色产业。该县树立“大旅游、大产业、大市场”理念，紧抓“西部开发”机遇，采取了一系列得力措施，促进了旅游产业持续快速协调发展。至2013年底，全县拥有大小宾馆酒店60余家，共有房间1378间，床位2491个，特色餐饮饭店17家，旅游直接从业人员0.04万人，全年共接待国内外游客36.92万人，实现旅游收入2.92亿元。

融水紧抓创建广西优秀旅游县的发展机遇，大力发展旅游业。一是提升旅游发展战略定位，按照“秀美融水、风情苗乡”和“生态休闲、文化体验”的旅游发展定位，努力将该县打造成全区一流、全国知名的区域性旅游目的地和集聚地；二是明确发展格局和建设重点。根据特色资源，重点打造“一山、一水、一城、一节”；三是高起点开发、高标准提级改造，努力打造旅游精品。目前有国家4A级景区1个、3A级景区4个，荣获“广西优秀旅游县”“中国最佳绿色生态旅游目的地”和“中国最佳民俗风情旅游目的地”等称号。2012年共接待游客134.1万人次，旅游总收入5.2亿元。

（五）“五苗县”发展进程中遇到的困难

一是贫困程度深，小康建设压力大。按国家新标准，全国五个单列苗族县尚有贫困人口54.21万人，占5县总人口206.05万人的26.31%，其中城步贫困人口达5.7万人，占全县人口总数的20.3%。该县292个村还有70个国家、省定整体推进贫困村，占全县行政村总数的24%，农民人均纯收入仅4140元，为全国农民人均纯收入的47%。屏边有贫困人口7.2万人，占全县人口总数的46.15%。苗族人口基本居住在高寒山区，致贫返贫因素复杂，自然灾害频发，其返贫率较高，一般为10%—20%以上。

二是配套资金政策弹性过大，成为苗族地区项目建设的“拦路虎”。在基础设施建设方面，作为安排项目时调控项目的一个手段，要求地方财政承担相应的配套资金，且有的建设项目如交通等资金配套比高达50%，地方财政根本无力配套，致使一些项目建设进展缓慢，有的甚至无法实施。配套资金政策给苗族地区尤其是散居苗族县建设造成了极大的压力。

三是基础设施建设欠账多，资金投入压力大。如麻阳共有5326座山塘，其中95%需加固，159座水库有82座需除险；全县农村饮水不安全涉及113个村8.31万人，尚有225个自然村580公里通畅工程没有完成，还有132个村需进一步完善农村电网；县城学位紧缺500个以上。湖南城步至今尚有未通村级公路村。该县白毛坪乡青峰村地处五岭山脉黔峰山腰，共有3个村民小组360人口，是苗族集聚区。该村离县城18公里，距乡政府白毛坪12公里，目前县城至村公路已拉通毛坯路，但乡政府至村仍有2公里未拉通，是该县唯一一个未通村级公路的行政村。其原因是因为该县为修建白云水电站而修筑了白云水库，淹没了下小言、冷水坪、大井等村寨，青峰村至白毛坪乡政府要修筑下小言大桥跨越白云水库，而修筑下小言大桥，根据有关规定，需由具有相应资质的设计单位进行勘测设计，费用由村自行负责，花费需上千万元，村民们只能“望桥兴叹”，县财政也只能“叹莫能助”。

四是城乡基础设施薄弱，城镇化水平低。尽管建国60多年来，苗族地区经济社会发展取得可喜成就，但苗族地区城乡基础设施仍很薄弱，制约经济社会发展的瓶颈尚未从根本上解除，水利、电力、道路、通信和就医就学条件、环境保护设施建设等基础设施建设任务仍很艰巨。苗族地区城镇化水平很低，五个苗族单列县中，城镇化率最高的麻阳也只有39.8%，屏边最低为19.6%，而全国平均水平为49.68%。县城规模等级低，城镇化容纳空间小，工业基础薄弱，缺乏为进城农民提供大量工作岗位的劳动密集型企业，对劳动力吸引能力小，不利于城镇化发展。

五是产业结构单一，财政收支矛盾突出。苗族地区产业发展受自然条件的限制，人才、资金、技术都比较缺乏，企业发展缓慢；种植业跳不出小农经济模式，种植养殖科技含量低，管理粗放，加之信息不灵、交通不便、销售渠道不畅、抵制自然灾害能力差，往往造成增产却减收的尴尬局面，县域经济来源不足、财政自给能力低、财政收支矛盾突出、收不抵支的状况无法从根本上改变。

六是教育、文化、卫生等社会事业发展滞后。教育投入不足，历史欠债多。国家拨付的教育经费主要用于保证教师工资，无力改善办学条件。边远山区医疗设施简陋，群众看病难、就医难的问题比较严重，农民因病致贫、因病返贫的现象仍有发生。农村的科技推广力度还不够，农民的科技意识仍需加强。

三、全国五个苗族自治县经济社会发展及享受国家省（区）优惠政策比较分析

（一）经济社会发展指标比较

2013 年经济社会发展指标及城镇化水平、贫困程度比照分析

县名	总人口（万人）	地区生产总值（万元）	全社会固定资产投资（万元）	财政总收入（万元）	财政总支出（万元）	社会消费品零售总额（万元）	城镇	森林覆盖率	贫困（万人）
城步	27.9	272609	262375	30307	139507	133465	26.1%	80%	13.3
融水	50.6	654600	722900	51000	210197	193300	29.4%	78.8%	15.92
松桃	72.6	728051	1130700	92079	298100	155202	39.4%	56%	16.96
屏边	15.6	200108	250120	15653	126942	73800	19.6%	67.8%	7.2
麻阳	39.35	533700	371800	34700	161600	179900	39.8%	62%	8.43
合计	206.05								61.81

2013 年五个苗族县各项经济指标排名如下单位：

名次	人口总数（万人）	人均 GDP（元）	人均财政收入（元）	农民人均纯收入（元）	城镇居民人均可支配收入（元）
第一名	松桃 72.6	麻阳 13562.9	松桃 1268	融水 5567	融水 21284
第二名	融水 50.6	融水 12936.8	城步 1086	松桃 4995	屏边 18692
第三名	麻阳 39.35	屏边 12827.4	融水 1008	麻阳 4794	松桃 17606
第四名	城步 27.9	松桃 10028.3	屏边 1003	城步 4140	麻阳 15700
第五名	屏边 15.6	城步 9770.9	麻阳 882	屏边 3565	城步 15544
2013 年全国平均值		41805	9491	8896	26955

在全国五个苗族县中，中部省份湖南占两个：麻阳和城步，西部省份贵州一个松桃、广西一个融水、云南一个屏边。经济指标比较：1. 按人均 GDP 排名，麻阳第一，其次是融水、屏边、松桃，城步第五，城步的人均 GDP 只占麻阳的 72%; 2. 按人均财政收入排名，第一是松桃，其次是城步、融水、屏边，麻阳第五，麻阳的人均财政收入只占松桃的 70%；3. 按农民人均纯收入排名，第一是融水，其次是松桃、麻阳、城步，屏边第五，屏边的农民人均纯收入只有松桃的 64%；4. 按城镇居民人均可支配收入排名，融水第一，其次屏边、松桃、麻阳，城步第五，城步只占融水的 73%。从经济社会发展总体情况看，西部省份的融水、松桃、屏边总体发展好于中部省份湖南的麻阳和城步。在湖南省内比较，麻阳又好于城步。但是，从全国来看，五个苗族县各项经济指标都远远落后于全国平均值。麻阳人均 DGP 只占全国平均值的 32.4%，而城步只占全国平均值的 23%；人均财政收入最好的松桃只占全国平均值的 13.4%，而麻阳还不到全国平均值的 9.3%；农民人均纯收入最高的融水还不到全国平均值的 63%，而屏边只占全国平均值的 40%；城镇居民人均可支配收入最高的融水只达到全国平均值的 79%，城步还不到全国平均值的 58%。

（二）优惠政策比较

1. 西部大开发政策

为促进我国不同区域的发展，国家制定了不同的战略方针，目前已形成了东部开放、西部开发、东北振兴和中部崛起以及片区区域发展与扶贫攻坚的格局。西部大开发战略于 2000 年实施，广西、云南、贵州属于西部大开发的范畴。2010 年《中共中央国务院关于深入实施西部大开发战略的若干意见》（中发【2010】11 号）进一步明确了西部大开发的优惠政策。按照《国务院实施〈中华人民共和国民族区域自治法〉若干规定》，“未列入西部大开发范围的自治县，由其所在的省级人民政府在职权范围内比照西部大开发的有关政策予以扶持”。湖南省在相关文件中也明确了自治县比照享受西部开发政策。与纳入西部开发范畴的县相比，麻阳、城步作为比照执行西部开发政策的自治县，但享受的照顾政策标准远远不如西部地区。（1）交通扶持政策方面，2000 年实施西部大开发以来，贵州、云南、广西等西部交通建设免除地方配套资金；国家对国省干线提质改造补助标准为 400 万元 / 公里，通畅公路 35 万元 / 公里。2012 年后，国省干线提质改造 550 万元 / 公里，通畅公路 50 万元 / 公里。2012 年前，按照湖南省“十一五”规划，国省干线提质改造补助标准为 220 万元 / 公里，每公里比西部县市少 180 万元，需县级配套 50%；通畅公路 17 万元 / 公里，每公里比西部县市少 18 万元，需县级配套 52%。2012 年起，国省干线提质改造 400 万元 / 公里，每公里比西部少 150 万元，需县级配套 38%。2012 年麻阳、城步列入武陵山片区区域发展与扶贫攻坚规划后，通畅通达公路的上级补助资金标准才基本统一。（2）水利扶持政策方面，按照《关于进一步促进贵州经济社会又好又快发展的若干意见》（国发〔2012〕2 号）文件规定：贵州县市除农村安全饮水工程要求县级 10% 配套外，中小河流治理、病险水库除险加固、堤防工程建设等均为中央和省级资金，无须配套资金。按照《中共湖南省委　湖南省人民政府贯彻落实〈中共中央国务院关于水利改革发展的决定〉的实施意见》规定：中小河流治理、农村安全饮水工程要求县级按 10% 配套，“四水治理”县级 50% 进行配套；按照《湖南省财政厅关于预拨 2011 年小（Ⅱ）型病险水库除险加固项目中央专项资金的通知》文件规定：病险水库除险加固重点项目预拨标准为每座 100 万元，一般项目标准为每座 40 万元，对用完预拨资金后缺口部分资金需县按 30% 配套。(3) 教育扶持政策。在资金投入方面、职业教育方面、人才保障方面中央对西部地区的政策都远远优于中部地区。(4) 医疗卫生政策。药物补贴方面，贵州乡镇卫生院实施国家基本药物制度，按药品销售总额 15% 的比例进行补偿，所需资金由省、县两级财政按 6：4 的比例负担。湖南实施的国家基本药物制度补助资金采取因素法分配，其补助标准远低于西部地区。乡村医疗补助方面，贵州县市村卫生室全部实施国家基本药物制度，每村年财政补助不少于 2.98 万元；所有村卫生室由省里投资，已全部建成，每个村建设资金 5.7 万元。湖南部分实施国家基本药物制度，每村全年补助约 1.6 万元，比贵州少 1.38 万元。未实行基本药物制度的村卫生室，每年财政补助 0.4 万元。(5) 社会保障方面，西部地区在创业就业政策、社会保险政策、城乡低保政策、失地少地农民保障政策等方面远远优由中部地区。(6) 财政支持方面，中央对西部地区的财政补助远远高于中部地区，民族地区转移支付方面的补助也高于中部地区。西部地区全部纳入了国家重点生态功能区，享受重点生态功能区转移支付政策，而湖南的麻阳、城步虽然地处武陵山重要生态功能区，却没有纳入国家重点生态功能区转移支付政策范围。此外，国家对西部地区在投资、国土、税收、金融、环保、工业园区建设、项目审批等方面也出台了一系列的优惠政策。

2. 国家扶贫开发政策

(1) 国家级贫困县、国家重点扶持工作县政策。城步同融水、松桃、屏边一样属国家级贫困县、国家重点扶持工作县，享受中央财政扶贫资金的扶持，具体扶持方式有：对口帮扶、以工代赈、易地扶贫搬迁、整村推进、贴息贷款、劳动力培训、重点村扶持等，西部地区还有整乡推进方式。麻阳由于没有纳入国家重点扶持工作县范围，没能享受相关政策。

(2) 片区扶贫政策。进入新时期，国家把集中连片特殊困难地区作为扶贫攻坚的主战场，划分了 14 个片区，制定了片区扶贫攻坚和区域发展规划。城步、麻阳属武陵山片区，融水、松桃、屏边是滇黔桂石漠化片区，享受片区优惠政策。

3. 云南屏边还享受边疆国境县战区恢复、西南开放的桥头堡建设、红河谷绿色经济走廊等中央特殊政策支持。

四、关于促进全国苗族地区共同繁荣发展的对策和建议

从上述比较分析可以看出，全国苗族地区经济社会的发展水平远远落后于全国平均水平，即使2013年人均GDP在全国五个苗族自治县中排名第一的麻阳，其人均GDP也不到全国人均值的三成；而人均财政收入在全国五个单列苗族自治县中排名第一的松桃县，2013年人均财政收入也仅为全国平均值的13.4%；而在全国五个单列苗族县中农民人均纯收入最低的屏边县，其收入比仅为全国平均值的四成……由此可以看出全国苗族地区经济发展的落后程度。

为改变当前苗族地区的落后状况，赶上全国人民奋力建设小康社会的步伐，到2020年同步实现小康目标，我们特建议如下：

（一）建议全国一盘棋，共同标准执行国家优惠政策

近年来，国家先后出台了《中国农村扶贫开发概要》《关于易地扶贫搬迁试点工程的实施意见》《关于深入实施西部大开发战略的若干意见》《武陵山片区区域发展与扶贫攻坚规划》《关于进一步做好退耕还林还草试点工作的若干意见》《关于促进中部地区崛起的意见》等一系列扶持政策，支持中西部地区优先发展。但是在具体实施过程中，不同省份不同地区享受国家优惠政策的程度有很大不同，即使是同一政策，在不同地区的实施也会有所差异。以城步为例，由于城步是比照实施西部大开发有关政策，政策享受范围小，政策含金量缩水、优惠力度减弱，无法得到与西部地区一样的政策机遇，突出表现在安排建设项目、建设资金投入力度、民族地区中央财政转移支付、财政资金配套等方面，都处于劣势，加之城步地理位置偏僻、信息闭塞、经济滞后，项目和资金的争取难度很大，有些项目即使争取到，也因无法配套而被迫放弃。如在基础设施建设配套资金方面，广西、贵州、云南等西部地区省份的国省干线公路建设资金全部由省区进行预算并全额投资，地方政府无须配套。而中部地区的城步等地则享受不到该项优惠政策，在“十二五”期间执行一二级公路补助300万元/公里、三级200万元/公里的标准，剩余的均需自行筹集配套。

优惠政策是促进民族地区加快发展的最大红利，一些影响重大的优惠政策因

执行程度的差异，在中西部地区造成了新的不平衡和发展差距。因此，建议全国一盘棋，共同标准执行国家优惠政策，同享发展成果，助推中西部地区各民族地区齐头并进。

（二）要从国家层面统筹研究解决民族自治县的特殊困难

我国现有民族自治县（旗）120 个，总面积 66.31 万平方公里，占全国总面积的 6.9%，占全国民族地区的 11%，自治县的少数民族人口占全国少数民族的 21%，实行区域自治的少数民族数量多达 41 个。在全国的县域经济中，自治县大多属于欠发达地区，120 个自治县中，有国贫县 72 个、省贫县 22 个，两者相加 94 个，占总数的 78%，自治县（旗）人均 GDP 不足全国一半，有 2/5 的自治县人均 GDP 在 6000 元左右，财政自给率只有 1/3，有的还不到 1/4，如云南的屏边苗族自治县，2013 年财政总收入仅 1.57 亿元，而总支出达 12.69 亿元，本级财政自给率仅 12.37%。可以说，自治县是少数民族和民族地区的典型代表，目前是我国发展最滞后、困难最多、难度最大的地区，仍然是我国全面建设小康社会的难点和短板。国家加大对自治县的扶持力度，促进自治县的快速发展，事关全面建成小康社会的大局，也事关党和国家的工作全局，对于全面推进小康社会建设具有重要意义。为此，建议对自治县存在的一些共性和特殊性困难和问题，从国家层面专门予以通盘研究和解决，尤其是要重点解决如下四个方面的问题：一是民族自治县年人均财政支出水平达不到全国平均水平，其差额建议由中央财政每年给予弥补。二是中部地区的少数民族自治县，建议享受西部地区开发的所有优惠政策。三是建议落实基础设施建设项目资金“零配套”政策，免除财政困难县基础设施建设项目配套资金，使少数民族自治县真正享受到国家对民族地区的优惠政策。四是对为保护生态环境做出巨大贡献的民族地区，符合条件的都要纳入国家重点生态功能区和西部地区生态文明示范工程县范围，在分配生态功能区转移支付资金予以重点倾斜，以更好地发挥民族自治地区重点生态功能区的作用。如湖南的城步，森林覆盖率高达 83%，生态环境十分优美，又是资水的发源地和珠江、沅江的上游，但至今尚未列入国家重点生态功能区并享受其有关优惠政策。

（三）中央、省（区）要加大对苗族地区的基础设施建设投入

基础设施作为经济社会发展的基础和必备条件，抓好了可以发展积蓄能量、增添后劲，而建设滞后则可能成为制约发展的瓶颈。苗族地区都是地理位置偏僻、交通落后、信息闭塞、经济滞后的高寒山区，基础设施很差，群众的生产生活条件极其艰苦。要改变苗族地区的落后状况，必须加强苗族地区的基础设施建设，不断提高苗族地区的综合实力和竞争力，为实现持续快速发展提供有效的支撑。近年来，国家大力实施西部大开发战略和中部崛起战略，启动了一系列重大建设项目，这是苗族地区加强基础设施建设的历史性机遇。对此，各苗族地区一定要有敏锐的视角和抢抓意识，超前谋划、主动出击、积极作为，积极搞好项目申报衔接，大力推进基础设施建设。尤其要按照新农村建设总体部署，紧紧围绕改善农民生产生活条件和发展农村社会事业，将基础设施建设的重点转向农村，加强支撑现代农业的基础设施建设，抓好农田水利基本建设，实施农村饮水安全工程，建设和改造通乡通村公路，加快农村清洁能源建设，促进农业可持续发展。交通建设是苗族地区发展的命脉，解放以后尤其是实施大西部开发以来，苗族地区的交通事业得到了前所未有的飞跃发展，极大地改善了苗族人民的出行条件。在五个苗族自治县中，松桃的交通事业最为发达，公路、铁路、航空等立体交通网络已经构成，为该县经济社会发展提供了强有力的保障。该县在五个苗族单列县中是人口最多的县，但其财政总收入和人均财政收入都居于“五苗县”首位，农民人均纯收入排名第二，城镇居民人均可支配收入排名第三。苗族地区只有着力改善基础设施落后的状况，只有大力加强交通、水利、电力、通信和人畜饮水等基础设施建设，尤其是要致力于交通设施的改善，才能改变贫穷落后的面貌。

（四）要利用苗族人文资源和生态资源优势大力开发旅游业

旅游产业是当今世界第一大产业，作为战略性和绿色环保产业，旅游业拥有其他产业无法比拟的优势和作用，它具有很强的关联性，能广泛带动其他产业发展，有力拉动消费需求，并且提供大量就业地位。苗族地区发展旅游业具有得天独厚的优势，主要是生态资源优势和人文资源优势明显，苗族文化底蕴浓郁，歌舞文化、乐器文化、龙狮文化、服饰文化、饮食文化、建筑文化等独

具魅力、绚丽多姿、引人入胜，加上良好的生态环境，是吸引人气的旅游名片。在“五苗县”中，松桃和融水两县旅游产业发展最快最好。融水 2012 年全年接待游客 134.1 万人次，旅游总收入 5.22 亿元。2013 年该县大力开展广西首批 20 个特色旅游名县创建工作，大力推进旅游“十大项目”建设，全年完成投资 1.64 亿元，成功举办了第十三届中国・融水苗族芦笙斗马节、龙舟赛、元宝山金秋烧鱼季等系列活动，进一步提升了融水的知名度。2013 年，全县共接待游客 140.6 万人次，增长 4.9%；实现旅游总收入 5.88 亿元，增长 12.6%。松桃 2012 年接待游客 290.59 万人次，同比增长 86.51%，实现旅游总收入 40.94 亿元，同比增长 249.64%。

苗族地区利用苗族人文资源和生态资源发展最成功的范例是湖南的凤凰县和贵州的雷山县。从 2000 年开始，凤凰县成功利用苗族文化资源优势大力推进旅游业发展，短短 10 多年时间就从一个贫困的苗族县跻身全国旅游大县行列，实现了跨越式飞跃。该县民族建筑特色明显，非物质文化遗产资源丰富，共有凤凰彩扎、蓝印花布印染技艺、苗族银饰锻制技艺、苗族鼓舞、苗族医药 5 个项目入选国家级非物质文化遗产保护项目，湘西阳戏、文武茶灯、湘西苗绣、凤凰扎染 4 个项目入选省级非物质文化遗产保护项目，属湖南省非遗文化“富矿”县。该县先后建成苗族银饰、湘西阳戏、土家织锦等 5 个项目传习所和 1 个民族服饰研制基地，将苗族鼓舞内容引进校园教育，培养了一大批“苗族非遗”人才，还在县城古城区常态性举办苗族鼓舞、纸扎、苗绣等非物质文化遗产技艺展示，展演茶灯、阳戏、傩堂戏等民间歌舞戏曲等内容。从 2000—2013 年，该县旅游从业人员从 2 千多人增加到 5 万多人，游客接待量从 57 万人次上升到 842.42 万人次，旅游总收入不足百万元攀升到 66.86 亿元，财政收入也从 265 万元增加到 6.3675 亿元，旅游收入占全县 GDP 的 67.5%，旅游业已经成为国民生产总值的绝对大户。2014 年 1—5 月，该县共接待游客 352 万人次，实现旅游收入 27.2 亿元，同比增长 26.7%、28.3%。

贵州黔东南雷山县，也是依靠苗族文化这座大“富矿”，走上了旅游兴县的康庄大道。该县大力抢救、保护和保养濒临消亡的非物质文化遗产，积极培养苗族文化传承人，对有代表性并做出重大贡献的 77 名民间歌师、技师、艺人进行了命名，授予了相应称号，其中有苗族吊脚楼建筑工艺师 150 名、刺绣工艺师13名、银匠师6名、乐器师10人、演技师6人、歌师27名。全县共有苗族芦笙制作工艺、苗族吊脚楼营造工艺、银饰制作工艺、苗族刺绣工艺、苗族鼓藏节、苗族飞歌、苗族织锦、苗族医药、苗年、铜鼓舞、芦笙舞等11项入选国家级非物质文化遗产名录，苗族酒礼等17项入选省级非遗名录，另有99项被定为州、县级非遗名录。以保护、弘扬和传承苗族文化为抓手，该县大力发展文化旅游，收到了极为丰硕的成果。1994年，该县仅接待游客6849人次，旅游综合收入才7.25万元。到2013年，该县平均每天游客超万人次达377.61万人次，旅游综合收入达29.18亿元。

（五）要加大对苗族地区教育、卫生、文化等社会事业的投入力度

数千年来，苗族地区教育、卫生事业极其落后，人才培养和开发未入主流，缺医少药现象严重，严重制约了苗族社会的发展。解放以来，苗族地区教育事业虽然得到了前所未有的发展，但教育投入仍然不足，历史欠债较多。苗族同胞的教育意识不强，“读书无用论”普遍盛行乡间，绝大部分青少年读完九年义务教育后即外出打工，高中升学率和高考升学率越来越低，年轻一代苗族公务员和公职人员越来越少。建议国家要进一步加大对苗族地区的教育扶持力度，着力发展农村高中教育和职业教育，进一步降低少数民族民族高考录取分数线，增加定向培养指标，确保一定比例的少数民族考生进入高校深造。在招录国家公务员和公职人员时，要为当地少数民族预留一定比例的指标，保障民族地区公职人员队伍中有适当规模的少数民族人员，使当地主流民族能够具有管理本地区社会事务的能力，实现民族自治和区域自治。另外，国家还要加大对民族地区的医疗卫生投入，彻底改变山区群众看病难、就医难状况，改变苗、汉、侗、瑶各族同胞因致贫、因病返贫现象，提高苗族同胞的幸福指数，使他们能紧紧跟上全国人民建设小康社会的时代步伐。

（原载2014年《苗族文化论坛文集》。2015年获湖南省社科联“湖南省改革进行时的‘思与行’暨第六届湖南省社会科学界学术年会征文一等奖）

以乡情乡愁为纽带保护传统村落促进脱贫摘帽

——以城步苗族自治县丹口镇群旺村为例

潘　强

群旺村位于丹口镇西南部，由原来的斜头山村、旺溪村合并而成，距县城32公里，全村辖8个村民小组、244户、1048人。分四个大的片区，斜头山、旺溪园、旺溪、大岔口，其中旺溪片陈姓苗族居多，现存较完整的明清古建筑4座，相传有城步最大的财主院落，现仅存一破烂的厢房。村口有古老的“水口树”，其中一片难得的楠木林，有两棵楠木高达２０米以上。斜头山片区距县城４８公里，山高路遥，一个天然的高山小盆地，全是木房子，村里民风朴实，苗族风俗浓郁，自然环境秀美。村民经济发展单一，主要以农业生产为主。全村现有贫困户48户168人；已脱贫38户，135人；未脱贫10户23人；今年预脱贫5户，12人；五保户3户4人；低保户13户35人；兜底户4户10人；残疾人5户11人。全村外出人口多，斜头山片区常年在家人口不到１００人，已是一个空心村。基础设施建设工作滞后，村民出行难，一、二、三组没有通水泥路，移动通信信号年初才开通。如何锁住乡情、留住乡愁，即保护开发好传统村落，促进乡村振兴，实现脱贫摘帽已是时代的要求，人民的企盼。

一、群旺村符合传统村落的认定条件

2018中央一号文件提出“实施乡村振兴战略”。9月，《国家乡村振兴战略规划（2018—2022年）》发布，提出应分类推进乡村发展，将我国村落分为四类。“特色保护类村庄”类，也就是广义传统村落，有着丰富自然历史文化特色资源，秉承传承中华传统文化的责任。2007—2011 年，我国进行了第三次文物普查。2012 年，经传统村落保护和发展专家委员会第一次会议决定，将惯称“古村落”改为“传统村落”。同年由四部委联合先后下发《关于开展传统村落调查的通知》《传统村落评价认定指标体系（试行）》。2013 年，住房城乡建设部、文物局下发《传统村落保护发展规划编制基本要求（试行）》。2014 年 4 月 25 日，住房和城乡建设部、文化部、国家文物局、财政部以建村〔2014〕61 号印发《关于切实加强中国传统村落保护的指导意见》中指出：“传统村落传承着中华民族的历史记忆、生产生活智慧、文化艺术结晶和民族地域特色，维系着中华文明的根，寄托着中华各族儿女的乡愁。”

（一）苗族农耕习俗蕴藏着最为丰富的时间记忆

群旺村村民有过三月三、清明节、六月六等节日的传统，特别是本村苗族先民认为六月六这天是“五谷神”的生日，要隆重祭祀。这一天，苗民清晨起床洗脸净手后，用香烛、冥钱、米酒、供果等祭品，放在一丘面积较宽的稻田边祭祀这尊专管五谷丰歉的山神——“五谷神”。祭祀完毕后，再用小竹片夹一张冥钱分插在各处的田头地角，以确保稻田无蝗虫、鸟兽不糟蹋粮食，这叫六月六“挂田青”，有山歌为证：

六月初六挂田青，田边敬奉五谷神；
护佑庄稼收成好，天地神人护阳春……

因为农历六月也是蝗虫啃噬禾苗的旺季，因此“六月六”又成为“降虫节”。这一天，村寨的“会首”们分头到各家各户去筹资，购买或扎制龙头、冥钱、供果等，为了方便“降虫”，只舞龙头，省去龙身。祭品齐备后，由“会首”带领村民先去庙中祭祀，然后敲锣打鼓前往田间“降虫”，锣鼓鞭炮声越响，蝗虫就越怕，蝗害就越少。有山歌为证：

六月初六太阳红，舞起神龙去降虫；
指望蝗虫都死去，谷无空壳米无虫……

城步苗族也有在这一天祭祀“山魈娘娘”的习俗。“山魈娘娘”是掌管山林中全部鸟雀和野兽的“山神”，若不敬奉她，她就会指使山中鸟雀、野猪等下山进田糟蹋庄稼，致使阳春轻则减产，重则绝收。因此，苗民们对这尊“山神”也要购置供果祭物上山祭祀，有歌唱曰：

六月初六敬山神，山魈娘娘请听清：
管好鸟兽莫捣乱，莫进农田毁阳春。
护佑今年收成好，秋后丰收再酬神……

（二）苗族的居住习俗很有民族地域特色

不管是斜头山片区小盆地还是旺溪口的苗族人祖祖辈辈生活在大山区，苗族人对居住地的选择，要求依山傍水，群山环抱，绿树成荫。因为山区平地少，坡地多，为了延续生存，苗族人选择将坡地用作居住，将平地用于耕作。即使在坡地居住，也不会将坡地夷为平地，而是依山势建筑吊脚楼，使木楼一半靠在山岭斜坡上，一半悬在空中，最有效地保护了山林，未致造成水土流失，破坏生态平衡。苗族的吊脚楼建筑，既有效地保护了生态，又构筑了苗族建筑的独特奇观，勾檐半拱，重重叠叠，气势磅礴，蔚为壮观，成为苗乡山寨的一道亮丽的风景。

（三）独特的民族文化遗产富有魅力

苗族银饰服饰、苗医苗药、武术杂技等非物质文化遗产内含生产生活智慧、更是当地村民的文化艺术结晶。村民以前大多以银子作服饰，如帽子、衣襟都以银子修饰，以其独特的魅力吸引着世界各地的目光，它反映了苗族人民独特的民族信仰和民族审美偏好，折射出苗族对幸福美好生活的憧憬向往和积极向上的人生态度，反映出特定区域的文化特质和人文精神。所有凝聚在苗族银饰服饰上的文化要素，都可以转化为创意产业的生产要素，推向市场进行开发，并形成产业。县里把苗侗族织锦与工业设计结合起来，聘请国内外著名设计师与当地织娘一起设计花纹和其他设计开发项目，推出了包包、围巾、衣服等产品，通过国际文化交流等活动，以独一无二的中国民族文化受到青睐，并开始接受高端定制。

其他如苗医苗药、武术杂技等非遗文化也是一样，都可以转化为能带来经济效益的文化产业，为苗族同胞开辟出脱贫致富的绿色门路。

二、堪忧的现状

（一）村落空心化

伴随着我国城镇化发展，农村劳动人口区域朝城镇区域聚集，传统村落空心化日益成为普遍现象。空心化是指村落内包括土地、人口、产业外扩内空的过程。实际上是各类“拉力”“推力”应力作用下，村民自我选择的必然结果。外出务工多为年轻人，留在村内多为老人。此外为缓解老村住房紧张，在老村外开辟新区，村民更愿意舍弃老旧民居换取新区居住机会，加剧了老村核心地带的空心化，它与新区繁荣形成鲜明对比。

（二）建设性破坏

在改善村居条件与传统村落保护矛盾的技术方案尚不成熟、保护传统村落经济价值产出比尚低的大环境下，相关部门倾向于重开发建设，进一步加剧了建设性破坏。近年来，各类乡村实践改造与示范如火如荼的开展，将现代建筑的设计方法用于传统建筑的改造，似乎开拓了传统村落振兴的思路，若把控不好，势必伴随着传统建筑遗产价值的严重损耗。

（三）落后的观念

传统村落一度曾被理解为脏乱差、破烂、老旧，“新农村”建设就是现代化，盲目地照抄城市的做法，与保护产生矛盾。不少群众认为是政府的事，村民自治组织又缺少指导、听之任之。加之，人口外出，就业不足，传统村落或遗忘、或破坏。

三、保护传统村落的一些思考

（一）明确目标任务

根据2018年1月2日中共中央国务院关于实施乡村振兴战略的意见的规定，目标任务分2020、2035年、2050年三个时间节点来规划与实施。也就是到2020年，农村基础设施建设深入推进，农村人居环境明显改善，美丽宜居乡村建设扎实推进；农村生态环境明显好转，农业生态服务能力进一步提高；到2035年，乡风文明达到新高度，乡村治理体系更加完善；农村生态环境根本好转，美丽宜居乡村基本实现。到2050年，乡村全面振兴，农业强、农村美、农民富全面实现。

（二）明确工作思路

坚持把解决好“三农”问题作为重中之重的工作，坚持农业农村优先发展，按照产业兴旺、生态宜居、乡风文明、治理有效、生活富裕的总要求，建立健全城乡融合发展体制机制和政策体系，统筹推进农村经济建设、政治建设、文化建设、社会建设、生态文明建设和党的建设，加快推进乡村治理体系和治理能力现代化，加快推进农业农村现代化，走中国特色社会主义乡村振兴道路，让农业成为有奔头的产业，让农民成为有吸引力的职业，让农村成为安居乐业的美丽家园。

（三）当前主要做好四件事

一是科学编制规划，打造美丽乡村。按照有序开发、合理布局、持续利用的要求，立足各地资源优势，突出地域特色，因地制宜编制全市各镇、村的总体规划，要秉承镇村以有的生态肌理、地理位置、自然禀赋，以“一镇一韵、一村一景”思路，打造各具特色的美丽乡村。二是完善基础设施，提升宜居环境。完善农村路网、电网、水网，进一步改善农民生产生活条件。加强农村环境基础设施建设，建设垃圾收集处理设施和污水处理设施，优化农村环境卫生，使农村环境整治再升温。加强农村信息基础设施建设，提高宽带网络在乡村广泛覆盖率，促进乡村互联网服务水平的提高，让农民既能享受互联网的便捷，更能依靠互联网增收。三是加大统筹力度，发展乡村产业。加大对农业农村发展项目的统筹，大力争取国家政策和资金支持，引将农业项目和乡村旅游项目资金向初具规模、具有特色的重点项目流动，重点支持村镇建设规划、农村基础设施、村庄美化绿化、农村公益事业等建设内容等项目。加大招商引资力度，吸引民间资本投资乡村旅游，立足各地优势，重点发展特色种养、农产品加工和乡村旅游，推进农村一、二、三产业融合发展。四是要丰富乡村文化，促进乡风文明。把移风易俗、乡风文明群众与丰富农村群众文化紧密结合起来，培育新型农民、以新民风促村风，弘扬乡村文化，加强农村文化教育、完善农村文化设施，通过形式多样的文化活动，发挥文化引领风尚、促进和谐的作用。

把苗族文化作为
提升民族地区经济发展的推手

杨凯焱　杨东军

湘桂黔交会的湖南城步、绥宁、通道、花垣、麻阳，广西的龙胜、资源、三江，贵州的黔东南、松桃、锦屏、天柱、融水等20多个少数民族县中，苗族是其中的大族，占该地区的绝大多数。苗族是中华民族大家庭的重要成员之一，该地区苗族自治县就有城步、麻阳、松桃、融水县4个。这些民族地区的各族人民在上千年的历史发展进程中，生产方式、生活习俗有80%相似，由于地理区位等原因，经济上都处于贫困线以下，都被国务院列入西部开发县和武陵山区开发县。苗族是城步苗族自治县的主体民族，占县内24个民族中的绝大多数。苗族具有深厚久远的文化，苗族文化是中华文化的重要组成部分，自古以来苗族的生存与发展、斗争与成就，凝聚着苗族的智慧、理性、创造性和斗争精神，苗族创造了许多改造自然和战胜自然的人间奇迹。当下我们城步苗族又应该以怎样的态势达成新的人间奇迹，城步苗族未来究竟如何发展，笔者认为要从以下几个方面努力。

一、抓住苗族文化特征，使之成为发展的靓丽名片

（一）特定的苗族文化源地

城步苗族自治县位于湖南省西南部，地理坐标在北纬25° 58′ —26° 42′ ，东经109° 58′ —110° 37′ 之间，东西线直线相距65公里，南北直线相距83公里，总面积2647平方公里，占湖南省总面积的1.25%，平均海拔900余米，属湖南的西南高原。县南部与广西的资源县、龙胜县接壤，西部与怀化的通道县、绥宁

县相连，北境与武冈市为邻。全县有 24 个民族，其中苗族占总人口的 56.4%。属典型的山地气候，十里不同天，年平均气温只有 16 摄氏度。全县森林覆盖率达 89.5%，有 100 多种国家珍稀植物，有“九山半水半分田”之称，在三湘四水中，有资水和沅水两水系的源头。在西岩镇有新石器时代遗址，在十万古田有秦时驻军痕迹。

（二）特定的人文历史文化特征

1. 语言文字。县内语言以县城为分界线，县城以南即传统的三、四、五区六个乡镇 89.9% 讲苗语，县城以北的一区、二区六个乡镇讲亚汉语，即与汉语相似的城步语。在县城以南的丹口镇、长安营乡、汀坪乡多个村寨出现古石刻“苗文”。2014 年 5 月，国家文物局组织国家文物考察队进行为期 6 个月的考古勘察，确定丹口镇陡冲头村的“古苗文”开发项目列入 2015 年国家考古项目之一。苗族语言逐渐走向衰微，98.6% 的年轻人讲普通话或城步县城地方汉语，只有极小数的苗族学生讲苗语，一旦考上学校外出就业或长期在外务工都讲汉语。在原始的苗族村寨中只有少数的老人和小孩在村中讲苗语，青壮年都外出务工，外地就业都讲汉语，所以讲苗族语言的人逐渐减少。再过几十年，苗族语言这一特定的东方古语将逐步衰微，甚至消失。中国社会科学院语言文字研究所李蓝博士于 1997 年 4 月至 2003 年 6 月对城步苗族语言文字进行了为期 6 年的调查研究，并著有《湖南城步青衣苗人话》。他研究了城步苗族语言与广西、贵州等地苗族语言的区别。苗族文字国家正史有过记载，在我们苗族地区的特殊行业人士也还沿用苗族文字，使用的人群只有三类人，一是传统的木工师傅，木工记事使用“苗文”，只有他们业内人看得懂，别的人都看不懂；二是中医郎中，郎中医师开的处方，只有他们业内人看得懂，其他人也看不懂；三是巫师，巫师在祭祀的时候写的文字只有他们业内人看得懂，其他人都看不懂。在《清史稿》的记载中，苗族人使用过文字，但被乾隆皇帝下令坚决取谛，谁使用“苗文”即刻斩首，这样苗族文字在社会上无法得以正常使用，只有少数专业的少数人群使用。

2. 苗族建筑。城步苗族人的建筑文化有独特的地方，在县城以南的 130 余个苗族村寨中，90% 以上是吊脚楼苗式建筑。苗族建筑大都讲究风水，依山傍水，根据地理地势建房。防盗、防火、防洪、防风沙、防疫灾；保温、祛寒，夏祛暑，冬祛寒。奠基、上梁、乔迁都要选择黄道吉日，决不能乱动土、乱开工、乱行事。

3. 苗族服饰。苗族服饰受到现代文化的冲击，逐渐衰弱。穿苗服的人只有1%—2%，都受现代服装潮流的影响，认为汉族服装简单、方便，工作出行便利，在与汉族人交往中不显另类。虽然苗族文化学者提倡使用苗族服饰，但从事这一行业的技艺都已荒废了，难以广泛使用苗族服饰。加之苗族服饰做工精巧，工艺复杂，价格昂贵，有的苗服制作一套要一个星期，在日常生活中极不方便，所以精巧的苗族服饰难以盛行，只有在少量节庆活动中才得以亮相。

4. 苗族山歌。城步的山歌文化与广西的刘三姐里的山歌文化有相似之处，与广西龙胜、三江、桂林，贵州的黔东南，怀化的通道、靖州、绥宁等县市的山歌有着同甘共乳的脉络，都是苗族同胞在生产和生活中有感而发的心灵之声，他们把自己的喜、怒、哀、乐通过歌声传播出来，形成了不同题裁、多种风格的山歌形式。《城步县志》载：苗族歌手杨多香（1875—1951），莫宜峒（今五团镇）水口寨人，苗乡著名歌手，民国初年与广西龙胜县、三江县民族歌手对歌三天三夜，且始终保持不败。她的苗歌有生产歌、知识歌、爱情歌、祝贺歌，礼貌歌、卡人歌、谜语歌、古人歌、排歌、杂歌等10大类，光绪二十六年（1900），粗水村龙秀才与她对歌，龙秀才唱输了，便生一计，用歌叫她猜谜语唱道：“四四方城两座州，中间一河水不流，两州总是不和气，你打我杀不罢休。”她迅即答唱：“你欺我无文肚不乖，拿盘象棋给我猜，棋逢对手才有味，傻妹歌还龙秀才。”人称她有“歌库”，无论什么场合，唱什么内容，她都应对自如，出口成章，随声应和，尤其是长达32首的28行的古排歌《卖桃郎》，她唱得格外情深意厚，婉转悠扬，听众赞不绝口。杨多香是我们苗乡山歌的一朵奇葩，是名副其实的“山歌王”。现代山歌有20世纪60年代苗族同胞在采茶中唱的“桑木扁担轻又轻，挑担茶叶上北京。苗民翻身得解放，全靠党和毛主席”。这首山歌后来被省文化厅下乡城步调研的白诚仁老师改编成《挑担茶叶上北京》，由国家一级演员何纪光唱红了祖国大地。

5. 民间技艺。苗族地区有很丰富的民间技艺。最为常见的有石刻、木刻、竹刻，制瓷、制器、制蜡，还有苗绣、苗印染、苗刻文字、苗剪刻、苗族扎制等各种技艺。有许多保留完好的古民居，如大竹坪古民居、清溪古民居、羊石古民居、铺头古民居、长安营古民居，这些民居的建筑工艺复杂，技术高超，其木刻、石刻、窗花、绘画，内容丰富，形式多样。有寓意社会和谐祥瑞的动物蝙蝠、喜鹊，有寓意镇邪保平安的雄狮、大象，有寓意高洁富贵的梅花、青竹，有寓意喜接财源的金银花，有寓意家庭幸福美满千年劲松。

6. 非物质文化遗产。我县苗族地区有国家级、省级非物质文化遗产多项，如何保护与传承这些非物质文化遗产，如何依靠国家级、省级非物质文化遗产发展地区经济，是当今苗族地区经济社会发展的一件大事。文化遗产既能体现苗族地区的历史文化，文化遗产又能使当前苗族地区社会经济迅速发展，增强人气，增强经济活力，提升本地区的经济品位，让世界了解苗区，让苗区文化遗产走向世界，从而拉动苗族地区的历史文化与发达地区历史文化的链接，达到区域经济的接轨，人文社会的接轨，实现共同富裕的美好社会。

要使苗族地区的文化与发达地区文化及现代文化接轨，苗族文化需要进课堂，进学校，进社区，尤其需要进职业技术学校（院），要让年轻的、有生命力的学生接受传统文化，接受非物质文化教育，使具有非凡特征的文化遗产得以继续传承与发展。只有把本民族的特色历史文化传承光大，才能使历史文化成为本苗族地区的经济发展舞台中的重要名片。

二、抓住苗族地区资源优势，使之成为支柱产业

苗族地区既有文化资源，也有丰富的自然资源。自然资源被开发和利用的不足 20%，大有潜力可挖。发展民族地区经济，壮大财源，要发挥以下自然优势。

（一）自然资源优势

1. 电力资源优势。城步苗区有丰富的水电资源，丰富的风电资源，被开发利用电力资源不足 40%，现已建成水电、风电发电机站约 300 余家，开发电能 20 万千瓦，是邵阳市丰富的电能县。风电是目前清洁环保能源一大重要产业，有望建成湖南风电第一县。

2. 森林资源优势。城步苗区是湖南省重要的林区县，有丰富的森林资源、笋

竹林资源，森林覆盖率占全县境 89.5%，有丰富的国家级珍稀树种银杉、冷杉、红豆杉、楠木、榉木、铁树等 110 余种，有丰富的笋竹林资源，竹林面积 40.1 万亩，为天然竹海，年产竹笋 26000 余吨销往我国沿海地区、港澳地区、日本等市场，城步冬笋罐头曾是邵阳市的出口外汇大户，被发达地区居民誉为“素食第一”的“山珍”。

3. 茶类资源优势。千年的茶马古道线路城步—宝庆—桂林—广州—长沙—北京—香港—澳门，名扬海内外。有历史悠久的长安虫茶。长安虫茶在清朝乾隆时被列为敬奉皇帝的贡品，2011 年被日本茶道株式会社誉为“华人壹品”，2012 年被 CCTV—10 科教频道列为《中华文明之旅》绝美饮品。还有青钱柳茶、海棠花茶、金银花茶、马尾松花粉，被专家誉为保健珍品。其中青钱柳茶被国家林业局列为具有地理标识的人类高级饮品，很受消费者喜爱。

4. 草山资源优势。城步苗区有丰富的草山资源，是发展奶牛业的天然乳业项目。早在红军长征时期，时任红军旅团长的王震称革命胜利后要在南山建一个（大农场）大牧场，新中国成立后在王震的大力支持下，终于建成了中国南方“第一牧场”及乳业第一县，“南山牌”奶粉获得国家金奖，得到中央电视台的广泛宣传。

5. 极富特色的高山反季节蔬菜优势。城步苗区属典型亚热带的山地气候区，山地逆温效十分明显，年平均气温 16.1，适宜大面积种植反季节蔬菜，2009 年—2015 年全县种植反季节红茄、西红柿 24 万余亩，产量 120 万吨，直销沿海的广州、深圳、厦门等 10 多个州市。6 年间总产值 8 亿元，农民获利 1.2 亿元。

6. 旅游资源优势。城步苗区有丰富的森林资源，有“九山半水半分田”之称，森林覆盖率极高，空气指数极佳，2010 年被国家住建部、国家环保部确定“中国最适宜居住城市”和“国家最佳生态旅游目的地”，是当代最具生态旅游和休闲居的好处所，境内有国家级白云湖湿地公园、国家级两江峡谷森林保护区、国家级 4A 级景区南山牧场以及“杨家将文化艺术之乡”、国家“民间文化艺术之乡”，旅游资源丰富，旅游业前景远大。

（二）非物质文化遗产优势

苗族非物质文化遗产是苗族人民世代相传的智慧与文明的结晶。保护与发展非物质文化遗产，能够加强我们的民族文化记忆，使我们不至于在文化上忘记自我及祖宗的文明与创造，保护与开发非物质文化遗产既是对祖先文化的传承，也是新时期经济社会发展的需要，提升我们整个民族文化素质的需要。

1. 国家级非物质文化遗产：城步苗区吊龙。吊龙不仅被苗族人民自己喜爱，而且被世人所关注，2008 年在上海世博会一展雄姿，并多次在全国体育赛事上获得大奖。

2. 省级非物质文化遗产："山歌艺术文化"。2015 年成功举办全国"六·六山歌节"，选出全国十大"山歌王"。"2015 年中国南山山歌文化艺术节"得到中国音乐家协会民族音乐委员会主任努斯来提·瓦吉丁、湖南省音乐家协会主席邓东源的高度赞扬，称城步山歌节达到国家级水平，已把原生态文化转化为精品文化。

3. 省级非物质文化遗产："杨家将故事"。城步杨家将故事历经千年，已扎根在全国人民心中。杨家将忠勇爱国、誓死如归的英雄气概，激励了一代又一代的爱国人士，被全国人民所敬颂；杨家将历史人物、历史故事被搬上舞台，同时以评书、戏剧、电影、小说等形式呈现。"城步杨家将故事"2010 年被湖南省人民政府列为湖南省非物质文化遗产。省相关部门专家于 2004—2008 年对城步进行深入调查研究，一致评定城步为"杨家将文化艺术之乡"，并于 2008 年 10 月授予金色铜牌。著名作家、国务院参事冯骥才评价城步杨家将时说：文化是时间和心灵创造出来的，是一代代人共同的精神创造的成果，是自然积淀而成的，你可以奋战一年，打造出一座五星级酒店，甚至打造出一个豪华的剧场，可以赚取大量的钞票，但像杨家将这种爱国精神，甘于奉献、自我牺牲的精神是不可能的。南方杨家将与山西杨家将一样都具有爱国精神，为国而捐躯，为国而奋斗的精神，时间跨近千年，是实实在在，货真价实的历史事实，通过他们奋不顾身的英勇事迹，自然积淀出一种炫丽的民族精神，城步可以称之为"中国南方杨家将文化艺术之乡"。

4. 省级非物质文化遗产："城步油茶"。苗乡油茶是城步苗族人民 1 年 365 天青睐的食品。

5. 省级非物质文化遗产："苗绣""石刻"。苗绣传承人伍前金 2015 年获湖南省湘绣工艺金奖，被省劳动人社厅评为省级劳动模范。苗乡"石刻"蒋文忠 2013 年在湖南旅游艺术节上参展的石刻黄腊石"金佛"获金奖，当场拍卖价 120 万元。

6. 有待申报的国家级非物质文化遗产：“城步苗族古民居”。

7. 有待申报的具有千年历史的“苗拳”。苗拳作为稀有拳种，经苗族人民数千年演练发展而成，运动时占地不宽，多手法，少腿法，刚猛剽悍，进击性强，适用于山寨、狭窄地区，是苗族人民用于自卫、抗击敌人的重要手段。早在东汉元嘉元年（151），境内苗民即仗此拳术重创进攻雄溪竹丝峒之窦宪明汉军，运用苗拳数百次击败匪患的侵扰。唐末至清末境内以苗拳成名的苗将有上百人之多。唐末的杨再思、南宋的杨再兴、元朝的杨通贯杨氏九将、明朝的杨洪父叔子侄，至清朝的龚继昌、孟光爵等都利用苗拳为国效力。告老回清溪村的武异都尉孟光爵（三品）依靠苗拳纵横南北八千里，身经百战威名扬。苗拳让杨家将多次在镇守边关、国家危难之时，发挥特有的威力，立下了不朽的功勋。

8. 有待申报的省级非物质文化遗产城步：“古苗文”。

9. 省级非物质文化遗产：丝织竹衣等手工艺。

城步苗族丰富的非物质文化遗产对发展城步苗族地区经济起到重要的作用，丰富的非物质文化遗产能使苗族地区民族经济升级，旅游经济升温，农民产业经济升值。

三、抢救历史文化资源，开发自然资源，彰显民族特色

苗族地区人文历史文化资源的发掘、传承，苗族地区的自然资源的利用，需要科技手段，需要精准管理，才能发挥其根本效应，才能与现代科技文明接轨。

（一）突出人文历史资源，创建魅力独特的文化苗乡

1. 以山歌文化搭平台，点亮旅游经济。过去民间以村寨、家族为主对歌，有组织、有规模的山歌对唱，还只有几十年的历史。最先以村寨对唱为主，大寨村、长坪，广西的芙蓉村等村组织歌手对唱；又逐渐扩大成区、乡歌手对唱，汀坪乡、长安乡、五团镇歌手对唱；再扩大成县与县歌手对唱，城步县、龙胜县、通道县、绥宁县、三江县民间山歌手对唱；至 2014 年，发展成湘桂黔三省区的

大赛事，由中国音乐家协会民族音乐委员会、湖南省委宣传部、省文联、省音乐家协会联合举办，由邵阳市人民政府、市民宗委、城步县委、县人民政府承办，40多个县的山歌高手对唱，评选出山歌“歌王”与“歌后”。2015年，以网络新形式成功举办由中国音协、省委宣传部、省音协联合主办的全国山歌歌王争霸赛。这次赛事分东、南、西、北、中五大赛区，有20多个省市近万名民间山歌手参赛，选出十大山歌王。通过山歌文化，2015年旅游人数增40万人，旅游综合收入10亿元，相当于创办一个大型企业的年收入。

2.以历史文化为力点，提升旅游经济发展新水平。城步历史文化丰厚，历史遗迹既有西岩镇的新石器遗址、秦朝十万古田遗址，又有三国时期的南诸葛城，更有宋、元、明时期的杨家将故里古练兵场遗址。一是要将省级非物质文化遗产“城步杨家将故事”“杨家将文化艺术之乡”的内涵挖掘整理好，将“杨家将文化艺术”的基本元素、基础项目建设好。杨家将家喻户晓，但杨家将故事原型人物、家族历史、家族发源地知晓的人不是很多。杨家将古战场已成荒芜之地，但英雄们出生地的文化却内涵丰富，所以要建设好古练兵场、古纪念堂、杨家将故居、杨家将教育发展成长史、家族史展览馆等场馆，以及杨家将后裔所享受的国家特殊政治、经济待遇——官户。还有宋朝千户所、巡检司的遗址，清朝的理瑶同知府（宝庆二府）遗址。打造杨家将文化艺术是提升城步旅游品位的大前提，也是城步历史文化的主要内容，要切实让游客感受到杨家将厚重的历史文化，让游客一下子穿透到杨家将为国尽忠，为国捐躯的壮烈场面。二是修善杨家将人物古墓群。杨家将人物的古墓被盗被毁严重。自唐末杨再思开始，有公、侯、伯、爵、大夫、都司、指挥、佥事、总兵、游击、参将、武异都尉、武显都尉、武德都尉等众多将官。杨再兴墓、杨正修墓、杨昌万墓、孟光爵墓等10多位将军墓被盗，盗毁最严重的是杨再思墓，被盗6次之多。古墓群最需修缮的是“三公塚”，这是颖国公杨洪、衡国公杨通博、谭国公杨完者三个国公墓地。三是修缮三公纪念堂。现还有三公纪念堂遗址，在三十六峰罗汉山右下角。明朝崇祯年间，大竹坪父老乡亲为了纪念三个国公对国家的贡献和功德，修建了“三公堂纪念堂”，该纪念堂于清朝同治年间被盗贼烧毁。四是搞好杨家将公祭活动。城步杨家将历史文化研究会自2011年注册登记后，已主办杨家将公祭活动六届，参加公祭活动的有省市文化学者，县乡部门负责人及广西、贵州、云南、四川、重庆、湖北等省60多个省市杨家将后裔近3万人。公祭活动都在每年的清明节后第三天，公祭杨家将已成中南六省区杨氏家族后裔的一项重要活动。

3.加强山歌文化建设，构建山歌发展平台。山歌文化如火如荼，为使山歌文化长盛不衰，具有更长的生命力。一是要大力挖掘苗族劳动人民在生产生活当中产生的文化精华。过去的山歌都口传，少有文字记载，强的山歌手一般靠记忆力，有很好的表达功底才能成为歌王，但要普及山歌文化，需要大力挖掘整理古老山歌。二是由政府牵头将挖掘整理的古老山歌公开出版。现阶段有民间山歌手李发利整理编辑《城步苗歌》680首，民间山歌手吴昌凡整理编辑《城步山歌》690首，民间山歌手杨锦芳（已故）、杨国胜、段文华、吴本忠等编辑成册的山歌有近万首，其中有百余首山歌在国家级、省级刊物发表。三是要成立山歌专业组织、专业协会，要有完整的协会章程，完整的组织机构，完整的行业管理措施，完整的奖励机制，完整的山歌文化发展平台，不能是一阵风，凭领导意气用事。四是构建山歌历史文化平台，要将历史上杨多香等“歌神”“山歌王”塑像，建造山歌文化广场，建造专门的山歌文化馆场，建造山歌文化KTV，建造山歌文化群众艺术馆，让喜爱山歌的人士都有展示发挥传承山歌文化的机会，让外来游客也可自然地体会山歌文化魅力，以山歌传递情谊，追求幸福，战胜困难；以山歌讲述历史，教育后人开拓前进。

4.修复儒林书院，大力传播民族文化。要修复元朝皇庆二年（1313）由杨再成等兴建的儒林书院。书院要建成像丹口镇自强图书宬一样，全年365年天开放，没有休假日，由义工会全日制值班。要将儒林书院建成集科技、教育文史、民间技艺、图书等于一体的现代化书院，可以聘请国内外学者、高校教授讲课，可以聘请行业高级专业人才对民间行业人士进行专业培训，可将有一技之长的艺人请到这里当客座教授、教师，使深埋在民间的高端传统技艺得以发扬光大。

（二）突出自然资源，坚持科学引领，增强经济发展强劲力

1.创建风电能源第一县，把能够开发的风能尽量开出来。

2.要发挥草山资源优势，要提高种草质量与产量，养奶牛技术，开发湖南第一学生奶基地。

3.要发挥茶类产品的优势，重新开发千年湘桂粤京茶马古道线，要将新型

的优质"虫茶""青钱柳"推向北京、上海，直至海外大都市，要大面积利用荒山，荒地种植青钱柳，提高茶产量。

4. 要发挥苗族高山山地气候优势，种植优质反季蔬菜，大面积种植提高产量、销售量，以高品质蔬菜强劲的势头占领沿海沪深大市场。

风力电能源、草山奶业、高级茶业、优质反季蔬菜是苗族地区经济发展的四大支柱产业，与环保经济、生态农业、高新能源、无公害生活品极相对应。

（三）突出生态文明，严格责任考核，增强生态立县意志力

生态立县决不能动摇。有经济学家调查称，"边远的民族地区在工业上绝对跟不上发达地区，农业上赶不上沿海地区，有的只有青山绿水的优势，有的只有一个天然氧吧。"要把需要休闲的客户吸引到天然的氧吧里来，那么，民族地区该做的便是保障绿水青山，保障环境的清洁，要使客户有一个舒适的休闲环境。保障自然环境要有一套硬措施。一是县委县政府与各乡镇签订严格的责任书，并与绩效考核挂钩，要实行一票否决制，凡是生态保护达不到优良的实行一票否决制，对生态环保做到优秀的乡镇，予以重奖，使生态环保形成一种长效机制，这样贫困地区才能与富裕地区实现双赢。

历史将会再次证明，民族地区以大山脱贫致富为志，党运会更隆，国运会更昌，中国特色社会主义伟大道路会越走越宽，城步人民将走向共同富裕的康庄大道。

（原载 2017 年 3 月中国苗族网）

城步苗族自治县的绿色发展之路

刘学用　陈芳

城步苗族自治县地处湘西南边陲，雪峰山脉、武陵山脉与南岭山脉的交汇之处。全县总面积 2647 平方公里，辖 13 个乡镇场、188 个行政村（居），总人口 30 万。县内居住着苗、汉、侗、瑶等 24 个民族，其中以苗族为主的少数民族人口占 63%。由于独特的地理位置和地形地貌，城步拥有丰富的生态资源，是湖南省生态资源大县。全县森林面积 330 多万亩，活立木蓄积量 1200 多万立方米，居湖南省第 6 位，森林覆盖率达 83%。是长江流域与珠江流域的重要水源地，资江、巫水、浔水、渠水均发源于城步，有大小溪河 816 条，长 4063 公里，水能蕴藏量 30 万千瓦，全县共有草山面积 154 万亩，其中集中连片 90 万亩，万亩以上草场 20 处，南山牧场和十万古田草场是县内面积最大的两处草山。珍贵生物种类繁多，拥有高等植物 2200 余种，珍贵树种 110 种，有"植物熊猫"之称的银杉、"黄金植物"之称的南方红豆杉等 30 多种国家Ⅰ、Ⅱ级重点保护树种；有野生动物 28 目 62 科 155 种，国家二类保护野生动物 14 种。这里植物区系起源古老，是生物物种遗传基因资源的天然博物馆，生物多样性非常丰富；还是东亚—澳大利亚鸟类迁徙的重要通道，是国家重点生态功能区、我国中南部重要的生态屏障，属典型的生态宜居县。境内拥有南山国家风景名胜区、两江峡谷国家森林公园、白云湖（十万古田）国家湿地公园、金童山国家级自然保护区 4 张"国字号"生态名片，是全国 10 个之一、湖南省唯一的国家公园体制试点区。长期以来，城步依托丰富多彩的生态资源，大力实施生态发展战略，走出了一条生态优先、人与自然和谐相处的绿色发展之路，为长江中下游流域和珠江流域地区做出了重要的生态贡献。

一、城步先民敬畏自然的理念 为绿色发展提供了历史资源

古老的苗族文化中蕴含着“天人合一、敬畏自然、适应自然、人与自然和谐相处”的原始朴素的绿色发展理念。

城步先民很早就掌握了人工造林技术。在长安营镇大寨村发现的1600岁杉树王，经考证为东晋时期当地苗侗先民栽植，将国内人工种植杉树的历史前推了400多年。

城步先民有封山育林的历史传统。《城步苗款》记载，城步许多苗族村寨为了保护风水，常常立款约封山育林，并立碑记公示于众，成为约束民众的村规民约。在城步苗族自治县茅坪镇金兴村一棵树龄约500年的赤皮青冈（俗名红椆木）树下发现一块弥足珍贵的护林四方碑，那是一块杨氏宗族训示族人的关于封禁森林的石牌，立碑时间为康熙十一年（1671），距今近350年。此外，在蒋坊乡的铺头村、汀坪乡的蓬瀛村、丹口镇的沙洲村等多处地方均发现有不同年代的《封山育林碑》《合族封禁碑》。几百年前，威溪乡城塘村张氏家族为了保护沙角洞银杉古树，定下了“不许任何人带铁器进入沙角洞祖山”的族规，确保了52株国宝银杉数百年间保存完好。现在那里建立了沙角洞银杉自然保护区。

城步先民普遍存在敬畏古树名木的“树崇拜”习俗。在苗族的传统信仰习俗中，古树是神树，任何人都不得砍伐，否则将受到神灵的惩罚，轻则生病受伤，重则家破人亡。苗族的树文化实际上起到了保护生态、促进绿色生态发展的积极作用。任何人都不敢砍伐古树名木，因此城步保存有大量的古树名木。在丹口镇斜头山村发现一棵千年古银杏，高约27米，树围5.3米，树冠投影占地510平方米，是唐末宋初当地苗民建寨时所栽；西岩镇花桥村有一株高24米、围9.7米、冠幅直径30余米、树龄约500年的香樟，是湖南现存最大的活体香樟，有“湖南第一大樟”的美称；白毛坪乡坳岭村有一棵青钱柳古树，高约30米、胸径达1.24米、树围3.92米，专家判定其树龄为1176—1786年，是湖南发现的最大青钱柳古树；在汀坪乡东河村发现大面积野生青钱柳群落，生长有青钱柳6648株，树龄均在百年以上，是我省发现的最大面积野生青钱柳群落；在南洞林场高坪凸发现清代三叶海棠古茶树园，面积达1100亩。

城步先民有栽植和保护风水树的传统。在苗族的风水文化中，种植风水树是苗族地区最常见的现象，几乎所有的苗族村寨水口都要种植风水树，保护风水不外流。风水树如同神树，村民都很敬畏，决不允许砍伐。

城步先民普遍讲究原始朴素的可持续发展理念。苗族的狩猎文化中有“春夏不打猎、不打怀孕的动物”的传统，渔猎文化中有“春夏休渔、打大留少”的习俗，苗药文化中有“采药必留种”的规矩。

二、“生态立县”发展战略确定了城步的绿色发展方向

大力实施生态保护项目。自 2009 年起，城步大力实施生态保护项目，已有 171 万亩天保林、公益林保护项目森林（草地）跻身国家、省级生态林保护范畴。

加大植树造林力度。以“生态廊道建设”绿色行动为契机，广泛开展路边、水边、城边、村边、田边、屋边“六边”义务植树，扎实搞好“四边五年”绿化及年度森林抚育任务。“十二五”期间，累计完成造林 19.95 万亩。“十三五”期间继续坚持植树造林，2018 年完成造林 3.16 万亩。

加强生态保护区建设。全县共设有南山国家级风景名胜区，两江峡谷国家级森林公园、白云湖国家级湿地公园、金童山国家级自然保护区、银竹老山自然保护区、沙角洞银杉自然保护区等 6 处生态保护区。保护区总面积达 676 平方公里，占全县总面积的 26%，为保护国家和地方生态安全做出了重大的贡献。

长期实施省际边界护林防火联防联治，确保省际边界生态安全。1981 年起，城步县长安营镇、广西龙胜县平等镇和绥宁寨市苗族侗族乡及通道县的双江镇、万佛山镇等五个边界乡镇实行护林防火联防联治制度。近 40 年来，五个边界乡镇采取“轮流坐庄”担任当值乡镇的方式，同心同德，密切配合，在打击盗伐滥伐及非法收购、无证运输、无证加工林木，调处山林权属纠纷，预防和扑救森林火灾，森林病虫害防治，野生动植物保护等方面做了大量卓有成效的工作，创造了湘桂边界 40 年无恶性森林火灾的奇迹。

三、举全县之力创建湖南南山国家公园试点区

城步县长期坚持的生态立县战略与时下实施的国家公园战略不谋而合。2015年5月，城步启动湖南南山国家公园试点申报工作，试点方案于8月获国务院批复通过。2017年10月13日湖南南山国家公园管理局正式挂牌成立，县域面积的635.94平方公里从此纳入国家公园试点区，实施最严格的生态保护政策。几年来，城步县举全县之力，协同湖南南山国家公园管理局共同努力，大力推进国家公园试点建设。

多措并举推进湿地生态修复。2018年以来，该县全面推进“水污染防治行动计划”，推行最严格水资源管理制度，突出抓自然保护区、林地及农村村容村貌环境综合整治，全面落实“河长制”；严厉打击非法捕捞、喂养活动，整顿白云湖湿地渔业生产秩序；全面整治采石场及河流淘沙，严格实施生态修护。为打赢环境大保护、生态自然修复攻坚战，城步林业、环保等部门严守监管职责，查获侵占湿地资源、非法捕捞等违法行为9起，其中移送森林公安2起；在巫水河流域、珠江流域上游、十万古田开展增殖放流活动，促进了人与自然和谐发展。

全面加强野生动植物资源保护管理。联合发布了《关于进一步加强湖南南山国家公园体制试点区境内野生动植物资源保护的通告》。为了牢固树立“山水林田湖草生命共同体”生态理念，以最严格保护要求和管理措施，维护南山国家公园体制试点区野生动植物生存环境及栖息地安全，确保南山国家公园自然生态系统原真性和完整性，促进南山国家公园体制试点顺利快速推进。在境内展开清网、清套、清夹“三清”行动，严厉查处非法猎捕、非法出售、非法收购、非法运输野生动物资源违法犯罪专项行动，切实为野生动物打造一片安逸、祥和的栖息地。严禁捕猎、兜售任何野生动物，任何单位和个人在任何时间都不得在南山国家公园体制试点区范围内以任何方式捕猎、售卖野生动物，包括野猪、竹鼠、蛇等陆生野生动物，林蛙、大鲵、河鱼等水生或两栖野生动物和鸟类等飞行野生动物。严禁农贸市场、集市、摊点、酒店、餐馆及居民家中制售、食用野生动物菜品及相关产品。南山国家公园体制试点区严禁采挖、兜售任何野生植物，任何单位和个人在任何时间都不得在南山国家公园体制试点区范围内以任何方式采

挖、售卖野生植物，包括杜鹃、三叶海棠、苦笋等。为确保野生动植物资源保护管理规定落地落实，南山国家公园管理局综合执法支队及两江峡谷森林公园管理处等 4 个管理处，试点区域内乡（镇）和村（居）全面履行保护管理职责，切实加强日常巡查，城步林业、森林公安等职能部门各负其责、协调联动，加强日常监管防范，形成综合执法强大合力，确保试点区内自然资源生态安全。对违反保护管理规定造成不良后果的，湖南南山国家公园管理局和城步县政府依法快速处理，构成犯罪的，依法追究当事人刑事责任。2019 年 4 月 29 日，由城步森林公安局侦破的吴某渠等 3 人在湖南南山国家公园体制试点区非法猎捕珍贵、濒危野生动物一案在城步人民法院开庭审理，吴某渠等 3 人因非法猎捕珍贵、濒危野生动物罪，分别被判处有期徒刑 8 个月、6 个月、6 个月外，均被处罚金 1 万元，并向国家共同赔偿经济损失 7150 元。

严格保护区实施最严格的保护措施。湖南南山国家公园管理局、城步苗族自治县人民政府从 2018 年 4 月起至 2020 年 4 月，对十万古田、金紫山、十里平坦等 3 处严格保护区实行封禁管理。为确保封禁管理落到实处，南山国家公园管理局在加大生态保护宣传力度的基础上，建立了山上有保护站、片区有监控、林中有巡护、天上有无人飞机和遥感监测的四维立体联防与空地同步管护体系。执勤人员实行 24 小时轮流值班，加强巡逻监控，耐心讲解政策，文明劝离游客，确保游客零接待。据统计，2018 年国庆期间，南山国家公园管理局执勤人员共劝离全国各地车辆 1200 余台次、游客 6000 余人次，实现了十万古田“零”游客，有效地保护了湿地公园内丰富独特的自然资源。

创新资源管护模式。湖南南山国家公园大力探索统一规范的中国特色国家公园体制可复制可推广经验，实现了“五个”创新：一是创新集体林地管理机制，实施集体林权三权分置改革。制订出台了《集体林经营权流转及生态补偿实施方案》，将试点区内所有集体林地整体纳入生态公益林或天保工程林范围，在不改变林地和林木所有权及用途的前提下，按照公开、平等、自愿原则，实施集体林所有权、承包权、经营权“三权分置”改革，采取租赁方式将经营权流转到管理局统一管理，并将生态公益林补偿标准由 14.5 元 / 亩・年提高到 30 元 / 亩・年。目前，集体林权流转已基本完成，有效破解了集体林地占比大、管理难等问题。二是创新开发强度边界管理机制，实施产业退出和严管严控。制订出台了《南山国家公园开发强度管理办法》，将资源利用面积尽可能控制在最小范围内，现有不符合保护要求的各类设施逐步搬离；出台实施了《产业指导目录》，明确了禁止、限制、鼓励型产业类型；加强旅游项目管控，目前已退出旅游开发项目一处；推进实施了小水电、矿权、风电等产业退出，并相应制订出台了《采矿权退出实施方案》《小水电生态改造及退出实施方案》和《风电项目关停退出整治实施方案》。矿权方面，试点区内 12 个省、市、县三级发证采矿权和 3 个省级发证探矿权已全部纳入《湖南省自然保护区内采矿权退出处置方案》，并实行了全面关停，目前已退出 6 座注销 3 座。小水电方面，试点期间计划立即退出 6 座、限期退出 1 座、生态改造 2 座。目前已对立即退出的 6 座电站下达了停止上网通知并采取解列并网点措施，近期实施退出；风电方面，全面禁止新批新建，在建风电项目已紧急叫停并纳入整体退出范围，项目区内生态修复已大部分完成。三是创新建设用地管控机制，实施生态移民搬迁。试点期间将对严格保护区内居住较为分散和对重要生态系统有一定影响的原住居民实施搬迁，其余分步实施。目前，已制订出台《生态移民实施方案》，确定 5 个移民安置点，结合易地扶贫，现已完成严格保护区 125 户建档立卡户 522 人移民搬迁。四是创新生态安全负面清单机制，实施最严格系统保护。划定了生态红线范围，初步划定面积为 585 平方公里，约占公园总面积 92%；制订出台了《关于切实加强生态环境保护的通告》等规定性制度，提出严禁非法捕猎等“八条禁令”，全力开展环境保护执法，实现退牧 1000 余头、退牧草山（林地）15000 余亩、退种药材 1300 亩；实施了核心保护区全覆盖封禁管理；建立了生态审计问责制度，将试点区纳入地方政府生态考核范畴并同步实施生态审计。五是创新监管机制，实施全方位立体管护。构建了天上有遥感移动在线视频监测和无人机巡视作业、山上有保护站、重点路段有监控、林间有巡护的空地同步立体监管体系；加强资源科研监测，在重点区域建立了五大监控点，启动了智慧公园项目建设，安装了标牌标识，实行了公益林护林员、森林防火巡山员、林业有害生物测报员“三员合一”；与中科院、湖南师大等科研院所深度合作，深入开展生物资源科研调查，明年即可形成正式科研成果。强化跨区域协管，会同城步县政府与广西龙胜等邻界地区签订了关于加强湘桂边界生态环境保护的战略合作框架协议。

四、国家公园时代该何去何从？

城步原本就是偏僻落后的少数民族自治县、国家深度贫困县，在国家精准扶贫政策的帮扶下，经济社会发展取得了一定的进步，特别是“十二五”期间城步各项经济指标在邵阳市西部三县中曾多次排名第一。

2017年开始国家公园试点建设以后，实施最严格的生态保护政策。采矿、探矿全面关停；小水电实施退出；风电方面全面禁止新批新建，在建风电项目紧急叫停并纳入整体退出范围，该县原来提出的“建设湖南省风力发电强县”的发展目标成为泡影，100万千瓦的风电资源实际完成开发的不到1/4，巨大的资源优势不能转化为经济优势；旅游项目、种植项目、养殖项目都不同程度收到影响，工业项目在国家公园范围内基本不可能；整个县域经济呈现停滞甚至倒退的状态，GDP、财政收入、固定资产投资等各项经济指标严重下滑，2018年该县多项经济指标在邵阳市排名倒数第一！城步县为国家公园试点建设做出了巨大的牺牲。

进入国家公园时代以后，城步县最有发展潜力、最有开发价值、最有开发空间的优势资源全部划入了国家公园，实行最严格的生态保护政策，势必对城步的经济社会发展产生很大的影响。

要保护，也要生存，也要发展。习近平总书记说过，让人民过上幸福美好的生活是我们的奋斗目标，全面建成小康社会，一个民族、一个家庭、一个人都不能少。那么，城步作为一个国家深度贫困县、少数民族自治县该怎么发展？怎样实现与其他地区同步发展？怎样分享国家公园试点的红利，确保城步人民生活水平与其他地区同步发展？这些问题是摆在各级各部门面前必须高度重视尽快研究解决的重大课题。这里不做深入阐述，只希望能够引起各位专家、学者和各级政府领导特别是国家高层的高度重视。

五、几点建议

1. 发展权问题必须搞好顶层设计。目前我国国家公园建设处于试点阶段，很多政策不够完善，方案不够科学。比如，按照国家公园“国家所有、全民共享、严格保护、适度开发”的方针，国家公园建设投资应该全部由中央财政负责。湖南南山国家公园试点规划建设方案至2020年共需投入建设资金30多亿元，而现阶段中央财政每年仅仅安排4000万元，缺口资金由省、市、县负责，给地方造成了巨大的经济负担，也给国家公园建设带来了很大的困难。国家公园所在地的发展问题也是各地国家公园建设所面临的普遍问题，在《试点方案》和《试点规划》里都没有相应的内容和措施，存在顶层设计缺失问题，应该引起国家高层的高度重视，从顶层设计进行完善，确保国家公园所在地的发展权得到应有的保障。

2. 尽快建立生态补偿机制。一要建立国家对地方的生态补偿机制。国家在分配生态功能区、限制开发区、重点林区等方面转移支付资金时对国家公园予以重点倾斜。二要建立下游对上游的补偿机制。按照区域间生态共建、资源共享、公平发展的原则，明确上下游、地区间生态建设的权责，把上游的生态保护治理和下游受益方提供补偿提升到法律层面，形成完善的生态补偿体系和长效补偿机制。以经济、行政手段调动上游地区政府和群众参与生态建设的积极性。例如我县为资、沅、浔、渠四水源头，为保护水源做出了突出贡献，下游受益地区应对我县给予合理的补偿等。

3. 建立合理的收益分享机制。国家公园建设对所在地的经济社会发展产生的影响是不容忽视的，国家公园所在地对国家公园建设做出的贡献是十分巨大的。因此，国家公园应该与所在地人民政府建立合理的利益分享机制，确保所在地经济社会发展不因国家公园建设受到太大的制约。一是国家公园特许经营收益要合理分享，明确地方人民政府合理的分享比例；二是国家公园特许经营企业要在城步注册成立公司或分公司，税收必须缴在城步，确保城步财政收入稳定增长，保障各级政府正常运转。三是国家公园建设、经营尽量安排当地贫困群众，保障当地贫困群众能够正常就业，贫困家庭有正常收入来源。

4.加大基础设施建设，解决发展瓶颈。尽快修通城步至广西龙胜高速公路，打通南向高速公路通道。建议尽快启动张吉怀旅游高铁延伸至桂林、北海项目前期工作，力争“十三五”期间完成立项、环评、设计等各项前期工作，“十四五”初开工建设，末期实现竣工，投入运营。争取高铁从邵阳市西部区域副中心的武冈市经过并设站，形成辐射城步、绥宁、洞口、新宁、隆回的“半小时旅游高铁经济圈”，使湖南南山国家公园、武冈云山风景名胜区、新宁崀山世界地质公园、绥宁黄桑国家级自然保护区、洞口罗溪国家森林公园、隆回花瑶旅游度假区连接在高铁旅游线上，打通大湘西旅游圈、大桂林旅游圈、北部湾旅游圈与东盟的联系，通过旅游高铁将大湘西地区融入“一带一路”。

5.大力发展生态文化旅游。借鉴国家公园的名气，利用城步丰富的旅游资源优势和深厚的民族文化底蕴，积极连接大湘西旅游圈和大桂林旅游圈，大力发展生态文化旅游产业，打造生态文化旅游强县，实现旅游富民，旅游富县。

做强油茶饮食文化产业　助推民族地区经济发展

杨进步　曹正城

一、油茶是城步苗族地区传承千百年的特色饮食

近年来，城步苗族自治县乡村文化旅游十分旺盛，与这里独一无二的油茶饮食文化是分不开的。客人到访城步苗乡，主人为游客端上的第一份饮食是“油茶”，游客们来到这里提出的第一要求也是品尝“油茶”。油茶既是饮品，也是食品，它之所以独具特色，有四个主要原因。

城步独特的美食——油茶

（一）来源于该地区高山上的特产峒茶

城步方圆 2674 平方公里，现有 13 个乡镇场、190 个村（社区、居委会）和 30 万人口，地处湘桂边界的越城岭与雪峰山脉余脉的交汇处。“世界峒茶在中国，中国侗茶在城步”。县城以南汀坪等六个乡镇盛产野生峒茶。城步峒茶与江华苦

茶、汝城白毛茶、安化云台山种同为“湖南茶树原住民”，是湖南省四大地方茶树群体种之一。城步峒茶是一个地域性较强的地方茶树品种。1986 年 6 月，城步峒茶被认定为湖南省地方南方大叶良种。城步崇山峻岭，森林茂盛，溪河纵横，云遮雾罩，平均海拔 700 余米，相对湿度 80% 以上，土壤有机质含量 3.09%，自然速效氮、磷、钾分别为 149ppm、16.2ppm、33ppm，pH 值 5—5.5，这种茶叶香味浓郁，清润肺腑，茶水呈金黄色，远隔 20 米即闻茶香。当地群众说，这种茶叶只有在该县汀坪乡周围 40 里的才有此味，上不过越城岭老山，下不过广西浔水河，就是整株移植可活，但出了这个范围就没有这个味了。早在 20 世纪 70 年代，湖南农学院研究员王建国考察后确认为是半乔木型大叶种茶树。经湖南省茶叶科学研究所分析，其生叶固定样多酚类含量达 30.91%—36.42%，水浸出物 41%—42.6%，儿茶素总量 239.77—268.12 毫克 / 克，被评为湖南省名优茶树资源。1982 年中国林科院、湖南省茶研所 12 位科研人员在该乡杨梅坳曹家湾的深山老林中竟发现一株高达 7.28 米、树干围 41.1 厘米、树冠达 68 平方米的古峒茶树，已被列为中国“古茶树王”。现县、市、省林科院、茶研所已划定该县汀坪乡、五团镇和儒林镇周边 20 个村为峒茶专一特产区，开辟茶园上 3 万亩。

城步苗乡人用这种峒茶制作油茶，因而享有专一无法替代的特殊效果。

城步峒茶

（二）特殊的油茶料

城步苗乡油茶除了油茶汤外，佐料丰富，吃了之后能饱肚子和提神。油茶佐料为：

1. 阴米。用香糯米拌谷糠和茶油拌和蒸熟后，倒入石礁、舂扁，然后在多云阴天风干，再用簸箕将谷糠播出，剩下又扁又透亮的荫米，所以叫“阴米”。

2. 苞谷，又叫玉米。在油茶料中有三种用法，一是嫩玉米，将含浆的玉米棒掰回来剥成粒，用锅炒熟即可食用；二是熟透的老玉米，打油茶时剥成粒，用油炸，又称爆米花；三是将熟透的老玉米粒加石灰或草木灰熟者至松软，然后晒干备用，用时倒入油锅炸脆。

3. 黄豆。黄豆是油茶香料，苗家山歌赞颂黄豆是：“黄豆打茶喷喷香，不要胡椒不要姜；不要胡椒也好呷，我们不要媒人也成双。”黄豆也有两种用法，一种是将黄豆直接炒熟；另一种是将黄豆泡软，再用油炸，这样又香又脆又软。

4. 粑粑仔，春节过年前苗家人要舂打糯米粑，必须拿出打好的糯米粑趁未干硬时用手抓开成一颗颗小粒，粘在事先准备的糯谷草芯上，晾干后备用。

5. 花生米。花生米用作油茶料在从前是高贵的象征，只有在过节时或来了贵客时才用，现在新社会生活好了，也就都用花生作油茶料了。

6. 糯米糍草粑。春天时，田野土地生长着一种开着黄花的糍草，又叫水米花。苗家姑娘采摘回家晒干备用，有客人来了，就要打糍粑茶，用糍草切碎拌入糯米粉煮熟，搓成团，然后分搓成一颗颗拇指大的汤丸一样的圆团，再炒熟入料。油茶用糍粑也和用花生一样，是高档的佐料，是对客人的尊重，自家人必须在过节时才用。

7. 蕨粑。蕨粑用于油茶有二种用法：一是用粉。把挖回的蕨根打烂沉出淀粉晒干，打油茶时将粉炒熟，随油茶料撒入杯中，让茶汤浓郁润滑，特别爽口；二是将蕨粑根粉调拌成糊烧熟晒干成面片，再剪碎用油炸成炮花，用作干茶料。

8. 虫草根。这是一种生长在土壤中的草，其根长出一种像白色虫一样的小茎，采摘这种根茎烫熟晒干备用，打茶时用油炸脆，虫草佐料，又甜又香。

（三）独特的油茶制作技艺

油茶技艺表现在两个方面，一是制作油茶料。把上述 8 种油茶用料炒香或用油炸酥，分别装入料盘中。二是熬制茶汤。茶汤是油茶质量的关键，将晒干的上好峒茶用水泡软，然后放油用锅翻炒，炒熟后加入一锅热水，放入食盐和擂成酱的大蒜一起熬煮。待到熬煮至金黄色的浓汤后，用竹篓茶箩捞出茶叶，将汤倒入放好佐料的茶杯中，这时茶料在浓茶汤的浸润下发出喳喳的响声，苗家妹子用木茶盘端着一杯杯油茶送到客人面前，浓香纯郁的油茶让人有一种飘飘欲仙的感觉。姑娘在递油茶时会唱敬茶歌：

一杯油茶浓又香，我双手递来让客尝；
贵客吃了这碗茶，情深义重友谊长。

苗族油茶色、香、味俱全，十分诱人。早在清代乾隆时期就有“一杯强盗二杯贼，三杯四杯才是客”的传说。传说乾隆帝三下江南时来到城步苗家山寨，一路劳顿，早已饥肠辘辘，到处找吃的。找到一户农家，农妇便打油茶来招待客人。谁知他们一行人饥渴难耐，第一碗油茶才端到手上就三两口吃光了。苗妇看他们这副饿狼模样，试着问：“你们不是强盗吧？”纪晓岚忙答：“我们不是强盗，不会抢你家东西，是肚子实在饿了。”苗妇又给他们端上第二碗，他们吃完后，还是不甘心，眼睛左瞅瞅，右瞧瞧，看是否还有。苗妇又斗胆问：“你们不是强盗，这么东瞅西瞧的，是要偷我家东西吧？我们穷人家没有什么好偷的哟。”纪晓岚知道她误会了，忙向腰包掏出几个银锭交给苗妇，解释说：“我们也不是贼，是你的油茶好呷，我们还想呷哩！”苗妇接过银锭，才不再怀疑，说：“那就让你们呷个饱吧！”说着又递上第三碗、第四碗油茶。大家不再饥饿了，乾隆对纪晓岚说：“这个油茶这么好吃，难得啊！”纪晓岚说：“那大家慢呷一点，好好品尝！”听了纪才人这么说，大家真的就放慢了速度，边闻边喝边咽，一个个津津有味地说：“这油茶好香，好浓，好有味啊！”苗妇看到他们这副文质彬彬的样子，就说：“难怪你们是尊贵的客人，下次再来，我同样给你们打油茶！”乾隆返回京城，还念念不忘苗乡油茶，多次下旨要吃苗家油茶，可惜路途太远而成了遗憾。乾隆要呷锅巴泡茶还写入正史呢！这就是城步苗家有“一杯强盗，二杯贼，三杯四杯才是客”的传说由来了。

（四）神奇的保健效果

城步苗家人爱吃油茶，代代相传。苗家人一天两餐油茶，早晨一顿，中午一顿，先呷油茶再呷饭。家里来了客人，或者邻居晚上来聊天，再制作一顿。现在城步的机关食堂，炊事人员也是要先打好油茶，再送上饭菜。油茶不仅仅色、香、味俱全，而且还具有良好的保健功能。

在1957年全国人口健康状况调查中，城步苗族人平均寿命64岁，最长寿者85岁。2013年，湖南省提出建设农村百岁健康村，调查显示，城步苗族人平均寿命达到76岁，90岁以上苗族老人达17‰。我们在走访调查中发现，苗家人认为油茶是最好的保健食品，常吃油茶能醒脑、提神、解乏、醒酒、降压、降糖、健脾胃、防感冒、清肺、止咳。农村很多老人说，三天冇呷油茶感冒就来了，呷二杯油茶，咳嗽就停了。

二、以苗家油茶特色品牌促进就业与创业

（一）苗家油茶带出了一批创业者

1983年，中国提出的改革开放给农村带来巨大的变化，身居穷乡僻壤的城步苗族青年男女也汇入了南下广东打工的潮流。汀坪乡蓬瀛村18岁的苗家妹子谢玉珍高中毕业后来到了深圳，她在街边一家餐饮店打工。开头她当服务员，倒茶、端菜、煮面、搞卫生，很是勤快。饮食店周围是电子设备厂、服装厂和一家广汽本田大工厂。在这三个工厂打工的城步老乡很多人都认识谢玉珍，因而店里的常客都是家乡人，一日三餐都来店里吃喝，老板生意十分兴隆。久而久之，老乡们和谢玉珍交谈："好久冇呷过家里的油茶了，你要是能在店里打油茶，该多好啊！"店老板看到谢玉珍和顾客很热乎，这是店里生意的重要条件，就对她说："你人长得漂亮，人缘关系好，从现在起你当我的副老总，每月工资加1000元！"谢玉珍说："谢谢老板信任，这条街餐馆多，客源选择竞争力大，我建议加开个苗家油茶店，我的老乡就全部来了！"老板说："可以，我投资，你负责，

生意好就做大一点！”就这样，谢玉珍在深圳开了第一家苗家油茶馆。她专程回湖南城步老家采购茶叶和茶料，凭自己的油茶制作手艺，开张仅几天生意就十分红火。湖南老乡和广西龙胜、资源县的苗族打工仔都来尝味。通过试味，大家都觉得是家乡的正宗油茶，于是一传十、十传百，凡是在深圳打工的湘南、桂北苗乡儿女都来这里呷油茶。老乡们吃着油茶，聊着家常，有一种在家里的感觉。这个油茶馆每天顾客盈门。开头是谢玉珍一个人打油茶，忙不过来，她又请了几位家乡姐妹来帮忙，不仅湘南、桂北、黔东南的苗家人是油茶常客，就连其他各地南来北往的客人也慕名前品尝油茶美食了。他们用自己的体会在服务台留言："苗家油茶好吃！""我今天尝到了苗家传统的饮食风味……"有的客人还要拉上谢玉珍到油茶店招牌下合影以作纪念。这家生意红火的油茶店竟然吸引了深圳媒体，深圳报社记者前来采访，深圳电视台前来录像，媒体的宣传让油茶店在深圳到了无人不知、无人不晓的地步，也给谢玉珍带来特殊的机遇。韩国著名的茶商朴正成先生专程来到油茶店拜访谢玉珍，品尝了她的苗家油茶，观赏了她的制作过程，于是这位熟谙茶道的商人毅然做出决定，娶谢玉珍为妻子，带她到韩国去做苗家油茶。于是这个苗家女成了韩国茶商朴正成的妻子，也成了韩国首尔的第一家苗乡油茶馆的老板兼夫人。

在韩国奋斗六年，谢玉珍与丈夫创造了上亿元的茶业收入，也生下了一男一女两个宝贝。深谙茶道的谢玉珍把家里的两个妹妹及多个苗家妹子也带到韩国，在首尔把油茶、餐饮、宾馆做成了一条龙的产业，又在济州岛开了分店。近十年来，她把油茶产业瞄准了整个亚洲市场，把苗家油茶馆开到了日本的东京中华街，我国台湾省台中市、高雄、阿里山景区，菲律宾的马尼拉，马来西亚吉隆坡……可以说，城步的苗家油茶被苗家妹子谢玉珍带出了县门，带出了省门，带出了国门，带出了亚洲。现在苗家儿女遍布东南亚，苗家油茶也香飘世界！

（二）苗家油茶引领了一批特色品牌

邓小平同志指出："发展才是硬道理。"苗家儿女用实践证明了这一论断。苗家油茶这一传统的饮食，拓宽了经济发展的途径。在城步汀坪乡参照方便面的方式，制成了可携带的苗家油茶产品系列。他们利用传统的油茶制作工艺，用手工操作而成；油茶汤、油茶料分别真空包装，如同方便面一样，饮用前将茶汤煨开，倒入茶料即可食用。这个产品刚刚进入市场就引起商家的青睐，纷纷前来订货。同时也方便人们旅游出行，不失为民族特色方便饮食商品。

在苗家油茶的启发下，谢玉珍的家乡汀坪乡蓬瀛村 18 位打工仔回到家乡创办了“七彩灯笼泡辣椒”生产线，仅 3 年时间，泡辣椒就占领了广州深圳市场，成为苗乡特色品牌产品，市场供不应求。2018 年作为湖南省邵阳市推出的唯一农产品列入广州“国际商品博览会”，被国际客商看好。一些非洲的客商尤其喜爱，当场签订 1300 万人民币的商品。

现在该村又推出了“苗乡腊肉”“苗乡蕨粑”“苗乡栗子豆腐”“苗乡穇子米酒”等数个品牌，村民们用土法加工，进行现代化包装，通过网络市场销售。产品特色原汁原味，客商满意，市场供不应求。因为“土”才有特色，才有风味。可惜“土”的加工时间长，制作原始，客观上制约了大批量生产和发展。

（三）苗家油茶带动了民族地区县域经济的发展

近十年来，城步苗家油茶助推了城步苗乡旅游文化产业的大发展，如同“中国山歌在苗族，苗族山歌在城步”一样引人瞩目。2019 年城步生态文化旅游持续升温，实现旅游综合收入近 20 亿元，接待游客 300 万人次，与上年同比各增长 30%。县委、县政府确定将苗家油茶作为民族地区经济发展的重大研究课题。

一是把油茶饮食作为民族节日。如汀坪乡从 2019 年开始，将每年 4 月谷雨节摘茶叶的习俗确定为“苗乡油茶节”，由乡里组织相关活动，各个村寨的群众和打油茶的高手济济一堂，现场进行油茶制作比赛，邀请县里民族文化专家现场品尝评比，公开评出一、二、三等奖。这一技能比武能促进苗族地区油茶制作技艺的提高，大家互相学习，取长补短，把油茶制作技艺形成共识，得到良好的传承。在制作油茶过程中结合苗族敬茶礼仪，歌唱敬茶歌，把浓香的苗家油茶与浓郁的苗族山歌融会一体，呈现一派欢乐祥和和热烈的气氛。

二是建立了峒茶园产业基地。在县城巫水河南岸，建立了以生产、加工侗茶为主的龙头企业城步白云湖生态农业发展有限公司，以打造全国“侗茶之都”为宗旨，在白云湖村建成了一个上千亩的侗茶产业基地，开发有机侗茶品牌。城步侗茶商标“五侗”马德里国际商标于 2020 年 4 月注册成功。为了保证苗乡油茶特色，汀坪、五团等乡镇提出要坚持“三不”原则：1. 峒茶叶产地不能变。只有原产地生产的茶叶才能保证固有的“浓郁、香纯、金黄”的好茶汤。2. 油茶制作特色不能变。3. 油茶业传承不能变。这“三不”原则关键在茶叶。在县林业部门专家的支持下，1984 年在原杨梅坳乡太阳村建立首个油茶叶种植场，面积 100 亩，到 2019 年扩大到 1500 亩，从而保证了苗家油茶产业发展。

三是以油茶产业基地为中心，各乡镇还开发种植了苗乡梨、猕猴桃、百香果等高山水果，各类优势产业齐头并进。

四是苗乡油茶促进了农村经济发展，迅速脱贫致富。如蓬瀛村，有 19 个组 478 户 2214 人，现全村有以苗乡油茶为龙头的企业 4 个；村民拥有小车 68 辆，大货车 10 辆，农用小货车 23 辆，摩托车 438 辆；100% 农户家庭有电视机、洗衣机，90% 农户有冰箱，95% 的村民有手机。2014 年村民人均年纯收入 3000 元，到 2019 年人均年纯收入 12700 元，全部脱贫。现在该村已进入“湖南省百岁健康示范村”“美丽乡村”建设范畴，60 岁以上老人人人建有“健康档案”，全村年年评选“和谐幸福家庭”，正朝着“身体健康，生活幸福，家庭和睦，生态优美，经济发展”的目标迈进。

（杨进步，城步苗族自治县非物质民族文化研究会会长；曹正城，城步苗族自治县政协原党组第一副书记。获湖南省社科联、湖南省苗学学会“湖南省苗学学会 2020 年年会优秀论文二等奖）

城步与龙胜各族自治县经济社会发展之比较研究

刘学用　陈 芳

湖南省城步苗族自治县与广西壮族自治区龙胜各族自治县山水相连，地理条件相似，同为省际边界山区小县，同为国家级扶贫工作重点县和少数民族自治县，本世纪初两县的经济社会发展水平相当，进入21世纪后的短短十余年间，龙胜的经济社会发生了翻天覆地的变化，远远超出了城步的发展速度。为什么中部省份湖南省的一个城步苗族自治县与相邻的西部省份广西壮族自治区的龙胜各族自治县经济社会发展会有如此大的差距呢？本文试图通过对两县地区生产总值、工业增加值、固定资产投资、地方财政收支等主要经济指标的比照分析，找出两县经济社会发展的差距，试图通过分析两县经济社会发展的环境条件，找出两县产生发展差距的原因，试图通过分析城步经济社会发展潜力和发展方向，找出城步经济社会快速发展之路，找出两县合作共赢之路。

一、城步苗族自治县与龙胜各族自治县基本情况

城步地处湘桂边陲，东界新宁县，南邻广西资源县和龙胜各族自治县，西接绥宁县和通道侗族自治县，北毗武冈市，全县总面积2647平方公里，辖13个乡镇292个行政村，境内居住着苗、汉、侗、瑶等24个民族，总人口28万，属于“老、少、边、穷”地区，是国家扶贫工作重点县、武陵山片区区域发展扶贫攻坚试点县和湘西地区开发县，也是全国5个苗族自治县之一。全县森林面积320多万亩，林木蓄积量位居全省第六位。水能、风能蕴藏量近110万千瓦，其中以

南山为主的风能蕴藏量达 80 多万千瓦。草山肥沃辽阔，有集中连片草山 154 万亩。境内有南山国家级风景名胜区、两江峡谷国家森林公园、金童山国家级自然保护区、白云湖国家湿地公园。1956 年 10 月，经国务院批准，实行民族区域自治，建立城步苗族自治县。

龙胜各族自治县位于广西东北部、桂林市西北部，东临兴安、资源，南接灵川，西与融安、三江为邻，北毗湖南城步，西北与湖南通道接壤。全县总面积 2538 平方千米，居住有苗、瑶、侗、壮、汉等五个民族，辖 7 乡 3 镇 119 个行政村，总人口 18 万人，其中少数民族 13.88 万人，占总人口的 77.22%。县城距桂林市 88 公里，是大桂林旅游圈内的旅游大县之一，广州至成都的国道 321 线从龙胜境内通过，是湘西南、黔东南与四川进入广西之咽喉与物资集散地。全境为山地，是一个典型的“九山半水半分田”的山区县，有丰富的林木和矿产资源。1951 年 8 月实行区域自治，改称“龙胜各族联合自治区（县级）”，1956 年 12 月改称“龙胜各族自治县”。龙胜是山区少数民族自治县，生态环境优美、自然景观独特和民族风情浓郁，不仅是国家级生态建设示范县，也是广西旅游大县。

二、城步苗族自治县与龙胜各族自治县经济社会发展比照分析

（一）1999 年经济社会主要指标比照分析

县名	地区生产总值（万元）	工业增加值（万元）	全社会固定资产投资（万元）	财政总收入（万元）	一般预算收入（万元）	财政总支出（万元）	一般预算支出（万元）	社会消费品零售总额（万元）	农民人均纯收入（元）
城步县	58333	11798	17398	5370	4080	9081	8826	24479	1134
龙胜县	68863	15185	17202	4420	3240	6533	6533	15748	2114

1999 年是 20 世纪的最后一年，也是“十五”规划末尾，通过数据比较，1999 年城步在经济总量、工业增加值、农民人均纯收入方面略低于龙胜县，城

步经济总量只有龙胜的84.7%、工业增加值只有龙胜的77.7%，但是差距还不是很大，农民人均纯收入只有龙胜的53.6%，差距较大。在财政收支数据上略高于龙胜，财政总收入是龙胜的121.5%，总支出是龙胜的139%，全社会固定资产投资方面与龙胜基本持平。

（二）2005年城步县与龙胜县主要经济指标比照表

县名	地区生产总值（万元）	工业增加值（万元）	全社会固定资产投资（万元）	财政总收入（万元）	一般预算收入（万元）	财政总支出（万元）	一般预算支出（万元）	社会消费品零售总额（万元）	农民人均纯收入（元）
城步县	136446	46432	68148	10931	6130	23387	23387	39887	1543
龙胜县	131300	48200	60200	11400				21600	2108

从2005年两县主要经济指标看，城步县地区生产总值、社会固定资产投资与龙胜县基本持平、社会消费品零售总额高于龙胜县，是龙胜的185%，但龙胜的财政总收入、农民人均纯收入高于城步县，特别是农民人均纯收入是城步的136.6%，说明龙胜的农村比城步富裕。财政支出由于找不到龙胜方面的数据资料，无法进行比对。但从20世纪末的1999年至“十五”末的2005年，城步县在经济总量上赶上了龙胜县，但财政收入和农民人均纯收入已经低于龙胜县了。

（三）2010年城步县与龙胜县主要经济指标比照表

县名	工业增加值（万元）	全社会固定资产投资（万元）	财政总收入（万元）	一般预算收入（万元）	财政总支出（万元）	城镇居民可支配收入（元）	社会消费品零售总额（万元）	农民人均纯收入（元）
城步县	61412	203051	16406	9169	70547	9507	87845	2518
龙胜县	108449	283873	28357	12784	76706	17068	48852	3441

2010年是“十一五”末，从该年的经济数据看，龙胜县经济社会发展已经远

远超过了城步县的发展速度，地区生产总值是城步县的169.6%，工业增加值是城步县的176.6%，全社会固定资产投资是城步县的139.8%，地方财政总收入是城步县的172.8%，一般预算收入是城步县的139.4%，地方财政总支出在比城步县小10万人的前提下仍然是城步县的108.7%，城镇居民可支配收入远远超过城步县7561元，是城步县的179.5%，农民人均纯收入也远远超过城步县923元，是城步县的136.6%，只有社会消费品零售总额因人口原因低于城步县，是城步县的55.6%。

（四）2012年城步县与龙胜县主要经济指标比照表

县名	地区生产总值（万元）	工业增加值（万元）	全社会固定资产投资（万元）	财政总收入（万元）	一般预算收入（万元）	财政总支出（万元）	城镇居民可支配收入（元）	社会消费品零售总额（万元）	农民人均纯收入（元）
城步县	256951	83954	192233	24715	16073	118731	12379	117378	3271
龙胜县	408100	171978	269800	40600	22753	117646	21230	63400	4580

2012年是“十二五”规划的中间年，这年龙胜县的地区生产总值是城步县的158.8%，城步人均国内生产总值9293元，龙胜人均国内生产总值22850元，是城步的246%，工业增加值是城步县的204.85%，全社会固定资产投资是城步县的140.35%，地方财政总收入是城步县的164.3%，城步人均财政总收入只有894元，龙胜的人均财政总收入达2273元，是城步的254%，一般预算收入是城步县的141.6%，地方财政总支出在比城步县小10万人的前提下仍然是是城步县的99.08%，与我县基本持平，城镇居民可支配收入继续拉大差距，远远超过城步县8851元，是城步县的171.5%，农民人均纯收入也继续拉开幅度，远远超过城步县1309元，是城步县的140%，城步财政供养人员津补贴人均只有13200元，龙胜达18000元，是城步的136.4%。通过以上比照分析，城步县与龙胜县在“十一五”以前，经济社会发展基本持平，经济总量、财政收支等各个方面的发展不相上下。但是，进入“十一五”以后，龙胜县出现了飞速的发展，其经济社会各个方面都远超城步县，这其中究竟是什么原因呢？

三、湖南城步苗族自治县与广西龙胜各族自治县经济社会发展产生较大差距的原因分析

（一）广西龙胜各族自治县发展较快的原因分析

通过赴龙胜县现场考察，与龙胜县政府及相关部门召开座谈会，赴龙脊梯田等风景名胜区现场参观，以及在网上搜索资料，参考了龙胜县2009—2013年政府工作报告，我们认为，龙胜县这几年能够取得跨越式发展既有内在原因，更有外部原因。

内在原因主要有：

1. 龙胜人民想发展，盼发展，勤劳勇敢，敢想敢干。

2. 龙胜县委政府“突出抓好矿产、电力、农林、旅游四大支柱产业，培育壮大优势产业和地方特色经济。全面推进新型工业化、特色城镇化、农业产业化和环境生态化，保持经济长期稳定发展和社会和谐稳定，把龙胜建设成为经济繁荣、民族团结、社会和谐、山川秀美的生态县”。的经济社会发展战略思路正确，符合龙胜县实际和当今中国经济社会的发展方向。

3. 龙胜县的区位条件促进经济社会快速发展。龙胜县距桂林市只有80多公里，桂林市是国际大都市，铁路、航空、高速公路交通非常发达，区位条件十分优越。

外部原因主要是国家、省（区）市的政策扶持，主要有以下几个方面：

1. 国家从2000年开始实施西部大开发政策。但由于处于刚刚启动阶段，主要是规划编制和政策出台，所以龙胜县在“十五”期间发展并没有太大的变化，处于起步阶段。

2. 龙胜县是国家扶贫工作重点县，享受国家重点扶贫政策。

3. 2008年国际经济危机，国家出台了“四万亿”刺激经济计划，重点投资西部地区。龙胜县2010年政府工作报告中“牢牢把握国家政策导向，积极争取中央扩大内需项目，深入开展‘项目建设年’活动，落实重大项目责任制。以交通基础设施、城市建设、工业建设项目、民生工程为重点，全面推进项目建设。全年实施各类项目383个，完成固定资产投资21.73亿元，增长54%，增幅居全

市前列。其中年内获中央扩大内需项目 94 个（处），计划投资 6330.72 万元”。就是很好的说明。

4.《国务院关于加快发展旅游业的意见》（国发〔2009〕41 号）、《中共广西壮族自治区委员会　广西壮族自治区人民政府关于加快旅游业跨越发展的决定》（桂发〔2013〕9 号）出台了一系列旅游方面的优惠政策，规划了大批旅游建设项目。广西壮族自治区《加快旅游业跨越发展的若干政策》更加明确了支持政策：“2013—2017 年，加大自治区财政支持旅游业发展的力度，多渠道筹集旅游发展专项资金。其中 2013 年自治区财政安排 4.2 亿元，以后年度根据财力情况逐年增加；在财政部代我区发行地方政府债券时，自治区财政每年安排一定数额债券资金支持全区旅游业发展。其中 2013 年安排桂林市 2 亿元、北海市 1 亿元；新创建国家 5A 级和 4A 级旅游景区实行奖励政策：对列入自治区创建国家 5A 级景区计划、成立创建机构、制定创建方案并编制完成总体规划的单位补助 100 万元；对通过自治区国家 A 级景区评定委员会初评的创建 5A 对级景区单位增加补助 100 万元；对通过国家 A 级景区评定委员会评定的 5A 级景区增加补助 1000 万元、4A 级景区补助 100 万元。补助资金主要用于景区基础设施建设、改造、维护及旅游宣传促销等。对新评定为五星级的酒店补助 100 万元；对与国际品牌酒店管理公司签定三年以上管理合同的酒店补助 100 万元；对新评定为五星级的休闲度假型酒店补助 300 万元。补助资金主要用于饭店设施设备更新、改造、维护以及市场宣传促销等。对新创建的五星级乡村旅游区奖励 100 万元，四星级乡村旅游区奖励 50 万元；五星级农家乐奖励 20 万元，四星级农家乐奖励 10 万元。”龙胜县作为广西壮族自治区的旅游大县，旅游产业得到极大的发展。据龙胜县 2011 年政府工作报告，“龙胜县全年接待游客 170.01 万人次，同比增长 27.6%；旅游收入 12.97 亿元，同比增长 20%。旅游业的发展进一步拉动了第三产业和我县城乡建设的快速发展。”“旅游景区频获殊荣，龙脊村荣获‘全国首批特色旅游名村’，龙脊风景名胜区正式荣获‘国家 AAAA 级旅游景区’，龙胜温泉景区荣获‘2010 年中国温泉 20 强’等荣誉称号。”“2011 年，全县继续加大旅游景区接待基础服务设施建设力度。龙脊村特色旅游名村建设项目进展顺利；彭祖坪景区进入性基础设施建设基本完成，目前正在进行一期配套项目投资建设；龙脊风景名胜区梯田整治项目基本完成；积极开展龙脊梯田景区二期项目建设申报工作。”

5. 2009 年《国务院关于进一步促进广西经济社会发展的若干意见》（国发〔2009〕42 号），出台了一系列优惠政策，明确了战略任务：“打造区域性现代商贸物流基地、先进制造业基地、特色农业基地和信息交流中心”，“构筑国际区域经济合作新高地”，“培育我国沿海经济发展新的增长极”，“建设富裕文明和谐的民族地区”。对于广西壮族自治区经济社会的发展起到了十分重要的推动作用，龙胜县受惠多多。

6. 2010 年中国—东盟自由贸易区建成，对广西来说是一次重大的发展机遇。有利于广西扩大与东盟的贸易和投资合作，为广西与东盟的经贸合作注入了新的动力与活力。东盟自由贸易区建成对龙胜县招商引资、产业发展、工农业产品出口等各个方面都有十分重要的积极作用。

7. 2010 年桂林市获批国家旅游综合改革试验区和国家服务业综合改革试点区域，两大改革点燃了桂林市跨越式发展的新引擎。龙胜县作为桂林市的旅游大县，龙脊梯田、龙胜温泉、彭祖坪景区等一大批旅游项目列入其中，能够享受更多的优惠政策。

8. 2010 年中共中央国务院《关于深入实施西部大开发战略的若干意见》出台，继续加大西部地区基础设施、生态环境、特色产业、民生改善等方面的支持，出台了财政、税收、土地、投资、金融、产业、价格、生态补偿、人才、帮扶等一系列优惠政策。据龙胜县 2012 年政府工作报告：“全年实施重大项目 8 项，完成投资 4.428 亿元。重点项目稳步推进。南山风电一期项目有序推进，龙脊名胜风景区索道项目竣工并投入运营，廉租房项目完成建设任务，瓢里至平等公路全线建成通车，学前教育推进工程全部竣工，桂林至三江高速公路实质性开工，贵广铁路（龙胜段）项目、彭祖坪生态旅游项目、南山风电二期项目正稳步推进。”“农村生产生活条件进一步改善。冬修水利累计完成 172 处，……贫困村农民人均纯收入增长 20.16%，全县贫困人口减少 9500 人。”表明龙胜县大量的基础设施项目得到了国家的大力支持，对经济社会的发展产生了极大的促进作用。

9. 龙胜县纳入了国家重点生态功能区。每年都能得到国家数千万元的财政转移支付，2012 年龙胜县生态功能区得到中央财政转移支付资金 4600 万元。

10. 2012 年龙胜县纳入了《滇桂黔石漠化治理规划》。编制滇桂黔石漠化片区扶贫攻坚实施规划项目 290 个，预计总投资 323.16 亿元。规划的实施将极大地拉动县域经济的发展。

根据以上分析，我们认为，在龙胜人民的奋发努力下，在国家政策的大力支持下，龙胜县实现经济社会跨越式发展是必然的。当年深圳从一个荒芜的小渔港变成了现代化的大都市，就是国家政策扶持的结果。

（二）湖南城步苗族自治县经济社会发展相对滞后的原因分析

由于历史的原因以及地理位置、自然环境和思想观念等主客观因素，严重影响并制约着城步经济和社会发展，存在很多困难和问题。

一是地理位置偏僻，基础设施滞后，经济发展基础较差。城步县地处湘西南边陲，距邵阳 200 公里，距省会长沙 400 公里，地理位置偏僻。又是典型的高寒山区，地形地貌复杂，水、电、路、通信等基础设施差，建设成本高，加之投资不足，基础设施建设速度比较缓慢，形成了封闭的自然和社会环境，限制了人力资源和自然资源的开发与流动。

二是产业结构单一，财政收支矛盾突出，特别是奶业支柱产业的衰落使城步县经济遭受重大的打击。城步县产业发展受自然条件的限制，人才、资金、技术都比较缺乏，企业发展缓慢；种植业仍没有跳出小农经济模式，种植养殖科技含量低，管理粗放，加之信息不灵、交通不便、销售渠道不畅、抵御自然灾害能力差，往往造成增产却减收的尴尬局面。县域经济来源不足，财政自给能力低，财政收支矛盾突出，收不抵支的状况无法从根本上改变。2007 年亚华奶业年产值超过 10 亿，税收将近 6000 万元，超过当年全县税收收入的一半以上。2008 年“三聚氰胺”事件后，亚华奶业受到很大的影响，特别是 2010 年“黄曲霉素”事件，使亚华奶业遭受到致命的打击，婴幼儿奶粉生产许可证被吊销，亚华奶业全面陷入低谷。主导支柱产业的轰然倒塌使城步财政遭受到了沉重的打击，2011 年亚华南山分公司实现税收仅 1487 万元，2012 年税收更急剧下降到 121 万元。

三是教育、文化、卫生等社会事业发展滞后。教育投资不足，历史欠债多。国家拨付的教育经费主要用于保证教师工资，使得学校无力改善办学条件。少数民族的教育观念未跟上教育体制改革的需要，教师队伍素质有待提高。边远山区医疗设施简陋，群众看病就医难的问题仍然存在，农民因病致贫、因病返贫的现象仍有发生。农村的科技推广力度还不够，农民的科技意识仍需增强。

四是城镇化水平较低，进程缓慢。2012 我县城镇化率 26% 低于全国平均水平 49.68% 的 23.68 个百分点。县城规模等级低，城镇化容纳空间小。全县工业基础薄弱，缺乏为进城农民提供大量工作岗位的劳动密集型企业，对劳动力吸纳能力小，不利于城镇化发展。少数民族人口居多，大多分布在农村。

五是农村贫困面大、贫困程度深，扶贫任务艰巨。按照新扶贫标准统计，全县还有贫困人口 14 万人，占农业人口的 66%。全县 292 个村还有 70 个国定、省定整体推进贫困村，占 26%。年人均纯收入 720 元以下 1.3 万户 4.3 万人，分别占乡村总人口的 23.4%、19.6%，占贫困人口的 56.3%、55.7%；年人均纯收入 721—1196 元的农村贫困人口 9832 户、34559 人，分别占乡村总人口的 17.6%、15.6%，占贫困人口的 43.7%、44.3%。全县经济总量和平均数，在全市、全省排名中都属末位，农民人均纯收入只有全市的 72.7%，全省的 47.9%，全国的 47%。

城步县还面临着经济基础薄弱，生产条件差，生活水平低，与发达地区差距大等问题。

四、城步苗族自治县经济社会发展前景展望

城步经济社会发展困难与机遇同在，困难很大，机遇也很多。既有内在的发展潜力和动力，更有很多外部的推动力量。

（一）内在的发展潜力和发展动力

1. 城步人民长期遭受贫困的困扰，有强烈的发展需求。城步老百姓经过多年的探索，已经逐步摸索出了脱贫致富的出路。高山蔬菜、水稻制种、金银花、苗乡梨、农家乐等富民产业逐步发展壮大。人民的力量是无穷的，只要全县人民自觉行动起来，大力发展城步经济，城步的明天一定会更美好。

2. 城步县委政府有了明确的经济社会发展思路：“抢抓国家实施武陵山片区区域发展和扶贫攻坚规划及国家商务部、省发改委定点扶贫的机遇，继续实施

“生态立县，项目兴县，产业富县”三大战略，突出优势产业、基础设施、生态建设、民生保障四大重点，促进新型工业化、城镇化、农业现代化、信息化同步发展，将城步县建设成为湖南风力发电第一县、湖南省生态文化旅游强县、中国南方乳业第一县和全国民族团结进步模范县。相信在县委政府的带领下，城步人民会走出一条脱贫致富奔小康的路。

3. 城步有丰富的资源优势。森林面积 320 多万亩，其中楠竹 25 万亩，林木蓄积量居全省第六位。水能、风能蕴藏量近 110 万千瓦，其中以南山为主的风能蕴藏量达 80 多万千瓦。草山肥沃辽阔，有集中连片草山 154 万亩。境内有南山国家级风景名胜区，两江峡谷国家级森林公园、白云湖国家湿地公园、金童山国家自然保护区四张国家级牌子，是全国最佳生态旅游县。

4. 县域支柱产业已初步形成。通过几年的不断努力，初步形成了清洁能源、高科技电子、竹木加工、奶业、高山蔬菜、生物制药、旅游业等支柱产业。2012 年新能源产业（风电、水电）实现产值 26040 万元，实现销售收入 24382.54 万元，上缴税收 3415 万元；高科技电子产业实现产值 26912 万元，实现销售收入 26262 万元，实现税收收入 1548 万元；奶业实现产值 46761 万元，实现销售收入 46298 万元，上缴税收 121 万元；竹木加工产业实现产值 9486 万元，实现销售收入 9261 万元上缴税收 395.83 万元；高山蔬菜产业实现产值 9600 万元，实现销售收入 9186 万元；生物制药产业实现产值 9687 万元，实现销售收入 8458 万元，上缴税收 87 万元。涌现出城步县电力有限责任公司、大唐华银城步新能源开发有限责任公司、城步新鼎盛电子有限公司、湖南亚华乳业控股有限公司、湖南南山牧业有限公司、邵阳天元木业有限公司、城步恒润竹木制品有限公司、城步银河纸业有限公司、城步科源生物制品有限公司、城步县九鼎农业科技发展有限公司责任公司、城步袁氏朝阳农业科技发展有限公司等一批产业龙头企业。

（二）城步县发展的外在动力和机遇

1. 城步县继续纳入国家扶贫工作重点县，扶贫力度不断加大，项目和资金不断增加。2012 年我县扶贫资金规模达 2000 多万元。特别是我县有 125 个村纳入全省高寒山区村，占全省总数的 16%，每个村平均国家投资达 100 万元以上，全县投资总额达 1.25 亿元，将对我县高寒山区的发展产生十分重要的作用，大大加快我县高寒山区经济社会的发展步伐。

2. 城步县纳入了比照享受国家西部大开发政策和湘西地区开发政策范围，享受巩固退耕还林成果和湘西地区开发优惠政策。2012 年我县巩固退耕还林成果项目国家安排资金 565 万元，荒山荒地造林 74 万元，湘西地区开发财政贴息 59.69 万元，产业引导资金 100 万元，基地建设资金 70 万元。

3. 2012 年国家出台了《中共中央国务院关于促进中部地区崛起的意见》，对中部六省的发展将会产生积极的推动作用。

4. 城步县纳入了国家武陵山片区区域发展与扶贫攻坚试点县，编制了武陵山片区区域发展与扶贫攻坚规划，已通过省人民政府审批。全县规划项目共计 195 个，总投资 9057227 万元。其中 2011—2015 年规划项目 66 个，总投资 2123600 万元。武冈至龙胜高速公路、武冈至靖州高速公路、城步南山牧场至通道临口二级公路、茅坪至新宁二级公路、南山风景名胜区、两江峡谷风景名胜区、金童山自然保护区、白云湖湿地公园、南山风电、奶业等一大批事关我县经济社会发展的重大项目列入其中。规划的实施将对我县基础设施、产业发展、公共服务、环境保护等方面产生极大的影响，将使我县经济社会产生翻天覆地的变化。

5. 国家商务部、省发改委对口帮扶将进一步加快城步经济社会的发展。省发改委已在城步扶贫 6 年，今年是第 7 年，通过省发改委的扶贫，丹口镇的桃林村、边溪村发生了翻天覆地的变化，成为两江峡谷中亮丽的民族风景线。我们要高起点、高要求搞好扶贫发展规划，争取在国家商务部、省发改委的帮扶下，打造更多更好的民族风情点。

6. 城步县已通过了湖南省第五批小型农田水利重点县遴选，确认已进入湖南省列入中央财政第五批小型农田水利重点县申报名单，将大大改善农业基础设施，促进农村经济发展。

通过以上分析，我们认为，城步县经济社会发展目前虽然比不上龙胜，但是，城步的发展潜力是巨大的，只要全县人民齐心努力，城步一定能够实现脱贫致富奔小康的宏伟目标。

五、开创湘桂合作新篇章

城步与龙胜一衣带水，山水相连，经济社会联系密切。城步的汀坪乡、五团镇、南山镇（南山牧场）、长安营乡分别与龙胜的江底乡、马堤乡、伟江乡、平等乡接壤。长期以来，两县人民团结互助，和睦相处，谱写了湘桂边界民族团结的壮美诗篇。2012 年“中国大桂林旅游—湘桂原生态民俗风情节”将湘桂民族团结合作推向了新的高潮。在此基础上，双方可以探索更深层次、更多方面的合作共赢，开创湘桂合作的新篇章。

1. 共同构建湘桂边界民族团结进步模范区

发扬各民族团结和睦、休戚与共的优良传统，紧紧围绕各民族共同团结奋斗、共同繁荣发展的主题，广泛开展民族团结进步创建活动，共同推动湘桂边界经济社会发展的良好局面。建议湖南城步苗族自治县、通道侗族自治县和广西壮族自治区龙胜各族自治县、三江侗族自治县两省四市四县一起，积极向国家民委申报，共同构建湘桂边界民族团结进步模范区。

2. 共同构建湘桂边界生态环境保护示范区

城步是湖南省重要的生态功能区，森林覆盖率达 83%，有森林面积 320 多万亩，草山 154 万亩。境内有南山国家级风景名胜区、两江峡谷国家森林公园、金童山国家级自然保护区、白云湖国家湿地公园。龙胜是国家级生态建设示范县，是广西主要林区之一，有林地面积 265 万亩，森林覆盖率达 77.6%，境内有龙胜温泉国家级森林公园、花坪国家级自然保护林区。两县边界连接线很长，可以共同开展动植物资源保护、森林防火、森林病虫害防治、水电风电开发、小流域综合治理、地质灾害预防等生态环境保护项目，可以共同向国家林业部、国家环保局申报构建湘桂边界生态环境保护示范区。

3. 共同构建湘桂边界旅游文化事业合作区

以中国・大桂林旅游湘桂原生态风情节为平台，共同发掘、整理、开发湘桂边区苗族、瑶族、侗族、壮族原生态民族风情和多姿多彩的民族文化，展示湘桂边区丰富的旅游资源，推动湘桂边区的旅游合作与发展，加快建设区域性旅游联合体，提高区域旅游联合竞争力。建议湘桂两省四市（桂林、柳州、怀化、邵阳）四县（龙胜、三江、通道、城步）共同向国家文化部、国家旅游局申报湘桂边界旅游文化事业合作区。

4.共同改善湘桂边界基础设施，共建湘桂大通道

城步与龙胜边界地区基础设施还及其落后，交通、水利、电力、通信、人畜饮水等基础设施亟待加强。特别是交通方面，急需修建的就有武龙高速、城步五团至龙胜伟江公路、城步南山至龙胜小南山公路、城步长安营至龙胜平等公路等。武龙高速公路起点为武冈市，终点在龙胜县，北连沪昆高速支线洞新高速，南接广西三江至桂林高速公路，是湘西南桂北地区一条十分重要的湘桂大通道，对于湘西南和桂北地区经济社会的发展有十分重要的作用。目前城步和龙胜县政府已就武龙高速公路建设达成了一致意见，双方正在积极争取，希望能够早日开工建设。

我们相信，在两县人民的共同努力下，在两县县委政府的合作、带领下，城步、龙胜边界地区一定会呈现出民族团结、经济繁荣、社会和谐、山川秀美的美好景象。

有诗为赞：

山水相连湘桂情，兄弟民族一家亲，
合作共赢齐发展，携手开创新锦程。

2013年10月

以湖南南山国家公园建设为契机积极推动邵阳西部生态经济圈建设

陈定模

一、湖南南山国家公园体制试点区基本情况

湖南南山国家公园试点区整合了原南山国家级风景名胜区、金童山国家级自然保护区、两江峡谷国家森林公园、白云湖国家湿地公园共四个国家级保护地，以及儒林镇、丹口镇、白毛坪乡、汀坪乡、五团部分具有保护价值的区域，总面积 635.94 平方公里，约占整个县域面积的 1/4，集中分布在县境南部山区。

试点区资源十分丰富且具有珍稀性。一是保存有大片常绿阔叶林或常绿落叶阔叶混交林，是原生性顶级群落。二是罕见的山顶湿地和水域生态系统。三是重要的珍稀动植物保护地和种群繁殖地。四是重要的候鸟迁徙通道。

自 2016 年 7 月 22 日国家发改委批复《南山国家公园体制试点实施方案》以来，各级领导高度重视，各级各部门大力支持，南山国家公园试点工作成效显著，湖南南山国家公园筹备委员会创造性地推出省、市、县三级联合在城步集中办公举措，2017 年 9 月 22 日湖南南山国家公园管理局正式授牌，标志着湖南南山国家公园乃至城步县正积极融入邵阳西部生态经济圈建设当中。

二、建设邵阳西部生态圈面临的困难和问题

邵阳市西部生态圈以武冈市为中心，涵盖洞口县、绥宁县、城步县、武冈

市、新宁县，是湘、桂、黔三省边际区域经济发展的重要结合部和最佳融合点，具有“东引西联、承南启北”的桥梁纽带作用。西部五县市集中了全市约70%的旅游资源，森林覆盖率达69.91%，既有得天独厚的旅游、民俗、文化资源，又有保存完整、典型多样、面积宽广的自然生态系统，是湘西南乃至长江流域的重要生态屏障。目前，邵阳市西部生态圈建设面临的主要困难和问题有：

（一）省市层面支持乏力。省级层面，虽然邵阳西部生态圈纳入了大湘西生态文化圈范畴，但在政策支持、项目安排等方面，存在“重湘西轻邵阳”“重大湘西生态文化圈轻邵阳西部生态圈”现象，市级层面，虽然提出了西部生态圈区域统筹发展概念，但是到目前为止未成立任何领导机构，无常设机构和专门工作人员从事相关工作，《邵阳市西部生态圈规划（2015—2030）》至今没有通过，缺乏省市层面的支持，西部生态圈后续发展乏力。

（二）思想上认识不到位。西部五县市虽然明确了生态立县的发展思路，但是整体上还是处在单打独斗、各自为政的状态，初步建立的生态环境保护管理联席会议制度，也仅仅停留在森林防火、病虫害防治等领域，并未在旅游开发、基础设施建设、景区联通等方面打破行政区域限制，思想上未能真正融入到西部大旅游发展格局中来。

（三）基础设施较为薄弱。整体来看，目前邵阳西部地区五县市交通设施建设薄弱，区域可进入性、联动性差。目前邵阳西部五县市尚无运营铁路，张吉怀高铁南延怀桂高铁还在争取阶段。武冈机场已经正式投入运营，但是航线、航班较少，辐射功能不强。旅游公路标准化、景观化建设不足，以县城为中心的半小时通达圈未建成，“景区最后一公里”问题未得到解决。

（四）旅游景点多而不精。西部生态圈五县市，尤其是新宁、城步、绥宁旅游资源丰富，但是旅游景区存在着重开发、轻规划，重建设、轻营销、重复开发、产品同质性大的现象，旅游业规模化产业化层次较低，旅游融合发展程度不够，缺乏精品路线。

（五）产业体系大而不强。一是发展方式仍处于粗放式，多数企业仍简单依靠初制加工品维持“小农经济型”的生产经营，技术水平较低。二是要素保障乏力。企业用地难、融资难、招工难等问题仍然比较突出，严重制约了企业落地生根或发展壮大。三是招商引资缺少吸引力。

（六）商贸物流网络不完善。西部五县市物流企业规模小，物流配送服务企业组织化程度低、市场集中度不高、服务手段单一。

（七）人才队伍力量薄弱。邵阳西部地区缺乏吸引力，加之未出台任何人才引进优惠政策，导致人才引不进、留不住、盘不活，尤其是管理人才、技术人才、宣传推广营销人才、金融人才紧缺，严重影响西部生态圈的发展。

三、推进邵阳西部生态圈建设的建议措施

（一）加强领导，建立健全机构。抓住南山国家公园体制试点的有利时机，我县要积极配合邵阳市西部生态圈建设领导小组统筹协调解决在推进邵阳西部生态圈建设工作中存在的问题和困难，把西部五县市作为一个整体，建立西部生态圈五县市联席会议制度，推进项目建设。

（二）精准定位，做好顶层设计。充分挖掘地域文化资源，开发地域生态文化产业，突出地方特色，努力打造一批新型旅游名镇、工业强镇、商贸重镇、文化古镇、省际边界要镇，形成文化品牌和产业链，做好文化专业化、规模化、产业化文章，努力打造绿色西部、智慧西部、人文西部生态圈。我县要着力打造一台体现城步苗族地域特色的演出节目，不断充实景区景点的文化内涵。

（三）全力打造南山寿文化品牌。做足南山寿文化文章，使南山的吃、住、行、看等项目均打上福寿文化色彩。同时积极推介具有苗乡特色的健康长寿旅游农产品和其他产品，促进旅游升级，努力将我县“南山生态寿文化圣地”做大做强，使之成为国内外文化旅游胜地。

（四）加大两江峡谷至南山牧场沿线的违建整治。要将两江峡谷至南山牧场沿线村庄的建设规划纳入南山国家公园整体建设规划，对违章建筑进行整治，确保规划有序，生态环保。

（五）狠抓污染防治，维护水生态环境健康。要加快对县域内河流两岸现有企业的生产设施和工艺流程的更新及改造，减少和控制“三废”的排放量，对达不到治理标准的企业应坚决关闭淘汰，做到既要金山银山，更要绿水青山。

（六）科学规划，构建综合立体交通物流网络。以武冈机场建成通航为契机，加强与大湘西、长株潭、大桂林、黔东南之间的联动，实现各大旅游目的地之间的客源共享，带动邵阳西部生态圈乃至邵阳全市旅游市场的繁荣。积极推进旅游公路标准化、景观化建设，着力解决“景区最后一公里”问题。积极推进生态旅游绿道、民族风情景观绿道、休闲产业绿道体系建设。

（七）引进人才，推助西部后发赶超。开展西部人才摸底工作，准确掌握西部五县市目前人才队伍总量、层次、结构、分布等情况，做到“心中有数”。大力引进高新技术人才，大力培育企业家人才队伍和高技能产业工人队伍。充分利用邵商资源，营造良好的亲商安商富商软环境，引导本土人才回乡创业。大力发展职业教育，加强与大专院校、科研院所合作，加大培训力度，实现人才储备与人才提升，为带动当地经济和社会发展的积蓄力量。

总之，邵阳市西部五县市要将生态保护和地方经济建设有机结合起来，树立生态和经济一体化发展理念，推动各地加快发展，把邵阳西部建设成为有世界特色的旅游胜地、湖南西南部的生态屏障、800 万邵阳人民的幸福家园。

紧抓武陵山片区扶贫开发契机
着力破解民族地区经济社会发展瓶颈问题

肖祥海

2012年，国务院扶贫办和国家发展改革委对全国11个片区进行了调研，并在此基础上形成《集中连片特殊困难地区区域发展与扶贫攻坚规划》，把扶贫纳入区域发展之中。这是中央扶贫工作思路的一个重大调整。这必将对贫困的少数民族地区扶贫开发和经济发展起到重要的推动作用，具有划时代的意义。城步作为少数民族自治县、国家扶贫开发工作重点县、湘西地区开发县、革命老区县和武陵山片区区域发展扶贫攻坚试点县，长期以来因历史、自然、基础设施等原因，经济文化还十分落后，扶贫开发工作形势严峻、任务艰巨。必须紧抓片区扶贫开发这一契机，围绕建设成湖南生态文化旅游强县、湖南风力发电第一县、中国南方乳业第一县、全国民族团结进步模范县的目标，认真破解几大瓶颈问题，切实加快少数民族群众脱贫致富步伐，力争在2017年与全省同步全面建成小康社会。

一要破解基础设施"薄弱"的问题，着力改善民族地区基础设施。基础设施滞后是制约我县乃至整个武陵山区发展的首要问题。必须紧紧抓住国家、省各类基础设施建设和公益性项目向武陵山民族地区倾斜的机遇，按照《湖南省武陵山片区区域发展与扶贫攻坚实施规划（2011—2020）》，重点建设一大批有重大拉动作用的水、电、路等基础设施建设项目，水利方面争取衡邵干旱走廊综合治理工程，抓好县城供水管网改造及西岩、茅坪、南山供水项目，推进县城防洪河堤工程，提高县城防洪标准。交通方面争取县城至龙胜高速和凯靖永郴铁路城步段立项修建，加快推进洞新高速至西岩支线、武靖高速至县城支线、边溪至南山二级公路、通道临口至南山二级公路建设。加快南山风电开发，实施风电二期及后续工程，加快电网建设和乡镇自供区电网改造，全面完成农村电网改造，切实改变全县基础设施比较落后的现状。

二要破解经济发展“缓慢”的问题，加快推进民族地区经济发展。经济发展缓慢是武陵山少数民族地区的普遍问题，必须充分利用武陵山片区区域发展与扶贫攻坚优惠政策，加快我县森林、草山、旅游等优势资源的开发和综合利用，把资源优势转化为产业优势，带动配套产业、社会服务业的发展。进一步加大对竹木资源开发和利用，引进有资金、有技术、有市场竞争力的企业，进行强强组合，大力提高竹木加工企业集聚度，促进由林业大县向林业强县转变。加强草山的保护与开发，引导和支持南山牧业不断开发新产品，进一步做大做强。特别是要做好武陵山区旅游协作工作，依托大湘西旅游开发，有序开发民族地区的旅游资源，走出一条集旅游观光、文化发展、生态保护、民族风情展示为一体的旅游开发新路。

三要破解民生改善“不快”的问题，全面繁荣少数民族社会事业。改善民生是武陵山片区区域发展与扶贫攻坚的根本问题，要按照中央要求，坚决把民生的底托住，把医疗、教育、喝水、住房、交通、疾病控制、社会保障等事关老百姓切身利益的事情办好。全面落实好民族地区教育事业发展的有关规定和政策措施，确保义务教育均衡发展，民族教育质量全面提高。深入推进乡镇卫生院体制改革，加快完善全县公共卫生和基层医疗服务体系。充分利用少数民族地区医疗减免资金，切实解决少数民族群众“看病难”问题。着力加强少数民族文化遗产的保护、抢救、发掘、整理和展示宣传，大力培养少数民族传统手工艺人才。积极组织六月六山歌节等少数民族文艺会演、参加少数民族传统体育运动会，加强少数民族体育项目训练基地建设，培养、储备少数民族传统体育人才。通过广泛深入开展“送法下乡”“六五普法”活动，培养少数民族群众自觉学法、守法，增强用法律保护自我的意识，不断提高少数民族人口的综合素质。

四要破解人才“缺乏”的问题，不断充实少数民族人才队伍。由于武陵山少数民族地区不能享受与区外均等同质的教育、卫生公共服务资源，农村教师、医卫人员缺乏，农民群众缺医少教的问题突出，已成为影响片区经济社会可持续发展和农民群众脱贫致富的“瓶颈”。要坚持把培养、选拔、使用少数民族人才作为管根本、管长远的大事来抓，在公开选拔领导干部、录用国家工作人员时，按照有关规定，划出一定比例录用、任用少数民族人才，形成有利于优秀少数民族年轻人才脱颖而出的良好机制。继续选送优秀少数民族年轻干部职工特别是专业技术人才到发达地区、上级机关挂职锻炼，到高等院校学习深造，帮助他们开阔视野、增长本领。要加大少数民族专业技术人才队伍和企业经营管理人才队伍建设力度，认真贯彻落实《关于对武陵山片区农村基层教育卫生人才发展提供重点支持的若干意见》，采取灵活多样的措施，创造良好的用人机制和环境，鼓励、支持、吸引各级各类人才到城步县发展创业，贡献聪明才智。

（作者系中共城步苗族自治县委原统战部副部长、县民宗局原局长，县苗学学会副会长）

城步主导产业发展现状及对策研究

刘学用

一、城步苗族自治县基本情况

城步苗族自治县地处湘西南边陲，总面积2647平方公里，境内居住着苗、汉、侗、瑶等24个民族，总人口28万人，其中以苗族为主的少数民族占62.3%，是国家扶贫开发工作重点县、革命老区县、湘西地区开发县、武陵山片区区域发展与扶贫攻坚试点县和全国五个苗族自治县之一，也是中国最佳生态旅游县、中国区域休闲旅游目的地城市、中国最具影响力的文化旅游百强县。境内拥有丰富的森林、草山、清洁能源、矿产、旅游等资源。森林总面积达142万公顷，森林覆盖率为83%，竹木蓄积量居全省第6位；草山总面积9.1万公顷，其中集中连片有61万亩，有被誉为“江南呼伦贝尔”的南方最大牧场——南山牧场；水能蕴藏量30万千瓦，可开发利用量达25万千瓦，有全市最大水电站——白云电站（装机5.4万千瓦）；以南山牧场为中心带的风电蕴藏量达100万千瓦，是全省最大最好的风电场，一期工程、二期工程已投产发电；矿产资源有32个矿种，133处矿点，其中有锌镉、硫铁、辉绿岩、滑石4处大型矿藏；旅游资源有南山草原原生态风情旅游、长安营民俗风情旅游、白云洞和白云湖景区休闲旅游、十万古田生态科考旅游、两江峡谷国家森林公园、银杉森林公园、县城滨江文化长廊、孔圣庙、清溪古民居、杨氏官厅旧地等特色景区，其中南山风景区为国家3A景区。

二、城步苗族自治县主导产业发展现状

（一）城步苗族自治县 2012 年经济与社会发展概况

2012 年，全县上下紧紧抓住武陵山片区区域发展与扶贫攻坚试点重大机遇，大力实施“生态立县、项目兴县、产业富县”发展战略，积极进取，奋力拼搏，扎实工作，促进了全县经济社会平稳较快发展。实现国内生产总值 25.69 亿元，同比增长 11.1%；完成财政总收入 2.47 亿元，同比增长 25.3%；完成固定资产投资 19.22 亿元，同比增长 36.5%；实现社会消费品零售总额 11.74 亿元，同比增长 15.6%；实现规模工业增加值 3.81 亿元，同比增长 14.9%。全县城镇居民人均可支配收入 12379 元，同比增长 13.9%；农民农民人均纯收入 3271 元，同比增长 13.7%。

（二）城步苗族自治县主导产业发展现状

2009 年前城步县的主导产业绝对是奶业，2007 年亚华奶业年产值超过 10 亿，税收将近 6000 万元，超过当年全县税收收入的一半以上。2008 年“三聚氰胺”事件后，亚华奶业受到很大的影响，特别是 2010 年“黄曲霉素”事件，使亚华奶业遭受到致命的打击，婴幼儿奶粉生产许可证被吊销，亚华奶业全面陷入低谷，2011 年亚华南山分公司实现税收仅 1487 万元，2012 年税收更急剧下降到 121 万元。

主导支柱产业的轰然倒塌使我县财政遭受到了沉重的打击，我县的经济形势、经济政策面临着严峻的考验，县委、县政府面临着巨大的压力。为了改变这一严峻的经济形势，县委、县政府多方努力，一是大力争取国家优惠政策。通过努力争取，我县成功纳入了武陵山片区区域发展与扶贫攻坚工作试点县、国家特殊贡献县、继续纳入国家扶贫工作重点县，争取到了国家商务部、省发改委对我县的对口扶贫。一系列优惠政策的扶持，使我县的经济形势发生了很大的改变，国家的财政转移支付、扶贫资金投入、项目建设使我县成功地度过了经济困难，并形成了比较良好的发展态势。二是改善经济发展环境，加大招商引资力度，大力培植新的财源。通过改善经济发展环境，拓宽融资渠道，发动外出打工人员回乡创业，承接沿海产业转移，发掘本地资源优势，几年来，成功引进了大唐华银

电力城步新能源开发科技有限公司、城步新鼎盛电子科技有限公司等新兴主导产业，加快了我县经济转型和产业的发展。三是进一步明确了我县的经济社会发展战略和发展目标。县委、县政府提出了坚持实施“生态立县、项目兴县、产业富县”战略，将城步县建设成为湖南风力发电第一县、湖南省生态文化旅游强县、中国南方乳业第一县和全国民族团结进步模范县。通过几年的不断努力，初步形成了清洁能源、高科技电子、竹木加工、生物制药、旅游业、奶业、高山延季蔬菜等支柱产业。根据2012年城步县财政收入完成情况表和重点税源户入库情况表的统计表明，2012年我县实现财政收入总计2.47亿元，其中一般预算收入1.61亿元，一般预算收入中税收收入7513万元，非税收入8560万元。税收收入中，新能源产业（风电、水电）实现税收3415万元，占全县税收收入的45%；高科技电子产业实现税收收入1548万元，占全县税收收入的20.6%，竹木加工产业实现税收698万元，占全县税收收入的9.3%。

1. 主导产业的分布情况

新能源产业是目前我县主导产业中排名第一的主导产业，主要包括水电和风电，重点企业主要有县电力公司、国电电力邵阳白云电站巫水公司、大唐华银电力城步新能源科技有限公司、县发电公司等，主要分布在县城儒林镇及南山镇；排名第二的新鼎盛电子科技有限公司也分布在县城儒林镇，其他如竹木加工主要分布在儒林镇、西岩镇、威溪乡，奶业主要分布在儒林镇、南山镇，生物制药主要分布在茅坪镇，高山蔬菜主要分布在南山镇、长安营乡、汀坪乡、丹口镇和儒林镇。

2. 主导产业中重点企业基本情况

新能源产业重点企业：

城步县电力有限责任公司　公司由原来的县供电公司演变而来，是一家国有的有限责任公司，2010年开始由省电力公司托管，企业总资产10526万元，固定资产净值5189万元，资产负债率94%，2012年实现销售收入14994万元，上缴税收2165万元，贷款余额6545万元，现有职工318人。

城步县发电公司　公司是2009年从原来的县供电公司分离出来的一家国有独资公司，下辖沉江渡、棕树园等5家小型国有发电站，企业总资产6413.79万元，固定资产净值2028.63万元，资产负债率25%，2012年实现销售收入2156

万元，上缴税收 188 万元，贷款余额 1578 万元，现有职工 481 人。

大唐华银城步新能源开发有限责任公司　公司成立于 2010 年，是大唐华银电力股份有限公司在城步注册成立的一家国有新能源开发有限公司，主要从事南山牧场风电开发，目前南山风电一期工程已经完工，并网发电，正在实施二期工程，企业总资产 43083 万元，固定资产净值 39054 万元，资产负债率 73%，2012 年实现销售收入 4789 万元，上缴税收 814 万元，贷款余额 21000 万元，现有职工 34 人。

国电湖南巫水水电开发有限公司　是国电电力股份公司收购邵阳白云电站成立的一家国有其他有限责任公司，企业总资产 26060 万元，固定资产净值 25090 万元，资产负债率 60%，2012 年实现销售收入 2443 万元，上缴税收 355 万元，贷款余额 10000 万元，现有职工 37 人。

高科技电子产业　城步新鼎盛电子科技有限公司成立于 2011 年，公司位于儒林镇人民北路，两厂区占地面积 6 万平方米，建筑面积 1.3 万平方米，注册资金 1000 万元，总资产 6000 万元。公司现有员工 800 人，其中技术开发和工程技术人员 89 人，中、高层管理人员 47 人。公司以研发生产电容式触摸屏为主营业务，主导产品有 7 寸系列和 10.1 寸系列投射式电容式触摸屏及其玻璃盖板，产品国内市场占有率排名前三位，拥有一大批国内外一、二线品牌客户。公司现已建成投产首期年产 300 万片和第二期年新增 600 万片电容式触摸屏工程，并正在筹建第三期年产 3000 万片电容式触摸屏产业化工程，项目总投资 8000 万元。项目达产后，共可年产 10.2 寸以下各类电容屏 3000 万片，年产值达 30 亿元，年利润 3 亿元，年税金 1.8 亿元，总就业人数达 2000 名。

奶业　湖南亚华乳业控股有限公司是一家集乳制品生产、加工、销售和科研于一体的现代化企业，是国家农业产业龙头企业和湖南省高新技术企业，主要生产“南山”“宾佳乐”两大品牌乳制品，共计 20 多个奶粉品种，40 多个液态奶品种，拥有固定资产 8.3 亿元。

生物制药　湖南科源生物制品有限责任公司是一家专门从事天然功能成分研发、生产、销售和生物合成的高科技民营企业。公司现有总资产 5000 多万元，固定资产 2100 万元，公司员工 248 人，公司拥有 800m^2 年产 20 吨标准化提取物生产车间一个；拥有 1200 ㎡年产 40 吨高纯度单体提取物（青蒿素）生产车间一个；拥有1000 ㎡提取半合成生产车间一个；配套辅助生产车间两个（1600 ㎡）。2005年、2006年相继在长沙和上海设立了产品研发中心和销售贸易公司等分支机构，年产值近7000万元。通过了ISO9001国际质量管理体系认证。如今企业已发展成为“邵阳市农业产业化龙头企业”，被评为2011—2013年湖南省“小巨人”计划企业，湖南省2011—2013年高新技术企业，湖南省上市后备企业。

竹木加工产业重点企业：

邵阳天元木业有限公司　邵阳天元木业有限公司是一家以楠竹为主要原料，集生产、加工、销售于一体的竹制品生产企业，经营地址在城步苗族自治县城北生态工业园区，成立于2007年9月3日，注册资本2000万元，现有资产总额3320万元，其中固定资产2404万元，负债总额705万元，所有者权益2615万元，现有在职员工188人，占地面积33300m^2，总建筑面积为6472m^2。属县规模工业企业，2012年被湖南省林业厅授予“湖南省林业产业龙头企业”。

城步恒润竹木制品有限公司　城步恒润竹木制品有限公司成立于2010年，是一家专业致力于全竹综合开发的民营股份制企业，公司注册资金2450万元，固定资产2634万元，位于城步苗族自治区县城北生态工业园，公司总占地面积19290平方米，建筑面积7095平方米，现有员工260余人，其中技术人员23人。公司以生产、研发、销售竹木地板、复合板、层实木板、竹砧板等。2011年被认定为市级农业产业化龙头企业，2012年被认定为省级林业产业化龙头企业，公司按照现代化企业管理程序，全面贯彻ISO9001-2000国际质量体系标准。

3. 目前主导产业的市场情况

新能源产业主要从事发电和供电，由于我县电力公司已经由省电力公司托管，所有发出来的电全部并入大电网，不存在销售问题。城步新鼎盛电子科技有限公司电容式触摸屏产品国内市场占有率排名前三位，拥有一大批国内外一、二线品牌客户。湖南科源生物制品有限责任公司生产的青蒿素、白藜芦醇、甜菊糖、奥氏产品、罗汉果提取物、5-HTP、甾体系列产品均是国际市场上的热门品种，增长潜力很大。公司具有自行出口权，国外销售的国家和地区主要是美国、印度、越南、法国、非洲等国家，有稳定的销售单位和营销网络，销售前景十分看好。邵阳天元木业有限公司主要经营竹地板、竹筷、竹帘、环保竹碳和竹碳雕等，跟桂林外贸出口公司签订了外贸出口合同，产品供不应求。城步恒润竹木制品有限公司是湘潭恒盾集团公司的子公司，公司生产的竹砧板、竹木地板、复合板等产品有专门的销售网络。

（三）研发机构和科技投入情况

城步新鼎盛电子科技有限公司在深圳设立研发机构和市场营销机构，并与湖南大学、湖南理工学院建立了产品研发合作关系，每年按销售收入的3%提前研发经费。湖南科源生物制品有限责任公司在长沙和上海设立了产品研发中心和销售贸易公司等分支机构，每年按销售收入的2%提前研发经费。

三、主导产业目前存在的主要问题

1. 国家对北方的奶业和草场建设有优惠政策，我县作为“中国第一牧场”和中国南方最大的高山草原牧场，虽然纳入了参照实施国家西部大开发政策范围，但未能享受国家对奶业和草场的优惠政策，导致我县奶业在遇到重大挫折后无力恢复发展。

2. 2012年我县金融机构存贷余额分别为36.07亿元和12.32亿元，说明我县的银行存款大部分流往发达地区，金融信贷支持不仅没有增加，相反还比不上以前，金融部门在贫困地区的机构级别越来越低，机构设置越来越少，信贷规模越来越小，贫困地区企业普遍存在贷款难问题。

3. 税收优惠政策得不到落实，贫困地区的税赋水平依然很重。“两免三减半”政策、15%所得税政策、民族自治地方定期减免所得税政策等税收优惠政策不能有效执行。

4. 由于受交通条件、经济社会发展水平的制约，招商引资困难，难以引进真正有实力的大型企业发展产业经济。

5. 人才引不进、留不住是制约贫困地区经济社会发展的又一主要原因。

6. 产业重点企业发展到一定的规模后，由于受到交通条件、金融环境、销售条件、人才等方面的影响，就会向发达地区迁移，从而对贫困地区产业发展产生很大的影响，大大制约了贫困地区主导产业的发展。

四、城步苗族自治县主导产业发展思路和建设目标

（一）发展思路和建设目标

1. 新能源产业发展思路和建设目标：巩固和改造现有水电项目，提升水电项目质量和效益，大力开发南山、长安营、五团、十里平坦、十万古田、牛排山、茅坪等风电场，至2020年新能源产业实现产值超20亿元，利税超亿元的建设目标，努力将我县建设成为湖南风电第一县。

2. 高科技电子产业发展思路和建设目标：建设高科技的纳米银电子浆料导电玻璃生产线，并配套建设年产500万片超大尺寸电容式触摸屏生产线。项目达产后，可年产70英寸投射式电容屏500万片，年产值逾100亿元，年利税10亿元，就业人数将达到5000人，在湘西南建成一座现代化的光学电子城，打造湖南首家触摸屏上市公司。

3. 奶业产业化发展思路和建设目标：加强奶源基地建设，改造奶粉生产线，新建年产8万吨液态奶生产线，保障奶制品质量，提高产品附加值，力争“十二五”末实现奶业恢复性增长，2020年实现产值20亿元以上，利税亿元以上。

4. 竹木加工产业发展思路和建设目标：努力保护和培育竹木资源，严格控制原木原竹出口，大力扶持龙头加工企业，提高资源加工深度和综合利用程度，促进竹木产业集群化发展，建立产业配套体系。2020年竹木加工业总产值17亿元，税收8500万元，从业人数15000人；年产值过10亿元的龙头企业1家，年产值过亿元的骨干企业2家，年产值5000万元以上的重点企业4家，积极组建林产品加工企业集团，创建林产品国家级品牌1个、省级品牌2个。

（二）重点扶持的主要企业和项目

新能源产业重点扶持：

1. 城步县电力有限责任公司　项目　农村电网改造项目

2.城步县发电公司　项目　沉江渡等五家电站扩改提级

3.大唐华银城步新能源开发有限责任公司　南山等风电开发

高科技电子产业重点扶持：

4.城步新鼎盛电子科技有限公司　项目　电容式触摸屏关键技术研究及产业化项目

奶业产业重点扶持：

5.湖南南山良种畜牧繁殖场　项目　奶源基地建设及草山改良

6.亚华南山分公司　项目　年产8万吨液态奶生产线建设

竹木加工产业重点扶持：

7.邵阳天元木业有限公司　项目　年产50万平方米竹家具板及剩余物资综合利用扩改项目

8.城步恒润竹木制品有限公司　项目　楠竹深加工开发利用扩改建项目

旅游产业重点扶持：

9.湖南南山国家级风景名胜区　项目　基础设施建设

10.湖南两江峡谷国家森林公园　项目　基础设施建设

11.湖南白云湖国家级湿地公园　项目　基础设施建设

12.湖南金童山国家级自然保护区　项目　基础设施建设

高山蔬菜产业重点扶持：

13.城步袁氏农业科技发展有限公司　项目　农副产品冷藏系统及供港蔬菜基地建设

14.城步九鼎农业科技发展有限公司　项目　湘城农产品市场及产业基地建设项目

五、对策与建议

1.建议筛选一些具有市场发展潜力的中、小、微型企业纳入湘西地区开发政策扶持范围，增加对中、小、微型企业引导资金的投入，加大对中、小、微型企业的扶持力度，改变越边远越贫穷的地方越得不到政策扶持的现行政策弊端。

2.建议加大对贫困地区基地建设的投资力度，通过加大基地建设，保障企业的原料供应，同时可以直接增加贫困农民收入。

3.建议上级政府加大对贫困地区主导产业的扶持力度，对每个国贫县选择一至两项重点主导产业予以重点扶持。

湖南省城步苗族自治县苗学学会　编

城步苗族自治县
历史文化研究成果选粹

情韵苗乡

主编：吴扬勋　曹正城（执行）

中国文史出版社

武陵山片区区域发展
与扶贫攻坚工作现状及对策建议

刘学用　陈芳

一、城步苗族自治县经济社会发展情况和贫困现状

城步苗族自治县地处湘桂边陲，全县总面积2647平方公里，辖13个乡镇（场），292个行政村（居），境内居住着苗、汉、侗、瑶等24个民族，总人口28万。属于“老、少、边、穷”地区，是国家扶贫工作重点县、武陵山片区区域发展扶贫攻坚试点县和湘西地区开发县，也是全国5个苗族自治县之一。全县森林面积320多万亩，其中楠竹25万亩，林木蓄积量位居全省第六位。水能、风能蕴藏量近110万千瓦，其中以南山为主的风能蕴藏量达80多万千瓦。草山肥沃辽阔，有集中连片草山154万亩。境内有南山国家级风景名胜区，两江峡谷国家级森林公园、白云湖国家湿地公园、金童山国家自然保护区，是国家级生态示范区、全国最佳生态旅游县。近年来，在省市的亲切关心和大力支持下，我县深入贯彻落实科学发展观，围绕建设湖南省生态文化旅游强县、湖南省风力发电第一县、中国南方乳业第一县、全国民族团结进步模范县的奋斗目标，紧紧抓住武陵山片区区域发展与扶贫攻坚试点重大机遇，大力实施“生态立县、项目兴县、产业富县”发展战略，全县经济社会保持平稳较快发展。

2012年全县实现国内生产总值25.69亿元，同比增长11.1%；完成财政总收入2.47亿元，同比增长25.3%；完成固定资产投资19.22亿元，同比增长36.5%；实现社会消费品零售总额11.74亿元，同比增长15.6%，；实现规模工业增加值3.81亿元，同比增长14.9%。全县城镇居民人均可支配收入12379元，同比增长13.9%；农民农民人均纯收入3271元，同比增长13.7%。

按照新扶贫标准统计，全县还有贫困人口14万人，占农业人口的60%，虽然经过多年的扶贫开发，缺衣少吃的绝对贫困问题得到了基本解决，但是相对贫困问题比较突出，全县292个村中只有30个国定和40个省定村有整村推进项目，贫困问题突出，相对贫困问题在各乡镇普遍存在。

二、武陵山片区区域发展与扶贫攻坚工作现状

我县按照“区域发展带动扶贫开发，扶贫开发促进区域发展”基本思路，紧紧围绕县委、县政府提出“生态立县、项目兴县、产业富县”的发展战略，扎实推进武陵山片区区域发展与扶贫攻坚规划实施工作。

（一）县级规划编制、评审工作全面完成

2012年3月底完成了《城步苗族自治县武陵山片区区域发展和扶贫攻坚实施规划（初稿）》，规划投资项目分为基础设施、产业发展、民生改善、公共服务、能力建设和生态环境6大类，单个项目投资规模依据国家或行业相关投资补助标准和单位投资标准测算。全县规划项目共计195个，总投资9057227万元。其中2011—2015年规划项目66个，总投资2123600万元，其中：基础设施投资规模为449300万元；产业发展投资规模为1287900万元；民生改善投资规模为235600万元；公共服务投资规模为66000万元；能力建设投资规模为6900万元；生态环境投总规模为77900万元。为提高规划的编制质量，尽快完成实施规划修改定稿工作，确保实施规划顺利通过省市评审，我县委托湖南新世纪经济专家咨询有限公司对实施规划进行科学论证和包装，进一步广泛征求意见。规划编制工作全面完成后，经县人民政府审定，报送省发改委和省扶贫办，2012年12月26日经专家评审通过，稍加修改完善后，于2013年1月8日申报省发改委，由发改委报省人民政府审批。1月22日省人民政府对全省42个县的规划统一批复，原则同意。

（二）建立健全了规划实施推进机制，切实强化责任

为了加快我县武陵山片区区域发展与扶贫攻坚工作，我县将武陵山片区规划争项工作列为今年全县 19 个重点争项工作之一，明确常务副县长为第一责任人，相关分管领导为责任人，县发改局、县扶贫办为责任单位，确定了年度目标任务，并在今年的全县项目工作会上，签订了责任状。5、6 月份，县委、县政府又先后两次召开了专题调度会议，进一步强化项目责任人的责任意识，加快推进武陵山片区工作。

（三）自力更生、不等不靠，一批基础设施和产业项目迅速启动建设

基础设施方面，武靖高速、南山国家级风景名胜区、两江峡谷国家森林公园等重大基础设施项目完成了前期工作，即将启动建设。边溪至南山二级公路项目前期准备工作已基本完备，待省投资计划下达，即可开工建设。城南防洪工程综合治理开发工程上半年完成投资 1000 万元；西岩河东商贸物流市场项目上半年完成投资 1800 万元；廉租房建设项目 2 号楼、3 号楼主体工程已封顶，完成廉租住房主体工程 132 套，总建筑面积 6600 平方米，上半年完成投资 562 万元。农村安全饮水工程、农村危房改造工程、易地扶贫搬迁工程、小流域治理工程按计划实施。竹林至枫香、江口至大古县乡公路改造，西岩镇集中供水工程，保障性住房工程等基础设施项目进展顺利。

产业发展方面，近年来，我县依托丰富的特色资源，大力发展特色产业。一是清洁能源产业加速推进。南山风电一期 5 万千瓦于 2011 年 12 月并网发电，现已累计发电 1.17 亿度，实现产值 7000 多万元，年税金达 500 万元。投资 5 亿元的南山风电二期工程完成了 25 条进场道路的修建，25 个基础开挖，6 个基础浇筑完成，主设备已陆续到货，上半年完成投资 11226 万元，完成年计划投资的 37.7%，预计年内可并网发电；十里平坦风电场将于 9 月动工兴建；五团风电场获得了国家能源核准计划；金紫山等三个风电场获得前期批复。到“十二五”期末，全县风电总装机将达 40 万千瓦以上，每年增加税收 4000 万元，建成湖南风电第一县。新建水电站 11 处，装机 4.5 万千瓦，今年 4 家电站投产发电，可发电 5000 千瓦。县小水电网已与大电网并网，为工农业生产提供了可靠保障。二是特色农业稳步发展。奶业曾因接连遭遇“三鹿问题奶粉”和“黄曲霉素 M1

超标”事件打击，发展陷入困境。今年来，我们加大解困力度，于5月7日促成亚华乳业与投资人“联姻”，组建了湖南省牧业责任有限公司，两条液态奶生产线和一条高端奶粉生产线8月底即可投产，年产值可达2亿元，实现税收近千万元，逐步走出奶业发展低谷。高山蔬菜业引入袁氏朝阳农业、九鼎农业等省龙头公司，辐射带动全县延季蔬菜产业发展。目前，发展高山蔬菜种植面积达3万亩，建成供港澳基地3个，年产值将达3亿元。杂交水稻制种引进雪峰种业、隆平高科等7家龙头企业前来我县投资，发展优质水稻制种2万亩，实现土地流转金额960万元，今年将实现制种产值1亿元，为群众增收超1000万元。三是生态林业快速发展。我们深入实施“生态立县”战略，全力打造全省林业强县，建立林地流转交易机制，流转林地5.4万亩，流转交易金额达1000万元。加强生态保护，封禁山林206万亩，封禁面达63%，节约上级下达的木材砍伐指标30万立方米，造林10万亩，森林覆盖率达83%，森林活立木蓄积量达823万立方米，成功争取到金童山国家级自然保护区和白云湖国家湿地公园两块“国字号”招牌。同时，进一步整合林产工业，提升加工规模和效益，全县经济社会实现低碳、绿色发展，成功创建为国家生态示范县。四是高科产业来势喜人。科源生物制药、新鼎盛电子等规模高科企业，不断加大技改力度，产品附加值大幅度提升。今年以来，产品供不应求，均可实现产值和税收翻番。特别是新鼎盛电子科技有限公司拥有多项专利技术，发展更为迅猛，新鼎盛公司电容式触摸屏关键技术研究及产业化项目三期工程土建工程已经完工，黄光线已投产运行，OGS新车间正在装修，正积极对外联系购置设备事宜；上半年完成投资1600万元，完成年计划投资的22.5%。今年1—6月，已实现产值12000多万元，全年税收可达3000万元，增长200%。四期工程扩改升级后可实现产值10个亿，税收1亿元。现该公司已进入筹备上市阶段，力争打造邵阳市本土第一家上市公司。

（四）加大扶贫力度，扶贫工作成效显著。

1.整村推进工作。省办下达我县“十二五”期间整村推进村共70个（其中国贫村30个，省贫村40个）。2011年以来，已实施整村推进村52个（国贫村21个，省贫村31个），投入财政扶贫资金2600多万元，重点解决水、电、路等老百姓最关心、最迫切要求解决的问题，共修建村组道路150多公里，修建水渠、水圳 42000 多米，解决了 1.5 万人的饮水问题。同时大力支持高山延季蔬菜、奶业、苗乡梨、中药材、楠竹等产业发展，增加了贫困农民的经济收入，为实现脱贫致富目标奠定了基础。

2. 高寒山区脱贫解困工作。省扶贫办、省财政厅、省国土资源厅认定我县高寒山区贫困村共 125 个，居全省之首，是我省少数民族高寒山区脱贫解困工作主战场。2012 年，省扶贫办、省财政厅安排我县高寒山区脱贫解困专项资金 600 万元，在 12 个高寒山区村开展脱贫解困试点工作，每个村投入专项资金 50 万元，重点支持基础设施建设和产业发展，试点村群众的生产、生活条件得到了明显改善。2013 年，在试点的 12 个村基础上，新增 22 个高寒山区村开展脱贫解困工作，现到位资金 850 万元，目前所有项目设计、预算基本完成，部分工程已开工建设。6 月 28 日省扶贫办专题召开了高寒山区脱贫解困工作座谈会，明确所有高寒山区贫困村脱贫解困任务都将在“十二五”期内完成，按照省扶贫办高寒山区贫困村和国贫村不重复实施的要求，除已实施的 34 个村和重复的 11 个国贫村外（重复的共 14 个，已实施 3 个），余下的 80 多个高寒山区村将在 2014 年和 2015 年实施，计划每年实施 40 个村，共计将投入专项扶贫资金 8000 万元。随着高寒山区贫困村脱贫解困工作的落实，我县农村贫穷落后面貌将得到极大的改变。

3.“两项制度”有效衔接工作。实行“两项制度”有效衔接，是落实中央惠民政策和为民办实事的重要内容，是提高扶贫对象自我发展能力的有效手段，省委、省政府对此高度重视，今年将此项工作纳入对各级党委、政府为民办实事的考核内容。我们坚持把“两项制度”有效衔接作为一项重要工作来抓，县扶贫办严格按程序确定帮扶对象，县财政局及时将资金打卡到户，2012 年发放资金 500 万元，得到帮扶的贫困农户 3636 户 12500 人，2013 年发放资金 400 万元，得到帮扶的贫困农户 2513 户 10000 人，两年的省市考核检查都取得了很好成绩，得到了上级的肯定和表扬。

4.“雨露计划”工作。自 2012 年我县确定为“雨露计划”改革试点县以来，由县扶贫办牵头组织，全县摸排出符合条件的对象共 1003 人，经过严格审核和公示后确定为补助对象，按照每人每年 1500 元标准通过“一卡通”发放到人，共发放资金 1504500 元，通过帮扶，全县共有 1000 多个贫困家庭受益，提高了贫困人口素质，增强了贫困农户就业和创业能力，解决了贫困家庭子女就学难问题，切实使贫困家庭得到实惠，社会反响良好。

5.互助资金项目。我县共有贫困村互助资金社10个，投入财政扶贫资金150万元，为缓解农村金融发展滞后，金融产品不足，农户生产资金缺乏，提高贫困农户组织化程度和自我发展能力起到了重要作用。

（五）加大宣传力度，加强汇报衔接，积极申报项目

为了搞好武陵山片区区域发展与扶贫攻坚工作，我县县委、政府主要领导亲自带队于5月份到省发改委、扶贫办、财政厅、交通厅等相关部门就我县武陵山片区区域发展与扶贫攻坚工作进行了专题汇报，争取各部门对我县重点支持。同时，我县编制了城步县武陵山片区区域发展与扶贫攻坚规划图示40册，以简单明了、通俗直观的方式向各级领导和各个部门汇报，希望得到领导和各个部门的大力支持。积极向省市申报项目，已向省市武陵山片区办公室申报了我县2013年实施武陵山片区项目64个、开展前期工作项目43个。

（六）积极努力，多措并举，加速武陵山片区规划推进

为了加快产业发展，打破企业融资瓶颈，我县组织重点企业产业项目和银行举办了2013年银企洽谈会，共有29个项目在会上进行了签约，签约项目总计金额13.62亿元，其中意向签约8.61亿元，合同签约5.01亿元。大唐城步新能源南山风电二期工程与县建设银行合同签约3.3亿元；新鼎盛电子公司与县建设银行意向签约0.12亿元，合同签约0.08亿元；西岩河东商贸物流市场项目与县邮政银行意向签约0.4亿元。为银行对接项目和企业筹措项目资金搭建了合作平台，实现了银企共赢目标，可以有效缓解我县建设项目资金困难，促进县域经济加快发展。同时，积极参加了市武陵山片区工作领导小组办公室组织的国家开发银行武陵山片区融资洽谈会，加强与国开行湖南省分行的联系与沟通，目前省开行及其融资平台已多次到我县重点企业考察，将对我县新鼎盛等重点企业予以金融扶持。做好了市委、市政府、省人大及十二届全国人大代表邵阳小组武陵山片区区域发展与扶贫攻坚工作专题调研工作，积极向省市领导和全国人大代表汇报，争取尽快实施武陵山片区规划项目。

三、存在的困难与问题

实施武陵山片区区域发展与扶贫攻坚规划主要存在以下几个方面的困难和问题：

1.武陵山片区区域发展与扶贫攻坚是党中央、国务院根据新时期我国扶贫工作的实际情况而提出的区域扶贫政策的一个先行先试的试点，没有经验可循，而且是在“十二五”规划之后编制的一个综合性规划，相关的体制机制还没有有效建立，部门之间、片区规划与部门行业规划之间存在如何有效衔接的问题，比如我县武龙高速公路项目列入了湖南省武陵山片区实施规划，但是没有列入湖南省“十二五”高速公路建设规划，存在一个怎么衔接确保武龙高速在“十二五”期间实施的问题。其次，存在规划项目的建设资金如何落实、如何管理、如何监督等实际问题。

2.我县进入湖南省武陵山片区“十二五”期间规划实施项目66个，总投资达212.36亿元，项目多、时间紧、任务重，存在一个怎样简化手续、加快实施的问题；

3.各县市区普遍存在专业技术人员紧缺的问题，特别是交通、水利、规划建设等工程技术人员及教育、卫生专业技术人员。

4.基层县市区普遍存在项目前期工作经费严重短缺、工作开展困难的问题。

5.资金筹措方面普遍存在自筹资金难以到位的实际困难。我县财政属于典型的“吃饭”财政，在国家、省市的大力支持下，勉强只能保工资、保运转、保民生，无力加大对财源建设的支持力度，财政发展后劲不足，自筹资金难以到位。

四、推动武陵山片区发展的对策与建议

近年来，在省市领导的亲切关心和大力支持下，城步的经济社会平稳较快发展，但与周边兄弟县区相比，特别是与发达地区相比，无论是基础设施，还是产业建设，都比较落后，制约发展因素仍然很多。为加快我县经济发展，促

进社会共同进步，实现“十八大”提出的建成小康目标，我们提出以下几条对策与建议：

1. 积极争取将我县奶业纳入全省重点支持特色产业。奶业是我县优势明显的主导产业，也是省市重点发展产业。全县有草山面积 154 万亩，全县人均占有草山面积 5.5 亩，较我国牧区人均占有草原面积 4.2 亩还多 1.3 亩。奶业龙头企业亚华乳业有限公司是邵阳第一家上市企业和第一家产值超过 10 亿元的企业。但由于一直没有纳入国家重点扶持的奶业优势产区范围，享受相关的重点扶持政策，加之接连遭遇“三鹿问题奶粉”和“黄曲霉素 M1 超标”事件打击，亚华乳业亏损严重，无力对我县奶源基地进行投入，我县的奶业发展乏力。为推进我县县域特色经济发展，确保我省乳品加工企业健康稳定，增强我省奶业基础和市场竞争力，我县启动重组成立了南山牧业有限公司，力争在五年内重振奶业雄风。因此，要积极争取将我县奶业纳入全省重点支持特色产业。

2. 积极争取上级加大对我县旅游业的扶持力度。我县生态环境优美，旅游资源丰富，有白云湖国家级湿地公园、两江峡谷国家级森林公园、金童山国家级自然保护区、南山牧场国家级风景名胜区、白云洞等旅游胜地。由于我县财力薄弱，无力加大对旅游景区的基础设施方面的投入，制约了我县旅游业的发展。我们要积极争取上级加大对我县旅游事业发展的支持力度，帮助我县加快旅游景区、景点及其配套设施的建设。

3. 积极争取上级加大对我县一般性转移支付的力度。我县财政属于典型的“吃饭”财政，勉强只能保工资、保运转、保民生，无力加大对财源建设的支持力度，财政发展后劲不足。按上级规定公务员津补贴、事业单位绩效工资由县财政全额负担，因我县财政极为困难，对全县财政供养人员的财政保障水平很低，我县 2011 年公务员津补贴标准为 12000 元/年·人，2012 年为 13200 元/年·人，2013 年为 15600 元/年·人，与邵阳地区其他县市相比，处于低水平。由于财政保障水平低，我县既留不住人才，更引不进人才，也很难调动广大工作人员的积极性，在一定程度上影响了我县各项社会事业的发展进步。因此，要积极争取上级加大对我县一般性转移支付的力度，帮助我县增强对财政供养人员的保障力度，缩小与周边县市的差距。

4. 积极争取将我县纳入国家重点生态功能区和西部地区生态文明示范工程

县范围并增加生态功能区补偿转移支付资金。我县属南方丘陵地带重点生态功能区，同时具备水源涵养和生物多样性维护两大功能。我县位于雪峰山脉和南岭山脉交汇之处，属典型的边陲河源区县，地表切割强烈，河川水系发达，有大小溪河816条，总长4063公里，分属长江与珠江两大水系，河网密度6.56公里/平方公里。我县是全省重点林区县，素有“九山半水半分田”之称。林地面积329万亩，占全县总面积的84%，活立木蓄积量770万立方米，森林覆盖率83%。区划界定公益林面积122万亩。全县主要野生植物有1700余种，属国家一类保护的珍稀植物有水杉和被誉为“植物熊猫”的银杉，并建立了沙角洞银杉自然保护区。二类保护植物13种，三类保护植物16种。高山密林中繁衍生息着大量的野生动物，主要有28目62科173种，其中有云豹、水鹿等国家一级保护动物5种，有黑熊、鹰嘴龟、大鲵等国家二级保护动物12种，生物多样性在我县得到了集中体现。我县切实承担了生态功能区应尽的责任，制订了“生态立县、项目兴县、产业富县”的科学发展战略，把保护生态环境作为立县之本摆在了首位，成功创建了“生态示范区”，正在积极创建“全国生态县”，把环保作为招商引资项目一票否决的门槛，关闭了巫水流域的4座造纸厂，并淘汰了一批高能耗企业。要积极争取省财政厅在分配生态功能区转移支付资金时予以重点倾斜，以更好地发挥我县重点生态功能区的作用。为了更好地协调生态保护与经济发展关系，积极争取将我县纳入国家重点生态功能区和西部地区生态文明示范工程县范围。

5. 积极争取尽快开工建设武龙高速公路、南山牧场至通道公路、城北民族学校、民族文化体育活动中心等重点项目。积极争取重点交通建设项目，打破交通瓶颈；武冈至龙胜高速公路、南山牧场至通道二级公路已纳入《湖南省武陵山、罗霄山集中连片特困地区交通扶贫规划》，为打通湘桂大通道，加强武陵山片区与东盟经济区及两广的经济联系，切实改善我县乃至湘西南地区交通区位条件，进一步增强武靖高速公路城步支线的联系面，加强我县与大桂林旅游区、大湘西旅游区的联系，促进旅游开发，加快我县经济发展，我们要积极争取上级加快武冈至龙胜高速公路前期准备工作，并争取在“十二五”期间开工建设武龙高速公路和南山牧场至通道二级公路。

积极争取重点教育建设项目，优化教育布局；为进一步整合教育资源，优化教育布局结构，扩大县城办学规模，解决县城城北开发区学生就学难问题，我县决定在城北新建一所全日制民族学校，规划用地 82.98 亩。学校设计规模 54 个教学班，其中小学 36 个教学班，初中 18 个教学班。需新建教学综合楼和图书、行政、生活综合楼两栋，总建筑总面积 23814 平方米。其中：教学及教学辅助用房 13400 平方米；办公用房 2414 平方米；生活用房 8000 平方米；以及运动场、跑道、绿化等其他附属设施。项目估算总投资 3000 万元。

积极争取文化体育建设项目，弘扬民族文化体育事业；城步县山河毓秀，资源丰富，历史悠久，民风淳朴。几千年的繁衍生息和历史沉淀创造出了大量的民族文化，世代传承的有唱民歌、吹木叶、跳芦笙舞等，还有打山魈，庆鼓堂，演唱傩歌、傩戏，形成了风味独特的“苗乡油茶”饮食习俗，产生了苗文、苗语、侗话。在生产生活中创造发明了射箭、踩高脚、放风筝、舞龙舞狮等少数民族体育运动。在与自然界的长期斗争中，产生了苗医苗药、苗族武功，等等，构成了丰富多彩的非物质文化遗产宝库。为了进一步弘扬民族文化，保护非物质文化遗产，我县决定在城北新建一处民族文化体育活动中心，项目估算总投资 8000 万元。

为加快推进武陵山片区政策的全面实施，我们建议：

1. 国家和省人民政府尽快成立武陵山片区工作协调指挥机构，理顺体制机制，落实项目资金，明确各相关部门的职能职责，协调和督促相关业务部门尽快落实武陵山片区规划，按规划要求尽快实施规划项目。

2. 建议国家尽快出台配套政策，出台规划实施细则，相关部委要出台税收、土地、投资、财政等配套专项政策。及早统筹，全面部署，安排片区内的建设项目和资金，支持落后地区经济社会加快发展。

3. 建议中央财政安排专项基金，每年按一定的幅度增长，逐年安排到基础设施、产业发展、民生改善、公共服务、能力建设、生态环境等项目建设上。同时建立各类专项资金捆绑统筹使用机制，整合扶贫、水利、农业、林业、以工代赈等各方面的资金，集中投入使用。另外，建议省级层面建立部门联席会议机制，定期召开联席会议，省直各部门在项目、资金安排上向武陵山片区倾斜。

4. 创新工作机制，简化工作程序，切实解决基层实际困难。建议安排一定的武陵山片区项目前期工作经费，解决基层前期工作经费严重不足的实际困难，加快项目前期工作的进展。

5. 建议加大项目资金投入力度，减免地方配套资金，简化项目审批手续，加速规划项目的实施；建议向基层县市区提供人力支持、技术支持和科技支持，促进规划项目保质保量按时完成。

浅谈如何搞好移民工作

杨凯焱

苗族地区要依托国家民族政策，依靠国家民族政策优势发展苗族经济，发展民族经济。移民工作是国家兴建重点项目而派生的新型工作，在苗族地区与苗族同胞有着千丝万缕的关系，国家重点项目的移民是安置在苗族区域内的新型居民，他们经过几十年的生产生活已与当地绝大多数的苗族同胞一同生活，共同发展，有大部分已联姻成家建立家庭，有些移民后裔已登记成苗族，成为苗族大家庭的一分子。

白云湖白云水电站是1990年报国家计委立项经省人民政府批准兴建的大型水库水电站，它坐落在城步苗族的中心地区，涉及苗族同胞儒林镇、白毛坪乡、兰蓉乡三个乡镇约8万人，其中苗族移民占80%，苗族区域的发展，也就是苗族群众的发展，包括苗族群的政治、经济文化、教育、基础设施建设和社会保障等各项事业。随着社会经济发展的需要，移民工作中的安置、工程建设、经济发展、综合治理、思想政治等工作，都需要民族工作者和国家公务人员的亲力亲为的扎实工作，如何搞好苗区移民工作，笔者认为一是要适应新形势，要严格依照习近平总书记指示的“民为邦本、本固邦宁”，用“三严三实”工作作风开展苗区移民工作，严格根据移民工作的客观规律，遵循科学管理思想，面对移民中的矛盾，善于解决移民中存在的复杂问题，使移民区社会经济稳步发展。掌握移民思想动态，移民各个时期都有不同的思想，包括衣、食、住、行、生产与工作。尤其是在新形势下的市场经济时期，移民的思想状态更为复杂，既要服从大局，又在适合自己的经济、生活需要。真正能够着眼于大局、思想觉悟高的移民是少数，大部分人是随大流或是从自身利益出发，给移民工作带来很大的难度。所以，深入全面了解移民思想动态，掌握民情，是做好整个移民工作的基础。二是“运用科学发展观”和习总书记的“四个全面”重要思想，搞好苗区移民生产开发。运用“全面建成小康社会、全面深化改革”去服务移民。发展才是硬道理，只有经济发展了，移民的各只有全心全意为移民服务，当好移民的勤务员和公仆，才能与移民保持血肉的党群关系，只有“察民情、理民事、解民忧、疾民苦”，移民中的各种问题才能处理在萌芽状态。我们要积极运用“全面建成小康社会、全面深化改革”的方针去解决移民的“疾”与“苦”，运用县委政府的发展大政去做好移民的“得”与“兴”、“快”与“乐”，我们的移民工作才会真正深入苗族区域移民心中，得到移民的拥护和支持，才能获得最大的成功。

白云电站移民蓄水发电已有16年，政府移民工作部门要会同民族工作者，按照县委、政府的工作要求在维护库区社会稳定、发展移民区域经济、构建和谐苗族区域和移民区域工作中发挥着积极作用。做好苗区移民工作必须做好以下几点。

一、强化组织领导，做好库区苗族移民思想工作

一是强化责任领导。国家公务人员要利用国家民族政策和国家移民政策做好苗族移民思想工作，采取党员包片，干部、职工包村，各自签订工作责任书，使每个苗族移民村的工作落实在目标管理中。二是党员干部采取“一对一”的帮扶措施。大井村老苗族移民特困户“老察”，从前家庭非常贫困，没有什么经济来源，只靠几十元一月的粮食补助，没有其他经济来源，移民局党组安排党员上门做工作，使其自觉甩掉包袱，自觉开展山地开发40亩，消除了“等、靠、要”的思想，2015年他在移民局党员干部的帮助下开垦了12亩笋竹林、种植了7亩抛荒难以耕种的稻田，仅一年，老察产粮3800斤，笋竹林收入4180多元，一举摘了贫困帽，在他的带领下，苗族库区有112户困难户开始了生产开发，使库区生产开发步入了正轨。三是针对具体情况，耐心细致地做好思想工作。对一些有思想情绪的苗民上访户，做到“四个一”和“两人不放过”，使信访事件由2001年的106起下降到2015年的2起，2015年解决信访事件100%，被县政府

评为信访工作先进单位。四是与移民一道，认真学习三峡移民精神，学习十八届三中全会精神，做到勇于拼搏，乐于奉献，团结协助，顾全大局，使白云水库苗族移民渔业产业化走向了渔业合作化的轨道，2015年大水养殖2600亩，实现产值880万元，获利103余万元。

二、因势利导，用党性温暖苗族移民心

城步苗族自治县移民开发局根据苗族同胞交通闭塞经济文化落后，苗族移民生产生活艰苦，移民工作者根据中央党的十八大以来加强思想政治建设和作风建设精神，组织全局党员干部认真学习“两学一做”，严以修身深入移民区，严以务实为移民办事，严以律己发展移民经济的阳光行政，急库区移民之所急，想库区移民之所想，从库区移民最盼望的事情做起，从库区移民最不满意的事情改起，因势利导，用“两学一做”要求自己，用党性温暖移民心，赢得了库区移民的普遍称赞。省移民局中心支部几年来对大井移民村的支持与帮扶，为大井村解决了经济建设、基础项目、社会管理的问题，得到了移民群众的普遍称赞。

2004年以来，该局民族工作者组织学习运用中央关于“两学一做”教育活动，组织全体党员深入库区、移民村，对移民的生产生活进行摸底调查，并对24名特困户进行重点帮扶，每个党员确定1名帮扶对象，实行结对扶助，全体党员共捐款5820元，帮助困难移民购买种子化肥和其他春耕资料。下小言村花甲老人龙彦录家庭生活极其困难，一座破烂不堪的木屋在风雨中飘摇，家里的全部家当不足380元。移民局的党员积极捐款捐物，除买好春耕所需的良种化肥外，还帮他整修木屋，买回鸡苗、鸭苗和饲料，带领龙家走养殖脱贫致富的道路。库区大井村守着电站没电用的问题多年未解决，移民意见很大。移民局在县政府的协调下会同县财政局、国电公司、巫水公司（白云电站）等单位主要领导来到大井村召开现场办公会，一举解决了该村的供电问题。

下坪苗族村大桥的旱桥桥基因受深水浸泡影响，桥拱出现多处裂缝，给交通安全造成严重隐患，大桥被停止使用，库区移民的交通受阻。移民局领导积极向

政府争取，积极筹措资金，组织技术人员加班加点进行抢修，经过5个多月恢复通车，保障了库区生产生活物资的运输。城白公路打马石段因地质结构特殊，经常山体滑坡，中断公路交通，该局克服资金困难，几年中先后8次疏通垮方，确保交通畅通。下小言村公路有1400余米在540水位线以下，每逢水位抬升村道即被淹没。经认真研究，该局决定投资12万元，满足库区移民提出的改道要求。但改道工程需占用白毛坪苗族村的山林，局领导10多次与白毛坪村进行协商，妥善解决被占山林补贴，使工程得以顺利开工，现全部路段已通车。大井村和大木坪村移民反映饮水困难，该局请来县水利专家现场查勘，探测水源，从有限的移民开发经费中安排资金架设自来水，解决了两个村1000余人的人畜饮水困难。

三、改善苗族村库区生产条件，为苗族村库区生产发展提供基础保障

一是在极其困难的情况下向政府争取资金29万元，解决苗族村村道900米的改道工程和四千米的维护工程,解决苗区白云湖河运码头机耕道和公用卫生用厕等四项设施80万元。二是明确了以加强苗族区库区移民人畜饮水为重点的引水治理方针，紧紧围绕基础设施，管理完善的移民生活体系，使库区移民能够用上无污染、洁净的生活用水。使白毛坪乡、儒林镇2个乡镇6个行政村解决了移民的水、电、路的维护与保障。儒林镇大井苗族村有700人生活用水相当困难，20公里长的用水管道，由于山高压力大，水管常被胀破，给移民带来用水困难，移民局积极想法改造，改进了移民用水困难。三是积极防范，抢险救灾。库区移民户都是开挖深扩宅基地，房前屋后每年的春季汛期都有塌方的危险，有些地方甚至有山体滑坡的可能。为使库区移民处在安全和谐之中，移民局经常下移民村深入调查，掌握情况，发现问题及时解决，重大问题，会同县安监、保险部门协同处理，至2014年止共二次搬迁移民34户，做到让移民户有险处险，有难解难。

四、推进科技进步，为苗族库区经济发展注入新的活力

苗族自治县移民局坚持把科学技术融合到各项目建设中，通过实施农、技、牧、教结合，积极建立林产、水产科技示范与推广体系，通过多层次、多渠道、多形式开展林、农、水产业科技培训，积极推广林业、果木业实用科学技术，有力推动了库区增收方式的转变。2001 年库区移民科技开发几乎为零，没有一项产业项目，2014 年在省移民局中心支部的科技帮扶和产业开发指导下，到 2015 年库区在果木业、畜牧业、水产业的开发上有上规模、出效益的 150 多户，实现产值 1360 多万元。这是库区引进科学技术、引进优良品种、引进优质苗木、引进优质种苗的结果。此外，移民局还举办了“山地开发”“水产养殖”“庭院经济”科技培训班 16 期，结合省市培训人员达 980 人次，输出劳力 670 余人。通过开展科技培训、职能培训，不但提高了移民科技文化素质，而且还鼓动、引导了库区移民的生产热情，从而有力地推动了新库区的经济增长。

五、发展优势产业，为苗族库区移民生活宽裕拓宽增收渠道

十几年来，苗族自治县移民局按照“区域化布局、专业化生产”的思路，围绕强项抓立项，着眼大局抓布局积极发展具有优势区域特色的优势产业，有力地推动了库区生产开发的进程。在库区移民经济的大力推动下，初步建成以大井、畲塘、下小言、下坪村为主的水产业，发展网箱养鱼 1200 口，以城溪苗族腊屋、上坪苗族、白毛坪苗族村为主的山地果园经济，发展了浙江乌梅、井岗山雪梨、下小言优质板栗、白毛坪“苗乡”脆梨 2600 亩，发展以大井苗族村、城溪苗族村、白毛坪苗族村、腊屋、下坪村为主的金银花、罗汉果等药材基地 480 亩，发展了以大井村、上坪、白毛坪、下小言村为主的笋竹林 3600 亩，发展了以下小言、白毛坪、上坪、大井村为主的奶牛、梅花鹿特色养殖场 28 户，发展了以下小言、大井、畲塘、上坪、下坪村为主的铁索桥山庄、白云湖水上公园、

下坪垂钓场等生态旅游景区 26 处。主导产业的发展给库区经济发展插上了腾飞的翅膀。

为帮助苗族库区移民尽快摆脱贫困，移民局党组和库区及移民各村党组织因地制宜从外地引进资金、引进项目，五年中共开发经济林 12000 亩，开发大井渔场、上坪鹿场、大井奶牛场、下小言蜂场等养殖场 85 个，这些开发项目将为库区移民带来滚滚财源，移民经济朝着蒸蒸日上的征途发展。

城步苗族自治县移民开发局由于工作务实，勇于担当，积极进取，城步苗族区域移民经济，苗族区域的各项事业将不断地朝欣欣向荣的道路上发展。

（该文于 2005 年入选《中华颂歌》专著，人民日报出版社出版）

用苗族传统文化擦亮乡村旅游名片

杨凯焱

新农村建设新城镇化建设，新农居建设，正以前所未有的速度席卷全县，不断挤压着城步苗区的农村传统文化的生存空间，一些艺术价值、文化价值颇高的古民居被拆毁，一些能够体现民族文化的古建筑被拆迁，致使城步民俗文化濒危，非物质文化不断消亡，令人心痛。因此，高度重视城步民俗文化村的重建，开发民族地区的民俗文化，用苗族文化、传奇文化擦亮建设乡村旅游业的名片尤为重要。

发掘培养苗族民俗文化是苗族文化发展的土壤

随着新农村、城镇化建设的步伐，如何让现有苗族民俗文化自然而然地融入新农村建设中，满足苗族同胞精神需要，是苗族文化建设最为重要的一环。以非物质文化遗产为例，城步“杨家将故事”已被湖南省人民政府列入省级非物质文化遗产已 7 年之久，但对杨家将故里古民居的破坏还是不断，受破坏最严重的是儒林镇的大竹坪村。由于修建城镇化公路、城镇化街道、城镇化工业园，一些能体现杨家将人物事迹的古建筑、古民居、古墓葬被拆毁破坏。一些县有深厚民族文化的村落如蒋坊乡的杉坊村、铺头村，茅坪镇的京凉村，西岩镇的杨家山村，白毛坪的城溪村，丹口镇的边溪村，长安营的岩寨村，都被破坏。新农村的建设忽视了非物质文化的传承与保护，忽视了苗族人民是享受本民族文化的主体。因此，要着力培育苗族文化生长的新土壤，才能让民俗文化村起活来，才能让非物质文化活动活起来，才能使非物质文化继续在群众生活中涌动，才能使非物质文化遗产得到真正意义上的传承与发展。

政府主导，群众互动，是着力激活苗族民俗文化、增强苗族文化活动活力的关键

苗族地区的民俗文化，已伴随着苗族人民千百年来的生活，曾激发苗族人民在生产生活中的奋发向上的精神。有许多民俗活动继续在民俗文化农厚的城溪村、卡田村、杨家山村、柳林村、竹林村、大竹坪村、长坪村、下团村等60多个民俗文化村落有组织的开展，而且活动比较热烈。主要民俗文化活动代表性强的有卡田村的庆鼓堂、长坪村的山歌会、下团村的吊龙舞、丹口村的乌饭节、大竹坪村的杨家将公祭，杨家山、幼头村、柳林村、杉坊村、城溪村等20多个村，杨令公公祭活动，形式浩大，全民参与。参与人员是全村父老乡亲，大约16万人。规模最大的是儒林镇大竹坪村杨家将公祭活动，每年的清明节后的第三天是城步杨家将公祭日，参与人员有中南六省的湖南、广西、贵州、重庆、四川、湖北、江西等省40多个县市的杨氏宗亲，大约2万人，到杨家将始祖杨再思墓祭扫有约5万人，都在清明节前后几天进行祭扫。民俗活动其次较为热烈的是白毛坪乡、卡田村和丹口镇的桃林村，每年秋收后的小年要进行庆鼓堂活动，即一年的秋收后对天王老、地王老进行祭拜，感动上天的恩赐、感谢神灵的护佑。再是吊龙舞的民俗活动级别最高。活动范围最大的有丹口村和双龙村的吊龙舞。它于2008年被选入上海世博会节目，并于当年被批准选入国家级非物质文化遗产名录，被当作2012—2016年中国民族体育运动会的表演节目，多次纳入湖南省体育运动会表演节目。长安营镇的岩寨村、长坪村、五团镇的山歌会已连续8年升级为县际、市际、省际山歌盛会的样板，已成为湖南民俗文化的四大文化品牌之一。2014—2016年成功举办湖南六·六山歌节，参赛选手达20多个省市的上万名歌手，海选出东南西北中十大歌王，十大歌后，城步山歌大赛得到国家民委和中国音乐家协会领导和专家的高度赞扬。

民俗文化、苗族文化活动的激活，主要依靠政府牵头专家主导，群众积极参与的多层次活动模式，使民俗文化的发展常态化、程序化和规范化，从而使苗族地区的民俗文化升级，面广、使民族精神不断得到凝聚。

为了更好地搞活民俗文化，搞好山歌文化活动，建议要建造山歌文化广场，山歌文化群众艺术馆。要将历史文化艺术，城步苗乡山歌歌神杨多香，建造塑像，用她的山歌精神，激发人们奋发向上，陶冶情操，对生活充满希望与追求，让喜爱山歌的群众有展示山歌文化的平台，让外来游客能自然地体会到山歌文化的魅力，用山歌传递友情，用山歌讲述历史，用山歌文化促进苗族地区民俗文化活动的开展。所以山歌文化、民俗文化是擦亮山村旅游发展名片的关键。

民俗文化的传承要竭力做到保护与利用相结合

从历史发展来看，利用就是保护，保护就是为了更好地利用。首先要发扬传统文化的精华，运用现代科技，促进民族地区、苗族地区的大发展。城步丰富的民俗文化，在一乡一俗、多乡一体的传统文化发展中都有其独特的表现力。白毛坪乡、汀坪乡、五团镇的傩戏文化比较热烈，丹口镇、兰蓉乡、西岩镇的舞龙文化比较精彩，儒林镇、蒋坊乡、茅坪镇的杨家将祭祀文化比较隆重，长安营乡、五团镇、汀坪乡的山歌文化更是异彩纷呈。也就是民俗文化各乡有各乡的特点，各乡有各乡的长处，文化的发展既要齐头并进，也要百花齐放。一是吊龙舞龙进世博园，进北京城；二是山歌文化唱响神州大地，呈现东南西北中十大歌王歌后，把山歌文化提升到了一个前所未有的发展空间，使海内外都知道中国湖南城步有个六・六山歌节，使互联网对城步的点赞率大大增加。来城步经济洽谈投资企业聚增几十家。三是杨家将祭祀文化开展有特征。中国海军学院原政委、中将杨胜万 2015 年隆重参加了中国南方杨家将公祭活动。湖南杨氏文化研究会会长杨开裕率团参加城步杨家将公祭活动，还有贵州黔东南州扬再思研究会率团参加杨家将公祭活动，怀化杨氏文化研究会率团参加杨家将公祭活动。中南六省市 40 多个县的杨氏后裔代表约 3 万人，不定期地参加杨家将始祖祭祀的约有 5 万人，大大提高了杨家将在人们心目中的位置，也大大提高杨家将忠勇爱国、精忠报国的爱国主义精神的传播。国家民委、国家商务部对城步杨家将文化活动的深入开展和杨家将爱国思想的传播予以高度赞扬。考察城步杨家将历史文化的学术团队非常踊跃，有湖南省政府参事室、省文艺史馆，省社科联、省文化厅、省文艺家协会、中南大学、湘潭大学、吉首大学、湖南师范大学、邵阳学院、广西师范大学、北京外国语大学、美国哈佛大学、香港理工大学等 30 多家学术团体和文化考察团队。杨家将文化在改革开放的新时期得以更加发扬光大，杨家将公祭活动的开展使来城步旅游的人数陡增 20 万人次。所以，民俗文化的传承保护与相对利用非常重要。对拉动当地旅游经济的发展起到了不可估量的发展前景。

化解民俗文化、传奇文化建设困扰的不利因素

首先，改变观念，大力更新民俗文化活动。传统文化活动方式要靠政府搭建民俗文化、苗族传奇文化活动平台，为苗族地区乡村旅游增加强劲力。过去一段时期，政府有些部门对民俗村民俗文化活动不理解、不支持甚至予以制止，认为民俗文化没有思想性，是一些民间的作乱行为，怕引发社会动乱，观念一度落后，改革开放之后十八届三中全会重申党的民族政策，对民俗地区、贫困地区要进行重点扶持，要实施精准扶贫，尤其在文化建设上不能落伍。

传统民俗文化逐渐消亡，古老元素逐渐消失，要改变过去古老的民俗文化传承方式，老艺人逐渐离去，新文化传承人无法跟上，要一改过去那种授徒式的文化传承，要用新方法、新思想将古老的民俗文化传承下来，需要下一番功夫，像庆鼓堂、吊龙舞、银匠师艺、排歌的传承都需三年授徒出师才能正式执业，要求很高，所以要求政府部门把老艺人进行集中授课，使新传承人得以广泛授业，大众式能够积极参与。现在城步每项民俗文化活动都只有少数几个人能掌握该活动的主体精华，其他都是跟着唱大戏跑龙套的，不能独当一面。有些少数政府领导认识不足，认为民俗文化是一种宗教活动，封建迷信活动，不应该

去保护与传承。但我们应该看到，尽管有些传统民俗文化与现代社会不相适应，但从长远来看，有相当的传统文化在当今和今后都能发挥积极作用，尤其对城步苗族人文历史文化深厚的民族地区，对增强旅游功能，提升文化有着潜在的旅游价值。其次是要使传统文化与现代文明相结合，要利用好民俗文化中的山歌会文化，以山歌文化为支撑点，构建旅游经济发展平台。为使山歌文化长盛不衰，城步苗族要积极普及山歌。山歌文化体现的是苗族劳动人民在生产生活中产生的文化精华，但是山歌过去靠口口相传，少有歌词曲谱记载，很多山歌瑰宝因此而流失。近年来，由于政府牵头挖掘整理了山歌曲谱歌词并进行公开出版，民间歌手也为延续山歌文化、保存山歌瑰宝贡献力量，抢救了万首山歌，有些被编辑成《城步山歌600首》。

其次，传统民俗文化的建设需要弃弊扬利的改革精神。传统文化的保护与传承不是呆板的维持，既要有原民俗文化的原汁原味，又要体出民俗文化的内在精神，要有精神实质。传统文化在原始的流传中既有精华也有糟粕，如何摒弃糟粕、提炼精华就是我们文化工作者的首选任务，也是根本责任，要通过改革，思想宣传积极向上，观念不断更新的好节目，好活动，对思想愚昧，有害心身健康的低俗活动，必须清除。政府主导部门要在思想指导上、资金、财物上要对健康的、娱乐性、思想性强的好民俗活动要大力支持。虽然近几年城步民俗文化活动政府有支持，但还不够，支持面太窄，城步民俗文化活动丰富多彩，但只支持山歌文化，使山歌上了品位，对杨家将祭祀文化支持不够，没有上品位，还有舞龙文化、傩戏文化、庆鼓堂、乌饭节文化、杨氏家族端午节文化都在理论上挖掘整理不够，形式上的支持也不够。因此，在对民俗文化进行改革时要坚持先立而破的思想，注意清理和保留的关系。

（此文2017年10月获中国人类学民族学研究会苗学研究专业委员会论文评比三等奖）

开发城步茶产业的调查与思考

刘学用　陈芳

一、城步苗族自治县茶产业发展历史

湖南城步历史悠久，文化底蕴深厚，素有“苗疆要区、楚南极边”之称。早在 4000 多年前，就有剽悍、智慧的苗侗先民在此繁衍生息，古朴神秘的巫傩文化和苗风苗俗一脉相承。城步山川秀丽、溪河纵横、土地肥沃，全县森林面积 320 多万亩，活立木总蓄积量为 920 万立方米，森林覆盖率达 83%，107 科 921 种乔灌木树种并茂一林，62 科 173 种野生动物栖息其间。地上有 30 万千瓦的水能资源可开发，地下有 32 种矿藏可供开采。县境既具岩溶地貌的奇景异象，也有原始的天然林群落景观，八十里大南山更有独特的江南山地草原风光。

独特的地理气候为茶叶的生产发展提供了得天独厚的天然条件。早在东汉时期，城步苗族为预防瘴病，便有喝油茶的习惯。清光绪年间曾有文载：苗人“以冻米杂盐豉煮之，谓之油茶”，还有“姜牙蜜饯满盘陈，风味油茶亦可人。绝亿头纲新焙出，二凉亭子雨前春”的诗句，描绘出了油茶的独特风味。而今，城步“苗乡油茶”习俗已成功申报为湖南省级非物质文化遗产，打油茶所用之茶叶就是城步特有的本地茶种——城步峒茶。经调查，城步共有峒茶、虫茶、青钱柳、苦茶（斗粒芽）、元茶、甜茶等茶叶品种。三叶虫茶在明代初期就已出现。据李时珍《本草纲目》载：“此茶装笼内，蛀虫也，取其屎用。”清光绪《城步乡土志》载：“茶有八峒茶，略可采用。亦有茶虽粗恶，置之旧笼，一二年或数年，茶悉化为虫，余名为虫茶，收藏耐久，大能消痰顺气。”地方志中简单地介绍了虫茶的加工方法及其保健功能。民国二十四年湖南茶事试验场《湖南茶产概况调查报告书》载:“城步之茶,出产县属南乡之兰蓉——茶树原有本地种子,听其自然生长,岁采生叶二次,行于谷雨芒种两季,亩产约60斤。”1961年七里坪农场引进小叶种茶建园80亩,土桥和南山青年集体农庄同时建园种植,全县植茶500亩,1969年达1500亩。1974年发现野生茶树,植株高大、叶阔而肥厚。1975年湖南省农学院王建国教授等来城步考察,并写了《城步峒茶的初步调查》发表于1977年《湖南茶叶》杂志第二期。福建省茶科所在1980年1月出版的《茶树品种志》对城步野生茶作了简介。1982年邵阳农业局与城步农科所联合组成茶树资源调查组,对城步峒茶的生态环境与特征进行调查,钟尔琪等人写出《城步峒茶调查报告》,确证峒茶属南方大叶型茶树。1986年冬至1987年春,湖南农学院的袁春华、唐明德两位专家来城步考察,在杨梅坳乡高桥村曹家湾发现一棵老茶树,树高6米,主干直径达41.1厘米,当时树龄70多年,至今已达100多岁高龄,一年可生产干茶10—15公斤,当是城步野生茶树王。1984年七里坪茶厂生产的“峒茶红碎茶上档2号”被评为湖南省优质产品。1986年6月湖南省茶树品种审定小组正式下文认定城步峒茶为湖南省地方良种茶树。20世纪80年代城步年出口茶叶200余吨,为国家出口创汇和湖南茶叶产业的发展做出了巨大的贡献。

二、城步苗族自治县茶业资源调查及发展现状

城步先民饮茶的历史已经无从考证。从现有的资料看,至少在东汉时期,城步先民就有了饮茶的习惯,三国时期就盛行油茶习俗,明朝时期城步虫茶和青钱柳茶就已记载到了李时珍的《本草纲目》。虽然从严格意义上说,青钱柳茶和三叶海棠茶(虫茶)并不能称为茶,但是,考虑到城步人民已经有了上千年的习惯,而且当今世界代用茶、保健茶已经成为时代的潮流和发展趋势,故本文一并纳入研究范围。

城步县13个乡镇(场)5个国有林场都有茶树分布,城步的漫山遍野到处都有野生的各种茶树资源,其中以峒茶(南方大叶茶)、三叶海棠、青钱柳为主,

还有小量从外地引进的小叶种茶。峒茶是南方大叶茶的一种，为自然野生种质资源，系城步本地野生茶种，城步人民打油茶的主要原料；三叶海棠是城步虫茶和老百姓日常生活中习惯饮用的清茶的主要原料；青钱柳茶城步人称“甜茶”，近几年才开发成保健茶品。

（一）城步主要茶树品种

1. 城步峒茶

峒茶是个宝，可惜人们识不了。《湖南日报》2016 年 4 月 30 日《湖湘地理》栏目《湖南茶树原住民》一文明确记载：城步峒茶与江华苦茶、安化大种茶、汝城白毛茶同为“湖南茶树原住民”，系第四纪冰川期的古老茶树品种。“城步峒茶有相当出众的先天优势，在两广以及湘南湘西峒茶产区，数其品质最佳，而且采制时间长。”这充分说明城步峒茶的品质之好，历史之悠久。

城步峒茶属南方大叶茶种，为古老野生茶种资源，是湖南省四大地方群体种群之一，主要分布于湘西南地区，制茶品质优异，尤以城步县产为最佳。城步大叶茶内含物丰富。据研究，城步大叶茶中茶多酚、氨基酸含量分别达 38.9%、4.33%，儿茶素总量达 268.12mg/g，酚氨比 7 ～ 9，滋味醇和，具有较大的品种选育与推广价值。城步峒茶主要分布在汀坪乡、威溪乡、儒林镇、兰蓉乡、白毛坪乡、五团镇、南山镇、长安营乡、丹口镇等乡镇，既有散播野生的，也有种植的，野生的分布在城步各地的山山水水之间，种植的主要在老百姓的房前屋后、畲土、山边。峒茶是老百姓打油茶的主要原料，以自产自销为主，农户自家多余的才拿来市场交换。城步县自县城儒林镇以南都有喝油茶的习俗，油茶既能养精提神，又可祛湿散寒、驱瘴除病，还有充饥的功能。全县约有 2.5 万余户 12 万余人有喝油茶习俗，野生和种植的峒茶面积初步估算达 4 万余亩，其中汀坪是城步著名的茶叶出产地，峒茶面积就有近 8000 亩，白云湖边大木山村一个村就有近 700 亩。峒茶采摘期长，春夏秋都有采摘，以春季清明、谷雨茶最佳，全县年可产鲜茶叶 2000 吨，折合干茶 300—500 吨，按目前市场价，高档茶年产 50 吨左右，96 万元 / 吨，中档茶年产 200 吨左右，30 万元 / 吨，低档茶 50 吨左右（含农户自产自销油茶叶），6 万元 / 吨，年产值达 1.11 亿元。但由于以自产自销为主，特别是茶叶商品化低，自然浪费严重，其商品价值得不到充分的体现。同时由于年轻人大都外出打工，很多地方野生茶叶无人采摘，只能任其自生自灭，资源优势不能转化为经济优势，造成自然资源的巨大浪费。城步县威溪乡长佃村、江口村、转龙村、转升村、华山村、雪花村竹林中生长着大量的野生大叶茶，面积达1万余亩。多年来，当地农民对大叶茶只采不育，导致灌木丛生，虫害不断，珍贵的野生大叶茶资源面临毁灭的危险。儒林镇大木山村位于白云湖旁边，因村有大片古木而得名，高山云雾气候使得这里茶叶品质极其优良，20世纪70年代该村就开垦茶园600多亩，由于自给自足的经营模式，一直没能形成产业优势。

近年来，城步县委、政府高度重视，相继出台了保护开发野生、野放茶的相关政策，并督促乡、镇、村等基层组织加以落实。2012年，威溪乡雪花村与湖南农大达成技术合作意向，农大博士生导师肖文军、蔡正安两位专家多次到该地考察，对野生大叶茶的合理保护、开发、推广、人工种植和加工等一系列工作提出了指导性意见，指导制定了切实可行的《城步县大叶茶保护开发实施方案》。城步蒙氏茶业有限公司利用城步峒茶资源研究开发出了“邵南红”牌红茶系列产品，目前线上线下销售状况较好；城步天仁大峒茶业有限公司研究开发出“天仁大峒”牌早春绿茶、野生峒茶系列产品，销售形势向好，还准备利用峒茶资源研究开发白茶产品，目前已征地20亩，准备扩建厂房设备。城步恒琪农牧科技开发公司参照方便面的模式研究开发出了方便油茶，制作成旅游产品，将随城步旅游产业的发展而发展壮大。

2.三叶海棠茶

三叶海棠是一种蔷薇科苹果属植物，城步俗称“斗笠芽”，民间又称苦茶叶。斗笠芽茶叶属灌木，耐旱抗寒，再生能力极强，又极抗病虫害。用斗笠芽茶叶煮成的茶水呈金黄色，微苦中带甘甜，放置三五天不变馊，不变质，饮后周身有一种清凉感，故又称苦茶叶。初步调查，城步现拥有天然三叶海棠林6万余亩，大部分乡镇均有生长，长安营镇分布较多，丹口镇、汀坪乡、白毛坪乡、兰蓉乡、儒林镇等乡镇均有分布。2014年省林科院专家在南洞林场高坪凸调查，发现大型清代茶园遗址，茶树为三叶海棠，面积达1100余亩，说明清朝时期城步苗族先民就已经掌握了三叶海棠的人工栽培技术。1992年5月，中南林学院讲师曹铁如等人对斗笠芽茶叶进行了植物鉴定，认定城步产的斗笠芽茶系蔷薇科苹果亚科苹果属花秋苹果——三叶海棠。三叶海棠茶入口清淡凉爽，润喉益腑，其味甚佳，且具保健功能，是闻名国内外的特种饮用佳茶。城步群众采摘三叶海棠的枝、叶晒干，放入铁鼎煮沸做茶饮，号称清茶。清茶是城步各族人民一年四季必不可少的饮料，颜色金黄，清澈透明，品质高贵堪比红酒。

城步长安营、汀坪、南山等地的老百姓还用三叶海棠的叶子制作虫茶。虫茶又名茶精，究竟起源于何时已经无从考证。但从明代李时珍《本草纲目》记载来看，城步虫茶最迟起源于明朝以前，距今起码有 1000 多年。清光绪《城步县乡土志》中也有城步虫茶的记载，明确指出虫茶既可作饮料当茶喝，又可以保健，长期饮用可以降血脂血糖，有预防各类中老年疾病的良好功效。清代乾隆年间，驻守长安营的八旗士兵由于初到南方水土不服，开始出现疫情并迅速蔓延，幸亏喝了当地村民泡制的虫茶，才控制住疫情，大批满族旗兵得以活命。感恩城步虫茶的神奇，长安营守备将城步虫茶上供朝廷，从此城步虫茶成为了上贡清朝皇帝的“贡品”，前后共达 170 余年。

迄今为止，在虫茶方面的研究文献最多的是湖南农业大学文礼章教授等专家主持的课题组。他们从 1990 年开始考察城步三叶虫茶，之后较全面地研究了三叶虫茶的化学成分、生物安全性，2009 年还与中央电视台《走进科学》栏目组一起走进三叶虫茶的正宗产地——湖南城步长安营，采访、拍摄了专题片《揭秘虫茶》；接着湖南卫视《丁点真相》、江西卫视《传奇故事》栏目组又专题对三叶虫茶进行采访报道。城步三叶（海棠）虫茶制作方法于 2011 年成功申报为邵阳市级非物质文化遗产。2015 年 7 月，城步县人民政府、湖南农业大学与湖南省天下武陵农业发展有限公司联合组建武陵山片区三叶虫茶开发研究中心，将致力于三叶虫茶的行业标准制定和三叶虫茶的开发研究。因此，城步三叶海棠虫茶是目前全国研究最深入、数据最科学、营养价值最高的虫茶。

根据专家研究发现，虫茶不但具有茶的芳香，其营养价值高于普通茶叶。它含有近 20 种人体必需氨基酸，一定量的粗蛋白、粗脂肪、糖类、单宁、维生素等营养成分和微量元素。

长安营虫茶有限公司董事长罗瑞说：长安虫茶是一款富含茶多酚、不含茶碱的营养丰富的茶饮料，不影响睡眠，是最适合女性喝的茶。如果虫茶与白茶搭配，更是别有一番风味。

长安虫茶拥有“长安贡茶”“黄金茶”美誉。长安虫茶凭其独特的保健价值和口感，供不应求，畅销广东、上海、江苏、港澳、新加坡、马来西亚等地。此外，城步长安营虫茶有限公司还利用三叶海棠鲜叶加工成三叶海棠茶，利用蒸煮、压制、发酵方法研究开发出了三叶海棠饼茶，大大拓展了三叶海棠的产品范围，为下一步拓宽三叶海棠产品市场打下了坚实的基础。目前，城步长安营虫茶专业合作社注册的“长安海棠”商标被授予湖南省著名商标，而“长安虫茶”商标则被外地企业抢注。

3. 城步青钱柳茶

青钱柳又名“摇钱树”，是冰川世纪幸存下来的珍稀树种，被誉为植物界的大熊猫，医学界的第三棵树。青钱柳叶所含的多糖等有机物及硒等微量元素，能增强人体免疫力，抗氧化，防衰老，特别是能有效降低甘油三脂和胆固醇。青钱柳茶历史悠久，明朝年代就有用青钱柳叶泡茶和草药配青钱柳叶治病的历史，运用古法制茶工艺与现代加工工艺相结合制成的青钱柳茶品质、口感都非常好，青钱柳茶是中国名贵滋补保健药材，具有降糖、降脂、降压、提高免疫力等诸多功效。2016 年 1 月，在国家质量监督检验检疫总局组织的评审中，城步苗族自治县“城步青钱柳茶”国家地理标志产品保护申请获得通过，成为国家地理标志保护产品，结束了城步无国家地理标志保护产品的历史。

城步野生青钱柳资源非常丰富，分布十分广泛。全县 13 个乡镇（场）都发现有野生青钱柳资源，尤以汀坪乡、丹口镇、白毛坪乡分布居多；主要生长在海拔 500—1300 米的山谷、溪边等比较潮湿的次生原始森林中，成片分布，有些植物群落分布上千株；房前屋后、水口也有青钱柳古树。2015 年城步林业技术人员在汀坪乡东河村发现大面积野生青钱柳群落，生长有青钱柳 6648 株，树龄均在百年以上，有的高达千岁高龄。经鉴定，这是湖南省迄今为止发现的最大面积野生青钱柳群落。该村地处国家湿地公园十万古田的半山腰，海拔 800 至 1200 米，植被保存完整，垂直分布明显，植物种类十分富集。这片野生青钱柳群落，面积有近 2000 亩，树型高大，长势良好，分别位于东河村 4 组小地名“岸冲”和“大铁匠”的山坳处，四周高山围绕，沟谷溪流淙淙，气候温暖湿润。在这片原始次生林中，古树之多、树形之奇、郁闭度之高，无不让人叹为观止，青钱柳树较其他树种更为高大，尤为瞩目，树高均在 20 至 35 米之间。白毛坪乡坳岭村拥有森林面积8万多亩，其中原始次森林面积约5万余亩，在这些原始次森林中，5至10棵一群的青钱柳古树群落有200多处。该村长溪水有一棵青钱柳树高约30米、胸径达1.24米、胸围3.92米，经中南林业科技大学林业勘察设计院、湖南省森林勘察设计院专家判定其树龄为1176—1786年，是目前湖南发现的最大的一棵青钱柳古树。

目前有湖南青柳源茶业有限公司、城步天仁大峒茶业有限公司和城步星佑茶业开发有限公司、城步天元农产品开发有限公司从事青钱柳茶的生产与开发。其中，湖南青柳源茶业有限公司拥有二个生产加工厂、二条标准化生产线，年生产能力1000吨；已取得湖南省卫生厅食品安全企业标准备案（备案号430556S-2014），并取得由湖南省食品药品监督局批准的生产许可证（QS430514020118），公司与中南大学、湖南科技大学、长沙理工大学达成后期开发青钱柳凉茶、青钱柳口服液、青钱柳果冻、青钱柳饼干、青钱柳牙膏、青钱柳药物等系列开发协议，2016年8月公司引进战略投资者，总投资4.8亿元，在茅坪湘商产业园区租赁2.2万平米标准化厂房，主要扩建青钱柳茶叶生产线、新建青钱柳凉茶生产线、青钱柳药用口服液和青钱柳休闲观光农业项目。目前，“某人”牌青钱柳饮料和青钱柳酒已经研发上市。5万亩青钱柳基地建成后，预计年生产青钱柳茶叶达500吨，产值5亿元，生产青钱柳凉茶、口服液、果冻等系列产品能力达10000吨，产值10亿元，公司年产值可达15个亿，吸纳5000名农村剩余劳力就业。

4. 城步小叶种茶

城步小叶种茶主要是20世纪60、70年代向外引进的新品种，原来引进在七里坪农场、土桥农场和南山牧场，鼎盛时期面积达1500亩，后因为农牧场改制和多种经营，茶树逐步被淘汰，现仅有七里坪农场还保留有几十亩。

三、城步茶业产业发展存在的问题

城步茶业发展总体评价是：历史悠久，资源丰富，发展不足，潜力巨大。目前主要存在以下几个方面的问题。

前期野生资源破坏严重。由于青钱柳、三叶海棠等茶叶价格连年上涨，加之野生青钱柳、三叶海棠采摘难度大，部分老百姓为图方便快捷，往往将野生茶树砍倒采摘，使野生茶资源破坏严重。

野生、野放茶叶资源浪费严重。由于农村青壮年劳动力大部分外出打工，许多野生、野放的茶叶无人采摘，浪费严重。

峒茶、青钱柳商品化生产加工产业刚刚起步，而且规模不大，与巨大的资源不相匹配。部分茶企之间存在压级压价、抬级抬价、无序竞争、相互诽谤等恶性竞争行为；峒茶、青钱柳制品还存在开拓市场、培育品牌等难题。

城步三叶海棠茶（含虫茶）发展的最大制约是没能取得生产经营许可证。原因是三叶海棠（含虫茶）没有列入国家食品生产目录，虽然是皇家贡品，有上千年的使用历史。城步长安营虫茶有限公司只能取得小作坊生产许可证，三年一审批。而要列入国家食品生产目录需要经过一系列复杂的审批程序。

茶叶采择季节有部分外地无食品安全生产许可证的企业和农户利用流动生产设备收购加工生产茶叶，给食品安全和城步茶业品牌建设带来潜在的危机。

四、关于城步茶产业发展的思考

城步地处湘西南边陲，地理位置偏僻，交通条件落后，是国家级扶贫工作重点县、革命老区县、武陵山片区区域发展与扶贫攻坚试点县。由于历史、地理等多方面原因，城步经济发展还十分落后。如何利用城步丰富的自然资源，优良的生态环境，开发可持续发展的民族经济，是摆在各级政府面前的重要课题。从城步的实际出发，大力发展旅游、农产品生产加工是城步经济发展的必然选择。茶产业是城步自然资源丰富、开发潜力巨大的重要产业，也是一项效益明显的富民产业，加快城步茶产业开发对于促进城步经济发展、加快城步脱贫致富步伐、早日实现“中国梦”具有十分重要的意义。笔者认为应该从政策支持、质量保障、品牌建设、市场开拓、人才保障、交流合作等几个方面发展城步茶产业。

（一）政策支持

1.加强领导。县里应成立茶产业发展领导小组，县主要领导挂帅，农业局、林业局、食品药品市场工商质监局、发改局、商务经信局等相关单位共同努力，推动全县茶叶产业发展。

2.加强对野生茶叶资源的保护和开发利用。对成片的野生、野放青钱柳、三叶海棠、峒茶特别是古茶树实行挂牌、立碑、封禁保护，可以利用民族区域立法的方式出台法律法规进行保护，使我县丰富的野生茶树资源得以保存和发展。

3.加强“城步青钱柳茶”国家地理标志产品授权管理。授权使用“国家地理标志保护产品”的企业必须是行业龙头企业，具有行业带动作用，同时要根据企业发展情况、缴税情况、职工就业情况、遵纪守法情况等进行考核。考核合格，可以继续授权，考核不合格，要终止授权。继续向国家技术监督管理总局申请城步虫茶、城步峒茶国家地理标志产品称号，扩大城步茶产业的影响力。

4.县人民政府要积极向省市、国家质监、卫计部门申报，将三叶海棠（含虫茶）纳入国家食品目录，确保三叶海棠产品能够正常开发利用，企业能够正常取得合法生产经营许可证，能够开展正常的生产经营活动。

5.要进一步争取国家、省市相关部门的政策、资金、项目的支持，把城步茶产业做大做强。整合扶贫资金、产业发展资金、农业综合开发资金和其他惠农资金，大力扶持城步茶产业的发展。

（二）质量保障

1.全面进行标准茶园建设，规范茶叶种植行为标准。全县建设10个标准茶园示范村，20个标准茶园专业村，参照农业部茶园标准来确立我县创建的指标，做到“五有”即有实施方案、有龙头企业、有工作班子、有管理模式、有检查验收。坚持“科学规划、集中连片”原则，建设高标准茶园。要规范茶叶种植行为，茶种苗木必须选用本县优质原种苗木，确保茶树品种纯正。禁止使用农药、化肥，县质监部门要加强茶园的质量管理，新鲜茶叶上市前必须进行农药残留检测，确保茶叶及茶制品质量安全。

2.建立城步县茶业行业协会，由协会牵头组织制定统一的峒茶生产标准、青钱柳茶生产标准、三叶海棠茶生产标准、虫茶生产标准，报县人民政府审批通过。各相关茶企严格按照统一的生产标准生产，产品按统一的标准进行分类定级，县质量监督部门严格按生产标准和国家相关法律法规进行监督检查，确保产品质量合格。

3. 坚持企业兴茶、壮大合作组织，延伸茶产业链条，增加茶产业附加值。企业强则产业强，要引进和发展大型茶企，加强茶企的联合、整合，避免恶性竞争，加速茶产业发展。青钱柳茶可利用其保健、医疗作用，延伸开发青钱柳凉茶、青钱柳药用口服液；三叶海棠也可以凭借其良好的口感开发凉茶、虫茶系列产品。城步峒茶可以凭借南山国家公园的名气和城步独特的生态优势，开发高端绿茶、红茶、白茶产品。

（三）品牌建设

1. 积极引导企业创建“中国驰名商标”“地理标志证明商标”“湖南省著名商标”“邵阳市知名商标”；鼓励企业发明创造，积极申报发明创造专利；鼓励企业积极申报绿色产品、有机食品质量认证。

2. 建立激励机制，奖励品牌创建。城步县 2014 年出台了《关于加快推进商标品牌战略的实施意见》，出台了一系列品牌创建奖励政策，其中，对首次认定“中国驰名商标”“中国质量奖”“地理标志证明商标”的企业或行业协会，分别一次性奖励 30 万元；对首次批准获得“地理标志保护产品”专用标志使用资质，且在产品销售中使用和标注“地理标志保护产品”的企业，一次性奖励 20 万元。对首次认定“湖南省著名商标”“湖南省名牌产品”“湖南省省长质量奖”的企业，一次性奖励 5 万元。对首次认定“邵阳市知名商标”“邵阳市名牌产品”的企业，分别一次性奖励 2 万元。

（四）市场开拓

1. 要加强宣传，灵活销售。要加大城步生态环境保护力度，借助南山国家公园的名气，大力宣传城步生态优势，进而宣传城步生态茶业；要拓宽销售渠道和销售模式，充分利用现代电子商务平台、微商平台、会展平台、投资洽谈会等多种销售模式，促进茶产品销售。

2. 借助国家商务部、省商务厅、省贸促会、邵阳市商务局在城步扶贫的契机，积极组织城步茶叶企业参加商务、贸促系统组织的各种相关的展销会、博览会，将城步的茶叶及其他农副土特产品推进超市、高铁、机场，扩大城步土特产品的销售渠道。

（五）人才保障与交流合作

1. 要加大专业人才的培养和引进力度，出台人才激励政策，为发展我县茶产业提供人力保障。可以通过短期培训和现场培训的方式培养一批本地制茶土专家。各茶企也可通过定向培养、公开招聘的方式选拔一批专业大学生进入茶企工作。

2. 加强与中国茶叶协会、湖南省茶叶研究所、湖南农业大学等国内科研院所的交流合作，加大引智力度，为城步茶业量身打造，制定出适合城步资源条件的产业发展规划。定期邀请国内外知名茶业专家来县进行专题讲座，针对性解决城步茶业发展中碰到的各种实际困难。

3. 加强与湖南省安化黑茶、云南普洱茶业协会的联系与交流，学习他们成功的经营理念和管理经理。

强化担当　压实责任　决战决胜苗乡脱贫攻坚

欧阳禛

党的十八大以来，以习近平同志为核心的党中央把脱贫攻坚摆在治国理政突出位置，习近平总书记对脱贫攻坚做出了一系列重要指示，为我们打赢脱贫攻坚战提供了根本遵循和行动指南。进入脱贫攻坚总攻阶段，城步继续深入学习贯彻总书记关于脱贫攻坚的重要指示精神，进一步增强"四个意识"，坚定"四个自信"，自觉践行"两个坚决维护"，不折不扣把党中央重大决策部署落到实处，时不我待，凝心聚力，以推动脱贫攻坚的新作为、新成绩，如期实现脱贫摘帽目标，向总书记、向党中央、向苗乡城步交出一份合格答卷。

一、"强化引领"是决胜脱贫摘帽使命所系

1. 坚持党委领导，实行分级负责。充分发挥各级党委统揽全局、协调各方的领导核心作用，严格执行脱贫攻坚一把手负责制，县乡村三级书记一起抓，一级抓一级，层层抓落实。切实加强贫困村基层党组织建设，使其成为带领群众脱贫致富的坚强战斗堡垒。

2. 坚持政府主导，增强社会合力。发挥政府主导作用，加大财政投入和政策支持力度，引领市场、社会协同发力，构建专项扶贫、行业扶贫、社会扶贫互为补充的大扶贫格局。

3. 坚持精准扶贫，提高扶贫成效。扶贫开发贵在精准，要找准扶贫对象、致贫原因和脱贫需求，坚持因地制宜、分类指导，制定帮扶措施，做到一村一策、

一户一法，扶真贫、真扶贫、真脱贫，切实提高扶贫针对性、有效性和可持续性，让贫困人口有更多的获得感。

4. 坚持规划引领，统筹协调推进。要以科学规划作为切入口，建立健全脱贫攻坚项目库，做到以贫困目标定规划、以规划定项目、以项目筹资金引领脱贫攻坚工程建设，切实做到“一张图”、有特色和“接地气”；要形成合力，统筹推进贫困村美丽乡村建设。

5. 确保贫困村全部退出。到 2019 年，实现 87 个贫困村全部出列，其中 2018 年退出 37 个，2019 年拟退 18 个，退出时，贫困村综合贫困发生率控制在 2% 以内，村集体经济收入达 4 万元以上，基础设施和基本公共服务功能基本完善。

6. 确保贫困人口全部脱贫。按照三年集中攻坚的要求，2018 年实现 8300 名农村贫困人口脱贫；2019 年以 9147 名左右农村贫困人口脱贫为目标；到 2020 年实现现行标准下全县农村贫困人口有稳定增收渠道，人均可支配收入超过退出验收标准，贫困对象实现“两不愁、三保障”，确保所有贫困人口如期脱贫退出。

二、“工程实施”是决胜脱贫摘帽关键所在

（一）实施产业扶贫攻坚工程

1. 全面推进农业特色产业扶贫。以奶业、楠竹、乌骨鸡、高山蔬菜、玉米、优质稻（湘米工程）、油茶林、青钱柳、苗香梨、猕猴桃、三红蜜柚、柑橘等为扶贫产业发展重点，带动贫困人口增收致富。按照“四跟四走”原则，以公司、龙头企业、能人大户、贫困户和帮扶单位为产业发展实施主体，积极培育引进具备产业市场开发能力和产业发展技术支撑的公司和龙头企业引领带动发展；大力支持贫困村组建以本村能人大户 + 贫困户的产业合作社参与发展；引导贫困户以资金或土地、林地折价入股，按约定比率分红的方式参与产业发展；依托公司、龙头企业、合作社自主经营参与产业发展。实现每乡镇建立一个扶贫产业示范基地，每村组建一个产业合作社、每户发展一个增收项目。到 2018 年底，全

县每个村（居）初步形成“一村一品”，有一个主导产业，产业扶贫增收效果初步显现。

2. 积极推进电商扶贫。抓住国家商务部、省商务厅和市商务局在我县定点扶贫的契机，完善县乡村三级物流配送体系，打通“最后一公里”；加强电商人才培养，引导贫困户参与电商产品供应链建设。抓好生产销售两端，解决农产品销售难问题，生产端推广“公司 + 基地 + 合作社 + 农户”模式，逐步植入质量溯源体系；销售端构建“电商 + 实体店 + 消费者”销售链条。建好 100 个村级电商服务站，运营好电商公共服务中心和电商物流中心。着力培训电商企业，力争到 2020 年有 5 家省级电商企业，1 家省级电商示范企业。到 2019 年底全县实现电商交易额 1.5 亿元，其中贫困村贫困户销售农产品 500 万元以上，带动就业和创业 1500 人。

3. 实施好光伏扶贫产业项目。完成光伏电站建设实现并网发电，建立健全运维管理机制和收益分配方案，将光伏扶贫受益资金划归 87 个贫困村集体，切实提高贫困村集体经济收入。再由村集体统筹分配，切块分成产业发展奖励基金、乡风文明奖励基金以及深度贫困人群生活补助基金，用于扶持农村经济合作社建设、引领乡风文明建设、提升深度贫困人群保障水平，力争扶贫收益资金效益最大化。

（二）实施基础设施建设扶贫攻坚工程

1. 实施贫困村道路畅通工程。加快农村公路提质改造工程，优化通村硬化路路线走向，优先在深度贫困村实施农村公路“窄加宽”工程和自然村通公路工程，完成 25 户 /100 人以上自然村通公路等为重点的提质改造建设任务，构建贫困村“外通内联”的交通运输通道。2018 年完成农村公路窄路加宽工程 82.555 公里，安全生命防护工程 99.5 公里，危桥改造工程 2 座，通自然村水泥（沥青）路 146.624 公里。2019 年全面完成 87 个贫困村道路畅通工程，解决群众行路难、运输难问题。

2. 实施安全饮水攻坚行动。加大资金整合力度，2018 年全县完成农村饮水安全全覆盖暨巩固提升工作任务，启动西岩水厂改扩建工程等 4 个集中供水工程施工，解决 33 个村 2.55 万人的饮水安全问题，实现安全饮水全覆盖。对部分单村供水规模200吨/天至20吨/天的集中供水工程进行消毒处理，确保至2018年底农村自来水普及率达80%以上。

3.全面完成农村电网改造升级工程。加快贫困村的电力基础设施改造升级，全面提升农网供电能力和质量，落实各项组织、技术措施，加快电网改造施工进度，全面推进第二批农网改造升级工程，2018年完成11个行政村农网升级改造工程。到2018年底，基本解决87个贫困村电网“卡脖子”“低电压”等突出问题，满足贫困村生产生活用电需求。

（三）实施住房保障扶贫攻坚工程

1.全力抓好易地扶贫搬迁。强化易地搬迁脱贫，2018年提前完成全县“十三五”易地扶贫搬迁任务。加快已实施易地扶贫搬迁农户宅基地拆旧复垦，按政策支付拆旧补助资金，及时做好土地复垦、生态修复工作，用好用活城乡建设用地增减挂钩政策，通过增减挂钩结余指标交易获得资金，解决好易地搬迁融资资金的来源。做好产业帮扶和就业扶持，按照“以产带迁”“以业促迁”的要求，积极推进后续脱贫产业就业前置化安排，将发展产业作为实现稳定脱贫的关键之举和治本之策，坚持扶贫与扶志、扶智相结合，通过培训提升搬迁户就业技能，激发贫困群众脱贫致富的内生动力，并将易地扶贫搬迁的后续产业扶持资金统筹用于搬迁户，通过光伏产业资金扶持和其他重点项目进行产业扶持。

2.实施好危房改造工程。优先保证脱贫退出村四类重点对象危房改造，剩余指标用于改造面上村的4类重点对象D级危房和无房户。加大县级财政投入，用于提高4类重点对象补助标准，根据贫困程度和改造方式，实施差异化补助，其中，C级危房加固改造补助1万元，D级危房和无房户新建补助2.448万元，在此基础上，县级财政配套每户追加补助2500元。大力推广加固改造等低成本改造方式，鼓励通过加固改造闲置公房、置换或长期租赁村内闲置农房等方式，兜底解决自筹资金和投工投劳能力极弱的深度贫困户住房安全问题。严格按标准控制建房面积，避免贫困户因建房加深贫困程度。另外，对一些建档立卡贫困户住房部分存隐问题按照缺什么补什么、以奖代补方式统筹解决。

（四）实施教育扶贫攻坚工程

坚持扶贫先扶智，让贫困家庭子女都能接受公平有质量的教育，从根本上阻断贫困代际传递。以提升学校办学质量、贫困村基础教育水平，资助建档立卡贫困家庭学生就学，帮扶贫困群众实现稳步脱贫为首要工作任务。以倾斜支持贫困村发展教育、加大贫困生资助力度、开展贫困生职业学历教育为主要工作措施，全面落实“一提高、两降低”政策，建立上下联动、多部门合力推进的教育扶贫机制。大力发展学前教育。加快推进乡镇中心幼儿园建设。大力做好义务教育控辍保学工作。通过省级财政支持 3000 万元，县级财政投入 2000 万元，在县城北郊十里树村建设好芙蓉学校，以招收建档立卡贫困学生和偏远地区家庭经济困难学生为主，启动实施薄弱学校项目工程建设，进一步核查所有义务教育学校的办学条件，对未达标学校底线要求项目采取切实可行的办法进行建设和配备，确保“20 条底线”全部达标，切实化解大班额。加强师资队伍建设。认真做好特岗教师的招聘与选送公费定向培养师范生工作；全力做好义务教育校长、教师交流轮岗工作；进一步加强师资培训，组织好教师参加国培、省培、市培；全面深化中小学教师职称制度、考核评价制度改革；大力实施《农村教师支持计划》，全力支持鼓励教师到农村从教，对在农村学校任教的教师给予乡镇补贴和生活补贴。加大教育扶贫政策宣传力度，全面落实从学前教育到高等教育各阶段针对贫困人口的资助政策，积极开展“泛海助学行动”，对当年考取全日制普通高等学校（含独立学院和民办高校）的贫困家庭学生，优先安排资助金和信用助学贷款。加强实施“雨露计划”帮扶力度，将补助标准由每人 3000 元/年提高到 5000 元/年。

（五）实施就业扶贫攻坚工程

1. 开展精准扶贫培训。根据贫困家庭劳动力培训意愿和市场需求，大力开展免费职业技能培训，特别是实用技术的培训。鼓励贫困家庭子女接受职业教育，贫困家庭劳动力参加培训机构集中培训，每人每天给予 30 元的生活费补贴。提高培训精准度，侧重培训周期短、易学易会、脱贫增收见效快的“短平快”职业技能。利用农闲时间，积极开展“订单式”“田间课堂”“授课入户”等实用技术培训，就近就地开展培训，使务农和技能培训“两不误”。

2. 全面落实扶持政策。对符合享受补贴条件的人力资源服务机构、农村劳务经济人，每成功介绍 1 名贫困劳动力稳定就业 6 个月以上的，给予 200 元的就业创业服务补贴，每名贫困劳动力每年享受一次补贴。贫困劳动力参加就业前技能培训的，每人每天发放 20 元生活补贴，获得初、中级职业资格证书的贫困劳动力，每人补助 1500 元。“两后生”就读职业院校的每年享受生活补贴 2500 元，建档立卡特困学生发放扶贫助学补助资金，每人补助 2000 元，“两后生”参加就业前技能培训的，按实际培训天数每人每天发放 30 元生活补贴，培训期间免费住宿。转移就业的建档立卡贫困劳动力，凭企业招用劳动合同（就业协议）和交通费票据，按照省外、省内市外、市内据实分别给予一次性不超过 400 元、200 元、100 元交通路费补助。用人单位吸纳贫困劳动力就业，与之依法签订劳动合同 1 年以上且实际在岗 12 个月，并依法缴纳基本养老保险费、基本医疗保险费、失业保险费的，按照每人每年 1500 元标准进行岗位补贴。社会保险补贴按用人单位为贫困劳动力实际缴纳的基本养老保险费、基本医疗保险费和失业保险费给予全额补贴（不包括其个人应缴纳部分），补贴期限不超过三年。建立就业扶贫任务清单、稳岗清单、责任清单，在公益性岗位和农村保洁员选聘时优先聘用贫困户。

（六）实施社会保障扶贫攻坚工程

完善农村最低生活保障制度，加大最低生活保障救助力度，逐年提高农村低保标准和五保人员供养标准。落实农村最低生活保障制度与扶贫开发政策有效衔接，充分发挥民政部门在“社会保障兜底脱贫一批”中的牵头作用，在精准认定社会保障兜底对象的基础上，建立健全动态管理工作机制，切实做到“应保尽保、应退尽退”，确保农村最低生活保障线不低于扶贫线。对农村低保家庭中的老年人、未成年人、重度残疾人和重病患者等重点救助对象，采取多种措施提高救助水平，保障基本生活，重点向 6 个深度贫困村倾斜。加快推进农村综合服务平台建设，完善城乡基层养老服务设施，在深度贫困村优先实施“和谐乡村”三年行动。

（七）实施金融扶贫攻坚工程

创新拓展金融服务工作机制，争取更多金融机构参与金融扶贫，丰富扶贫小额贷款的产品和形式，创新贫困村金融服务，改善贫困地区金融生态环境，扶贫小额信贷、“财银保”覆盖建档立卡贫困农户的比例和规模有新增长，贷款满足率有明显的提高，努力促进贫困户贷得到、用得好、还得上、逐步富。加快金融扶贫服务站建设进度，加强扶贫小额信贷风险防控。

三、“压实责任”是决胜脱贫摘帽担当所为

（一）健全脱贫攻坚责任体系

落实党政一把手扶贫责任制。脱贫攻坚指挥部要加强对脱贫攻坚指导、协调和调度，推动脱贫攻坚任务落实。实行县负总责、乡镇抓落实、挂点县级领导包乡（镇）、挂点单位包村、帮扶党员干部保户的工作机制，进一步压实党委政府主体责任（包括党政一把手第一责任人责任，班子成员分管责任），各乡镇场、各行业主管部门、各村居以及驻村帮扶工作组的责任，层层签订责任状，层层传导压力，形成横向到边、纵向到底的责任体系。乡镇党委政府要坚持以脱贫攻坚统揽经济社会发展全局，紧扣“两不愁、三保障”的总体目标，坚持贫困村为重点、精准到村到户，科学制定本乡镇2018—2020年脱贫攻坚实施方案，并就相应目标进行细化，逐项推进落实。各行业扶贫责任部门要按照十大扶贫工程责任分工，依照贫困村脱贫摘帽、贫困人口脱贫退出标准，围绕提高贫困人口基本生产生活条件、基本公共服务和基本社会保障水平，科学制定本部门本行业2018—2020年脱贫攻坚专项规划，实现部门专项规划与脱贫攻坚规划有效衔接，充分运用行业资源做好脱贫攻坚工作。

（二）加强脱贫攻坚考核督查

建立常态化督查机制，对督查发现的问题，及时交办并限期整改到位，以督查巡查倒逼干部责任上肩，转变作风，倒逼脱贫攻坚任务落实。严格责任追究，对工作不力、整改滞后的单位和责任人进行约谈；对不负责任、推进不力、落实不到位、影响脱贫攻坚大局、造成严重后果的进行问责。严格考核奖惩。建立健全考评奖惩制度，坚持“三个一批”，对在脱贫攻坚中做出突出贡献的单位和个

人，从经济上、精神上奖励一批；对在脱贫攻坚中表现特别突出的干部，给予提拔重用一批；对扶贫责任落实不力，不作为、慢作为、乱作为的从严追责一批。

（三）加强脱贫攻坚队伍建设

加强与脱贫攻坚工作要求相适应的脱贫攻坚队伍和机构建设，充实配强脱贫攻坚工作力量，通过政治上关心、工作上支持、生活上关怀，激励和引导广大干部在脱贫攻坚中建功立业。建立容错纠错机制，最大限度地调动脱贫攻坚一线干部工作主动性创造性。加强扶贫干部思想作风建设，加大培训力度，建立培训机制，按照分级培训的原则，县乡两级定期不定期地对党委和政府主要负责人、扶贫工作分管领导、扶贫办主任、驻村工作队员、扶贫业务干部、结对帮扶责任人开展分级培训，全面提升扶贫干部队伍能力水平。

（四）严格扶贫资金管理

切实加强对扶贫资金和项目的管理，进一步完善资金管理办法，确保资金安全，提高资金使用效益。切实加强对惠农政策落实、扶贫资金使用等重点领域的监督检查，健全“互联网 +”、社会监督、舆论监督等平台，规范扶贫各项工作公开公示制度，打造“阳光精准扶贫”。加大扶贫领域的监督执纪问责力度，紧紧盯住扶贫领域的不正之风和微腐败问题，进一步加大整治和查处力度，对胆敢向扶贫资金、扶贫政策“动奶酪”的，发现一起、查处一起，绝不姑息，坚决防止虚报冒领、挤占挪用、截留私分、假公济私等违规违纪违法问题的发生。

休闲旅游是加快城步发展的抓手

饶兴军

城步作为老少边穷的山区县，无机场、无港口、无过境铁路，靠工业兴县太难，但老祖宗却留下了很好的生态资源，森林覆盖率达83%，是难得的“天然氧吧”，且有厚重的文化底蕴，只有发展好休闲旅游这“兴一业旺百业”的朝阳产业，才能加快城步发展。为此，需在“四个谋划”上下功夫。

一、确立休闲旅游业在经济社会发展全局中的龙头地位

在大力实施乡村振兴战略中，各地都把提升发展旅游业作为推动区域经济发展的重点来抓。城步按照“生态立县”发展战略，把旅游业作为主导产业来培育，致力打造“湖南生态文化旅游强县”，全县旅游产业已步入发展快车道。2017年，全县接待游客150万人次，实现旅游收入10亿元。先后荣获“中国最佳生态旅游县”“中国区域休闲旅游目的地城市”“中国最具影响力文化旅游百强县”“中国山歌之乡”等殊荣。城步尽管旅游资源丰富，生态环境优美，但与湘西凤凰旅游相比，仍有差距。因此，要加快城步旅游产业提档升级，就要树立大产业、大旅游的观念，突破行业、部门、区域局限，跳出旅游看旅游，跳出旅游抓旅游，要有“抓旅游就是坚持稳中求进、抓旅游就是抓经济转型升级”的理念，把旅游业摆到全县经济社会发展的重要位置上，坚定不移地把旅游业作为现代服务业的龙头来抓，努力推动城步旅游从观光型向休闲复合型方向迈进。一是切实加强领导。要进一步整合资源，加大政策、项目、资金的扶持力度，要实

行县领导挂联重大旅游项目机制，形成全社会合力兴旅的良好氛围；二是要以精品项目带动旅游发展。在项目投入过程中，进一步强化精品意识，从讲特色、讲品位、讲文化内涵入手，加快南山与两江峡谷、白云湖与白云洞、县城沿河风光带、十万古田、沙角洞银杉自然保护区、大寨侗族民俗文化村与桃林千年苗寨、清溪古民居与杨家将村等七大主体功能区建设，加大政策支持力度，力争把“七大主体功能区”打造成为让人流连忘返的旅游精品；三是积极开展争创活动。要围绕打造湘、桂、黔三省边际休闲旅游度假胜地要求，积极开展中国幸福乡村等一系列创建活动，确保旅游业能够健康持续发展。

二、在构筑比较竞争优势中增强旅游核心竞争力

挖掘地方特色资源，注重打造具有地域特点和人文特色的旅游品牌，构筑比较优势是增强旅游竞争力的重要环节。通过挖掘城步的特色资源，通过项目包装、宣传，着力把特色资源打造成为具有一定特色和影响力的旅游品牌。要利用湖南南山国家公园体制试点的机遇，做好“天然氧吧”“养生之都”文章；要利用丹口古苗文石刻群，掀起苗文化的宣传热潮，改写苗族只有语言没有文字的说法；要利用“杨家将文化艺术之乡”的品牌，通过挖掘“杨家将文化”，以“杨氏官厅”名人效应为载体，打响了“中国南方杨家将”的旅游主题；要利用南山挖掘“寿比南山”文化，建成了一个集旅游观光、休闲度假、电影拍摄基地为一体的旅游景区，吸引大批的游客前来观光旅游。如何进一步加大城步历史文化挖掘力度，构筑比较优势，提高城步旅游的核心竞争力是今后的工作重点。一是要深化文化融入工作，加快推进文化融入县城建设和旅游项目建设，不断加大历史文化遗产的传承保护力度，做精旅游项目，做厚城市底蕴，提升城市品位。二是加强苗文化的研究。成立苗文化研究课题组，采取自身研究与聘请外地专家研究相结合的模式，挖掘苗文化内涵，打响苗文化的对外知名度。三是加快核心景区建设。要把南山、长安、两江峡谷、白云洞、白云湖、县城沿河风光带、清溪古民居、蓝玉故里、十万古田、沙角洞银杉自然保护区等作为一个大核心景区进行

统一规划和建设，提高核心景区的接待能力。

三、在优化产业布局当中完善配套服务设施

旅游业涉及吃、住、行、游、购、娱六大产业体系。随着旅游业的快速发展，城市旅游产品的日益丰富和成熟，优化产业布局，完善配套服务，加强参与性项目建设，放大休闲效应显得尤为重要。目前，城步的景区大多以观光为主，游客参与性项目较少，景区除了配套部分农家乐外，旅游购物、参与性、娱乐性项目没有配套或配套较少，导致产业的关联性、带动性不强。尤其是旅游星级饭店少，旅游区（点）、交通场所等没有实行统一的标准化管理。虽然目前地方财力有限，还不能大手笔、大投入地规划建设核心景点，但至少可以从以下几个方面做足文章：一是加强景区参与性项目建设。要利用南山景区的优势，开发登山比赛、民俗风情、赛马表演等游客参与性项目，尽量延长游客的逗留时间，拉长产业链。二是加快旅游消费性场所发展。一方面，要积极吸引民资，加快星级饭店、旅游购物场所、娱乐场所建设，进一步优化产业发展布局。另一方面，要加强对景点、饭店以及购物、娱乐场所消费的监督管理，提高服务质量。三是要完善内部功能。要适时建设好旅游咨询中心、旅游集散中心、旅游信息中心和旅游标识指示系统，大力实施旅游便捷工程，努力为游客提供全面、及时、安全、舒适的旅游服务。四是加强旅游人才的引进。要加强旅游管理、策划、经营、导游、服务人才培养和引进工作，着力打造一支具有专业化水平的旅游人才队伍。

四、在提高对外知名度中打响城步旅游品牌

旅游业是典型的形象产业和眼球经济，也是促进对外开放、提高知名度的有效载体和重要途径。要利用各种载体推介旅游整体形象，把它打造成为一个地方

的亮丽名片和形象标志，在某种程度上对加快外向型经济发展，营造良好的发展环境具有举足轻重的作用。近年来，城步通过举办中国湖南（南山）“六月六山歌节”等活动，通过央视、湖南日报、湖南卫视、湖南红网、邵阳日报、邵阳电视台等新闻媒体宣传，进一步提升了城步旅游的品牌效应。城步虽有中国最佳生态旅游县、中国区域休闲旅游目的地城市、中国最具影响力文化旅游百强县等称号，但旅游品牌影响力还不够，要利用好“湖南南山国家公园”“南山国家级风景名胜区”“白云湖国家湿地公园”“两江峡谷国家森林公园”“金童山国家自然保护区”这些“国字号”，在全域旅游示范县创建过程中着重做到四点：一是加强城市营销。城市营销是旅游竞争性发展的必由之路。要围绕“千年古城·锦绣城步”的城市营销主题，成立专门城市营销机构，加大推广力度。二是加大对外宣传力度。要利用各种宣传媒体，针对城步旅游目标市场的实际，加大央视、湖南卫视、湖南日报、湖南红网等新闻媒体上的宣传推介力度，打响城步旅游品牌。三是举办大型的节会活动。大型节会活动是打响旅游品牌的重要载体，中国湖南（南山）“六月六山歌节”已成为湖南省四大节庆品牌之一，要精心策划实施方案，力争通过连续大规模的举办，打造“中国山歌之乡”品牌。四是加大营销力度。要按照周边市场是旅游目的地，远方市场是旅游节点的定位，充分发挥旅游社营销主渠道作用，利用旅游电子商务平台，着力构建完善的营销网络，积极融入“张家界—凤凰—通道—绥宁—城步—崀山”旅游热线，吸引四面八方游客来城步休闲旅游。

（作者系城步苗族自治县融媒体中心主任）

高质量发展民族地区乡村旅游应着力打造民族特色文化

——以城步苗族自治县为例

曹正城　杨进步

文化是旅游的灵魂，旅游是文化的载体。据世界旅游组织统计，在全球所有旅游活动中，由文化拉动旅游的占40%，在欧洲更是超过50%。

在现代乡村旅游中，美丽的山水和田园风光固然十分重要，但没有特色文化元素的注入还是难以持续高效发展的。旅游作为一种业态，随着产业发展和市场需求的变化，其内涵在不断丰富，外延也在不断拓展。从旅游供给侧角度看，在旅游迅速发展的大背景下，乡村旅游产业要突出做好景观环境和产品的创新升级。发展县域旅游，必须走文旅相融合的道路。一个地方的独特之处就是这个地方的主要财富。旅游景观建设首先要树立文化自信，保护好面临消失的传统文化村落，在充分挖掘当地乡土特色文化上做文章，使代表本地乡土特色文化的元素回归乡土，让乡土特色文化成为乡村旅游景观建设的灵魂和主线。这样，乡村旅游才会有有更大的发展空间，才能不断提高竞争力和吸引力。现就湖南省城步苗族自治县在高质量发展乡村旅游产业的过程中，应如何着力打造好本地独特的苗族历史文化、苗族山歌节庆文化、苗族建筑文化、苗族服饰文化、苗族饮食文化等方面做点浅探。

城步自然生态环境十分优美，山水风光旖旎，人文历史悠久，民族文化底蕴深厚，具备高质量发展乡村旅游的得天独厚条件。

一、要着力打造好苗族历史特色文化

（一）重点打造好中国南方城步“杨家将文化艺术之乡”这一独特的苗族历史文化品牌

城步杨家将“精忠报国、能征善战、为民造福”的历史文化，经历了唐、宋、元、明、清五个朝代，时间跨越上千年，是我国苗族历史文化的重要组成部分和中华民族文化的一部分，也是中华文明一脉从未间断过的独特经线，而且是城步和湖南人民的骄傲。2008 年，我县被湖南省民间文艺家协会确定为中国南方“杨家将文化艺术之乡”。

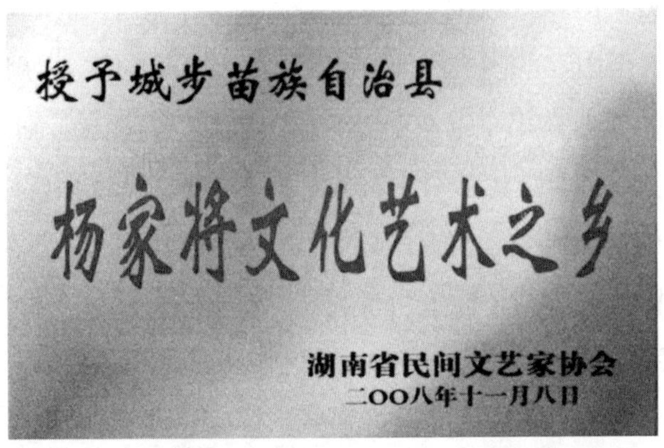

2012 年湖南省人民政府确定城步“苗族杨家将传说”为省级非物质文化遗产

为落实好中共中央、国务院2019年印发的《新时代爱国主义教育实施纲要》，讲好城步故事，传播好城步声音，树好城步形象，将城步杨家将历史文化的研究、宣传、应用推向一个新的阶段，促进我县乡村旅游文化产业再上新台阶。

1. 成立高规格的“中国南方城步苗族自治县杨家将历史文化研究会”，由县委书记任顾问，县人民政府县长任研究会会长，分管文化旅游的县委常委、县人民政府副县长为副会长，相关部门的领导为成员。

2. 定期举行公祭纪念杨家将活动。每年的清明节或杨再思（中国南方杨家将的奠基人）的诞辰日，由县人民政府在杨氏官厅主办纪念公祭活动，缅怀城步历代杨家将的丰功伟绩，宣传、弘扬杨家将“精忠报国、能征善战、为民造福”的爱国主义精神，进一步践行好社会主义核心价值观，为建设富饶美丽幸福新城步营造一个催人奋进的良好氛围。

3. 举办一次全国性的南方城步杨家将历史文化研究与应用高峰论坛。邀请国内外一些著名的历史文化专家、教授和媒体参加，为宣传、研究、应用好城步杨家将历史文化把脉问计。论坛可由县委、县人民政府和湖南省社会科学院、中国社会科学院民族学与人类学研究所联合作为主办单位。

4. 对儒林镇杨家将村（原大竹坪村）、清溪村和蒋坊乡杉坊村等杨家将故里的古村落、古民居、古墓，县人民政府要制定出台切实有效的保护措施，使游客走进这里就能感觉到、触摸到、看得到城步杨家将厚重的历史文化。对杨氏官厅中的陈列物还要进一步充实、完善、更新。

5. 为便于更多的人们了解、知晓、学习城步杨家将精神，尽快公开出版《南方城步杨家将历史与文化》一书（书名暂定），所需经费列入县财政预算。

6. 为打造好南方城步杨家将这一独特的民族历史文化品牌，扩大其影响力，应在国内主流媒体、知名媒体、影视界和有关公开场合场所等，开展长期的、全方位的、多视角的宣传、推介。

7. 向国家文化旅游部继续申报，将城步杨家将历史文化列入国家非物质文化遗产名录。

（二）倾情打造好南方城步老山界这一经典厚重的红色历史文化

艰苦卓绝的长征中，城步境内南山的老山界是红军翻越的第一座最难爬的高山。湘江战役红军突破敌人的重重封锁后，翻越了老山界这一天堑，转战湘黔，随军行动的原国务院副总理、全国政协副主席陆定一在此留下了千古名篇《老山界》。新中国成立后，这里设立了中南五省海拔最高的国防哨所，被中央军委誉为“高山红哨”。如今，战争的硝烟已经远去，高山红哨已被裁撤。但是，老山界这座永不磨灭的历史丰碑，高山红哨这道坚不可摧的堡垒，它们和我县境内丹口镇莲花桥的红军烈士墓、长安营镇的红军烈士纪念碑、瀛村（曾建立了红军入邵第一村汀坪乡蓬城步第一个苏维埃红色政权）一道，共同构筑了城步这一方热土的红色经典，传承着艰苦奋斗、一往无前的长征精神和百折不挠、自强不息的民族精神。他们在苗乡留下的“一条红军棉裤”“一盏马灯”“两块银圆”等实物，见证了红军长征路上军爱民、民拥军深厚的军民鱼水情；他们打土豪、勇歼蒋匪的许多动人故事至今还在城步百里苗乡传颂。

城步丹口镇莲花桥红军烈士墓

一是依托南山国家公园美丽的山水森林草原风光，将“老山界”和高山红哨打造成为全省、全国的爱国主义和党史学习教育基地（学院）。

二是在县城两河口通往南山和汀坪高梅与广西龙胜达界处，打造巨大的宣传标牌或牌坊，进入面写上“南山国家公园、城步老山界欢迎您！”，出口面写上“南山国家公园、城步老山界欢迎您再来！”

三是对徒步爬行老山界的路面进行修整扩宽，使游客在攀登中能充分体验到当年红军翻山越岭的艰辛。

四是在老山界布置当年红军过老山界的一些图文资料，尤其是要有原国务院副总理、全国政协副主席陆定一笔下的《老山界》一文，使游客能直接感受到当年红军为了推翻三座大山（帝国主义、封建主义、官僚资本主义）、打到蒋家王朝、建设新中国而不怕苦、不怕死一往无前的大无畏精神。

二、要着力打造好苗族山歌节庆特色文化

中国山歌在苗族，苗族山歌在城步。城步素来就有“山歌之乡”的美誉。可以说山歌已深深地融入了城步各族群众的血液和民族情感，是城步苗、汉、侗等各族同胞表达爱情、传递友谊、互通信息、教化民风、启迪后辈的重要手段和载体，如今，山歌是城步旅游的一张亮丽名片。

城步山歌在乡村最为流传。从汀坪乡蓬瀛村、丹口镇桃林村、长安营镇大寨村、长坪村的“游客留言”“佳宾赠语”来看，他（她）们赞美最多的就是城步山歌。游客们说：“我们走遍了祖国的美好山河，看过了许多美丽乡村，让我们最难忘的就是城步山歌，苗族男女青年们优美的歌声，婉转的腔调，深情的歌词，让我们很难忘怀。”

城步山歌、节庆文化的传承、普及、宣传，应做到以下几个方面。

一是加强城步山歌普及力度。城步山歌不要局限于汀坪乡五团镇、丹口镇、长安营镇和儒林镇的山歌节赛，而要由县文化干部和民族文化工作者、爱好者带到各个乡镇去，到各个乡镇村组织山歌队，进行传唱表演，辅导传承。民族山歌文化应成为教育部门和中小学校重视的教学内容，让我们城步山歌在全县更好地传承和唱响。

二是在桃林、大寨等乡村旅游景点，组织青年男女开展经常性的山歌表演对抗赛，让旅客参与其中，乐享山歌带来的精神快乐和智慧的增长。

三是擦亮“湖南（南山）六月六山歌节”（城步民间纪念明代苗民起义领袖李天保形成的节庆）这一厚重的苗族节庆历史文化名片。

具体要从五个方面下功夫。

1. 应坚持不间断地办好“山歌节”并适当延长节会活动的时间。世界上有两样东西最不怕老，一是古董，二是节日，没有任何国家和民族会为自己的节日太过古老而汗颜，相反他们会为持久的秉承而自豪。我县的“六月六山歌节”已连续举办了 22 届实属不易，且有了一定的影响，作为后来者确实不能轻言随意地放弃这一节日。节日的最大功能就是创造更多的感动，而实现感动要靠人与人之间的平等交流和畅快互动。节日的本质就是通过快乐或狂欢来实现贫富、身份、

地位等差别的模糊和暂忘，其核心意义在于营造人的平等和尊重。为了发挥节日功能的最大化，“六月六山歌节”不能只局限于举办一场文艺晚会就收场了事，建议搞3—7天时间，让外来游客及本地居民有充裕的时间来实现互动，充分享受节日带来的欢乐和愉悦，这期间可安排具有特色的饮食文化体验、民族特产制作和购物体验、非物质文化遗产观赏体验，特别是对原真性的山歌对唱场景和氛围的体验，让歌手在对歌中既感受到对抗带来的压力，又享受对抗带来的快感；让观众在观看歌手对歌的过程中既有一种观赏文艺表演一样的悠闲和娱悦，又有一种观看体育赛事一般的紧张和激情。

2. 应持之以恒地打造本民族的山歌手和山歌名曲，可聘请知名的词曲作者来城步现场采风创作并指导本地歌手提升山歌演唱水平。甚至可以考虑利用已经成为经典的名曲，如《挑担茶叶上北京》采取旧瓶装新酒的形式加入城步元素，再邀名家来演唱，让其再度走红。

3. 应打造一个相对固定又具有神圣感的节日开幕启动仪式。德国慕尼黑啤酒节开场的重头戏就是盛大的巡游表演，且两百余年始终坚守着这一重复不变的仪式，即在啤酒节开幕的时候，人们穿戴传统的民族服饰，吹奏着乡间调式的音乐，驾驭着马拉酒桶的花车，载歌载舞地向啤酒城快乐进发……我们的山歌节开幕启动仪式也应考虑策划和打造一个既具民族特色兼具宗教神圣感的仪式，并长期坚守届届承继，形式和内容上敢于重复才是厚重之节的象征，才更能彰显我们城步民族的自信和文化自信。

4. 应考虑在县级层面建立一个相对固定的节会筹划机构，有相对固定的人员，专门研究节会规律和整合节会资源，提升办节的水平，扩大办节影响，充分发挥节会的社会效应和经济效应。

5. 在创新“六月六山歌节”展演形式、活动内容、山歌内涵（多赋予苗族文化新的时代内涵）及曲调的基础上，建议将其上报为国家民族民俗文化节庆活动品牌，由国家民委、国家文化和旅游部、湖南省人民政府共同主办，然后逐步通过市场运作，交由社会承办；同时还要申报国家非物质文化遗产名录。

三、要着力打造好苗族建筑特色文化

建筑是可触摸的历史，也可唤醒历史的记忆。城步如今还保存多处苗族建筑物，如古风雨桥、古民居、古城墙、古田、古墓、古石板路、鼓楼等，均具有颇高的历史研究价值，是我县先民生存发展的见证，也是我县旅游的一道亮丽风景线。

“文革”时期和改革开放后，一段时期由于整体发展规划的缺失，造成部分苗侗寨遭到了不同程度的破坏，一些现代化的小洋楼在村寨中拔地而起，对原有村寨的整体性、协调性等造成了伤害；部分村民外出务工，导致部分古建筑年久失修；由于在消防安全方面的天然缺陷，导致部分历史悠久的古建筑，在“火烧连营”中化为灰烬……上述诸多因素的不断出现，导致了当下我县民族建筑在保护和发展中，面临着重重困境，其数量呈不断减少的趋势。

如何在大力建设城步民族特色文化旅游强县的时代背景下，全力搞好苗族建筑文化的挖掘、传承、保护和发展？

一是要进一步完善、实施好《城步苗族自治县民族风格建筑条例》及其《实施细则》，制定《城步苗族自治县苗族传统村落保护条例》，对传统村落予以立法保护。建立苗族传统村落保护名录，制定苗族传统村落保护发展规划，改善基础设施和公共环境，让苗族木匠泥匠工艺不断传承创新。对在保护民族建筑物中做出突出贡献的乡村和居民要给予奖励。

二是古建筑维护和整修要坚持整体保护原则。木结构建筑，时间久了就会出现不同程度的老化，进行维护和修整是必不可少的，但要做到整体保护，不仅要对建筑本身进行保护，还要保护好周边生态环境。

三是要用“生态博物馆”理念保护苗族传统村落。与传统博物馆不同，如果能建立民族生态博物馆，把一些有价值的文化产物收藏起来，把集中的苗族村寨作为一个整体集中保护起来。

四是在旅游开发中要做到“适度”。苗族传统村落的承载能力有限，过度开发将会让苗族村寨面临更大的破坏。

五是要加强火灾防范。苗族民居建筑大多是木结构建筑，由于苗族喜欢聚族而居，建筑物连成一片，一旦失火，很容易造成“同归于尽”的后果。因此，增强苗寨民居的火灾防范意识，提高防火技能，有效防范火灾，是一项重要而急迫的工作任务。

六是对新建的居民楼房，制定苗族建筑风格与现代建筑文化相融合的激励机制。

四、要着力打造好苗族服饰特色文化

民族服饰即穿在身上的衣，系在头上的饰。我国有56个民族，每个民族的服饰各有千秋。苗族服饰是当今世界上最美丽、最漂亮的服饰之一。他们多姿多彩的服饰铭载着本民族历经磨难的历史变迁，对美好生活的憧憬和古往今来生活环境的浓缩。史学家称之为：“穿在身上的史书”“动态的活化石”。

城步苗族服饰与广西瑶族、贵州苗族服饰基本相同。有青衣苗与花衣苗两个种类，城步苗族东南为青衣苗居多，西北以花衣苗居多。青衣苗服饰一年四季多为青蓝色粗布，男女均扎布包头，袖口领口有花边；女式有银饰项圈，有银饰围裙。男式有腰带和绑腿带，脚穿草鞋。花衣苗服饰色彩较多，春冬季节为青色粗

城步苗族男女服饰

布，夏秋有白色、灰色、蓝色粗布，衣领衣袖、裤脚边花边装饰较多且艳丽。男式包头带、腰带均有花边，袖口与裤脚口宽大，不扎绑腿带；女式少戴包头巾，节日喜庆戴银头饰，脖颈戴银项圈，服饰多用红色、绿色、白色粗织布，花边鲜艳；尤其是少女的红色围裙，又称抱肚，中央是丝线绣扎的“荷花鲤鱼”或“丹凤朝阳”或“鸳鸯戏水”图案，周围是花边；结婚后的花苗少妇围裙改用绿色布作衣，图案略有不同，有“荷花莲子”“双喜鹊、双凤”等。女花苗的裤腿尤其宽大，宽幅达三尺以上。

近年，慕名来城步旅游的人，对苗乡人们很少穿着苗族服饰甚表遗憾，他们说：“这里的风景美、空气好，就是感觉苗族地区着苗族服饰的人少。”而到广西龙胜、三江瑶寨与贵州雷山苗寨，民族服饰已成为家常便饭。民族服饰文化走进生产生活、走进乡村旅游，是我们当前亟待引起重视的问题。

一是要加大宣传力度，通过穿戴本民族服饰，提升其民族自豪感和民族自我认同感，公开体现民族的吸引力。

二是政府有关部门在助力乡村振兴、扶贫攻坚和开发项目时，应将民族服饰纳入文化项目建设，对村民制作民族服饰给予一定的资金补助，让村民穿戴民族服饰变成自觉行动，久而久之成为习惯。

三是鼓励城乡居民不论是汉族还是少数民族，在平常的生产生活中经常穿戴苗族服饰，使游客来到城步，首先就感觉到城步苗乡大地浓厚的民族氛围，城步和其他地区确实有不同的地方，有他的独特之处。

四是将城步苗族服饰申报为省级和国家级非物质文化遗产名录，让国人知晓、了解、喜爱城步的苗族服饰，并且愿意购买、穿戴城步的苗族服饰。

五、要着力打造好苗族饮食特色文化。

要想留住游客，首先要留住游客的胃。除了有看的、听的、住的、玩的，购的，还要有好美食。

特色美食是重要的旅游资源。城步得天独厚的自然环境，造就了丰富多彩的绿色环保食材，如苗乡油茶、竹笋、糁子酒、南山奶粉、腊肉、长安鱼、蕨根蕨菜等，都是美味可口的特色食品。要打造好城步民族美食名片，应从如下几个方面去努力：

1. 通过特色食谱打造。积极挖掘民族饮食文化内涵，打造城步八大食谱品牌：一是西岩的三绝（盘龙、粉肠、老鸭崽）；二是土桥的三罐（藠头、冬笋、蜜橘罐头）；三是丹口的三绝（油茶、乌饭、血酱鸭）；四是长安的三宝（河鱼、虫茶、香禾米）；五是南山的三怪（萝卜、奶粉、腊牛肉）；六是拦牛的三香（蕨粑、腊肉、苗香梨）、七是蓬瀛的三汤（峒茶、米酒、浮汤肉）；八是五团的三味（米酒、豆腐、瘠田辣）。还要加大对民族美食传承人的保护和培养力度，突出打造城步美食名片，使游客通过一道美食能认识城步、爱上城步、恋上城步。

2. 利用名人效应打造。如“城步油茶”是省非物质文化遗产保护项目，早在三国时期就已盛行。（1）通过诸葛亮（三国蜀汉建兴三年即公元225年，丞相诸葛亮南征九溪十八峒，城步当时为雄溪竹丝峒，他路经此地，筑土城于巫水之滨，名曰南城，又曰诸葛城，为城步筑城之始）七擒七纵孟获，孟获由于苗家油茶获救的故事推介城步油茶；（2）城步玉兰片因明代的开国大将蓝玉而命名的故事；（3）1934年12月，一位江西籍红军战士在城步留下“一块腊肉走长征”的动人故事；（4）汀坪乡苗族青年刘迪能在澳大利亚开办“苗族油茶馆”的故事。

3. 借助多方平台打造。通过各种媒体（影视、报刊、网络、自媒体）宣传推介。如通过“六月六山歌节”、县庆、五个苗族自治县的联系会议以及其他公开场所场合等进行宣传推介。让游客在品尝到城步油茶等美食时，还可以听到城步的“油茶歌”，看到城步的“油茶舞”，了解城步的前世今生。

（四）通过固定的仪式打造。如在一些重大的节庆活动和景区中通过拦门酒、喝油茶、唱山歌让游客感受到城步苗族饮食文化底蕴的深厚和隆重热烈质朴。

（曹正城，城步苗族自治县政协原党组第一副书记、原常务副主席；杨进步，邵阳市政协文史研究员。原载湖南省苗学学会2019年第3期《五溪》杂志）

让生态文明之花盛开在苗乡大地

——湖南南山国家公园建设与城步苗乡脱贫攻坚的思考

潘　强

十八届三中全会提出“划定生态保护红线。坚定不移实施主体功能区制度，建立国土空间开发保护制度，严格按照主体功能区定位推动发展，建立国家公园体制”。2017年9月26日，中共中央办公厅、国务院办公厅公布《建立国家公园体制总体方案》。根据方案，到2020年，中国建立国家公园体制试点基本完成，整合设立一批国家公园，分级统一的管理体制基本建立，国家公园总体布局初步形成。

2016年国务院将城步定为全国首批十个国家公园体制试点地区之一，依托的是城步苗族自治县丰富的自然资源和优美的生态环境。作为邵阳市唯一的深度贫困县，城步紧紧抓住这一历史机遇，先试先行，积极作为，力争到2020年湖南南山国家公园体制试点成功，全县脱下贫困帽，走上富裕路，绿水青山，和谐美丽。

一、湖南南山国家公园建设情况

湖南南山国家公园面积约811.17平方公里。调查显示，南山国家公园全民所有自然资源233.1平方公里（森林资源156.33平方公里，草原资源55.08平方公里，水流资源8.11平方公里，荒地资源2.83平方公里，滩涂资源0.75平方公里）；集体所有自然资源465.44平方公里（森林资源449.61平方公里，草原资源12.33平方公里，水流资源1.16平方公里，荒地资源1.85平方公里，滩涂资源

0.49平方公里)。包括白毛坪乡、儒林镇、丹口镇、汀坪乡、五团镇、金紫山林场、南洞林场、云马林场、南山牧场、白云湖水库等在内的6个乡镇、35个行政村、3个国有林场、1个国有牧场和1个国有水库。划定为“牧场片区”“十万古田片区”“两江峡谷片区”“明竹老山片区”四个片区。

2015年开始申报准备湖南南山国家公园试点工作,2017年3月22日成立湖南南山国家公园筹备委员会,创造性地采取省、市、县三级联合集中办公,设置了综合协调组、规划编制组、自然资源确权登记组等10个工作组,县委、县政府主要负责人担任筹委会副主任,每个工作组均安排一名县级领导担任小组组长,从各部门抽调工作人员近100名,和省市一道全面开展筹备工作,县财政专门安排100万元筹备工作经费。坚持工作导向,强化目标管理,明确重点工作,突出多规合一、生态补偿等9大体制机制创新任务,并结合实际,按照既定工作路径和时间节点,分门别类,将目标任务以格式化、清单化形式,全面分解细化到各责任单位、责任人,采取倒计时方式,定期督查,精心调度,有效推动了各项工作的落实。2017年6月,省编委会下发《关于湖南南山国家公园体制试点机构设置方案的批复》,批准设立湖南南山国家公园管理局。2017年10月13日,省政府正式批准授牌,标志着保护地资源整合全面实现,保护地重叠,行政分割、管理破碎化现象得到基本解决,多头交叉管理向统一高效管理转变目标基本实现,试点工作取得重大突破。

(一)逐步理顺管理体制

一是科学实施功能区划管理。整合湖南南山风景名胜区管理处等四个国家级保护地资源及机构职责,并根据资源分布状况和保护程度需求,将试点区划分为严格保护区、生态保育区、生态体验区和传统利用区四类功能区,优化了空间布局,提升了自然资源和生态严格保护、整体保护和系统保护效益,“一个保护地一块牌子、一个管理机构、一套人马”统一管理模式进一步完善。二是积极探索行政授权管理机制。协调各级各职能部门,整合相关行政管理职能,编制了《湖南南山国家公园行政管理权力清单(试行)》。三是完善与地方政府协同管理机制。会同城步县政府联合颁布了《关于切实加强生态环境保护的通告》《湖南南山国家公园行政授权过渡期联合执法整治方案》,生态安全得到有效保障。

（二）推进法制规划体系建设

一是加快推进国家公园立法。编制完成了《湖南南山国家公园条例》草案，目前，该条例已列入省人大 2018 年立法计划，条例草案已上报省领导小组办公室，立法工作正有序推进。二是加快规划体系建设。积极整合地方政府经济社会发展和原四个保护地原有规划，推进多规合一，编制了 2018—2025 年中长期总体规划。目前，总体规划经反复论证，并多次征求省、市相关部门和国内知名专家意见，现已提交省规委会研究审批。同时，同步启动并起草了土地利用、奶业发展等专项规划编制，规划体系建设不断推进。

（三）强化生态安全监测管控

一是强化多维立体监管。加强区域协同合作，与广西龙胜、资源等邻界地区达成了战略框架合作意向，共建共管共治格局基本形成。加强信息化管理，在试点区部分区域列装了遥感移动在线视频监测系统。同时，强化地面配合，加强了重点路段、山间林地日常流动巡查巡护，实现了空地同步管护。二是强化空间用途管制。积极实施差异化管理，划定了生态红线范围。加强生态移民搬迁，制定了工作方案，现正有序推进。三是强化生态环境整治。紧急叫停了南山三期和十万古田两个在建风电项目，停止批建试点区内所有水电开发。加强了三一城步十里平坦风电整治，目前已责令全线停工整改，复绿等生态恢复正在进行。积极实施封禁管理，颁布了《关于对十万古田保护区实行禁牧的通告》，并对金童山、十万古田、十里平坦等核心保护区实施全面封禁管理，封禁期限 2 年，封禁面积约 35 万亩 233 平方公里，占试点区规划总面积 34.9%，占试点区严格保护区面积 78.8%。加强了建设管控，会同城步县政府成立控违拆违工作领导小组，重点对长安营镇等地违章建筑实施全面整治，共拆除违建 5 处，主动管控成效明显。四是强化基础设施建设。重点实施了 2017 年生态保护基础设施及高山森林沼泽湿地生态系统和水域生态系统保护工程与边南公路生态修复项目，总投资 1 亿元。项目现已完成边南公路生态修复 10 万平方米边坡挂网和 5 万平方米坡面喷播；5 个环保厕所主体工程基本完成；生物监测保护站、垃圾转运站已完成基础土建；5 个观景台已完成其中 2 个主体工程；标识标牌已完成安装 200 个，试点基础设施得到一定改善。编制了《湖南南山国家公园建设项目库（2018—

2025)》，申报落实了2018年重点项目，总投资2.85亿元，其中，中央财政0.5亿元、省财政1亿元、省直单位统筹1.35亿元、市财政0.1亿元，主要包括十万古田保护区生态能力建设、两江峡谷保护区生态能力建设、生态补偿、自然生态科研保护及教育宣传、南山草山修复等项目。目前，各项目已相继启动，相关建设正按计划推进。

（四）创新自然资源经管机制

一是推进自然资源统一确权登记创新。创新调查评价标准体系，编制了《湖南南山国家公园自然资源统一确权登记技术指南》，建立了自然资源基础数据库和统计分析平台，全面摸清了自然资源种类、数量和权属性质，绘制了“全民所有和集体所有自然资源分布图”等图纸，有效划清了全民和集体所有之间边界，基本实现了归属清晰、权责明确目标。目前，该工作已进入最后登记阶段，在全国十个试点区中，进展最快。二是推进生态补偿机制创新。2018年2月，省政府第三次常务会议审议通过了《关于建立湖南南山国家公园体制试点区生态补偿机制的实施意见》。结合实际，重点推进集体林权流转，制定了《湖南南山国家公园集体林地和林木使用权流转及生态补偿实施方案》，大力实施“扩面”“提标”工程，计划将试点区内所有国有林地、集体林地整体纳入生态公益林或天保工程林范围，在不改变集体林地和林木所有权及用途的前提下，合理分割所有权和使用权，实行国有林和集体林由公园统一管理，同时，参照长沙绿心区标准，拟提高国有生态公益林补偿标准，将有2万余人受益增收。目前，已在试点区内白毛坪乡坳岭村等地开展试点，并已进入登记核实等实质性阶段。三是推进开发强度边界划分及管理机制创新。加强产业引导，制订了《湖南南山国家公园产业指导目录》《湖南南山国家公园产业退出实施意见》等政策，明确了禁止、限制、退出、鼓励型产业类别，待领导小组审核后即发布实施。今年已明确将两江峡谷沿线3个小水电、玉女溪和十万古田旅游项目、兰蓉乡水坪硅矿等12个矿业确定为首批退出任务，目前已经进入协谈评估等实质阶段。加强特许经营管理，将游憩服务、牧业等领域纳入特许经营范围，建立了以管理局主导、第三方监督的特许经营管理制度，制定了《湖南南山国家公园特许经营办法》《湖南南山国家公园游憩管理和服务标准》《湖南南山国家公园草地保护和奶业发展专项规划》等系列政策和制度，有效平衡了保护与发展关系。四是推进公益林管护机制创新。积极推行生态管护公益岗位制度，合理设置生态管护公益岗位，实施购买服务机制。目前，已吸纳100余名当地群众进入生态公益岗位，实现了资源保护与居民增收双赢。同时，积极实施公益林护林员、森林防火巡山员和林业有害生物测报员“三员合一”，有效提升了生态管护效率。

（五）苗族文化与旅游有了快速的发展

近年来，立足资源优势，大力加强旅游景区设施建设，着力推进旅游宣传促销，致力打造“生态城步、魅力苗乡”旅游品牌，现在已初步形成南山与两江峡谷、白云湖与白云洞、县城沿河风光带、十万古田、沙角洞银杉自然保护区、桃林千年苗寨与大寨侗族民俗文化村等六大主体功能区，全县旅游产业已步入发展快车道，是《湖南省旅游业“十一五”规划》重点培育的旅游县之一，2010年，城步县被评定为“全国最佳生态旅游县”和“中国区域休闲旅游目的地城市”。多彩的民族文化与湘西南灵山秀水的相互交融，使得城步这个拥有着苗、汉、侗、瑶等13个民族26万人口的美丽苗乡，汇聚了极为绚丽多姿的民族文化。《城步油茶》《贺郎歌》《吊龙》等已列入国家级、省级非物质文化遗产保护名录，《城步吊龙》于2010年7月代表湖南元素参加了上海世博会展演，引来好评如潮；宋代抗金名将杨再兴、元代苗军元帅杨完者、明代开国元勋蓝玉、官封为侯的武将杨洪父子等风流俊杰都曾在这里留下成长的足迹。2008年11月，城步县被湖南省文艺家协会授予“南方杨家将文化艺术之乡”称号。“一路山歌上南山”为主题的湖南南山六月六山歌节成为湖南最具品牌价值的四大省级节庆活动之一。2017年7月14日“2017·湖南（南山）六月六山歌节暨湘桂原生态风情节”新闻发布会在长沙举行，从此城步山歌从楚边苗乡唱到省城长沙和全国大地，从山尖田头传唱到网络媒体。吸引了上万名原生态歌手积极参赛，在全国掀起一股原生态山歌风暴。入境游客连年快速增长，2017年接待国内外游客150万人次，实现旅游综合收入10亿元。借力山歌节，城步正积极打造文化旅游融合发展的特色旅游区，吸引广大游客来城步情真意切唱山歌、返璞归真乐山水，推进生态文化、民俗文化、历史文化和红色文化的有机结合，努力将城步建设成为“湖南生态文化旅游强县”。

二、建设湖南南山国家公园
是城步脱贫攻坚实现全面小康的历史选择

城步苗族自治县是湖南省唯一的苗族自治县，系全国五个苗族自治县之一。这里自然资源丰富，生态环境优美，但由于自然地理等因素，基础条件差，经济底子薄，贫困程度深，属革命老区和集中连片特困地区之一，是邵阳市唯一的深度贫困县，全县有 127 个贫困村，6.078 万人（16313 户）贫困人口，扶贫工作十分艰巨，尽快脱贫致富，实现全面小康一直是城步人民梦寐以求的期待。建设南山国家公园是城步脱贫攻坚实现全面小康的历史选择。

（一）是珍惜家园传承传统的需要

城步苗族自治县是湖南省唯一的苗族自治县。地处雪峰山脉与南岭之首越城岭山脉交汇之处，沅江支流巫水上游，地势南高北低，属亚热带季风气候。是湖南省重点林区县之一，境内林地总面积 21.5 万公顷，森林覆盖率为 83%。草山面积 9.1 万公顷，占土地面积的 35%，其中集中连片草山 6.3 万公顷，可载畜 8.7 万头。巫水（又名雄溪）为境内最大河流。水资源年径流量 40.75 亿立方米，水能蕴藏量为 29.9 万千瓦，是全国首批实现电气化的县。境内探明矿藏有 32 种，其中锌镉、硫铁矿、辉绿岩、滑石、碎白云母为大型矿床。城步生态环境良好，旅游资源丰富，拥有“南山国家级风景名胜区”“白云湖（十万古田）国家湿地公园”“两江峡谷国家森林公园”和“金童山国家自然保护区”等国字号名片。

城步古为楚越相交之地，有“苗疆要区”之称。早在 4000 年前，就有剽悍、智慧的苗、侗先民在此繁衍生息，古朴神秘的巫傩文化和苗风苗俗一脉相承。中国湖南（南山）“六月六山歌节”已成为湖南省四大节庆品牌之一，享誉海内外；“城步吊龙”被列入国家非物质文化遗产名录，代表湖南元素参加上海世博会的展演；“油茶习俗”被列入湖南省非物质文化遗产名录，“油茶舞”曾进京演出；人神共舞的“傩戏”独具魅力；还有肃穆典雅的蓝玉故里、供奉着 50 多位杨家将官神位的杨氏官厅、保存完整的 110 余座明清古建筑的清溪古民居、两百余年前建的“宝庆二府”长安古城。

（二）是顺应时代发展的需要

党的十八大报告指出，建设生态文明是关系人民福祉、关乎民族未来的长远大计。面对资源约束趋紧、环境污染严重、生态系统退化的严峻形势，树立尊重自然、顺应自然、保护自然的生态文明理念，把生态文明建设放在突出地位，融入经济建设、政治建设、文化建设、社会建设各方面和全过程，努力建设美丽中国，实现中华民族永续发展。

习近平同志在党的十九大报告中指出，加快生态文明体制改革，建设美丽中国。人与自然是生命共同体，人类必须尊重自然、顺应自然、保护自然。我们要建设的现代化是人与自然和谐共生的现代化，既要创造更多物质财富和精神财富以满足人民日益增长的美好生活需要，也要提供更多优质生态产品以满足人民日益增长的优美生态环境需要。必须坚持节约优先、保护优先、自然恢复为主的方针，形成节约资源和保护环境的空间格局、产业结构、生产方式、生活方式，还自然以宁静、和谐、美丽。

党的十九大报告不仅提出了解决生态文明问题的总体指导思想，而且还提出了切实可行的具体措施。就总体指导思想而言，报告明确提出了“要创造更多物质财富和精神财富以满足人民日益增长的美好生活需要，也要提供更多优质生态产品以满足人民日益增长的优美生态环境需要”。这事实上就把生态文明建设明确地列入了我们党“不忘初心、牢记使命”的宏伟蓝图中，体现出了更宏大、更宽广的执政情怀和治理视野。重要的还在于，报告提出了详尽的生态文明建设举措，如加快建立绿色生产和消费的法律制度和政策导向；提高污染排放标准，强化排污者责任，健全环保信用评价、信息强制性披露、严惩重罚等制度；完成生态保护红线、永久基本农田、城镇开发边界三条控制线划定工作；改革生态环境监管体制等。

（三）是武陵山片区区域发展与脱贫攻坚的需要

2012 年，城步县按照“区域发展带动扶贫开发，扶贫开发促进区域发展”的基本思路，提出了“生态立县、项目兴县、产业富县”的发展战略。同年 3 月，完成了《城步苗族自治县武陵山片区区域发展与扶贫攻坚实施规划》，规划投资项目分为基础设施、产业发展、民生改善、公共服务、能力建设和生态环境 6 大类，项目共计 195 个，总投资 9057227 万元。与此同时，我县积极争取纳入国家重点生态功能区和西部地区生态文明示范工程县，力争省财政厅在分配生态功能区转移支付资金时给予重点支持。这样可以有力地改善基础设施滞后的问题，破解民生改善“不快”的问题，促进产业发展，繁荣苗族地区文化，确保到 2020 年在现行标准下农村贫困人口实现脱贫，高效务实地打赢脱贫攻坚战。

（四）是实施乡村振兴战略的需要

习近平总书记所作的党的十九大报告高度重视“三农”工作，强调农业农村农民问题是关系国计民生的根本问题，必须始终把解决“三农”问题作为全党工作的重中之重，提出坚持农业农村化先发展，实施乡村振兴战略。当前，我国最大的发展不平衡是城乡发展不平衡，最大的发展不充分是农村发展不充分。实施乡村振兴战略的总要求，是按照产业兴旺、生态宜居、乡风文明、治理有效、生活富裕。生态宜居，就是要加强农村资源环境保护，大力改善水、电、路、气、房、讯等基础设施，统筹山水林田湖草保护建设，保护好绿水青山和清新清净的田园风光。湖南南山国家公园约占了城步县域的五分之二，都是农村地区，广西和湖南交界之地，因此，建设好湖南南山国家公园更能推进乡村振兴。

（五）是落实自然资源管理的需要

党的十九大报告要求设立国有自然资源资产管理和自然生态监管机构，完善生态环境管理制度，统一行使所有国土空间全民所有自然资源资产所有者职责，统一行使所有监管城乡各类污染排放和行政执法职责。构建国土空间保护制度，完善主体功能区配套政策，建立以国家公园为主体的自然保护地体系。城步是湖南省的自然资源确权登记工作和自然生态空间管制试点县，依托南山国家公园自然资源确权登记工作的成果，以南山国家公园建设为契机，对照《自然生态空间用途管制办法（试行）》，从区域和地块两个不同层面入手，全面推进该项工作，在全省当好“排头兵”角色。

三、工作中存在的问题

一是思想观念落后，工作没有协调统一。无论是脱贫攻坚还是国家公园建设都是新时代的重要工作，为民谋幸福的工作，有共同的目标，应该将两项工作有机结合，协调推进，但是部分干部群众特别是一些领导干部没有适应新常态，不按新要求考虑工作，出现新问题没有新思路、新办法，顾此失彼，造成被动。

二是保护与发展矛盾较为突出。主要是湖南南山国家公园内的贫困村多，贫困户多，基础设施差。居民生产生活和地方财政对本地自然资源依赖程度较高，但国家公园生态保护的硬性要求高，两者之间矛盾突出。

同时，因邻界地区经济开发影响，生态安全隐患较大，跨区域合作亟须提升。

三是认识与教育有待进一步加强。部分干部群众没有全面熟悉我国生态文明建设的取得的重大成就，更不了解生态文明建设的重要地位、重要目标、本质特征和战略任务。生态文明建设不但要做好其本身的生态建设、环境保护、资源节约等，又要在经济建设、政治建设、文化建设、社会建设过程中融入生态文明理念、观点、方法。生态文明建设其实就是把可持续发展提升到绿色发展高度，为后人“乘凉”而“种树”，就是不给后人留下遗憾而是留下更多的生态资产。

四是体制机制有待进一步理顺。按照省、市编办批复意见，试点区内南山范围内所属自然资源资产保护管理运营由国土资源局承担，但由于南山牧场继续保留，未整合纳入国家公园管理，工作中存在一定矛盾；金紫山、云马、南洞三大国有林场共有25万亩林地纳入国家公园范围，但三大林场也未纳入国家公园管理，在管理上存在一定障碍。

四、推进湖南南山国家公园建设和城步脱贫攻坚的建议

一是规划先行，多规合一。湖南南山国家公园建设和城步脱贫攻坚的两个工作方案要互为补充，有机统一。南山国家公园规划要与土地利用总体规划、乡村

建设规划等专项规划协调一致，建立完整的规划体系。

二是着力抓好法制体系建设。加快《湖南南山国家公园条例》立法进程，确保条例如期审议实施。同步启动相关配套实施细则制订工作，加快法制体系建设。同时，加大行政执法力度，依法依规规范管理，促进乡村建设与管理。

三是着力抓好智慧公园建设。以数字城步地理信息框架建设为龙头，充分利用云计算、大数据等科技手段，完善监测体系，切实增强资源管理信息化、科技化水平，全力提升试点现代管理体系和管理能力。

四是着力抓好基础项目建设。湖南南山国家公园重点项目建设要与城步脱贫攻坚项目一同实施，一同考核，严格目标管理，加速推进，确保项目早开工、快建设、早见效。

五是着力抓好生态建设示范工程。切实做好生态示范（旅游特色）小镇建设和生态（易地扶贫）搬迁工作，用浓郁的本土文化编织一个框架，按照城乡建设总体规划和相关要求，启动试点“一县一品”工作，实现山美、水美、人更美。

六是着力抓好管理机制创新。重点巩固完善生态补偿、特许经营、执法监督和公众参与等机制创新，形成实质性创新成果。生态补偿方面，严格落实省政府审议通过的生态补偿实施意见要求，制定好具体的实施意见，一事一策，全面推进。特许经营方面，重点落实好科研、游憩、奶业等特许经营政策。执法监督方面，继续加强与当地政府协同合作和联合执法，强化重点案件交办协调指挥机制，加强挂牌督办力度，定期通报重点案件督办落实情况，确保执法务实有效。公众参与方面，积极整章建制，丰富载体平台，积极引导企业、社会组织等参与试点建设、管理等各个领域和环节，形成试点社会合力。

七是着力抓好干部队伍建设。加大干部职工的管理力度，坚持目标管理，严格绩效考核，强化思想作风，严肃工作纪律，突出领导表率作用。同时，抓好干部思想业务学习和对外交流合作，提升个人综合素养和工作水平。

（作者系城步苗族自治县自然资源局副局长）

民俗节日与旅游“嫁接”的思考

杨盛科

民俗节日是岁时民俗的一种独特表现形式，它以时序节令为转移，不同的季节有不同的岁时节日。民俗节日带有强烈的人为因素，文化色彩更浓烈。受汉文化的影响，苗族民间的民俗节日有许多是全民性的节日，大多数还是具有苗族风格的。但是，许多民俗节日一直没有发挥应有的作用，躲在深山，孤芳自赏。民俗节日是苗区不可多得的文化资源，而旅游业被称为“不冒烟的工厂”，若将两者巧妙地“嫁接”起来，就能提升品味，提高旅游质量，让“沉睡”的节日文化走出“深闺”，解决游客“去哪里过节”的难题，改变游客“走马观花”式的旅游模式，将会受到广大游客的欢迎。

一、丰富多彩的民俗节日文化

城步苗族民间月月有节，节节有活动，人们从年头到年尾都生活在浓郁的节日气氛中，这也是苗族最大的资源优势。有时候这个节日还未过完，马上就要筹备下一个节日。苗族民间的民俗节日文化丰富多彩，不需要像外地某些地方挖空心思“发明创造”如桃花节、油菜花节、荷花节、樱花节、采茶节等诸多的新型“节日”吸引游客。城步民间的丰富多彩的民俗节日有：

正月春节。舞龙玩狮耍花灯，龙狮共舞象征太平盛世，境土和平，祈望当年风调雨顺，五谷丰登。土地神送春牛、唱土地神歌；正月十五闹元宵时，各村寨的龙狮涌入县城汇演游街。

二月初二剃龙头。茅坪镇苗民兴过“男人节”，这恐怕是我国独有的男人节日；这天，男人们尽情欢娱到子夜。二月十九观音诞辰日，各地寺庙全力以赴接待各地佛教香客。

三月三荠菜煮鸡蛋，用鸡蛋孝敬父母，赠送亲友。清明节期间杨姓苗族上千人汇集大竹坪杨氏官厅举行大规模的祭祀始祖杨再思的团体活动（有些年在农历二月末进行）。

四月八乌饭节。杨姓苗族吃乌饭纪念杨金花在广西救出杨文广；兰姓苗族吃乌饭纪念其祖先兰玉被冤杀，每年在此节日进行重温历史与大型祭祀等活动。

五月五过端午。苗家称初五为小端午，十五为大端午，往往大端午比小端午隆重。过大端午时家家包粽子，户户挂菖蒲、艾叶，人人洗药水澡防病侵体。未婚女婿挑一担礼品去孝敬岳父母。有河流的地方划龙船。湘桂边界苗民过苗歌节。

六月初一，长安营举行抬天王菩萨游寨仪式，锣鼓喧天，彩旗飘场，时间一天一晚。初六为半年节，挂田青、唱山歌娱神娱人；杀鸡鸭接回出嫁的女儿全家过节。如今已演变为全县性的大型山歌节，又是湖南省四大节庆之一；今年拟在长沙举办全国山歌争霸赛和橘子洲头山歌演唱周，在北京增设国际赛区。六月十九是观音成道日，民间佛教徒在寺庙燃香祭祀。

七月七又称苗族女人节，又称苗族情人节，未婚的成年女子们全部休假唱山歌求偶。七月初十至十二日，蒋坊乡柳林与竹林等村抬杨令公塑像游团，时间三天两晚；十五接老客回家尝新、烧包封让老客领取冥钱。

八月十五中秋节，民间以庆丰收、祝团圆、赏月活动为主；因苗族民间有“男不拜月，女不祭灶”之俗，无事可做的青年男子则举行夜间“偷瓜送子”的集体游戏活动。

九月初九重阳节，户户蒸重阳粑敬老，年轻人登山、赏菊。十九日观音涅盘日，各地祭祀观音菩萨。汀坪乡上岩村瑶民在九月二十七日过酒粑节，户户打糍粑，祭茅神，吃老鼠肉。

十月二十六，杨再思令公忌日，各地飞山庙（如蒋坊、城溪、大叶头等地）举行大型祭祀活动；银姓苗族兴过“十二年大节”，集体筹资出力为某户娶媳妇，主东不用出资费力。

十一月过苗年。各苗寨都举行吹芦笙、跳芦笙舞、打糍粑、杀年猪等民俗活动，苗年与春节同等热闹、隆重。

十二月办年货，打糍粑，杀年猪，过腊八节。二十三日晚由家中男主人主持送灶王上天的仪式，让它上天向玉帝汇报人间善恶状况，除夕晚又将其接回监视家人，故苗族民间称灶神为“特务”。

这些民俗节日是苗族人民在长期的生产生活实践中逐步积累起来的文化财富，几乎是政治、经济、生产生活、宗教信仰、文化艺术、社会交往、民族心理等方面的综合反映，也是各类文化现象的总汇，同时又是一种文化遗产。这种节日文化随着时代的发展也会发生变异，将会失去原有的色彩与风味。因此，再不利用起来，许多民俗节日文化就会“变味”而失去原有的苗族风格。所以说，利用就是最好的保护，利用也是有效地传承。

二、打造方便与节日文化“嫁接”的旅游路线

要想将节日文化与旅游活动成功地进行“嫁接”，为游客节省时间，让游客把多数时间用在欣赏节日文化方面，就必须将众多的旅游景点分门别类用“线”串起来进行统一管理，在方便游客的同时也方便了自己，使主客双方皆大欢喜。当游客们尝到甜头与乐趣后，就能争取到更多的回头客。根据城步各类景点可分门别类串成 4 条旅游线：

山魂之旅：银杉森林公园—两江峡谷森林公园、奇山寨—南山牧场高山草原—十万古田—金童山，玉女溪—二宝顶；此条线路适合与中秋节高山赏月、九月九重阳节登高等节日进行“嫁接”。

文史泛旅：西岩新石器时期文化遗址—清溪古民居、大竹坪古苗寨、杨氏官厅—孔圣庙、利济门、文史长廊—蓝玉故里—岩寨文昌阁、侗族鼓楼；此条旅游线可与四月八吃乌饭、清明节前后祭祀杨再思等活动“嫁接”起来。

红色之旅：丹口镇莲花桥、红军烈士墓—长坪村红军纪念塔、红军亭与红军桥—从老山界入南山、兵器广场、南山哨所（展览厅）；此线路适合与六月六

山歌节进行“嫁接”。

风光之旅：白云洞—冷水坪倒杉树—白云湖湿地公园—边溪、桃林—长安营“宝庆二府”遗址等。此线路适合与五月初五端午节到白云湖观看龙舟赛活动进行“嫁接”。

去年，湖南省乡村旅游节在沅陵借母溪开幕，以发展乡村旅游产业、促进乡村旅游精准扶贫为使命。乡村旅游节将按不同季节举办以“花季春游”“清凉世界”“金秋彩林”“冬游湖南”为主题的“乡味”旅游节品牌。城步的旅游景点90%都在乡村，分门别类的便捷旅游路线为“嫁接”节日文化、配合开展乡村旅游活动提供了有利的条件。当下应由政府部门牵头，让全民参与，让老百姓受益，采取“民俗节日＋旅游”的方式邀请或挽留游客来苗乡过节，以吸引游客驻足，应该是苗区当下发展旅游业的一种新的走势。

三、将民俗节日与旅游巧妙地“嫁接”

民俗节日是相对固定“静止”的，旅游活动是“游动”的，游客不可选定你的节日如期而来。如何将“静”与“动”有机地“嫁接”起来呢？旅游部门与地方党政领导必须开动脑筋灵活运用。如有些节日可根据游客的兴趣与需求可提前或推后进行，甚至可以“补办”某些节日活动。如清明节杨姓苗族祭祀杨再思令公的场面声势浩大，热闹非凡，而游客想了解杨家将文化的丰富内涵，偏偏又错过了时间，若游客人数多可“补办”一次祭祀活动。“礼性不怕多”，对于杨姓苗族来说，多祭祀祖宗几次无所谓。从大竹坪到杨再思墓地约4公里路，往返一次需大半天，加上留游客吃“祭祖饭”的时间，约7个小时。游客通过亲身参加祭祀活动，使他们有充分的时间了解杨家将文化的精髓内容，在滞留了游客的同时，既宣传了杨家将文化，又增加了旅游收入。四月八乌饭节可提前或延期两三天，让游客都吃到具有纪念意义的乌饭。这种纪念民族英雄的活动时间拉得越长、参加的人数越多，越能说明对纪念对象的尊重与怀念，游客们是可以理解的。如八月十五中秋节，苗族民间流行在夜间举办“偷瓜送子”

的游戏活动。为了让游客亲自参与这种妙趣横生的活动，可提前或推后举行，并让游客亲自去“偷瓜”，亲自去“送子”，从中体会民间游戏的乐趣。这项活动从准备到结束需 4 个小时，时间已近子夜，有车的游客也不想走了，只好住下来为主东增加旅游收入。

城步的“六・六”山歌节原为苗族民众敬“五谷神”的娱神娱人的祭祀性节日，经过文化部门进行改造后成为全县性的大型山歌节。县政府巧妙地将山歌节与旅游、商贸“嫁接”起来，以歌为媒，以歌传情，以歌促商，连续 18 届山歌节都收到理想的效果。如 2013 年“六・六”山歌节期间，湘桂两省 19 个县市上百家企业涌进城步县城争抢博览会设置的 60 个大展厅，共展出最具市场潜力、吸人眼球的民族文化旅游商品 6000 余种。博览会上共实现交易金额 550 余万元，签订意向性订货协议 980 万元；签约开发项目 26 个，总计签约项目 47.4 亿元，其中城步签约项目 13 个，签约金额 22.5 亿元，周边兄弟县也凭借苗乡这座山歌平台成功签约 25 亿多元。有人说，城步这 22.5 亿元签约项目是用“嫁接”方法结出的硕果。通过以歌会友，以歌招商，依节造势，借节发财，让世界更关注苗乡，也让苗乡飞向世界，从而推动湘西南各县对外开放，使这座以山歌形式为主的招商平台更宽阔。城步将“六・六”山歌节与旅游、商贸进行“嫁接”是一种最成功的模式，回头客约占 40%左右，有些回头客们参加了几届山歌节后惊呼：“城步是个来了就不想走的地方。”若将其他的民俗节日像“六・六”山歌节那样全部进行“嫁接”，一定会受到游客的热烈欢迎，所产生的社会效益与经济效益也会成倍增长。

笔者年轻时从事过多年农林业劳作，在全县最先学会嫁接技术。在实践中发现，通过嫁接方法能使果实小者变大，酸苦者变甘甜，臭者变馥，乔者变灌，灌者变乔，雄者变雌，雌者变雄。它可使荆棘变果园，野木变嘉果，劣种变良种，低产变高产，迟熟变早熟，有巧夺天工之力。在旅游招商活动中采取“嫁接”方法，可扩大招商功能、推介苗乡文化功能、活跃群众娱乐文化功能、增强传统教育功能、加强民族团结功能和传承民族文化等多种功能，同样具有巧夺天工之妙。所以说，将民俗节日进行包装，加进现代时尚元素，把民俗节日文化活动与旅游招商活动“嫁接”成功，延伸“节日经济”活力，所获得的社会效益与经济效益是无数用数字来统计的。

如今的游客已更新观念，他们在旅游中最担心的是“走马观花”式的玩耍、“蜻蜓点水”式的游玩，这种以观赏山水为主的游玩既单调无味，又浪费时间。他们需要寻找刺激，盼望具有文化内涵的旅游活动。将节日文化与旅游“嫁接”起来，解决了游客们“去哪里过节”的问题，挽留游客“过节”的时间越长，游客的消费越高，百姓的收入也越多，使游客高兴而来，尽兴而去，从而达到主客双方都满意的目的。2015 年 11 月，笔者曾到贵州苗区考察，发现贵州省在振兴旅游业方面有许多值得我们学习的地方：贵州省重点旅游区成立有“半耕半演”的文艺队伍，推出迎宾拦门礼、参与式对歌、傩文化表演等多种节目；让游客们“住农家屋、吃农家饭、干农家活、享农家乐”；通过旅游扶贫、能人带动、挖掘乡土文化、农旅结合等形式，全面推进旅游产业化建设步伐，从而盘活了农村经济一盘棋。他们在招待游客、后勤服务、景点的布置等方面都比湖南做得好，建议湖南的旅游部门去贵州苗族地区学习取经。

当我们津津乐道过各种洋节的时候，许多民俗节日正在远离我们的视线或逐渐消亡，我们除了遗憾只有追忆当下苗区的领导应换一种新思路才能振兴旅游业，将苗区的节日文化与旅游活动巧妙地进行“嫁接”，应该算是一种保护和传承民俗节日文化的新思路。开展民俗文化旅游起点要高一些，眼界要宽一些，要用国际视野来规划，要融入更多“玩”的元素，利用民族古民居做活“节”的文章。民俗文化旅游产业既要考虑文化价值和社会价值，也要考虑盈利率，还要考虑综合效益的最大化。将民俗文化与旅游成功地“嫁接”起来后，使民俗节日文化这种珍贵的文化遗产得到充分的利用和传承保护，在食、住、行、游、购、娱六大旅游要素中重点突出了“娱”字，变“走马观花”为“乡村慢游”，用苗区最浓郁的节日气氛留住游客。所以说，苗族地区当下的旅游业的发展趋势，必须解决发挥民俗节日文化的特殊功用和游客们“怎样娱”与“去哪里过节”的问题。

（作者系湖南省苗学会员，邵阳市政协文史研究员）

城步少数民族的返贫现象与对策

陈凤姣

明弘治十五年（1502），城步开始“改土归流”。弘治十七年（1504），析武冈、绥宁两县边地置城步县，治所即在今县城儒林镇，隶宝庆府。至此，城步成为一个县级行政单位。

民国二年（1913），湖南省废府、州、厅，留道、县建制，城步县改属为湘江道，民国十一年（1922），废道制，城步县直属省。1949年后，城步县属邵阳地区行政公署，1956年，城步县更名为城步苗族自治县。

城步至今已发展到27万多人，其中，以苗族为主体的少数民族人口占63.2%。

20世纪80年代初，城步苗族居民还没有富裕，仍在极端困难之中，有的苗民还是住在岩洞里，有的住草棚，经常受到饥饿的威胁。1986年中央派驻讲师团进入城步，讲师团的于团长将城步的困难现状和该县的贫困状况做了详细的调研，撰写调研报告直接送到中央。党中央总书记胡耀邦知道后，对城步的贫困现状作了重要批示，并确定对城步这样的县给予重点扶贫攻坚。于是城步从1986年即成为全国首个贫困县。

城步在地理上由于有些奇特，少数民族大部分都居住在高山竣岭之中，苗民们都选择高山朝阳、古树参天的地方居住，封建的说法是龙脉走向好的地方。其实际是有古树的地方土质深，不仅肥沃而且在此建宅比较安全，可以避免房屋建在岩层的薄土上，造成山体滑坡。选日照时间长的地方，也是有目的的选择。一是日照时间长，让居住的这块地方干燥，防霉变，防疾病，又利于粮食储存。二是防积水过久，造成滑坡等，因此，苗民大都是居住在崇山峻岭之中。自扶贫工作以来，苗民们在生活上发生了翻天覆地的变化，苗民的生活水平得到了明显的提高，衣食住行都得到了保障。特别是交通、通信、电视都有了较快的发展，具体表现在交通的通达、通畅工程，彻底解决了苗民的肩挑背负和长途运输难的问题。电视、通信深入到千家万户，及时接听收看到党中央的政策，深居大山的苗民们一人一个手机：报个信不要爬山涉水，翻山越岭，寻找科学的种养技术等，只要拨个电话，就可达到目的，彻底改变了居在深山成聋、哑、盲、跛的现状。加强了团体之间、同志之间、友邻之间、亲情之间、科技知识之间、特别是人与人之间的广泛交流与沟通提供了方便。解决了几千年以来的最大困难。苗民们得到了没有任何可替代的通信工具。方便极了，有了它加强了交流，增进了团结，温暖了人群，和谐了社会。苗民们在各自的居住点寻求致富门路，发展种养殖业，网络找科目，手机找专家，业务对口，百业兴旺。具体表现在以下几个方面。

一、居住条件得到较快改善

民族地区的苗族居民在与新中国成立前相比，也是天壤之别。新中国成立以来，特别是20多年的扶贫攻坚之后，彻底改变了住岩洞、草棚的现象。居民们的居住条件得到优化，60%的群众住上了简易木房，25%的群众居住着上等木房（四合天井）和砖木结构的民房，15%的居民住上了较好的砖房。少数民族居民的居住条件在历史的沿革中随着社会的进步而优化。特别是改革开放以来，人们的陈旧观念得到改变，过去那种等靠要的懒散思想得到彻底根除。劳力得到了充分利用和发挥，如儒林镇栗坪村七个组，148户，786人，改革开放以来，在外长期打工10年以上的有23人。5年以上的有155人，忙时在家闲时到外处打工的有260余人，这就说明这个村在外打工的人数超50%，随着打工人员的增加，家庭条件好了，住房得到改善，较多的户在县城购置了房产，在农村的办了养殖场，购买了小车，苗乡正在向着美化的方向发展。

二、经济收入逐步改变了苗民们那张愁眉不展的脸

农村苗家人民的经济收入在极不平衡的条件下有所增长，改革开放以来，党的政策像春风吹遍了高山低谷，放开了农民的手脚，农民从等靠要型转变为开拓自奋型，在东南西北中寻找致富门路，没有经济基础的农户实在不行的也到外打工或做起了养殖业。苗族居民们在观念上得到了改变，走上了自力更生的道路，通过自身的努力，在外打工的挣到了钱，几万、十几万的！家里有点点结余，心里乐开了花，彻底改变了吃上顿没下顿，过了今天愁明天的度日如年的局面。从事实上说明农村在变，人们的思想在变，人的精神面貌在变，人们的生活水平也在变，大山——苗族居民们居住的地方再也不是过去那种只同鸟说话，同大树共栖的时候了。

三、在社会上返贫人口增多的原因在何处

城步苗族自治县虽然经过几十年的扶贫工作的努力，全县人民在县委政府的带领下艰苦创业，从思想上、言论上和行动上都根除了那种等靠要的陈旧观念，从城镇到乡村，从下岗工人到村组农户都在寻求发展之路、致富之门。

但是，天有不测风云，在生活充满阳光的苗族居民们中，那些道不清、说不明的天灾人祸突然降落在平凡人间，迫使相当一部分人又从小康生活中一瞬站回到原来的贫困队伍里，有的还成为重点贫困户，有的成为空巢老人，这样快速的返贫根由何在？具体有以下几个方面：

一是聋、哑、傻、呆、残的贫困户却还浸在贫困的水池里爬不出来，全靠政府养下来，终究解决不了那本来的贫困现状，虽然各级组织对这些特殊户采取了相应的对策，但是只能维持其生活，没有新的启动和变化，这一块的贫困面是不可容人乐观的。

二是平凡的交通事故带来不可预计的灾难。在交通条件十分较好的情况下，

通畅工程给苗族居民们带来许多方便：山上的苗民们上山下岭不是过去的一脚高一脚低涉水过河的时候了，出现了家家有摩托，少数有汽车，山村面貌的改变给部分富裕家庭带来机动车辆的增加，在操作机动车辆过程中，由于通畅工程公路路面只有 3.5 米，会车比较难，在又陡、弯又多的地方出现不同程度的碰车伤人事故，一旦事故发生后，这些家庭由此失去了顶梁柱，幸福之家一夜之间成为重点困难户，重新回到了贫困区。

三是病魔之灾在打击着一个又一个的幸福家庭！现在的家庭中重点病人是癌症患者，一个家庭中出现一例癌症患者，这个家庭就无法兴旺起来，几年甚至十几年的辛勤劳作获取的积蓄转眼化为乌有，像这样的例子数不胜数！

四是自然灾害造成农户返贫严重。自然灾害主要是发生在水土流失冲毁房屋，雷雨冰雹射击、火灾等不可预计的自然灾害严重地殃及着农户，在经济底子薄的情况下，一旦遇上这样灾害的农户，在脚跟还没站稳的情况下被击倒了，就再次成为贫困户！

由此可见，返回贫困区的人不是一人两人，而集中起来，就成为一个现目的数字了！至于这样的情况，党的各级政府应高度重视和合理帮助这些人们离开贫困区。

四、预防民族地区人口返贫的具体对策和办法

根据历来经验的总结，对各类灾情除预防以外，我们认为有以下几点对策及预防的办法。

一是各级政府高度重视，建立长期预防机构，经常不断地把它作为一个任务来布置安排，把防灾救灾工作列入议事日程，做到发生灾害时在第一时间就有领导、有救灾人员奔赴现场，及时处理灾情，并及时向上级政府部门报告情况，解灾民之困，扶灾民之贫！

二是改革不合理的交通安全设施，近几年来，虽然通畅工程、通达工程发展较快，但是由于路面太小，只有 3.5 米，山高路陡，急弯多，不遵守交通规则的

人经常不断出现重大交通事故，给农村村民带来不可预见的灾难，甚至留下孤儿寡母和空巢老人，为避免交通问题的经常发生，建议将路面扩宽为4.5米，并大力宣传交通法规，严防和减少事故的发生。

三是民政、残联和相关单位充分发挥作用，纠正那种总是给哭的孩子喂奶，给讨的孩子吃饭的不良作风，要深入下基层，走访、调研、视察民情、民意，掌握第一手资料，制订一定的救灾措施和办法，如保证种粮供应、贷款到位、确保粮食供给、解决经济死角等，彻底把问题解决，把困难户留在贫困区外。

四是经济技术的投入，帮助重灾户选准致富门路，寻找致富项目，如养殖、种植，当年投入当年受益的项目，同时对个人特长和学习的专业进行对口扶持，并确保其选准项目和对口扶持的对象的经济周转，避免发生不应造成的损失。

总之，武陵地区的扶贫、国贫县的扶持、革命老区的帮扶等都有不同程度的扶持力度，各级政府如何带领全县民族居民冲出贫困区，不仅是现在而且是将来的一项重要而不可疏忽的工作任务。同时，加大扶贫力度，巩固扶贫成果，认准扶贫工作的经验，彻底阻止和减少返贫现象的发生。

乡村振兴背景下民族地区乡村旅游发展路径探究

曹正城

根据新时代下国情、社情、民情的需要，党的十九大报告首次提出了“乡村振兴”的发展战略。随后，党中央和国务院又将发展乡村旅游作为助推乡村振兴的重要产业之一列入了国家的顶层设计（2018 年 1 号文件《中共中央、国务院关于实施乡村振兴战略的意见》）。近几年来，我国乡村旅游发展迅速，风生水起，异常火热。从 2014 年开始，我国乡村旅游接待人数已占全部旅游接待人数的 1/3，而且逐步呈上升趋势。乡村旅游在解决三农问题、拓展农业产业链价值链、助力脱贫攻坚、解决城乡发展不平衡不充分、城乡统筹建设、农民创业就业、增加农民收入等方面发挥了巨大的作用。我国 70% 的旅游资源在农村，且又多在民族地区。如何利用好民族旅游资源优势，发展好民族地区的乡村旅游，助推乡村振兴，加快民族地区经济社会的绿色发展，一直是我们探讨的重要课题。本文试以城步苗族自治县为例，就如何发展民族地区乡村旅游做了一次调查和研究。

一、城步乡村旅游资源丰富独特，品位突出，优势非常明显

自然界和人类社会凡能对旅游者产生吸引力，可以为旅游业开发利用，并可产生经济效益、社会效益和环境效益的各种事物现象和因素，均称为旅游资源。旅游资源主要包括自然风景旅游资源和人文景观旅游资源。旅游资源是旅游业发展的前提和基础。

城步位于湘桂边境，是全国五个单列苗族自治县之一和邵阳市唯一的少数民族县，也是国家扶贫开发工作重点县、武陵山片区扶贫攻坚县、革命老区县。境内乡村旅游资源丰富独特，品位突出，优势十分明显。

（一）红色文化代代相传

城步是苗、侗、瑶等少数民族聚居区。1934 年 9 月至 12 月，中国工农红军第六军团先遣队和红一方面军主力，长征先后经过城步南境原杨梅坳、蓬峒、江头司、五团、丹口、南山、长安营等乡镇。红军在城步苗岭山寨留下了光辉的足迹。当年红军在城步时书写的一些宣传共产党主张和民族政策、打倒土豪劣绅、不拿群众一针一线、共产党万岁的标语至今在一些村寨清晰可见。时至今日，我县仍然保留数十件红军革命文物；还有红军纪律严明、不扰民且处处帮民爱民以及勇歼蒋匪的故事如今还在城步苗乡广为传颂。在城步的行军途中，毛泽东同志心情十分沉重，带病躺在担架上多次与时任总政治部主任王稼祥同志讨论当时军事指挥存在的危险性，商量行军方向和转兵事宜，为后来的通道转兵和贵州遵义会议的召开并确定毛泽东同志的军事指挥地位、确保红军北上胜利打下了坚实的基础；还有 1934 年 12 月 8 日红军长征经过城步境内南山的老山界，原国务院副总理、全国政协副主席陆定一同志笔下描绘的《老山界》一文，更是全国解放后革命传统教育的红色经典之作；人民解放军 20 世纪 60 年代为防止美蒋反攻大陆和破坏大陆经济建设空投特务，在南山修建的高山红哨等也是游客前往游览的重要景点。

（二）历史文化积淀深厚

城步境内 7000 年前的新石器文化遗址；南宋抗金名将杨再兴（岳飞军前统制）、明朝开国大将蓝玉（封凉国公）、名将沐英（后被追封为云南黔宁王）开疆扩土、奇谋善战、屡建奇功的传奇故事（上述三人均为城步籍）；明清期间城步苗侗农民领袖蒙能、李天保、李再万、粟贤宇、杨清保等率领苗侗农民反封建反压迫起义而留下的寨堡、宗祠、岩洞、古地道；还有县城南门古城楼、长安营古城墙、孔圣庙、杨再思墓等丰富的历史文化遗存，这些都将演绎成厚重的城步民族历史文化经典。

（三）民族文化特色鲜明

勤劳纯朴的城步苗乡人民传承着数量浩瀚、绚丽多彩的富有本民族特色的民间文学故事、诗歌、音乐、舞蹈、工艺、节庆、服饰、哭嫁、祭祀、建筑（苗乡风雨桥、苗侗鼓楼、吊脚楼）等苗族文化瑰宝，创造了丰富多彩的民族文化财富，形成了独具特色的民族风情。一是有被列入国家非物质文化遗产名录丹口下团村的“城步吊龙舞”（2010 年 7 月曾代表湖南参加了上海世博会的展演），还有 2012 年国内首次发现的被湮灭了两个半世纪的古苗文石刻岩画遗址（位于丹口镇陡冲头村），改变了苗族只有语言没有文字的历史。二是苗族歌舞。有《贺郎歌》《嫁女歌》《敬酒歌》等。如新中国成立后的 1960 年，根据城步汀坪乡《贺郎歌》的唱腔，由原湖南音协副主席、全国知名的音乐大师白诚仁先生作曲的《挑担茶叶上北京》，作为湖南进京向毛主席和党中央的汇报演出节目之一，曾引起了全国的轰动，如今还在大江南北广为传唱。三是苗族饮食文化，主要有“苗乡油茶、腊肉、苡米、食用竹笋、米酒”等。四是苗族节庆文化，有发源于长安营镇风情万种的“六月六山歌节”（湖南省非物质文化遗产；2018 年 7 月城步被中国少数民族文化艺术促进会授予“中国山歌之乡”称号；2018 年 9 月在中国节事与旅游大会上，“六月六山歌节”荣获纪念改革开放 40 周年“中国优秀节事奖”，成为全国最具代表性的节庆活动之一）”“苗年”“四八苗族乌饭节”（纪念明朝开国大将蓝玉）等，还有自治县成立每 10 周年一大庆、每 5 周

城步苗族自治县儒林镇荣昌风雨桥

年一小庆活动等；五是中国南方（城步）杨家将历史文化。

（四）自然生态环境十分优美

城步是全国重点生态功能区和全国十个之一、湖南唯一的国家公园试点区，境内生态环境优美，是人与自然和谐共生共处的典范地区，也是我县最大的旅游资源优势以及最大的竞争力和吸引力，更是城步乡村旅游发展的基础。全县国土面积 2647 平方公里，森林、草山、溪河、湖泊等资源十分丰富，还是湖南四大水系中沅水、资水和广西浔江的重要发源地和支流。森林面积 329 万亩，森林覆盖率达 80.3%，林木蓄积量达 1300 万立方米以上，优质草山 150 万亩，楠竹 30 万亩，是湖南的天然氧吧场地和全国的重点林区县。境内有风吹草低见牛羊、白云碧草共长天的八十里大南山国家级风景名胜区和国家公园；有风光如画、东南亚少见的国家级森林公园两江峡谷、金童山国家级自然保护区、白云湖国家湿地公园；还有神奇多姿的长安营、物种资源丰富和苔地风光奇特的十万古田、沅江“小三峡”；还有“植物熊猫活化石”之称的国宝沙角洞银杉森林群；还有县城东面神奇秀丽的三十六峰等。2018—2019 城步连续两年上了“中国最美县域榜单”［由中国（深圳）国际文化产业博览交易会评定发布。核心标准为“丰富的旅游资源、很好的生态环境和人文环境”，是一个不受任何商业因素影响的公益榜单，2019 年全国 219 个县（市、区）入选］。

南山国家公园、城步南山大草原一景

二、城步乡村旅游发展面临的挑战和困难

实事求是地说，近些年来在县委、县政府的坚强领导下，我县的乡村旅游有了长足的发展，来势喜人，但还面临诸多的挑战和困难。

1.认识有差距。在我县少数干部和个别相关部门中，对发展我县乡村旅游的认识方面还存在一定的差距，片面认为我们城步虽然拥有丰富的旅游资源，但山高路远、区位不优、交通条件不便，既没有高铁、机场又远离大中城市，就是乡村旅游筑起了“巢”打起了“窝”，也难以引来“金凤凰”，发展乡村旅游并做大做强难度较大。

2.经营模式单一，规模较小。目前我县乡村旅游的经营模式主要是农户个体和少数集体经营（集中在丹口镇的桃林村、边溪村和长安营镇的大寨村、儒林镇的白云湖村、将军村，且规模较小，以农家乐餐饮为主），龙头企业、旅游社、政府等参与的模式还是少见，制约了乡村旅游的发展和提质增效。这种模式接待量有限，管理水平低，资金投入少，旅游经济的带动效果相对较差，难以形成规模化发展。

3.旅游资源优势还没有形成经济优势和对农村发展、农业增效、农民增收的优势。我县历届党委政府和相关部门，对我县旅游资源开发的利用，应该是说动了许多脑筋，想了许多办法，做了大量卓有成效的工作，但是与脱贫攻坚、乡村振兴和农民的增收期望值还有一定的距离。美丽的风光还没有变成美好的“钱程”，资源“富饶的贫困”尚未完全化解，有景点缺热点、有景气少人气、有景色没起色的现象依然存在，乡村旅游还没有形成支柱产业，很多旅游资源还藏在深山人未知，有待进一步挖掘开发。

4.旅游产品尚未具备特色化和多样性，发展活力不强。从我县目前乡村旅游产品的开发来看，主要还是农家乐，也就是游客来到这里只能品品苗家美食、玩玩棋牌、看一下山水的短线形式，内容不多，功能单调，规模欠大，档次较低，游客参与性不强，特色不够明显。农业观光、休闲体验、康养度假等旅游产品还没有形成市场，对农村经济社会发展的带动力还不够充分。

5.旅游发展融资、招商引资难度大，旅游基础设施（通往景区的道路等级不

高、旺季游客食宿条件有限）等还相对落后。长期以来，城步作为一个经济欠发达的民族地区国贫县，还缺乏强大的市场主体来开发旅游。

6. 推进乡村旅游强力发展的体制机制、实施规划、景区景点网络、旅游基础设施服务体系、良好的旅游发展环境等还没有完全形成。

三、对未来城步发展乡村旅游的几点思考

所谓“乡村旅游”，即以农业文化景观、农业生态环境、农事生产活动以及传统的民族习俗为资源，融观赏、考察、学习、参与、娱乐、购物、度假于一体的旅游活动。

一个地方乡村旅游的发展能否成功并获得相应的回报，从全国各地近年来的实践看，主要取决于以下几个主要因素：一是是否有奇、特、新吸引旅游者的中高端旅游产品，使游客达到旅游目的地后感觉来了不枉来、不想走、还想再来，并能动员亲朋好友今后也来；二是交通条件是否便捷，在当今航空、高铁、高速公路发展日新月异的年代，人们出行首选旅游目的地更会是交通便捷的地方；三是乡村旅游运营模式是否最佳；四是基础设施是否完善，包括食宿、道路、信息网络、水电、厕所、接待服务质量、景区的停车、景区的路牌路标以及安全等；五是规划设计、融资、人才及营销推广宣传力度是否到位。

根据上述要求，本人试就城步未来乡村旅游的发展，浅谈如下几点不成熟的建议。

（一）城步乡村旅游发展的总体布局、定位、方式

一是乡村旅游的总体布局，可划分为三大功能区。发展乡村旅游，切忌面面俱到，村村开花。应根据各个乡镇村旅游资源和区位情况进行优化布局。其中县城南部以南山国家公园（含白云湖国家湿地公园、两江峡谷国家森林公园、金童山国家自然保护区、老山界）为依托，结合丹口、长安营、汀坪、五团、白毛坪、兰蓉六个乡镇的山地乡村旅游资源，集休闲、康养、避暑、度假于一体，对

接广西桂林国际旅游城市，发展山地休闲度假乡村游；中部（含县城四周）以儒林镇、蒋坊乡、茅坪镇的南方杨家将历史文化、铺头清溪易家田古民居古村落为基础，发展民俗文化、民族历史文化体验游；北部以西岩镇的田园风光、金紫乡千亩奶山羊基地、威溪乡的百里竹海为背景，打造生态农业观光游。

二是乡村旅游发展定位。乡村旅游一定要有综合的、组合的定位。第一是目标定位。城步发展乡村旅游的目标应该是助推乡村振兴和产业振兴、创建全国乡村旅游示范县、农民脱贫致富奔小康，近五年内全县年接待游客力争实现500万人次，日接待能力达1万人次以上，床位接待数达1.5万张以上，年旅游综合收入过50亿元，旅游直接从业人数达2万人以上。第二是市场定位。考虑到城步是一个小县，县内人口（近30万）不多，城步乡村旅游市场定位应该是省内外观光休闲度假客源。第三是产品定位。根据市场需要和旅游资源特色等因素，打造差异化的独特的乡村旅游产品。第四是产业定位。根据产业基础和发展空间，确定乡村“一村一品”（优质稻米、牛羊奶业系列产品、青钱柳茶系列产品、高山蔬菜、食用竹笋、苗乡梨、林产品等）、“一村一景”促进乡村旅游可持续发展。第五是形象定位。通过分析资源优势和民族文化特色，进行准确的形象定位，作为对外宣传的口号。我县原定“生态城步、魅力（美丽）苗乡”的宣传口号既响亮又符合实际。

三是乡村旅游推进方式。乡村旅游建设可分为三个阶段：第一阶段是清洁家园，第二阶段是建设美丽乡村，第三阶段是在美丽乡村的基础上发展乡村旅游。发展乡村旅游，农民是主体，关键是要调动农民的积极性。

（二）根据城步旅游资源的特性，着力打造独特的、内涵丰富的、多姿多彩的乡村旅游产品

乡村旅游产品的打造，应着力从人无我有、人有我优、人优我特的方向努力。根据城步现有的旅游资源情况，要获得份额较多的旅游市场，须打造具有城步特色、内涵丰富、品种多样化的旅游产品，不断增加其吸引力。

一是打造“南山”牌休闲度假知名旅游产品。

一生痴绝处，无梦到南山。城步境内的南山草原，平均海拔1764米，方圆八十里，有23万多亩连片的草山草坡，涵盖了原南山镇等六个乡镇。山上气候

独特，冬暖夏凉，湖泊众多，溪流纵横，古木参天，春夏百花争艳，白云蓝天下风吹草低见牛羊，景色十分诱人，好似人间仙景，是人们最为理想的休闲、度假、康养、避暑天堂。南山要进一步完善山上山下各种旅游设施和配套服务功能。目前要着力解决的是旅游旺季，游客不远百里千里而来，有时食宿都难以保证的问题，这就要创新接待方式和提高接待能力，山上山下大力发展乡村特色民宿、乡村主题酒店，接待能力定位在每日 5000 人次以上，让农民在家门口创业立业，吃上旅游饭。民宿、主题酒店的设计打造，外表应具备城步苗族建筑风格，内装修及设施应满足现代人们对生活的需求。

二是打造“中国南方杨家将文化艺术之乡”学习观赏深度游产品。中国杨家将，分为北方山西为主的杨家将和南方湖南城步为主的杨家将，南北杨家将一脉相承，人文相通。“城步山峭多石，气象雄伟，历代名将出焉。在宋有杨再兴，元有杨完者，明有蓝玉、沐英、杨洪之父子，丰功伟德，照耀宙合。”（清道光《宝庆府志》）。自宋到清的历史长河中，城步的杨姓文臣武将，在国家正史记载四品以上的官员就达 50 多人。南方城步杨家将历史文化，跨越近千年，经过几十代杨家人的浴血奋战，奋不顾身，视死如归，才凝结成的一种民族文化，是城步民间文化的瑰宝，更是湖南和中华民族文化的瑰宝。对城步杨家将历史的考证，中国文联副主席、国家民间文艺协会主席冯骥才给予了高度评价，称“城步杨家将历史文化是一种用血和肉凝结而成的中华民族文化”。充分利用儒林镇杨家将村（原大竹坪村）的“杨氏官厅”（明朝皇帝朱由检钦授，城步杨氏文武官员回乡祭祖聚会议事的地方）和丹口镇太平村（古称扶城）蓝玉故里的蓝氏宗祠，向游客展示城步杨家将忠勇爱国、能征善战、开疆拓土的动人历史故事。

三是打造民俗文化观光旅游产品。城步境内古民居古村落遍布全县各个乡镇，最具代表性的是丹口镇的羊石村（中国传统村落）、长安营镇的大寨村、蒋坊乡的铺头村（中国传统村落）和儒林镇的清溪村、易家田村，五村明清时代所建造的青砖青瓦古民居（四合院、长条青石石阶）、青石板鹅卵石古街道、石拱桥、古树至今保存比较完好，具有较高的文化建筑艺术和观赏价值，其中大寨村是湖南省最美少数民族特色村寨，清溪村是中国传统村落、中国少数民族特色村寨和湖南省重点文物保护单位。凡是来过这里的游客，均会感知到城步历史的悠久和民族文化的厚重，可以看到古老城步的前世今生，还可以听到古老城步的历史回音。

城步羊石明清古村落

四是打造现代农业庄园体验旅游产品。

威溪乡的百里竹海、儒林镇白云湖村的（原大木山村）千亩杨梅林、兰蓉乡的万亩苗乡梨，要进一步做大做强成为农业庄园，通过春观竹海、夏品红梅、秋摘香梨等农事活动，将其打造成现代农业观光体验游产品。

除开发上述几种主要旅游产品外，为了吸引游客眼球、留住游客，景区内还要打造一批具有城步民族特色的演艺产品，修建必需的演艺场所；还要通过艺术上的升华提炼，将城步民族叙事、历史叙事、文化叙事与舞台相结合，倾情推出一路山歌上南山“南山美”实景晚会；县人民政府还要制定对古民居古村落和非遗文化的保护奖励措施。

（三）完善乡村旅游运营管理模式

整合乡村旅游资源，推动乡村旅游业的发展，即乡村应如何根据自身的资源状况，选择与之相适应的旅游发展模式，是实现现代旅游引导下，促进乡村旅游科学合理有有效发展的关键。根据我县各乡村所处的区域和所具有的资金、资源、人才等因素，其发展模式应该是多样灵活的，具体可从如下几种经营模式中进行选择。

一是“政府 + 公司 + 旅行社 + 农民旅游协会”模式。

在这一模式中，政府主要负责乡村旅游规划编制和基础服务设施建设，优化乡村旅游的发展环境；乡村旅游公司负责经营管理和商业运作；旅行社负责开拓市场，组织客源；农民旅游协会负责组织村民参与旅游商业活动经营等，并负责维护和修缮各自的传统民居。各利益主体分工明确，各司其职。这种模式既能发挥政府的指导、协商作用，又能充分利用社会力量解决资金不足、人才缺乏、经营管理等具体问题。在各利益主体发挥所长的同时，各利益主体也依据自身资源优势合理分享利益。

二是股份制运营模式。

股份制运营模式是指采取农村集体组织、农户和外来企业成立股份制合作公司的形式，将乡村旅游资源、土地山林使用权、不动产使用权、特殊技能和劳动要素经过价值评估转化为公司股本，进行股份合作制经营的乡村旅游开发模式。

在这一模式下，村民要以自有生产要素入股参与旅游开发，成为乡村旅游开发的股东之一。乡村居民的收入主要来自入股分工、自由资产的租金收入、工作收入或经营收入。

三是“公司＋农户”模式。

“公司＋农户”模式既由地方政府引导，引入龙头企业参与农村旅游开发，由龙头公司整合旅游资源，共同发展乡村旅游。公司企业进行总体经营，包括基础设施建设、吸引物营建、市场营销活动、日常事务管理等内容。而村民或以土地山场承包经营权入股分红，或在公司劳动获得报酬收入，村民在龙头公司领导的乡村旅游开发过程中，转变为新型产业农民，同时也是乡村旅游的开发服务员。

四是个体农庄模式。

个体农庄模式是以规模农业个体户发展起来的，以“旅游个体”的形式出现，通过对自己经营的的农林牧果场进行改造和旅游项目建设，使之成为一个完整的旅游服务接待点，具有较高的自主性和独立性。

五是“农户＋农户”的模式。

发展乡村旅游，是一项惠民、利民、助农、兴农的系统工程，无论采取那种管理模式运行，尤其是对民族地区和贫困地区乡村旅游的发展，国家应从资金、项目（尤其是基础设施）、营销等方面统筹考虑给予支持，要扶上马送一程。

（四）做好乡村旅游整体规划，提高乡村旅游发展的质量和效益

农村有句老话："秧好半年禾，苗好七分收。"良好的规划，是发展乡村旅游的前提和保证，可收到事半功倍的效果。乡村旅游规划的制定应以县为主，即由县人民政府及其文化旅游部门聘请相应的专业团队，在充分调研论证的基础上统一制定，县内相关部门和有关乡村具体负责实施。在规划中必须体现合理布局、总量控制、特色突出、强化差异、有序发展、生态保护、效益领先的原则。

一是全面优化乡村旅游线路。根据我县各乡村旅游资源的不同特点，编制全县乡村旅游开发线路图，要紧紧围绕全县一山（南山国家公园）一水（巫水东西方向城步流域）和两路［南北方向城龙高速公路城步段（拟建）、武靖高速公路城步段］沿线，有选择地进行重点规划设计。

二是推进乡村旅游与美丽乡村建设相整合。充分利用美丽乡村建设资金，对乡村道路（通往景区的道路要到达二级公路以上的标准）、饮用水源、厕所、电网、通信硬件进行改造，改善旅游环境，为乡村旅游的发展奠定坚实的基础。在乡村旅游的布局上，进一步推动美丽乡村建设，优化组合，挖掘具有地方乡村特色的旅游产品。

三是推进乡村旅游与红色文化、民俗文化、历史文化相融合。依托红军经过城步南山的老山界、长安营镇的大寨、丹口镇的桃林、蒋坊乡的铺头、儒林的清

中国少数民族特色村寨、中国传统村落、中国美丽休闲乡村、湖南最美少数民族特色村寨城步桃林村一景

溪易家田古民居古村落、中国南方城步杨家将（杨家将村）等红色、民俗、历史文化资源，不断挖掘民族特色文化，将乡村旅游与红色、民俗、历史文化融为一体，增强乡村旅游文化内涵，提高吸引力、竞争力和持续发展的能力，使美丽山水更富有美丽的灵魂，游客慕名而来，高兴而去。

四是推进乡村旅游与生态游相结合。以建设南山国家公园为契机，依托白云湖国家湿地公园、两江峡谷国家森林公园、金童山国家自然保护区，着力打造生态旅游精品景区，发挥其辐射带动作用，推动乡村旅游发展。

五是推进乡村旅游与民族节庆活动相融合。要以湖南（南山）六月六山歌节、大桂林湘桂原生态民族风情节、乌饭节、苗年、自治县成立每五年一小庆、十年一大庆等活动为载体，带动乡村旅游发展。还要进一步创新挖掘活动内容、文艺演出模式、民族特色文化内涵，力争将湖南（南山）六月六山歌节上升为国家级民族民俗文化艺术节庆品牌，由国家民委、国家文化和旅游部、湖南省人民政府共同主办，然后逐步通过市场运作，交由社会承办；同时申报为国家非物质文化遗产名录。

（五）创新乡村旅游景区营销手段，不断扩大知名度。

从众多旅游开发成功的范例来看，成功的背后无一离不开营销这一重要手段。尽管城步自然生态环境优美独特、民族文化底蕴深厚，对搞好乡村旅游有得天独厚的条件和优势，但真正要做大做强城步乡村旅游，能够吸引天下更多的旅客，就要克服“酒香不怕巷子深”“皇帝的女儿不愁嫁”的观念。在乡村旅游市场竞争日趋激烈的情况下，要不断扩大城步乡村旅游知名度，打造知名乡村旅游品牌，促进城步乡村旅游逐步走向全国，走向世界，还必须在营销策划上动足脑筋，有所创新、有所创造。

1. 创新网络营销渠道

游客第一次获取景区信息的主渠道是网络、电视和亲友的口口相传。再获取第一信息后，更多信息的获取是通过网络，或者通过当地以旅游信息平台，或者通过景区网站。乡村旅游景区必须善于抓住旅游者，以县人民政府及其旅游文化部门为主，建立自己的网络营销渠道。网络渠道的建立可以选择借助知名旅游网站和自建网站两种。

（1）自建城步乡村旅游景区网站。开发建立城步乡村旅游网站，对有目的收集信息的旅游者来说，景区网站是其判定旅游信息的最终平台，网站应设立与景区有关的各栏目，有利于旅游者了解更多准确的景区内容。乡村旅游景区网站除展示景点风光、景区项目、食宿信息、购物指南、自驾线路等必要内容，还应设立即时在线交流窗口，随时解答访问者的问题；设立在线订购栏目。

（2）利用第三方网站发布平台推广城步乡村旅游。景区自建网站能够提供丰富的旅游信息，促进游客做出旅游决策，但是，对不知道景区的旅游者来说，却很难自主访问景区网站，这就要求景区还必须利用第三方网站的发布平台进行景区推广，并建立相关景区网站的链接。

2. 通过国家和省（市）地方传统知名主流媒体宣传推介

南山是城步乡村旅游的品牌，山歌是城步民族文化的核心。对城步优美独特的自然生态环境和人文资源，尤其是有中国南方呼伦贝尔之美称南方独一无二的南山大草原、南山国家公园、湖南（南山）“六月六山歌节”、中国南方杨家将历史文化要定期和不定期在国家、省（市）等传统知名主流媒体进行宣传推介，不断扩大城步的知名度，使“生态城步、魅力（美丽）苗乡”逐步进入国人的视野，最终能够聚梦于城步。

3. 通过旅游交易会进行宣传推介

近年来，会展经济的不断发展也大大促进了旅游市场营销渠道的建设，国内的各种旅游交易十分红火，种类繁多，已成为旅游景区向市场推介产品的重要舞台。一般而言，大型的旅游交易会云集了各类旅游代理商、分销商以及游客等，交易会的参与者具有明确的目标和较为专业的背景，因此，借助旅游交易会的平台，景区往往能够花费相对较低的成本获得更多的营销网络和信息。

除了上述三种营销方法以外，还可以通过拍摄影视作品及真人秀节目，建立与游客交流的纽带及口碑的实现，还有自媒体新媒体宣传等形式营销，还可以通过在沪昆高速邵阳段、洞新高速、武靖高速、城龙高速（规划拟建）、桂林两江国际机场及高铁站、长沙黄花国际机场及高铁站、邵阳武冈机场等地设置长期或永久性的宣传标牌进行全方位的推介。

（本文原载 2018 年 8 月 21 日中国社会科学网。获 2018 年湖南省社科联、省苗学学会学术年会征文一等奖）

关于将城步县纳入国家重点生态功能区的思考

曹正城

城步苗族自治县位于湖南省西南边陲，沅江支流巫水上游，东界新宁县，南邻广西资源、龙胜两县，西接绥宁县和通道侗族自治县，北毗武冈市，有“楚南极边”之称。总面积2647平方公里，辖11个乡镇、292个行政村（居），境内居住着苗、汉、侗、瑶等13个民族，总人口27.4万，其中少数民族人口15.8万，占57.6%。系国家扶贫开发工作重点县、武陵山片区区域发展与扶贫攻坚试点县、革命老区县，是全国5个苗族自治县之一。境内有森林、草山、矿藏、电力、旅游五大资源，森林总面积329万亩，森林覆盖率达80.3%，林木蓄积量1341.37万立方米；可开发的草山面积137万亩，有中国南方最大的高山苔地草原牧场——南山牧场；有中国南方独一无二的八十里南山国家风景名胜区，有中国最长的绿色长廊——国家森林公园两江峡谷，有“植物熊猫活化石”之称的国宝银杉，有长安营千年古杉、“十万古田”原始生态自然保护区；还是我国珠江、长江两大水系的重要水源涵养区。

根据国家重点生态功能区划分的相关要求，湖南城步县已充分具备各个方面的条件。为此，特建议国家发展和改革委员会、财政部、环保总局、林业局、水利部等相关部门将城步县纳入国家重点生态功能区并给予财政转移支付补助，其主要理由如下。

一、城步是南岭山区、武陵山区和雪峰山区的重要生态县，生态优势十分明显

《湖南省主体功能区规划 2010—2020》将城步定位为湖南省限制开发区，属南岭山地水源涵养重要区、武陵山地生物多样性保护重要区和雪峰山地常绿阔叶林水源涵养三级功能区，是全国重点林业县。全县林地总面积 2193 平方公里，占国土总面积的 83%。其中生态公益林 1175.86 平方公里，占林地面积的 56.91%，商品林面积 890.26 平方公里，占林地面积的 43.09%，生态公益林包括水源涵养林 657.35 平方公里，水土保持林 476.31 平方公里，农田防护林 13.05 平方公里，护岸林和护路林 15.54 平方公里，特种防护林 13.62 平方公里。分别占林地面积的 31.82%、23.05%、0.64%、0.75%、0.66%。商品林中用材林面积 859.54 平方公里，经济林面积 30.72 平方公里。天然林面积 859.54 平方公里、人工林面积 616.93 万亩。森林资源活立木总蓄积量 862.3 万立方米，其中生态公益林活立木总蓄积量 369 万立方米，商品林活立木总蓄积量 493.3 万立方米，天然林活立木总蓄积量 423 万立方米，林分综合生长率为 5.86%，年总生长量为 44 万立方米，年消耗量为 25 万立方米。主要树种以杉、松和阔叶林为主，楠竹次之，全县森林覆盖率 72.3%。全县有各类草山草坡面积 913.3 平方公里，占土地总面积的 35.06%。其中集中连片草山 213 处，面积达 619.53 平方公里，万亩以上的连片草山 20 处，共 406.33 平方公里，草山分为山地草甸、山地草丛、山地灌木草丛、林间草丛、疏林草丛和农林隙地草丛 6 种，以山地草甸居多，占草山总面积的 83.44%。牧草种类有 63 科、262 种，其中禾本科牧草占总种数的 16.4%，优良豆科牧草占 6.2%。各类草山平均亩产鲜草 561 公斤。

二、城步是珠江、长江两大水系的重要水源涵养区，对保护生态系统和发挥水源涵养功能具有十分重要的作用

城步是沅水（沅水支流巫水、渠水支流通道河）、资水、西江（浔江支流大

坪水、高桥河、芙蓉河、平等河）的发源地，其中资水、通道河、巫水属长江水系，西江（上述浔江四条主要支流）属珠江水系。全县河流呈辐射状从南、西、北三个方面流往县外。全县有大小溪河 816 条，总长 4036km，其中河长 5km、流域面积 10km^2 的干流及一至四级河流 77 条，长 1122km，河网密度 6.56km/km^2。巫水为县境最大的河流，系沅水一级支流，属长江水系，发源于城步巫山，县境干流长 106km，流域面积 1576.4km^2；通道河为沅江二级支流，属长江水系，县境内干流长 29.3km，流域面积 153km^2。浔江（大坪水、高桥河、芙蓉河、平等河）为西江支流，属珠江水系，系县内第二大水系，县境内河长 55.5km，流域面积 451.6km^2。

资水又名赧水，属长江水系，县境内干流长 33km，流域面积 418km^2。河流径流总资源 24.89 亿立方米，其中地表水 18.76 亿立方米，地下水 6.13 亿立方米，土地亩平水量 632 立方米，耕地亩平水量 12322 立方米，人平水量 9573 立方米。

三、城步是中国南方重要的动植物生长和栖息地，生物多样性特征十分明显

共有高等植物 1700 余种，其中乔灌木树种 107 科 921 种，牧草 63 科 262 种，药用植物 352 种，野生经济果木、淀粉、纤维、烤胶原料植物 80 余种。国家重点保护植物 22 种，占野生植物种类的 1.3%。属国家一类保护的珍贵植物有银杉、银杏、水杉、资源冷杉、南方红豆杉、云南惠花杉、伯乐树等 7 种；二类保护植物有青果树、楠木、黄杉、刺楸、杜仲、樟木、厚朴、红椿、鹅掌楸、蓖子三尖杉、香榧、观音座莲、华南五叶松、樟树、巴东木莲等 15 种。有观赏植物 400 多种。南方红豆杉、银杉、钟萼木、长苞铁杉、资源冷杉等珍稀树种极具观赏和科研价值。县境高山密菁，为野生动物提供了良好的栖息环境。有野生动物 28 目 62 科 155 种，其中哺乳纲 7 目 16 科 35 种，鸟纲 10 目 19 科 46 种，爬纲 2 目 7 科 14 种，两栖纲 2 目 7 科 14 种，鱼纲 7 目 13 科 38 种。属于国家二类

保护野生动物有穿山甲、大灵猫、小灵猫、鸳鸯、黑熊、水獭、虎纹蛙、林麂、水鹿、果子狸、大鲵、白鹇、黑鹇、木鸟等 14 种。

四、城步始终坚持把生态建设摆在经济社会发展首要位置，为保护国家和地方生态安全发挥了积极的作用

一是大力申报建立自然保护区和森林公园。为保护境内自然资源，全县共设立有两江峡谷国家森林公园、金童山省级自然保护区、沙角洞银杉自然保护区、白云湖保护区、界背自然保护区，以及南山国家风景名胜区，金童山正在申报国家级自然保护区。目前保护区总面积 676.29 平方公里，占全县国土总面积的 25.55%。其中自然保护区面积 190.6 平方公里，自然生态保护区面积 378.19 平方公里，国家森林公园面积 63.36 平方公里，湿地面积 44.08 平方公里。

二是坚持不懈地开展全民造林，增加和改善林地面积。每年造林面积 1 万亩以上，“十一五”期间累计造林 5.9 万亩。同时积极推进县域内交通沿线、城镇周边和河流两岸的造林绿化，5 年实际完成公路绿化 275 公里，河渠绿化 165 公里，全民义务植树 400 余万株。创建花园单位省级 5 个、市级 10 个、县级 20 个。育苗 0.2 万亩，建设优质良种苗木繁育基地 1 个（云马林场），良种使用率达 90%。

三是有计划地调减林木采伐指标。“十一五”期间省、市下达木材采伐计划总额为 95.4 万立方米，实际实施采伐 64.8 万立方米，占总计划的 67.9%，节余 30.6 万立方米。楠竹省、市下达采伐计划总额为 2024.3 万根，实际实施采伐 624.1 万根，占总计划的 30.8%，节余 1400.2 万根，仅此一项，每年减少财政收入 2000 万元以上，同时县财政将林业系统人员全部纳入财政预算，彻底解决林业部门以费养人问题。

四是抓好封山育林和退耕还林。在已区划的沙角洞银杉自然保护区、银竹老山自然保护区的基础上，对省道 S219 沿线的第一层山脊，资、巫、浔、渠四水流域两岸，白云库区等山塘水库周围及生态脆弱地带实行全面封禁。全县现已实施封山育（护）林面积 206 万亩，生态公益林面积稳定在 63%，其中国家级、省

级生态公益林面积122.64万亩。2000年以来，累计实施退耕还林1.14万公顷，减少耕地面积3873公顷，相应增加林地1.087万公顷。

五是发展清洁能源，开展以电代柴、代煤。近年来我县大力开发小水电，积极推广农村沼气，现已建成水电站100多处，水电总装机容量达18万千瓦，加快推进风电开发，南山风电第一期装机4.95万千瓦项目已于今年1月竣工投产，同时把发展沼气等清洁能源作为保护森林资源的重要措施，建成沼气8000口，鼓励城乡居民生活用电，减少薪柴采伐。

六是加强环境整治，坚决淘汰落后产能和高能耗、高污染企业。近几年来，先后关停了7家小造纸厂和1家铁合金企业，淘汰了华展纸业公司两台老式造纸机，每年减少财政收入2000万元以上。同时加大对工业和生活废水、垃圾的治理力度，完成了亚华乳业公司日处理1000吨牛奶加工废水处理工程、县人民医院医疗废水处理工程和日处理1万吨污水处理厂，日处理垃圾140吨的垃圾无害化处理场正在紧张施工，预计今年10月竣工投产。“十一”五期间，全县共削减COD排放量570吨，较2005年削减16.7%，削减二氧化硫排放量93吨，比2005年削减14.2%，全面完成“十一五”污染物总量减排任务，主要环境指标明显改善，境内水体和空气质量全部达到国家标准。其中县城儒林镇巫水水质达到或优于III类水质标准，儒林镇空气质量稳定达到国家二级标准。

七是全面限制矿产开采。城步境内现已发现金、银、钨、锡、铅、锌、钼、锑、镉、锰、硫铁、滑石、铀、铁、辉绿岩、钾长石、硅石、沸石、冰洲石、水晶、白云母、石煤、毒砂、石棉、磷、重晶石、水泥灰岩、矿泉水和黏土矿等31处。1995年以前，全县有矿业企业58个，其中国有12个，乡镇集体21个，村及村以下25个(包括个体)，从业人员达2478人，国有和乡镇集体矿业产值达3770.8万元，占全县工业总产值的23.62%。“十一五”以来，我县大力实施“生态立县”战略，严格保护生态环境，切实加强管理，对影响生态环境的矿山企业进行了限期整改，依法吊销采矿许可证4家，整合关闭2家，今年还计划依法注销采矿许可证3家，每年将减少财政收入1500万元以上，但有效地保护了生态环境。

（原载湖南省政协2012年第136期《社情民意》）

抓好特色村寨建设　促进武陵山区经济发展

肖祥海

城步苗族自治县儒林镇清溪村于2009年8月授牌为全省“少数民族特色村寨保护与发展试点工作村”。清溪村位于我县东北角，距县城10公里。该村始建于南宋，迄今近800年历史。原为唐代名将杨再思后裔聚居之地。清溪村古街东西长3华里，居民367户，总人口1198人，其中苗族人口958人。全村现保存完好的明清古民居建筑有110余幢，完整的四合院落18座。属湘西南地区古民居保存最为完整的村落，其发展潜力非常巨大。县领导高度重视特色村寨建设，县民族工作部门精心筹划，积极工作，参与办点的单位和有关部门鼎力相助，干群协力齐心，各项建设工作有条不紊的开展。我们将少数民族特色村寨建设与武陵山区经济发展有机的统一起来，收到了良好的效果。

一、领导重视，措施有力

一是加强领导，成立了坚强有力的领导班子和工作机构。为了确保试点工作达到预期的目标要求，县委、县政府分别召开了县委常委会和县长办公会进行研究。成立了以县政协主席成宗清为组长，分管民族工作的副县长、政协副主席为副组长，民宗局、发改局、水利局、环保局、旅游局、文化局、文物局、建设局、儒林镇、清溪村等10余个单位和村镇的主要领导为成员的领导小组。县民宗局负责特色村寨建设的日常工作，安排专项经费和专职人员。县委书记、县长等领导经常深入该村现场指导，帮助解决一系列具体问题。

二是落实责任制，出台了严格的奖惩办法。县委、县政府为了促使参与办点的单位将任务落到实处，出台了《关于儒林镇清溪少数民族特色村寨保护与项目发展试点工作奖惩办法》的文件，将办点工作纳入了三个文明目标考核管理范畴。同时，县委督查室还将各单位的办点工作进展情况纳入了县委政府重大事项督查的范围，并及时通报督查情况。

三是开展创建活动，切实加强文明建设。采取多种渠道和方式，在全体村民中，广泛开展“三个文明”创建活动。如“星级农户”“美德在农家”“五好家庭”等一系列的评比创建活动，从而提高了广大村民崇尚文明、树立新风的意识，为特色村寨的保护与和谐发展打下了基础。

二、群众参与，目标明确

一是制定长远发展规划。我们站在长远发展的高度，高起点、高标准、严要求，科学地编制“少数民族特色村寨保护与项目发展规划”，与广西桂林理工大学签订了《特色村寨保护与项目发展规划合同书》。规划书初稿完成后，我们又广泛地听取和征求有关部门及社会各界的意见。将各部门和社会各界的修订建议意见汇总行文，反馈给编制方。修订后的《规划书》，呈报省文物部门有关领导和专家审示，得到了省文物部门和专家的好评。

二是加快产业发展。为了加快生产发展，首先要加强基础设施建设。2010年，改造了人畜饮水工程和完成了水利灌溉的扫尾工程，实现了旱涝保收。同时，加大产业调整力度，从民族项目经费中拿出部分经费，采取以奖代补的方式，2010 年内新发展以红茄为主的延季蔬菜 350 亩，亩平净增收 3000 元，通过调整产业结构，全村仅此一项净增收 105000 元。同样以奖代补的方式，2011 年延季蔬菜发展到 500 亩，人均增收 850 元，投资 1.5 万元鼓励和扶持养殖大户。如杨松志等 3 户养殖户，2010 年每户发展养殖山羊 200 余只，全村共发展山羊 3000 余只，户平增收 2 万余元。在我们引导和鼓励下，发展养殖户 20 余户。2011 年，该村成立了养殖专业合作社，入会社员 175 名，年收入 140 万元。该村家禽家畜养殖已初具规模，3 户村民正着手筹建“农家乐”，今年又发展了以葡萄为主的观光农业 48 亩，以杨梅为主的经济林 60 亩。现在，养殖业和种植业成了该村的支柱产业，年均净增收 1800 余万元，全村的产业发展初具规模，村民的收入将会得到极大改观。

三是改善人居环境。2010 年，全县人均纯收入为 2518 元，而该村 2011 年人均纯收入为 3851 元，高于全县人均纯收入 52.9%。2010 年至 2011 年，全村新建民房 47 座，建筑面积 14147m2，建房总投入为 1420 万元，搬拆迁危旧房 5 户，改造装修危旧房 21 户，今年通过实施危房改造工程，全村实现村民住房美观大方适用率达 82%。通信逐步发展，现全村有固定电话 233 台，入户率达 63%，移动电话 751 部，入户率达 98%，电视机 358 部，入户率达 97%。全村现有孤寡老人 1 人、残疾人 2 人、特困户 4 户，由村级组织资金出资办理了农村合作医保手续和农村低保手续，做到了保障他们生活有保障、就医有途径。

三、部门配合，成效显著

以县民宗局为主的各办点部门，充分发挥各自的职能作用，加大投入力度，为特色村寨的建设做出了应有的贡献。县民宗局投入 30 万元，修建了古民居群石板道工程，投入 120 余万元修建了集文化、休闲、娱乐、旅游为一体的具有民俗特色建筑的活动中心。县委组织部帮助修建了清溪村级办公场所。县文化局帮助修建了清溪文化活动室。县水利局出资 42 万元，修建了观光农业道路和 1000 米水圳工程，投资 2000 万元进行清溪村河道改造。县环保局投入 50 万元进行的环境改善。县交通部门修建了 3 公里村道。县能源部门为该村安装了 50 盏太阳能路灯。县文化部门积极将清溪古民居申报为省级文物保护单位，并积极向国家申报。县建设部门、县发改部门和县民政部门还将积极配合县民宗局对清溪村进行民族特色民居改造。通过各部门积极配合，全村面貌发生了深刻的变化。

我们通过科学规划、分类指导，彰显特色、打造亮点，加强协调、整合资源等措施加快了村寨建设，民族特色更加有力，促进了武陵山区区域经济发展。

城步沿边村（居）民情调研报告

陈定模

城步苗族自治县共有67个边境村，分布在全县12个乡镇，分属越城岭和雪峰山脉及巫水、资水、浔水水系，分别与武冈市、新宁县、绥宁县、广西的资源县、龙胜县交界。67个边境村共有500个村民小组、12662户、52315人，占全县人口的18.7%，其中劳力32850人、外出务工劳力16717人，占劳力总数的五成还多；水田面积40783亩、山林面积720663亩，分别占全县水田山林面积的25.4%和30.6%，平均海拔818米，最高海拔村1200多米，最远的长安营乡横坡村距离县城120多公里、汀坪乡龙塘村距离乡镇政府40公里，据不完全统计，2013年边境村村民人平纯收入仅1990元。

一、民情现状

改革开放三十多年以来，特别是国家扶贫政策实施以来，与其他各村一样，边境村村民的生产生活状况发生了较大变化，尤其是温饱和文化生活得到了一定的解决。但与内地村相比，边境村仍然存在不小差距。

（一）基础设施相对落后

1.交通问题仍然突出。交通闭塞是阻碍边境村脱贫致富的关键因素。部分村组地处偏远，村道修建施工条件复杂、耗资大，立项建设困难，要求解决的问题很多。如白毛坪乡水田村仅村道修建就需投资250万元，目前县级财力和投入不足的状况下，光是村民自筹一项就难以实现。可以说，“僧多粥少”严重制约了道路建设进程。67 个边境村中，通水泥路的 21 个村，部分通水泥路的 42 个村，仅修通砂石土路的 4 个村，需硬化的通村公路 67.5 公里、组道 523.5 公里。

2. 水利设施相对滞后。长期以来，边境村在水利建设、低产田改造、优良品种推广、科技种田等方面，一直处于较原始落后的状态，“靠天吃饭、靠天养畜”依然普遍，67 个边境村中需维修的水圳达 167.5 公里、山塘 32 处、水库 5 座。丹口镇岩门村石盘溪牛标水圳长 4 公里，承担着岩门、沙洲两村近 500 亩稻田灌溉任务，由于年久失修，源头近乎烂泥溪，圳水乱流，沿途 10 余垮塌处用木头铺架、用树枝泥巴糊弄勉强过水，由于渗水严重，下游稻田长期受旱，非硬化不可。汀坪乡高桥、大坪水等村的 300 多亩稻田地处河岸，沿线河堤 4000 余米，由于河堤年久失修，一到汛期河堤被冲垮、稻田进水甚至损毁；西岩镇杨田村因地势低洼，河道淤塞，一遇汛期，必遭洪水袭击，3000 米绕村河堤、河道急待加固、疏浚，等等。

3. 电网改造任务艰巨。由于地处偏远、农户自筹困难，加之受自供区影响等因素制约，67 个边境村中有 51 个村未实施电网改造，相当部分村架设的还是木杆，输电线路腐蚀严重，电力质量极差，安全隐患随处可见，群众生产生活极为不便。

4. 通信设施任重道远。由于边境村离县城和乡镇路途较远，自然村数量多，农户聚居分散，村与乡镇、住户与住户之间的中继距离长，农话单线建设成本高，有线电话装机率低、手机通信基站少，导致 70% 的边境村没有有线电话和手机信号。兰蓉乡会龙村既无有线电话，又无手机信号，仅靠村支部书记家里一部时断时续的无线电话与外界联系。南山、五团、汀坪、白毛坪等乡镇的大部分边境村村民因县内电信、移动等设施缺乏，信号覆盖不足，只能使用广西的通信信号和通信卡，但因此大大增加了话费负担。

（二）生活条件相对艰苦

1. 饮水安全不容乐观。全县 67 个边境村中，尚有 50 个村没有进行人安饮水工程改造，2.3 万人因未解决安全饮水而只能靠提取河、溪、山塘和山泉水，或靠竹枧、塑料管从山溪中引水。由于净化设施缺乏、水质极差，给村民的身体健康带来了极大危害。南山镇蕨枝坪村的 36 户农户因无清洁水源可用，只能饮用受牛屎污染过的山溪水，因此大多村民肠胃病常年不离身。金紫乡凤凰、太坪、江西、沙井片 8000 余村民，因缺乏资金和项目支撑，多年以来靠打地下井用水，因地下水含铜、铁、钙等矿物质过高、硬度大，致使结石病人逐年递增。因此，全线修建金紫江水库灌溉、引水渠解决上述村民生产、生活问题迫在眉睫。

2. 住房条件不尽人意。受运输影响，边境村中绝大多数村民住房属于木结构，由于气候恶劣，年久失修，极易损毁。据不完全调查，边境村共有房屋 1.3 万余座，而危房达 2400 多座，占比近 20%。

3. 乘车安全缺乏保障。近几年来，虽然实施了通畅、通达工程，道路交通状况得到了较大改善，运输交通工具也随之发展起来，但由于缺乏规范，“三无”车辆、报废车辆、农用车、摩托车等载客和超载现象严重，特别是借此接送学生，屡见不鲜，给农民出行特别是学生上下学带来极大安全隐患。

（三）民生状况相对堪忧

1. 村民就医难。村卫生所是县乡村三级农村卫生服务网络的“触角”，在方便村民就诊、降低就医成本、宣传医疗卫生知识、开展疾病防治免疫等方面发挥着十分重要作用。但在调查中发现 67 个边境村中只有 26 个村设有村卫生室，而且因网络不通，无法报销医保，村民看病就医极不方便。五团镇、汀坪乡、白毛坪乡的边境村民因路途遥远，而只能就近到广西境内的县市医院看病，但因不符合医保条件，“农合”不给报销，村民意见纷纷。

2. 儿童就学难。近年来，因教育资源及布局调整，农村中小学大规模撤并，致使 90% 的边境村没有村小，孩子上学路途遥远，极不方便。据了解，离学校最远的村小组距离达 12 公里，20% 多的家庭因孩子太小生活无法自理，不能寄宿，只能靠骑摩托车或合租面包车接送，安全隐患很大；15% 以上的家庭只好在学校旁租房子陪读，既耗人力又费财力，加重村民负担。

（四）经济收入相对偏低

67 个边境村中除西岩、金紫所属村外，其余大都散落于崇山峻岭间，地处偏远，生存环境恶劣，加之基础设施落后，优势林竹资源价值低廉，80% 以上家庭仍靠外出务工挣钱养家，属典型的“打工经济”，因此，村民收入普遍偏低，2013年人平纯收入不足2000元，不到全县人平纯收入的一半。

（五）边界关系相对紧张

边界纠纷事关县域版图和资源的权利完整，事关边境村民生产生活秩序的稳定，事关村民家庭经济的可持续发展。据调查，67个边境村中有63个村与相邻村存在灌溉、界址、山林权属等纠纷。丹口镇洞头山村主任陈龙生反映，绥宁岩脚田村经常会无故刁难，该村装载木头的车辆经过其地界时，或拦车收钱，或林木被盗伐，或无理打人。沙洲村书记龙吉祥反映，他们村与绥宁县石江坪村搭界，有争执山场4块共600多亩。由于我方山林到户，而绥宁方则村集体管理，一旦发生纠纷时，绥宁方人多势众，奈何不得。

二、导致边境村民情状况相对滞后的原因

（一）规划滞后是边境村发展缓慢的直接诱因

1. 村行政建设规划空缺。调查发现，67个边境村中，无一编制过村级建设规划。长期以来，村级建设处于“各自为政、自我发展”的无序状态，缺乏整体和长远规划，村民建房因“风水”而动，科学性、规范性建设水平低，严重影响了土地的集约利用和农业规模化经营，阻碍了村庄科学规划和有序建设。

2. 经济社会发展规划乏力。调查中发现，70%以上边境村缺乏合理的经济社会发展规划，即使制定了规划，也因地处偏远，边境村与县直有关部门联系衔接沟通乏力，加之一些县直部门缺乏科学调研，情况不明，以致在水电路基础设施建设项目上报时未能纳入县级规划范畴，众多项目无法得以实施，以致整村发展比内地村要慢三到五年，甚至十年。

（二）村支“两委”主观能动性不够是边境村发展滞后的重要原因

67个边境村中，村组干部“三偏”现象严重（年龄偏大、文化偏低、能力

偏弱），难以担当起新农村建设带头人的重任。一是创新意识不强。多数农村党员、干部沿袭于传统工作思路，习惯于行政命令式的工作方法，思想僵化、工作被动、疲于应付，缺乏敢于实践、勇于创新的组织管理能力；二是带领群众致富本领不高。大部分村干部科技文化素质偏低，对新时期农业发展中出现的新情况、新问题束手无策；三是工作作风不扎实，服务意识不强。缺乏对农村工作的热情和对农民群众的感情，嫌远怕累，极少到县或省市跑资金、跑项目，争取力度严重不够。

（三）部门欠“账”是边境村发展滞后的关键所在。

1. 林业部门遗留问题多。一是因时间紧、任务重、质量把关不严，2009 年林改极不彻底，村村之间、村户之间、村场之间林地交叉重叠现象丛生，以致诸多村、户山林承包责任书至今尚未发放到位，较大程度地影响了林农的林地开发、管理和流转。据不完全统计，67 个边境村的 12662 户农户中至今尚未发放山林承包责任书的达 478 户，占 3.8%，完全未启动林改的有 4 个村 330 户；二是造林补助、生态公益林补偿政策落实不到位。主要表现在补偿、补助标准不一致，汀坪境内的 7 个边境村以及长安营乡横坡村的全部生态公益林因不属于长防林范畴未能得到生态公益林补助；造林补助，从每亩 100—400 元不等，标准极不统一。对此，边境村民反响强烈。三是林区道路投入不足，严重影响资源完整。如丹口镇洞头山村 4 组，因交通不便（出门要步行 9 公里山路）全组 30 多人大多数迁至县城居住，仅存唐华阳一人仍坚守着 4000 多亩山林。如有朝一日唐也搬迁，几千亩山林将拱手让给绥宁。类似的情况还有长安营乡横坡村 8 组、兰蓉乡会龙村 11 组，等等。

2. 职能部门关注不够。水利开发部门工作欠深入，对边境村村情和诉求缺乏了解，以致在规划编制、项目安排申报时存在死角；通信、电力等部门注重部门利益，过多考虑边境村相关项目实施中因线路长、施工环境差导致成本过高，从而或搁置或放弃；交通部门因担心边境村施工条件差、村级配套难以自筹、少数村班子不力，以致在项目安排时间上后延；民政、处纠等部门因情形复杂、牵扯面广、自身力量单薄而在边境山界、林权处理上“多一事不如少一事”，致边境纠纷始终得不到根除。

3. 政府在项目安排、资金调配上缺乏统筹。由于相关职能部门在水、电、路等基础设施建设项目的规划编制、项目安排上具有独立的自主权，而政府在统筹安排上协调不够，最终导致“重内地、轻边境，重关系、轻实际”行为发生。

三、调查建议

67 个边境村占全县行政村总数的 23.6%、占县域总人口的 18.7%、占县域行政区划总面积的 31%，边界线较长、面积较大、资源丰富，加快其发展步伐跟上内地村步伐，事关边境村的民计民生，事关全县各民族大团结，事关全县农村小康目标的全面实现。要解决其现有落后状况，应着力做好以下工作。

（一）强化乡镇责任，做实“两个规划”，管好“两委班子”，为实现边境村后发赶超奠定坚实基础

一是要加强乡镇规划机构队伍建设，做实村级建设规划。各乡镇人民政府要组织规划、建设、土地、水利、农业等有关部门，以村委为单位，以自然村为基本单元，以中心村为重点，以农村现代化为标准，对村庄、道路、学校、卫生所、商业网点、产业发展进行全面规划，统一布局。以实现对村级无序建设状态的改变和管控。二是各乡镇要加强对辖区经济社会发展规划工作的领导，要深入调查研究，全面了解边境村发展需求，同时要广泛征求听取村支两委和村民意见，要按照新农村建设和轻重缓急的要求，确定建设重点，研究和提出一批重点建设项目。在此基础上，协调各涉农部门，在县人民政府的协调统筹下，做实、报足“十三五”发展规划的编制工作，为争取国家及省级资金、项目支持提供基础条件。三是“管好两委班子”，就是要切实管理好、把控好、发挥好村支两委班子成员，充分发挥好他们在村级经济社会发展中的基础作用。为切实解决村支两委班子存在的不团结、不思考、不作为、不主动等突出问题，乡镇应实行村级年度目标考核责任管理制度，就村级经济社会发展科学合理设置年度目标，明确责任，严格考核，实施奖惩。考核结果与村、支两委班子成员的连任、罢免、薪

酬挂钩，以促进其主观能动性的有效发挥。

（二）强化涉农部门责任，为改善边境村现状提供切实保障

一是县直各涉农部门，特别是电力、通信、网络等省市驻城单位和部门要切实增强为民意识、为农服务意识，既要履行部门、行业责任，更要担负好社会责任，牢固树立群众观点，察村情、明村需，把服务村级发展工作作为履行部门职责的重中之重，摆上工作日程；二是县直涉农部门，特别是直接牵涉到水、电、路、通信等基础设施的部门，要紧扣“十二五”部门发展规划，紧扣国家现行惠农政策，加大与省级发改和主管行政部门的沟通衔接，花大力气、下真功夫，做实做足“十二五”规划所涉项目的包装、申报、立项和落地工作。同时，要协同乡镇人民政府，在深入调研的基础上，根据实事求是的原则，科学、合理编制好“十三五”经济社会发展特别是村级基础设施建设和产业发展规划，为全面推进小康城步建设步伐，奠定坚实基础。三是加强科学调度，尽快化解历史欠债。县林业部门要尽快组织力量，加强与相关乡镇、场的工作协调，深入乡、村、场及作业现场，甄别事实，理清纠葛，尽快扫清林改遗留问题，确保集体、个人山林承包证书全部发放到位。按照实事求是的原则，确保珠防林生态公益林补助暨造林补偿按国家标准足额落实到责任主体，同时，要加速林道建设，在边境森林资源的完整和开发利用上发挥部门主体作用，为边境村在资源管护和林产品增值上提供相关便利；县卫生部门要加强调查研究，切实把握村级现状，灵活运用农合政策，尽快消灭村级卫生室空白，破解村民境外就医医疗费报销难题；县教育行政暨财政、交通运输管理部门要充分研究现行政策，开展农村学校校车问题调研，出台或“民办公助”，或“公办民助”，或股份合作等办法，妥善解决农村学生乘车安全隐患难题；畜牧水产、农业、供销等部门要切实加大国家现行产业扶持政策的宣传和落实，为边境村民打通创业致富之路。

（三）强化县级统筹调控，建立“三大机制”，推进村级平衡快速发展

一是“规划审查机制”。在编制年度和中长期经济社会发展总体规划时，县人民政府要强化对各涉农部门单项规划的审查，既要做到力求科学、合理，又要力求充分、全面，既要照顾平衡，又要兼顾重点，确保全县村级发展规划中项目

安排的无差别待遇。在规划实施中，特别是基础设施建设项目安排时，应重点考虑后发村，尤其是要适度向边境村倾斜。二是“部门考核机制”。县人民政府要根据涉农部门的特点和惠农政策投入方向，下达年度争项、争资任务目标，落实结果列入该部门年度绩效文明考核重要考核内容。三是县直部门，特别是涉农部门主要负责人任期目标考核机制。部门主要负责人应向县委签订任期目标责任书，其中，为村级发展建设所应争取的建设项目、发展资金多少列为考核重点，期内加强调度，期末强化考核，实现率未达标者，视情节给予诫勉谈话、降职降级，直至免去职务。

（作者系城步苗族自治县政协农业农村和人口资源环境委主任）

第四篇　民俗文化

做大做强少数民族地区民俗文化的思考

肖祥海

文化是国家和民族的灵魂，民族民俗文化是中华文化的重要组成部分，是发展社会主义文化事业的重要内容，要全面落实科学发展观，构建社会主义和谐社会，增强中华民族凝聚力，就必须大力弘扬和发展民族地区的优秀文化，充分发掘利用民族民俗文化资源，全面推进民族地区和谐文化建设新局面。笔者通过认真查阅资料、实地调查等形式对我城步县的的民族民俗文化挖掘整理及建设工作进行了深入细致的调研，提出如下思考。

一、城步民族民俗文化现状

城步苗族自治县作为全国5个苗族自治县之一，和其他民族地区一样有着非常丰富的民族民俗文化资源，其民族建筑、民族服饰、民族节庆、民族歌舞、民族饮食、民族宗教、民族文学、民族工艺美术等无不有其深刻内涵。

近几年来，城步县委、县政府及各有关部门结合旅游、特色经济、节庆、对外文化交流、演艺市场开发等实际情况，积极寻求民族文化发展的载体，也取得了一些成果。但从总体上看民族民俗文化资源还得不到有效开发利用，厚积的民族民俗文化资源优势并未转化成文化产业优势，更没有转化成应有的经济优势。具体现状表现为：

1.思想观念滞后，经济市场意识不强。由于受计划经济和传统思想的影响，很多人只看到文化只是意识形态，只能发挥教化、娱乐、体验、审美职能的一面，没有真正地、充分地认识到文化的经济属性。同时，即使看到了文化的产业属性，也因过去的行为模式，不善于按照市场机遇、市场规律去找思路，求发展，从而坐失良机。

2. 民族民俗文化层次低、规模小、质量欠高，效益不够明显。具体表现为对民族民俗文化资源整合力度不够大，集约化程度不高。对民族民俗文化资源的利用停留在卖“毛坯”及诸如“接待式”开发，缺乏深度创意。

3. 高素质的专业人才匮乏。特别是缺乏有较强市场策划能力和市场应变能力的文化品牌策划、文化产品设计、文化产品生产经营、文化消费中介服务、文化市场营销等方面的人才。

4. 现行投融资渠道单一、不畅，民族民俗文化得不到进一步发掘。现行文化经济政策总体上未能跳出“事业”框架。对一些民族民俗文化项目的投入仍然是一种政府行为，社会性投融资渠道十分狭窄，特别是在如何吸引民营资本上缺乏相应的研究和政策性指导。民族民俗文化丰富多彩、异彩纷呈，但因多方面因素难以进一步发掘和利用。

5. 文化体制改革难度大。文艺单位“等、靠、要”思想突出，未能创造性地去适应市场、开拓市场，在很大程度上制约了民族民俗文化的发掘利用。

二、做强做大我县民族民俗文化的对策

民族地区的民族民俗文化博大精深、源远流长、丰富多彩。在漫长的历史长河中，各民族共同创造、发展了中华民族的灿烂文化。少数民族文化与汉文化相互交流，水乳交融，形成“你中有我，我中有你”的关系，共同推动了中华文化的形成和发展。在中华文化的形成和发展过程中，少数民族做出了巨大贡献，促进中华文化形成了统一性和多样性的鲜明特征。丰富多彩、各具特色的少数民族文化，不仅是中华文化不可分割的部分，而且推动中华文化不断向前发展，历久而弥新。

我国少数民族文化在世界文化上占有重要地位，每个民族的文化都是独特

的，是世界文化多样性赖以存在的基础。特色鲜明的少数民族文化是中华文化的奇葩，也是世界文化和人类文明的瑰宝。在国际文化的交流与合作中，少数民族优秀文化体现了中华文化的传统和特色，不仅具有极其重要的价值，而且发挥着不可替代的作用。城步的民族文化更是独树一帜，诸如驱赶巫神的傩戏、人神共舞的庆鼓堂、情醇味香的油茶、风情万种的芦笙舞、妙趣横生的挤油尖、技艺双全的吊龙、爬龙和城步苗家独有的打泥脚、乌饭节、贺郎歌、哭嫁歌以及独具风格的居住文化——吊脚楼，等等。

如何进一步发掘、整理、推广这些独具风情的民俗文化，使之逐步形成产业，形成品牌并走向市场？我们认为应从以下几个方面努力。

1. 充分发掘、整合民族民俗文化资源。整合民族文化资源，必须打破县、市甚至省际地域界限，根据各相同民族的文化特色进行整合。比如：湘、桂、黔三省区交界处的苗、侗、瑶等少数民族居聚相对集中，也容易整合，这就要求各行政板块有一个统一的保障机制来统一进行整合，并做好如下三点：一是编制民族民俗文化产业发展规划。主要内容是确定民族民俗文化产业地位、发展目标、发展阶段、总体形象、资源品位、市场定位、总体布局、主导产品、文化事业基础的服务设施建设、发展民族民俗文化产业的战略措施和保障体系。在编制规划的思想上，应突出可持续发展观念、城乡广泛参与的理念和文化多元并存的理念，做到物化形态、经济效益、社会效益和观念形态、生态效益的有机统一；在编制规划的产品设计上，应突出地体现民族民俗文化资源为基础，以市场需求为导向，以建设统一的民族民俗文化市场为目标，促使文化产品的开发符合市场需要，成为高起点、高质量、高品位的拳头产品。二是培育统一有序的民族民俗文化生产要素市场。民族地区要把丰富的民族民俗文化优势，转变成现实的文化产业优势，要形成统一的民族文化市场，加深各种文化生产要素进入市场的程度、文化生产要素开放的程度。三是以层次配置为抓手，通过项目、品牌、市场、信息等渠道，整合民族文化资源。在确定民族民俗文化产业定位、目标定位、市场定位、形象定位、主导产品定位和开发格局定位的基础上，合理确定民族文化项目和设施布局、类型、功能档次、规模和风格，本着政府主导、社会参与、市场运作、企业经营的原则，拓展民族文化产业发展空间，促进民族民俗文化资源的合理配置。

2.加快培育发展民族民俗文化支柱产业。一是民族文化旅游产业。旅游是民族地区发展文化产业的重要载体和平台。要依托民族民俗文化，精心设计旅游线路，开发高档次的旅游项目和旅游商品。着重在适宜发展特色文化旅游、生态旅游产业的乡镇村寨，鼓励和扶持发展民族民俗文化特色旅游，培育和建立经营特色文化旅游、生态旅游的乡镇企业和民营企业。二是民族文化演出。在通过进入市场的手段壮大现有各级民族文化演出团队的同时，尤其要注意在适宜发展不同样式的民族演艺产业的乡镇村寨，鼓励和扶持发展民族文化艺术展演业，培育和建立从事民族民间艺术展演的乡镇企业和民营企业。三是民族民间工艺品业。在适宜发展不同类型的民族民间工艺品文化产业的乡镇村寨，鼓励和扶持发展民族特色工艺品产销业，培育和建立生产经销工艺品的乡镇企业和民营企业。

3.大力发展特色节庆文化、品牌文化。进一步发挥自身资源优势，积极开发民族民间文化艺术资源，培育发展地方特色文化。和谐的节庆来源于和谐的文化活动。要通过举办丰富多彩的节庆活动来构筑欢乐详和的节庆氛围。元旦、国庆、春节等重大节庆日，还有民族地区所特有的节日，组织各级民族演出团队进行演出。同时深入挖掘品牌文化的多种内涵，形成文化品牌多元化开发的局面。

三、做大做强少数民族地区民族民俗文化的几点建议

和谐文化是人心所向的文化，应具有核心凝聚力，具有民族的公信力和向心力。如何充分利用民族民俗文化资源优势，积极推进民族地区和谐文化建设，我们以为应做好以下几个方面的工作。

1.牢牢把握先进文化的前进方向，为民族地区的和谐文化建设提供正确导向。发展先进文化，就是要发展面向现代化、面向世界、面向未来的、民族的、科学的、大众的社会主义文化。要全面落实科学发展观，坚持“两为”方向和“双百”方针，贯彻各民族共同团结奋斗，共同和谐发展的主题，为民族地区和谐文化的建设营造良好的思想舆论氛围。

2.加快民族地区经济社会发展，为民族地区的和谐文化建设提供物质基础。

发展是解决民族地区和谐文化建设的关键。要坚持以人为本，始终把最广大人民的根本利益作为和谐文化建设的出发点和落脚点，着力解决民族地区各族人民最关心、最直接、最现实的困难和问题，不断提高人民的生活水平，为民族地区和谐文化建设创造更加有利的发展机会和发展条件。要不断解放和发展民族地区的民族文化生产力，不断增强和激发民族文化的生命力和创造力。

3. 坚持和完善民族区域自治制度，为民族地区和谐文化的建设提供制度保障。要全面贯彻落实民族区域自治法和国务院实施民族区域自治法的行政法规，进一步完善配套的法律法规，维护民族地区的文化权益。推进文化体制改革和文化制度创新，形成富有活力的文化管理体制。坚持把党和国家的文化政策与民族地区的具体实际结合起来，把中华文化的统一性和各民族文化的多样性结合起来，努力创作具有民族特色、民族风格、民族气派的优秀作品，促进民族文化推陈出新、与时俱进。

4. 进一步巩固和发展平等、团结、互助、和谐的民族关系，为民族地区和谐文化的建设提供良好氛围。要大力弘扬以爱国主义为核心的民族精神，推动各民族相互尊重、相互学习、和衷共济、和谐发展，形成建设和谐文化人人有责、和谐社会人人共享的局面。文化凝聚力量，和谐成就伟业。要团结和调动一切积极因素，努力营造全社会关心和支持少数民族文化发展的良好氛围，充分发挥少数民族文化在和谐社会建设中的积极作用。

5. 大力培养民族干部与民族文化专业人才，为民族地区和谐文化的建设提供人才支持。要深化文化体制改革，完善体制机制，形成有利于优秀文化人才脱颖而出的社会环境。坚持把社会主义核心价值体系的内容融入国民教育和干部培养的全过程，培育一批德艺双馨、充满活力的优秀的民族文化工作队伍，造就一支保护民族文化遗产，建设民族和谐文化的重要力量。

新的时代呼唤新的文化，新的文化推动新的发展。我们一定要充分发掘利用丰富多彩的民族民俗文化资源，全面学习实践科学发展观，全力推进民族地区和谐文化建设又好又快地向前发展。

关于湘桂黔边区苗族习俗的调查与思考

——以城步苗族自治县为例

雷学业

为了全面准确掌握湘桂黔边区的民族习俗保存现状，笔者选择以湖南城步苗族自治县为范例，进行了调查研究。从2014年下半年开始至2015年8月，先后深入全县14个乡镇进行考察，经过走访、座谈和现场调研，查询当地牒谱资料和口碑材料，结合本人50余年生活及工作阅历，初步掌握了该县现存的民俗情况。

一、已经失传或濒临失传的传统民俗

城步丹口、长安营、五团、汀坪、白毛坪、兰蓉等乡镇，原来播种杂粮流行一种“伙耕”习俗。这是一种极为原始的农业生产习俗。秋收过后，山区苗胞要把畲土翻转过来，第二年开春，再烧畲开荒，挖土播种六谷、苞谷、蜀粟等作物。由于畲土宽、自家劳力又少，必须请寨子里的人帮忙，少则10—20人，多则30—50人，手拿锄头，从山脚并排向上挖。这一天，主人家还要请来1—2名“歌仙”，在挖土队伍前面，边打锣边唱山歌，谁落后或掉队，“歌仙”就在谁面前敲锣唱歌、鼓劲加油，催其跟上，苗族人将这种集体耕作的方式叫作“伙耕”。在深山老林里，虎豹豺狼野猪时常出没，伤人现象经常发生，为避免伤害事故发生，苗胞们想出了“伙耕”的法子，族人或寨人今日帮你家，明日帮他家，人多力量大，打锣唱歌吓跑野兽，也驱除寂寞，既提高了人身安全感，也提高了劳动生产效率。时至今日，劳动方式发生了极大变化，村民普遍以稻作为主，烧畲种土的现象几乎没有了，流行上千年的“伙耕”习俗已经消失。

另外，在城步的苗族村寨中传承了上千年的“父母之命，媒妁之言”“指腹为婚”“扁担亲”等婚姻习俗，现在不再流行，被“婚姻自主，恋爱自由”这种新婚姻观所取代。

在城步苗乡，同时失传的劳动习俗还有“爱牛”、“爱狗”俗、苗绣、挑花、蜡染、土靛染布、银饰加工、油榨榨油、土纸生产、埋款结盟、放排、挑盐、杀青等，即将失传的有佩戴银饰、赠送妆奁、哭嫁哭丧、抬轿，等等。另外，“梅山猎俗”中“请梅山神”和“围山打猎，见者有份”的习俗现在也难觅踪影。

二、仍在城步民间流传的传统民俗

（一）生产生活习俗

1. 植树习俗（含植竹习俗）。植树护树是城步苗汉同胞的良好习俗，村寨门口植“水口树”，保护风景、培养人脉龙脉，为历代苗侗同胞所看重。兰蓉乡会龙村村口，至今保留有两处极其茂密的“水口树”，且都是榉木（一级保护树种）、水青岗（二级保护树种）、柳杉、蓑衣树等珍贵的树种。同样，白毛坪乡黄伞村、长安营乡大寨村、五团镇茶园村、恒州村等村口也保留了先民们种植的很多“水口树”“风景树”。这种树木被苗侗瑶族群众看得很重，只栽不砍，任其自生自灭。

2. 油茶习俗。油茶习俗在城步流传了上千年，相传东汉末、三国初即已有喝油茶的习俗了。目前各边境村寨都保留有喝油茶习俗，即使是汉族聚居的西岩、威溪、金紫等乡镇，村民们也有喝油茶的习惯。在兰蓉、白毛坪、汀坪、五团、长安营等乡镇，一些新化移民也学会了打油茶工艺，每天喝油茶同样成为他们的爱好。进入 21 世纪以来，外出工作、经商及打工的城步苗族群体，也将打油茶的工艺、技术及茶料带入工作和生活的城市，形成了在外地喝油茶的习俗。

3. 虫茶习俗。虫茶又称“茶精”，是城步的特色茶叶，它是用县境内特有的“鸟粒芽”（又叫“苦茶叶”）做成的。每年谷雨节前后，苗胞们上山采回“三叶虫茶”，置于锅中用沸水烫过，捞出滤干，装进竹篓或木桶，再浇一层米汤水或淘米水，每半个月浇一次，一共浇三次。淘米水的芳香诱使大批飞蛾前来取食，并产卵于茶叶上，这些虫卵又繁育出一种体圆、无毛、乌黑、有光泽的小虫子，它们像春蚕一样蚕食已干枯的茶叶，边啃食边排泄出大量褐色的粪便。半年之后，茶叶被虫子吃光了，虫子也成蛹化蛾飞走了，虫子排出的粪便晒干后就成为“虫茶”。清朝中期，它们是宝庆理瑶同知署献给朝廷的贡品。如今南山镇长安营村的村民仍家家户户做虫茶，村里专门成立了虫茶基地合作社，扩种茶叶300 亩，将虫茶发展为一种特色产业，成为该村的一条致富门路。

4. 摆香案喝拦门酒及划拳习俗。城步的苗族、侗族、瑶族，每逢结婚、祝寿等大喜事，主人家都会在槽门外摆设香案迎客，喝“拦门酒”接客。客人要拱手作揖，双手接酒喝完，再拱手进门。现在一些苗族地区的村寨里，好客的苗侗瑶族主人会将客人引进上席，好酒好菜相待，兴致所至，唱劝酒歌，并划拳助兴。

5. 居住习俗。城步苗族、汉族居民的居住习俗，南北大有不同。县境北边的西岩、金紫和威溪一带，村民住房以砖混结构房屋为主，在邻近武冈的陈家村、石山村、杨田村、石头村、凤凰村、沙井村、江西村、太平村、金紫村等地，清一色的是砖瓦房，几乎见不到木质结构的房子。县境东、南、西部地区，20 世纪修筑的木房居多。进入 21 世纪以来，新建的住房中，砖混结构或砖木结构的住房比例不断增加，如南山镇长安营村、汀坪乡高桥村、五团镇一居委、巡头村和独树村、兰蓉乡报木坪村、会龙村、白毛坪乡黄伞村、小寨村等边境村寨，都新建了不少砖木结构和砖混结构的新房。不过，大多数村民仍然保持原始古朴的“干阑”式住居建筑，而丹口、汀坪、五团、长安营等地仍以“吊脚楼”居多。这些房屋共分三层，第一层是圈养家禽家畜、堆放柴草杂物的场所；第二层是住房、堂屋和火房；第三层是客房和仓库。“吊脚楼”大多依山傍水而建，坐北朝南、光线充足、冬暖夏凉，是苗侗先民的“巢居”演变而成。

6. 桥、亭、庙建筑习俗。城步县境东部和北部地区，建有大量庙宇，供奉各方菩萨。如茅坪镇大古村、七里山村，威溪乡连云村、转升村、转龙村，金紫乡凤凰村、太平村等地，都建有正龙庙、二郎庵、风神庙等。而白毛坪、兰蓉、汀坪、五团、丹口、长安营等大片苗侗瑶胞居住地区，庙宇数量极少，边境村中只有白毛坪乡长田村的金紫庵、南山镇长安营村的香云庵、天王庙等。这些少数民族聚居的地区，风雨桥和凉亭是一道亮丽的景观。在古道山坳上，在村寨水口处，时不时会发现一座风雨桥或凉亭，供给路人避雨遮阳和歇息之用。凉亭大多为长廊式木质结构建筑，也有飞檐翘角尖顶凉亭，风雅别致，在美丽的山水之间，构成一道道优美亮丽的风景。在兰蓉乡报木坪村村口，有一座长廊式凉亭横跨在长溪水上，是村民进出报木坪歇息之所。五团镇独树村，近年来新修了一座边境凉亭和风雨桥，游客到此无不停车观望、歇息观赏并合影留念。茅坪镇七里山村村口也新建了风雨桥。

7. 苗族语言文字习俗。城步苗族有自己的语言，原“五峒”地区即后来的三、四、五区苗侗同胞都有自己的语言，相互之间能够交流。现在兰蓉报木坪、白毛坪黄伞等边界村寨，只有 40 岁以上的能说苗、侗、瑶语，年轻人不会说了。苗、侗、瑶语言习俗已濒临失传。

（二）社会生活民俗

与内地村寨一样，城步边境村寨目前盛行的节庆有春节、元宵节、清明节、三月三、四月八、端午节、六月六、中元节、中秋节、重阳节、罢谷节、鼓坛节（苗年），等等。

五团镇独树村流行二月过社日（新年后，第五个戊日），开展社庙活动。农历三月三，他们将这天定为“泥鳅节”，家家户户将已出嫁的姑娘连带姑爷一起请回家，要去田垄里捉来泥鳅、蛤蟆（青蛙）招待客人，寨子里请来戏班唱戏（又叫唱调），节目“徐茂公”“杨宗保”“三探象”“母子赶羊”“黄三打鸟”等，丰富多彩，热闹非凡，当地人说比过春节还热闹。该村还有四月八过“姑娘节”、五月五过端午节、五月十五过“大十五”“六月六”过“半年节”耍草龙降虫子挂田青、九月过“罢谷节”的习俗。

而五团镇一居委会的银姓苗族，他们还享受世界上唯一的一个节日——十二年大节。所谓“十二年大节”，顾名思义，要 12 年才举行一次。此节的日子选择申年霜降前的卯日。节日活动有三：一是众族人凑钱物为一对新婚夫妇操办婚事；二是把族内已出嫁的女子和外出招郎的男子接回村寨过节；三是族人同在村寨祭祖。节日这天，将节坪打扫干净，然后张灯结彩，并设置先祖神位牌，点香燃烛，摆上各色各样供品。午时前将新媳妇接进寨，在节坪举行婚礼，族人按辈份高低依次排列。当新婚夫妇拜了祖宗和长辈后，由族长宣讲本族历史沿革和款约规矩，名曰“颂礼节”。然后，族人同吃节饭。饭后，大家去新郎家祝贺，闹洞房、唱山歌、讲花话、设卡子、讲古人，直至尽兴而归。该节庆寓意乃为发展人口、延续后代、繁衍族系。苗家历遭征剿、兵燹，人口繁衍缓慢，尤其是族内贫困青年，更难成婚，为帮助族中贫穷者也能成婚，银姓氏族逐渐兴起这一婚娶习俗节并沿袭至今。

茅坪镇七里山村还有两个奇异节日：一个是农历二月初二过“男人节”，这一天相传是土地菩萨生日。这一天村里的男人都放一天假，统一到庙里去搞活动，唱山歌，吃肉喝酒，轻松愉快，尽兴而归。第二个是农历十一月十九日，相传是太阳菩萨生日，太阳节。七里山村将这一天定为女人节。村里的女人们也都放一天假，统一到庙里参加活动，活动经费由村里出，村里专门有一丘田，叫太阳大田，大田产出或租凭的收入，都用于女人节这一天的开支。在汀坪乡高桥村三月三、六月六、九月九唱庙会。七月十五放河灯，纪念祖先的村民们把纸糊灯点上，放到河流上，据说是照着祖先去杭州看戏；也说是将一年的秽气送得远远的，祈求平安幸福。

在兰蓉乡会龙村、水平村，白毛坪乡长田村、黄伞村、壮团元村，瑶族村民至今流行过“九八节”（也叫“酒粑节”，瑶年），相传这个节日是盘王所赐，也有瑶胞说是盘王忌日。这一天，家家户户都要杀鸡、杀鸭、打糍粑、杀猪宰羊，欢度节日，热闹程度如同春节。家家户户都要接回已嫁姑娘和姑爷回家过节。酒席上除了有鸡鸭鹅鱼外，还要有腊蛤蟆、野猪肉、麂子肉等特色荤菜。饭前要用这些特色菜肴敬神、祭祖、祭盘王，但不上狗肉，不鸣炮。饭后唱彩调，尽兴狂欢。

（三）人生礼俗

1. 婚姻习俗。改革开放以来，城步苗区的婚姻习俗也发生了很大变化，“父母之命，媒妁之言”的千古规矩已走向终结，婚姻自由是普遍现象。婚姻礼仪也极为简约，原来的“探亲礼”“开口礼”“定婚礼”（小开口）、“上门礼”（大开口）、“结婚拜堂”“吵房”等仪式基本消失，仅保存“定婚”和“结婚”仪式，有的甚至还将“结婚”和“打三朝”仪式合二为一。“定婚礼”也由原来的买烟酒糖果、衣服鞋袜等物品改为给红包；女方娘家的“嫁奁货”如送套柜、大衣柜、五屉柜、洗衣机、缝纫机、沙发、席梦思之类也被取消，同样更改为送红包。待嫁的姑娘也无人会做“秘绣”“苗绣”“银饰”“出嫁鞋”等针线活了。至于“哭嫁”“抬轿”“吵房”等古套仪式，也已难觅踪迹。“拜堂”仪式还保留有一部分，“接亲”“迎亲”“回门”仪式中也还保留有一些祖传规矩，如新娘打红伞、马灯火桶接亲、男方父母不在新媳妇进门第一时间见面、“三拜”仪式等基本保留，但“吵房”之类的陈旧规矩没有了，新婚仪式走向更为文明理性。

2. 丧葬习俗。城步苗区的丧葬习俗，北部地区和东、南、西部地区差异很大。北部地区如西岩镇的陈家村、石山村、杨田村、石头村，金紫乡的凤凰村、沙井村、大坪村、江西村、太平村、金紫村等地，村民办丧事时，开大路、开小路、绕棺、堂祭、路祭等仪式是免不了的，近年来盛行在送丧时舞狮子，把“白喜事”办成了“红喜事”。报孝时，要带鸡、鸭、猪肉、粉丝和烟、白酒、啤酒等众多礼物。凡是到孝家去吊丧的客人，男女老少都要发一包烟或 5 元钱红包。即使是晚辈过世，长辈也去吊唁，只是不戴孝而已。丧事要办三天两晚。送丧时间午时到未时，午时（上午 11 时）起丧，未时（下午 1 时到 3 时）到丧。一场丧事办下来，要花费 3—5 万元。

东部地区如茅坪镇大古村、双桥村、七里山村，丧家去娘舅家报孝时，要带猪肉 10 斤、鸡鸭各 2 只、米 20 斤、酒 20 斤、烟 2 条。娘舅家接到报孝后，即将各户亲戚召集拢来，聚餐商议，要赶在死者未入棺之前赶去丧家看望死者。死者出殡后，娘舅人家再来送丧，举行“抬盒”仪式，做路祭，耍狮子，吹唢呐，打 4 朵大布伞，4 面旗子，热热闹闹送死者上山。送丧完毕后，孝家还要举行“谢孝”仪式，客客气气招待娘舅人家，回赠稻谷 200 斤及大米、烟、酒等，使客人不抬“空盒”回家。

而在县东南部和西部的苗族人家，报丧时一般只带一块猪肉两瓶酒。孝子到娘舅家时，先放鞭炮拜祖先，再拜亲戚，禀报不幸和丧事安排，征得同意后再回去操办。至于孝家带去的礼物，平时关系好的，日后可以继续结亲者，将礼品全部退回，叫作“吃亲菜”。关系相当不好的，一般不去报孝，即使报丧礼品也不退回，其亲戚关系从此中断。报孝完毕后，孝家请来佛、道两教的玄门弟子开展追悼活动。佛事一般搞一天一晚或两天两晚。出殡时间一般在清晨5时以前，送丧时间一般为上午8时至12时。送丧前一般由内亲为亡者做路祭。

3. 诞生礼俗。目前城步苗汉地区普遍盛行“打三朝”和“对岁”习俗。婴儿诞生后，父亲就要到娘舅家去“报喜”。县东部、南部、西部苗族地区如大古、报木坪、黄伞、内里、巡头等边界村寨，其“报喜”的习俗，如果生的是男孩，就抱1只公鸡、3斤鲜肉去“报喜”，娘家就回赠1只母鸡；如果生的是女孩，就抱1只母鸡、3斤鲜肉去“报喜”，娘家则回赠1只公鸡，寓意下一胎生男孩。“打三朝”又叫“看月婆”，到了良辰吉日，娘舅家亲友团带上为小宝宝准备好的衣帽鞋袜、鸡、鸡蛋、甜酒等前往探视。婴儿满月那天，父母要请寨里有威望的老人给婴儿“剃胎头”，娘家人要接回“月婆”，叫“移窝”。婴儿出生一周年时，父母要举办“对岁酒”，杀猪宰羊，热闹庆贺。

（四）文娱体育习俗

改革开放以来，城步各地经济活跃了，交通信息发达了，但是村民的文娱体育活动却相应地“缩水”了，一大批传统体育项目逐渐失传，如骑高脚马、打陀螺、射弩、踢毽子、荡秋千、打禾鸡、抢花炮等，基本难觅踪影，村民们一般的文娱活动，无非是看看电视，打打麻将、字牌、台球而已。调查发现，城步县边界地区目前普遍流传的文娱体育习俗只有唱山歌、春节期间的舞龙灯狮子活动和部分村寨保留的唱调、打泥脚活动了。

（五）禁忌习俗

1. 生活禁忌。在城步苗族地区，目前仍然保留下来诸多传统的生产生活禁忌，如正月初一忌扫地，喜庆之日忌丢碗筷，在外亡故者不准进团坊等。长安营乡长兴村时兴初一、十五不出财；正月初一早不煮早饭，不开饭鼎盖；“采生”（遇人生育）时不在主人家吃甜酒。五团镇恒洲村初一、十五不进菜园，独树村初一、十五不挑粪；巡头村初一不嫁女，十七不葬坟，二十八不起屋，初一、十五不挑粪，红白喜事吉时已过不接人情；汀坪乡高桥村大年初一早不生火煮饭，初一至初三不杀鸡，等等。

2.语言禁忌。忌当婴儿面说夸奖词，老人病故忌说“死”字，“棺材”要叫“老屋”，“挖墓”要叫“开井”，“送丧”要叫“上山”。春节期间白菜要叫“新鲜菜”，南瓜要叫“金瓜”，猪血要叫“猪红”，等等。

3.道德禁忌。春节期间忌讨火种，忌扣碗，忌跨扁担，忌砍水口树和风景树，忌单手接烟茶饭酒，忌在家中吹口哨、唱山歌情歌，忌以手指家先牌和日月，等等。

4.生产禁忌。杀禽畜忌补刀，卖猪牛羊忌带走绳索，年轻男子忌砍棕树。流传在五团、汀坪等地的初一、十五不挑粪，土王日不动土，初一、十五不进菜园以及茅坪镇大古村的“小暑不耨田，大暑不进田”等习俗也属生产禁忌。

三、新发现的一些民族习俗

1.南山镇长安营村农历六月初一“抬天王菩萨”习俗。长安营是明朝时城步苗民大起义领袖李天保起义的大本营，也是清朝城步粟贤宇、杨清保苗侗大起义领袖的大本营。为纪念李天保起义，长安营建立了天王庙，并于每年六月初一举行抬天王菩萨游行祭祀活动，以弘扬苗侗人民不畏强暴、顽强不屈的民族精神。

2.长安营乡、南山镇等地操办喜事请歌师习俗。每逢老人大寿、青年结婚或乔迁新居等喜庆活动，主人家必定热热闹闹办喜事，并请来当地有名的歌师唱歌庆贺。歌师有男有女，一般2—4人，男女对唱，一唱一和，歌词内容有祝贺、有道喜、有设疑、有解套、有故事、有哲理，令人听得津津有味，百听不厌。有唱山歌、情歌兴趣的现场宾客，也可与歌师对唱，掀起歌会高潮。

3.大古村妇女跳广场舞习俗。茅坪镇大古村村民能歌善舞，原来县里举办文艺汇演时，该村多次拿过群众文艺节目大奖。如今村里经济发展了，交通信息发达了，文艺生活丰富了，村民们崇尚健康生活，他们充分发挥民间文艺特长，男的唱歌拉二胡吹唢呐，女的跳广场舞健身舞，其乐融融。花桥等地农村妇女也兴起了跳广场舞热潮。

4.会龙村独特的瑶族民居习俗。在兰蓉乡会龙村，我们发现当地瑶族一种古老而独特的民居。这个瑶族自然村落名叫漆树田，也有人说叫七丘田，他们居住的房屋既不是清溪古民居式的微式建筑四合院落，也不是苗侗吊脚楼样式，而是“燕子口式”建筑，因为这种形式的建筑，从正面看，四排三间不在一个平面上，中间部分凹进去，形同“燕子口”，故叫“燕子口”式建筑。这种建筑在我县是独一无二的。

5.西岩镇石山村端午节送皮蛋、包子习俗。城步苗族有端午节送礼习俗，以巫水河为界，河北地区以五月初五为端午节，河南地区苗胞喜过五月十五，俗称大端午。“小端午”“大端午”来临，已订婚而未婚的男青年要给未婚妻和岳父岳母“送节”。20世纪七八十年代，男青年送节的礼物是粽粑、白砂糖、衣料和仔鸭一只等，现在改为送粽子、糖果、烟酒等。而毗邻武冈市的西岩镇石山村则与苗族地区不同，未婚男子给女方家“送节”的礼物是：皮蛋（或盐蛋）200个，包子200个，粽子200个、烟1条，白酒2瓶、猪肉4斤、鸡鸭各一只，红包400—1000元。

6.西岩镇陈家村等地舞狮送丧习俗。城步苗族地区送丧习俗，主要是由内亲在出丧时做路祭，做祭者三跪九拜，匍匐于灵柩前，主祭人哀哀读祭文、声泪俱下，引来孝子孝孙哭声一片，悲天恸地，真乃生离死别，情景悲哀。间或放一铳“铁炮”，鸣两声唢呐，增添一些哀伤气氛。与苗族地区不同，邻近武冈的陈家村、石山村等地，当地村民在为死者送丧时，专门请来舞狮队沿途舞狮送丧，配以乐队伴奏。舞狮者有男有女，动作敏捷、扑腾滚打、飞跃自由，各种造型优美，令人眼花缭乱。舞狮队在前引领，灵柩在后跟走，孝子跪拜于路旁，气氛悲恸而热烈。此番习俗原来未曾有闻，应是近年所兴。

四、保护和发展民族地区传统民俗的对策与建议

在弘扬和保护传统民俗工作中，现存的问题是：第一，当地政府和人民群众对传统优秀民俗的保护意识不强。第二，现代社会高速发展，原始迟滞的传统民俗缓缓落伍。第三，年轻人大量外出打工，无人能够传承保护传统习俗。第四，

保护传承优秀民俗缺乏必要的保障。因此，建议采取如下切实可行的对策措施：

1.将传统优秀民俗的保护工作列入党政部门的议事日程。文化是一个民族的灵魂，民俗是民族文化的重要内容之一，可以说，没有民俗就没有文化可言。各级党政部门要充分重视优秀民俗的传承保护工作，对优秀民俗要加强保护，要争取列入国家、省、市、县“非遗”项目，给予必要的经济和物资保障，从政府层面予以积极保护。

2.大力培养优秀传统民俗传承人。传承人的培养是一项复杂的系统工程，要在适宜的社会环境中培养出优秀传统民俗传承人，要在劳动生产、学校教育、家庭教育、文娱体育、工商贸易等各项活动中，培养优秀民俗传承人。对具有代表性、独特性而又面临失传，乃至消亡的优秀民俗要建立保护性基地，并建立相应的激励机制；对基地范围内的传承人和传承对象予以重点扶持，确保这类优秀民俗得以永续传承下去。除按时足额发放传承人政府津贴外，还要设立项目保护、传习经费和奖金，以激发传承人的工作积极性，提高优秀民俗保护效益。

3.大力支持民俗文化产业发展。目前，城步除油茶、虫茶、吊龙等较少民俗产业得到发展外，其余大部分民俗处于潜伏状态，而诸如苗族服饰、银饰以及杂技绝技等民俗已经失传。县内各类集庆活动所需要的民族服装、金、银、铜饰工艺品和芦笙、唢呐、长号、大鼓等器乐产品，都需从广西、贵州、云南等地采购，“上刀山”“下雪水”“滚荆棘”等傩戏杂技绝技项目已经失传了几十年……该县的传统优秀民俗近半失传，民族文化传承到了最关键时候。鉴于这种严峻形势，建议当地党委政府要迅速采取措施，下大力气发展民族文化产业，要抢救濒临灭绝的优秀传统民俗，要组织民俗专家研发苗族服饰、银饰制作工艺，要将民族语言、文字、歌舞、刺绣、传统体育项目引进课堂，要在各类集庆活动中开展舞龙、舞狮、唱彩调、庆鼓堂等活动。除保留六·六山歌节外，还要增加开展三月三、四月八、“九八节”“苗年”等活动，丰富民族文化，增强民族意识，使“全国民族团结进步模范县”这块金字招牌更加熠熠生辉。

4.传承精华，弃除糟粕。对于传统民俗，要有选择性地继承。优秀的适用的为社会大众所欢迎的要弘扬、要坚持；腐朽的、落后的为社会大众所唾弃的要舍弃、要淘汰，去粗取精、去伪存真，剔除糟粕、取其精华，让优秀的传统民俗为当今文明社会服务。当代苗族青年男女抛弃“父母之命、媒妁之言”陈规，革除

“见面礼”“小八字”“大八字”等烦琐陋习，采取自由恋爱，简化程序的婚恋手段，非常切合当代社会科学发展的时代潮流。对于当前仍在盛行的陈旧丧俗，劳民伤财，增加人民群众的经济负担，应当予以革新，要采取“薄葬”“火化”等方式，简约办理丧事，减轻群众负担。

（原载2016年3月18日《中国民族报》理论周刊第8版）

打造湘桂边界民族团结进步大舞台

——大桂林·湘桂原生态民俗风情节研究

刘学用　陈芳

2010年10月17日湖南省邵阳市城步苗族自治县、怀化市通道侗族自治县与广西壮族自治区桂林市龙胜各族自治县、柳州市三江侗族自治县两省区4市4县在桂林市签订协议，抱团发展湘桂边界生态文化旅游产业，共同举办“中国·大桂林旅游桂湘原生态风情节”（以下简称风情节）。自活动开展以来，湘桂边界地区社会和谐稳定，群众安居乐业，呈现出经济快速发展、生态环境优美的良好局面。风情节的成功经验，为省际边界民族地区、贫困地区协调发展提供了一个可借鉴、可复制、可推广的协同发展新模式，值得研究和推广。

一、风情节的缘起

2009年12月，《国务院关于进一步促进广西经济社会发展的若干意见》〔国发（2009）42号〕发布，明确提出桂林市要充分发挥旅游资源优势，建设桂林国家旅游综合改革试验区，将桂林打造成为国际旅游胜地。

面对这一重大的历史机遇，同为湘桂边界的城步、龙胜、通道、三江4个少数民族国家级贫困县的领导和旅游界的同人们都异常兴奋，无不希望能够抓住机遇，促进本地区旅游事业的发展。同时，又异常迷茫，不知从何入手，如何利用这一难得的历史机遇。特别是湖南省城步苗族自治县拥有丰富的旅游资源和深厚的民族文化，但地理位置偏僻，经济发展落后，与广西地区人员交流、经济交流都非常密切，离桂林市仅仅180多公里，特别希望能够借助大桂林发展的东风，促进城步旅游的发展。2010年上半年，城步旅游局领导多次赴龙胜旅游局对接协商，希望两县合作，抱团发展旅游事业。时任龙胜旅游局局长是城步籍人，也希望能够合作，促进龙胜和家乡的共同发展，双方达成一致意见，各自上报本县政府和邵阳、桂林两市旅游部门，都得到了政府领导和市级旅游部门的高度重视和大力支持。但是，邵阳市旅游局领导觉得两县合作力量还比较薄弱，希望有更多的县加入。而此时通道和三江也得到了消息，迫切希望能够加入。2010年7至9月，4市县旅游局和县领导多次聚会商讨捆绑发展旅游大计，决定“强强联合”，构建旅游“共同体”。于是，2010年10月湖南省邵阳市城步苗族自治县和怀化市通道侗族自治县与广西壮族自治区桂林市龙胜各族自治县及柳州市三江侗族自治县在桂林市达成协议，共同举办“中国·大桂林旅游桂湘原生态民俗风情节”，共拓旅游市场，共创旅游品牌，共享旅游资源，共赢旅游成果，着力打造“西南旅游金三角”，推动桂、湘边区的旅游区域合作，加快形成区域性旅游联合体，提升区域旅游核心竞争力，实现湘、桂边界四市四县旅游业跨越式发展。

二、风情节四个主办县基本情况

湖南省城步苗族自治县成立于1956年11月，是全国建立的第二个苗族自治县，位于湖南省西南部，距省会长沙400公里，距国际旅游城市桂林180公里。全县国土面积2647平方公里，辖13个乡镇（场）192村（居、社区），境内居住着苗、汉、侗、瑶等24个民族，总人口30万，其中以苗族为主的少数民族人口占总人口的63%。境内生态优美、物产富饶、气候宜人，有森林、草山、矿藏、电力、旅游五大优势资源，林地总面积21.5万公顷，森林覆盖率达83%，草山面积9.1万公顷，水能蕴藏量30万千瓦，风电蕴藏量100万千瓦，矿产资源探明储量的有32种，锌镉、硫铁、辉绿岩、滑石、碎白云母为大型矿藏。旅游资源有国家3A级风景名胜区湖南南山国家级风景名胜区、金童山国家自然保护区、两江峡谷国家森林公园、白云湖（十万古田）国家湿地公园，目前正在试点创建湖南省唯一的一个国家公园——湖南南山国家公园。先后获得“全国民族团结进步模范县”“国家级生态示范区”“全国最佳生态旅游县”“中国区域休闲旅游目的地城市”“中国最具影响力文化旅游百强县”“中国山歌之乡、油茶之乡、吊龙之乡”等“国字号”荣誉。

广西壮族自治区龙胜各族自治县位于广西东北部、桂林市西北部，东临兴安、资源，南接灵川，西与融安、三江为邻，北毗湖南城步，西北与湖南通道接壤。全县总面积2538平方千米，居住有苗、瑶、侗、壮、汉等五个民族，辖七乡三镇119个行政村，总人口18万人，其中少数民族13.88万人，占总人口的77.22%。县城距桂林市88公里，是大桂林旅游圈内的旅游大县之一，广州至成都的国道321线、贵阳至广州高铁、桂林至三江高速公路从龙胜境内通过，是湘西南、黔东南与四川进入广西之咽喉与物资集散地。全境为山地，是一个典型的“九山半水半分田”的山区县，有丰富的林木和矿产资源。1951年8月实行区域自治，改称“龙胜各族联合自治区（县级）”，1956年12月改称“龙胜各族自治县”。主要旅游景点有国家级森林公园、省级旅游度假区——龙胜温泉、“天下一绝”——龙脊梯田、国家重点自然保护区花坪林区，还有西江坪原始森林、彭祖佛光、侗族鼓楼群、风雨桥、红军岩等观光景点和名胜古迹；另外，还有浓郁民俗风情的龙脊、坳背、金竹壮寨、白面、细门瑶寨、银水、广南侗寨、大塘湾、玉牙沟等少数民族风情景点及古朴淳厚、风格独特的少数民族歌舞项目。龙胜是山区少数民族自治县，生态环境优美、自然景观独特和民族风情浓郁，是国家级生态建设示范县。

广西壮族自治区三江于1952年12月3日成立县级侗族自治区，1955年9月改为侗族自治县。隶属于广西壮族自治区柳州市，位于广西壮族自治区北部，地处东经108° 53′ —109° 52′，北纬25° 22′ —26° 2′，是湘、桂、黔三省（区）交界地，属于亚热带南岭湿润气候区，山地谷地气候区。三江侗族自治县总面积为2454平方公里，东连龙胜县、融安县，西接融水县、贵州省从江县，北靠湖南省通道县、贵州省黎平县，南邻融安县、融水县。县城古宜镇距离柳州市203公里，距桂林市167公里。江侗族自治县辖15个乡（镇），总人口36.7万，侗族人口占57%。有侗族、汉族、苗族、瑶族、壮族等民族。三江侗族自治县著名景点有：石门冲自然生态景区、程阳八寨景区、丹洲景区等。贵广高铁途经三江，设有三江南站，2014年12月26日建成通车，三江南到广州南，贵阳分别只需 3.5 小时、1.5 小时。三江是广西重要的木材基地县之一，也是全国重点林业县。三江的侗族文化底蕴深厚，民族风情浓郁，是柳州和广西重要的旅游县。随着成都至厦门高速公路、贵阳至广州高速铁路、桂林至三江、三江至北海高速公路的陆续建设和竣工，三江的交通区位优势更显突出，将成为湘、黔、桂三省区交界交通枢纽。

湖南省通道侗族自治县位于湖南省怀化市最南端，湖南、广西、贵州三省（区）交界处，是通往中国大西南的要道。地处云贵高原东缘向南岭山脉过渡地带，雪峰山西南余脉延伸境内，分属长江、珠江两大水系。东邻湖南省绥宁县、城步苗族自治县，北接靖州苗族侗族自治县，南毗广西壮族自治区三江侗族自治县、龙胜县，西连贵州省黎平县。全境东西宽 58 公里，南北长 68 公里，总面积为 2239 平方公里，占全省总面积的 1.4%。主要有侗、汉、苗、瑶为主的 14 个兄弟民族，其中侗族占总人口的 78.3%。通道生态秀美，遗存丰富。全县森林覆盖率达 75.55%，素有“天然氧吧”之美誉。境内有万佛山、龙底生态漂流、芋头古侗寨和通道转兵纪念馆等景区，还有九龙潭国家级水利风景区、宏门冲原始次森林、恩科亚热带沟谷雨林。通道侗族村寨成功入列中国世界文化遗产预备名录。通道县是湖南省成立最早的少数民族自治县，2002 年 2 月被列入国家新一轮扶贫开发工作重点县。通道县是全国绿化模范县、全国生态示范区、中国民间文化艺术之乡、全国最佳休闲旅游县、中国大学生最喜欢的旅游目的地、全国休闲农业与乡村旅游示范县、中国最具潜力的十大县域旅游县。

三、历届风情节简略回顾

第一届　龙胜首届龙脊国际梯田文化旅游节暨 2012 年中国·大桂林旅游桂湘原生态风情节

根据协议，第一届风情节本应在 2011 年主办。但是，万事开头难，因多种原因，第一届风情节于 2012 年 6 月 22—23 日在龙胜主办。该次节庆活动由桂林市旅游局、中共龙胜各族自治县委员会、龙胜各族自治县人民政府承办，由柳州市旅游局、三江侗族自治县人民政府，湖南省邵阳市旅游局、城步苗族自治县人民政府，怀化市旅游局、通道侗族自治县人民政府协办。活动主题为天下梯田，风情龙胜，合作共赢。旨在通过该节的举办，整合一批具有大桂林旅游圈民俗特点，特别是具有龙胜地域特色的民俗活动，培育“民族百节之县”特色品牌，促进龙胜民族文化的挖掘、传承和发展，同时，突出桂湘边区民族文化特色，提升桂湘区域旅游影响力，实现桂湘边区旅游资源和旅游市场共享共赢。主要活动有：开幕式及“龙脊团歌会”大型文艺表演、龙腾胜地赛龙舟、号称“东方橄榄球”的女子抢花炮、龙胜特色佳肴烹饪比赛暨百家宴、桂湘原生态民族文化旅游发展研讨会、桂湘原生态风情旅游推介会等。

第二届　中国邵阳城步“六·六”山歌节暨第二届中国大桂林旅游·湘桂原生态风情节

第二届风情节于2013年7月12—14日在城步主办。该次活动由湖南省旅游局、湖南省民族事务委员会、邵阳市人民政府主办，邵阳市旅游外事侨务局、邵阳市民族宗教事务委员会、中共城步苗族自治县委、城步苗族自治县人民政府承办，桂林市旅游局、龙胜各族自治县人民政府、柳州市旅游局、三江侗族自治县人民政府、怀化市旅游局、通道侗族自治县人民政府协办。同时，还特邀国家旅游局、省直相关部门、邵阳市及其他县区、贵州省从江县人民政府，桂林市及17个县区、怀化、柳州、永州、湘西、娄底、张家界、衡阳市政府分管领导和旅游行政部门负责人，中央及湘桂黔媒体、湘桂及周边旅游企业参加。活动的主题为“湘桂风情、生态之旅”，活动主题形象策划为“多彩湘桂、神韵邵阳、美丽城步”。要活动内容分为三个部分。第一部分：前期宣传。6月份召开新闻发布会，利用网络和媒体造势，为本节庆预热。第二部分：主体活动。7月12日至14日，举办节庆主题活动，包括开幕式暨民族风情文艺表演；湘桂民族文化旅游招商推介会；山歌赛；湘桂民族文化旅游商品博览会；龙狮大巡游；焰火晚会、城步吊龙申报吉尼斯世界纪录及载人风筝大挑战活动等。第三部分：持续升温。利用节庆宣传余热，开展“探秘古苗寨，欢乐城步游”活动，并派送优惠门票。

第二届风情节无论从规格、范围、参加人数、活动内容、影响力等都较第一届有较大的提高。

第三届　第十一届中国（柳州·三江）侗族多耶节暨第三届中国大桂林·湘桂原生态风情节

第三届风情节于2014年11月15—16日在三江主办。该次活动由柳州市旅游局、三江侗族自治县人民政府主办，桂林市旅游局、龙胜各族自治县人民政府、湖南省邵阳市旅游局、城步苗族自治县人民政府，怀化市旅游局、通道侗族自治县人民政府协办。特邀贵州省从江县人民政府、融水县人民政府、中央及湘桂黔媒体、湘桂及周边旅游企业参加。活动主题为“民族风情美、多耶一家亲”，主要活动包括开幕式暨民族风情文艺表演、采茶对歌、山中寻宝，行歌坐夜、纺纱、捶糍粑，吃百家宴、喝“转转酒”等。为满足游客更多休闲娱乐的需要，还在中国唯一的水上古城—丹洲古城举行系列精彩活动，主要有苏县令巡城、东门招亲、丹阳射箭、书院考状元、千人环岛赛、柚子保龄球、桃园猜谜、沙滩排球对抗赛、放河灯、古城油茶宴、浑水摸鱼，篝火晚会等。

第四届　2015年中国侗族大戊梁歌会暨第四届湘桂旅游原生态风情节

第四届风情节于2015年4月16—18日在通道主办。该次活动由由省文化厅、省旅游局、省民宗委、省发改委指导，中共怀化市委、怀化市人民政府主办，中共怀化市委宣传部、怀化市文广新局、怀化市旅游局、怀化市民宗委、怀化市发改委、中共通道侗族自治县委、通道侗族自治县人民政府承办。本次活动以“相约大戊梁，唱醉新通道”为主题，分“歌会序曲”“盛世侗乡”“歌唱四方”“歌醉侗寨”四大主题活动，旨在打造国际性节庆品牌，推进文化旅游深度融合发展。节庆期间，游客们既可以体验原生态湘桂黔民间歌会，四里锣鼓、四里侗歌、苗歌、瑶歌表演，又可以参与斗鸡、斗鸟、抢花炮、抢鱼塘等民间体育活动，还可以参观侗族服饰、银饰、芦笙、侗家竹木日用品制作，更可以体验千人合拢宴、千人篝火耶会，品尝油茶、糍粑、腌鱼、腌肉等侗族美食。会上四县市联合举办了百家旅行商、媒体走进通道暨第四届风情节旅游推介会，四县景区、旅行社和酒店还签订了旅游区域联盟合作协议，进一步推进湘、桂边界无障碍旅游区域的发展。

第五届　龙胜梯田文化节暨第五届中国大桂林旅游湘桂原生态风情节

第五届风情节于2016年6月17—19日在龙胜主办。本次风情节已经进入第二轮，此次活动以“游世界梯田原乡、品民族百节风情”为主题，着力挖掘、传承和发展优秀民族文化，组织开展旅游系列活动，让更多中外游客来感受龙胜秀美的山川，领略龙胜独特的民族风情。期间不仅举行千人长发展、民族团圆舞、“民族交响诗”实景演出，还有“百家宴”、龙舟赛、湘桂原生态民族文化旅游发展研讨会、湘桂原生态风情旅游推介会，更有“美丽田园”书法展和民族之花选拔大赛等特色鲜明的系列民族文化活动，充分展现龙胜及城步、通道、三江湘桂周边四县的独特民族风情和深厚文化底蕴，着力推动民族文化旅游的互动交融、纵深发展。开幕式上，中国少数民族文物保护协会授予龙胜各族自治县“中国品牌节庆示范基地”牌匾。

第六届风情节将于2017年农历6月6期间于城步主办。

四、风情节的特点

纵观前面五届风情节，有以下几方面鲜明的特点：

1. 风情节具有浓郁的民族特色。风情节主办方全部是少数民族自治县，该区域居住着苗、侗、瑶、壮、汉等20多个民族，是典型的少数民族聚居区。风情节上展现的都是浓郁的民族风情和深厚的民族文化。

2. 风情节主办方都是国家级贫困县。湘桂边界的城步、通道、龙胜、三江都是国家级扶贫工作重点县，分别属于武陵山贫困片区和滇黔桂石漠化片区，具有相同的贫困特征，贫困程度深，贫困面积广，扶贫难度大，是国家扶贫攻坚的硬骨头，是实现脱贫致富奔小康“中国梦”的重要主战场。

3. 风情节都是与当地最有影响力的节庆活动结合主办，既节约了人力物力财力，又利用风情节的联合力量扩大宣传，提升人气，打造品牌。

4. 风情节的主办体现了强烈的脱贫致富和发展愿望。风情节兴办的原因就是为了借助大桂林创建国家旅游综合改革试验区的契机，带动湘桂边界旅游产业的快速发展，进而带动当地群众脱贫致富，表明长期生活在扶贫地区的人民和贫困地区政府部门都有强烈的脱贫致富的愿望和发展的要求。

五、风情节的社会价值探析

五届风情节的连续主办，在湘、桂边界产生了重大的影响，取得了良好的社会效益和巨大的经济效益，对于促进湘、桂边界民族团结进步、促进社会和谐发展、促进湘桂边界旅游文化和民族体育事业的发展做出了巨大的贡献。

1. 促进了省际边界地区民族团结进步，交流交融，和谐发展，共同发展。湘、桂边界地区是一个多民族聚居区，历史上这里曾经多次爆发农民起义，是一个民族矛盾特别复杂、特别多发的地区。新中国成立后，少数民族与汉族地位平等，和睦相处，但省际边界各种社会矛盾还是时有发生，为了解决矛盾纠纷，两省区边界政府采取了许多有效措施，建立了湘、桂边界森林防火联防机制、治安联防机制，特别是从 2010 年起签署了联合主办风情节协议，加大了少数民族群众的相互交流融合，促进了边界地区经济文化体育事业的发展，对湘桂边界民族团结进步起到了巨大的推动作用。

2. 促进了湘、桂边界旅游事业快速发展，对湘、桂边界经济社会发展做出了巨大的贡献。每届风情节，无一不是文化搭台，经贸唱戏。以 2013 年第二届风情节为例，共签约招商项目 26 个，签约投资资金 47.4 亿元，其中，城步签约项目 13 个，签约金额 22.5 亿元；邵阳市其他县市区共签约 11 个，金额 18.9 亿元；广西签约项目 2 个，共计签约金额 6 亿元。邵阳旅游外侨局和桂林龙胜、怀化通道、柳州三江、邵阳城步分别推荐了各自的旅游资源和旅游招商项目；城步与龙胜、通道、三江 4 个少数民族自治县签订了区域内旅游发展合作框架协议；广西龙胜龙脊梯田旅游公司、湖南新宁崀山恒源旅游公司和湖南南山旅游服务公司之间，还签订了景区框架合作协议，形成跨省的旅游联合体；长沙、衡阳、桂林等地的重点旅行社和区域内的重点景区签订了旅游线路框架合作协议，全力打造区域精品旅游线路。这些项目和协议的签约实施，对湘、桂边界经济社会的发展起到了巨大的推动作用。城步 2012 年游客人次只有 43.2 万人次，2016 年上升到 88.3 万人次，增长了 104%，年均增长 26%；旅游综合收入 2012 年只有 2.83 亿元，2016 年上升到 5.85 亿元，增长了 107%，年均增长 26.7%。通道县 2012 年游客人次是 78.5 万人次，2016 年上升到 347 万人次，增长了 342%，年均增长 85.5%，旅游综合收入 2012 年是 4.7 亿元，2016 年上升到 18.4 亿元，增长了 291.5%，年均增长 73%。龙胜县 2012 年游客人次是 224.4 万人次，2015 年游客人次达 553.5 万人次，年均增长 49%，旅游综合收入 2012 年是 19.04 亿元，2015 年旅游综合收入达 46.16 亿元，年均增长 47.5%。三江县 2012 年游客人次是 155.1 万人次，2015 年上升到 505 万人次，年均增长 75%，旅游综合收入 2012 年是 6.2 亿元，2015 年上升到 30 亿元，年均增长 128%。

3. 打造了一大批民族节庆品牌和民族文化体育经典节目，促进了湘桂边界民族文化和民族体育事业的传承和快速发展。经过多年培育和打造，龙胜的“龙脊国际梯田文化旅游节”、城步的“六月六山歌节”、通道的“侗族大戊梁歌会”、三江的“侗族多耶节”都已成为全国有名的节庆活动品牌，有的还申报成为国家级非遗，“龙脊胜境，各族画廊”“生态城步，魅力苗乡”“大美通道，水墨侗乡”“天下侗寨，坐妹三江”成为龙胜、城步、通道、三江推出的四张美丽名片，龙胜各族自治县《竹梆阵阵迎客来》《生命的火种》，城步苗族自治县的《油茶舞》、苗家服饰表演、《踩脚舞》，三江侗族自治县大型侗族歌舞剧《坐妹》，通道侗族自治县的《侗族大歌》、排舞《多嘎多耶》等节目成为风情节的经典节目，龙胜草龙舞、城步吊龙舞、赛龙舟、斗牛、斗鸡、斗鸟、抢花炮、抢鱼塘、挤油尖等民间体育活动得到传承和发扬。

4. 打破了省际行政区划的限制，创新了省际边界社会管理新模式，为全国民族地区、贫困地区协调发展提供了可借鉴、可复制、可推广的协调发展新模式。

六、关于风情节的几点建议

尽管风情节取得了巨大的成功，但仍然还有美中不足之处，主要体现在以下几个方面：

1. 省际边界地区基础设施建设仍很落后，特别是省际边界交通基础设施亟待加强。目前，城步至龙胜、城步至通道、通道至三江仍然不通高速公路，大湘西旅游圈与大桂林旅游圈仍然不通高铁，严重阻碍了湘桂边界地区的发展，制约了大湘西旅游圈与大桂林旅游圈的交流。因此，建议国家加大对省际边界地区基础设施的投入，尽快开工建设城步至龙胜、城步至通道、通道至三江高速公路（或高等级公路），尽快启动张吉怀高铁延伸至桂林项目前期工作，力争“十四五”期间开工建设。

2. 目前风情节的主办方只是湘、桂两省四市四县，根据湘、桂、黔三省区的地理位置和发展现状，在征求贵州方面意见、取得同意的基础上，建议扩大风情节的申办范围，将贵州省黔东南苗族、侗族自治州的黎平县纳入风情节主办群，形成湘、桂、黔边界三省五市五县抱团发展共同体，促进湘、桂、黔边界地区的和谐稳定发展。

3. 鉴于风情节的成功实践，建议在湘、桂、黔三省边界地区继续推动生态环境保护、社会创新管理等方面的合作发展模式，创建湘、桂、黔省际边界地区生态保护示范区和社会管理示范区，促进三省边界地区经济发展、环境保护、社会管理协同发展的良好局面。

苗族原始图腾崇拜与体育文化

杨进步

在苗族聚居的湘西南城步苗族自治县，每个脉系、每个村寨都有各自的崇拜对象，有的因族系而异，有的因村寨而异，有的因自己从事的职业而异，有的是因地方或家庭突发事件而异。每一个家庭都有供奉的崇拜偶像图腾，他们把崇拜图腾敬供在家仙神龛位置上，寄托着苗族人民对美好生活的追求，对避灾免祸、健康平安、五谷丰登、财源广进的期盼。希望图腾显灵，保佑出入平安、子孙发达、添财添喜添寿。这里的苗族人民围绕着这种图腾崇拜形式，每年都要组织村民开展武术、舞蹈、奔走、跳跃等各种活动，既表达了苗族先民对图腾的精神寄托，又体现了他们在生产劳动之余创造的另一种形式多样的体育文化，构筑了一个团结互助、兴旺祥和的社会文化气氛。概括来说主要有以下几种图腾崇拜和体育活动。

一、龙图腾与舞龙活动

龙，原是我国远古时期苗族先民的图腾，苗族民间舞龙文化是古代龙图腾的直接发展与延伸。《山海经・海内经》载："南方……有人曰苗民，有神像人首蛇身。"苗族先民以龙为崇拜图腾是以远古时期的生活环境所决定的。远古时期的蚩尤部落由中原南下到江淮流域一带，这里江河湖泊纵横，苗民逐步形成了水陆两栖的生存方式，因而在他们心目中产生了一种形似鳄鱼的崇拜偶像，后来这种偶像发展为鳄唇、牛鼻、马耳、鹿角、狮须、鳞身、鸡足、鳅尾等综和体的

“龙”神，被尊崇为能呼风唤雨主宰生灵的神圣。他们认为有龙神护佑会风调雨顺、五谷丰登。随着封建社会统治势力争相割据，民族压迫愈演愈烈，作为弱小民族的苗族先民被迫向西南山区迁徙，有的顺流而上，有的进入深山老林，无论是刀耕火种还是狩猎为生，期盼的是有劳有获，有种有收。所以龙的图腾在苗民的意识里就根深蒂固了。

舞龙又称舞龙灯，是苗族村寨最常见的大型文娱体育活动。舞龙人由身强力壮并有舞龙技艺的青年人组成，少则 108 人，多则上千人。城步苗族每逢春节和大喜庆的日子，都有由村寨组织舞龙，以村为单位自愿捐款捐物，有钱出钱，有粮出粮，有物出物，无钱出力，男女老幼全体参与。如果周围几个寨子都扎龙，那么东寨扎青龙，西寨扎白龙，南寨扎火龙，北寨扎水龙，中心寨则扎黄龙。青龙是高杆龙，黄龙为提把龙（又称板凳龙、滚地龙），白龙、水龙为挂子龙（手提灯笼式）。而火龙是用干草、木皮和竹篙组扎连成的火把，点燃之后，几百个火把熊熊燃烧连成百余米长的一线，在舞动中闪耀。除火龙外，青龙、黄龙、白龙、水龙都要用彩纸、花布和竹、木扎成，龙头龙尾各一节，龙身 13—17 节，均为单数。龙灯扎成后，要择吉日傍晚举行接龙仪式，接龙时不准打火把，不点灯，人们摸黑举着扎成的龙来到溪河边，将龙头向流水方向，然后摆香案敬龙神，供桌上摆猪头、糍粑、水果、米酒，点燃蜡烛，杀一只雄鸡向河神点血，然后燃放鞭炮迎龙神归位，法师用墨点睛，即为龙首开光。此时大家便将龙灯蜡烛全部点燃，将“风调雨顺”“五谷丰登”“国泰民安”“和谐昌盛”等 16 个灯笼点亮，领头者舞着圆宝灯笼在前头引路，将龙引回村寨。进入村寨时，家家户户灯光通亮，鞭炮齐鸣。寨门口早已预备好接龙香案。举龙头的人问：“龙神问道谁家好？”摆香案人答道：“土地答言此处高。”接龙完毕，大伙儿就舞着龙灯挨家挨户送吉祥、除秽气。每进一户，户主必摆香案，焚香点烛，燃放鞭炮，还要给每位舞灯人敬茶敬烟，举止要十分虔诚和恭敬。龙头进入堂屋向家仙神龛点头时，“会首”便向户主致祝词：“神龙头上三点花，来龙恭贺主人家；主家接龙有诚意，又放炮竹又敬茶；今夜龙神贺过喜，喜庆长留主人家。”主人即敬奉一个红包，并将一块红绸系在龙角上表示感谢。

本寨游龙结束后，会首便预先给邻近的寨子送“敬告帖”，意在拜访邻村。舞龙进入邻村时，邻村家家户户照样摆香案迎接，还要置办酒席款待舞灯的客人。在寨门口接龙灯时，寨主在香案前向龙头行鞠躬礼，并高声祝词：

远方神龙到我村，我寨老少都来迎；可惜缺少供果美酒摆香案呃，又少礼动步五里迎；奉请来龙多关顾呃，我们慢步来还情啰！

会首则将龙头向香案三点头，唱道：

神龙头上三点青，来龙恭贺众乡亲；八十公公来看灯，牙齿脱了又转生；八十婆婆来看灯，头发白了又转青；各位乡亲来看灯，家里添子又添孙；经商哥哥来看灯，财源滚滚生意兴；读书伢子来看灯，京城赶考第一名；十八妹子来看灯，针线功夫手艺精；十八后生来看灯，乖态婆娘早进门；年幼娃娃来看灯，易养成人好聪明，今晚神龙到此寨，贵寨人旺财源兴，风调雨顺五谷又丰登。

舞龙看似文雅潇洒，其实舞龙环节是一项十分费力的体育活动。特别是舞龙宝、龙头、龙尾的必须是有高超表演技巧和身材剽悍的小伙子。随着鞭炮齐鸣、锣鼓喧天之时，舞龙人随着欢乐的高潮，将龙飞速地舞进晒禾坪中央，然后随着龙宝升降起舞，仿佛巨龙出山，喷薄升空，动作快速而猛烈，上下左右摆动，把龙的无拘无束、无所畏惧、豪迈向前的气势尽情地表现出来。观众被这激烈的场面吸引着，时而鼓掌，时而欢呼，时而大笑。然后龙灯摇头摆尾沿场一周，龙口一张一合，向观众致意，仿佛在呼云唤雨布施人间，又象是在安抚人们，降福吉祥，让大家兴旺发达，万事胜意。随着一声大鼓，龙头迅速向空中升起，龙身盘绕曲折，越盘越高，龙头直望苍穹，龙首最高时离地 7—8 米，好像在含珠养神，又像在向苍天承诺，永远保佑人间福寿康宁，国泰民安。盘绕过后即摇摆着龙头，起伏着龙身，如乘风破浪，吞云吐雾。再依照左青龙、右黄龙的顺序出场。整个舞龙既体现了首尾举持者的技艺与功夫，又体现整个舞龙群体的配合与照应。那一起一伏、一摇一摆，特别是盘绕向上时，舞龙头的人站在三层舞龙身的人肩膀上，如果配合照应稍有疏忽，后果是不堪设想的。所以，整个舞龙队伍十分注重平时功夫操练，配合协作，正所谓是："百日练功一夜灯，首尾呼应不乱行。练成一招舞龙法，眼明手快脚杆勤。”

可以说苗族人的龙图腾崇拜与舞龙活动，是生产体力劳动的升华，即体现了千百年来人们与自然抗争的不屈不挠民族意志，也凝聚了他们团结和谐的民族精神，在社会主义新时代，它又得到了更加完美的升华！笔者采编的《城步吊龙》已列入湖南省非物质文化遗产、国家非物质文化遗产、联合国世界非物质文化遗产，“城步吊龙”2010 年参加上海世博会表演获特别优秀奖，2011 年 5 月获全国龙舞表演金奖，2011 年 7 月应邀赴香港表演，又赴新加坡表演，并受到联合国大会教科文组织表演邀请。城步龙舞已走出了省门、国门，正在走向世界！

二、狮图腾与舞狮文化

狮是自然世界中的凶猛动物。据史记载，狮子在唐朝以前就由西方波斯国进贡给我国龟兹（今新疆库丰地区）放养，后又由龟兹传入内地。人们喜爱狮子勇猛无畏的形象，西南苗族人民便把狮子作为民族崇拜图腾，把它用石头雕刻座在寨门左右，寨主或一些富庶的人家也雕刻一对小石狮安在槽门口，作为高尚富贵的象征。

狮舞是苗族人民模仿狮子的嬉戏与捕猎等动作所创造的一种文娱活动。城步苗族的狮舞由民间武术世家主持，它既是一种群众文化艺术表演，又是武林高手比赛的舞台，所以苗寨狮舞分“文狮”和“武狮”两种。

“文狮”的外表装饰和善可亲，动作细腻诙谐，主要表现狮子的活泼神态和善于嬉娱的性格。舞狮者表演狮打滚、跌扑、舐毛、搔痒、求爱、上楼台、踩绣球、望四方等动作，细致地刻画了狮子的活泼形象。有的还在文狮前由武士单人表演两只幼狮，喻为“母狮带崽”，表现大狮小狮相偎相依的亲热情感，幼狮则模仿大狮的各种舞蹈动作，表现了幼狮的顽皮、天真、好动的性格。

“武狮”着重于技艺和武功，表演动作勇猛有力，技艺高超，难度大。表演项目有咬门槛、扑四方、登高台、跳悬崖、高峰望月等技巧性很强的高难动作，最为惊人的登高台、跳悬崖、高峰望月、双狮争雄等四项，一个武术门派只表演前三项，若有二个武术门派就势必要表演“双狮争雄”了。表演武狮的是本门派中最优秀的两名武士，他们要互相配合，从一只八仙桌跳上四只重叠的八仙桌（高约5米），在最高处将狮头抬起，前足悬空作望月状，一副唯我独尊的样子。如果是二只武狮表演，就在此“高空望月”中“双狮争雄”，两只武狮在高台上撕拼打斗，猛踢猛摔，要将对方从高台上踢下来，然后在高台上摇头摆尾作扬眉吐气状，接着从高台一跃而下，站在两个约1米高的树垚上。这样相互连贯的数十个高难动作，集中表现了武狮威武、勇猛、刚强的性格，表演者若没有高深的武术功底是难以上场的。在高台上被战败的表演者往往是头破血流，腰足骨折，甚至危及性命，所以武林艺人常常把这四项高难动作当作自己门派的实力象征。

不管“文狮”还是“武狮”都由两人组合表演，前面的表演者擎着狮头，双手要做摇头、狮口张合、眼睛张闭等系列动作，双脚作为狮子的前足，则要表演厮打、搏斗的动作，腰系一根粗布带，后面表演者双手抓住前者的腰带，弓身屈膝，紧密配合，表现狮子的摆腰、舐尾、搔痒等动作。两位表演者都要有强健的体魄和熟练的技巧，前后要配合得天衣无缝，才能把狮子舞得既灵活又富有盛情，既矫健又妩媚，既勇猛又机智。舞狮在苗族群众中被认为是驱邪镇妖的活动，又是吉祥如意的化身。据说凡是狮舞过的村寨和农户，都会安泰祥和，人丁兴旺，龙狮共舞更是象征太平盛世，繁荣富强。

三、凤图腾与迎亲摆轿

凤是传说中的神鸟，也是美丽年轻姑娘的化身，她的图腾代表着吉祥、和美、幸福。如先秦《诗经·周南·关雎》中古代对青年男女恋爱诗中就有“关关雎鸠，在河之洲；窈窕淑女，君子好逑”句，描述青年女子就是有美丽羽毛的山雉（即后代文学作品中描绘的凤），她向青年男子示爱就如同是凤求凰，娇滴滴的在鸣叫一般。到了汉唐以后的楚越文化便把美丽女子描绘成凤了。在唐武则天时便有她要将凤的图案刻在龙图案上的传说，意为女子定能胜过男子。苗族人民对龙凤图腾一样看重，把青年男女婚姻好比龙凤相配，在新婚的床上要刻上龙凤图案，龙居左凤居右。在堂屋正中的主梁上要贴上“鸾凤和鸣”四个大字，主要对联为：

乾八卦坤八卦八八六十四卦卦卦乾坤定矣
鸾九声凤九声九九八十一声声声鸾凤和鸣

意为夫妻恩爱，和谐美满。

苗族人民对青年男女新婚仪式最有趣的是“摆轿落凤”活动。男方到女方家迎娶新娘要用八抬大轿，出嫁那天，主婚人点亮凤图案的灯笼，然后高唱：

吉日良辰正当阳，天配良缘今成双；
金凤展翅飞过岭，落到梧桐得久长。

随即请新娘子上轿起程。在到达新郎家约 100 米的地方就开始摆轿行“落凤礼”，意在凤落枝头前要摇头摆翅。主婚人边燃放鞭炮边唱道：

一只金凤飞过坡，选得梧桐要落脚；
选得郎才配貌女，恩恩爱爱得长久。

抬轿的八个男子则齐声应道：“嗨呃，恩恩爱爱得呀得长久啰！”随即摆起轿来，8 个抬轿男子一齐向右边跨出一大步，轿子向右边摆斜 30 度，齐喊：“嗬嗨！”然后又向左边跨出一大步，让轿子向左边摆斜 30 度，又同喊“嗬嗨”。这样摆轿动作最要力气，边前进边摆轿，一直要走九九八十一步，轿子左右摇摆八十一次。领亲娘子在上轿前就要提醒新娘在摆轿时双手要抓住两边窗子，免得坐立不稳摔出来。大多数女子虽然抓住窗沿没有摔倒，但终究被摇得天旋地转，头晕目眩，以致一到男方家门口下轿就跟跄伏地，一下子抬不起头，这样就实现了“落凤”的效果。如果新娘身体好的，而且早做好准备，摆轿之后仍然头不晕眼不花地雄赳赳下轿，男方则认为有“煞气”，主婚人便马上杀雄鸡“倒煞”，让雄鸡血点到新娘红头巾上，方可进门。

今天，随着社会的进步与发展，苗族青年男女结婚再也不兴抬轿迎娶了，即使个别有讲究抬轿迎新娘的，女方一律不准摆轿，认为是戏弄新娘之举，妇女界更是异口同声反对这种摆轿的“恶作剧”。所以，“摆轿”已成为当今茶余饭后的笑谈而已。

四、梅山图腾与苗族狩猎

梅山娘娘原名叫吴彩鸾，是前汉时期楚国西南山区梅山（即当今湘黔一带）一位十分刚烈的女子。她因不满父母贪图富贵逼女嫁给年老凶残的财主做妾，即在出嫁的当夜烧毁嫁妆而赤身裸体离家出走。在山溪边啼哭时被一猛虎驮入山林，百兽仰慕其美貌如仙，尊之为“山大王”，听其驱遣。吴彩鸾虽未结婚，但对人间男女性事却十分喜爱与追求，喜欢将头低下从胯部观看男性生殖器，喜欢听粗鄙话。因为她是主宰禽兽之王，苗族人民便尊称她为“梅山娘娘”。尤其是山区以狩猎为主的苗民，更是尊其为“山神”。

梅山娘娘的图腾是一个双手着地倒立的女神。一般人家只要将梅山娘娘的画像供在堂屋家仙神龛边上，一家人经常讲笑话粗鄙话，那么，他家里喂的母猪一年能生三胞猪崽，而且特别听喂，特别地能长。家里的母鸡一天能生二个蛋，还常常是双黄蛋。即使没有母鸡生蛋，鸡窝里照样能捡到鸡蛋或鸭蛋。

把梅山娘娘的像贴在猪牛栏边，山上的野兽就不敢来人家屋里叼羊咬猪了。从事狩猎的苗人则遵照师傅的嘱咐，用檀香木或椿木雕刻梅山娘娘像供在神龛台上，日夜香火不断。

苗民狩猎队伍由寨子中剽悍健壮会打枪放套的中青年男子所组成，老者多为师傅，女子一般不参与狩猎活动。狩猎有三种形式。一是围猎。发现哪里有野兽危害庄稼或牲畜，猎户则聚到一起商量围猎。进山前由师傅主导拜梅山上香，并画符念咒：“奉请梅山娘娘大驾光临，用五路兵马将野猪、野熊、麂子、乌獐、豹子速速赶来，赶过三方四坳，赶过九冲十八槽，赶过山坡山岭，从四方八面齐聚到弟子铳口上，一炮一个，有喊有应，百呼百灵。”然后大家进山，并将符咒放在山口主道上用石头压着。一声哨筒吹响则猎户个个散开，从大山的各个方向进入并放出猎狗搜索，将猎物从灌木山溪边、山洞草窝里驱赶出来。猎物驱出来后，首发现者即吹响二声长哨筒，让各个猎户注重守好山岭隘口，三声连续的短哨，即示意猎物快进入隘口，请枪炮手做好准备。铳响之后猎物被打中，枪手则吹长哨通知其他猎手报喜，如猎物带伤逃走，则用短促哨提请下一个隘口的枪手注意，不要放过机会。凡围猎到的猎物，兽头及四足给枪手用来敬梅山神，其余则所有围猎者平分。枪手占二份，其余每人一份，甚至参与围猎的旁观者也有一份；二是放夹、张套。这项属猎户的单一活动。猎户在生产劳动中发现有野兽活动迹象，便在野兽必经之道口开挖一个小坑，然后放上钢夹或麻绳活套，再用细土、树叶、杂草掩饰。放置前要敬梅山神，放好后必须在兽道两头行人可能经过的地方一米二高处横缠一根木棍或小绳，中间系上一丝红布条，意在告诉人们不要通过，以免夹套伤人。夹套放置后，猎户每天看一次，连续七天，若没有套夹住野兽便收回套夹。套夹住野兽后即背回家摆香案敬梅山神，示谢师礼；三是放弩铳。猎户发现有大型野兽（如熊、野猪之类）盗食红薯、苞谷，估计当晚又会出现，即在土地周边用柴草扎成围栏，留一个必经道口，傍晚时分在家里敬了梅山神，去道口边绑架上弩铳，装上火药、铁码、铁砂，再在道口横上一根绊绳连到枪板机上，用柴草掩饰着。铳口只能架 1.4 尺高，在行人道上再用柴棍拦着缠上红布条，提醒经过的夜行人。在家里半夜若听到铳响，家里的男人即提着猎枪赶往现场，将猎物抬背回家，摆香案谢梅山神。如果没有听到铳响，猎户须在黎明前要将弩铳收回，以免白天伤害人畜。

梅山狩猎有三大禁忌，苗寨村民男女老幼都要明白，切不可犯禁。一是进山不要跨过狩猎人的梅山符。倘或割猪草的女子不注意踏过了道口的梅山符咒，她便会迷迷糊糊地跟着猎人跑，要求和猎人发生性关系（又叫“放炮”），被“放炮”后才会清醒自己做了一件丑事。如果是牛畜踩过神符，它也会追着猎人跑。此时猎人必须脱掉裤子扔向一旁，再向空中放枪，惊醒牲畜。二是不要撞过系有红布的栏棍或横索，否则被夹套误伤，猎户不会承担责任。三是不能偷盗猎户夹住的野兽，否则“中梅山邪怪”。1985 年 5 月，城步汀坪乡大俟村三组村民曾德龙在山里砍柴，将一头套住的麂子偷偷背回家吃了，第三天曾德龙便发癫（犯神经病）了，他癫得古怪，像犬一样脚手在地上爬行，晚上不上床睡觉，蹲在屋檐边过夜。尤其讨厌的是家里人上厕所，他就守在外面，别人解完手后他就去舔茅坑板粪，守了这家守那家，一时间全家人、邻居、整个寨子便被他闹得人心惶惶。家里请来医师为他吃药打针都无济于事。最后请来一位 78 岁高龄的梅山师傅，把曾德龙五花大绑在梅山神香案前祭神，这位耄耋老者口中念念有辞，突然双手撑地，双脚朝天倒立起来，沿着大晒禾坪走三圈，又沿着曾德龙吊脚楼木房走三圈，又上楼、进堂屋、进房各走一圈。前后约 1 个小时，让观众一个个目瞪口呆。然后解开曾德龙，在他背上拍了三下，再杀鸡点血，曾德龙便马上清醒过来了。这件事在方圆四五十里苗乡传为奇谈。

苗族的梅山狩猎活动，也可以说是一项大型的体育运动，尤其是围捕，猎手们在高山峻岭中爬山过界，奔走如飞。很多年轻猎手攀爬悬崖时胜似猿猴，有的在上坡奔走时竟能扯到在前面疾走的猎狗尾巴。特别是梅山教传承人的倒立行走功夫，简直是一项特技艺人的表演，实在非常人所能及也。

五、吞口图腾及其镇妖避邪活动

在城步的苗乡山寨一些古老的寨门口或槽门口或堂屋门上偶尔可以看到一个木雕的凶猛神像面具，面容竖眉鼓目吊睛、青面獠牙、巨口大口，苗家人称之为“吞口菩萨”。

吞口的原型是钟馗。传说是中国古代商末周初时玉帝赐与姜子牙（姜尚）麾下的三员大将（二郎神、土行孙、钟馗）之一。商纣王时，纣王依赖妲己等妖魔鬼怪危害苍生，天下灾疫横行，乌烟瘴气，民不聊生。周武王替天行道讨伐纣王，姜子牙请求太上老君赐将灭妖，玉帝便差钟馗下凡助阵。钟馗冲锋在前，张开血盆大口，将妲己等众妖孽尽数吞入腹内，扫清障碍。姜子牙在诛仙阵大获全胜，纣灭周兴，天下太平。姜子牙奏请太上老君为钟馗记功，并请玉帝降旨令钟馗永留人间，擒妖捉怪，永保苍生安宁，玉帝准奏。自此，苗家人便将钟馗首面像悬挂在大门正中上方敬奉，祈祷吞口菩萨显灵，避妖除怪，人丁平安。

吞口图腾不是家家都有。凡悬挂吞口图腾的村寨或家庭，是村寨或者个人遭受了特殊的变故，或是天灾人祸，或是瘟疫霍乱，或是癫痫发疯等厄运。由于旧社会缺医少药，人们思想意识单纯，认为这是妖魔鬼怪作祟，于是寄托于吞口菩萨驱鬼除妖转危为安。

吞口属于道法神圣。凡遭遇上述厄运的村寨或人家，必请抛牌过法的道士（即获得祖师亲传的法师）主持设傩作祭。驱邪活动分两种类型：一是摆香案请神驱邪。如果是一户人家遭遇灾祸或久病缠身，便请法师上门求神施法。道士在堂屋正中摆上香案，上设三牲果品，燃香焚纸，然后穿上道袍，戴着吞口面具，左手拿惊堂木，右手拿桃木剑，口中念念有词，用剑向四方猛砍猛杀一阵，接着在神案前翻筋斗，连翻七七四九个，其中要有三个腾空筋斗。然后杀雄鸡倒煞，将鸡血滴在驱邪道符上，滴在吞口面具上。祭祀仪式结束后，道士将吞口图腾挂到堂屋门上方或槽门口，再将道符贴到楼房的各个门口，再给一家人每人一张贴身收藏，以示吞口已将妖怪除尽捉绝，会保一家人出入平安。二是设坛作祭驱邪。这是大型的傩祭祀活动，主要是一个村寨或一个地方遭遇流行瘟疫、霍乱等病害，就请三位有名望的大法师和众多弟子开坛作祭。或在庙堂，或选在村寨大晒谷坪。傩坛设祭时间是三天，家家户户要捐钱、捐粮或鸡鸭等，村寨里还要杀猪宰羊煮酒，老老少少到场帮忙，看傩戏，开傩席，吃傩饭。第一天设坛上香开祭，唱傩戏。所有道法弟子身穿道袍，头戴吞口面具，手握桃木神剑，敲锣打鼓吹唢呐，围着祭坛边唱边跳边舞，表演钟馗大破诛仙阵，扫灭妖魔鬼怪的神话故事。第二天是上刀山下火海抛牌过法。这是傩坛的最高潮。先是下火海。祭祀道众在大禾坪里用柴草烧燃熊熊炭火堆，这堆烈焰腾腾的木炭宽 1.5 米，高约 0.6 米、长约 10 米，烘热逼人，观众站在 3 米开外都热得汗流浃背。这时只见一位法师念念有词，向神坛三鞠躬，喝一口神水当空一喷，然后脱去鞋袜和衣服，只穿一条裤衩，光着脚便向火堆走去，从炭火堆中这头走向那头，此时火花四溅，火红的木炭哔剥作响，而法师却泰然自若，仿佛是光着脚淌水过河一般，走出来没有半点烫伤。接着又从炭中夹出两个火花熠熠的犁头（即木犁前面的三角铁铲），双脚穿进透红的犁头里，就像穿鞋一般，只见“朴”的一阵烟雾腾起，而法师穿着犁头绕场一周，吓得观众连连后退。法师脱去仍然通红的犁头，旁若无事地拍拍脚板才去穿鞋袜衣服。再是上刀山。法师在祭坛前竖立一根高约 8 米的杉木杆，上面横绑着 216 把刀口向上锋利的杀猪刀，刀口锋利得要有吹毛断须程度。法师在祭坛前三鞠躬后，脱去长衣长裤，只穿裤衩短袱，双手向观众行礼问候，有无正在生病的娃娃，若有则让师傅背着上刀山。法师用背带把小孩背在身上，口中念念有词，双手攀着刀锋，双脚踩在锋口上，一步一步向上攀登，共108坎到顶，这个啼哭不止的娃娃随着爬到刀山最高处便不哭了。师傅拱手向四方行礼，然后又踩着刀口一步步下来，将小孩送到母亲手中，这个小孩已经破啼为笑了。三是抛牌过法，即为弟子授真传。三个法师各带一个徒弟在祭坛前颂经唱法，为徒弟穿上道袍，戴上吞口面具，向祭坛行三鞠躬礼。法师便用碗装着法水和几十根锋利的竹签或铁钉让自己的弟子当众喝下去，仪式叫“滚龙过江”，意思是竹签、铁钉化作水，妖魔鬼怪一口吞。然后师傅将法符纸贴在徒弟的喉咙上，用一把锋利的尖刀对着符纸，让观众用力拍打刀柄，而徒弟皮肤无损，这叫“刀枪敢挡”。最后请观众从山上砍数捆锋利的杉枝厚厚一层铺在地上，旁观者手掌都不敢摸的尖杉叶，而这三位过法的徒弟却要脱光衣服，光着背脊在上面滚来滚去，滚36次，站起来，光溜的背上却没有半个血点，这叫“金铠铁甲”。过了这三道关，弟子便是授了牌位，可以独立开坛施法了。第三天便是挨家挨户地施法清扫。师徒们戴着吞口模具，穿着道袍，手握尺令（即镇妖木），舞着桃木剑，敲锣打鼓上门到各家去，为每家舞一道剑，敲敲吊楼木柱，洒一圈神水，在堂屋门上贴一个吞口图腾，便消除了邪怪。然后在寨门上挂一个木雕吞口头像，象征吞口菩萨镇守一方，妖魔鬼怪不敢侵犯，保佑村寨平安吉祥了。

苗族民俗崇拜与精神寄托

杨进步

在苗族民俗五花八门的崇拜中，概括起来可分为图腾崇拜、偶像崇拜、动物崇拜、植物崇拜、其他崇拜与寄托五大类，从一个侧面可反映出苗族人民生活习俗中的古老文化，同样也反映了苗放人民对人与自然关系的认识方式，具有较丰富的民族历史、文化艺术的价值。

图腾崇拜

图腾崇拜在苗族地区比较统一，最常见的是龙凤图腾。

在苗族人们心目中，龙是兴旺发达的象征，凤是吉祥美好的象征，在性别中龙代表男，凤代表女。所以，在苗寨的吊脚楼正中屋脊上要塑设龙凤呈祥的图案，在前檐柱廊枋头要雕刻出龙头，内横枋上要刻出或彩绘出双凤朝阳，一些比较富有的家庭则在槽门两柱和正厅门枋上刻上金龙绕柱的浮雕，家仙神龛上也用龙凤图案装饰，这些建筑图腾，显得格外庄严肃穆，富贵吉祥，很有大气感。

偶像崇拜

偶像崇拜门类众多，在苗族聚居区可以族脉信奉不同、寨居信奉不同、职业信奉不同、家庭信奉不同，苗族人们可根据自己家庭或个人的需要选择所供奉的偶像。主要崇拜如下偶像：

观世音偶像。观世音被视为救苦救难、避灾免祸、送子降福的菩萨，在苗族家庭中供奉较为普遍。甚至在深山老林行人稀少阴森恐怖的弯路处或经常有灾祸出现的地方刻上一块石碑，上书“南无大慈大悲救苦救难观世音菩萨”，你若路过其境，把碑文诵读一遍，恐惧顿消。

如来偶像。释迦牟尼如来是信佛苗族家庭供奉崇拜的偶像。佛祖普渡众生，保佑信奉者平安吉祥，无忧无虑，教育他们淡泊处世，修心养性。

三清偶像。三清是信奉道教的苗族家庭崇拜的偶像，三清常驻，持道者法力无边，可降伏妖魔鬼怪。

吞口（钟馗）偶像。钟馗是降伏妖魔鬼怪的凶神，血盆大口，青面獠牙，又称为“吞口菩萨”。苗家人把雕刻的吞口头像悬挂于槽门正中上方，据说能驱除妖魔鬼怪，避灾免祸。

关羽、张飞偶像。关羽、张飞是蜀国君主刘备手下的二员大将，据说刘备在率兵御曹时夜不能寝，方入眠即被鬼神惊醒，痛苦万状。关羽、张飞听说后，主动为刘备在军帐外守门，关羽满面通红，须鬓肃整，手执钢枪立于左侧，张飞横眉瞪目，满含杀气，手横大刀立于右侧，二员虎将把门，杀气腾腾，鬼怪见之，逃之夭夭，当晚刘备睡了一个好觉。这个久远的故事将关羽、张飞成为苗家人崇拜的偶像，每年春节和农历七月十四日，苗家就要请画师绘制关羽张飞图像贴于槽门左右，称为“将军把门，鬼怪莫来”。

财神偶像。赵公明是姜子牙授天命册封的财神菩萨，也是苗族家庭崇拜之神，据说求之能财源广进，金银盈仓。

寿福偶像。长寿之神一说是太白星君，一说是彭祖寿星，统之为寿福之神，苗家人为孝敬老人，祝福家庭长辈长寿百岁，家中供奉寿福之神，寄托晚辈对长辈的良好心愿。

梅山娘娘偶像。梅山娘娘原名吴彩鸾，在出嫁的当夜赤身裸体离家出走，被一斑额猛虎驮入山林，百兽尊之为“山大王”。从事狩猎的苗族人家神龛上要供奉“梅山娘娘”，靠梅山娘娘围猎赐兽，如获猎物，必要将头和四肢砍下敬奉，狩猎人在一起喝酒庆贺时大讲粗鄙话，无论长幼均不避讳。有的不是狩猎户的也供奉梅山娘娘，只要一家人天天粗鄙话笑话不离口，家里的母鸡会一天生两个蛋，没有生蛋的母鸡时，鸡窝里也会天天有鸡蛋或鸭蛋，有时出门还会捡到“小财喜”。假若不供奉了，或那天没讲粗鄙话，母鸡生的鸡蛋便小得如雀蛋了。

民族英雄偶像。杨再思是唐宋时期叙州的苗族首领，也是湘、黔、桂三省杨姓始祖，凡杨姓苗族均将其作为敬奉偶像，在湖南靖州、城步、绥宁等苗族聚居区修建有供奉杨再思形象的“飞山庙”，城步还有“令公祖茔”“杨氏官厅”等，以教育后代不忘先辈业绩，继承和发扬民族创业精神，为国尽忠，为民族的强盛而贡献自己的聪明才智。

动物崇拜

动物中一般以威猛或和顺类作为崇拜的信物。

崇拜狮子。狮子被尊为百兽之王，在苗族聚居区的宗族寺堂门口或苗酋富户的家门口，都把石刻的狮子作为左右摆设，视为守卫平安的象征。

崇拜狗。苗胞对狗情有独钟，他们认为祖先盘瓠是一条神犬，犬能守护家门，又是健康的象征，苗家人称自己的小孩为“狗崽崽”，倘若感冒生病，父母家人就会向神祈求“保佑我的小孩子象狗一样健康”。又说狗用尾巴带着稻种渡河，给苗族人家种稻产粮，有了生活的依靠。总之，苗家人的生活离不开狗，是苗家人亲近和敬爱的动物。

崇拜牛。牛在苗族人们心中地位很高，在逢年过节中敬牛和祭祖一样隆重，先敬祖先，后敬耕牛，然后才能家人吃喝。苗族人把农历四月初八定为牛的生日，牛的生日这天不能耕田，让牛休息，还要将荷叶或南瓜叶包裹糯米饭喂牛，给牛敬三杯好米酒，并为牛刷身洗澡。婴儿头上的银饰两边是牛角饰，出嫁姑娘项链也是银制的一只弯弯牛角，以此象征健康、幸福、和顺、勤劳。

植物崇拜

苗族人对植物的崇拜主要是树木，其中四季常青的树木，非常古老的树木为首选，如古松、古柏、古枫、古榕、红豆杉（又称蕨粑树）、银杉等。这些四季常青的古树象征挺拔向上健康成长，根深叶茂，事业有成。家中小孩出生满三朝之后，爷爷奶奶和父母就要为其寄名，确认一棵古老的树为父母，并以所托树木取名，如树林、松林、成松、松立、乔木、柏生、枫香、枫生、榕生、榕来，等等。

植物崇拜也有对花草的。苗族人给自己的女孩取名叫荷花、萍花、兰花、桃花、梅花、春花、秋花、冬花、月花之类，在女孩的衣服、头巾、鞋垫、被褥的刺绣上多用荷花、梅花造型图案，用荷花造型的刺绣比喻夫妻和顺恩爱，梅花象征美丽富足。苗族姑娘对这些花草的崇拜往往又和鸟、蝶之类融合一起，喜鹊梅花表示双喜报春，彩蝶双飞表示男女如梁山伯、祝英台，因此，往往一个图案中寓含多种心意，可以看出苗族姑娘复杂情感和文化底蕴。

其他崇拜与寄托

在有部分苗寨中，对村寨周围的奇崖异石也设坛崇拜，如城步苗族自治县境内的白云崖、狮子崖、轿顶崖、铜鼓石、吞官石、白旗岩、狗崽石、牛石、观音崖、青石崖、仙棋石、雷打岩、猴子石、印身岩、送子石等都是当地很有名的地方。苗族人民根据岩石形状的不同，赋予其神名，让人闻之即生敬仰，或望而生畏，无不作揖崇拜。例如城北清溪的吞官石，古代过路官员都得下马礼拜，若是有贪污劣迹的官员还得对石忏悔，否则吞官石神就会对其严惩不贷。还有长安营的印身岩、送子石，据说青年女子婚后不孕，就选一个月明风静的晚上，先向送子石烧香求子，然后睡到印身岩上，这样就会有神仙悄悄地来播下种子，不孕女子就会怀孕生子，凡是有求者没有不应验的。还有汀坪乡的雷打崖，旧社会时这里苗族群众为避土匪、强盗和官兵，一听到有动静就往雷打崖山后躲藏，凡是跟踪追来的强盗官兵一到雷打崖就自动打转身了，这座山崖便成了“避难崖”。有的把奇石作为石父石母，将小孩寄名于石头上，取名为石生、小石、石崽、石花、石阳、石辉等。

其他崇拜还包括无形无物崇拜。一是立分路碑。苗族同胞家中若有人受伤或小孩患病，就到那山路的岔道口立一块指路碑，上刻一个弓箭形状，中间书刻“弓开弦断，箭来碑挡”，然后在碑的两旁刻上指向地名“左走 ×××，右走 ×××”，让初来乍到的外地人一看路碑便不会迷失道路，也就为刻碑人躲了灾避了祸。二是添架桥木，架花桥。苗家孩童出生后便要请一个先生看相算八字。先生根据小孩生庚，凡缺木、缺水、多水的，就必须架花桥添桥木。户主要在村寨周围行走的要道上，无桥的要架桥（称架花桥），有桥的就在旁边添一根桥木，然后把小孩的名字用红布写上捆在桥木上，意为八字圆满，摆脱病患，前程顺利。立指路碑和架桥实质上是做公益好事，希望做好事有好报。另一种无形崇拜是转移崇拜。苗家人婴儿夜哭不安，就请读书识字的人写上数十张黄纸帖子，内容是：“天皇皇，地黄黄，我家有个夜哭郎，过路君子来念过，一夜睡到大天光”，然后张贴到寨头路口，过往行人都要看一看张贴的文字，于是这个哭闹的婴儿就安宁了。

苗族民俗中的自然崇拜无论是有形崇拜还是无形崇拜，都是一种文化信仰和精神寄托，它贯串于苗族历史的发展和演变过程，也融合于苗族人民的文化生活之中，是研究民族文化中不可缺少的部分。

城步神龛文化探析

杨焕忠

神龛文化历史悠久，是我国民间文化的一个重要内容，在我国大江南北各个地区都有神龛文化的传播。神龛文化曾经为国家的和平与稳定、民族的振兴和社会的和谐起到了非常好的作用。在独特而丰富的城步苗乡文化花丛中，神龛文化就是其中的一朵奇葩。

城步人对居地非常讲究，住宅建筑多以木结构为主，依山傍水的吊脚楼是苗乡建筑的独特风格。房屋建好后，选择正屋正中央那间为堂屋（厅堂），神龛要安置在堂屋正面墙中央。在安置神龛前，要专门请当地有名的风水师傅择看房屋朝向在当年是“开”还是“闭”，选择“开年”，请有名望的木匠师傅在黄道吉日来到家里制作神龛。制作神龛的用材也非常讲究，大多选用树龄长、材质好的杉木，带红色的材料是首选，木板不能有树节，更为讲究的人家就选用椿树材来制作。传说椿树带“龙脉”，使用带“龙脉”的椿树材做的神龛，会使神灵保佑全家兴旺发达，安康吉祥。神龛的大小一般要遵循和堂屋大小、高矮相协调的原则上，尺寸的尾数带“八”字，含“发”之意，取“人兴财发”之喻。师傅将神龛制好后，再择黄道吉日良辰安置神龛，也就是城步人所讲的安“家仙”。安置神龛前，主人要准备一只大红公鸡，一块四方形猪肉作为祭品，猪肉要煮熟，盛在碗盘上，还要一升米，米用竹筒装好并插上三支香火，摆上一壶美酒。待良辰来到时，师傅便将公鸡杀了用来敬神。敬神时师傅大声念诵：

> 此鸡此鸡不是非凡鸡，今日奉请诸神宴杀鸡，奉请上天正神堂上坐，奉请神灵土地到前庭，奉请主家列祖列宗进家门，鲁班弟子点上雄鸡血，从此神灵保佑家业兴。

念完吉语颂词后烧纸鸣炮。安置好神龛后，在神龛上要供奉列祖列宗和所崇拜的神道偶像。神龛后面如果有房，是不准住夫妻的，楼上神龛的正上方也不能做住房和过道，以免对祖宗和神道不恭。城步苗乡人民把家仙神龛当作一桩非常庄严神圣的事情来对待，神龛家仙在城步人的心目中是圣洁的，是神圣不可侵犯的。

城步苗乡，无论是城镇还是农村，几乎家家户户都在堂屋正面墙中央安置有神龛家仙牌位。在神龛上方的正中央，张贴着用红纸写上“天地国亲师位”（民国以前为“天地君亲师位”）6 个大字的“家仙牌”，红纸左右两侧分别写上“×氏先祖”“普同供奉”8 个小字。“天地国亲师”是城步神龛家仙文化的核心。敬奉“天地”，因为天上名星太阳太阴（月亮）都是人类生存不可缺少的。无天不长，无地不生，天是父，地是母，敬畏天地，尊重自然，爱护环境是我们应有的理念。敬奉“国”，有国才有家，国强才民富，国家兴亡，匹夫有责，爱国、报国是我们每一个中华儿女应有的精神。敬奉“亲”，水有源头，树有根，敬奉先祖，了解先辈，懂得先民的艰辛也是我们应有的情感。敬奉“师”，传道、授业、解惑者为师，尊师重教更是我们应有的美德。

“天地国亲师位”6 个字的书写最为讲究。首先神龛家仙牌内容的书写要请书法功底好且门庭兴旺、德高望重的先生来书写。这 6 个大字要取竖式自上而下依次写在红纸的正中线上，书写“家先牌”位要严肃、严谨，字体要用正书（正楷），并且一般要求用繁体字来书写，要厚重大方，一气呵成。每一字在写法上有严格的要求。写“天”字时，讲究“人莫顶天”，且横画要平正，不能弯曲。第三笔撇画不要连上第一笔的横画，含人不能与天齐，不能与天斗之意，我们要尊重大自然，保护大自然，遵循自然规律办事，讲求科学。写“地”字时，讲究“地莫离土”，且地字要宽一些，不要过窄。也就是写“地”字时，“土”“也”相连，有土方为地，土地乃养育我们人类的母亲，无地不生，我们要爱护土地，珍惜土地。写“国”字时，讲究“国莫封口”，即写第一笔竖画与横折处不要相连，要留有空隙，含我们希望有开明的君主（领袖），有开放的国家之义。写“亲”时，讲究“亲莫闭目”，即写繁体字“親”字时，右边“見”字一竖与横折处不要相连，意思是人要认亲，百礼孝为先，要孝敬父母，敬奉先祖。写“师”字时，讲究“师莫带刀”，即写繁体字的“師”字时，第一笔撇画不要写，意思是师为文，不为武，我们是一个热爱和平的民族，对国与国来讲我们反对战争，在国内来讲，我们要安定团结，稳定和谐。在处理人际关系时，我们讲求和睦相处。在家庭中，我们讲求家和万事兴，和气生瑞。写“位”字时，讲究“位莫低头”，即写“位”字时右边上面那一点要写成“丨”，不能写成“丶”且要紧贴在横画上，下面那一点和撇也要紧贴下面那一横画，意思是做人要堂堂正正，刚劲不阿，为人做事要行得稳、坐得正，做人要有精气神，要有良好的精神状态和积极的人生态度，不管人生是顺境还是逆境都要有良好的精神状态，不管何时何地都要有昂扬的精神去面对一切艰难困苦。

在神龛家仙牌位的左右两侧还配有对联，配对的对联也是十分讲究的，整个上面的对联一般要围绕“孝、悌、忠、信、礼、义、廉、耻”传统思想来撰联，宗旨是启示后人。常书写的联语有：“承祖宗训，克勤克俭；教子孙路，唯读唯耕”，“敬天地，自然富贵；奉祖宗，世代荣昌”，“德积百年元气厚；书经三代善人多”，“和气始能生瑞气；书声方可振家声”。也有的根据主人的姓氏来撰联的，如有的刘姓人家常用刘姓的辈分撰联，如“祖德宗功，如玉秉承；循习经义，定振家声”。有的杨姓人家则用堂号撰联，如“清白家声远，关西世泽长”。

苗乡城步，奇山秀水，民风淳朴，其独特的神龛文化当中，敬奉“天地国亲师”，即有深远的历史意义，又有着重要的现实意义。因为这在传统的中华文化长河中，体现了我们民族精神和民族信仰，代表了一种人生态度和价值，成为社会稳定，民族和谐的精神支柱。我们自古以来就崇敬“天地国亲师”，因为造化我者天地，护卫我者国家，养育我者乡亲，培育我者师长。围绕这种民族信仰和价值体系，形成了许多文化礼仪、典章制度、风俗习惯，经万世而不衰。在悠远的历史积淀中孕育出的这种精神信仰就是我们的脊梁，在大力倡导和谐、图强的今天，崇敬“天地国亲师位”在继承传统道德、弘扬和培育民族精神上，有着旺盛的生命力，展示着我们民族精气神的独特风骨和丰富内涵。

浅议苗族民居中的“吞口”文化

杨盛科

2011年秋，政协城步苗族自治县文史委主任雷学业先生在白毛坪乡黄伞村开展民俗文化调查活动时，发现一户苗族村民的堂屋门口上方挂有一个“吞口”雕塑像，于是拍下照片（见《城步文史》第8辑）。据苗族老农解释，“吞口”即“能吞灭一切鬼怪的神口”，挂“吞口”塑像是为了驱凶避邪，十分灵验。因笔者从事傩文化调查研究多年，对傩面具比较感兴趣，我仔细地观察了“吞口”图片，通过查阅古籍文献、走访众多宗教人士并结合当地苗族民间故事进行分析，我认为苗民用于驱凶避邪的“吞口”雕塑像可能是远古时期苗族的始祖，被称为战神的蚩尤。

远古时期的蚩尤

据古籍载，在公元前4000—3500年的龙山文化前期，炎帝、黄帝、蚩尤是最早同时进入中原地区的三大部落集团，当时蚩尤帝系三大部落集团及其他小部落的盟主。蚩尤帝发明了兵器、刑法、文字、医药和历法，指导民众从渔猎采集向农耕文明过渡，故在各部落中有极高的威信。为了达到统一中原的目的，三大集团之间展开了争夺领土和盟主的战争。在战争中，蚩尤充分发挥先进兵器的优势，使炎、黄帝“九战九不胜”。（《太平御览·卷十五》）《世本作篇》云：“蚩尤作五兵：戈、矛、戟、酋矛、夷矛。”这些兵器能刺、钩、啄，极具杀伤力。蚩尤还有81个“铜头铁额”的兄弟协同作战，说明蚩尤发明了用青铜制作头盔，在武器和防护方面都优于炎、黄部落。“蚩尤作大雾弥三日，军人皆惑。”就是说蚩尤常利用大风、大雨、浓雾的恶劣天气偷袭敌人，使炎、黄部落屡战屡败。后来，炎、黄联合并招其他异族共伐蚩尤，蚩尤轻敌冒进，孤军深入，在无后援、断粮缺水的涿鹿血战中惨败，身首异处，苗军只好向西南方向“长征”。《龙鱼河图》载：“蚩尤殁后，天下复扰乱不宁，黄帝遂画蚩尤形象，以威天下。天下谓蚩尤不死，八方万邦殄伏。”这说明蚩尤在任盟主期间，天下威服，这是必然的事。黄帝为了巩固尚未稳定的盟主地位，只好搬出蚩尤帝，借其威望稳定天下，在当时是很正常的。

《史记·封禅书》云：“天下已定，令祝官主蚩尤之祠于长安。”秦始皇统一六国后，下令负责主持祭祀之官在长安立庙祭祀蚩尤，感谢蚩尤在天之灵帮助自己统一六国。《史记·高祖本纪》云：“祭蚩尤于沛庭而衅鼓旗。”汉高祖刘邦在其家乡沛县立庙祭祀蚩尤，杀牲以血涂抹在旗鼓上以庆功。《宋史·礼志》云：“太宗征河东，用少牢一祭蚩尤祃牙。”就是说宋太宗赵光义出征河东时举行誓师仪式，杀猪祭祀蚩尤，祈求胜利。《史记·五帝本纪·集解》云：“蚩尤，古天子。”蚩尤帝的功德与威望不但赢得广大民众的爱戴，连历代帝王都将他作为战神祭祀。在中国历史上，除了孔子在文教方面赢得历史帝王的敬仰外，在军事上只有蚩尤帝一人赢得历代帝王如此敬仰。

黄帝令人画的蚩尤像张贴各地后获得天下安宁，但画像因风雨侵蚀容易霉烂。为了使蚩尤像永久不腐、使天下长治久安，于是历代帝王令工匠用优质木料雕刻蚩尤像悬挂于宫廷等建筑中以威天下。后来，蚩尤木刻像逐渐进入傩文化圈。

蚩尤像进入傩文化圈

由于蚩尤像能震人心、慑鬼神，从周代起，统治者们始将蚩尤像“请”进傩坛担任驱鬼镇邪的凶神。最初在宫廷表演的傩戏称宫廷傩，以“黄金四目”武士装扮的方相氏为首，其他配角为12兽，分别持戈、戟、剑等武器驱鬼逐疫、祈禳丰年、天下安定。据文物考定，“黄金四目”的方相氏实际上是虎口兽角的青铜面具，即昔日的“铜头铁额”头盔的变形。流行到民间的傩称民间傩，其主题除了驱鬼逐疫外，还有去疾消灾、求子、增寿、诉求五谷丰登等目的。《述异记》云：“今冀州乐名‘蚩尤戏’，其民两两三三，头戴牛角相抵。汉造角抵戏，盖其遗制也。”汉以前的方相氏是“黄金四目”、铜头铁额，须如剑，头有角，五官局部变形，眉毛上扬加粗，眼窝加深，眼球突出，獠牙外露，体现出原始、朴拙之美，传为蚩尤的化身。民间表演的傩戏一个面具就是一个神，其中包括恶神、善神、丑角等，民间的傩面具根据需要而定，一般是挂 12 面、24 面、36 面，分别称小傩、半堂傩、满堂傩。古代的大型宫廷傩最多时有 81 面傩面具，据说是代表蚩尤的 81 位兄弟神。有些汉文献认为蚩尤像就是饕餮，这是对蚩尤的丑化。饕餮其实是周代礼器上常见的那种带角的虎头、牛与虎的混合物，一律虎口大开、尖牙毗露、两目圆瞪、双角耸立，整个表情带有令人难忘的狞厉神态，这类图像又称镇墓兽。民间艺人在雕刻蚩尤像（面具）时，以天真浪漫的表现手法刻画了蚩尤的“战神”形象，使蚩尤像在原始中见深厚、朴拙中显粗犷，表现出正义、勇猛、威严、神奇的艺术效果和慑人心、震鬼神的宗教力量。

在先秦的文献记载中，蚩尤战败被杀，黄帝的盟主地位得到巩固后，就将蚩尤的形象丑化并降为黄帝的仆佣，挺进傩坛被赋予凶残的性格，成为驱除魑魅魍魉的凶神。《韩非子・十过》载，在表演傩戏时，“蚩尤居前，风伯进扫，雨师洒道；虎狼在前，鬼神在后，腾蛇伏地，凤凰复上。”可见当时蚩尤是用于开路的神。《三教搜神大全・开路神君》载：“方相氏又名开路神君，其神身高丈余，头广三尺，身穿红战袍，脚穿皂皮靴，左手持玉印，右手持方天画戟。”（明万历版《搜神记》也有类似的记载）城步苗族民间的傩戏节目《大郎开路》中的“开路郎君”在表演开路时，也是身穿红衣，头扎红巾，腰捆红带，面具狰狞，手持两根红白相间的木棍边舞边唱，表演砍路、扫路、砌路、架桥、净路等经过，“开路郎君”挥舞花棍扫除道途中的各种障碍，用净水扫除道途中的妖气污秽及邪鬼，便于各路神仙平安地奔赴“桃源洞”。

从各种文献记载得知，傩戏中的方相氏就是蚩尤的化身。蚩尤帝被统治者丑化后进入傩坛，其身份也被降为方相氏与开路神君，成为替宫廷和民间驱鬼镇邪的凶神，使昔日叱咤风云的盟主成为与土地菩萨等诸神平起平坐的“基层神”。

“吞口”在民间的作用

蚩尤帝凭借自己的威望与发明的兵器差点夺取了黄帝的江山，故历代帝王都惧怕蚩尤。宋代以后，统治者很少直接祭祀蚩尤，但蚩尤的威望犹在，只好让蚩尤形象出现在傩仪及其他宗教场合中，让民间通过傩仪形式进行祭祀。蚩尤被“请”进傩坛后，在傩仪、傩戏节目情节的暗示下，苗族民间经常将蚩尤的木刻面具悬挂于堂前或槽门上方以威慑妖魔鬼怪。苗族民间认为，蚩尤是“面狞心善”的保护神，民间若遇家人不安，或遇凶宅闹鬼等怪异现象，则请师公进宅表演《还愿》《大郎开路》等傩仪、傩戏节目，借大郎（蚩尤）的威仪驱鬼压邪。有些内水欠佳的屋基地为防鬼怪闹事，苗民则有意识地修建“狮檐屋”。这种“狮檐屋”有两层平行的屋檐，上下两屋屋檐相距约 1 米，长约 30 米，形成一个长方形的“巨口”；檐口下方四只廊檐柱极像四支外露的獠牙，屋脊两端各砌一个牛角形的“鳌头”，远远望去整座“狮檐屋”酷似张开大嘴的巨型“狮子口”，震慑着周边的一切，故苗族民间俗称“吞口屋”，其实是放大了的“吞口”形象。据说修建这种“吞口”能使宅基地不“犯煞”，一切妖魔鬼怪不敢入宅，既可确保几代人永久安宁，又可使山区的雨雾不侵入堂屋与卧室内。

儒林镇冷水坪村流传有“石箭、吞口震虎妖”的故事。该村王家团的东面有座“虎形山”，山腰有座水风庵，与王家团直线距离不足 500 米。清道光年间水风庵建成后，每当晨钟暮鼓声传到王家团时就像虎啸声，王家团的牛、猪、狗等牲畜一听到钟鼓声（虎啸）就一片混乱，常出现牛狂奔、狗号叫、猪呻吟的怪异现象，不久后这些牲畜就相继死去。属相是牛、猪、狗的村民也心惊胆战，常患怪病，久治不愈而亡。仅几年时间王家团的大牲畜和人口数急剧锐减，经济一片萧条。后经梅山法师指点迷津，才明白是虎形山的缘故。于是，王姓人在寨门口东西修筑了巨型石弓，石箭直指虎形山；每家每户都悬挂“吞口”像。说来也怪，自从修筑了石弓箭和挂上“吞口”像后，从虎形山传来的钟鼓声不再是虎啸声，而是像只病猫有气无力的呻吟，猪牛等大牲畜及民众不再恐惧，人口与经济很快地发展起来。有些“吞口”像从清道光年间一直挂到 20 世纪 60 年代。据当地老农们回忆，在 60 年代一些旧式民居还保留有 10 多个“吞口”像。经过“文革”横扫“四旧”的风暴后，留存的“吞口”像才被迫摘除或毁掉。但是，当年与挂“吞口”像同时进行的石弓、石箭至今还在，成为当年制伏“虎妖”的实物见证。

结 语

历史事件往往因时间的推移演就成民俗与传说。民俗是一部史书，是历史事件的真实记录，透过民俗可看出历史事件的来龙去脉及变异；传说是历史事件的艺术记录，是艺术化了的历史。在中国历史上，炎帝、黄帝、蚩尤三帝之间的战争是兄弟之间内部利益之争，谈不上谁对谁错、谁是谁非。由于缺乏历史的相融性和大文化观念，充斥着狭隘的排他情绪，因而导致了历史的真实遭受歪曲。自古以来，胜者为王，败者为寇。蚩尤战败后，胜者将败者的形象与性格加以歪曲丑化后打入傩坛任“方相氏”“开路神君”等凶神，后又从傩坛“流放”到民间成为“吞口”，将他的形象丑化成凶神帮人们驱鬼镇邪，使他的地位一落千丈，受了3000多年的“委屈”。有哲人说，没有悲剧就没有悲壮，没有悲壮就没有崇高。如今，炎黄二胜者却高居庙堂，享受四方香火祭祀，而败者蚩尤仍然在民间“流浪”，同为中华民族的始祖，其“待遇”却有天壤之别。现代人应该明白，没有公平就没有凝聚力，没有公正就没有战斗力，没有公心就失去亲和力。其有公平、公道、公正之心，就应为在历史上做过贡献的“古天子”——蚩尤“平反”，让蚩尤与炎黄一道同居庙堂共同享受官方与民间的香火祭祀，若炎、黄二帝能活到今天，也会站出来讲公道话的。用公平、公道、公正的态度对待历史上同时代的各民族先祖，切实解决好这一古老而又现实的历史遗留问题，对于实现中华民族的空前团结、加快海峡两岸的和平统一步伐、凝聚人心、抵御外侮是有积极意义的。

（作者系中国傩戏学会会员、湖南省苗学会员、文史副研究员）

枫树神与梅山神兼敬现象探微

杨盛科

枫树是一种极普通的生态林树种，它生命力极强，根系发达，树冠高大，病虫害少；它不择土壤，不管海拔高低，随便把它植在哪里都能顺利成林。它虽然是一种极平凡的落叶乔木，但是，湖南省城步苗族自治县的苗民们却世世代代崇敬它，并衍生出一连串植枫民俗、护枫民俗、祭枫民俗及与梅山神兼敬的民俗现象，曾引起有关专家、学者的关注。

苗民的崇枫古俗

植枫民俗

在历史上，苗族是苦难深重、迁徙频繁的民族。为了本民族的生存与发展，为了躲避连年的战乱，他们只好四处寻找安生的家园。在举家搬迁之前，他们首先到屋旁的古枫树下祭祀，实际上是向枫树神举行告别仪式，祀求枫树神护佑全家（族）在搬迁途中平安无事。然后由一位老者挖几株枫树幼苗带到新的居住地栽植，哪怕是距离很近的搬迁也是如此。他们到了理想的居住地后，第一件事就是把随身带来的枫树幼苗栽植在“水口”处，作为“风水树”以弥补基地“水口”的不足。在新中国成立前，城步境内凡是苗民聚居的村寨都植有枫树，凡是有古枫群的村寨肯定是以苗民为主体的聚居地。1990 年，当地林业部门对全县的古树开展勘查、登记和挂牌保护活动时，发现全县登记在册的古松、古杉、古樟、古柏、古枫等树种中，古枫树数占统计数的一半多。至今，本县长安营乡长坪村的水口处，仍保留有一片占地100多亩的古枫树群，已上千年树龄的古枫有238株。湖南省林科院一位老专家亲临视察，感到十分惊奇：我走南闯北几十年，从来没有看到过这么整齐、保护得如此完好的人造古枫群，简直是我国造林史上的奇迹！

20世纪末，当地有几个威信很高的苗族老干部极力主张林业部门在退耕还林项目中营造枫树林，并列举了营造枫树林的多种好处。林业部门也承认枫树是生态林中最易成林的树种，欣然同意。于是，苗族群众大面积培育枫树苗，两三年时间全县营造枫树林100多万株，成活率达100%。林业部门验收后，每亩枫树林由政府补助70元、稻谷150公斤，连续补助5年。由于有政府补助，有政策保护，群众栽植枫树的积极性高涨，枫幼林也长得极快。如今，鹤立鸡群的古枫与成片的枫幼林基本上连成一线，成为苗乡一道亮丽的风景，寓意极为深远。当然，这深刻的含义只有苗族老人们心中清楚。

据《城步地名志》载，境内以“枫”命名的地名至今仍保留有100余处（其中包括重复的地名）。如枫树湾、枫木坪、枫树包、枫木寨、枫树冲、枫木岭、枫门隘、枫树堡等。1934年12月，中国工农红军长征从广西资源翻过湖南界进入城步的第一个地方就是枫树坳。由此可见，古代的城步苗区到处都栽植有成片的枫树林。这些以“枫”命名的地名印证了城步苗民植枫、爱枫的古俗，成为研究古代苗族先民植枫、爱枫的重要历史资料。

护枫民俗

城步的苗族群众保护古杉，古松、古樟等古树有一套独特的方法：他们为了防备盗贼盗伐古树，在古树胸围以下钉进无数巨型铁钉或铁耙齿，使盗贼们奈何不得。而保护古枫树却不准钉大铁钉和铁耙齿，村寨里专门有老年人常年在古枫树枝上悬挂冥钱。冥钱若被风刮走或被雨水淋湿，立即有人补挂上。因此，古枫树上一年四季飘扬有白花花的冥钱。那些企图盗伐古枫树者看到树上挂满冥钱，心理上会产生一种惧怕神灵的恐惧感，不敢下手盗伐古枫树，这种护树方法也十分有效。苗民们在自家坟山周围也栽植有枫树，据说在坟山周边的枫树若遭到砍伐或破坏，坟主的后代就会有大灾小难。因此，常有仇家故意到某户的坟山破坏枫树，坟山的户主发现后会挺身而出进行制止。在解放前的清明节期间，常有苗民为保护自家坟山的枫树发生争执，以致群体械斗。前人栽植的古枫是万万不能砍伐的，甚至折枝、削皮、挖根都不允许，若有人砍伐或破坏古枫不但会受到全寨人的咒骂，还会受到枫树神的严厉惩罚。城步苗乡有一个村寨的水口处曾保留有几十株古枫，几百年来没有人敢破坏它。1958 年“大跃进”时，刮起一股砍古树烧木炭土法炼钢铁的歪风。有一名戴姓青年了为当积极分子图表扬，拿起斧子砍古枫烧木炭，他的行为遭到全寨老人的反对。他坚持要砍，断断续续砍了五天才将其中一株古枫砍倒。按照砍树者的设计，这株古枫应该是朝南方的空坪处倒下的。可是，在古枫即将倒下时，突然刮来一阵怪风，使古枫倒向东面路边一丘面积有 1.8 亩的稻田里。由于古枫树高冠幅大，有 20 多立方米的材积，将稻田占了约 1.2 亩的面积，谁也奈何不得它，10 年中使这丘稻田每年减产 600 多斤稻田。由于影响了农业劳作，又连年减产，砍古枫者天天被人咒骂。因影响过路人来往，外乡过路人也骂砍古枫者“做短命事”。说来也巧，半年后砍古枫者暴病身亡，被埋进“乱葬岗”，其妻子远嫁他乡；两个小孩大者夭亡，小者患怪病，经抢救治愈后变成哑巴。虽然长大成人，如今成为“五保户”。老人们都说，这是砍古枫的报应。究竟是什么原因使砍古枫都不但家破人亡，而且断了香火？是偶然的巧合还是砍古枫的报应？谁也解释不清楚。老人们以此教训晚辈，从此方圆百里再也无人敢砍古枫树了。

祭枫民俗

城步一些 70 岁以上的老人都称树龄上 300 年的古枫为“神树”，一般是一个村寨选定一株树龄最长、长势最好的古枫为“神树”。新中国成立前，苗民的生活动中似乎离不开枫树。小孩取名必须先告知枫树神，用红纸条写上“长命富贵、易养成人，取名 ×××”贴在古枫树上，祈求枫树神的护佑。小儿夜哭，也用四方形红纸条写上“天皇皇、地皇皇、人皇皇，吾家有个夜哭郎，拜请树神永保佑，一觉睡到大天光，从此不再吵爹娘。天皇地皇人皇皇，拜上拜上再拜上，佑吾儿郎永安祥”，然后焚冥钱、燃香点烛，进行祭祀。据说凡贴在古枫树上的都很灵验，贴在其他古树上的效果次之。苗区的梅山神坛有半数是安在古枫树下，所以，猎人上山打猎前，必先到某株古枫树下请梅山神；打猎归来，也要先到古枫树下谢梅山神，然后才能回家。打渔捕虾者在河边或塘边若望见附近有古枫树，必须远远地朝古枫树作揖，请梅山神保佑捕捞丰收；肩棚放鸭者看见古枫树作揖后，鸭群十分听使唤，狐狸野猫不会来捣乱。正月舞龙灯，出灯前要将神龙舞到庙边的古枫树下进行祭祀，据说祭祀了古枫后，舞龙期间参加舞龙的人才会安全，不会出事故。据史志载，境内的苗民在每年春季枫树发芽抽叶时要特别注意观察，发现哪边最先抽叶，说明哪边最吉利，祭祀枫神时必须到最先抽叶的方向祭祀；出远门求财、旅行时，必须先朝最先抽叶的方向出行。冬季举行傩祭活动时也须祭枫树神。枫树神同时又是村寨的“守护神”，它负责守护地方的安宁。有些村寨常把土地庙修筑在古枫树下，寓意两神全力共同守护村寨的安宁。苗民生活中几乎处处与枫树神有关联，从而增添了祭祀枫树神的神秘性。

“枫文化”与“梅山文化”兼祭的联想

城步苗民为什么把枫树神与梅山神牵联在一起呢？笔者为了考察其原因曾走访了几位老梅山法师，他们解释的共同点是“多一个神比少一个神好”。笔者认为有一定的道理，其原因有三。

1. 苗民植枫、护枫、祭枫的目的是为了隐祭暗祀本民族的始祖蚩尤，这是一种祖先崇拜和英雄崇拜。蚩尤是历史上的战神，涿鹿血战的悲壮故事流传了数千年。“黄帝杀蚩尤于黎丘之山，掷其械于大荒之中，化为枫木之树”，因此，枫树是蚩尤的化身。通过植枫、护枫、祭枫等方式来怀念本民族的祖先与英雄是一种纪念方式，成为苗民们不畏强暴、勇于反抗的精神支柱。从宋初至清末，城步苗民曾联合湖广边界的瑶、侗、汉等民族的人民举行过大小不等的起义近百次就是例证。

2. 将梅山神依附在枫树神身上，将两个不同时代的神兼敬主要是凭借战神蚩尤的威力，使梅山神更具“杀气”。蚩尤能统帅千军万马，梅山法师能带领无数猖兵，二者合一，形成“大军压境”之势。有些苗民所掌握的梅山咒语与法术还不全面，功底浅，而在狩猎活动中又要达到某种目的，为了保险起见，只好借助蚩尤神灵的帮助，将梅山坛安置在古枫树下，狩猎前后同祭之。这也许就是“多一个神比少一个神好”的原因，也算是苗区人民在祭祀神灵过程中的一种“发明创造”。

3. 城步苗民的信仰是多教合流、混杂不清、兼收并容的。他们虽然对“外来神”不是一味地屈服顺从，有“爱憎分明”的两重性。但对于本民族的神却十分崇敬，只要能提高自己的法力达到某种目的，需要请什么神就请什么神，哪位神对我有利就请哪位神，多神合作或多神合并都无所谓，这是数百年来经过无数次实践的总结。苗民的各种习俗都与梅山神有关，三教九流中也渗透有梅山文化的影子，崇枫古俗中渗进有梅山习俗，“枫文化”与“梅山文化”并存、兼敬等现象这就不感到奇怪了。

由于历史与地理的原因，城步的交通闭塞，经济落后，与外界少有来往。而越是封闭的地区保存的东西越原始，与外地民族接触得越少，民俗现象也消失得越慢。民俗本身是一部史书，它的传承忠实地记录了数千年来的历史。遗留至今的植枫、护枫、祭枫、敬梅山神等民俗现象可以说是城步苗族先民在远古时代社会生活的“活化石”，具有独特的研究价值。

拯救逐步消亡的苗族语言的重要意义

陈定模

苗语是苗族的交流和思维工具。苗语承载着丰富的苗族文化，本身也是苗族文化的重要组成部分。苗语的消亡，意味着苗语反映的苗族文化将失去存在和发展的根基，从而最终导致苗族文化的消失。这种后果，实际比一种物种的消亡更可怕。当前，苗语的现状如何，是否存在消亡的危险？本文以湖南省城步苗族自治县苗族方言为例，结合工作和生活实际，谈谈拯救逐步消亡的苗族语言的重要意义。

一、苗语现状

（一）基本概况及分类

城步苗族自治县苗族人口 13.9 万人，占全县总人口的 53.9%，主要聚居在巫水流域的儒林镇、丹口镇、茅坪镇、白毛坪乡、兰蓉乡和南部山区的五团镇、汀坪乡。城步苗族使用的语言比较复杂，县境清溪以北地区的苗族基本上操汉语，大部分属老湘语系统，较多的保留湘语的特点。长安营乡牛石（包括上排、下排等村）的苗族所操的苗语，自称“坝哪”话，属汉藏语系苗瑶语族苗语支，比较接近黔东方言（即中部方言），与布努语支亦有不少相同之处，但已受汉语较深的影响。城步中部、南部苗族所操的苗语，内含不少古汉语的上古音和中古音，和古楚语亦有较深的渊源，也有苗语支的某些遗存成分。与牛石苗语不能通话，和城步汉语方言差异也很大，相互不能通话。这种苗语俗称“平话”，著名苗语专家王辅世著的《苗语简志》称：“在湖南城步、绥宁和广西龙胜、资源有一部分苗族操一种与当地汉语不同的汉语。”中国社科学院语言学博士李蓝全面考察城步、绥宁苗族语言，通过记音分析后，称其为“苗族汉语”。这种苗语的内部差异也较大，以城步苗族自治县五团、兰蓉、羊石和绥宁县关峡为中心自然形成4个土语群，4个土语群之间大体能通话。毗连城步南部的广西龙胜、资源县的苗语也能与其基本相通。城步的苗话也有地域之别，目前有白毛坪、兰蓉苗话和蓬洞苗话、五团、平林苗话之域别，这些域别的苗话基本读词说句相同，但音调不同。蓬洞、五团地方的苗语说起来如铃铛响一般，柔和、婉转、悦耳；而兰蓉、白毛坪的苗语声调昂韵多，结尾句去音较多，略显沉重。如地方汉话“去哪里睡觉”一句，在蓬峒、五团等地苗语是“希家什绵啊”，而在白毛坪、兰蓉等地苗语则是“日驾勾面敖”。

（二）使用情况

1.使用人口。对苗族来说，有多少人使用苗语，我们无法统计出准确的数据。但可以这样说，苗族绝大多数还是使用苗语的。不使用苗语的人，主要是在城市中出生和成长的少数青少年，我们对部分参加高考的苗族学生进行过苗语测试，每200人中，会遇到3—4人不会讲说苗语。根据这种情况推断，不会苗语的青少年，占到苗族青少年总数的1.5%。在这些青少年中，有的既不能听也不能说，有的能听但不能说，有的只会听说简单的词句，平时几乎不使用。与此同时，苗族的双语人大量增加。目前，除多数学龄前儿童和70岁以上老人外，苗族大部分人都可以算为双语人。掌握双语以后，有的人即使会苗语，有时也不用苗语而用通用语进行交流。这种情况，常常出现在一些干部或青少年中。双语人的增加，说明苗族在接受文化教育方面有了很大的进步，但也表明使用苗语的人会减少。按照联合国教科文组织提出的衡量标准，出现这样的情况，语言还是存在危险了，因为这样的语言，已经不是全民在使用。

2.使用领域。苗语的使用领域，目前主要还是在家庭和村寨中的日常生活生产中。离开家庭和村寨，与外界交流，本民族内多数一般使用苗语，但与其他民族交流，则只能使用汉语。也就是说，苗语在集市、行政、会议、学校教育、司法等许多领域，除了遇到交流对象是苗族，一般都不使用，其通行范围受到极大的限制。特别是在一些新领域，苗语得不到应用的情况更为突出，如报刊、杂志、广播电视、网络等，由于没有苗族专门的文字，在以上宣传载体中根本无法推广苗语苗文，只能使用汉语文进行交流。这说明，苗语难以适应不断变化的现代社会，与现代社会的发展形成一定程度的脱节，若不采取积极措施，有可能为时代所遗弃。

3. 使用功能。如前所说，一些同胞讲出的苗语之所以不成其为苗语，根本原因还是苗语功能存在问题，也就是表达不了新事物、新现象，如电、电话、手机、互联网、QQ、空间、艾滋病、禽流感、小康、航天等，苗语都没有相应的词，有的也很难造出新词，这样，在遇到类似的词时，就不得不使用汉语借词。总体看，苗语能表达的，主要是苗族的传统生活、政策理论、专业术语、科技用语、抽象概念等，苗语都难以表达。因此，离开苗族传统生活，苗语的表达功能无形中会受到限制。随着苗族传统生活的改变，许多新概念、新术语、新词汇等不断引入苗族生活之中，苗语表达功能消弱的现象会越来越严重。

4. 使用态度。使用态度对一种语言的发展往往起着重要的作用。一种语言，如果使用的人觉得重要，抢救、保护的意识强烈，那么该语言就容易得到传承和发展。反之，则容易消亡。苗族对苗语的使用态度如何，也是决定苗语使用发展的一个重要因素。为掌握苗族的语言使用态度，笔者在今年春节回老家丹口镇羊石村拜年时对该村的 30 名村民进行过走访调查，发现苗族村民中大部分对自己的母语具有深厚的感情，母语意识还很强烈。不少人认为作为苗族不使用苗语就是忘本，因此积极提倡讲说苗语。不过，苗族中也有一部分人对讲说苗语持无所谓的态度，有的人，特别是年轻人和一些干部，甚至把讲说苗语当作落后或负担来看待，以讲苗语为耻，你用苗语问，他却用汉语答，这样的现象实际也不少。这对苗语的使用和发展，将造成相当的负面影响。

从上面情况看，苗语现已处于不安全状态，面临危机，令人担忧，应引起足够的重视。

二、苗语危机原因分析

（一）汉语影响

汉语是我国的通用语，各民族都需要学习和使用，苗族地区苗族人口虽然占一定的比例，但总体人口还是没有汉族多，所以对外交往一般只有使用汉语。更为主要的是，我国政治、经济、文化、教育、宣传等活动领域，都以使用汉语为主，随着报刊、广播、电视、网络等媒体的广泛普及以及教育水平的提高，汉语更是影响到苗族生活的各个方面。在这种情况下，处于弱势的苗语，面对汉语的影响，功能自然会弱化甚至陷入危机之中。现在，就算是在农村，使用苗语时，都不难看出苗语所受汉语的影响。不少人不仅会讲汉语方言，而且通过看电视等，还学会了普通话。这是一种进步，有利于各民族之间相互沟通和交流。但是如果不加注意，在强势汉语的影响下，苗语慢慢就会走向消亡。

（二）没有书面语

有的语言，如果有书面语，使用领域广，使用功能强，不管其他语言如何影响，一时也不会出现危机问题。对苗语来说，情况则不是这样。据湘西苗族古歌《在中球水乡》和岳麓书社出版的《城步苗款》以及清代、民国的文献记载，苗族确实有自己的文字。“苗文”最早在城步横岭一带使用，到了清乾隆年间，就已经在城步流传使用。是什么原因造成曾经在苗族聚居区广泛流传、使用的古苗文失传的呢？据《清代前期苗民起义档案史料》《城步县志》记载，为摆脱封建统治，城步苗民进行过无数次苗瑶山民起义。一次起义被镇压后，清廷认识到这种“似篆非篆”的文字，实为城步苗民使用的苗文。其后，清政府采取高压措施消灭苗文，以防止苗民使用这种文字再次举事。朝廷对苗族聚居区进行挨家逐户的搜抄、清查、销毁，永远禁止学习和传承使用苗文，苗文在湘桂黔边区就这样慢慢消失了。这样，在汉语的影响下，苗语的传统成分就会不断消失，而新的成分又不能适时产生，人们只会信手拈来，不加改造和创新地借用，结果造成苗语功能迅速弱化，从而出现危机甚至濒危。

（三）母语意识淡化

从以上有关苗族语言态度的情况，我们可以看出有一部分苗族对学习使用汉语持积极态度，这应是好事。但不可否认，有的苗族同胞在学习使用汉语的同时，母语意识明显淡化。一些父母认为掌握苗语不利于进校读书，不利于升学就业，平时不教孩子学习苗语，自己在家里与孩子交流也不使用苗语。一些苗族干部，由于种种原因，觉得讲说苗语难于表达意思，或担心讲说苗语会让其他民族听不懂，甚至会被怀疑有什么不能让人知道的情况，影响自己的政治前途，从而不注意甚至不敢讲说苗语。这些做法，在一定程度上消弱了苗族的母语意识，从而在一部分苗族同胞中形成苗语可讲可不讲的想法，自然不会重视苗语的学习和使用。

（四）人口流动

近年来，与其他民族一样，苗族人口流动性很大，而且主要是农村人口向城市流动，其他还有城镇化、异地搬迁等，这对推动苗族经济发展，使苗族与其他民族同步实现现代化，具有积极的促进作用。但是，流动到城镇的苗族，往往会丧失应有的苗语使用环境，减少使用苗语的机会，让部分苗族对苗语的许多传统词汇和语法变得越来越陌生，他们的后代在新的环境中，自然会汉语而不会苗语，这给苗语的使用传承带来新的问题。可以预见，在城市里生活，不久的将来，他们的苗语将会消失。

（五）生活变化

过去，苗族生活在封闭状态中，对于传统生活、生产，苗语完全可以表达。但是，随着时代的变化，苗族与其他民族一样，开始接触到许多新的东西，而一些过去的事物又慢慢在消失。如舂碓、推磨，现在都用机器碾米磨面，一些年轻人因此已经不知道舂碓、推磨是怎么回事了。再如大象、獐子、麻、蓝靛等动植物，现在好些人也不知道苗语怎么讲。特别是化肥、汽车、电视、手机、网络等，正在不断引入苗族生活、生产之中，作为少数民族，很多人甚至来不及思考该如何称呼，而只会一味的借用，这直接消弱了苗语对新生活的表达功能。

三、拯救逐步消亡的苗族语言的对策及重要意义

（一）提高认识，重视苗语传承保护

语言不仅仅是人们思维和交流的工具，更是宝贵的难于再生的重要资源。传承民族文化，首先要抢救和保护好民族语言。对于苗语，好些人可能认为还不到濒危的地步。但在现实生活中，我们已经深深感到苗语危机的存在。如果现在不加重视，苗语功能将会不断弱化，并将在不远的将来消亡。这绝不是危言耸听。联合国教科文组织今年发布的《濒危语言图谱》说，全世界有7000种语言，其中一半以上语言将在本世纪消亡，80%—90%将在未来200年内消亡。从前面我们说到的苗语使用情况，要是不加抢救保护，说不准苗语就在这些即将消亡的语言之内。因此，我们应有危机意识，做到语言自觉。

（二）领导带头，提倡积极讲说苗语

保护语言，人人有责。但是，在语言使用问题上，领导往往起着示范作用。领导讲说苗语，而且讲得较好，可以为群众树立榜样。相反，领导不重视苗语的使用，甚至自己不会讲，就会在群众中造成不好的影响，让大家觉得讲不讲也无所谓。因此，领导带头，对抢救、保护苗语具有重要意义。当然，在我国，由于种种原因，苗族领导学习的都是汉语，加上平时接触的都是政治术语，苗族领导在会议等场合一般讲不了很规范的苗语，这是客观事实，也是可以理解的。但是，讲总比不讲好。这不仅是个人的语言使用问题，也是群众的语言使用问题，应当大力提倡。作为一般群众，也要积极讲说苗语。

（三）开展活动，营造苗语使用氛围

抢救、保护苗语，需要有一定的使用氛围和激励机制。建议有条件的地方或组织，开展一些诸如讲苗语比赛、山歌对唱等活动，对一些苗语讲得好的人进行表彰，鼓励大家学习和使用苗语。在一些苗族人口较少的地方，还可根据苗语即将失传的实际，将苗语申报为非物质文化遗产名录，增强人们抢救保护苗语的自觉性，通过政府帮助，社会支持等途径，使苗语能够得到有效传承和使用。

（四）扩大领域，激发苗语使用活力

语言要得到发展，需要不断适应新的使用领域。随着社会的不断变化，特别是科技的日新月异，语言使用领域在明显增多。如互联网的普及、通信手段的更新等，都给语言使用提供了重要平台。但能否适应，则要看各种语言的具体情况。苗语是一种弱势语言，必须采取积极主动的措施，将其引入这些新的领域，才能适应形势的需要。目前，最迫切的就是扩大苗语在广播、电视和网络等方面的应用，使苗语在新的领域中得到应用，从而激发出苗语的活力。

（五）创造苗文，形成苗语书面语言

文字是记录语言的符号，有文字记录，语言才能突破时间和空间的限制，得以保存和传播。过去苗族没有文字，没有形成书面语情有可原。2011 年 5 月，湖南省邵阳市城步苗族自治县在进行第三次文物普查时，在该县丹口镇仙鹅村发现了 3 块古苗文石刻。通过专家、教授现场对石刻上的文字和现存少量古苗文字资料进行对比分析，来自中南民族大学的专家李庆福肯定地表示："石刻上的文字就是失传两个半世纪的城步古苗文字，同时也是湖南目前唯一发现的古苗文实物。"为此，政府应加大古苗文挖掘、确认工作力度，尽快组织专家教授进行整理、破译苗文字内容的工作，争取早日形成苗族书面文字，做好推广工作。有了书面语，苗语就可以得到规范，大家也不至于讲出些苗不苗汉不汉的语言来。

（六）建立机构，提高苗语规范标准

苗语规范化和标准化，对苗语的使用和发展也有一定的影响。不规范，不标准，各说各的，天长日久，形成更多的方言土语，互相沟通不了，语言的通用范围就会受到限制，使用人数因此减少，自然不利于语言的发展。建议在政府部门、事业单位和社会团体的基础上，组建苗语术语规范标准委员会，负责苗语的规范标准工作，采取挖掘、创造等方式方法，规范苗语语音、新词术语、苗语语法等，并定期向社会公布，要求出版、广播、电视、学校等宣传和教育部门以及社会使用，逐步提高苗语的规范标准程度，促进苗语的传承和发展。

总之，苗语面临危机，某些现象甚至到了有点不能容忍的地步，应当引起各界的重视。从现在开始，只要采取积极有效的措施，完全可以促进苗语的传承和发展。

对湖南（南山）“六月六山歌节”的回顾与思考

王安伯　曹正城

著名人类学家维克多·特纳说过：“节日是人类发明的最大规模的仪式。”湖南城步苗族自治县“六月六山歌节”［2014年起改为湖南（南山）六月六山歌节，成为湖南四大民俗节庆品牌之一］，到2021年已连续举办了23届。该节因其民俗特色品牌彰显，文化聚焦功能突出，2018年9月荣获了“纪念改革开放四十周年中国优秀节事奖”，被列入第四批国家公共文化服务体系示范区（项目）创建资格名单，成为全国最具代表性的民俗节庆活动之一。2019年11月，“六月六山歌节”的图标及办节的做法应邀在第八届中国民族节庆峰会上进行了展示、推介；在2021年4月中国节庆与旅游大会上，“六月六山歌节”获评“中国优秀当代节庆”荣誉称号，成为全国最具代表性的节庆活动之一。在2010年“六月六山歌节”开幕式上，我国著名苗族女歌唱家宋祖英亲临城步会场，兴高采烈地演唱了《爱我中华》《好日子》《山歌好比春江水》等6首歌曲，时间长达40分钟。回顾这23年的节会举办历程，我们认为有必要对城步“六月六山歌节”进行一次客观地回顾和理性思考。

一、城步“六月六山歌节”的起源

城步人民爱唱山歌，而将山歌唱成一个民族的重大节日，其中有悲壮，有历史，更有故事。城步“六月六山歌节”，源于明、清时期城步农民的大起义。因为山歌在每次城步农民起义斗争中发挥了重大的作用，极大地鼓舞了义军的士气，沉重地打击了当时明、清军的嚣张气焰。

明朝正统元年（1436），横岭峒（今长城步安营镇）大寨村的侗族农民领袖蒙能联合广西龙胜蒙顾峒的苗、侗同胞揭竿起义，反抗明朝的腐朽统治，曾经一度攻下新宁、绥宁、会同、靖州等州县。天顺四年（1460）农历六月初六日那天，在一次战斗中，起义军以唱山歌的形式激励将士奋勇战斗、传递信息并大获全胜。

还有清代乾隆初年，又是天灾，又是人祸，苗、瑶、侗族人民处于水深火热之中，阶级矛盾日益加剧。于是城步县横岭峒侗族首领粟贤宇、莫宣峒苗族首领杨清保等，在广西义宁（今龙胜县一带）侗族首领吴金银举行冷江拜王滩起义的影响下，他们打起明代苗民起义领袖李天保的旗号，于乾隆五年（1740）共同领导苗、侗等族同胞揭竿而起。他们高唱山歌：

高山苗寨皇帝远，
种田人少相公多。
三年两歉苗民苦，
十室九空没奈何。

欺人百步人要反，
反上州县杀狗官。
官逼民反民就反，
拼着性命干一番！

起义的烽火形成燎原之势，迅速向湖南新宁、通道和广西等地蔓延。清廷惊恐万分，急命湖广总督班茅率兵镇压。农历六月初六日，清军将领刘策名坐镇城步儒林镇大竹坪，指挥清军分数路进攻义军：一路由张文英率领，从界溪攻打在白水洞的义军。往西他们看到义军旗子，听到义军的歌声，都成了惊弓之鸟，后被义军击败。一路由盖瑞曾等率领，自绥宁进攻城步竹岔山、枧头山。结果，被义军诱入龙开口，一时伏兵四起。滚木、礌石、箭镞如雨，辣烟、毒雾笼罩全冲，清军官兵死伤过半。正如山歌《龙开口歼敌歌》所唱的那样：“清军闯入龙开口，飞蛾扑火烧自身。两岸壁陡水又急，十人进来九丧生”，“清兵慌忙去逃命，倒钩刺上难脱身。山沟辣烟冲天起，毒雾笼罩十里冲……龙开口，歼灭战，义军将士多英雄”。

由于多种原因，以上城步农民的多次起义虽然最后还是失败了，但在我国的历史上却写下了光辉的一页。为了纪念上述起义军的壮举和“六月六”这个可歌可泣的日子，后来城步横岭峒的各族同胞修建了“天王”庙（纪念明朝中叶城步苗族农民起义领袖李天保。景泰七年即公元1456年，蒙能牺牲后，义军拥立李天保为首领，建立了中国苗族史上第一个王国——“上堡古国”，年号“建元武烈”，李天保自称“武烈王”，并封帅授将，下辖长坪大寨等州府县，义军尊称他为“李天王”。天顺五年闰十一月即公元1461年，起义失败，李天保在贵州清水坪被俘，后在北京遇害），每年的农历六月初六日这天，苗乡侗寨的各族人民都来到寨中心对山歌，正所谓“一山响雷万山应，苗乡侗寨起歌声”。这一天，到处都是歌海，遍地都是歌声。于是，年复一年，便约定俗成地把农历六月初六日定为“山歌节”，一直延续到现在。

二、城步山歌的基本概况

城步素来就有“山歌之乡”的美誉。有人说“中国山歌在苗族，苗族山歌在城步”，可以说山歌已深深地融入了城步各族群众的血液和民族情感，是城步各族同胞表达爱情、传递友谊、互通信息、教化民风、教育后辈的重要手段和载体，在老百姓的生产、生活中山歌无处不在。城步山歌内容丰富、种类繁多，上山有挖土歌、采茶歌；下水有放排歌、洗衣歌；红喜事有迎客歌、敬酒歌、年轻人结婚男方唱贺郎歌、女方唱嫁女歌；长者过世有葬歌、扫坟歌；找对象唱情歌；娱乐休闲有摇摇歌、游戏歌、螃蟹歌、溜溜歌。风格上有的庄重、有的幽怨，有的诙谐。表现方式上有的抒情、有的叙事、有的状物、有的写景。按唱腔分有四句腔、傩腔、自由腔、高山腔。按地域分有汀坪调、五团调、长安调、丹口调等，城步山歌可谓异彩纷呈，美不胜收，甚至有人说城步山歌就是南方的“诗经”，早在五六十年代就受到了民族音乐工作者的高度关注，著名作曲家、原湖南省歌舞团团长白诚仁先生于20世纪60年代就两次专程到城步采风，由著名作家叶蔚林作词，著名歌唱家何纪光老师演唱的《挑担茶叶上北京》，就是白诚仁先生根据城步的“贺郎歌”的曲调改编而成的。曾经唱红大江南北，而今已成为了中国民歌的永久经典之作。“六月六山歌节”就是根源于这样的民族文化沃土之中。

三、“六月六山歌节”的办节启示

由于城步县委、县政府的高度重视，“六月六山歌节”已连续举办了23届，它经历了一个由民间到官方，由小到大，由粗到精，由传统到现代的过程，回顾我们的办节历程，要打造一个知名节会品牌，我们觉得有以下四个方面的启示。

1. 民俗节会品牌打造离不开党委政府的支持。农历六月初六，在城步又有半年节之称，其中一项重要的活动就是“对山歌”。六月六对山歌起初是一项纯民间的自发组织、自发参与、自娱自乐的活动，即每年的农历六月初六十里八乡的群众自发地汇聚到本乡本土一个人烟相对集中、风景相对较好的地方摆开歌台，相互对唱，如遇天气晴朗，有的可以对上几天几夜。在对歌中增进了解，加深友谊，有的年轻人则在歌场情定终身，颇有当今电视上相亲节目的韵味。第一届山歌节是1997年在当时的长安营乡大寨村村口的河滩上的古杉群中举办的，当时乡村两级只是给冠了一个“山歌节”的名称，派少量人员做了些秩序维护工作，基本上是群众自发的，相当的“原生态”，后来先后移师在长坪村、桃林村等轮流举办，到2007年才开始上升到县级层面加以组织打造。到2013年首次将“山歌节”与“湘桂原生态风情节”两节合办，取得了较大成功，产生了较大影响，湖南省委宣传部的领导现场观看后认为城步的山歌节特色明显、内涵丰富、底蕴深厚，2014年便决定将城步山歌节上升为省级品牌节庆活动打造，通过连续四年的不懈努力，城步的“六月六山歌节”现在已正式成为了湖南省四大民俗节庆品牌之一。

2. 节会影响传播离不开现代科技传媒的参与。城步“六月六山歌节”从2015年开始引入“互联网+”的模式，与新浪合作，通过山歌大赛为载体，在全国掀起了一场原生态山歌创作演唱风潮，全国五大赛区上万名原生态山歌手竞相角逐，最后通过决赛，产生了东西南北中五大山歌王，社会各界关注度持续升温，微博话题阅读量在当年曾两度登顶全国热门旅游微博话题榜首。起步于城步的“六月六山歌节”，由此走出大山、走出湖南、走向全国，成为“互联网+节庆”的典范之作，再加上省级和国家级电视媒体的大力推广，其影响力可谓是“更上一层楼”。

3. 节会水平的提升离不开专业人士和团队的指导。城步“六月六山歌节”近年来在发展中提升品质，最初是乡镇文化站及民间人士粗放式的指点，逐步过渡到由县文化、民族工作等部门的指导，再到邀请专业音乐人士及团队来打造，节目的品质和档次一年上一个新台阶。中国音乐家协会、中国少数民族文化艺术促进会、湖南省音乐家协会等专业机构，北京市音协的孟勇老师、吴碧霞老师，中央民族歌舞团的蓝剑老师等专业人士，均到城步现场指导山歌节，他们按照国家级水准，从歌曲创作改编、舞美、灯光、音响等方面给予精心指导，使得“山歌节”的档次逐年提高，特别是开幕式晚会，场面壮观，气势恢宏，震撼人心。

4. 节会内涵的丰富离不开当地传统民族文化的融汇。“六月六山歌节”举办之初，其形式与内容都还比较单一，前期基本上是以对歌为主，点缀少量的其他形式的节目，我们感觉要提升山歌节的观赏性、娱乐性和吸引力，很有必要将与山歌相关的一些传统的民族元素加入其中，特别是一批国家级和省级非遗项目与山歌节融合在一起。如木叶吹歌、苗族服饰展演、城步吊龙舞、庆鼓堂、傩舞展示、油茶制作与品偿、山歌传承人竞选等。这些元素与山歌同根同源、共生共长，相得益彰，极大地丰富节会活动的内容，提升了节会的品质。同时也使这些民族传统文化借助山歌节这一活动平台得以展现与弘扬，使外界更多的认识和了解城步的民族文化和人文底蕴。

四、“六月六山歌节”对城步经济社会的影响

应该说“六月六山歌节”对城步的影响是全方位的，特别是对优秀苗族文化的传承、旅游业的发展、脱贫攻坚起到了巨大的推动作用。

1. 游客数量进一步增加。通过举办“六月六山歌节”，来城步旅游的游客人次由2012年的50万人次增加到2021年的485万人次，2021年比2012年增加了435万人次。

2. 旅游产业的拉动力进一步增强。随着生态文化旅游的持续升温，旅游产业的发展为城步经济的跨越式发展和脱贫攻坚注入了催化剂，旅游产品加工产业、观光农业及相关的服务产业相继崛起，旅游综合收入由2012年的3.2亿元增加到2021年的45亿元，2021年比2012增加了41.8亿元。2014年至2019年，全县累计脱贫14320户56040人，贫困发生率由25.72%下降到0.73%，贫困群众收入稳定增加，87个贫困村全部实现出列；全县顺利通过省、市评估，实现“脱贫摘帽”目标。

3. 旅游基础设施进一步改善。以举办“六月六山歌节”为契机，城步的基础设施得到大改善、大发展。一是交通环境和设施得到全面提质升级，通过“山歌节”活动的助推，高速公路已通到县城，150多公里的景区公路得到升级改造；二是旅游休闲基础设施大大加强。自2014年以来，城步先后建成县民族文化体育中心、南湖公园等重大文化旅游休闲场所，大大提升了城市品味；三是民族特色更加彰显，民族发展展示馆、山歌博览馆于近两年相继建成，通过改造，县城主干道的建筑物民族风格更加熠熠生辉。

4. 知名度和美誉度进一步提升。城步原是一个“养在深闺人未识”的山区民族小县，在外界知名度不高，人们对城步的民族文化、民风民俗、景区景点更是知之甚少，通过山歌节的举办，城步在外界名声鹊起，来城步旅游观光的络绎不绝，来城步投资置业的成倍增加。上级领导及社会各界对城步也更是关爱有加，给予城步的荣誉纷至沓来，近几年来，城步先后被授予“全国民族团结进步模范县”“全国法治创建活动先进县”“全国绿化工作先进县”“中国南方杨家将文化艺术之乡”“中国山歌之乡”中国最美县域”（核心标准为“丰富的旅游资源、很好的生态环境”）等荣誉称号。

5. 苗族山歌文化得到进一步普及。通过连续成功举办23届“六月六山歌节”，城步山歌文化得到了极大普及。唱山歌已是蔚然成风，山歌由农村唱进了城市，由田间地头唱进了机关、学校。唱山歌的群体由中、老年人传递到了广大的青少年。对歌的平台也发生了巨大的变化，原来是在本乡本土见面才唱歌对歌，现在是数千山歌爱好者在山歌微信群里天南地北相距千里的唱歌、对歌。

五、“六月六山歌节”办节中的不足

“六月六山歌节”在城步虽然已连续举办了23届，也取得了一些令人欣喜的成效，但毋庸置疑也存在一些不容忽视的问题和不足，在观赏性、娱乐性、趣味性、持久性、吸引力等诸多方面还有许多有待进一步改正和加强的地方。

1.注重开幕式文艺演出的打造，忽视山歌原真性的展示。或者说注重了某种意义上的创新，忽视了传统的坚守与尊重。一个有持久生命力的节会活动，关键在于保留和坚守它的原真性和全民性，否则就走了神、变了味，最终的结果只能是夭折。城步山歌的原真性应体现为其歌手的原真性——来自民间，歌曲内容的原真性——即性而发；歌唱形式的原真性——对歌为主，而山歌节在举办过程中，特别是近几届山歌节对山歌原真性的展示和关注呈现出明显的弱化趋势。

2.注重官方感受，忽视民间感觉。城步的“六月六山歌节”逐渐由民间上升到官方举办以后，认为只要来参加活动的领导满意就是成功，而且是把搞好开幕式晚会作为衡量领导是否满意的标尺（我们也不否认，领导的满意和认同是必不可缺少的）。而开幕式晚会的场地和时间毕竟有限，大部分普通群众是无法参与其中的，这就在一定程度上造成了一些群众不满和置身局外的感觉，他们感受不到一种全民狂欢的愉悦，认为山歌节只不过是一场官方的娱乐聚会。

3.注重了山歌的表演性的一面，忽视了山歌对抗性的一面。城步一些传统的山歌曲目是具有很强的表演性。如流传在县域南部的《挖土歌》《四十八层万花楼》等曲目均可作为表演类节目，让人欣赏它的歌词之美和韵律之美，但本人认为城步山歌最大的特点和最具趣味性、观赏性的亮点就在于山歌对歌。山歌手之间比的是智慧，是口才，是反应的灵敏度。对歌最能体现歌手的水平和素质，而观众也在其斗智斗勇中得到极大的愉悦感。如何放大这种效益，应是日后办节需打造的一个重要环节，而近几届的山歌节，参与原生态山歌赛的选手，基本上是将事先准备好或排练好的山歌上台表演一番而已，没有真正体现出山歌对抗赛固有的精髓和精彩。

4. 注重办节的表象和即时效应，忽视了对节会的深层谋划及节会成果的后续利用。凭我们个人的感觉，每年的“六月六山歌节”的筹备都是比较仓促的，给人的感觉就是完成任务式的，缺乏深层的谋划，筹备机构的组建及人员都是临时凑合；作为一个举办过23届山歌节的县，至今没有打造和固定一个特色鲜明的启动仪式，县一级没有设立一个专门的节会机构，也没有相对固定的人员，更没有打造出一个富有知名度的本土歌手，也没有推出一首能唱响一方的山歌名曲，这不能不说是一种遗憾。节会举办后，也没有对节会的成果进一步挖掘拓展和利用。景区文化难以看到山歌节的元素，城乡区居民中普及率极高的广场舞场所也难以听到山歌节的音乐。

六、对进一步办好“六月六山歌节”的几点建议和设想

1. 应坚持不间断地办好“山歌节”并适当延长节会活动的时间。世界上有两样东西最不怕老，一是古董，二是节日，没有任何国家和民族会为自己的节日太过古老而汗颜，相反他们会为持久的秉承而自豪。城步的“六月六山歌节”已连续举办了23届实属不易，且有了一定的影响，作为后来者确实不能轻言随意地放弃这一节日。节日的最大功能就是创造更多的感动，而实现感动要靠人与人之间的平等交流和畅快互动。节日的本质就是通过快乐或狂欢来实现贫富、身份、地位等差别的模糊和暂忘，其核心意义在于营造人的平等和尊重。为了发挥节日功能的最大化，“六月六山歌节”不能只局限于举办一场文艺晚会就收场了事，建议搞3—7天时间，让外来游客及本地居民有充裕的时间来实现互动，充分享受节日带来的欢乐和愉悦，这期间可安排具有特色的饮食文化体验、民族特产制作和购物体验、非物质文化遗产观赏体验，特别是对原真性的山歌对唱场景和氛围的体验，让歌手在对歌中既感受到对抗带来的压力，又享受对抗带来的快感；让观众在观看歌手对歌的过程中既有一种观赏文艺表演一样的悠闲和愉悦，又有

一种观看体育赛事一般的紧张和激情。

2.应持之以恒地打造本民族的山歌手和山歌名曲，可聘请知名的词曲作者来城步现场采风创作并指导本地歌手提升山歌演唱水平。甚至可以考虑利用已经成为经典的名曲，如《挑担茶叶上北京》采取旧瓶装新酒的形式加入城步元素，再邀名家来演唱，让其再度走红。

3.应打造一个相对固定又具有神圣感的节日开幕启动仪式。德国慕尼黑啤酒节开场的重头戏就是盛大的巡游表演，且两百余年始终坚守着这一重复不变的仪式，即在啤酒节开幕的时候，人们穿戴传统的民族服饰，吹奏着乡间调式的音乐，驾驭着马拉酒桶的花车，载歌载舞地向啤酒城快乐进发……我们的山歌节开幕启动仪式也应考虑策划和打造一个既具民族特色兼具宗教神圣感的仪式，并长期坚守，届届传承，形式和内容上敢于重复才是厚重之节的象征，才更能彰显我们的民族自信和文化自信。

4.应考虑在县级层面建立一个相对固定的节会筹划机构，有相对固定的人员，专门研究节会规律和整合节会资源，提升办节的水平，扩大办节影响，充分发挥节会的社会效应和经济效应。

5.在创新“六月六山歌节”展演形式、活动内容、山歌内涵（多赋予苗族文化新的时代内涵）及曲调（要融合现代优秀的音乐元素）的基础上，建议将其上报为国家民族民俗文化节庆活动品牌，由国家民委、国家文化和旅游部、湖南省人民政府共同主办，然后逐步通过市场运作，条件成熟后交由社会承办；同时还要申报国家非物质文化遗产名录。

以上所述不一定妥当和准确，仅是我们个人所见。

（王安伯，湖南南山国家公园南山风景名胜区管理处原主任、城步苗族自治县苗学学会副会长；曹正城，城步苗族自治县政协原党组第一副书记、常务副主席。原载 2018 年 10 月 6 日中国社会科学网）

城步六月六山歌节的起源

尹建德

城步苗乡各族人民自古以来爱唱山歌，形成了一种风俗习惯。据我所知，山歌的种类很多，有苗歌、侗歌、瑶歌，有四句歌、排歌、盘歌，有花歌、情歌、酒歌，有生产劳动歌、历史传说歌，有摇摇歌、琵琶歌，有赞歌、孝歌、反歌，有骂人歌、刺世歌、劝世歌、颂世歌等。他们逢年过节要唱歌，在山上、田头生产劳动要唱歌，小伙子与姑娘谈情说爱要唱歌，逢有婚嫁喜庆和丧葬要唱歌，在家中闲空时要唱歌，特别是每年的农历六月初六日，更是他们大开金嗓大唱山歌的约定俗成的日子。正所谓"一山响雷万山应，苗乡侗寨起歌声"。

因此，城步苗乡将每年六月六日定为"山歌节"，举行山歌会，开展山歌比赛。每年到了这一天，城乡苗、侗、瑶等族同胞都身着节日盛装，欢欣鼓舞地参加山歌会，尽情地放开嗓子歌唱。演唱的方式也多种多样，或独唱，或对唱，或轮唱，或合唱，或自己清唱，或请同伴吹木叶、吹芦笙、拉胡琴来伴唱，有时还结合表演其他的文艺节目。每遇"山歌节"这天，邻近的绥宁县、通道县、武冈县和广西龙胜县、资源县等地的各族同胞都纷纷赶来参加山歌会，人山人海，热闹非凡。歌手们有的登上歌台演唱，有的在溪畔边、古树下、鼓楼里、风雨桥上、山坳的凉亭上、家屋的火塘边尽情歌唱。总之，处处是歌场，人人是歌手，你不论走到哪里，都能听到悠扬悦耳的歌声。整个苗乡、瑶山、侗寨都沉浸在节日的欢乐气氛之中。

有朋友问我，为什么这里兴起"六月六山歌节"呢？提起它的来历，还有许多动人的历史故事与引人入胜的民间歌谣哩！

明代洪熙年间（1425），土地兼并加剧，朝廷设置城步巡检司，向峒寨派遣流官，加强控制，这就引起土司们的反抗。加之，宝庆各地连年大旱，土地歉收，然而官府的苛捐杂税却有增无减。因此，民不聊生，饿殍遍野，矛盾日益激化。正如这里的兄弟民族所唱的那样：

苗瑶侗家住深山，同饮山泉心里甜。
官府本是吃人兽，不容峒民得平安。
山是命来林是家，一草一木不许霸。
虎霸山来砍虎爪，豹占林来敲豹牙。

于是，在正统元年（1436），城步横岭峒的侗族首领蒙能联合杨光拳、杨文伯率领本峒和广西蒙顾峒的苗、瑶、侗族人民举行起义。义军的势力迅猛发展，接连攻下新宁、绥宁、新化、靖州等州县，很快控制了千里苗疆。有山歌唱道：

九山九岭官家占，峒民心中怒火烧。
蒙能父子是好汉，撒豆成兵法术高。
牛角一响刀出鞘，蜂拥上阵刀对刀。
杀得官军马打滚，跪地磕头忙求饶。
所向无敌如破竹，官军望风乱窜逃。
义军将士声威壮，星火燎原火焰高。

明廷为之惊震，于景泰元年（1450）十二月，命王来总督湖广军务，令参将李震和总兵梁瑶等率领官兵前来镇压。第二年十二月，起义军攻打武冈失利。蒙能暂时退守广西，号称“蒙王”。杨光拳率领他的部下继续在城步境内坚持斗争。直到景泰五年（1454）九月，蒙能率兵 5 万攻占了黔东，并打回湘西南。景泰七年（1456），明廷命南和伯方瑛为总兵官，统率官军 7 万余人向苗疆进攻。四月，蒙能率领义军攻打平溪卫，不幸壮烈牺牲。这里有歌为证：

官军七万害人精，奸淫掳掠是畜牲。
房屋烧尽化灰烬，伤天害理杀峒民。
野火烧山烧不尽，春风吹来草又生。

峒民子孙杀不绝，前仆后继齐上阵。
梭标捅断刀卷刃，骨头打断还有筋。
蒙王战场虽殉难，义军自有后来人。

在此严重关头，李天保继为首领，称“武烈王”，蒙能之子蒙聪为帅，以横岭峒长安坪为根据地，继续同官府作殊死斗争。他们利用唱山歌的方式教育群众，鼓舞士气，打击敌人，夺取胜利。例如：

长安水，日夜流，流不尽的泪和仇。
苗瑶不甘受欺压，高举义旗争自由。
吃辣要吃朝天辣，苗侗好汉不怕杀。
砍倒官家高枕睡，头落不过碗大（个）疤！

于是，义军士气更加高涨，斗争意志更加昂扬，接连地进攻武冈、新化、湘乡、宝庆等地，势如破竹，所向披靡。到了天顺元年（1457）四月，李震率领官军攻入城步。李天保以杨昌富为将军，多次打败官军……这次起义斗争共坚持了25年之久，于天顺五年才被朝廷镇压下去。

再说清代乾隆初年，又是天灾，又是人祸，苗、瑶、侗等各族人民处于水深火热之中，阶级矛盾日益加剧。城步县横岭峒侗族首领粟贤宇、莫宜峒苗族首领杨清保等，在广西义宁（今龙胜县一带）侗族首领吴金银举行冷江拜王滩起义的影响下，他们打起李天保的旗号，于乾隆五年（1740）正月领导苗、瑶、侗等族同胞揭竿而起。他们高唱战歌：

边陲山峒皇帝远，种田人少相公多。
三年两歉峒民苦，十室九空没奈何。
欺人百步人要反，反上州县杀狗官。
官逼民反民就反，拼着性命干一番。

各族同胞满腔热忱地歌颂义军首领和将士们武艺高强，用兵如神，都是英雄好汉：

山沟小坳出黄金，苗乡侗寨出能人。
粟贤宇未杨清保，率领峒民抗清兵。
练就一身好武艺，南山猛虎他敢擒。
跨上一条长板凳，象骑战马杀敌人。
甩过绑腿桥架好，驾起簸箕能腾云。
屋檐茅草摔出去，万支神箭射清军。

粟贤宇、杨清保等首领们深知要战胜官兵，夺取胜利，必须组织义军加紧练武，提高军事技术和战斗能力。于是，在长安坪的玉屏山上和三浪坡的老营盘中开辟练武场，让将士们日夜练武。正如《练武歌》所唱的：

喊一声，朝天望，只见山上亮堂堂，
起义大军忙练武，火把烧红练兵场。
义旗飘，牛角响，敲锣打鼓歌声昂，
练兵要练老虎胆，个个都是飞天将。
反欺压，反屠杀，千里苗岭怒火旺，
练好武艺杀豺狼，誓死保卫我苗疆。

起义的烽火形成燎原之势，迅速向新宁、通道和广西等地蔓延。清朝政府惊恐万状，急命湖广总督班第率兵镇压。班第一面调兵围剿，一面命令辰沅道尹杨辅臣、靖州副协将姜瑞曾前往招抚。杨辅臣、姜瑞曾派遣城步县新寨把总李三省、风界外委把总邓岐山、寨头巡检司巡检王淦、绥宁县黄桑把总欧国璋等，于四月二十八日入峒进行所谓“晓谕”。结果，全被义军处死。清廷更加气急败坏，不肯善罢甘休，赶紧从湖南、广西调兵五千余人前去增援，由镇筸（今湘西凤凰县一带）总兵刘策名和辰沅道尹杨辅臣率领，进行围剿。敌军压境，义军镇定自若，他们确定的战略思想是：“官有万兵，我有万山，其来我去，其去我来。”根据这样的战略思想，他们编成歌谣在义军将士中广泛传唱：

官有万兵我不怕，我有万山阻挡他，
其来我去深潜伏，他一离去我追杀！

官有万兵来侵犯，我有万山来阻挡，
白天藏进山林里，黑夜摸营回寨旁。
我苗山，高万丈，乌鸦难飞过山岗，
清军大炮轰不平，铁打江山坐得长。

义军据险自固，分兵防守，调兵遣将，分别把守长塘、五强隘（武川隘）、地灵等地，以扼制桂军；又安排兵力分别据守竹岔山、枧头山、岩款塘等地，以阻挡湘军。

六月初六日，刘策名坐镇大竹坪，指挥清军分数路进攻义军：一路由靖州千总张文英率领，从界溪攻白水洞，当即遭到义军的猛烈袭击，靖州千总张文英、把总王宗江及常德把总张童等当场毙命。剩下的喽罗们看到白水洞以上的枧头山、竹岔山、牛石坳直到长安坪的各个山头上，插满义军迎风飘扬的旗子，又听到满山满岭传来义军杀气腾腾、英勇雄壮的山歌声，简直成了惊弓之鸟，“望旗色变”“闻歌丧胆”。树倒猢狲散，纷纷溃逃了。一路由姜瑞曾和永州游击殷起龙率领，自绥宁进攻竹岔、枧头二山，结果，被义军诱入龙开口，一时伏兵四起，滚木、礌石、箭镞如雨，辣烟、毒雾笼罩全冲，清军官兵惊慌失措，死伤近千，吃了大败仗。情形果然象《龙开口歼敌歌》所唱的那样：

龙开口来险又凶，七拐八弯十里冲。
老虎过冲跑不了，岩鹰落冲飞不动。
清军闯入龙开口，飞蛾扑火烧自身。
两岸壁陡水又急，十人进来九丧生。
义军设起好计策，堆木垒石防清兵。
牛角一声连天响，滚木礌石飞满冲。
打得清兵骨头断，尸体盖满一条垅。
山下布成天罗网，挠勾套索捉妖精。
清兵慌忙去逃命，倒勾刺上难脱身。
山沟辣烟冲天起，毒雾笼罩十里冲。
官兵呛得泪满面，七孔来血送了命。
龙开口，歼灭战，义军将士多英雄。

六月初六那天，来自广西方向的清军由地灵、罗汉寨进攻长塘，同样受到义军的阻击而挫败，死伤过半。由此看来，六月六日，清军数路进攻都遭到义军的致命打击，伤亡惨重，大败溃逃。而义军却在各个战场上取得了重大的胜利。清朝政府从皇帝到文武大臣个个恼羞成怒，立刻将湖广总督班第、广西巡抚安图撤了职，湖南巡抚冯光裕也负气而死。

闰六月，清廷急令贵州总督张广泗统领两湖、两广和贵州五省兵马1.3万之众，分为五路进剿义军。七月二十八日，张广泗抵达绥宁县竹林寨，并亲自率领一支队伍攻至六马，不料，遭到岩款塘守军的突然袭击而受阻。他们沿途看到路旁摆起“䅟粑粪”和两尺多长一双的烂草鞋，以为义军将士都是牛高马大一个的巨人。他们又听说此地“蚊子鸡婆大，蚂蟥扁担长”，“十里金龙界，五里铁岩山”，“山上尽是绊马藤，路边荆棘刺脚心”的俗语，人人吓得战战兢兢，魂不附体，因而惊恐地龟缩在六马、六甲一带，裹足不前……哼哼！请听义军的山歌：

蚩尤后代斗志高，盘瓠子孙胆气豪，
五省官兵压不住，日夜奋战歌声高。
没有钢枪举梭标，没有弓箭削竹刀，
杀得官军心胆战，死的死来逃的逃。

以上多次起义，虽然都遭到封建王朝的残酷镇压，最后都失败了。但领导和参加起义的英雄人物却永远活在各族人民的心中，歌颂起义的歌谣也永远在各族同胞中传唱。因为山歌在每次起义斗争中都发挥了重大的作用，尤其是在清代乾隆五年六月六日的各个战场的战斗中发挥了巨大的不可估量的威力，极大地鼓舞了义军的士气，沉重地打击了清兵的嚣张气焰，有力地消灭了敌人，夺取了重大的胜利。所以，城步县苗、侗、瑶等族同胞为了纪念这个可庆可歌的日子，每年到了农历六月初六这一天，苗乡、侗寨、瑶山，到处都是歌海，遍地都起歌声。这样，年复一年，便约定俗成地把六月初六日定为“山歌节”。

（原载散文集《神奇的长安营》，香港新风出版社，2001年11月第1版）

城步民歌的艺术特点及与高校合唱课堂的融摄研究

杨明刚

城步苗族自治县在改革开放以前，由于交通不便，民歌保存比较完好，尽管传承人在日益减少，年轻歌师青黄不接，也面临民歌文化失传与断层的窘境，但是城步素有“山歌的海洋”的美誉，笔者采风发现，在崇山峻岭之间尚有大量的能歌善舞的歌师传承人。城步民歌有山歌、吟唱、仪式歌等类型，其中山歌包括四句歌（情歌、盘歌、排歌）、挖土歌、啰哩歌、溜溜歌、摇摇歌、咚咚歌、采茶歌，吟唱包括古言、花话和卡子，仪式歌包括酒歌、婚嫁仪式歌和宗教祭祀歌等。城步民歌蕴含的民俗文化底蕴深厚，具有独特的民族地域风格，将其与合唱课堂相互融摄具有积极的意义。

一、城步民歌的艺术特点

（一）声腔特点

城步民歌的声腔有高腔和平腔两种基本的类型，其中高腔一般用于野外劳作或打猎等时演唱。笔者在城步县汀坪乡采集的《挖土歌》（汀坪乡杨玉朝、杨进禄、杨婉梅、杨子梅等演唱，杨明刚记谱）就是典型的高腔，其特点就是以假声演唱，与宗教合唱的吟唱唱法的柔和、圆润完全不同，这种假声较为坚实，唱法纯属原生态唱法，喉部力量比较大，气息支撑强而有力，基本上是用男声唱高音区真声的力度进行演唱，强而有力的假声响彻山河，穿越山野，充满豪情与洒脱，催人奋进。《过山飘》（汀坪乡阳福成演唱，杨明刚记谱）也属于高山腔苗歌，音域宽广，音调高亢，歌师采用真假声混合的高腔演唱，音色苍劲古朴，非常具有穿透力。

平腔一般使用真声演唱，多在室内进行，以中音区为主，如城步的《嫁女歌》（汀坪刘庚香演唱，杨明刚记谱）和《贺郎歌》（汀坪吴进学、赵明兴、李伟

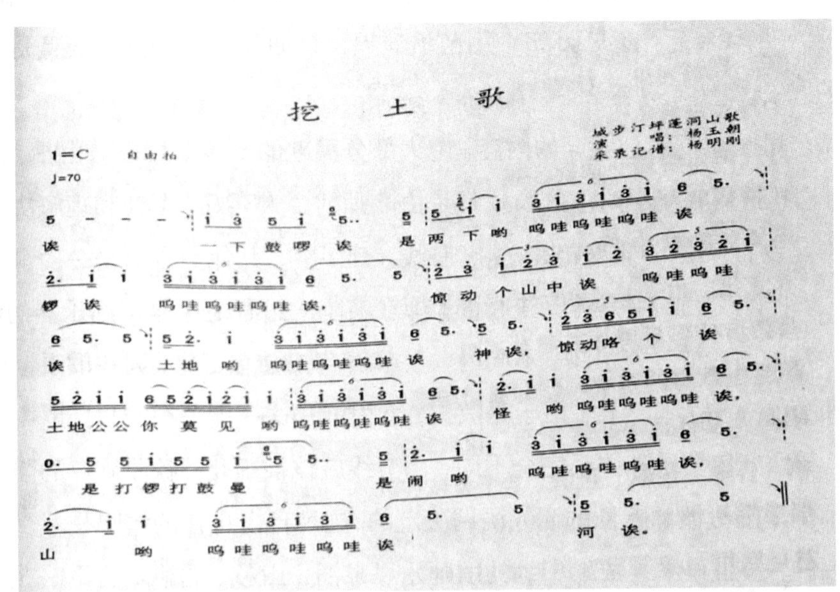

谱例 1

等演唱，杨明刚记谱），演唱者用自然的真声演唱，胸式呼吸为主，气息较浅，使用喉部力量为主，长音有气震音，咬字吐字靠前，力度平和，稍有渐慢和渐快的处理，音调音调婉转动听，娓娓道来，声音真实淳朴，发自肺腑，亲切感人，具有很强的艺术感染力，平腔的唱法与这种仪式歌表达的依依不舍、恭喜祝贺、谆谆教导的主题是十分吻合的，在充满浓浓的亲情中寓教于乐，表达了对喜事主家的赞美和对新婚夫妇的祝贺与期许，平腔的使用也是长者对新人的教化与传递德性的最佳的载体。

（二）歌词和节奏节拍特点

城步民歌的歌词多为即兴创作，语言简洁，意境深远，常用赋比兴的手法，有的直白奔放，有的含蓄隽永，富有诗意，一般为七言四句，也有第一句是三个

字的，如城步的苦情歌就有这样的情况出现，多以苗语或者其他接近汉语的地方语言演唱，衬词较多，歌词讲究押韵，一般是一、二、四句押韵，有的歌曲，用汉语语系演唱不押韵，但是用苗语就是押韵的，城步苗族《酒歌》（阳知得演唱，杨宗月记谱），作为一种产生于隋唐和明代年间的古老长歌，全篇分为拦门歌、十折、公爷进地、接亲路、根基贺亲、嘱咐、敬酒歌、谢主家、龙船歌等十个部分，3300 余行，近 3 万字，用苗语演唱，该曲就讲究押韵，而且是苗语语系内的。

城步民歌注重的是歌词的内容，绝大部分民歌的节奏节拍以自由拍、散板为主，衬词的选用和演唱时值的长短都是由歌师的个人喜好、个性和理解决定的，一般都是没有伴奏的即兴演唱，《挖土歌》有伴奏，其伴奏乐器是一面铜锣和一架鼓，乐器演奏和演唱是分开进行的，即在演唱的过程之中是不用乐器的，伴奏是作为演唱前后的气氛渲染，不同的歌手节奏节拍会有变化，同一歌手演唱相同的歌曲节奏节拍会有变化。由于是散板，节拍重音这一提法在城步民歌中就显得牵强，与西方传统乐理体系完全不同，小节线应该被虚化，歌曲旋律的强弱都是由歌师的演唱习惯和歌词的语气语调决定的，这种自由自在的演唱是不受任何节拍限制的，技法娴熟、成熟干练的歌师乐思泉涌，山歌、古歌、排歌、花话、卡子及风俗歌等，信手拈来，“见子打子”（即根据随机遇见的人和物都可以临时发挥，即兴编曲演唱）毫无拘束，遇见结婚祝寿等喜事更是可以唱三天三夜，弦歌不绝，其中祈祷丰收，其中以消灾避邪，祈祷国泰民安的《庆鼓堂》（卡田村罗世毅演唱，杨明刚记谱，师教的宗教仪式歌曲）更是可以唱七天七夜，表演内容丰富，唱腔多样，且唱且舞，既有庄严肃穆的唱段，又有幽默诙谐与生命繁殖相关的题材，气势恢宏，震撼人心。

（四）旋律、旋法特点

城步民歌的旋律旋法可以分为高亢型的和委婉型的，高亢型的有《挖山歌》《过山飘》《庆鼓堂》《溜溜歌》《啰哩歌》以及部分四句歌的腔调，其旋律四度以上的跳进比较多，经常出现在高音处的长时值保持音，级进的歌曲高音频繁，音域宽广，旋律富有张力，歌曲难度较大。

溜 溜 歌

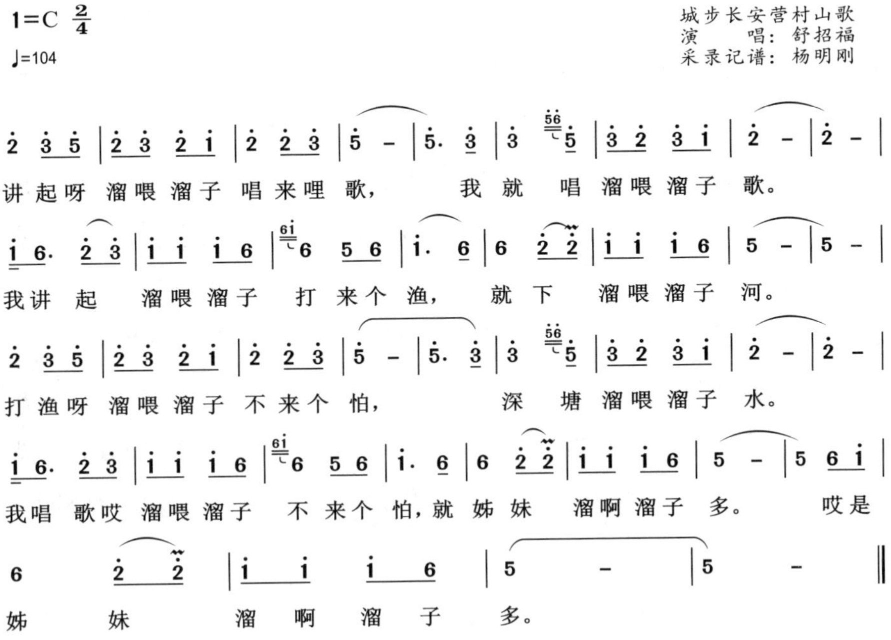

1=C $\frac{2}{4}$

♩=104

城步长安营村山歌
演　　唱：舒招福
采录记谱：杨明刚

讲起呀 溜喂 溜子 唱来哩 歌， 我就 唱 溜喂溜子 歌。

我讲 起 溜喂 溜子 打 来个 渔， 就 下 溜喂溜子 河。

打渔呀 溜喂 溜子 不来个 怕， 深 塘 溜喂溜子 水。

我唱 歌哎 溜喂 溜子 不 来个 怕，就 姊 妹 溜啊 溜子 多。 哎是

姊 妹 溜 啊 溜 子 多。

谱例 2

委婉型的旋律则婉转动听，音调细腻，多以级进为主，音乐连贯流畅，有歌师甚至连续唱四句歌词不换气，风俗歌曲《贺郎歌》和《嫁女歌》等都具有这个特点，此外，小调类的如《采茶歌》（柴树田、报木坪村蒲鸾英、雷佳英演唱，杨明刚记谱）、《倒采茶》（柴树田、报木坪村蒲鸾英、雷继英演唱，杨明刚记谱）以及《十月古人》（长安营村舒招福演唱，杨明刚记谱）等歌曲的旋律也是以级进为主，装饰音、滑音以及甩音的出现使得旋律的表现力更加细腻，也彰显了其独特的苗族特色。

（四）调式特点

城步民歌以五声徵调式为主，如《挖土歌》《过山飘》《咚咚歌》《采茶》《倒采茶》以及五团腔（五团牌子、广西牌子、沅陵牌子）、长安腔、汀坪腔、

兰蓉腔、儒林腔和西岩腔。由于不屈服于封建统治者的压迫，城步苗族同胞在古代经历了多次苗民起义，都被当时的官府血腥镇压，曾出现“老鸦无树桩，苗家无地方”的惨境。因此，城步山歌的徵调式的特点，歌曲委婉，倾诉衷肠，不了解当地历史文化的前提下，一般给人以叹息和哀怨的感觉，但是当地的歌师认为只要不带“葬歌”腔的山歌都是不带悲伤色彩的，汉斯立克的自律论观点可以对城步苗族歌师演唱苗歌的心态做出最佳解释，音乐无所谓悲喜，认为悲的是听者的心境决定的，他们认为山歌是表情达意的载体，是表达快乐、友好、敬意、善意的形式，也是释放自我、解放自我、获得成就感和关注度的主要形式，腔调是什么调性，旋律是不是喜庆，不是其考虑的范围。当然，也有羽调式，一般委婉细腻，也有豪迈大气的羽调式歌曲，如庆鼓堂的《开坛歌》（罗世毅演唱，杨明刚记谱），“小调”（指民间戏曲小调，而非西洋调式的大小调）中有许多外来民歌类型还不乏六声和七声调式，宫调式、角调式、商调式的旋律鲜有出现。

倒采茶

1=♭B 2/4 3/4

♩=88

城步兰蓉乡会龙、
报木坪村柒树田民歌
演　　唱：蒲鸾爱、雷继英
采风记谱：杨明刚

3 2 3 1 2 3 1 | 2· 3 | 1 2 3 1 | 2 – | 2 1 2 3 2 | 1· 6 5 | 2 1 2 3 2 | 1 0 |

十二月里来倒采茶（牡丹蜜子花），是一年是一年。
十一月里来倒采茶（牡丹蜜子花），雪花飞雪花飞。

2 1 2 3 2 | 1 1 6 5 | 6 1 1 6 5 6 | 1· 7 | 6 5 6 1 6 | 5· 1 | 6 5 6 1 6 | 5 0 |

手拿吔算盘呀（锦绣咧花儿开），算茶钱呀算茶钱。
雪花吔飞在呀（锦绣咧花儿开），郎衣头呀郎衣头。

3 1 2 | 3 3 2 1 6 5 | 2 1 2 3 2 | 1· 6 5 | 2 1 2 3 2 | 1 0 |

郎把吔茶钱吔交给我交给我，
妹在吔房中吔烤炭火烤炭火，

2 1 2 3 2 | 1 1 6 5 | 6 1 1 6 5 6 | 1· 7 | 6 5 6 1 6 | 5· 1 | 6 5 6 1 6 | 5 0 ‖

今年呀过了呀（锦绣咧花儿香），又来年呀又来年。
郎在呀外头呀（锦绣咧花儿香），受孤栖呀受孤栖。

谱例 3

二、城步民歌与高校合唱课堂的融摄

（一）城步民歌与高校合唱课堂相互融摄的意义

其一，城步民歌以其文化内涵的深邃性，内容的多样性和艺术的多元性，彰显出不可替代的艺术魅力，将其与合唱课堂进行融摄，就可以实现二者的兼修并蓄、取长补短与包容生长。城步民歌融入高校合唱课堂，可以增加学生的学习兴趣和好奇感，使合唱课堂增加了更多的选择性和趣味性。可以让学生找到作为中华优秀传统文化组成部分的乡土文化的根，直观而且形象地了解传统文脉的内

开　坛　歌

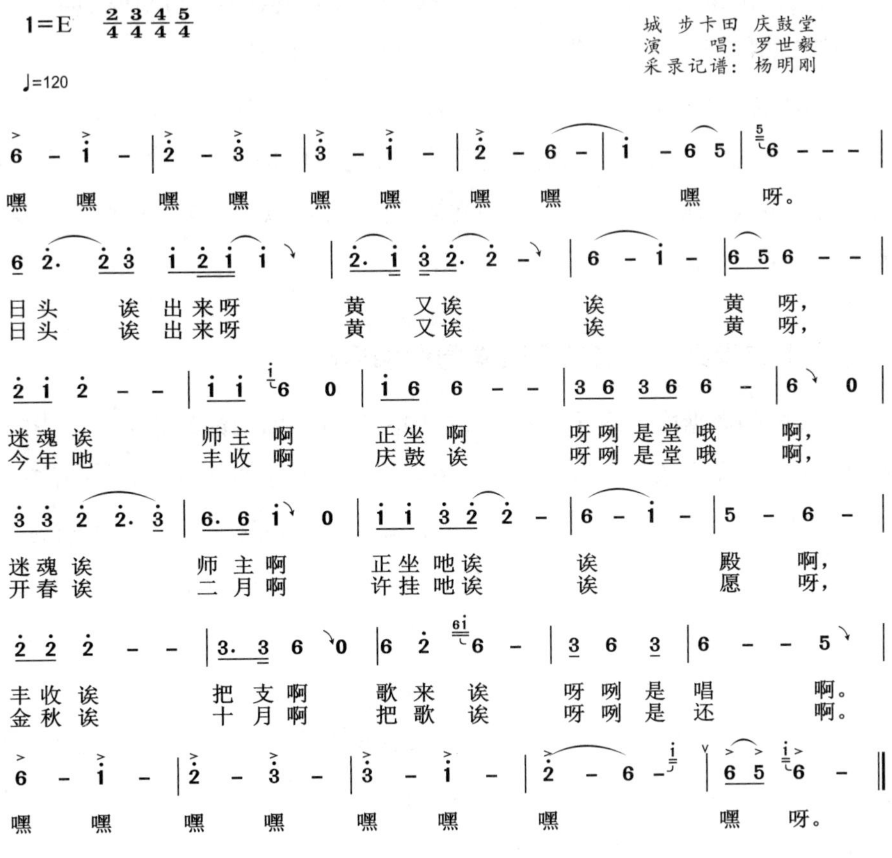

1=E　$\frac{2}{4}\frac{3}{4}\frac{4}{4}\frac{5}{4}$

♩=120

城　步卡田　庆鼓堂
演　　唱：罗世毅
采录记谱：杨明刚

嘿　嘿　嘿　嘿　嘿　嘿　嘿　嘿　嘿　呀。

日头　诶出来呀　黄　又诶　诶　黄　呀，
日头　诶出来呀　黄　又诶　诶　黄　呀，

迷魂诶　师主　啊　正坐　啊　呀咧是堂哦　啊，
今年吔　丰收　啊　庆鼓　诶　呀咧是堂哦　啊，

迷魂诶　师主啊　正坐吔诶　诶　殿　啊，
开春诶　二月啊　许挂吔诶　诶　愿　呀，

丰收诶　把支啊　歌来　诶　呀咧是唱　啊。
金秋诶　十月啊　把歌　诶　呀咧是还　啊。

嘿　嘿　嘿　嘿　嘿　嘿　嘿　嘿　呀。

谱例 4

涵，可以为音乐教师拓展研究领域，提供多维的研究视角与方向，还可以为合唱创编提供第一手原生性质料，这对提升学校的文化底蕴也具有积极的意义。每一种类型民歌都有其独有的审美标准，只有扎根于其文化土壤，领悟其生命精神，才能以独有的文化视角来对其进行创新与发展。我们只有融入这个差异的原初世界，从灵魂深处汇入这个世界的节奏，才能真正的体验到世界的生命和我们自己生命的脉动。

其二，合唱课堂对城步民歌的传承与保护也具有重要的意义。首先，音乐的师资（尤其是音乐院校师资）可以为城步民歌提供较好的表演、创编的力量，使高校的专业的演唱技术和作曲技术与城步苗歌相互融摄，在保留其音乐风格的前提下，利用这些技术可以促进城步民歌的创新发展，在尊重文化基因、生命的历史绵延情况下，通过高校理论作曲专业教师的改编、创新、锤炼和润色，原生态民歌可以迸发出新的生命活力。另外，一批高素质的教师科研队伍的加入，也可对城步苗歌的挖掘、整理、传承、保护与创新发展起到推进作用。

其三，城步民歌与苗族同胞的民族信仰和文化自信密切相关，融入高校合唱课堂可以极大地增强高校师生的文化自信，文化自信是重要的软实力，它的增强将大大提升苗族同胞的民族认同感和文化认同感，可以提高苗族同胞对自身文化的关注、传承与传播。

（二）城步民歌与高校合唱课堂的融摄路径

其一，歌师数据库。笔者在采风过程中发现许多歌师都是非常有才华的，在民歌题材品类、嗓音条件、演唱水平、现场编创等方面都表现出惊人的能力，文化教育部门可以请专家这些技术娴熟、苗族音乐文化底蕴深厚的歌师进行遴选，对其特长、擅长的苗歌的区域类型进行分类，建一个歌师数据库，城步县还可以充分利用“六月六山歌节”的评比，将历届的山歌王和冠军作为数据库的重要储备人才。

其二，导师制。采用一对一帮助各学校音乐教师的导师制，采用歌师入课堂的办法对音乐教师传授苗歌技艺，做到因材施教，有计划有步骤地对音乐教师进行培训。

其三，继续教育体制。教育主管部门可以将对民俗音乐文化的学习情况纳入考核，建立长效机制，对音乐教师进行继续教育培训。

其四，创编队伍。组织采风活动，挖掘城步民歌，将记录的苗歌乐谱引入课堂教学的各个环节，同时，组织音乐教师进行创编的学习，加强创编队伍的建设。同时，可以聘请理论作曲方面的专家参与到城步民歌的创编中来，提升城步民歌的音乐表现力和舞台吸引力。

最后，表演展示平台。以城步“六月六山歌节”的影响力为契机，以城步汀坪乡团心寨的“湖南省少数民族文化传承基地”的设立为牵引力，以“湖南南山国家公园”民俗文化旅游项目为窗口，为城步民歌创建更多、更快捷高效、更高级别的表演与展示的平台，同时，结合网络和电视平台，深挖传统音乐文脉，着实提升城步民歌的影响力和辐射力。

试论城步苗歌传承与发扬的现实意义

肖大元

城步苗歌是城步苗族祖先在长期的繁重劳动中所呼喊出来的心声，是两性相爱所迸发出来的情感，是为了征服大自然、祈求神灵庇佑的颂唱。城步苗歌是中国少数民族诗歌花园里的一朵奇葩，是中国文学长河里一朵绚丽的浪花。

一、从文学的美感看城步苗歌传承的重要性

城步苗歌内容丰富，题材广泛，数量无法统计，在劳动生活中，歌手们信手拈来，出口成歌。据《中国民间歌集成湖南卷·城步资料本》，尹建德先生就收集了12800余首，黄俊月先生收集了1万余首。城步苗歌形式多样，涉及范围较广，如“仪式歌”“情歌”“生活歌”“历史传说歌”“儿歌”“谜语歌”“庆鼓堂”，等等。现就城步苗歌中运用最广，人们最为喜爱的“情歌”谈谈其艺术性及文学表现力。

城步苗歌中的“情歌”是年轻男女在劳动生产生活中互诉衷肠、表达爱慕之情的一种方式，体现了“诗言志”的特点。“情歌”与我国近体诗中的绝句相似，基本上为四句，人们也称之为“四句歌”，一般一、二、四句押韵，大部分韵脚以桂林话为主，节奏感强，语言质朴通俗，念唱朗朗上口。

城步情歌运用最为广泛的修辞手法就是“赋、比、兴”。这也是《诗经》的表现手法。据宋代大学者朱熹《诗集传》所释，赋“敷陈其事而直言之”。如在城步苗歌男女对唱时，男方激励女方唱曰：“一家店铺不成街，一人唱歌唱

不来，点灯还要双灯草，少了一根亮不开。”“江边杨柳水浸根，阳雀树上好催春，阳雀开声春来早，催妹早点接歌声。”男方见女方还不接唱，继续催唱：“深山画眉声接声，阳雀不叫不开春。十年难逢金满斗，百年难遇岁交春。”“求妹唱歌好为难，求一求二又求三，官求三次要下马，仙求三到也下凡。”女方在男方的催唱下，女方终于接声唱：“再不唱来难为情。只是粗言接细语，粗歌接起细歌声。”男方：“难为妹，难为你妹开了声，难为你妹开声唱，如同开了府衙门。”这就常用“赋”手法直陈唱歌之事。

“比者，以彼物比此物也。”（朱熹语）就是现在修辞学里的比喻，这是城步苗歌中运用最多，最常见的，也是运用最好的，它增添了苗歌的生动性和艺术性。如：“想妹迷，想妹连连饭不吃，吃饭如同吃沙子，吃菜如同吃树皮。”唱者把日常生活“吃饭”“吃菜”巧喻为“沙子”和“树皮”，生动传神地表现唱者的相思之苦；又如：“想妹一天又一天，眼泪流了万万千，流泪如同下春雨，可灌江南万亩田。”这些通俗言词与宋代婉约派大词人柳永《蝶恋花》“衣带渐宽终不悔，为伊消得人憔悴”之句，有异曲同工之妙。

“兴者，先言他物，然后所咏之辞也。”（朱熹语）“兴”这种表现手法，虽然在城步苗歌中不占主要地位，但也常见且运用手法娴熟，很是值得我们探究。如苗歌：“星子哪当月亮明，南京哪当北京城，南京哪当北京好，我哥哪当妹聪明。”在这首苗歌里，有三组对比，一是“星子”与“明亮”，二是“南京”与“北京”，三是“哥”与“妹”。前面的两组是“他物”，第三组才是“所咏之辞”也。就是说“我哥哪当妹聪明”才是这首歌所要表达的中心，这是典型的“兴”的表现手法在苗歌中的运用。又如：“天上星多月不明，塘中鱼多水不清，朝廷官多乱了政，妹是郎多花了心。”“大路好走也有弯，江河行船也有滩，花园路边也有刺，哥要摘花莫怕难。”

除以上三种外，城步苗歌还广泛运用了夸张、双关、借代、对偶、谐音等修辞法，运用自如，毫无矫情之痕。“唱得好来唱得乖，唱得乌云朵朵开，唱得浮萍沉了底，唱得沙子浮起来。”（夸张、烘托）“想妹一天又一天，想妹一年又一年，晚上泪水可洗澡，白天泪水可行船。”（夸张、对偶）“思想黄金命又薄，天上明月手难摸，哥是高山千年矮（一种树名），何情得个鸟来落。”（双关）“大路好走也有弯，江河行船也有滩，花园路边也有刺，哥要摘花莫怕难。”

（借代以花代妹）“妹会哄，哄哥一回又一回，妹房门前有副磨，难怪你妹很合推（偷）。”（谐音）城步苗歌还运用其他的修辞手法，笔者就不一一举例说明了。总之，城步苗歌是内容与形式的完美结合。

二、从文学的教化作用看城步苗歌发展的现实性

城步苗歌不仅内容丰富，形式多样，能流传至今更重要的原因便是其教化作用。城步苗歌作为少数民族文化中口头文学的一种，能流传几千年，可见其艺术性之高，生命力之强，无疑是其教化作用的魅力，是我们祖先把它作为一种精神支柱，传给下一代，教育启迪一下代，致使代代相传，代代歌咏，现在就有限山歌资源来谈谈其教化作用的表现。

（一）从苗歌《十月怀胎》看“报恩”思想的教化

《十月怀胎》是城步苗歌中富有代表性叙事组歌。在农村女性的葬礼上，道士以此为题材歌唱，其旨意就是要后人不要忘记母恩，报答母恩。尤其是教育晚辈孝敬在世的母亲，流传甚广，影响甚深。其歌词曰：

唱得有理道得真，古今中外唱得清，
别的山歌都不唱，十月怀胎唱一轮；
正月怀胎正月正，无关无尾又无形，
男梦日头女梦月，思量日月得同行。
……
三月怀胎三月三，三餐茶饭吃两餐，
时常流下清口水，白天夜里心里翻；
四月怀胎懒做声，胀着肚子种阳春，
腰也酸来背也痛，工夫不做又不行；
……

十月怀胎就要生，儿在肚内打翻身，
左手一把抓娘肺，右手一把抓娘心；
羊水流后鲜血淋，哎哟喧天喊神灵，
娘隔阎王一张纸，差点走进地狱门。
铜盆打水来洗澡，包起裙片递娘身，
又是娘奶来喂养，十天吃瘦娘几斤。

这组苗歌是以时间为经，以婴儿在母亲肚里成长为纬，用质朴纯真生动传神的语言写出了母亲十月怀胎之不易，旨在教育晚辈孝敬母亲的重要性，宣扬知恩图报，不能忘恩负义。在当今社会里，多有片面追求物质享受，思想道德不良，不思报恩之举。据报道，有位母亲早年丧夫，含辛茹苦带大两个儿子，儿子成家立业后，受老婆教唆都不管母亲的死活，其老母靠在农贸市场捡烂菜叶度日。这样不孝之人让后人如何评说？又有何颜面苟活于人世，这种人尽管是少数，但在社会生活中影响极坏，与传统美德相悖，由此可见，优良传统文化精髓不可丢，要继续传承与发扬。

（二）从苗歌《劝世人》看“为人处世”的真谛及构建和谐社会的重要性

在苗歌《劝世人》中，歌者以长辈之身份、以圣贤之地位、以师者之尊严来奉劝“世人”，警醒“世人”，是一组难得的精神食粮。试以下列几首析之。

为人在世心莫高，心怀宽广莫心焦，
困难坎坷笑脸过，知足常乐百病消。

人生在世多行善，多留功德在人间，
多做好事人人爱，千年万载美名传。

为人在世度时光，心慈善良莫好强，
观音为人奉佛主，称王称霸害四方。

人生在世惜光阴，一寸光阴一寸金，
山中也有千年树，世上难逢百岁人。

这四首苗歌分别从“心宽”“行善”“心慈”“惜时”等四个方面劝世人，语言简练、通俗、明白，极富教育启迪作用。这组山歌共44首，主题分别为国家、祖宗、父母、公婆、师傅、丈夫、妻子等30多方面，每首山歌表现出不同身份，言真意切，语意深长，由于篇幅关系就不一一举例说明了。

（三）从苗歌《十劝莫赌博》《莫贪花》两组山歌看现实意义

一劝诸君莫赌博，赌博场上是非多，
且看赌博赌徒首，赌博哪有好结果。
二劝诸君莫赌博，赌博上瘾难逃脱，
输钱尽从赢钱起，赢得少来输得多。
三劝诸君莫赌博，劳心伤体受折磨，
一心想发混难财，吃不香来睡不觉。
四劝诸君莫赌博，父母恼怒家不和，
妻儿怨恨因赌起，一家骨肉动干戈
……
十劝诸君莫赌博，恶习不改坏处多，
浪子回头金不换，遵纪守法归正果。

这组《十劝莫赌博》阐述赌博是害人害己害家之行为，劝世人不要参与赌博。而当今社会，这种陋习则逾演逾烈。有人云“十亿人们九亿赌，还有一亿在跳舞”，这种说法有点声张，但也足以说明问题的严重性。在城步，打牌、赌博之风较为流行，有借吃油茶之名，行打牌赌博之实。城步的麻将馆是“三步一岗，五步一哨”，遍地开花。老者打、少年打；男者打、女者打；官者打、民者打，全民皆打。名为消遣，实为消沉，不尽职守，不思进取，糊涂度日，城步何为不贫？

让我们再来看《莫贪花》几首苗歌有何现实意义。

十个贪花九个穷，贪花到老一世空，
一败前程二败家，金字招牌变臭虫。

柳巷烟花莫去玩，贪时容易脱时难，
白玉裸体阎王殿，帐内红枕鬼门关。

美色再好莫去贪，贪时传病命难还，
世上几多英雄汉，贪花败家入黄泉。

只为贪花在眼前，千万莫进妓女院，
文官要摘乌纱帽，武官全废改江山。

世上婊子也蛮多，野花毒刺莫去摸，
色情是把钢刀子，一夜快活命就丢。

古人云“食色，性也”，正常的夫妻生活无可厚非。当像贪官之流，身居高官，藐视党纪国法，挑战红线，其结果就像苗歌所述一样，“文官要摘乌纱帽，武官全废改江山。”“世上几多英雄汉，贪花败家入黄泉。”哪个贪官不是因与美色有染而身败名裂？由此可见，我们优秀的传统文化不可丢，要继续传承并发扬光大。

上述的一些看法与观点，并不一定正确，但也并不是危言耸听。当然现在一些丑陋现象（道德滑坡、人性异化、红灯区、吸毒）的存在也许是社会发展的必经阶段。一个民族要有相对稳定的民族精神，一个人要有相对正确人生观，否则那个民族也是一个没有希望的民族，人也是一个毫无作为的人。城步苗歌是我们本民族本土的优秀传统文化，其传承与发展不仅十分必要，而且还有重大现实意义。但愿城步苗歌这一精神食粮代代相传，在现代生活中得到广泛的运用。

山歌的城步与城步的山歌

杨宗兴

城步千峰万壑，林木苍苍，鸟语依依，流水潺潺。大自然的美妙音韵潜移默化地影响着与大山朝夕相伴的苗乡人民，于是他们创造了山歌，发展着山歌，使山歌的艺术之树，根深叶茂，万年长青。

山歌是和山里人最初的劳动一起生长起来的。城步苗乡从远古走到现在，一直有山歌相随。城步各民族同胞敬天地祭鬼神奉宗祖时唱山歌，田间地头从事生产唱山歌，婚丧喜事唱山歌，饮茶喝酒唱山歌，谈情说爱唱山歌……风雨桥上，乘凉树下，鼓楼茶室，处处可为歌场。山歌无时不有，无处不在。特别是“六月六”山歌节，苗乡各族同胞像过年一样，身着盛装去赶歌节，苗家侗寨便成了歌海。独唱、对歌、木叶吹歌、芦笙伴歌，形式不一而足。“山歌节”少则唱一天一夜，多则三天三夜。总之，唱就唱个开心，唱个尽兴。城步是山歌的城步。1984年，城步文化、民委等部门根据文化部、国家民委、中国民间文学研究会关于编辑出版《中国民间故事集成》《中国民间歌谣集成》《中国民间谚语集成》的通知精神，在省市县“三集成”领导小组的领导下，深入到全县各乡镇，广泛发动群众，全面普查和收集各种民间歌谣。据统计，共收集山歌12万多首。由此可见，城步当时抄录于书和记诵于心的山歌数量之繁。城步苗族及其他民族是热爱山歌的民族。

城步山歌内容浩繁，形式多样，异彩纷呈。按民族划分，有苗歌、侗歌、瑶歌。从歌词格律上划分，有短歌有长歌，短歌为四句一首，有每句七字的，也有每句五字的。长歌又称排歌，四句为一段，每首都在十段以上，比如苗歌的《十杯酒》《千里送情妹》《送郎十里》。当然，也有十句以上为一段，十段以上的，比如苗族情歌《十页情书》。这些排歌类似于叙事长诗。长歌中还有一类长短句结合的，比如侗歌的《十曲香》，每段的第一句为三字，二、三、四句为七字。“一曲香，二人相交莫宣扬，切莫去做宣扬事，他心冒比我心肠。二曲香，二人相交要久长，二人相交六十岁，哪个变心命不长。”又如苗歌《十长青》同上首《十曲香》同为一格式。从演唱形式上划分，以个人唱、对唱为主。也有个人唱众人“抬尾巴”的，即个人唱完每句歌词众人唱衬词。侗歌中的“摇摇歌”，苗歌中的“盘歌”属对唱的山歌。从内容上划分有时政歌、生产歌、仪式歌、爱情歌等。

城步山歌最富生命力、最具感染力、最有研究价值的当属仪式歌和情歌两类。仪式歌顾名思义就是嫁娶等喜庆活动上唱的山歌。比较流行且形成习俗的有嫁女歌、贺郎歌。嫁女歌又名花园歌，盛行于汀坪、白毛坪等乡。女儿出嫁的前一个晚上，男方来接亲，寨子里的兄弟姐妹、亲朋好友，团团围在堂屋或茶堂里，陪伴将要出嫁的姑娘唱歌，以表达依依不舍之情。唱歌从入夜一直到天明新娘离家出门为止。演唱形式为对唱，一人唱众人附和衬词（哩啦哩）两种。主客双方对唱完毕后就由新娘的母亲、伯叔母、嫂子等亲属独唱，内容多为教诲新娘到婆家要孝顺公婆、相夫教子、和睦邻里、勤俭持家之类。比如母亲唱“在屋做女贵如金，嫁到婆家改性情，一来要顺公婆意，二来要顺丈夫心。”“在屋做女贵如金，嫁到婆家改性情，三餐茶饭勤打点，衣衫浆洗要洁净”“在家做女贵如金，嫁给人家他家人，兄弟姐妹要和气，和睦相好一条心。”其中倾诉离愁别绪的山歌凄然悱恻，令人感伤。嫁女歌这一形式之所以长盛不衰，是与苗家人的婚俗分不开的。苗家人出嫁所择的时辰基本上是当天的零时到早晨六时之间的子丑寅卯四个时辰。具体选择哪个时辰，看路程远近确定。苗家女出嫁为何图“早”？一是夜深人静时出门，道路畅通，避免遇见一些不吉利的现象，图“早”意味着求“吉”；二是早晨进男方门，象征着婚后的日子如旭日东升，光明灿烂，兴旺发达，当然也象征着人生新一天的开始。正是因为这一习俗，苗家才用唱山歌的方式打发新娘出嫁前的漫漫长夜。试想，此时此刻，念及父母的生育之恩，姊妹的手足之情，亲友的关爱之意，心情岂能平静，肝肠岂能不生生忍痛？正是这种嫁女歌的演唱得以使亲人互诉衷肠，度过新娘离家前的时光。千百年来，嫁女歌就这样被认同传承下来。

贺郎歌与嫁女歌互为呼应，可谓是比目鱼、理连枝。嫁女歌是男方迎亲的当晚在新娘家唱的。贺郎歌则是新郎完婚时贺客在洞房花烛夜唱的。贺郎歌分序歌、请新贵人歌、敬酒歌、祝贺歌、送合歌五个部分。序歌唱的是贺郎客的来意。请新贵人歌即把新郎新娘请出来唱的歌。敬酒歌则是贺客向新婚夫妻敬酒时唱的歌。祝贺歌是贺客们即兴创作演唱的，表达祝福之意，这部分歌，凡参加祝贺的人都可以自创自唱，不受限制，同时穿插一些由新郎新娘表演的节目，如“鹊桥初渡”“双人吃吊糖”“双摸泥鳅”等，把祝贺活动推向高潮。最后送新郎新娘入洞房，唱送合歌。如果说嫁女歌低婉缠绵中带有丝丝离情别意的感伤，那么贺郎歌则完全是另一种风格，旋律高亢激越，充满幸福和欢快。

城步山歌中的精华自然是那些情歌了。情歌是形式最为活泼，内容最为丰富的山歌。千百年来，苗乡人民以歌传情，以歌联姻，代代相传，薪火不息，创作了数以万计的情歌。其分布广，曲调多，语言美，意境深。创作手法上取《诗经》中的比兴手法，具有较强的文学价值，堪称文学艺术中的一朵奇葩。按内容分，可分为催唱、追求、试情、逗情、初恋、热恋、相思、苦情、衷情、反情，等等。按感情发展的趋势大致可分为两类：一类是唱歌认识，相恋相爱，结为鸳鸯的；一类是唱歌认识，相亲相爱，结果却是竹篮打水一场空的。前一类情歌表达的是追求的急迫、相思的苦痛、相合的幸福，后一类当然有类似的相思苦，相聚甜，更多的是对负情的“恨”。

苗乡情歌的代表作首推《十页情书》，聊且把它比作城步的《孔雀东南飞》吧。《中国民歌集成湖南卷·城步苗族自治县资料本》记载这首情歌的演唱者是五团镇茶园村的秦叶林，收集整理者是孙季雄、杨宗月、江冠奇。这首歌共10段，242行。该歌每段的句数并不对称，长的段有50句，短的有16句，由此推断作者创作时情如潮涌，一口气写下来，完全不受诗歌形式的约束，写成了自由体式的叙事诗歌。歌的第一段开宗明义，表明了写情书的目的。第二段恳求情娘莫负“我”。“上咐情姐莫丢我，生要同枕死同埋；死去阴间共坟土，坐在香炉共灵牌。”第三段是“劝”姐莫焦急莫冷心，表明“我郎打铁不怕火，为姐沙场不怕刀”的坚决态度。第四段是赞美情姐“赛过南海观世音”，并倾诉情郎“铜打肝肠都想断，望穿一双铁眼睛”的相思之苦。第五段仍叙述情郎的相思之苦，却暗含对情姐反情的幽怨。“我是山中常青树，一年四季绿油油。依附长藤救了姐，谁知恩爱反为仇。”第六段写情哥害相思致病，无药可医的绝望。第七段写害病的情郎化为蜜蜂飞进花园，长在情姐身旁。第八段表达情郎至死不渝的坚贞爱情。第九段写情郎对情姐抱有幻想，希望情姐“要做青松莫落叶，莫学桃花一时红。情姐几时真心愿，千里过界来相逢。”第十段总结地讲述十页情书写的是真情实意，希望“情姐牢牢记在心”。

整首歌的基调是悲切的。歌中没有明说情姐的家世身份，但从歌的内容判断情郎情姐的地位身份是不对等的，也许这正是他们婚姻的障碍，因此这首歌对世俗的婚姻制度是持批判态度的，歌中情郎的悲剧是制度和世俗偏见造成的。且莫说旧社会，就是新中国的“文革”时期，因为成分问题造成的爱情悲剧在苗乡并不少见。

城步的山歌是吸吮大山的养料生长的，不同的历史朝代，不同的社会制度，从山歌中都有所折射和体现。城步的山歌如同城步的山川一样，色彩斑斓，在民间文学的宝库中独树一帜、独领风骚。

论城步苗区民歌的艺术魅力及其重要作用

吴进学

一、城步民歌的概述

城步为古三苗国疆域,属历史上千里苗疆之要区,是一块古老而神奇的热土。这里繁衍生息着以苗族为主体的13个民族,总人口27.5万,苗族人口占60%。大自然的鬼斧神工把这里打造得山灵水秀,景色迷人。既有独特秀美的江南山地草原,也有如诗如画的苗寨风光,更有原始古朴的民族风情。在几千年的历史长河中,这里的苗族人民和其他兄弟民族一道,创造了颇具特色的民族文化,尤其是口头文学中的民歌。众多的民族民俗研究专家及媒体给城步的定位是,“城步是一张亮丽的民歌名片”,确实城步谓之“歌海”久负盛名,素有“无歌不苗、无歌不侗”之称。并且形式多样,种类繁多。按演唱的形式分,有读歌、吟歌、唱歌、哭歌和跳歌。按演唱的内容分,有开天辟地歌、苦歌、反歌、古人歌、挖土锣鼓山歌、鼓堂歌、打脚歌、节气歌、嫁女歌、贺郎歌、丧歌、道士歌、堂祭歌、请神歌、四句山歌、敬酒歌、敬茶歌、敬烟歌、盘歌、上梁歌、儿歌、祝寿歌、留溜歌、顶顶歌、采茶歌、点兵歌、唧唧歌、啦哩歌、巫师歌、簸米歌、龙灯诗歌、卡歌、花话歌、时政歌等近50种。应有尽有,内容丰富。它以浓郁的乡土气息,鲜明的民族特色,丰富了中华民族文化的宝库,是一朵鲜艳的民族艺术奇葩。

二、城步民歌的艺术魅力

城步民歌是广大少数民族群众流传下来的歌曲。它和人民群众的社会生活有着直接最紧密的联系，其作者是民族群众。是他们在长期的劳动、生活实践中，为了表现自己的生活，抒发自己的感情，表达自己的意志和愿望而创作的。在过去少数民族人民被剥夺了掌握文化的权力，不识字，更不懂谱。但他们却用口口相传的方式编唱自己的歌曲，以满足生活的需要。因此他们创造出来的这种独特的民族音乐艺术彰显出无穷的魅力。具有以下鲜明的特点。

（一）强烈的艺术感染力

一是语言质朴，通俗易懂，抒情柔和，言简意赅。由于过去少数民族人民长期处于低水平的刀耕火种，流落四方，与大自然顽强斗争的生存方式，从而决定了民歌的淳朴、简单、易学易唱、语言朴实无华的特点，是少数民族人民生活的真实流露。如苗族四句山歌唱道：

大风吹来凉幽幽，不知哪年才出头，
摘把木叶来垫坐，唱支山歌解忧愁。

不唱山歌不好嗨，井水不挑不拢来，
人不出名不为贵，磨子不推不转来。

烦恼多，烦恼三年懒唱歌，
烦恼三年歌不唱，脸上颜容退几多。

男女之间用这种朴实无华的音韵言词相互倾诉衷曲，消除心中的苦闷，表达内心的情意和乐趣。

二是旋律优美，回环曲折，婉转悠扬。如城步挖土锣鼓山歌，其音乐具有坦率、直露的表现方式和热情、奔放的音乐性格。往往曲调一开始就出现全曲的最高音，热情洋溢，任其自由倾泻，而不需要多层次的铺垫或感情的节制，因而易于感人。同时，其音乐并不过多地讲究形式上的修饰，表现手法较单纯，具有明确的表情目的，并且一般无规整节拍，节奏悠长、自由。音调高亢奔放，开朗激扬，拖腔处常用“喔哇喔哇”作衬词，目的是为尽情抒发心中的感叹，强化音乐的表现力。如其中的出工歌是这样唱的：

清早（咧呀）进山来（呀，喔哇喔哇……哎），望见情哥（呀）扛呀（喔哇喔哇）锄（呀）来（呀）；
男女来到（哇）荒山（ey）坡呀，
男女齐来（呀）（喔哇喔哇）荒山（呀）开（呀），
两朵鲜花（呀）一齐（呀）开（呀）（锣鼓）。

又如城步苗族贺郎歌的音乐同样音调热情舒展，奔放嘹亮，它以旋律动人，节拍形式变化多端而闻名。著名作曲家白诚仁创作的歌曲《挑担茶叶上北京》就是用城步苗族贺郎歌的曲排为主要创作素材，以明快的曲调、悠扬的旋律吸引着成千上万的听众。在城步苗、侗、瑶民族中普遍流传的四句山歌，更以其优美的旋律，鲜明的个性扬名于三湘乐坛，甚至饮誉京华。又如苗族的嫁女歌（又名哩啦哩）亲切优美，缠绵悱恻。是苗族人民从肺腑流出来的天籁之声。

三是句式整齐严谨，朗朗上口，词韵优美，意境清新。

城步民歌尤其是四句山歌、贺郎歌、嫁女歌、龙灯诗歌等歌曲，其音乐性突出表现在节奏和押韵上，都属于韵体文学，歌词很讲究押韵。有鲜明的节奏和韵律，它的结构大都为七言四句体，也有七言五句体的。七言四句体是一、二、四句押韵，五句体是一、二、四、五句押韵。这种押双韵的民歌尤其四句山歌里的情歌节奏平和舒缓，演唱时给人以缠绵之情的感觉，而且激发人们的想象，让人进入清新的意境。同时巧妙地运用辞藻，融历史典故和古人诗句于歌词之中，使情歌更加优美动听，更能激发人的感情，增强艺术的感染力。如下面两首情歌：

情妹生得白又白，我哥生得脸又黑，
你看山中麻阳子（野葡萄），个个对着黑的勒（摘）。

韭菜开花细茸茸，有心连妹莫怕穷，
只要二人真心愿，冷水泡茶慢慢浓。

这两首都是七言四句式，押韵很好，并抒发了阿哥对阿妹的痴恋之情。幽默诙谐，饶有风趣。又如：

郎才女貌两相当，好似织女配牛郎，
今日鹊桥来相会，银河初渡喜成双。

打开新房放豪光，一对新人入洞房，
左边风流唐伯虎，右边美女赛秋香。

这两首歌运用历史人物故事来刻画男女婚姻爱情的意境。因而，演唱一段情歌能打动对方的心，难怪人们常说“乖女乐嫁丑儿郎”，它是男女青年结成美满婚姻的“红娘”。苗族情歌还能陶冶人的性情，给人以艺术的享受。闲时唱一首情歌能使人精神清爽，疲惫时唱一首情歌疲劳顿时消除，烦闷时唱一首情歌能使人忧愁即化。常言道：“凉水解得心头火，情歌化解心中忧。”

（二）丰富的文学表现力

民歌除了具有古朴、悠扬、明快、美妙、悦耳、令人感动神往的艺术感染效果外，还富有鲜明的文学色彩。民歌的作者在短短数句的歌词中巧妙地运用比兴、比喻、比拟、对比、夸张、叙事、双关、借代、对仗、排比、顶针、回环等多种修辞手法，使主题思想得到鲜明突出的体现。

1. 比喻手法。如苗族四句山歌：

你妹生得白瞢瞢，好比后园四季葱；
二月南风吹不老，六月日头晒不红。

新打镰刀难转弯，久不唱歌开口难；
心中如同打战鼓，脸上如同火烧山。

歌中“四季葱”“打战鼓”“火烧山”都是运用比喻。

2. 比拟手法。如四句情歌：

妹是蝴蝶满天飞，哥是蜘蛛结网围；
有心落在蜘蛛网，无心就往别处飞。

妹今十七哥十八，两人都是后生家；
哥是生姜才出土，妹是嫩笋才报芽。

这里把妹拟为“蝴蝶”和“嫩笋”，把哥拟为“蜘蛛”和“生姜”，形象生动，颇有感情色彩。

3. 夸张手法。一是扩大夸张，把客观事物说得“大、多、高、强、深”的程度，如四句山歌：

我歌哪有你歌多，你有十万八千箩；
那年春头涨大水，山歌塞断九条河。

气势磅礴，意境深刻。二是缩小夸张，把客观事物说得“小、少、低、弱、浅”的程度。如：

锦鸡尾巴贴地拖，爬山过界来学歌；
我喉咙没有丝线大，肚中没有半支歌。

想妹迷，
想妹三天咽不下一粒米。

通过如此缩小夸张手法来烘托人物的思想和抒发对情人的爱恋程度。

4. 双关手法。如：

橄榄好吃核难咽，相思不敢乱开言；
哑子食着单支筷，心想成双口难言。

蜜蜂为花死在坡，鸬鹚为鱼死在河；
情哥做事不老成，罐子煮鸡露出脚。

“心想成双”“露出脚”都是一语双关，前者抒发相思成亲的渴望，后者抒发情妹责怪情哥做事不老练，相爱失败的遗憾。含蓄动人，耐人寻味。

5. 比兴手法。如：

郎在外面学鸡叫，妹在房中把手招；
爷娘问妹招什么，我看太阳有多高。

做到比喻、抒情、叙事有机结合，以简短情节和细腻笔触，勾画出人物形象，栩栩如生。

6. 顶针、回环手法。如：

香莲碧水动风凉，水动风凉夏日长；
长日夏凉风动水，水动风凉碧莲香。

赏花归去马如飞，马去如飞酒醉微；
酒醉微微四季梦，四季如梦赏花归。

这两首歌同时运用顶针、回环手法，顶针即利用前后相同的语言形成的蝉联关系提高语言表达效果，回环即利用语序的变化来增强语言的表现力。如此种种的文学修辞手法，笔者不一一例举。

三、城步民歌的重要作用

城步民歌有着悠长的发展历史，它是经过千百年来少数民族人民的口传心授不断提炼加工，精心创作而成的音乐。它不仅仅是一种单纯的民族文化现象，它对社会的发展与进步，对人们的思想教化、人的行为准则有着重大的影响和重要作用。

（一）具有传承的感化启迪力

如开天辟地歌、酒歌、古人歌记述的是有关宇宙与人类起源的古代神话和传说，苗族先民对一些自然现象的认识以及历史、生产、生活和礼仪知识。这些歌曲曲调起伏较小，篇幅长大。如酒歌长达3400多行，3万多字，全部用苗语演唱，可以唱三天三夜，是城步苗族中传承的一首长篇叙事诗歌。内容极为丰富。它从苗家迎亲嫁娶的礼仪开始，叙述结亲的缘由，然后演唱祖宗历史，苗族各姓氏的来龙去脉。其间，还谆谆教导年轻的新郎新娘要如何勤俭持家、孝敬父母长辈，处理兄弟、妯娌、婆媳、夫妻间的关系，唱得有礼有节，有声有色。

嫁女歌，苗语又称“哩啦哩”。是苗家新娘出嫁的头天晚上在娘家时演唱的歌。上半夜是接亲的一方与出嫁姑娘寨子一方进行时歌斗智。鸡叫三更后变换演唱主题，寨子里的父老乡亲陪伴出嫁姑娘唱“离娘歌”。内容都是告诫姑娘嫁往夫家后如何成家立业，为人处世，如何感谢父母的养育之恩。演唱者声情并茂，凄然肃穆，感人心扉，陪伴者无不泪下。如当中的歌词是这样唱的：“娘边做女贵如金，嫁与夫家改性情；孝顺公婆为根本，和睦相处做好人。”“五更锦鸡声叫声，好比万箭穿我心；唢呐急吹娘送女，可怜天下父母心。”这两首歌，前者意在对出嫁姑娘的教化，后者抒发母女即将离别的伤感。

苦歌、反歌是记述苗族人民在黑暗的旧社会不堪忍受牛马不如的痛苦生活而控诉的一种民歌。如：

天不平来地不平，把我穷人不当人；
种出谷子吃不到，吃的都是野菜根。

给人帮工硬吃亏，鸡叫三更就来催；
日出三丈吃早饭，月落西山才得归。

清清巫水日夜流，流不尽的血和仇；
穷人不顾受痛苦，抗粮抗兵争自由。

这是苗族人民对旧社会痛苦生活的真实写照和不堪重难的强烈反抗。

"堂祭歌"是城步苗族人民家中老人仙逝以后，邀请歌手来孝家灵堂"上祭"时演唱的一种歌。"上祭"即相当于今天的追悼仪式。歌手一般要有一定的文化水平，将仙逝老人的生平、功绩、美德即兴编成通俗易懂的唱词，唱腔悲戚，内容凄切感人。目的是歌颂仙逝老人功德风范，教化鞭策后人积极向上，以告慰仙逝老人的在天之灵。

此外，还有翻身歌、时政歌更体现时代意境，具有政治性、思想性和进步性。如："五黄六月爱风凉，寒冬腊月爱太阳；苗家喜爱共产党，好比娃崽爱爹娘。""太阳红红茶花香，一朵茶花一窝糖；苗家生活甜如蜜，幸福全靠共产党。"这两首歌抒发出苗家人民翻身当家做主过上幸福生活的心中喜悦。时政歌在今天更有其实用价值。城步境内的长安营乡在全乡中小学校广泛普及"校园民族山歌"，他们将民族山歌编成乡土教材，在全乡师生中传唱，该乡从教师到学生人人都会唱校园民族山歌。学生不但受到民族文化的熏陶，而且着重培养了他们爱家乡、爱人民、爱祖国的精神和真善美的高尚品德、情操。

（二）具有超强的生命力和影响力

城步苗区的民歌历史悠久，源远流长。观城步历史，新石器时代就有先民活动，随后陆续有苗族、侗族、瑶族、回族和满族世居。由于长期的生产、生活实践使这种口头文学不断发展和沉淀，尤其经过千百年来一代代人的千锤百炼，不断加工，从而创造成颇具民族特色，能体现民族文化和民族精神的优美动听的音乐艺术。这些不同民族的民歌一般用各自的民族语言来演唱，也有用汉语演唱的，因此千百年来它犹如黄河、长江一样经久不衰，以超强的生命力，跻身于我国民族乐坛，永远保持民族的气魄和特性。"越具有民族性的就越具有世界性。”只有民族的才是世界的。我国青歌大赛原设通俗、流行、民族三种唱法类别，从 2006 年开始新增加“原生态”的类别，足以说明原生态有着浓郁的山野风味，又蕴藏着清纯明亮之风，亲切动听、撼人心扉。它是一朵散发旷野芳香原汁原味的野花。民族唱法则是在原生态民歌基础上经过修剪的人工花卉。我国著名歌唱家何纪光先生将创作源于城步民歌素材的《挑担茶叶上北京》《洞庭鱼米乡》这两首民歌唱红了祖国大江南北。民歌天后宋祖英带着湖南苗族的民歌漂洋过海，登上世界乐坛，震撼全球。

论城步苗族情歌的艺术特色

尹建德

城步苗乡素有“歌海”的美誉，民间歌谣浩如烟海。其中情歌的数量最多，思想性与艺术性都很强，价值也很高。

由于城步苗族历来婚姻比较自由，束缚较少，因此，千百年来，青年男女对唱情歌成风，历久不衰。他们往往通过节日、赶场、喜庆、作客，以及换工挖土、砍山薅草的劳动生产活动等社交场合，聚集在一起，彼此接触，互相认识。苗家姑娘和后生们，或成群结队，或成双成对，在山坡古树下、溪畔沙滩里、桥当头、草坪中，对唱情歌，交流相互爱慕的感情。

情歌不但数量大，而且种类也很多。大致按谈情说爱进程的顺序来分，有10大类、20小类：初识歌（包括诘问、催唱、追求），试探歌（包括试情、逗情），初恋歌（包括赞美），迷恋歌（包括热恋、衷情），请媒歌，相思歌（包括思情、苦情、望郎），起誓歌，送郎歌（包括送妹），反情歌（包括退婚），逃婚歌等。

苗族情歌是苗族劳动人民爱情生活的真实反映，它抒写了青年男女由于相爱而激发出来的悲欢离合的思想感情，表达了他们对幸福生活的追求，对美好未来的向往，对爱情的坚贞，体现了男女青年的智慧与才能，以及选择配偶的标准，表现了广大劳动人民健康淳朴的恋爱观与审美情操。体现了不同社会阶段人民的道德与伦理观念，其中还有一部分情歌表现了青年们对封建礼教的蔑视与反抗。苗族情歌的思想内容异常丰富，限于篇幅不作具体论述。本文拟从语言特点、艺术手法等方面谈些浅见。

一、苗族情歌的语言特点

苗族情歌的语言不追求表面的华丽，它善于用最通俗的最简练的语言作心灵的表白。归纳起来，有以下几个特点。

（一）语言朴实无华，通俗流畅

1. 语言的自然美同劳动人民心灵美的统一。例如，情歌中有一首迷恋歌这样唱道：

生不丢来死不丢，我俩结交结千秋。
泰山移动随它动，黄河倒流也莫丢。

这首歌的语言是群众口语，朴素而明丽，通俗而晓畅，体现了青年男女对爱情的坚定不移、坚贞不渝、热恋衷情、忠于爱情的品质，以及他们的善良、纯洁、正直、美好的心灵，语言的自然美与人的心灵美高度统一。

2. 语言的通俗流畅同情歌依靠口头创作、口头传播、记忆保存的密切关系。请听下面这首试情歌：

踩妹脚，试妹心，看妹骂人不骂人。
要是你妹不骂我，一个真心跟妹行。

像这样的歌词完全是劳动人民的口头语言，口头创作，没有任何雕琢与修饰，既通俗又流利，一气呵成。正因如此，它极易传播，极易让人记住和咏唱。真是令人过目不忘，一闻成诵。

3. 语言质朴通俗同情歌作者的劳动生活有不可分割的内在联系。如这样一首试情歌：

妹在溪边洗花鞋，郎在高山砍烧柴。
打声喔嗬喊声妹，看妹把不把头抬。

民间情歌作者不是少爷公子和闺阁小姐，也不是旧诗词、旧戏曲中养尊处优的才子佳人，而是地地道道的劳动人民，是鲁迅先生所说的“不识字的大众”，是“穷哥苦妹”。他们创作的口头诗歌，其内容同他们的劳动生活有着必然的联系，其语言自然质朴通俗，而且劳动生活气息非常浓厚。

4. 语言中洋溢着乐观主义情调，富有浪漫主义色彩。请听一首起誓歌：

> 生要连来死要连，莫怕官司打十年。
> 砍头如同风吹帽，坐牢好比逛花园。

这首歌通过生动的比喻，反映了青年男女们为了追求幸福美满的生活，为了获得爱情的自由，敢于反抗封建统治者的残酷压迫，蔑视并相信能战胜阻碍他们自由、幸福的邪恶势力，表现出不怕打、不怕杀的大无畏精神，其乐观情调、浪漫色彩，溢于言表。

（二）语言节奏明快，韵律和谐

1. 节奏明快，富有音乐性。请听一首初识歌：

> 唱就唱，陪就陪，妹是锈铁上铁锤。
> 妹是生姜才下土，望哥多多来栽培。

这一首歌，第一句分成两截，每截三个字，各两个拍节，共四个拍节；其余三句每句都是四个拍节。而且第一、二、四句的尾字都押“灰堆”（ēi）平声韵。所以，唱起来节奏明快，强弱分明，抑扬顿挫，旋律优美；听起来和谐悦耳，音乐感很强；就是读起来也朗朗上口，自然流畅。

2. 韵律和谐，讲究脚韵平仄。让我们来分析一首初恋歌：

> 玉米开花蓬打蓬，情妹恋郎在心中。
> 只要两人都有意，冷水泡茶慢慢浓。

歌者很注意韵律，第一句尾字“蓬”是定韵，第二句尾字“中”与第四句尾字“浓”是合辙押韵；它们都属于“中东”（ōng）韵，并且是平声；而第三句尾字“意”恰好是仄声。这样讲究押韵合辙，注意平仄交错，加之歌者的感情协和，就使得这首情歌的韵律和谐，悦耳动听。

（三）地方特点与乡土气息

1. 鲜明的地方特点。苗族同胞主要分布在高山上，生产劳动离不开山，衣食住行离不开山，讲话唱歌常常也离不开山。情歌中就有许多这样的赞美歌：

妹是高山一支梅，蜜蜂寻梅满山飞。
一朵好花在山头，十人见了十人谋。
高山栽竹竹叶尖，风吹竹叶响连连。
莫说高山竹杆小，小小竹杆撑大船。

这些歌反映山区生活，热爱山区，赞美山区，富有地方特点。

另外，在旧社会，苗乡民众，由于彼此感情要好或有共同目的而结拜为兄弟姐妹，或者为了达到一个共同的目标需要统一意志与行动时，常常要砍鸡头，呷血酒，对着老天或神灵赌咒盟誓，表示坚贞不渝 \ 坚定不移。这种习俗也反映到了情歌里。请听一首起誓歌：

讲了不丢就不丢，同妹进庙砍鸡头。
菩萨面前吃血酒，哪个反情天来收。

这首歌是砍鸡头、吃血酒习俗的写照。其中“天来收”这个词语，正是城步苗族地区的方言，即“天杀”“天诛地灭”的意思。

苗族情歌一般是用苗族地区的方言土语来唱的，有的甚至全用苗语来唱。正因为如此，苗族情歌也是采用方言土语来押韵的，不是用普通话标准音押韵的。例如一首试情歌：

田螺肚内弯弯多，转了一角又一角。
妹今三天两样话，妹的心思哥难摸。

这首歌第一句尾字“多”，读 duō；第二句尾字“角”读 guō，不读 júe 或 jiǎo；第四句尾字“摸”，读 mō。整首歌的韵脚是统一的，属“梭波”（o）韵。

从上述事例里可以窥见苗族情歌语言中的鲜明的地方特点与民族特色。

2. 浓郁的乡土气息。苗族地区男女农民，不论是在山上砍柴，地里挖土，都喜欢唱山歌，既唱劳动歌，也唱情歌。妇女们不光是在做家务事，还要同男子汉一样上山下地干农活，有的也下河摸鱼、捡田螺。他们在生产劳动中谈情说爱，乡土气息浓郁，意趣盎然。有首试情歌这样唱道：

哥在山上唱山歌，妹在田里捡田螺。
只因偷看哥一眼，错把石头放进箩。

3. 形象生动的生活画面。苗族情歌里有两首连唱的逗情歌是这样唱的：

妹在江边看水牛，郎在高山打石头；
石头落在牛背上，看妹抬头不抬头。

情妹抬头哥下坡，双手捧水给哥喝；
喝了情妹手板水，三年时间口不渴。

这两首歌一共只有八句，语言简洁质朴，准确地运用了“看”“打”“落”“抬”“下”“捧”“喝”等一系列的动词，逼真、传神地描绘出了青年男女劳动、逗情、嬉戏、欢乐的生活画面，主体感很强，显得异常形象生动，妙趣横生，且能引起人们许多的联想。画面里人物的活动与形象，跃然纸上，呼之欲出。它不光是一单幅画，而是生活内容、人物情绪、活动情节紧密相连的几个画面的组合，好像一组电影镜头显现在我们面前，又闪映在我们的脑海里，留下了深刻的印象。在这里，恕我将几个词语改动一个字，生造几个词头，赞美这组生活画面富有“歌情画意”，真是“歌中有画，画中有歌”！

二、苗族情歌的艺术手法

苗族情歌运用了多种多样的艺术手法，而最常见的有比兴、双关、排比、夸张、重复等。下面试作简略的分析。

（一）巧妙运用修辞手法

1. 比兴：毛主席说：“诗要用形象思维……所以比、兴两法是不能不用的。赋也可以用。”毛主席所说的赋、比、兴，正是我国传统的诗歌（包括民歌）创作的艺术手法。“赋”，就是铺陈直叙和描写；“比”，就是用譬喻的方法，以彼物比此物；“兴”，即起兴，就是先谈他物，以引起所歌咏的内容引发联想，起烘托作用的一种表现方法。俗话说，“没有比喻就没有山歌”，“山歌唱得好，就要比喻妙”。如下面一首望郎歌：

相思树上画眉叫，等哥不到妹心焦。
眼泪如同下春雨，手巾揩烂几十条。

在这首歌里，四句唱词，用了四种表现手法：第一句是起兴，第二句是赋，第三句是比喻，第四句是夸张。通过运用这些艺术表现手法，既可增加形象性，又可以引人入胜，充分抒发感情，透彻阐明道理。

2. 双关：民歌唱词中，有一些字面上谈甲，骨子里却是谈乙，这是双关的修辞手法。双关有两种：一是谐音双关，一是一词多义。运用这种手法暗示或兼顾两种不同的事物，使隐藏在人民心灵深处的复杂感情，得到真实而含蓄的表现。我们不妨听一听老单身汉的一首苦情歌：

天呀天，胡须生在嘴巴边，
为何不长头顶上，如今老了哪个怜（连）。

这首歌中，以怜爱的“怜”，谐连妹的“连”，真实而含蓄地表达了隐藏在老单身汉心灵深处的复杂感情，颇令人玩味。运用双关修辞手法的情歌很多，请再听一首赞美歌：

你妹生的白里红，脸像桃花颈像葱。
我哥愿变妹衣领，时时扣住不放松。

这是一字多义双关，字面上是谈情哥变成衣领把情妹的脖子“扣住不放松”，骨子里却是谈情哥要将情妹紧紧抓住不放松。它含蓄地表达了情哥心底的复杂感情，并迅速地引起听歌人的联想与深思。

3. 排比：用一系列结构相同或相似、语气相同和并列的句子，把同范围同性质的事项逐一表达出来，这叫排比修辞手法。在民歌里常常采用排比手法，用一连串的比喻来形容、强调和突出某一事物的特征。

有先用一个比喻，接着谈出结果，然后连续用两个句式结构相同的比喻来进行排比，加以强调突出，增强说服力的。例如有首热恋歌唱道：

哥是钥匙妹是锁，哥爱妹来妹爱哥。
水不离鱼鱼跟水，砣不离秤秤跟砣。

也有前三句都是比喻，加以排比，第四句才说出被比喻事物内容的。这样，能使结构整齐，音节匀称，节奏昂扬，气势磅礴。譬如，一首催唱歌就是如此：

落雨久了望天晴，读书久了望功名。
读书只望高官做，唱歌只望妹接声。

4. 想象与夸张：为了突出强调事物的本质特征，使人获得更鲜明、更深刻的印象，通过合理的想象而对事物进行“言过其实”的描写，这便是想象与夸张的手法。歌唱者或扇起丰富联想的翅膀，纵情飞跃，任凭感情驰骋；或夸张得既奇特，又合理，既大胆，又形象。这样，就能使作品寓意深刻，富有浪漫色彩。如有首起誓歌唱道：

生要连来死要连，生死要在妹身边。
要是妹死变菩萨，哥变香炉摆神前。

这首歌里，歌者通过巧妙的构思，离奇古怪的想象，用妹变菩萨，哥变香炉的奇特而大胆的假设，来表现哥妹生死都要在一起的誓言。

我们再听一首送郎歌：

送郎六里到田边，郎也难舍妹姣连。
泪水成河往下落，差点冲垮路边田。

这一首歌是说哥妹难舍难分，热泪双流。但眼泪再多，决不会“成河”，更不会像山洪暴发那样“冲垮路边田”。然而，民众诗人大胆想象，运用夸张手法，抒发了恋人们的热爱深情而挥洒出不忍分离的多情之泪，增加了作品的奇特性，合理性，增强了形象性和艺术感染力，并没有使人感到过分夸大和不可置信。

（二）善于运用词语重复和句式反复的手法

1. 词语的重复：苗族情歌中常常有相同或相近的字眼、词语等句子多次重复出现在一首歌里，以强调唱歌人要吐露的心迹，并给听歌人以情意婉转、回肠荡气的感觉。这里有一首试情歌：

天上白云配彩云，地上狮子配麒麟，
高山黄连配青草，问妹留心配何人？

这首歌中的每句的第五字都是一个“配”字，歌者先用前头三个排比式的比喻起兴，引发联想，最后强调他埋藏心底的心意全在于“问妹留心配何人”？使人感到节奏明快，气势磅礴，读来如滔滔流水，一气呵成。下面再听一首送妹歌：

五送情妹到山脚，再送五里不为多，
再送十里不为远，不送情妹送哪个？

这一首的第一、四句的第二、三、四字“送情妹”完全重复；第二、三句中，除了第三、七字有变动外，其余五个字全同；“五”“十”两字的变更，表示送妹里程的递增；“多”“远”两个字的变更，纯是根据押韵和平仄的需要而有意错开的，其意思完全一样。民间诗人这样写，并非是烦琐的重复，而主要是强调情歌情妹情意绵绵，不忍舍去的真挚感情，让听歌人对歌词内容加强理解，加深体会。

2.句式反复：苗族情歌中往往有相同（或相近）的句式反复出现在一首歌里，其用意和作用，在于强调唱歌人所要倾吐的心意，加强作品的表现力，突出中心，强调感情，组成一种优美和谐的旋律，以便加深听歌人对歌词中心内容的理解与记忆。我们来听一首起誓歌：

鱼死骨头丢在滩，鸟死骨头丢在山。
哥死堂前不丢妹，虎死平地不丢山。

这首歌，第一、二句的句式结构是“× 死骨头丢在 ×”；第三、四句结构是“× 死 × × 不丢 ×”。整首歌在句式结构上重叠，循环往复，有如急流涌进，不可阻挡之势，节奏流畅，旋律和谐，唱来顺口，听来悦耳。这样，它必然收到很好的效果——强调了情哥吐露的“死不丢妹”的心迹。

……

总之，苗族情歌艺术特色鲜明，价值很高，只要我们运用唯物主义的观点、辩证的方法，认真加以研究，剔除其糟粕，吸取其精华，就能弘扬民族优秀文化，繁荣社会主义文学艺术。

浅谈城步挖土山歌

杨光清

城步《挖土山歌》源远流长，所反映的生活真切、实在，在今天却显得遥远、隔膜，被人们淡忘了。这是城步先民留下的一笔弥足珍重的非物质文化遗产。本人花费心血和时间，对其进行挖掘、抢救和整理，旨在不让她湮灭在历史的长河中！

城步苗家人在插标为界开发城步、刀耕火种的数千年里，为了提高生产工效，鼓舞干劲，在劳动中创造了《挖土歌》。本人根据几年来在民间收集、整理的内容，现将城步《挖土歌》的大体形式和内容及当地民俗习惯发布出来，作为资料保存。

如某农户要在哪片山场开挖一片生土，种苞谷或六谷（苡米），定于明天要请劳动力挖土，他必须在本寨中心地带和邻村贴上告示或口头宣传：在某处山场挖土，需劳动力多少人，男女不限，年龄 14—60 周岁，自带劳动工具，主家包中餐山上食用等内容。在此之前，主家要请 1—2 名“唱歌郎”（视请挖土劳动力多少而定，人多两名，人少一名），工钱是当时工价的两倍。

开挖这天，来帮忙的人陆陆续续带着锄头、柴刀到主家吃早饭。有的在自家吃早饭，然后到当天挖土的山脚下等待“大部队”的到来。

人员到齐后，举行“开山”祭祀仪式。唱歌郎要点燃主家带来的香火纸札，口中念念有词，大体意思是：恭请今天挖山的大地名、小地名的山神、土地菩萨等各路神圣，前来受领香、烛、银钱，请求菩萨保佑所有今天参与动土的人员，身体清泰、平安，不砍伤手、不挖伤脚！不滚岩石、柴蔸伤着人！一切藤精、树精等鬼魅魍魉要躲开！保佑唱歌郎身体康健，头脑清晰，嗓音嘹亮，编唱自如，歌声不断……唱歌郎边烧纸钱边唱开山山歌，如：

一下鼓来两下锣，惊动山中土地婆，土地婆婆切莫怪，凡人弟子口要呷，打锣打鼓闹山河！

一下鼓来两下惊，惊动山中土地神，土地神灵切莫怪，如今世间是咯里兴，打锣打鼓闹乾坤！

清早来、来得忙，唱歌会到张五郎（梅山祖师），碰到土地烧纸钱，烧了纸来装了香，敲锣打鼓莫怪我唱歌郎！

敬完神、唱完开山歌以后，众人才敢动工挖土。

自愿来帮忙挖土的左右团邻，一般有三五十人，最多有100多人，一般男女搭配，一字排开，一动工大家就很努力地干。有男有女，有讲有笑，又有山歌听，工效很快，一下子就冲上山梁。

站在挖土工地上方的唱歌郎，胸前挂着一只直径约30厘米、高12厘米的圆形牛皮小鼓，右脚大腿外侧挂一只小铜锣（直径20—30厘米），小铜锣的边缘有两个小圆孔，穿上小绳子，绳子又挂在腰间的柴刀盒上，小铜锣的提绳上捆一个小草把，隔开铜锣与大腿的距离，免得影响铜锣的响声。有的唱歌郎索性把右边的裤脚卷上，全裸大腿，让铜锣悬挂在空中，让声音更嘹亮、传得更远些。如果挖土的人多，就请两个唱歌郎，一个敲锣、一个打鼓，他们一般都是老搭档，一唱一陪，一唱一和，配合默契，既幽默又风趣，逗得挖土人笑口常开，忘记疲劳，忘记恩怨，把一切忧烦都抛在脑后，沉浸在欢快的劳动和欢声笑语中。

从早上七八点钟开始动工，到了10点以后，由于劳动强度大，人们渐渐体力不支，动作有些缓慢了，掉队现象也有了。唱歌郎就移动到掉队人的当口上，打锣打鼓，激励他努力挖，快赶上。人是有自尊心的，他见唱歌郎前来督阵，会拼尽全力，迎头赶上。

大约到中午11点，唱歌郎见大家累了，就让大家休息。歌郎就唱歌：

茶时过了得半天，想呷茶来想呷烟，呷茶冇得茶到手，想呷烟来火冇燃，只望情妹火烧燃！

大家就知道是中途休息了，这时女主人送来茶水、油茶或甜酒，让大家补充水分和食物。休息10多分钟，唱歌郎一曲：“吃了烟来就起身，烟筒丢在姐怀身……”大家就立即起身，扬起锄头又开挖。

这时唱歌郎的重场戏才开场，唱歌郎要唱情歌了！歌词韵脚多变，比兴切入生活，切入实际，临场编撰，表达歌者内心世界！

> 不唱山歌冷清清，唱起山歌闹沉沉，戏台唱的都有假，山歌唱的句句真，同姐唱歌好开心！
>
> 琉璃瓦屋出青烟，屋内有个好姣连，眉毛弯弯鹞子眼，说话好比炮连天，同姐好耍做神仙！
>
> 半夜想妹半夜彪，碰着老虎只当猫，老虎老虎莫咬我，你为猪羊我为姣，我们一路顺滔滔！

歌师们一唱一陪，调得挖土人群情振奋，唱歌郎在档口上面唱，挖土人在下面边挖边为唱歌郎抬声和唱，整个场面和气氛既激情又和谐，人们在快乐中劳动，又在劳动中享受快乐！

到了下午1点钟左右，主家送饭来了，一般只有两菜一汤的工作餐。如果主家预计不足，碗筷带少了，人们就随地找一些巴蕉叶或无毒的大阔叶装饭菜，顺便折树枝或芒杆做筷子；或者用树叶把前面人吃过的饭碗揩一下再盛饭，筷子放腋窝边衣服处揩一下，接着吃。吃饭的人秩序井然，还相互谦让。吃饭时相互打闹，谈笑风生！中餐时间约半个小时。

> 呷了饭来到土畲，好朵乌云把雨遮，好朵乌云不下雨，好个情妹不贪花，郎得相思也无法！

随着唱歌郎一唱，人们丢下饭碗，又马上开工。吃饱喝足后，唱歌郎嗓音更加高亢圆润，和唱者更加铿锵有力。到下午4点多钟，太阳偏西，渐渐落山，家离得远的挖土人就开始陆陆续续回家了，唱歌郎就开始唱《送太阳》的歌。

> 日头落山过里河，郎骑白马姐骑驴，郎在马上喊声姐，姐在驴上喊声哥，心中好比快刀割！

日头落岭四山黄，犀牛望月姐望郎，犀牛望月归大海，情姐望郎进绣房，免得情姐守空房！

较远的挖土人要动身回家了，唱歌郎就唱《送别歌》。

送郎送到四山窝，手板捧水把郎喝，喝了妹的手板水，三年之间口不渴，不送情郎送哪个！

送妹送到竹子山，手抱竹子哭一餐，眼泪流在竹子上，六月日头晒不干，两人分别好为难！

到正式收工时，就只有主人自家的几个劳力和本寨的十几个人了。仔细算一算，这种打锣挖土唱山歌的“苗家伙耕”的形式，花钱少，人快乐，至少可提高功效 2—3 倍！

祖国解放我落地，我与祖国是同年，本人山里生、山里长，是扎扎实实的城步土著苗族人。山里的孩子偏爱山，我从小就受山歌熏陶，就爱唱山歌、收集山歌，特别对城步《挖土歌》情有独钟。根据多年来对《挖土山歌》研究，也采访过许许多多的唱歌郎和挖土人，通过粗略总结，它有如下几大特点。

1. 曲调。它属中国南方自由式高腔，比一般山歌要高八度，歌曲粗犷豪放，带有南方山野风格，悠扬时百转柔肠，情意绵绵，粗犷时惊天撼地，回声嘹亮。

2. 歌词。不拘泥于“七字连成变一句，四句连成是只歌”的城步《四句歌》，它最少有 5 句，最多有十几句，把一个话题要基本表白清楚，末尾一句，一语破的，还耐人寻味。

3. 形式。开唱与接唱的，不一定是男女对唱，但歌词的内容是男一段来女一段，你一唱来我一陪，而且一定是首尾相连。如下面几首：

黄油纸伞花骨排，
姣连打伞路上来，
手打凉伞摇白扇，

赛过牡丹狮子桂花台，
恨不得连衣把姐抱过来！

十八哥，少年乖，
有个么格恨不得把姐连衣抱过来，
大路团团不是你郎的攀花路，
郎要攀花到我姐格屋里来，
做个同床共枕面相挨！

十八妹，少年乖，
有个么格同床共枕面相挨？
我郎不是神仙难熟路，
不知你姐住在哪州哪县哪条街？
不知你姐的八字槽门对哪开。

十八哥，少年乖，
有个么格不知我姐的八字槽门对哪开？
我姐座在贵州城内里，
两边立起狮子桂花台，
我打开八字槽门等郎来！

4. 内容。它是一部历史教材，从未进过学堂门的歌郎，通过师父口耳相传，也知道许多书本上的历史人物，如姜子牙、王昭君、三国演义、杨家将、梁山伯与祝英台、隋唐英雄、包公断案、岳飞精忠报国，等等。它是一部《礼记》，教人怎么接人待物，处世为人，做人要能吃亏，要讲礼貌、礼仪等。古代相对不发达，部落之间经常发生争斗，人们只想增长人口，壮大部落。山歌还是一部婚恋教育的好教材，教育后生早结婚、早生孩子、早成家，为了爱情发挥无穷的力量和智慧，冲破家庭、社会等重重枷锁，达到爱情的结合。

城步《挖土山歌》传唱了几千年，它是人们在生产、生活和劳动中诞生，又在人们的生产、生活和劳动中传唱。也是通过唱歌郎、唱歌师傅、山歌手一代一代创作、雕琢、加工、整理、传唱，才流传至今。它有精华，也有糟粕，糟粕部分早已被祖先们剔除，剩下的大部分都是精华了。它是中华五千年优秀文化宝库的一颗明珠，擦去尘埃，还是锃锃发亮的！

论城步《开山民歌》的特点与研究价值

吴进学　华竞男

城步苗族自治县位于湖南的西南部，是全国五个单一苗族自治县之一。这里居住着苗、汉、侗、瑶、回等 24 个民族，总人口 28 万。在几千年的历史长河中，这里的苗族人民与其他兄弟民族一道共同造就了古老的民族文化，其民歌犹如朵朵鲜花多姿多彩，其中传唱了千百年的《开山民歌》就是一朵美丽的奇葩。

城步《开山民歌》的历史可追溯到明弘治年间。南部地区被分设为扶城峒、横岭峒、莫宜峒、蓬峒、拦牛峒等五峒。当初由于少量汉人（新化人）的最早迁入，与当地土居的苗、侗、瑶等民族不断融合，共同创造了独具特色的《开山民歌》，因受新化汉人的方言影响，这种民歌唱词逐渐演变为新化腔演唱，所以又叫“新化山歌”。

在刀耕火种的原始农耕时代，勤劳勇敢的少数民族人民，伐木炼山开垦新的土地，每年春节过后家家户户都要把头年冬天烧好的新地翻挖过来，也叫开山挖新土。每逢谁家挖新土，主人要根据参加劳动人数的多少，请一至数名能歌善敲的歌郎（或锣鼓师）到挖土场地唱歌。演唱时歌郎边唱边伴以锣鼓声，所有参加挖土的人们排成一字预口，应和着歌声的节拍和锣鼓点的节奏，飞舞锄头，齐头并进，奋发向上，边挖边和其尾声（喔哇、喔哇、呃……），是一种一领众和的演唱形式。此歌具有消除疲劳、鼓舞士气、增添干劲、提高劳动效率之功能。《开山民歌》在 20 世纪 80 年代初都还盛行，改革开放以后才慢慢消失。

一、《开山民歌》的特点

这种独特的《开山民歌》，从它的内容、形式、唱腔、韵律和功能来看，具有以下几个鲜明的特征。

（一）奉行土地、梅山神灵崇拜

挖土队伍进山后，首先得听从锣鼓师的行动指挥。按本民族的习俗，上山动兴土木要举行古老的“祭神”仪式，即在开挖的新地旁找一平地摆设香案，点三炷香、两支蜡烛，摆三只盛满米酒的酒杯和少量糖果，烧一叠钱纸，来敬奉山神土地、太白星君、张五郎等神灵，同时边击锣鼓边唱《安神歌》：

打响锣鼓惊动神，
惊动山中土地星；
主东用金子银钱来安慰您，
我管阳来您管阴；
保佑锣鼓场中数十人。

打响锣鼓惊动神，
惊动云中太白星；
太白星君莫见怪，
凡人打锣打鼓闹阳春；
保佑主东种子落地好收成。

一下鼓，两下锣，
惊动山中土地婆；
土地婆婆莫怪我，
凡人挖土唱山歌；
打锣打鼓闹山河。

清早来，到山场，
来到此方立坐坛（占个地方）；
上坛立起三十三天王母殿，
下坛立起倒立梅山张五郎；
保佑我们男女老少得安康。

唱完《安神歌》，接着锣鼓师要向东南西北四方下锁，唱《下锁歌》：

清早起，往东来，
郎到东方下锁来；
东方一把牛尾锁，
隔墙带个钥匙来；
钥匙到哩锁就开。

清早起，往南来，
郎到南方下锁来；
南方一把金童锁，
隔墙带个钥匙来；
钥匙到哩锁就开。

清早起，往西来；
郎到西方下锁来；
西方一把乌鸦锁，
隔墙带个钥匙来；
钥匙到哩锁就开。

清早起，往北来；
郎到北方下锁来；
北方一把倒须锁，

隔墙带个钥匙来；
钥匙到哩锁就开。

（二）唱腔高吭，震撼山谷

《开山民歌》是城步近百种民歌中音最高吭的一种民歌，演唱者要用高八度的假声高腔演唱，旋律粗犷、激昂、豪放，抑扬顿挫，节奏分明，富有浓郁的乡土气息。有一山唱、百山应的震撼效果。尤其众人和唱其尾声衬词“喔哇、喔哇、呃”时更是歌声荡谷，响彻云霄。因音高奔放，旋律曲调难于掌握，所以初学者很难学唱。

（三）句式统一，韵律和谐

《开山民歌》的句式与其他民歌的句式不同，与湖北恩施州的“五句子山歌”有点类似，是以七言、九言或十一言五句为基本格式，五句为一首，或一首独立成节或若干节五句联缀。语言朴实，易懂易记，朗朗上口，韵味无穷。尤以第五句最具艺术魅力，起到画龙点睛，升华意境，丰富艺术情趣的作用。并且韵律有特殊要求，除第三句外，一、二、四、五句必须同韵。如下面的男女对唱：

黄油纸伞花骨排，
姣连打伞路上来；
手打凉伞摇花扇，
赛过牡丹狮子桂花台；
我郎恨不得连衣带裙把姐抱过来。

十八哥，少年乖，
有个么格恨不得把姐抱过来；
大路人多不是你郎的攀花路，
郎要攀花到我姐屋里来；
要个同床共枕面相挨。

同时《开山民歌》如用十足的新化方言演唱更有韵味。如：

嗯吊（日头）出来晒扒（白）岩，
扒岩帝哈（白岩脚下）桂花开；
先开一朵梁山伯，
厚（后）开一朵祝英台；
少年乖，嗯（你）何不两朵鲜花一齐开。

（四）歌词内容丰富多彩

《开山民歌》按劳动时间进程分头会烟、二会烟、中餐、三会烟、四会烟、散工几个时间流程进行。每个流程均有每个流程的歌词。进山唱《安神歌》，呷烟唱《呷烟歌》，中午唱《中餐歌》，散工唱《送神歌》。如：

吃了烟来到土畲，
好朵乌云把雨遮；
好朵乌云不下雨，
好个情姐不贪花；
害得我郎心里想得像猫抓。

一天到了午时中，
情姐送饭进山冲；
我郎问姐炒了什么菜，
姐说三碗腊肉两碗葱；
呷得你情郎肚子胀碰碰（鼓鼓的意思）。

打起锣鼓送了神，
送走云中太白星；
此地山神土地我不送，
要留在此地保阳春；
保佑主东前仓满来后仓盈。

歌词内容不仅涵盖了劳动场景，歇息间的活动，也包括社会生活习俗、男女恋情、历史掌故、赞美、时政、劝勉，等等。如男女对唱的《劝郎歌》：

春三二月莫穿鞋，
莫拿闲工陪妹嗨（耍的意思）；
别个丈夫三担黄土当担粪，
我的丈夫既赌博来又打牌；
万贯家财不够嗨。

少年妹，郎告乖，
说什么万贯家财不够嗨；
我去年赌博赢匹马，
今年打牌发了财；
还有几个零碎钱子送乖乖（妹子）。

少年哥，妹告乖，
你说有几个零碎钱子送乖乖；
请看隔壁屋里有个赌钱崽，
输了三双袜子两双鞋；
如今还在庙里打草鞋。

二、《开山民歌》的研究价值

《开山民歌》是城步民族文化的瑰宝，是不可多得的重要文化资源。党的十九大报告再次强调，文化兴，国运兴，文化强，民族强。提出文化自信才能实现民族的伟大复兴。因此，今天来重点研究《开山民歌》，有着重要的现实意义和社会意义。

（一）《开山民歌》能充分体现特殊的社会功能

少数民族村寨采用这种打锣打鼓唱山歌的劳作方式是值得发扬光大的。体现村寨之间、村民之间的团结协作、友爱互助的精神，也改善了人际关系，营造了乡村文明的良好氛围。同时通过歌郎的山歌即兴演唱给所有劳动者以美好的文化艺术享受，使单调的山地劳动变得相当欢快而热闹，既省钱省事又超高效。对年轻人也是一次良好的思想教育，如遵守社会公德，遵纪守法，树立正气，根除赌博陋习，以及热爱祖国、尊老爱幼、勤劳致富、争做好公民。歌词内容无疑给村民传递了正能量。

（二）是传承民族文化的迫切需要

据笔者对我县南部五峒地区的全面调查，现在能演唱《开山民歌》的人寥寥无几，偶尔能唱的也是一些老人了，因年龄的原因也演绎不出来。唯一能传承演唱的歌手只有汀坪乡界板冲李正禄、李仕来两人，但由于几十年未唱，唱得也不是很娴熟。笔者建议，县委、县政府要高度重视这些独特民族文化的传承和发扬，县民族、文化、宣传及有关乡镇政府等部门更应该重视这项工作，深度挖掘和整理全套资料，在干部、学生和群众中培训传唱这种民歌。

（三）是打造国家申遗品牌的必然趋势

众所周知，城步是歌海之乡，是民族文化的风水宝地，但国家级申遗工作迫在眉睫。《开山民歌》是一种难得的原生态苗族文化资源，无论是申遗还是搬上国家民歌争霸寨舞台，都有待于提升、加工、打造和包装，建议县政府要舍得经费投入聘请国内知名民族音乐专家实地采集素材加工打造做成精品，冲向国家和国际舞台是大有希望的。

（四）是促进乡村旅游、文化富乡的重要途径

随着南山国家公园的建立，给城步五峒地区的乡村旅游带来了良好的契机。因此有关乡镇政府在村寨旅游规划上要重点打造一支原生态苗族文化艺术表演队伍。在这方面汀坪乡党委政府以高屋建瓴的眼光把民族文化的发掘和打造摆在重要位置，率先在全县乡镇提出“民族立牌、文化富乡”的重大战略，并在全乡

机关干部中大力倡导“做汀坪人，讲汀坪苗话，唱汀坪苗歌”的口号。去年下半年还特邀请并聘任笔者和阳盛武同志作为汀坪乡原生态苗族文艺节目辅导老师。在全乡建立了“一个中心，四大基地”，即汀坪乡民族文化传承中心，湖南省湖湘文化交流会确定团心寨为湖南省少数民族文化艺术传承发展基地，界板冲《开山民歌》《贺郎歌》《嫁女歌》文化基地，团心寨《庆鼓堂》文化基地，蓬瀛村彩调文化基地。

去年为界板冲《开山民歌》和团心寨《庆鼓堂》两个基地各解决经费2万元，给两个基地配置了表演服装和道具。今年又到县政府争取3万元经费组织《开山歌》《贺郎歌》《嫁女歌》苗族山歌组合进行集中培训排练，由笔者带队参加2018年全国少数民族在长沙赛区的民歌争霸赛，并获得前十强和长沙赛区第7名的好成绩。城步苗族《开山歌》组合还作为首选节目参加2018年湖南南山六·六山歌节颁奖大会开幕式的大型演出。

汀坪乡“民族立牌，文化富乡”的做法和经验值得全县借鉴和学习，这样民族文化的品牌打造出来了，乡村旅游也随之拉动了，从而乡村的经济自然会活跃起来。所以说，打好民族文化这张牌，是乡村旅游、强乡富乡的希望所在。

城步苗乡龙灯诗浅析

谭柏松

苗乡人耍灯很有讲究，正月初出灯和元宵后收灯的当晚都要在本村耍个通团，中间的每天晚上或接灯，或轮流到相邻、相近的村寨耍灯，一为庆贺，二为联谊。到外地团寨耍灯重头戏有两场，一场为文，文在村寨槽门口；一场为武（舞），舞在众地场中央。文在先，舞在后，凡到一目的地，凡是摆香案迎接的就必吟龙灯诗。吟龙灯诗是个魅力十足、趣味无穷的过场，时而让人肃然起敬，时而使观众雀跃欢声，连连叫好，是一场主宾双方必须认真对待的礼仪性活动。概括地说，它具有吟唱形式上的严肃性、内容运用上的专属性、语言表述上的灵活性等主要特点。

吟唱形式

1. 吟唱队伍的确立。苗乡各村寨都有相对固定的龙灯吟唱队伍，其人选有严格要求。一是要品行好威望高的人，二是有文化、有智慧、有临场气质的人，三是要嗓音好的人。其年龄结构一般为老中青相结合，目的是为代继相教相传。队伍一般3—5人组成，其中必有一人为中心人物，该人选一般为长者，在主宾双方阵前负责主礼、主吟唱。

2. 吟唱人员阵容摆布。接灯方在龙灯帖子约定到达前于大众槽门设置香案，案桌上香烛纸冥、三牲果酥一应俱全，锣鼓号角队、炮竹燃放队有序就位，如主方当年也耍灯，则必以宝灯引龙头于案后恭迎。待龙灯将入寨至案前，双方吟唱龙灯诗人员即按既定方案就位，锣鼓号角礼炮（铁炮）齐鸣，此时主宾双方主礼、主吟者手执宝灯分立案后案前，举龙头者稍斜面立于后，其余1—2名助吟者提花灯立于龙头稍后两侧，其势尽显庄严、热烈、隆重。

3. 敬神吟诗礼仪。所到之处必先敬龙神后吟诗，主先礼先吟，宾后礼后吟。敬龙神时执宝人三进两退，每上一步宝与龙头同时低头向对方作个揖（少数村寨用跪拜礼），主方随即敬酒、化冥钱、鸣炮。龙神敬毕即吟诗，主方上一步，作揖便开腔：锣停住，鼓停声，有劳高亲耍灯到寨门……主方吟罢，客方上一步揖才接腔：一声亲，有劳高亲接我灯……这样主吟一首，客必回一首。任何一方出现主吟者卡壳的时候，助吟者立马会帮腔，以避尴尬。吟唱首数多少没有既定，这要根据吟唱兴致、当时天气条件、龙灯到达时间的早晚等诸多因素而论。兴致相投多吟，否则少吟，其他条件以此类推。

4. 吟唱风格。吟唱龙灯诗不同于通常的诗歌诵颂，是城步苗乡仅用于龙灯诗吟唱所创的独有方式，吟唱者往往在起式句前加呃（é），拖一长音才入正词，在有些句式后加哦，提一高声，吟唱全过程顿挫起伏不大，节慢音长相对平和，是一种吟唱并用的风格，正因如此，也有人把龙灯诗称为龙灯歌。

内容运用

城步苗乡龙灯诗内容虽然十分丰富，但临场应用上很有讲究，其内容分别为祈福、礼仪、庆贺、娱乐四种类型，吟唱者根据不同场合、不同阶段恰当运用。

1. 祈福性龙灯诗。祈福性龙灯诗一般用在开灯、敬龙神、祈太平、求年丰、收灯等场合。如主方吟唱讨讫封诗文时，客方便会为主方祈福，诗云：

言得是，道行真，有劳高亲接龙神。
两眼豪光照天下，风调雨顺享太平。
双角高峰登龙位，读书才子受皇恩。
有感高亲情义重，口含珠宝到府门。
又诚敬、又诚心，备办果酒满盈盈。

老龙到此来领受，一诚有感神则灵。
今夜老龙朝过后，人兴财发福寿增。

主方送龙灯出寨，吟唱礼仪性诗文中也会讨讫封，宾方随即吟唱：

来谢恩，来谢恩，有劳高亲来送行。
香案果酒皆齐备，锣鼓鞭炮一齐鸣。
来时我以红贴报信，去时我以香花安神。
上一望来天星顺，下一望境土和平。
左一望青龙高万丈，右一望白虎低三分。
左要三转团坊清净，右要三圈国泰安民。
来时降下千般福，去时留下万重恩。
天瘟收到天边去，地瘟收到府州城。
老龙带去东海边，百灾千瘟皆收尽。
老龙谢过众高亲，贵团百业万年兴。

此时舞龙者和着诗兴，表演最拿手的龙舞，宝灯与龙头频频点头回谢主人方引龙灯离去。

2. 礼仪性龙灯诗。这是迎香案时相互褒奖、谦恭的表现方式，夸地、夸人、夸灯、夸礼，褒对方、贬己方等内容应有尽有。

锣停息，鼓停声，有劳高亲到寒门。
哪个聪明来扎起，扎出金龙现真身。
一来扎起天星顺，二来扎出太平春。
三扎麒麟配狮象，四扎鲤鱼跳龙门。
五扎五龙安方位，六扎六合定乾坤。
七扎七星朝北头，八扎八仙来显灵。
九扎三纲五常字，十扎众臣拜帝君。
百般故事都扎起，赛过三州两县人。

这是首夸灯诗，前面四句是起式，中间十句是夸灯，最后两句是夸人。对吟时各类褒奖谦恭之词你来我去，各显斯文，这里不一一例举。

3. 庆贺性龙灯诗。此类龙灯诗包括庆新春、闹元宵、贺新屋、祝新贵人等方面内容，某到一地前两项常用在众地，祝贺内容比较广泛，在此不予细述。后两项用在某一人家。如本村寨当年有进新屋或新婚贵人，龙灯必定前往祝贺，到外地耍灯如果本团有姑娘新嫁该团，或在该团的某位姑爷当年新屋竣工也会应邀前往祝贺，这些单项活动在耍完众灯后才进行，在本团是整台龙灯前往，到客寨一般只是宝灯引龙头前往，迎香案比众香案简略得多，但必吟唱龙灯诗。

贺新屋：

天降神龙游此方，福人福地造华堂。
左边青龙高万丈，右边白虎护屋场。
阔宇堂前紫微照，屋上琉璃放豪光。
摇钱聚宝多富贵，子孙万代享荣昌。

祝新贵人：

是夜小灯闹盈盈，特来贵府贺新人。
郎才女貌结连理，早生贵子跳龙门。
夫妻恩爱千般好，百世其昌显门庭。

4. 娱乐性龙灯诗。娱乐性龙灯诗的运用取决于龙灯进寨的早晚、天气好坏、迎香案时的气氛而定，有时用有时不用，主动权掌握在接灯方。如果用，就在敬龙神、互相礼文、庆贺之后接着上演，名曰盘龙。盘龙又叫对挖，或叫斗法、斗诗文，对为何耍灯、怎样耍灯、龙的来龙去脉，甚至历史、天文、地理等与龙相关问题刨根究底，往往是主方提吟客方应“战”。

老龙一步下凡尘，今夜来到我寒门。
吾辈肚内无文墨，老龙来历不知因。
贤兄是个聪明客，敬请从头道分明。

哪个年头龙生蛋，什么地方龙现身？
…………………，…………………？
何人许了龙灯愿？置立元宵闹新春？
哪个来把龙头扎？为何肚内点天灯？
头上王字哪个写？哪个赐它背上鳞？

贤兄在上听分明，我把根由说一轮。
若是哪个表不到，待望高亲添笔文。
混沌年间龙生蛋，东海边上龙现身。
…………………，…………………。
唐王许了龙灯愿，置立元宵耍耍灯。
鲁班来把龙头扎，太白赐它肚内灯。
鬼谷来把王字写，秋真赐它背上鳞。

有些耍灯吟诗高手为挽被动局面，答完一首，立马翻盘，使对方措手不及，没有一定功底的人此时决不敢轻易站到阵前。如此你来我往直至双方基本尽兴才请龙灯入寨作客。

语言表述

龙灯诗以其乡土文化个性出现，不拘体裁、不拘修辞和表现手法，语言环境宽松，语言表述方式具有一定灵活性。通常所用的句式都很随意，讲求实用。但也出现不少以特殊方式言情表理的诗文。

1. 拆字组句。接灯问候拆字诗：

一声亲，有劳高亲到寒门。
加字骑马劳动驾，丁字加口可怜行。
四字提非多恕罪，迎接不恭怠高亲。
…………………，…………………。

将文字先拆后合组句，避开了贯用的直白表述方式，含蓄中让人回味。

2. 歇后语句。要灯方谦答诗：

一声亲，有劳高亲接我灯。
我愚之人扎得丑，愧对众人来奉承。
龙头扎起甲子乙，龙尾扎起丙子丁。
龙角扎起戊子己，龙眼扎起庚子辛。
…………………，…………………。

主方吟唱赞颂龙灯扎得如何巧妙，客方便以一连串相同的歇后句式答吟，表达的意思都是一个“丑”字，用意简单，表述巧妙。

3. 长短句。搭彩诗：

一声亲，有劳高亲操大心。
操心天广阔，其龙是如略（此念 lióu）。
新桥铁锁开，火树银花合。
百姓人家耕者耕，五谷又丰登。
读者学，龙门初逢白玉街，尽有黄金阁。
无所敬，接不周，三根粗纱上龙角（此念 gúo）。
情意薄，礼也略，人寿年丰太普乐。

这虽然不是真正意义上的长短句，前后没有启承关系，其意有三个层次：问候、祝愿、表礼。运用这样的表述方法更为持重、文雅。

凡此等等应该是城步苗乡龙灯诗文化不断演化、不断丰富的结果。

（作者系城步苗族自治县政协原副秘书长）

苗乡童谣概述

谭柏松

20 世纪 70 年代以前，在城步苗族自治县南边，越城岭北麓的苗家山寨，流行着一种别具特色的民族童谣。它没能像从古至今那些有名份的童谣广泛流传于大社会，就局限于那深山旮旯，像一棵不知名的小草，年复一年就这么自然地生长着；它有童谣韵脚但没有正名标题，没人去刻意传授，年复一年就这样自然地传承着；它没能在有关童谣文学书刊中占到半滴墨水，更没有进入史料记载，年复一年就这样自然地印进山民的脑海，融入苗家人的生活。只可惜这种曾经活力四射的童谣随着社会的不断变迁而被历史所湮灭。

曾几何时，这童谣与苗家山寨人朝夕相伴，在那物质生活十分艰苦，文娱生活几近全无的年月，它分明就是深山人家抚慰孩子成长不可或缺的一部分。它没有融入更广泛社会自有其独特之处，其主要表现：一是吟唱者除了儿童很多时候是带着孩子的成年女性。二是诵唱时语言很混杂，有时通篇是苗语，有时整首是方言，有时一个诗句中还会出现苗方、苗汉语言并用的情况，如“鸡薄生架簸簸蛋”之类的，让山外人听上去是云里雾里。三是表现风格不同，一般来说诵唱童谣往往是节奏朗朗明快、轻松活泼的气息，而山寨母性吟唱时往往其声低委，起伏绵长，甚至带有浓浓的摇篮曲之风韵。四是随意性较大，有些聪慧的母性为了给孩子以启发，往往会随其意境信手拈来，现炒现卖，其时自觉趣味无穷。

旧时山寨人因生计非常艰苦，普通人家妇女除了承担繁重的家务，往往还要参与田间地头的农活，遇到无人照料幼小孩子的时候，干活时就用巴带（宽又长且柔软的布带）将孩子背在背上，母亲的背便成了孩子的“摇篮”。孩子高兴时就在背上咿呀学语，烦躁时会不停地哭闹，如果母亲手中的活又不能放下，只能无奈地不断哄逗。先是喃语安慰：“嗷奥、嗷奥……，× × 能干，莫哭啊莫哭哦。”再不成便会根据所处环境或手中活计内容，亦吟亦念、亦念亦唱地哼起童谣，如在外或顺手摘朵山野花，吟唱：花花朵朵，阿婆爱我，爱我家哩（哪里），爱我耳朵。在屋里做活也如此，推石磨就吟唱：推磨扯（念 qiǎ）磨，推碎米，喂鸡婆（念 bó），鸡婆生架（个）簸簸蛋，把气（给）××叭（念去声，意吃）早饭……。纺纱线就吟唱：打转转（读去声）、打转转，打起转转纺线线，纺线线、纺线线，纺起线线一串串……之类的。有时一首接一首，有时是将同一首反复吟唱，直至将背上孩子逗乐或蒙眬入睡。吟唱时其声低低委委，稍带起伏，韵味绵长，不像唱山歌那样穿山过树，不像对情歌那样含情激昂，也不像诵唱普通意义上的童谣那样明快，而是在充分吐露母爱之心，营造祥和慰藉的意境。当然好多时候是另一种景象，山寨孩子常常会三五成群在一起玩耍，他们会天真活泼地毫无顾忌地打打闹闹，一边模仿着大人们的劳作场景，一边童声朗朗地吟唱着歌谣，尽情倾泄那属于自己的快乐，就连在旁的公公奶奶也为之哈哈动情，仿佛自己也回到了童年。

更有意思的是，这童谣居然与山寨里不知哪朝哪代传下的神话故事搭上了边。从前没有电灯，山寨人靠枞槁火或桐油灯照明，到了不需烤火的季节，在明月当空的夜晚，为了纳凉或是省灯油，一家老小便坐到廊檐下或坐到禾堂坪（门前晒场）。话不多的时候，长辈们为打破寂静，就讲起神话故事：“很久很久以前呵，张果老得道升上天，他来到月光（宫）上做了神仙，做神仙好是好，除了偶尔与其他各路神仙相会消遣，好多时候无事可做，孤独难受，时间久了更觉得这不食人间烟火的日子真不好过。有一天他出门闲逛，发现月光上是望不到边的沃野，想起从前在人间随处可见衣不遮体、食不果腹的黎民，他们的生活实在太惨苦了，我何不养些禽畜、种些阳春施舍他们呢，一来打发空虚时光，二来可解凡间疾苦。张果老就想就行，在月光上开了个好大的庄园，桑麻粟果菜样样都种，鸡鸭鹅鱼蚕什么都养，每到十五月圆时张果老就带上各种物品下到凡间，给各家各户送吃的穿的，百姓都敬他是救苦救难的大恩人。”听着听着，孩子们就天真地问：“他一个人能做那么多事情吗？”大人就答：“当然啰，他是神仙嘛。”然后抬头继续说：“你看月光上那棵好大的娑蘿树（也有人说娑椤树），结的仙果可供好多人吃呢！”有时候一家人在屋外乘凉闲得无聊，对着高挂的明月，大人便带领孩子低回悠悠地吟唱：“月光光，卖生姜，生姜辣，卖黄腊，黄腊朵，卖鸡朵，鸡朵蛋，卖鸭蛋，鸭蛋壳，卖菱角（jiao），菱角尖，卖上天，天又高，买把刀，刀又快，好切菜，菜又青，买个针，针又促，促条路，路又陡，买架狗，狗又花，买个瓜，瓜又甜，买架园，园又窄，好种豆，豆又黄，好充粮，粮又香，好出乡，乡又远，去卖茧，茧又贵，难上柜，柜又凉，拜凤凰，凤凰东，拜凉棚，凉棚夜，拜木叶，木叶开，拜秀才，秀才出来拜两拜，张果老给你顶子戴。”等孩子们记熟了，这类随遇而编的童谣自然成了他们游戏的专利。

凡此等等不一而足。本来童谣该是浅显易懂的，但大山深处演绎的此类童谣，虽然朗朗上口，有些句式似乎毫无厘头，孩子们似懂非懂，或许大人们也不全懂。其真实意义或许是对苦难的诉说，或许是真善美的仁爱表达，抑或是对未来的寄托与憧憬。反正那曾经古老的山寨就这样将这古老的歌谣吟唱着、传承着。

在现代文明的冲刷下，那古老的童谣已与苗家山寨渐行渐远。由于苗家人并没有成熟的记录语言的文字符号，至如今想要把它原汁原味地记录下来已是件十分困难的事。祈愿那从远古飘来的歌谣不要落入沧海的沙底，而是永远留在人们的心田。

《挑担茶叶上北京》的历史渊源及艺术风格研究

杨明刚

20世纪60年代初，“湖南民歌之父”白诚仁先生采用城步县汀坪乡的风俗歌《哩啦哩》（又名《嫁女歌》）与《贺郎歌》的音乐素材创编了《挑担茶叶上北京》（叶蔚林作词），该曲由总政歌舞团歌唱家方应暄首唱，蔡佳傲、黄佛佑、何纪光、姜嘉锵等歌唱家传唱，成为20世纪70年代广为流传、家喻户晓的经典民歌。全曲时代气息强烈，通过热烈激昂而且富有浓郁的城步传统音乐特色的旋律，生动地刻画了丰收后的茶农挑担茶叶上北京的喜悦心情，展现了茶农乐观向上的精神面貌以及对祖国的无限热爱，该曲不仅是白诚仁先生的成名曲和最为重要的代表作，也是我国作曲家运用民歌素材进行创编的成功典范。

一、《挑担茶叶上北京》的历史渊源

祖籍四川的白诚仁先生自东北鲁迅文艺学院（现沈阳音乐学院）毕业以后，于1955年分配到湖南民族歌舞团，随即便对湖南民族民间音乐进行了为期5年的田野调查。他历经千辛万苦，足迹踏遍三湘四水，成为名副其实的湖南“民歌通”和“知识库”。对城步汀坪乡的民族民间音乐进行全面的收集与整理就在这一背景中进行的。关于这一点，他回忆道：“那时候我一句湖南民歌都不会唱，我去表演节目，歌唱完了一个鼓掌的都没有，原来当地的老百姓听不懂汉话。这时摆在我面前的有两条路，一条是等到人们懂汉话，可这要等到猴年马月啊！另一条就是我学他们的歌。”2008年4月30日，他在北京召开的“白诚仁音乐作品研讨会”会上也说过：“我整整花了五年的时间，拜了上千个师傅，向他们学习民歌。这就是我的生活功、继承功、技法功。所谓‘三功’，也是在向民歌学习中获得的。”白诚仁先生曾经多次来到团心寨村，对当地的民族民间音乐进行全面的田野调查。中国少数民族音乐家协会理事阳盛海先生回顾，当时白诚仁先生到他的家乡城步县汀坪乡团心寨村采访，谦虚谨慎，平易近人，尊重每一位歌师，对民族民间音乐充满敬畏之心，吃油茶，喝米酒，说苗话，唱苗歌，把自己真正融入到苗家的生产生活之中，吮吸着民歌的精髓。白诚仁 1960 年的采风住在团心寨村六组村民阳杰家中，他向阳杰学习苗歌，废寝忘食，如痴如醉，他能够把高难度的《哩啦哩》和《贺郎歌》的原始曲调精准演绎、娴熟于心。最后一次采风是在 2000 年，由他学生何纪光等陪同前往的，当时还能记住《哩拉哩》（又名嫁女歌）和《贺郎歌》，深情的演唱让在座的群众惊叹不已。2012 年，长沙市文联、长沙市音协组织 30 名词曲作家重走白诚仁先生的采风之路来到团心寨时，阳杰的儿子欧阳德回忆说：“白诚仁的记忆很好，你唱一句，他马上就能记住。”

对湖南民族音乐语言多年的沉潜与感悟，使得白诚仁先生在创编民歌时乐思泉涌。因此，在 1960 年白诚仁先生完成对城步汀坪的采风不久，词作家叶蔚林将歌词给他请他谱曲，他在一个下午仅仅花了两个小时就完成了全曲的创编，为了达到满意的效果，他在结尾处进行了反复地推敲，“我突然想起了一首韶山民歌，那是有一天我在韶山采风时，听见一个推独轮车的农民，一边走，一边唱山歌：‘哟嗬，哟嗬……’”笔者通过比较研究发现，城步汀坪山歌《呜哇歌》（又名《挖土歌》）《过山飘》以及《溜溜歌》等就有许多高亢的“呜哇”“哟嗬”以及“哦嗬”等衬词的唱腔，与白诚仁先生在歌曲结尾处的创编有异曲同工之妙。

《挑担茶叶上北京》编曲完成之后，总政歌舞团歌唱家方应暄在时任团长乐濛的带领下，来到湖南民族歌舞团调研学习，向白诚仁先生学习了该曲。作为首唱，他在北京怀仁堂演唱给毛主席听并对毛主席说：“主席，我前不久刚到您的家乡去，家乡人民非常想念你，写了这首歌，是用城步的苗歌改编出来的，他们没机会唱给您老人家听，托我来唱给您老人家听咯！”毛主席高兴地回答：“你就帮我写封信，说我谢谢他们。”方应暄连夜写信给了白诚仁先生，得到毛主席亲口赞扬后，白诚仁先生年仅 27 岁就因此一举成名，该曲也随之享誉海内外，备受各级电视台、广播和专业音乐会的的青睐。当年，贺绿汀、吕骥等音乐届老前辈对该曲也是倍加称赞："这个白诚仁是从哪里来的？怎么写出这么好的歌！"曾任东北鲁迅艺术学院音乐工作团副团长和沈阳音乐学院院长的李劫夫回答："你们不要找了，我晓得，白诚仁是我的学生，鲁艺的学生！"

二、《挑担茶叶上北京》的歌词创编特点

首先，词作家叶蔚林所作的《挑担茶叶上北京》歌词押韵和城步县汀坪乡《贺郎歌》以及《哩啦哩》的《离娘歌》《谢来亲》《十二更锦鸡》在押韵上出现惊人的一致，大多以一、二、四句押韵，并以人辰辙为主，即韵母以"en、in、uen（un）、ün"为主。《挑担茶叶上北京》（第一版）："桑木扁担轻又轻，我挑担茶叶出山村，乡亲们问我哪来的客，我湘江边上种茶人。桑木扁担轻又轻，头上喜鹊叫不停，我问喜鹊你叫什么，它说我是幸福人……桑木扁担轻又轻，千里送茶情意深。你要问我是哪一个，毛主席的故乡人。"其中的"轻""村""人""停"等与汀坪婚嫁歌的"青""春""金""心""亲""人"等字都是人辰辙为主的押韵。《贺郎歌》："三杯酒来酒又青，今夜洞房贺新人，喜庆洞房花烛夜，恭贺夫妇百年春。"《离娘歌》（《哩啦哩》曲牌）："娘边做女贵如金，爹娘养我白操心，我是儿子娘边走，我是一女嫁别人。"《谢来亲》（《哩啦哩》曲牌）："灯火熊熊蜡烛青，高亲贵客到寒门，一来怠慢房族上，二来怠慢远来亲。灯火熊熊蜡烛青，粗言两句谢来亲，来在寒舍待不恭，怠慢高亲要宽心。"《十二更锦鸡》（《哩啦哩》曲牌）："三更锦鸡声叫声，女别爹娘好伤心，我是一儿跟娘走，爹娘养女枉费心。"

其次，与城步县汀坪乡婚嫁歌句法字数基本相同，而且可以找到渊源关系。《挑担茶叶上北京》每一句歌词基本上保持了七言的特点。城步汀坪歌手在实际演唱四句歌的过程之中，根据语意表达和行腔的需要也会加"我""你""是"等字词，出现七言四句变成"八言"的情况，如《哩啦哩》："在家做女贵（是）如金，嫁与人家改性情，家娘骂你莫回嘴，丈夫打你莫冷心。"《贺郎歌》："一杯酒来酒又青，双手拿来贺新人，（你）夫妇同饮这杯酒，早生贵子跳龙门。"

《挑担茶叶上北京》："桑木扁担轻又轻，（我）挑担茶叶出山村。……桑木扁担轻又轻，千里送茶情意深。（你）要问我是哪一个，毛主席的故乡人。"

此外，关于歌词中所指的茶叶归属地的问题，一种说法是指主席家乡湘潭韶山、东鹜山一带的农家烟香茶。另一说法是，在1953—1973年的20年间，受中央办公厅的委托，湖南茶叶公司副经理杨开智（杨开慧之兄长），将临湘龙窖山地区的高山云雾芽茶——临湘茶送给毛泽东和其他中央首长和贵宾使用。笔者认为，歌词的内容是以整个湖南为背景，但是歌曲创编的素材主要源于城步县汀坪乡，根据城步民族民间音乐"同曲不同词"的普遍现象，即"词"为即兴创作，"曲"才是代表一个地区"牌子"的决定性因素。因此，从歌曲的产生创作艺术灵感和音乐本体的历史渊源来分析，歌曲《挑担茶叶上北京》中所指的"茶叶"完全可以指白诚仁先生在城步县汀坪乡采风时所饮的油茶制作时所需的茶叶，亦可指城步县境内的虫茶、峒茶以及青钱柳等，这都是符合歌曲本意的。

三、《挑担茶叶上北京》的音乐创编特点

《挑担茶叶上北京》的创编既展现了白诚仁先生全面的音乐修养和精湛的作曲技艺，又体现了他深厚的民族音乐文化底蕴，他在挖掘整理掌握汀坪婚嫁歌的音乐风格与特征的基础之上，将西方作曲技法进行"中国化"的改造后糅合、融摄到汀坪婚嫁歌当中，如此创编的歌曲既具有传统的文化底蕴又具有现代的音乐审美特点和强烈时代气息。讲求严谨的法度，又强调传统汀坪乡婚嫁风俗歌音乐素材的原始性，秉持在继承中创新，使得传统古老的汀坪乡婚嫁歌在白诚仁先生的笔下焕然一新、熠熠生辉。

（一）旋律旋法分析

《挑担茶叶上北京》的旋律是由"do-re-mi-sol-la"即"宫、商、角、徵、羽"五个音构成的，第一部分由起、承、转、合的四个乐句构成，其中第一乐句"起"的前乐节采用了《哩啦哩》"re-mi-do-la"（商、角、宫、羽）的旋律，

白诚仁先生觉得采用的《哩啦哩》“sol-la-do-re-mi”六个音，音域较窄，就在第二乐句“承”则完整地吸纳了《贺郎歌》第二个乐句的音调“re-do-re-sol-mi”音域就到了“sol”，第三乐句“转”变化补充的吸收了《哩啦哩》的素材，而且进行了动力性的延展，第四乐句“我湘江边上种茶人”“合”的部分又完整地吸纳了《贺郎歌》第四句的旋律曲调，他在接受采访时还后悔当时把《贺郎歌》的“la-si-la-si-sol-la”中的“si”升高半音到“do”，他认为这个“si”音

挑担茶叶上北京

（湖南民歌）

叶尉林词
白诚仁曲
任刚制谱

1=C $\frac{2}{4}$ $\frac{3}{4}$
热烈 轻快地

桑 木 扁 担 轻又 轻（呃我，
挑担 茶叶 出 山 村，乡亲们 问我 哪来的 客(哟)， 我 湘江 边上
种 茶 人。

桑 木 扁 担 轻 又 轻(呃)， 头 上
桑 木 扁 担 轻 又 轻(呃)， 一 路

喜 鹊 唱 不 停(罗 呃)我 问 喜 鹊 你 唱 什 么(哟)， 它说 我是
歌 声 出 洞 庭(罗 呃)船 家 问 我

(呃) 幸 福 人(罗 呃)。 哪 里 去 (哟)
北 京 城 里 (呃) 探 亲 人 (罗)

快 喜悦地

激情地

桑 木 扁 担 轻 又 轻，茶 叶 送 到 北 京 城，有 人 问 我 是
哪 一 个？ 毛 主 席的 故 乡 人(哟)，
毛 主 席 的 (哟) 故 乡 (呃) 人 (哟)。

恰好是城步的地方特色。“乡亲们问我是哪来的客哟”这一句的“哟”是模仿城步山歌“打哦嗬”的回声效果，模仿得恰到好处，惟妙惟肖。“ 2̇ 1̇ 2̇ 3̇ | 1̇ 6 6 | ”则生动地展现了茶农在挑担时的富有节奏的律动，“ 5̇ 2̇ 3̇ 5̇ | 5̇ - ”采用了将城步山歌的常用“徵”调式的主音延长，但是白诚仁先生一改常态，将旋律往上行，而且采用高腔上扬，灵感来自《贺郎歌》的和唱部分的“今日贺郎是郎贺你哟”中的“你哟”“ 5̇ 3̇. 3̇ - 2321 6 6. ”的旋律走向，避免了城步四句歌山歌“楚徵调式”的哀怨色彩，加之对城步县汀坪的《呜哇歌》(又叫《挖土歌》)、《过山飘》和《溜溜歌》等山歌结尾处常使用的“哟嗬”“哦嗬”上滑音甩腔的借鉴，使得旋律既富有汀坪民歌的亲切感，又彰显了磅礴的气势，催人奋进，极富时代感。

（二）调式调性分析

《挑担茶叶上北京》为 A 羽五声调式，《贺郎歌》为 B 羽六声（加变宫）调式，《哩啦哩》为 D 羽五声调式，因此，三者同属于五声性羽调式的范畴。当然，不同的歌手在演唱《哩啦哩》与《贺郎歌》时调高会有所不同，会因歌手的先天嗓音、身体状况和情绪兴致而产生影响，当然也有少数技法娴熟的歌手对起调有固定的音高。此外，就调而言，一般《贺郎歌》要比《哩啦哩》更加高亢，因为《哩啦哩》是女方哭嫁和教女等情形下演唱的歌曲，表达的是母亲和对即将出嫁的女儿的依依不舍和叮咛嘱托的婚嫁场景，旋律娓娓道来，婉转悠扬，感人

贺郎歌

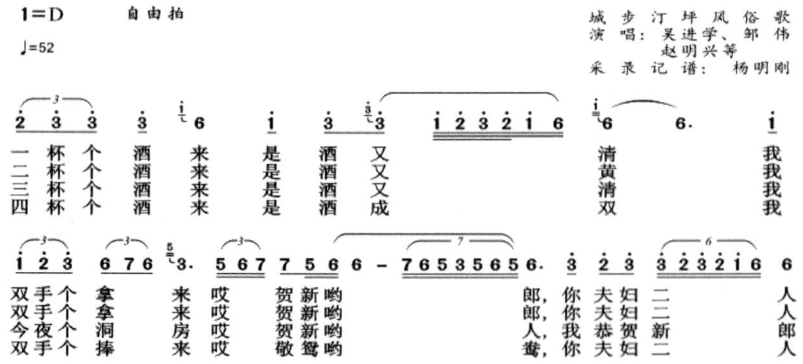

肺腑，催人泪下；从音乐情绪上分析，《贺郎歌》由于更多的是表达恭贺和赞美之词，音调就自然比较高亢，也更加接近《挑担茶叶上北京》欢快的音乐风格。

（三）曲体结构分析

原生态的城步民歌表达的是非功利的闲情逸致的生命情怀，“山歌无假戏无真”，城步民歌的演唱动力和精神内核是真实地释放自我、友善交流、传承文化并实现自我的文化价值，曲体结构、节拍节奏、音区音域、时值长短、嗓音条件等会都不是歌者关注的重点，不仅不同的歌师在演唱汀坪婚嫁歌的旋律节奏有所不同，同一歌师在不同的时间和场合演唱同一首作品都会有时值和旋律上的变化，即每一次重复都是变化重复，在歌师看来，歌词所表达的内涵和修辞押韵的唯美才是最为重要的核心内容和审美要素，认为山歌唱的是心情，是一种远离喧嚣尘世的状态。为了表现自由与闲情逸致，白诚仁先生借鉴了城步县汀坪乡传统婚嫁歌的非规整的曲体结构，在《挑担茶叶上北京》中，他采用了 A、A1、A2、A3 的变奏曲曲式结构形式。《贺郎歌》总共六个乐句，开始是起承转合的四句式单乐段，后面加的两句是单乐段后面两句的变化重复；《哩啦哩》为“a+b+a+b”的两段式结构，在 b 句中有“哩吔哩啦哩”的衬词加入，使乐句产生一种非规整的自由美感，由此可见，《贺郎歌》和《哩啦哩》传统的、富于变化的、非规整的曲体结构形式对《挑担茶叶上北京》的变奏曲曲式结构产生了重要的影响。

嫁女歌

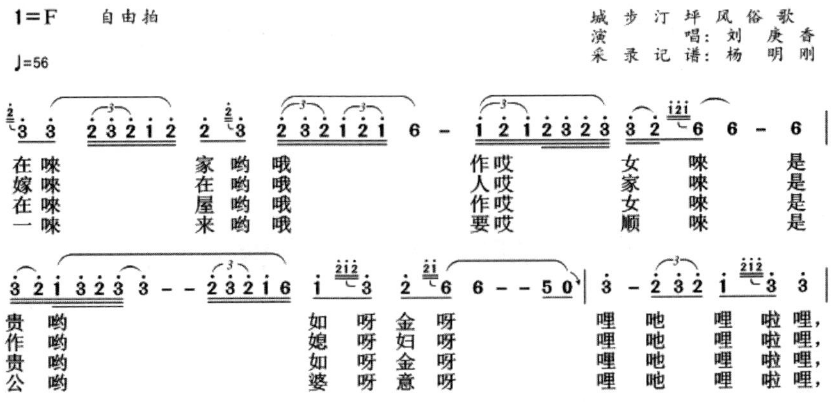

（四）衬词装饰音分析

城步县民歌种类繁多，不同类型的民歌分别具有繁复柔美、粗犷豪放、狞厉神秘以及悲壮哀婉的审美特点，尽管《贺郎歌》也表达了粗犷豪放的美学范式，表达着乐观向上和人定胜天的生命理念，但是它和《哩啦哩》主要体现的是体现的还是繁复柔美的审美特点，繁复柔美表征着宇宙万物的复杂性和多样性，因此在音乐的进行中衬词使用较多，尽管衬词一般是指没有实指意义的虚词，如谐音词、语气词及拟声词等，有些衬词还可以发展扩充为乐句。汀坪乡婚嫁歌的衬词在连贯音乐、增强语气、激发情绪、拟声绘景、渲染气氛、丰富节奏、发展旋律、保字助腔、润饰正词等方面都具有重要的作用，同时它也是彰显城步民歌地方特色的重要音乐元素。汀坪乡民歌如此具有灵性、流畅而富有生命的律动与装饰音的巧妙使用是密不可分的。此外，《哩啦哩》《贺郎歌》中的“哩吔哩啦哩”“哟”“哦”“呀”等衬词都是具有特定文化意义的，它具有特定的范式，是汀坪乡苗族原始语言的遗留形式，蕴含着深厚的文化功能，是民族音乐特色的集中体现，也是承载音乐的民族性的重要符号。

《哩啦哩》和《贺郎歌》装饰音的丰富性与多样性也给白诚仁先生很多创作的灵感与借鉴，他在《挑担茶叶上北京》的第一段中就有多处使用了级进的装饰音，扩展型装饰音有上行级进的第 14 小节“do-re”和第 20 小节处的“re-mi”，倾下型装饰音有第 13、15、19 小节处的“do-la”和第 22 小节处的“sol-mi”，起伏性装饰音在曲尾衬词“哟”使用了“la-do-la-do”和“sol-la-sol-mi”有抑扬格和扬抑格两种形式，与《贺郎歌》和《哩啦哩》出现的“re-mi”“do-la”和“sol-mi”等是一致的。根据汀坪婚嫁歌的特点，白诚仁先生把衬词与装饰音的作用发挥得淋漓尽致，这也是《挑担茶叶上北京》中饱含浓郁的城步地方特色并获得巨大成功的重要原因。

四、《挑担茶叶上北京》唱腔唱法分析

歌唱家何纪光在《挑担茶叶上北京》采用的是新型高腔唱法，达到“真声假

唱，假声真唱，以假乱真”的效果，其真声清亮，音色纯净，甘甜圆润，假声遒劲有力、激越高亢、粗犷明亮、婉转悠扬，真假声转换自如，融会贯通，传承了民间歌手“湘西歌王”舒黑娃的“茶山号子”的高山腔唱法。20世纪60年代末，何纪光下放到城步县丹口镇下团村被称为“江南一叶”的民间木叶吹歌传承人杨光清先生家——新铺里，吸纳了城步山歌的高山腔唱法。此外，他还融合了戏曲“阳搭子”的韵味，分别并1962年和1980年两次跟随上海音乐学院王品素教授学习其“保持民族特色，融合西洋唱法”的美声唱法，练就了刚柔并济、风格独特而且极富中国民族气派的唱法，成为“歌坛一绝”。

为更好地体现城步县汀坪乡婚嫁歌的特色，何纪光先生在“全面审美”的思想指导下，坚持对民歌进行润腔的二度创作，在秉持音乐风格的民族地域特色的前提下，结合精湛的润腔、创腔手法，将倚音、滑音、波音、颤音等装饰音运用得恰到好处，获得不同凡响的演唱效果。例如，为更好地表达送茶人的喜悦心情，在《挑担茶叶上北京》的结尾处采用了华彩的新型高腔技巧，将高音唱到了“嗨C”（高音C3），惟妙惟肖地表达了送茶农民的豪迈与潇洒，彰显了时代的气息。贺绿汀盛赞：“他的声音起了质的变化，而且有金属性及英雄气概的高腔音色，极大地丰富了他的表现力，使他的歌声具备了前所未有的惊人魅力。”

总之，城步县汀坪乡素有“山歌之乡”的美誉，婚嫁歌曲《哩拉哩》与《贺郎歌》历史悠久，旋律古朴优美，文化底蕴深厚，白诚仁先生在创编《挑担茶叶上北京》前，充分挖掘、整理直至学会汀坪婚嫁歌，为此，他曾谦虚地说过：“不是我写得好，是城步的苗歌好！”在创编过程中则既保留了其传统的音乐风格，又使用简洁凝练的音乐语言对其进行创新与发展，为利用民歌进行创编提供了一个非常成功的典范。其弟子何纪光的也钟情于城步民族民间音乐，也在对城步县多次采风的基础上，采用自己独到的润腔方法对其进行了完美的二度演绎，使该曲红遍祖国的大江南北，何纪光的完美演绎亦为对采用民族民间音乐创编的民歌进行演唱的二度创作探索了新的途径。

（杨明刚，副教授，湖南理工学院硕士生导师，湖南省合唱联盟副主席）

湘桂黔边区苗族传统建筑文化研究和思考

雷学业　蓝支让

一、湖南城步古今苗族建筑文化

湖南省城步苗族自治县是我国苗族的发祥地之一，她像一颗绿色的明珠，镶嵌在我国南方的湘、桂、黔边陲。城步历史上为楚越相交之域，有“楚南极边”之称，位于湖南省西南部，沅江支流巫水河上游，东临湖南新宁县，南接广西资源县和龙胜县，西邻湖南绥宁、通道县，北毗湖南武冈市，县域总面积2647.07平方公里，辖13个乡镇场，共有苗、汉、侗、瑶等24个民族，总人口30万，2017年全县GDP达39.7亿元，财政总收入4.7亿元，农村居民人均可支配收入7160元。

（一）古代城步苗族的建筑文化

城步苗族自治县历史悠久，早在新石器时代就有先民在这里居住，这些土著民族为原始族群的骆越人。城步至今保存有西岩镇花园里新石器时代遗址、兰蓉乡报木坪村瓦罐窑遗址。至秦代，秦始皇发兵10万屯古田（今城步十万古田），说明秦代时城步已很繁荣，至今保存有十万古田古建筑遗址。新石器时代后，人口不断迁入，逐步繁衍发展。从汉代开始，随着苗族的大迁徙，苗族的一支由江西经湖南宝庆（今邵阳）、武冈迁入城步落籍，与原来生活在这里的骆越人融合，成为现今城步苗族的先民，并迎来了城步苗族发展的鼎盛期。杉坊、铺头、清溪、大竹坪、丁界、京凉、大叶头、温塘等地苗族古村落就是那时遗留下来的古建筑遗址。

这些古建筑大都处于城步县城以北地区，负有颇高的历史价值，是城步苗族先民在这个地区生存发展的见证。现存花园里、瓦罐窑遗址，见证了城步原始部落先民的居住痕迹。县城南隅的利济门，前身是三国时代的诸葛城。当年诸葛亮统领蜀国大军南征平蛮，驻师巫水北岸，筑城为寨，施法驱瘴，留下了至今难解的神奇遐想……到了唐末五代时，诚徽州首领杨再思以飞山为中心，割据今靖州、城步一带，史称“飞山蛮”，自称飞山令公。马殷占据湖南后建立楚国，杨氏挟地归附马楚，将其地分为十峒，分封给他的10个儿子，其三子杨正修居城步赤水峒，现今杉坊村仍保留有杨正修所居“老屋场”。现存杉坊、铺头、大寨、金塔、大叶头等古村落就是那个时代遗留下来的。铺头古村落是一座千年古苗寨，拥有木砖结构四合院等古民居上百座，青砖黛瓦，飞檐翘角，简朴雅致，古色古香。宋元明清时期，这里是武冈、新宁、城步经此过绥宁赴贵州、四川等古丝绸之路的必经之地，酒肆当铺、药店旅馆、琳琅满目，极尽繁华，是湘西南地区颇富盛名的商贾重地。古商铺至今保存完好。元至元四年（1267），杨再思的第六世孙杨应魁，携家人至清溪定居，逐年修建了大量四合院落和龙拱桥、清安桥、拦河坝、引水渠、商铺等公共建筑。这里政通人和，商业繁荣，地方发达，成为全县政治、经济和文化中心。明崇祯五年（1632），钦命太仆寺少卿、湖南巡按监军监察御史杨乔然由京奉旨还乡祭祖，又在这里修建了杨氏官厅，保存至今，成为我国西南地区杨氏一族前来寻宗祭祖的“圣地”，被湖南省民间文艺家协会授予“中国南方杨家将文化艺术之乡”称号。

而在县城巫水河以南地区，保存了大量城步苗族先民修建的“徽式建筑”和“干栏式建筑”。“徽式建筑”以“蓝玉故里”、羊石田、易家田、大坪寨古民居为典范，“干栏式建筑”以桃林、大寨、茶元、金东、城溪、腊里、卡田、新寨和侯家寨等地古民居为杰作。“徽式建筑”一般修在苗族人口集中聚居的山麓、河坝或田坝边，地势平坦开阔，水陆交通发达，苗民以族长、酋长为中心构建住房，少则三五十户，多则二三百户，形成团寨，气势壮观。城步青砖瓦屋建筑始于明代。明初，朱元璋为抚平战争创伤，发展生产，恢复经济，大力实行“江西填湖广”的移民政策，从受战争影响较小的人口大省江西移民战争重灾区湖广地区，城步是江西移民安置重地。迁徙城步的这批江西移民带来了“筑砖屋为居”的建筑文化，而这批移民的后裔则逐步演化为苗民。

据“陈氏族谱”记载，明洪武年间，陈汉彪三兄弟自江西迁至湖南，在湖南新化、绥宁和城步各居一处。陈汉彪举家沿巫水河而上至羊石田时，发现这里四面环山，地势开阔，河流淙淙，山清水秀，便在这里留步安家，繁衍至今。至解放前夕，羊石田共有古民居300多座，全部木砖结构，青瓦黛墙，青石板道路，鹅卵石地面，屋与屋之间有防火墙相隔。到乾隆年间，其后人陈通福再溯水而上，开辟了易家田苗寨，建筑了城步最繁华的黄金大码头。易家田是巫水河上游第一大渡口，明清时期，城步五峒四十八寨的木材、薏仁（六谷）、生漆、桐油等苗族特产，都经此码头装排，运往洪江、武汉乃至上海，而城步苗胞所需的工业生产生活用品，再溯河带回易家田，发散至各处苗寨。易家田保存至今的四合院落，建筑精美，重檐飞宇，宽敞亮丽，高耸的鳌头直指蓝天，一排排标注了“康熙卅年”字样的青色檐瓦，向世人宣示了它的古老庄严。羊石田、易家田古村落中那一片片长达2—3米的青石板条石，就是当年放排工们从洪江、绥宁等地溯流而上用木排运回城步的。矗立在村口的石砌“惜字炉”，一幅幅精美大器的石雕，如“天官赐福”“麒麟送子”“犀牛望月”“雷公镇龙”，等等，惟妙惟肖，栩栩如生，以其高超的艺术性，向世人展示了易家田古码头的商业文明。那绕村而过的一湾巫水，至今还在欢快的吟唱她曾经为城步苗乡水运交通事业做出的贡献。

在城步众多的苗族古建筑中，“蓝玉故里”更是充满了神秘感和悲凉感。明朝开国大将、梁（凉）国公蓝玉于元朝至元六年（1340）出生于城步扶城峒（今丹口镇），其父蓝春应与同乡李十一（明黔宁王沐英的祖父）参加了反元大起义，兵败后被充军到安徽定远。在安徽，血气方刚的沐英和蓝玉加入了郭子兴的红巾军，投入朱元璋麾下，凭赫赫战功成为朱明王朝的开国勋臣。后蓝玉被锦衣卫诬告谋反，诛灭三族，其侍妾匿于黔宁王府逃过一劫，生遗腹子昌建。明成化年间，“蓝狱”禁网渐开，黔国武僖公沐淙见昌建子孙发达，令其回祖籍城步扶城峒，并行文城步县府给予关照。明隆庆五年（1571），昌建举家迁回城步后，择址在扶城峒太平村修建了一座砖木结构的四合院，三正四横，呈长方形，占地总面积1300平方米，中轴线从前至后，分为戏楼、中堂、主堂。戏台四排三间，是看戏娱乐的场所；中堂是议事的场所；主堂设立神主台，正中间置蓝玉的高大塑像，侧有沐英和常遇春画像。之后又陆续修建了观音阁和太平桥。蓝氏宗祠至今存世450余年。

（二）当代城步苗族的建筑文化

中华人民共和国成立以来，城步苗族与全国苗族一样，在政治经济、文化教育、医疗卫生等各个方面都取得了翻天覆地的变化，真正成了苗乡大地上的主人。苗族建筑事业迅猛发展，苗族人民居有其所，公共建筑适应了社会事业发展的需要。

民居建筑迅猛发展。虽然苗族人口增长较快，但家家户户都修建了住房，实现了居有其所。县城以北地区普遍以砖瓦房为主，两层结构，红砖青瓦，朴素大方。改革开放以后，随着经济社会的发展，民居建筑走向时尚美丽，一座座别墅拔地而起，钢筋混凝土全框架结构，二至四层居多，高达七八层的不少，上盖红色、绿色或黄色琉璃瓦，外贴白色、灰色或红色瓷砖，大门窗，小阳台，在山水田野间威武雄壮，耀人眼目。而县城以南地区的苗侗同胞，仍喜建传统的木质房屋，一楼水泥地面，木柱卡砖，二楼以上全木板住房，青瓦盖顶。近 20 年来，国家实行易地搬迁扶贫政策，很多高山苗胞纷纷搬出大山，择址乡镇或村居治所附近或公路沿线，建起了一栋栋漂亮别墅，添置起彩电、冰箱、空调、太阳能，甚至摩托、小车，过上了舒适的苗乡“土豪”生活。也有些苗胞故土难离，依然选用优质木材修建新型“吊楼别墅”。丹口镇泮水村一吴姓村民，多年在外打拼，事业有成后，拿出积蓄在家乡拆除老屋，斥资 100 多万元，按苗族习俗修建了一座一正两横两层高的吊脚楼，琉璃瓦屋顶，雕花门窗，彩绘板壁，现代卫厨，地下车库，是全县最气派的一座“吊楼别墅”，其造价远高于钢混别墅。丹口镇桃林村近十年间利用省发改委驻村扶贫的机遇，家家户户集中连片修建三至五层高的现代吊脚楼，飞檐翘角，油漆板壁，镂空花窗，多层迴形走廊。一楼是杂房，养禽畜，建卫生间；二楼开食堂饭店，接待来往宾客；三楼四楼做包房厢间，供客人居住。整个村庄近百户人家，光爽亮丽，气派辉煌。村道种植了观赏性桃树，迎春怒放，蜂舞蝶飞，人面桃花相映衬，小桥流水醉苗乡，好一个热闹非凡的世外桃源。

公共建筑造福苗胞。新中国成立后，城步的公共设施建设发展很快，大力造福于苗乡人民。行政机关、学校、医院、桥梁和公共场馆建设遍布苗乡。20 世纪末，城步苗乡山寨最漂亮的建筑物是中小学校。进入 21 世纪以来，城步县委县政府认真贯彻落实党的民族方针政策，加大民族文化建设投入，尤其在城市扩容提质和新农村建设中，注入了更多的苗族文化元素。县人大常委会专门制定了《城步苗族自治县民族建筑条例》，出台了实施细则，规定新建住房必须设计苗族建筑文化元素，由县规划建设局免费提供设计图纸，对建成的苗族文化建筑物按实给予奖励。同时在异地搬迁、新农村建设中全部实行民族建筑工程，新建乡镇机关、学校、卫生院、村委办公楼、招呼站、桥梁等，都要建成苗族建筑风格。县人民政府共投入5亿余元，建成了荣昌风雨桥、民族文化体育中心和城南公园，对县城主干道儒林大道十里长街进行了民族工程改造，使县城儒林镇充满了苗族生活气息，飞檐鳌头，垂廊吊柱，雕花窗棂，八角牌楼……晚上彩灯竞放，色彩斑斓，楼宇亭台间龙凤呈祥，蝴蝶纷飞，行云流水，曼妙无比，虽是苗乡小城，胜似人间仙境……

二、城步苗族建筑价值分析

（一）城步苗族建筑有着厚重的历史教育价值

城步现存的古民居古村落是城步悠久历史的活化石。对这些古民居古建筑加以妥善保存利用，可以揭开城步的发展历史，破译古代民居的建筑文明，揭开城步各族人民的生存发展密码。如至今保存完好的县城利济门，就是城步县城最早的建城依据。《城步县志》（同治版）、《城步县乡土志》（光绪版）记载："熙宁八年，立城步砦。城者，言有故城也。故城即城步南城，见《方舆纪要》，一名诸葛城。相传诸葛武侯征蛮经此。"三国蜀汉建兴三年（225），诸葛亮率领大军南征九溪十八峒，驻军城步雄溪北岸，因当时雄溪无桥无舟，将士们只能涉水过河，渴饮河水，以致不少士卒腹痛难忍，上吐下泻，无法行军作战，诸葛亮只好在河北岸修筑土城，安营扎寨。每到夜晚，将士们都隐约听到河中传来凄厉哭声，而哨兵举火观望时，哭声又止，并无人影。久而久之，扰得蜀军不宁，军心涣散，战斗力全无。为解开此谜，安抚军心，诸葛亮深入蛮首家中询问，得知此河叫雄溪，河之北属荆楚地界，河之南属骆越人地界，河水是从楚越地界的古田山上流下来的。当年秦始皇派十万大军征岭南，与当地蛮人和骆越人大战，死伤数十万，血流成河，尸首枕藉，以致溪流悉数被染，阴魂不散，河水不可饮用。而居于巫水河南岸的蛮人，历代皆有巫师施傩祭法，祀神驱疫，因而河水澄清，可直接饮用。真相大白，诸葛亮急令帐下备好三牺大礼，在北岸立下祭坛，摆好香案，面向雄溪行傩施法，祭奠冤魂，驱除厉鬼，终使雄溪恢复了安宁。不日，将士们恢复了体力，诸葛亮挥师南下，收复了九溪十八峒。从此，城步县城南门，便被称为“诸葛城”……此外，杉坊、铺头、金塔、清溪，大连、太平、三排、城溪、茶园等苗族古村落，无不留下了苗族先民在这里开荒拓土、开发城步的痕迹，千年苗寨，万世遗风。

（二）城步苗族建筑有着高超的文化艺术价值

文化是建筑的灵魂，能够为生活在其中的人们灌注生气。苗族建筑形成了稳重、典雅、均衡、美观的空间美学风格。城步苗族建筑尤其是古建筑，蕴含着丰富的文化艺术价值。

居于县北平坦开阔地带的苗族同胞，大都建筑宽敞亮丽的四合院落，这种四合院一般以矩形、方形庭院四面修造房屋，每座房屋之间用走廊连结起来，各房屋的外墙形成对外封闭式的“马头墙”，连窗户都不开，以便防火防盗。院内设有小天井，用于采光和聚客。天井的地面用鹅卵石铺成圆形、柳叶形图案，美观大方。院内置有石碓、石磨、练武石、旗杆石，保留了苗族先民惟耕惟读的生活方式。四合院的正屋最为讲究，六扇堂屋门精雕细琢，上半部雕饰花窗，花窗镂刻了花鸟虫鱼图案，龙凤呈祥、蝙蝠送福、鹿茸含芝等图案寓意深刻。下半部为平板，起保护遮拦作用。中间隔板雕刻有福、禄、寿、禧等文字及花草图案，精美秀气，体现了苗族先民对追求吉祥如意、平安幸福生活的向往；堂屋正面墙上设置了家先神龛，精心雕刻了“天地君（国）亲师位”牌匾，以及地方神祇牌位，设置了香檀，悬挂具有教育励志意义的对联，神秘古朴，庄重肃穆。四合院的大门叫“槽门”，设计十分讲究，呈八字形，有三至五步台阶，精修了门额、对联，槽门屋顶重檐翘角，雕栋画梁，端庄稳重，气派非凡。大户人家门口还有石狮、石虎或麒麟守卫，练武人家还有下马石、旗杆石。这些建筑具有鲜明的地方传统特色、浓郁的民族风情和乡土气息。这些古民居的建筑结构、牌匾画幅、装饰雕刻，让我们领略了明清时代的精神符号。

城步县城以南地区的苗族建筑，与县城北方地区的建筑气派截然不同，南部地区苗胞住在深山老林，地理位置逼仄，平坦土地大都用于种田，只能选择山腰山顶建房。受地理条件的限制，这里的苗族建筑都是木质材料，大都为三层重檐木质卯榫结构，一般是四排三间，也有一正一横或一正两横的，向空间延伸发展，形成半边多层的吊脚楼，城步苗族称为“架寮”“架舍”“干栏”，正屋小的为三柱五瓜，一般五柱七瓜，多的有五柱九瓜，七柱十一瓜。这种吊脚楼设计精巧，横屋和正屋配置合理方便，枋柱之间不用钉铆衔接，而以木榫相扣。楼屋一般为四层，最底层的下楼用于圈养猪、牛、羊、鸡、鸭、鹅等禽畜，或堆放柴草粪肥。正屋中楼的中间叫堂屋，左侧为茶堂，右侧为住房；横屋中楼为子女住房或客房。正屋上楼为仓库，储放稻谷杂粮，摆放石磨、风车、谷桶等；横屋上楼为子女住房，外有走马栏杆，用于姑娘绣花、缝衣，也可观赏风景，对唱山歌。正屋顶层是天楼，用于置放杂物。一般富有人家还会在中楼木柱上雕刻龙凤图案，横枋上雕刻龙头象头图案或“福禄寿喜”字样。窗棂镂刻花鸟虫草如“鹿衔灵芝”“喜鹊衔梅”“蝙蝠送福”等寓意深刻的图案；人物图案如“彭祖柱杖”“孟母教子”“观音送子”“关公坐堂”“令公出征”等，栏杆上也拼花饰凤，无不栩栩如生，惟妙惟肖，体现了苗族匠人的高超手艺和浓郁的文化底蕴。

城步苗族的公共建筑，更为讲究艺术性。桥梁是公共建筑的杰作，以长安营镇为例，镇内古桥有大寨回龙桥、岩寨永镇桥、石拱木栏桥等。大寨回龙桥始建于清乾隆十五年（1750），单跨式木廊风雨桥，桥长 37 米，面宽 3.5 米，东西横跨长坪水。单孔，伸臂式平梁，两层圆木叠式出挑，形成两肩，支托桥面双层固端木梁。桥廊为悬山顶。正中建三座重檐四角攒尖顶阁楼，两侧桥堍全用巨大的鹅卵石堆砌而成，与河岸的古杉相映成趣。桥下部结构采用挑梁技术，即在桥墩上面铺两层下短上长的连排大杉木为跳梁（挑枕），再在挑枕上搭架两层上梁。因为有桥墩为支点，以跳梁为杠杆，从而缩短了跨度，减少了挠度。岩寨永镇桥，始建于清嘉庆二十三年（1818），石墩木廊风雨桥。桥长 50 米，面宽 6 米，南北偏西横跨长坪水，一墩二台三孔，墩上两层等分枕木悬梁支托桥面，双层固端木梁。桥廊为悬山顶。正中建歇山顶阁楼。南端有悬山顶桥亭，檐口重叠于桥廊屋顶上。而在县城新建的荣昌风雨桥，更是苗族风雨桥中的骄子。2011 年，为庆祝城步苗族自治县成立55周年，县人民政府投资600万元重修了荣昌风雨桥。桥长218.98米，宽12米，总高度27.86米。廊桥由5座三层高的亭楼、166间桥廊组成。共5个出口。工匠们不用一钉一铆，只在514根大小杉木柱上凿孔打眼，以榫衔接，斜穿直套，纵横交错，将廊亭连成一体。亭塔的木柱粗壮合抱，使整座建筑沉稳雄厚。廊亭造型分为六角，四角攒顶，歇山顶，飞檐重叠，鳌头高耸，错落起伏，辉煌气派。中央廊亭上嵌葫芦宝顶，两边廊道顶上嵌牛角宝顶。桥面中间为6米宽车行道，两旁是3米人行道，廊道内侧打了栏杆，外侧置有靠背，供行人歇息。桥沿向外挑出一米，柱脚悬在半空，呈现出苗家吊脚楼的神韵。在廊亭檐边和石拱上方还铺设了彩灯管线，夜幕降临时，霓虹闪烁，荣昌桥恍如苗王宫殿，富丽堂皇……

建成于2015年6月的城步民族文化体育中心，占地120亩，总投资1.3亿元，建有标准足球场、田径场、400米标准塑胶跑道和30亩健身休闲广场。文体中心共用592根木立柱，144个垂花柱、162个飞檐凤雕、32个正吻，顶层建有630.8米的风雨回廊，回廊上建有2座门楼、4座莲花塔、4条金龙和75幅民间吉祥图案吊顶。巧妙运用重檐、歇山顶、攒尖顶、花格窗、牛角图腾等造型和斗拱、楔卯结构，加上精心选用的东北铁杉、湖北汉白玉、苏州小青瓦、浙江东阳木雕、河北房山石雕工艺，使整个建筑工程工艺精湛，气势磅礴，集中体现了当代苗族特色，成为湖南城步的地标性建筑。

（三）城步苗族建筑有着较高的经济社会价值

传统村落维系着乡情、宗亲和人缘等社会关系，是传承苗族风俗、节庆的重要载体。如杉坊、大连、清溪等古村落，不仅建筑精美，观赏性强，而且因其历史悠久，是杨氏族人的发迹地，成为贵州、云南、广西等地外迁族人寻根问祖的“圣地”，每年春节、清明、中元等节日，成千上万的杨氏族人，不远千里回归祭祖。该县蒋坊乡铺头古村落，是一座千年古苗寨，拥有木砖结构四合院井100余座，青砖黛瓦，飞檐翘角，简朴雅致，古色古香。宋元明清时期，这里是武冈、新宁、城步经此过绥宁赴贵州、四川等古丝绸之路的必经之地，酒肆当铺，药店旅馆，商铺林立，街巷交通，人来车往，热闹繁华，是湘西南地区颇负盛名的商贾重地，至今保存完好。尤其有一座气势恢宏、结构别致的易得庄家祠古建筑，其建地面积达500余平方米，四合院落，其正厅高大宽敞，长条石阶，精雕柱石，镂空花窗，八字形槽门，所雕刻的麒麟送子、双龙抢宝等各色图案，令人啧啧称赞。

（四）城步苗族建筑有着高深的民俗文化价值

城步苗族因地制宜创造了茅屋、瓦屋、干栏式建筑和吊脚楼等民居建筑，这种建筑还体现出一种高深莫测的民俗文化价值。一是表现在择地安寨上。苗族人家往往选择那些阳光充足、水源丰沛、森林茂盛、动物众多、出产丰富的场所建屋，立寨要依山傍水，寨门朝向要有群山环抱，平地用于耕种，向阳坡地用于居住，这样建成的吊脚楼远离地面，通风、干燥、防潮、防湿、防盗、防虫、防野兽，收到了人与自然和谐相处的最佳效果。二是体现在建筑风水理念上。苗族建筑讲究藏风闭气，前有照，后有靠，左青龙，右白虎，水口密闭，纳气聚财。苗族建筑还讲究趋吉避邪。当已建成的房屋不可避免的面对着别人房屋的尖角、山头或山尖、山崖，抑或直冲而来的道路时，这就犯了苗族建筑中的大忌——犯煞，会对主人的工作、生活等造成严重影响。避邪的方法，或是在自家堂屋门前修一道影子墙（也叫南墙或神盾墙），在墙上写上“泰山石敢当”或“也挡泰山”字样，有的则在墙外雕刻阴阳图案；或在堂屋门正上方的门枋上挂一个木刻“吞口菩萨”（又叫钟馗菩萨）头像；还可改建自家堂屋门或大槽门朝向；也有将房子建成重檐式结构的，即上下两层屋檐，城步苗话叫“西檐”，远远望去，呈一个大大的“吞”字，妖魔鬼怪见之远遁……通过这种文化理念消除“犯煞”，起到了改善人们居住心态的作用，从而无须另行择地建房，有效保护了耕地和生态环境。

三、保护传承苗族建筑文化面临的主要困难和问题

（一）当代经济生活方式的转变给苗族建筑文化的保护传承带来不利影响。当前，苗族地区与全国各地一样，经济生活方式发生了翻天覆地的变化，广大苗

胞不再是守住一亩三分薄地维持生计，他们纷纷走出苗寨，跳出“农门”，融入五彩缤纷的现代生活，有的从政，有的经商，有的外出打工创业，而从事“木匠”“石匠”“铁匠”等职业的中青年几乎为零。年轻人都认为这些职业是低贱的行业，不赚钱的行业，因而没人愿意从事这些行业。老一代匠人逐年老去，木工技艺传承渐渐消失，无人传承，那些精工绝伦的木匠工艺也渐渐尘封在历史的记忆里，湮灭在商品社会的大潮中。

（二）国家重大工程建设项目对苗族古建筑的保护工作带来不利影响。随着国家现代化进程的加快，建设项目逐年增多，基础设施建设、新农村建设、易地搬迁扶贫等工作，都不同程度地给苗族古村落的保护带来影响，有的导致古村落消失。如城步白毛坪、下小言、下坪、大井等古苗寨，都随着该县白云水电站的修建而湮灭。

（三）自然灾害给苗族建筑保护工作带来不利影响。地震、山体滑坡、冰灾、水灾、火灾以及雷电灾害和蚊虫蛀蚀等自然灾害，都不可避免地对苗族建筑带来重大损害，有的甚至是灭顶之灾。城步兰蓉乡大坪寨古村落，是从明代始建的徽派建筑，至 20 世纪 70 年代末，古民居数量近百座。1975 年的一场大火，将这座古村落全部化为灰烬。丹口镇羊石田明清古村落，到 20 世纪新中国成立前夕拥有古民居 300 余座，结果被土匪头子张云清放火烧了三天三夜，200 多座民房荡然无存。2010 年再次发生火灾，又有 9 座古建筑从村寨消失。

（四）苗族古民居陈旧腐朽，与当今社会居民的生活习性不相适应。明清时期留存下来的古民居毕竟是祖辈们的居住之所，它陈旧、矮小、破烂，又无卫生间、洗漱间，更无豪华客厅和卧室，满足不了现代人类的居住需求。现代居民需要舒适的生活环境，居所要有厨卫、卧室、客厅、阳台甚至花园，空调、灯光、音响也不可缺少，古民居满足不了这些需求，主人只能选择搬迁或将其拆除。城步白毛坪乡黄伞村蒲某拥有一座清代秀才屋，门窗雕龙饰凤，花鸟虫鱼，福禄寿喜，充满了苗族文化氛围，正门上方悬挂的“吞口菩萨”图腾，具有趋吉避邪民俗情趣，这种格局的民居在苗乡村寨绝无仅有。2011 年，已到结婚年龄的蒲某决定新修住房，可批不到住宅地，无奈只好拆除老屋，在原址新建住房。结果，这座充满了苗族文化底蕴的古民居悄然从这个世界上消失了。

四、保护传承苗族建筑文化的应对措施

随着城镇化和新农村建设进程的加快，一座座古民居被拆毁，一座座古村落被废弃，一栋栋小洋楼小别墅拔地而起，建成的是钢筋水泥屋，丢失的是苗族传统建筑文化。如果再不唤醒苗族同胞的保护传承意识，让苗族古民居古村落任意消失，让苗族木匠工艺断裂传承，再过三五十年，我们都将生活在那些没有历史故事和文化底蕴的钢铁水泥筑成的囚笼中。

保护和传承苗族传统建筑文化和建筑技艺，需要做好以下几个方面的工作：

一是实施好苗族传统村落保护工程，制定《苗族传统村落保护条例》，对传统村落予以立法保护，严禁乱拆乱建。建立完善苗族传统村落名录，制订苗族传统村落保护发展规划，改善基础设施和公共环境，建立保护管理信息系统，要对传统村落保护传承工作进行执法检查，列入县、乡、村年度考核范畴。

二是要落实执行《关于实施中华优秀传统文化传承发展工程的意见》，深入挖掘整理苗族传统建筑文化，开展苗族传统建筑技艺调查研究，加大宣传力度，拍摄制作苗族传统村落画册和记录片。对于那些年久失修的苗族传统村落，启动维护工程，并请文物建筑专家提出保护修复意见并现场指导，在建筑材料上尽量使用木、石、砖、瓦、石灰、桐油等传统材料，尽量采用卯榫结构等传统技艺，确保苗族建筑的文化品质。

三是加强对苗族历史文化名村名寨名乡名城和名人故居的管理，努力开展美丽宜居村寨建设，重塑苗族建筑之魂，重现苗族建筑之美。城步名村名寨和名人故居众多，它们是城步苗乡山寨的灵魂和名片。太平村蓝玉故里，大竹坪杨氏官厅、水东杨再兴故居、羊石进士第、易家田惜字炉、陡冲头古苗文石刻群、杉坊老屋场、金紫乡龚家大院……犹如一张张镀金的名片，在湘、桂、黔边区熠熠生辉。保护建设好这批名村名寨和名人故居，城步苗族的历史文化价值会进一步得到彰显，城步苗族发祥地的效应将会得到更大发挥，城步生态文化发展的步伐将会进一步加快。县财政应安排专项经费，对这批历史文化名村名寨名人故居进行扶持。县民族文化和规划建设部门要加大申报力度，将这批文化村落申报为“国保”“省保”单位。要严格执行县人大常委会颁发的《城步苗族自治县苗族风格

建筑条例》及其《实施细则》，凡在苗族地区新建民居和公共设施，都要由规划建设部门设计为苗族建筑文化风格，否则不予审批。对县城三纵九横街道旁的建筑物全部实行苗族风格改造；新建公共建筑物要全部体现苗族建筑风格；在县城巫水河南部规划建设苗族风情村。

四是要保护和培养好苗族建筑文化传承人，努力传承苗族建筑传统技艺。应落实好国家相关政策，安排专项经费，加大建筑非遗传承人的扶持力度，每年解决相应的传承经费，让年老体弱的木匠享受农村低保待遇，让他们安心传承苗族建筑技艺。对木工学徒要积极鼓励，落实就业政策，给予贴息贷款等经济扶持，对于那些天资聪慧、勤奋努力的出师学徒，可直接申报为非遗传承人并享受相应待遇。对那些老弱病残或家庭生活确有困难的木工传承人，应将他们纳入农村低保范畴。妥善解决古民居住户的合理诉求，对那些确需建新房的，应在古村落古民居外另行划批宅基地，供其重建住房使用。

五是要落实执行《关于实施中华优秀传统文化传承发展工程意见》和《城步苗族自治县苗族风格建筑条例》，开展“拯救老屋”行动。对于那些年久失修的苗族传统村落，启动维护工程，在建筑材料上尽量使用木、石、砖、瓦、石灰、桐油等传统材料，尽量采用卯榫结构等传统技艺，保存老屋的木构架、青瓦、马头墙、雕花门窗和鹅卵石地面等基本要素，确保苗族建筑的文化品质。在不改变建筑原风貌的前提下，改造住房和客厅，使之适应当今居民的生活需求。古民居修缮完毕后，可以吸引大批摄影爱好者、美术家、新闻记者等前来采风创作，吸引大量游客前来观赏，推进一批画家村、民宿村、摄影村的建设，带动高效生态农业、传统手工业、休闲旅游业和民宿业的发展，以增加古村落的就业岗位，增加村民收入，从而推进美丽乡村建设，推进乡村振兴发展。

五、结　语

建筑是活着的历史，是可以触摸的时代记忆，是镌刻在石头和木板上的史书，凝聚着深厚的文化，蕴含着苗族文明源远流长、生生不息的智慧。苗寨的特色不在于花里胡哨的摩天大厦，而在那些历经千百年而不摧的具备各个时代特色的传统建筑，这些古村落古民居记录着时代的变迁，蕴含着苗族文化特色，充满了苗族先人的建筑智慧。苗族是个有“根”的民族，这个“根”就是我们的历史文化传统。保护了苗族古村落古民居，保护了苗族传统建筑工艺，就是保留了我们苗族的历史和文化，保护了我们苗族文化的“根”，这是我们每一个公民应尽的义务，更是各级党委政府责无旁贷的本职所在。各级党委政府都要将古村落古民居的保护工作列入议事日程，列入绩效考核范畴，明确责任，主动担当，制定规划，采取措施，落实经费，严加保护，把祖宗留给我们的“宝物”看护好、传下去，把苗族传统村落和传统建筑工艺完整无缺地传给子孙后代，永续传承。

（雷学业，城步苗族自治县政协原学习文史委主任；蓝支让，城步蓝氏文化研究协会会长。原载 2018 年 6 月 15 日《中国民族报》理论周刊第 7 版）

城步苗族的建筑文化

杨进步

湖南省城步苗族自治县是湘西南的苗族聚居区，苗族的建筑文化特征比较集中和突出，千百年来的发展和变迁，其建筑风格仍然沿袭古风古俗并继承与发扬。

居地选择

苗族人对居地比较讲究，选择的居住地要具备两个条件：一要依山傍水，村寨的后龙山脉要来得远，气势要雄伟。房屋背后是大山，象征有生活依靠，安稳如山。前面要有溪流，称为秀水环绕，溪河若是从村寨左边流向右边为最佳。二是周围要有群山环抱，密不透风，形成藏龙卧虎之势。苗族人喜欢群居，一般以族脉系统为寨。苗酋（族长）选定了居住地后，各家各户就紧紧围绕苗酋住宅周围建房，就像蜜蜂一样，蜂王落到哪里，蜂群就跟到哪里。苗族人建房不选平地，出于两个原因，一是在山区平地最为珍贵，平地只能用来开垦稻田；二是苗族民居多为吊脚楼，房子的一半悬空在外面，一半靠在山岭斜坡上，这样修建的房子，既好看又给生活带来方便，若在平地建房就显不出吊脚楼的气势来。还有一个好处是能防潮湿，防盗贼。所以，苗寨房屋都建在山坡上，从山脚开始，一座叠一座，重重叠叠，直到半山腰。苗家山寨的水口山十分重要，如同一个袋子的锁口，又是守护村寨的关隘。这样的地势冬无严寒，夏无酷暑，居住环境非常舒适。为了保护好山的水口，寨子里的人在山口还要植造风水林，栽培杉树、柏树或枫树，水口的树木谁也不能砍伐，否则将受到惩罚。城步的长安营乡大寨，汀坪乡的团心寨、獠寨、高寨，五团乡的独树寨、水口寨、平山寨、巡头寨、恒州寨、茶元寨的水口都保存有上千年的古杉、古柏、古枫、古榕等。苗族人居住地有这样好的地形地貌，才能较好地维持安定的生活环境和自然环境不受侵犯。据史料记载，明朝末年以后，城步苗民发动了多次起义，他们依靠险要的地形隘口，一次次打败了进剿的官兵。仅明弘治元年（1488）城步莫宜峒苗酋李再万起义就轰动了湘、桂、黔三省，朝廷调集10万官兵围剿，前后费时6个月均未取胜，仅莫宜峒的门楼坳一个山口就攻了一个月。若不是当地一个乡勇向官兵告密走小路入峒进剿，这次起义持续的时间会更长。由此可见，苗族人对居住地选择是十分重视的。

建筑特色

城步的苗寨民居建筑，以歇山式木质干栏为主，共同特征便是半边多层的吊脚楼。苗族聚居区多为山区，到处是高山峻岭，苗族人的房屋常依山而建，屋基多有上下两层，房子的一半木柱立于上层地基，一半木柱立于下层地基，屋前的檐口柱子则呈半边悬空状，由房屋主体的排枋挑着，房子前半部分落脚在下层，后半部分落脚在上层，上下相差6.8尺，俗称“吊楼”或“吊脚楼”。

城步苗寨的吊脚楼多为杉木结构，一正两横式，正屋四排，规模为三柱五瓜、五柱七瓜、五柱九瓜不等，杉木板铺地板、杉木板装墙，杉木皮盖屋顶，只有家境比较好的才盖青瓦。整个房屋建筑设计精巧，横屋和正屋配置合理大方舒适，枋柱之间的衔合不用钉铆，只以木榫相扣。吊脚楼分下楼、中楼、上楼、天楼四层，下楼用于养猪、牛、羊、鸡、鸭等家禽家畜。还用于堆放柴草和粪肥，厕所也设置在下层。中楼的正屋为堂屋和后房，左侧为茶堂（又称为火房、厨房），右侧为住房，由父母居住。两侧的横屋均为住房，大儿长女住左，次儿小女住右，还有在横屋专门安排客房的。上楼为仓库，用于储备粮食、饲料、瓜豆、玉米和摆放碾子、风车、谷桶等。横屋的上楼设置书房，供儿孙们学习之用。天楼是房屋的顶层，空间太小，用于放置暂时不用的木料或杂物。房屋的悬空吊部分是栏杆式走廊，有讲究的人家还将吊脚柱刻上龙，吊脚横枋雕龙画凤，将栏杆制作成花饰图案，并设置出横木靠凳，用于纳凉休息，或与客人聊天。这样一个吊楼走廊，实际上是堂屋前面的半个客厅，也是大伙儿吃油茶聚会的场所。堂屋正中间列有神龛牌位，又称家仙，供奉列祖列宗和所崇拜的神道偶像。堂屋的后房一般作楼梯间不作住房，有的做了住房的则不准住夫妻，以免对祖宗和神道不尊敬。整个房屋的窗子都是长条方木格，现在大部分已改换成了玻璃窗，增强了采光度。一些富裕的人家还用红漆涂了檐柱和门枋、地板，用桐油油了板壁，使整个建筑显得十分高雅、大方。

吊脚楼的建筑木雕独树特色。除廊柱横枋刻龙头、象头外，在正面的堂屋门窗棂上都雕刻组合图案，如“蝙蝠围四方”“鹿含灵芝”“彭祖拄杖”“喜鹊衔梅”等镂空雕，象征“福禄寿喜”。有的刻“孟母教子”“观音送子”“令公出征”“关公坐堂”等图案，惟妙惟肖，体现了苗族木匠精粹的手艺和丰富的文化底蕴。

这些依山势造型的吊脚楼，最大限度地发挥了建筑工匠们的想象力和创造力，主要得益于主墨师傅的高超手艺。苗族木匠多不识字，或只识简单的苗文或鲁班文，其建筑技艺全靠口传手教，或由自己在实践中构思独创，有的仅以一根三丈长的柱子立在悬崖峭壁上，靠的是横的直的穿枋连接，半座木楼就立了起来，如同空中楼阁一般。苗族木匠祖传工艺是不用铁钉的。所起房屋全凭手艺构筑。汀坪乡大侯寨一位名叫杨国华的苗族老木匠起的吊脚楼在湘桂两省边界出了名。1962 年浔江流域发大水，洪水淹没了山脚的吊脚楼，一些房子被洪水冲得稀巴烂，只有他掌墨修的房子稳稳当当，水淹到中楼了，屋架都没斜半点。

建房礼仪

城步苗族人把建房起屋看作为人生一件大事，修造吊脚楼时十分讲究礼仪。

房屋地基的方位是建房择日的首选条件。木匠师傅根据地基朝向决定是开还是闭，方位逢开就先修正屋后修横屋，方位闭则先修横屋后修正屋。屋架树都用杉树，砍屋架树讲究规矩，砍屋架树不能让树横倒，且只能让树依山向后倒。正屋的中柱又称正柱，要选条杆笔直和树枝少的，树砍倒后，在剥皮时，砍树人只能从一侧剥皮，双脚不能骑在树干上。最讲究的是砍梁木，梁木树要选择一个树兜长三根以上的，意思是要“发子发孙”。砍树前，户主要准备三个红包，砍树的头天晚上请砍树人喝酒吃饭每人一个红包，第二天凌晨砍树人就起床摸黑进山，在天刚发亮所看到的最直的一棵树就作为梁木。在砍之前先敬酒，吟祝福词：“天赐栋梁，富贵荣昌，鲁班弟子用之，保佑户主代代兴旺。”念完后把一个红包夹放在树蔸部才动手砍。砍下的梁木要一口气抬到屋场里，中途不准歇肩。山主人捡到红包后，马上说：“财喜！财喜！”不能责怪修屋人乱砍树木。

屋架做就后，便择吉日立柱。立柱多在吉日凌晨进行，屋架起好后，由掌墨师傅爬到二楼的正柱上，每排正柱吊一次墨线，户主就得准备四封红纸所的糯米粑，每次师傅放墨线下来，就问：“正了吗？”然后，户主便将事先用红纸包好的四包糯米粑赶忙递给站在下面的徒弟，徒弟就把粑粑压在墨线上，接声应道：“四方端正，八方平稳。”若户主不开窍，没有准备，师傅吊线时徒弟就会答：“冒正，冒正，左歪右斜。”这样被看成是户主人家的彩头不好。

上梁是最讲究的，要选择吉日吉时进行，上梁前户主得准备一只大红公鸡、一升米、一个红包、一块大红绸布、一箩筐糯米粑粑、花生、糖粒等礼金物品。待时辰一到，师傅便将公鸡杀了祭梁。祭梁时，由师傅大声念吉语颂词，曰：“此鸡，此鸡，此鸡不是非凡鸡，别人拿来无用处，我鲁班弟子拿来敬天地。一敬上天玉皇大帝，二敬神龙土地，三敬我鲁班祖师。敬玉皇大帝，紫微高照，兴旺发达；敬神龙土地，地灵人杰，添财添喜；敬鲁班祖师，口传心授，高楼大厦平地起……”接着开凿包梁木，户主用红布将凿出的木渣接住，随即，给师傅递送红包，师傅接到红包后，用红绸丝线在梁木正中捆上一双筷子、一支毛笔、一坨墨、三根香，用银毫铜钱将红布钉紧。然后开始升梁木，箩筐里的糯米粑和花生、糖、硬币等要分作两篮子同时从两头吊到屋顶去，梁木的两头还得预备酒菜，为师傅安放梁木时用。所备物品全部吊上去后，两个木匠师傅从左右两边架楼梯上楼，爬一步诵一句，直至到屋顶。诵词是：“天赐良辰好吉日，鲁班弟子上楼梯；上一步呃，一步朝阳；上二步呃，步步升高；上三步呃，三星高照；上四步呃，世代荣昌；上五步呃，五子登科；上六步呃，六六顺畅；七步八步上登头呃，祝贺主公代代儿孙做公侯也！”然后，由两位师傅爬到梁上，一头一个又举杯祝词：“鲁班弟子手举一杯酒呃，恭贺主公荣华富贵样样有也！”“一杯美酒洒在地呃，华堂座落龙虎地也！”“二杯美酒敬上天呃，户主兴旺万万年也！”“三杯酒我来尝呃，幸福日子万年长也！”上梁敬酒的时刻，亲朋好友、左邻右舍、男男女女、老老幼幼都围在屋场周围和附近的房屋山坡上，当听到吟诵第三杯酒时，大家便同时呼喊：“幸福日子万年长呃！”随即，师傅就开始把吊上去的粑粑、花生、糖、硬币等物向四方撒下，人们一下子扑到东，一下子扑到西，此时到处是一片欢笑声，热闹的声音夹着鞭炮声在山寨里久久回荡……

让古村落、古民居成为“镇寨之宝”

雷学业

前些日子，湖南省邵阳市政协领导率队，到城步县考察调研古村落、古民居保护工作。当他们跋山涉水来到白毛坪乡黄伞村时，惊讶地发现该村一座极具苗族文化特色的古民居已被拆除，取而代之的是一座尚未完全竣工的砖木结构二层楼住房。一座好端端的苗族古民居被不懂得文物保护法的村民给损毁了，真是对不起祖先啊！

被损毁的这座黄伞古民居大体修建于晚清时期，为两层木结构建筑。原住房正面左右两扇排枋上雕刻有繁体圆形“福”“寿”两字，字体壮实优美，周围雕饰有龙凤呈祥精美图案。堂屋门左右两侧窗户镂刻双喜形花格，花格中各镶嵌一幅“喜鹊登枝”和“鹿茸含芝”图案，“喜鹊登枝”寓意“禧”字，“鹿茸含芝”寓意“禄”字。两幅图案周围又对称地精雕了龙凤朝阳图案，蝴蝶翩飞，蝙蝠呈祥，雕工精美绝伦，寓意含蓄深刻。“福禄寿喜”被苗民称为“四喜”，有“四喜”雕饰的住房被苗民称为“四喜堂”。“四喜堂”是有文化有身份的苗民的住房。该古民居的大门上方还悬挂了一尊“吞口菩萨”头像，城步苗民将蚩尤视为“战神”，历代苗民极其崇拜蚩尤，视其为苗族先祖，雕塑其头像悬挂于寨门、槽门或堂屋门正上方进行朝拜，起到避邪驱恶和保护安宁的作用。黄伞古民居不仅融入了“四喜文化”，而且包含了纳吉避邪内容，体现了黄伞苗族先民对美好生活的向往，也展示了屋主高雅的文化艺术素质，是一座具有浓郁苗族文化底蕴的古民居。

黄伞村地处越城岭山脉金紫山山腰，海拔 1000 余米，处在崇山峻岭之中。全村现有 11 个村民小组，900 多苗、瑶群众。从 2008 年开始，该村大力开展新农村建设，实施危房改造工程，维修住房由政府解决 3000—5000 元 / 户，新建住房解决 8000—10000 元 / 户，全村共有 10 多户村民享受到了危房改造工程的实惠。“黄伞古民居”现在的主人蒲孝永已经 20 多岁了，到了谈情说爱、娶妻生子的年龄，提出改造老屋修新房，村委会为他落实了“危房改造工程”的政策补助。据村委会负责人介绍，国土部门不同意他家占用农田起屋，2012 年农历六月，蒲家只好拆除老屋在原址修建新房，于是一座好好的“四喜堂”就被拆毁了。主人将古民居木料以 1 万元价格卖给了木材商，政府按“危房改造工程”政策为蒲家解决万余元，蒲家便用这 2 万余元盖起了现在这所新居。

一座充满了浓郁的苗族文化气息的古建筑就这样被毁掉了。这是谁的错？文物是一个国家、一个民族历史发展的见证，不仅因其自身发展所蕴含的丰富历史、艺术、科学信息而身价不菲，更因其自身具有不可再生性而倍显珍贵。有效地保护和利用好文物资源，是我们每一个公民义不容辞的责任。文化部门更应秉持“保护为主、抢救第一、合理利用、加强管理”的文物工作方针开展文物保护工作，履行人民政府赋予的文物保护责任。农村危房改造工作要与文物保护工作相结合，妥善保护古村落、古民居，不要让生命力旺盛的古村落、古民居毁于一旦。

实现城乡一体化，建设美丽乡村，不能大拆大建，特别是古村落要保护好。目前全国各地正在大力开展农村危房改造工程和新农村建设，呼吁广大基层干部和农民群众要增强文物保护意识，在进行农村危房改造工作和新农村建设时，勿忘保护有艺术价值和文化底蕴的古村落、古民居，让古村落、古民居成为新农村的“镇寨之宝”。

（原载 2013 年 10 月 15 日《人民日报》）

城步苗族庆鼓堂的社会价值和功能

杨宗兴

城步苗族自治县处于雪峰山与越城岭交汇的湘桂边界地带，古称“楚南极边”“苗疆要区”。什么样的地理环境和历史条件，决定着人什么样的精神取向及生活方式。城步苗族“庆鼓堂”这一特殊的集宗教祭祀和综合性文化表演于一体的活动就是在苗疆这一特定的地理历史条件下产生的。

据城步方志和苗家各姓氏谱款记载，自元朝末年起，城步白毛坪乡卡田、水堆、白毛坪、下小言、上下坪、城溪、腊屋等村和汀坪乡的团心寨村就有“庆鼓堂”的活动。所谓“庆鼓堂”是苗语的音译词，大意是庆贺五谷丰收的团会。这个活动在秋收后的农历十月逢亥之日举行。有两个目的：一是因为在春天二月“卯”日向自然界神灵和祖先许下了愿信，祈求保佑人们身康体泰，团坊肃静，五谷丰登，六畜兴旺，因此，必须按时去履诺谢恩。二是秋收后，人们有了空闲，大家要相聚一堂，总结一年的生产生活，共享丰收的成果和喜悦。这种活动慢慢演变成一种风俗，每年举办一次。活动期限一天一晚的为小庆（小祭、平祭），三天三晚的为大庆（大祭、陡祭）。大庆一般是三年一次。活动全过程分请神、庆神、送神三部分。请神送神庄严肃穆，庆神阶段是载歌载舞，狂欢不已。活动开展下来，意义不凡，影响深远。其社会价值和功能有以下几个方面。

一、庆鼓堂的精神教化功能

祭神祀祖是庆鼓堂的重要内容之一。虽带有很浓厚的宗教色彩，但不乏积极的一面。城步苗族先民和其他地区苗族先民一样，长期处于封闭落后的边远地区，生活在深山老林，他们得不到先进思想文化的教育熏陶，得不到科学技术的支持武装，经济社会发展十分缓慢，认识改造自然的能力始终停留在原始状态，因此，他们的生产生活过分依赖于大自然的惠顾、神灵的恩典、祖先的庇佑。久而久之，崇拜自然信奉神灵祭拜祖先便成了苗民生活的重要信仰。

庆鼓堂活动在鼓堂庙里进行，祭祀的神灵祖先通常供奉在鼓堂庙里。有三头六臂的盘古大王，开发苗疆的祖先飞山蛮杨再思令公，五峒四十八寨的民族英雄——峒月将军杨昌宝、中峒将军潘金盛、下峒将军李再万、进宝将军杨清保、萝卜将军蒲寅山等，以及土地公公、土地婆婆、关帝圣君、观音大士……因地域的不同，苗家各村寨的鼓堂庙所供神灵有所不同。如卡田另供奉着温口大王、大乾大王、桂竹大王、斜泻大王、得道风神等（这些神灵为当地东西南北的发雨山神）。水堆村鼓堂庙则供有水堆大王、溪口大王（为当地开发始祖），团心寨村庆鼓堂则要祭边溪大王、蓬峒大王等。

从庆鼓堂祭祀神灵、歌颂先祖艰苦创业的历史看，庆鼓堂活动有助于培养人敬畏感恩的精神。卡田村的《请神歌》这样唱道：

盘瓠开天大神圣，圣神有感降凡尘。
混沌初开迷蒙蒙，人类吃为草菜根。
天降盘瓠大神圣，三头六臂是奇形。
历代只有盘瓠氏，才是乾坤创始人。
蚩尤帝君第二神，发明水稻养万民。
全赖苗父尝百草，才有良药治百病。
燧氏钻木取得火，生食变成熟食民……
感谢亘古大圣君，设置鼓堂来相庆。

这段歌词记叙了盘古开天辟地、蚩尤种稻谷、苗父尝百草、燧氏钻木取火的神话传说，因他们的创造发明改变了人类的生活，推动了人类的进步。他们的丰功伟绩是永远不能忘记的。团心寨村的庆鼓堂所唱“坐堂歌”也有关于盘古开天辟地、燧人氏钻木取火、有巢氏架木造屋、神农氏种五谷、轩辕氏制衣裳的内容。“三皇五帝到如今，古今创业倍艰辛；古人不见今时事，唯有今人忆古人……叨搭祖先众神灵，今年五谷大丰登；丰收把支歌来唱，同庆鼓堂谢众神。”歌词反映了人类社会进步的历史，讴歌了上古时的几大发明，感恩之情溢于言表。

从鼓堂舞编排的节目看，它有助于培养人团结协作，夺取胜利的集体主义精神。卡田村鼓堂舞有“齐兵斗灾”“赶鬼驱邪”的节目。由“迷魂师”扮演“鬼怪”。“鬼怪”为灾难的象征。打锣师、长鼓师、长号师、芦笙师等众巫师轮番和“迷魂师”进行生死较量，最终在雄浑的呐喊助威中，众人合力把“鬼怪”打败。这节鼓堂舞说明只要大家齐心协力，同心同德，就能战胜灾难，换得和平和谐。历史地看，苗族人民不是被动地受大自然主宰，而是积极地去认识自然，改造自然，征服自然。这种奋斗的精神是苗族人民无论在何种逆境，在何种艰苦条件下都能获得成功的法宝。

从鼓堂歌的《农事歌》看，庆鼓堂活动有助于人们掌握农业生产经验和技术，养成科学种田的精神。团心寨村的庆鼓堂活动安排有四季农事歌舞表演。关于烧畬种地，表演者唱道：

正月天晴好烧畬，烧尽柴草把地挖；
土松地肥无杂草，打凼秧籽种庄稼。

山歌说明了烧畬种地的时节、要求。关于犁田，表演者唱道：

二月犁田忙碌碌，牵头黄牯犁大丘；
有气莫把牛来打，有话莫把妹来丢。

四句山歌说明了春耕时间，特别强调要善待耕牛，同时强调要像对待耕牛一样对待女人。关于坝田基，歌云：

先坝田基十二条，条条坝起像浮桥；
哪个从我桥上过，不害相思也成痨。

坝田基是开春种田的重要环节，田基坝得好就保水保肥，这是种田人挺讲究的工夫。卡田村表演《踩田歌》，歌云：

亘古不懂踩田好，禾苗落泥不扯草。
后来抬丧田里走，才知籽粒壮得饱。
从此种禾要踩田，一踩禾苗有三变。
叶肥杆粗蔸变大，谷粒饱满溜溜圆……
今早出门是阴天，阴凉天气好踩田；
稗子野草扯干净，一年阳春当两年。
五月踩田水太深，踩倒的野草把腰伸；
快快上去捅一脚，免得野草再现身。
踩田要踩三脚空，踩得禾蔸地皮松，
踩空禾蔸结大米，秋天有个好收成。

山歌告诉人们踩田的来由，方式方法和内容，这些经验是种田人长期实践总结出来的，对于年青人来说，是很宝贵的财富。在农业逐步走向现代化的今天，这些生产经验仍有重要的指导价值。

二、庆鼓堂的文化传承功能

庆鼓堂活动是城步苗族传承民俗文化的重要载体和平台。如果剥去宗教的成分，那么庆鼓堂完完全全是一场民俗文化的盛宴。其表现形式和内容由歌和舞两部分构成，歌舞融为一体，相得益彰，气势恢宏，欢乐无限。

庆鼓堂的传承功能，首先表现传播苗族历史文化。大祭的三天三夜，歌郎们从头至尾所唱山歌上千首之多。其中有排歌、有四句歌，等等。换句话说，庆鼓堂本身是一本教科书，是苗族先民传播文明的重要手段和形式。以卡田村庆鼓堂为例。在请神歌舞表演节目中，有关于人类起源、苗族族源的内容。告诉人们自从盘古开天辟地以后，就开始出现了人类。而苗族的始祖是发明了水稻的蚩尤，功绩仅次于盘古，位当第二神。还有尝百草、治百病的一位神也是苗族的先祖。传花唱歌庆神是庆鼓堂歌舞表演中的特殊表现形式，属苗歌的盘歌，一问一答一唱一和，歌唱的内容是苗族发展史、民族英雄史等正歌。比如："今早出门天白光，大家齐伴庆鼓堂，五峒大王有威灵，丰收只把歌来唱。"《城步县志》（清同治版）载，五峒四十八寨为苗民聚居区，"五峒"即莫宜峒（今江头司一带）、横岭峒（今长安营、南山镇一带）、扶城峒（今丹口镇）、蓬峒（今汀坪乡一带）、拦牛峒（今白毛坪、兰蓉乡）。城步苗疆曾出现很多反抗封建王朝统治和压迫的起义领袖，以及反抗外侮的民族英雄。山歌中唱到的有上峒将军杨昌宝、中峒将军潘金盛、下峒将军李再万、进宝将军杨清保、萝卜将军蒲寅山等。城步县志载，杨昌宝系莫宜峒人，史料不祥。潘金盛，唐末"飞山蛮"首领，为维护其在苗疆的自治权利和土司的地位，与楚王马殷展开了激烈的战争，虽战败殉难，但苗族人民世代敬仰他，供之于庙堂上。李再万，明代莫宜峒人，明朝弘治十四年（1501）率众起义，自称天王，迅速控制了五峒四十八寨和广西的义宁、兴安等地，在朝廷的镇压下，起义失败。苗民敬奉他为下峒将军。杨清保，清代人，乾隆十四年（1749），同粟贤宇一同揭竿起义。义军鏖战一年余，终因寡不敌众，被镇压。苗胞奉其为进宝将军。蒲寅山，扶城峒人，清雍正十二年（1734），与绥宁瑶民奉老一等"纠众推官兵，杀伤官吏"，起义败北，被奉为"萝卜将军"，供于庙堂。除此而外，各地庆鼓堂山歌演唱中还有关于本姓人自江西迁湖南苗疆的祖先艰苦创业的历史以及一年四季生产劳动的经验总结，等等。

庆鼓堂的传承功能还表现在另两个方面，一是实行培训。苗族是一个只有语言而没有文字的民族，苗族文明的传承靠的是口传面授。庆鼓堂就好比一所学校。一个规模宏大的活动，不仅需要组织领导的干才，也需要能歌善舞的艺才。人才从哪里来？从培训中来。因此，庆鼓堂的一个重要任务就是培训接班人。各地庆鼓堂活动差不多都有培训的环节。老艺人们要发现苗子，开班培训，一方面教唱《请神歌》《颂祖歌》《生产歌》等规定歌曲，教习规定舞蹈。一方面要给他们讲历史，讲故事，使之增知长智，应对场面。二是生动实践。庆鼓堂三年一次的大庆，庆祝期间为三天三夜。夜晚怎么过？烧着篝火唱歌。这一安排，给演唱人员和观众提供了实践的平台。卡田村在这个环节上特别设计了"传花唱歌"

的游戏，“花”传到谁的手里，谁就得唱歌。如此一来，不唱还真不行。通过培训和实践，庆鼓堂活动就得以薪火相传，演唱山歌的人才就代代迭出。罗世毅、罗德富2010年上了湖南卫视《我要上春晚》栏目。

三、庆鼓堂的社会管理功能

每年开展庆鼓堂活动，本身就是社会管理的范畴。民间组织的活动，水平高不高，质量好不好与组织者参与者有着密切关系。组织者（活动中称“会首”“头家”“团主”）的公心、仁心、责任心是活动成功的重要保证，村民的热心参与和全力支持是活动成功最好基础。为了搞好活动，各地在长期的实践中，总结了一套具体的做法，赋予它的社会管理功能。一是对活动本身的管理。建立严密的组织领导机构，明确分工；挑选演职人员，排练节目；钱物募捐以及管理；活动总结，收支公布；下任头家推选；等等。系列的工作都是依靠制度完成的。比如“头家”实行轮流制，钱物筹集实行摊派和自愿捐献相结合制度。以卡田村为例。推选“头家”，明确了三个条件。即：一、德高望重；二、办事公道；三、家庭殷实。活动结束前，安排“头家”打“脱身拳”的节目。本届头家根据三条，走出鼓堂庙外选择下年度“头家”人选，他们的手搭上谁的肩，拍着谁的背，谁就是下任“头家”。然后，本届头家对整个活动进行总结，公布筹资筹物情况，开支情况，做到事了账结。同时宣布下任“头家”。下年活动全由新任“头家”组阁开展。二是对村寨事务的管理。据调查，各地都会趁庆鼓堂商讨议决村寨事务。商议的内容包括修路架桥，维修庙宇，雕塑神像，耍龙灯以及续谱制订村规民约等。比如水堆村，在活动中专门安排了“寨老酒会”的程序，对所议之事进行喝酒表决。举杯喝了酒就表示赞成，如放下杯子不喝酒就表示不同意，得提出新意见建议供众寨老，再行举杯决议。待各项事宜都表决通过了，大家就共进餐。由此可见，庆鼓堂活动具有鲜明的社会管理功能。它的高度民主自治自理特征，有助于凝聚人心、凝聚民智、凝聚民族力量。对于推进民族间、民族间、邻里间的和睦相处、共同发展也是极有意义的。

从梁木文化浅谈苗族文化传承人的培养

谭柏松

苗族建筑文化是民族文化的重要组成部分，城步梁木文化更是民族建筑文化中的瑰宝。神秘的“偷梁”，虔诚的宴梁，喜庆的上梁，美妙的盘梁，彰显梁木文化的内涵与魅力。

偷梁

城步苗寨居民建设所用梁木不是事先做就的，而是起屋当天，抢在上梁吉时前才进山新采木材做成。梁木用材以杉木作为首选，只有个别人家选用椿木，但这种做法会有得罪全寨人的风险，因为苗族人认为椿木是神树之一，用作梁木有扯龙气的作用，可能会对其他人家不利。之所以将采梁木叫偷梁，这是长期遗传的习俗形成的，是选材条件决定的。一是尽可能近距离采运；二是必须在生长三根以上木材的树蔸中选用最合适的木材（喻子孙发达）。三是只要条件合适，谁家的树木都可以采伐，且事先不需告知山场主，所以习惯上就叫“偷梁”。

城步苗家起木楼一般在吉日天亮前打着火把将木架竖好，上梁在卯时至巳时之间，大多选在八九点钟左右，因此采运人员天刚蒙蒙亮便带上必备用具和物品进山，一般由主家1人、敬神的1人、采运的4人，共6人组成。大家在主人引导下来到树蔸前，面朝东方，由敬神者摆上一升米，米上置一红包，点上三炷香，化一把纸钱，作揖的同时口中轻声念念有词，以敬山神土地。采伐梁木只能叫采（彩），或者伐（发），而不能叫砍（坎）。敬神毕，由较内行之人举开山子（斧头）开伐，同时说些祝福话语，如“鲁班叫我来采梁，主东荣昌万年长”之类。梁树必须用竹钩或绳索牵着顺山向上倒，决不能往下倒。起运时主人将小红包置于采梁树兜上，并压上一小石块（对山主表示谢意，留下象征性彩头），运梁时 4 人非常谨慎认真，合作默契，两人抬两人扶，中途不能停歇，更不能将梁木掉落地上，“四大金刚”必须一鼓作气将其顺利运到新屋置于木马上，此时主家燃放鞭炮以示迎接，偷梁任务即算完成。

宴梁

宴梁亦叫祭梁。梁树进屋，木匠、掌墨师立马把尺画墨，弟子下斧过刨，快速精准将梁树做成梁木。其间师傅念念有词：

> 此树生得四方端正，八方团圆，主东修造，用作栋梁。鲁班起手来画墨，弟子斧头响叮当。一路斧头剁过去，一路刨子放豪光。左边刨出左丞相，右边刨出两都堂，两头刨出双龙来献宝，中间刨出皇帝坐中央。一对木马双凤朝阳，子孙发达，世代荣昌。

梁木做就，即由师傅包梁、宴梁。包梁时掌墨师将主人事先准备的筷子、毛笔、墨块、香固定在梁木中央朝下的一面，用大红绸布包好，再以铜钱或硬币将红布镶入梁木固定。包梁要用五彩丝线缠在上面，代表东南西北中五方五色龙神，师傅边缠丝线边念祝词：

> 一扎丝线软绵绵，放在栋梁腰上缠。左缠三转出贵子，右缠三转出状元。

梁包好即行宴梁，宴梁时主东将一升米、一块猪肉、一个红包、一把散钱（纸）摆上案头，并在米上点三炷香、两支红蜡烛，另备一只红羽雄鸡。宴梁在一派严肃庄重的气氛中进行，师傅左手紧握雄鸡双腿高高举起，右手拍其膀背，令其发出洪亮叫声，口念宴词：

> 此鸡此鸡不平常，生得头高尾又长。别人拿来无用处，鲁班弟子拿来宴栋梁。上敬天上大玉帝，下敬各方龙神土地，再敬我师祖鲁班。

提斧宰鸡，双手提鸡自梁头至梁尾龙形抹过去，念道：

> 宴梁头，子子孙孙出公侯；宴梁中，子子孙孙坐朝中；宴梁尾，荣华富贵今日起。

随即扯下些许鸡颈羽毛粘贴于龙形图案上。宴梁的实际用心与耍龙灯、狮子灯或佛像落成等开光仪式相似，是试图给梁木赐予某些灵性，令其庇佑新屋人家兴旺发达。

上梁

上梁是苗寨起新屋最为喜庆的场面。帮忙起屋的都在场，亲朋好友前来送礼放炮道贺，团邻家的小孩来凑热闹。上梁之前中间两排各上两名壮劳力至屋脊，良辰一到，随着师傅“升！上升！”的口令，在震耳的鞭炮声中拉着绳子将梁木徐徐升至屋顶，稳稳安在正柱顶口中，接着将东主早已备好的装满糯米粑粑、花生、糖果、硬币、酒菜的两个大竹篮分别从东西两头升上置于梁木上。一切就绪，就是师傅上梁。按旧时默规，木匠、锯匠各上一头，木匠师傅上东头（大边），锯匠师傅上西头（小边），待木匠师傅上到屋顶，锯匠师傅才开始登梯。上梁师傅挽起衣袖（旧时木匠掌墨师都穿青蓝色长袍），手扶梯子，每上一步便高亢激情地颂一句祝词：

> 太阳初升乾坤照，正是东君上梁时。天上文曲星到，地上文武皆齐。我双手挽起龙袍袖，手攀云梯第一步，上一步呃！主东从此永远有福禄。上二步，鲁班赐福。上三步，三星高照。上四步东仓西库。上五步，五子登科。上六步，六六顺就。上七步，北斗降福。上八步，子孙有官做。上九步，众星拥护。上十步，十全万足。十步上登头，代代儿孙出公侯。左手攀东瓜，代代儿孙出探花。右手攀西瓜，代代儿孙享荣华。手攀栋梁，代代儿孙出侯王。

待锯匠师傅上到屋顶，两位师傅坐稳梁的东西两头，先前上去升梁的骑在最上担瓜枋上紧靠梁柱位置。两头师傅分别把壶斟酒敬神，先是美言夸夸酒具的精美、主人如何客气恭敬，等等。梁上敬神将第一杯酒向上洒：“此酒点点洒上天，敬奉鲁班大道仙。”第二杯向下洒：“此酒点点洒下地，敬贺东主大吉大利。”接着是六人举杯小饮品菜：“鲁班弟子来品尝，东主福禄万年长。”在场人皆为之肃然起敬，主客欢喜。

盘梁

盘梁又叫赐福。这一环节有时用有时不用，用与不用取决于两个条件，一是两位上梁师傅是否有默契，手艺高有一定文墨功底且通行的师傅可能用，否则不用；二是天气，天气好的时候可能用，否则不用。盘梁的时候坐在梁木两头的师傅一人出问句，一人作答下断语，谁提谁答没有严格规定，但多数时候是东边作提西边作答，内容指向梁木的出处、作用等。

> “此梁生在何处，长在何方？谁人见生，谁人见长？何人不许采伐，何人不许尺量？”

> “此梁生在眉山下，长在龙虎山前。王母娘娘见生，土地公公见长。此树生来不平常，生来是沉香。大叶涛涛管天下，小叶尖尖管家财。千人经过不许采伐，万人经过不许尺量。玉皇大帝来到此，及时吩咐鲁班师，鲁班吩咐徒子徒孙，四十八把大斧头，伐了半年春。鲁班请来四大天王，抬来贵府东进华堂。鲁班先到先下墨，张良后到用尺量。恭贺主东起华堂，华构金顶放豪光。前面生成兜金口，后面生成积玉场。”

> “千里来龙寻吉地，万载兴隆发其祥。”

新屋男主人身着长衫，立于正柱梁下，两手紧攥前襟两边角上提成兜袋（如今一般是抱只箩筐代替衣襟），全神贯注接受师傅赐福。师傅从梁上将红布包着的赐福物一一抛下：“鲁班赐你一包米，荣华宝贵今日起。鲁班赐你一对粑，恭贺东主人兴财发。”“鲁班赐你金元宝，恭贺东主样样好。”紧接着，上梁师傅将粑粑、硬币、花生、糖果撒向正堂及四周，每抛散一个方向都念一句祝词：“元宝发散向东方，青帝龙神喜洋洋。元宝发散向西方，一路牛栏一路仓。元宝发散向北方，主东修造好宅场。元宝发散向南方，赤帝龙神显吉祥。元宝发散向中央，黄帝龙神做主张。”在场众人则在一片欢呼声中竞相捡拾梁上抛下的赐品，顿时成了一片欢乐喜庆的海洋。

从偷梁到盘梁赐福，整个过程环环相扣，动人心弦，既有严肃、虔诚的一面，又有欢乐喜庆的一面。表面看只是工师傅们及亲朋好友对主人之家的祝福，而梁木文化在苗寨居民建筑过程中的有机运用，其核心意义在于苗家人认为房屋建设只是一种架构形式，梁木才是这一架构的灵魂，房屋是物质的，梁木是精神的，只有将两者有机契合，宅地、房屋才会有灵性，是新屋主人对未来美好生活的内心祈许。从古经历磨难的苗家人在有安身立命之所的时候，以这种特有的行为方式对未来发出美好邀请，或许是苗寨梁木文化生产、发展、运用的历史源由与现实表达，追求的是一种精神境界。

然而在当今文明大潮的冲刷下，许多曾经灿烂夺目的民族文化奇葩已面临生存险境，有的已淡出苗家人的生活，甚至走向消亡。就城步苗族而言，其文化传承形势更是严峻，包括服饰、艺术、体育、手工、礼仪、习俗、宗教等这些有形无形的民族文化及文化现象，都很难在社会形态和社会生活中显现。20 世纪 60 年代以前在民间常见的山歌、情歌、体育等活动场景，现在却只能在某些节庆或赛事中再现。前几年重修荣昌风雨桥，因工程宏大，工艺要求很高，在 80 多名建设工匠队伍里，县内仅 3 人参与其中，设计及关键工艺制作均由外地籍工师担纲完成。曾经与家居息息相关的传统石木雕刻、服装及银饰加工等技艺已荡然无存。在重要节庆活动中才勉强一穿的苗服，实在有点不伦不类，没有族支识别等基本元素，也就没有了服饰文化的内核所言。就连语言这个族内交流的基本工具也面临难以延续的境地，如丹口境内原平林乡，在 20 世纪 60 年代前，有 7 个苗族聚居村无论男女老少都能娴熟运用苗语言工具，而今却只有桃林、花龙两村基本保留，其他村只有 50 岁以上的人才会用，30 岁以下者不但不会说，大多连听也听不懂。由此可以想象梁木文化之类从来只为极少数人所掌握的专业知识、技艺，其传承形势是多么严峻。这样的缺失已成区域内各民族共同的巨大损失，更是苗族人民的悲哀。

这种局面的成因主要在以下几方面：

一是受现代主流文化强有力的冲击。在中华 5000 年文明中汉文化应该是先进的最普遍适用的，无疑占有统治地位。加之现代文明的碰撞已不局限于传统的中华文明，随着网络信息时代的到来，域外（洋）文化的渗入使原本势弱的苗族文化在包容中忘却了自我。

二是受追求现实物质利益的影响。人的生活是精神的，更是物质的。改革开放 30 多年来，人民生活总体逐步走上小康、迈向富裕，但毕竟发展不平衡。沿海等经济发达地区对年轻一代有着极强的吸引力，为追求更高的劳动效益，更多的物质需求，他们纷纷离开故土追赶打工潮，圆致富梦，使苗乡多数家庭是老小坚守。有些留守的中老年人虽有某方面技艺之长，也因从业回报率低，偶尔为之也是凭一时兴趣或满足他人所求，心思总离不开农耕为主的一亩三分地，抛不开照料孙辈的几分情。小的多数时间在学校，打工的、上学的接受和使用的全是现代文化，以致形成代沟，且在经年中越拉越宽，越拉越深，逐渐削弱了民族文化的传承基础，由此造成断层。

三是民族坚守信念的衰退。这种信念的衰退有其客观理由：现代文化应用更广泛更便捷；外面的世界更精彩更诱人；等等。但重要的是主观上欠自觉的原因：职能部门及其工作人员不自觉、不系统、不深入学习研究民族传统文化；民间传统文化人才观念陈旧、思想保守，使传承严重受限；年轻一代认识不到位，不自觉甚至不愿意学习、接受、运用本民族文化。信念的衰退严重制约民族传统文化的继承和发展。

四是民族教育制度、职责的缺失。没能贯彻国家关于民族教育的政策及法规。就城步而言，受应试教育等因素的影响，民族文化在学校正规教育中几乎为零，使一代又一代年轻人从小失去了培养兴趣和学习了解民族文化的重要途径。

面对上述情况，笔者特就苗族梁木文化传承人的培养问题谈几点粗浅看法：

一、抓好制度的配套建设。县委、县人民政府要有高屋建瓴的智慧和胆气，着眼当前、立足长远，充分利用国家对民族地区的各种优惠政策，充分利用丰富的民族传统文化优势，充分借鉴域外民族地区成功经验，将民族文化传承人才培养作为振兴城步的大事来抓。为此，县委政府应拿出过硬措施给予政策支持：一是将民族文化传承工作纳入国民经济和社会发展规划；二是明晰相关部门的职责和目标，并纳入目标管理考核；三是对学校教育根据不同年级层次确定规范的民族文化教材内容，规定必须完成的教学课时与教学目标；四是给予必要的财政支持，确保民族文化在挖掘、整理、研究、教材编制等方面专项经费，并按经济发展比例逐年增加。还可设立专项奖励基金，对在挖掘、研究、传承工作中确有突出贡献的单位和个人给予相应的奖励。

二、加强宣传引导工作。在报刊杂志开辟学习园地，电视台每天开播学习专栏，每月进行两次专题讲座。明确规定每年一个全县性的学习宣传月，努力营造一个全体人民自觉热爱、学习、传播、使用民族文化的良好氛围。

三、搞好协调落实工作。民族文化传承与发展是一项长期而复杂的系统工程，切实做好这一工作必须上下联动、多方协调配合。第一，民族宗教、文广新、教育等相关职能单位应根据国家有关法规及本区域内顶层政策，制定科学的切实可行的短期、中期、长期实施计划。第二，通力合作抓好几件实事：一是开展一次不留死角的大普查，对传统的民族语言、曲艺、体育、歌、谣、习俗、礼仪、手工、服饰、宗教等，科学分门别类，列出条目，建立文化科目及文化人才信息数据库。二是突出重点，收集整理一批完整的原生态文史资料。三是在此基础上编制两套分别适用学校基础教育、社会普遍教育的高质量教材。四是在城乡开办形式和内容多样的培训班，开展民族文化进机关、进乡村、进学校、进企业活动。五是抓好一乡一村民族文化学习、推广使用示范点。六是充分调动民间各类文化精英积极性，采取民间聚人集资、政府扶持等形式创办一个门类较为齐全的文化产品（产业）企业，丰富民族文化商品市场。

四、要抓好苗族建筑传统技术培训。县政府要站在对历史、对苗族后人负责的高度，尽快出台制度措施，抢救、发掘、保护、传承苗族传统建筑艺术，对苗族传统建筑师进行保护，并列入“传承人”名录，发放必要的生活津贴。民族、文化、建设规划等部门要大力整理苗族建筑技术，制成专著或光碟，永久传世。要对苗族建筑风格浓郁的古名居、古村落进行保护，列入县级重点文物保护单位。要举办多种形式的苗族建筑技术培训班，培养苗族新一代木匠师傅，使他们成为“苗族鲁班”，让苗族建筑工艺代代相传。

只有通过长期的广泛的宣传教育，才能培养广大人民对本民族的认知感、自豪感和自信心；只有通过长期的广泛的学习、实践活动，才能培养出大批本民族各类文化精英。如此经几年或几十年努力，自治县民族文化的传承与发展将会出现崭新局面。

（作者系城步苗族自治县政协原副秘书长）

城步民族村寨水口文化与生态建设

杨宗兴

“绿树村边合，青山郭外斜。”1000多年前唐代诗人孟浩然所描述的田园生态环境，在城步苗岭山寨是不难觅迹的。换言之，城步民族村寨无一不承载着孟公的“世外桃园”理想。

一、城步民族村寨水口文化之表征

“水口”即中国风水学所称的水流入口或出口。“水口文化”既包括人们对自然环境的认知和选择，又包括人们对环境规划的理念，它与人们的生产生活息息相关。

那么，城步民族村寨的水口文化是什么样子的呢？城步境内的苗、瑶、侗等少数民族先人建村立寨时极为讲究，尤其注重“水口”的营建。因此苗家侗寨的水口一是有人工栽植的枫树、柳杉、杉树、松树、楸木、榉木、楠木、樟树等高大的常绿古木，二是有各式各样的风雨桥，三是有庙宇楼阁。这就形成了独具民族特色的水口文化。这种“水口文化”要素保留较完好的村寨比较多。其中，长安营镇的大寨村、长坪村、岩寨村，白毛坪乡的城溪村、小坪水村，汀坪乡上岩瑶寨刘家界，兰蓉乡会龙村瑶寨七树田等的水口文化具有典型性和代表性。

侗乡大寨村是湖南省民族特色村寨之一。它的水口风光秀美，历史底蕴深厚。发源于南山的渠水自南向北穿村而过。水流出口处地势开阔。于是侗族先人在水口处自东而西栽植了杉树，现保存下来的古杉有39棵。据考这些古杉群落是东晋时期的人工营林，有近1600年的历史，是我国最早的人工林。水口西头的“湖南杉树王”，高29米，胸径2.17米，胸围7.71米，冠幅27米。树心腐朽形成树洞，可容七八人站立，仰望直见蓝天白云。专家鉴定，该树迄今已有1596岁。2003年春节期间，村民耍龙灯出灯时，至树前祭拜，不料焚烧冥钱引燃树洞的腐物。树洞内大火燃烧至第二天才扑灭。令人想不到的是，这株杉树王竟逢春发芽，奇迹般地活了下来。当地苗侗群众以为神，称为“门户”的卫士。目前，县里拟将这古杉群申报为国家级重点保护文物。水口东岸耸峙着侗家钟鼓楼。渠水之上横跨一座回龙风雨桥。碑载，该桥建于清乾隆七年（1742）。桥下部结构采用挑梁技术，即在桥墩上面铺两层下短上长的连排大杉木为跳梁（又叫挑枕），然后在跳梁上搭架两层正梁。由于有桥墩为支点，以跳梁为杠杆，从而缩短了跨度，减少了挠度。正梁上面铺石板。桥上部为三座翘角飞檐的凉亭组成。今又在古杉群上游不远处修筑石拱回龙桥，桥东端建寨门。大寨水口的参天古杉横贯渠水与两岸青山相连，和蔼环抱村庄；东鼓楼西杉王巍然伫立，英勇守护黎民。回龙桥，古杉坪不仅是能歌善舞的苗侗人民的欢乐场所，也是山外游人的赏玩佳境。可见，大寨“水口”的确是现存民族村寨“美丽门户”的代表，大寨也堪称苗侗同胞的幸福家园。

二、城步民族村寨水口文化的丰富内涵

（一）遁世避乱思想

水口的参天古木以及风雨桥庙宇楼阁连为一体，形成一道屏障，与周围的群山环抱村寨。这种封闭式的生态环境布局，意味着什么？显然，这是遁世避乱心理的选择。

城步历史上乃荆楚边陲，苗疆要区。城步民族村寨水口文化与苗族的发展史关联甚密。苗族的历史是一部迁徙的历史。1995年7月，《贵州民族研究》第1期（总61期）发表了石朝江撰写的文章。该文系统论述了苗族五次迁徙的历史。第一次迁徙，进入农耕文明时期，雄踞黄河下游和长江下游之间平原地带的九黎

集团，与东进的炎黄部落集团“逐鹿中原”。结果，九黎首领蚩尤被杀。蚩尤就是苗族的始祖。告败的苗族部落被迫离开富庶的东部平原，向西南迁入长江中游的左洞庭，右彭蠡地区，并建立“三苗国”。第二次迁徙。“三苗国”与尧舜禹为首的华夏集团再起冲突。华夏集团三代不断对“三苗国”征伐。“窜三苗于三危”“放驩兜于崇山”，“三苗”被瓦解。余下的部分迁入鄱阳、洞庭两湖以南的江西、湖南崇山峻岭之中。此时，苗族被称为“南蛮”“荆蛮”“荆楚”。第三次迁徙。夏商至春秋战国时期，因连年战乱，部分苗人西迁武陵山区。秦灭楚后，大量苗民向西南迁逃。至西汉初，其大部分溯沅江，进入“五溪”（雄溪、满溪、辰溪、酉溪、武溪）。雄溪即城步的巫水河。沿巫水南迁的苗族有的到了广西的大苗山和三江等地，有的到了海南岛。这一时期，苗民被称为“武陵蛮”或“五溪蛮”。第四次迁徙。秦到宋代，封建王朝对“武陵蛮”“五溪蛮”采取了一系列大规模的军事行动，迫使苗族再度向西迁徙。大部分进入贵州、四川、云南。第五次迁徙，元明清时期，由于兵祸及天灾等原因，苗族继续从五溪、武陵地区迁往贵州、广西和四川。并由云南、广西迁徙入东南亚的越南、老挝、泰国。

从苗族的迁徙史可以想见，饱受着战争之苦的苗族人民是多么地渴望和平。因此，他们在“遁世避乱”思想的指导下，对居所环境提出了封闭、隐蔽的要求。自然，也就产生了水口的营建理念。诚如陶渊明在《桃花源记》中所述：“先世避秦时乱，率妻子邑人来此绝境，不复出焉，遂与外人间隔。问今是何世，乃不知有汉，无论魏晋。”

（二）军事防卫思想

城步民族村寨水口的布局，从其实用功能上看，本质上就是一道军事防线。水口古木遮天蔽日，水口内村寨不易被外来之敌察觉。而水口两侧修筑的鼓楼和阁宇，居高临下，能洞察寨子外的敌情。既为楼阁，又为岗哨。至于风雨桥是出入苗家侗寨的咽喉，凭桥而守，万夫莫能开。

（三）崇尚风水的思想

缪希雍《葬经翼》称：“水口乃地之门户。”凡水来之处谓之天门，若水来而不见源流谓之天门开。水去处谓之地户，有水流出而不见水去谓之地户闭。风水理论认为，水主财，门开则财来，户闭则财不散。根据这一理论，人民选择居住环境时，最讲究水口风水。所谓“入山寻水口，登穴看明堂”成了看风水的要义。若水口有些缺陷，人们就会想方设法去弥补。方法有三：一是植树，待到树木长大成林，水口就遮蔽得严严实实了；二是修桥，桥既是村寨人口出入的通道，又是关锁水口的重要设施；三是筑庙宇楼阁，风水家认为“一庙抵三山”。总之，人们认为水口完美无缺，团寨就人丁兴旺，财源不竭。对美好的憧憬，对幸福的期盼，是人类的共性。那些因灾难和战祸，常常流离失所的弱势群体就更不用说了。然而，他们所追求的东西如梦幻泡影，是人力所不及的。因此，就迷信风水，企图借助大自然而实现心中的梦想。

（四）崇尚神灵的思想或者说宗教信仰

城步民族村寨水口普遍建有庙宇。庙宇里供养的神灵，因民族氏族而异。比如以杨姓人居住为主的民族村落，其水口修建有“飞山庙”。杉坊、蒋坊、城溪等村寨水口现仍保存有飞山庙堂。庙堂里主要供奉着“飞山杨令公”即唐朝诚徽州刺史、飞山蛮侯杨再思，另供有杨继业，杨盛勤令公。除此之外，庙堂里还供有盘古大王、观音大士、土地神、关帝圣君等。有的村寨水口庙里甚至供奉着许多以当地地名、山名命名的神灵。比如白毛坪乡水碓村水口庙供有“水碓大王”，卡田村水口庙供有“大乾大王、斜泄大王、金紫大圣”，汀坪乡团心寨村水口庙供有“边溪大王、蓬峒大王”，等等。这些以地名山名命名的神灵有着特殊的含义，或为当地姓氏的开基祖的代名词，或是当地起云降雨的“风神”“雨神”的代名词。从供奉的神灵来看，城步苗、侗、瑶等各少数民族群众崇尚自然，崇尚祖宗，崇尚英雄，崇尚菩萨。宗教文化和宗族文化杂糅在一起，互生共融地发展。

庙宇与祭祀是一对孪生兄弟。可以这样理解，庙宇是神灵的居所，于人类而言就是精神的殿堂。古时候，白毛坪乡各苗族村寨，比如城溪、腊屋、白毛坪、卡田等村均盛行“打鼓堂”又称“庆鼓堂”的习俗。每年二月卯日去水口庙许愿，十月亥日去完愿。完愿的祭祀活动就叫“庆鼓堂”。一年一小庆为“平年”，三年一大庆为“陡年”。“陡年”祭祀时间为三天三夜。活动内容很丰富，形式多样。首先是开坛请圣。接着是载歌载舞娱神。这一环节是祭祀的主要部分。重点演唱祖先们开天辟地的辛劳和功绩，表演人类繁衍生产生活的历史沧桑。比如卡田村的庆鼓堂有薅田、打谷、摇鬼板、齐兵斗灾、传花等表演节目。中间也穿插民族间、团邻间的议事决策等。最后是送神收瘟。

这一切活动包含两个目的，一是庆丰收，二是酬神灵。透过祭祀的情形，不难看出人类在大自然面前是那样的渺小，是那样的无助。他们把所有的希望寄托于祖先的庇佑与神灵的呵护。这是当时生产力十分落后的条件下所产生的思想意识。那么，水口文化里这种“尚神”的思想既有时代的局限性，又有历史的局限性。

三、城步民族村寨水口文化的现实意义

建设生态文明，是关系人民福祉，关乎民族未来的长远大计。城步民族村寨水口文化的现实意义是不言而喻的。

首先，人工营建的水口生态林是利在千秋的重要财富。水口林是水口文化的重要组成部分。它巍然挺拔，郁郁葱葱，与周围的桥亭楼阁、田野村庄相互映衬，构成美丽的自然画卷。这里，不仅是村民们的休闲场所，更是民俗旅游的重要景观。旅游产业的兴起，为民族村寨经济发展注入了旺盛的活力。据调查，21世纪以来，去长安营镇大寨村观赏水口东晋人工古杉群、湖南杉树王的游客每年平均2万人次，综合收入上千万元。两江峡谷内的丹口镇桃林、边溪等苗族村寨，民俗风情游势头强劲，节假日、双休日到此游玩的人络绎不绝，年均游客达5万人次，“农家乐”生意火爆，仅桃林23家农家乐年创利总计达100万元。

其次，依规依约保护水口生态林是生态文明建设的成功典范。生态文明建设的要义在于人与自然的和谐相处。我们的先人在这方面做了示范。他们崇尚自然，保护环境，同样，自然也垂爱于他们。正因为如此，先人对于生态环境更加珍惜，约法三章，勒于石碑。汀坪乡沙基村水口现存一块民国十一年（1922）五月立的石碑，其内容是当时蓬瀛乡保卫局颁布的公文，明确规定，焚烧山林及偷砍桐茶杉树漆竹者除填偿山主外，罚钱贰仟肆佰文。白毛坪乡大阳村梧桐坪自

然村落，为了保护水口树，其做法颇为奇异，将古树根部四周镶入坚石，作为护甲，防无知砍伐。这些措施，具有很强的约束力，有效地保护了水口古木。兰蓉乡会龙村七树田瑶寨水口，分布着榉木、水青冈、蓑衣树、楸木、柳杉等一二级保护植物品种，是名木嘉树最多的水口。七树田瑶胞属过山瑶，山岭山岗山坡是他们的栖身之所，在瑶胞看来树木就是生命。所谓“在山吃山，在水吃水”。因此，他们的生态意识尤为强烈，不敢滥伐一株树木，不用说水口的风景林了。即便是水口的干枯腐木，他们也不会去砍伐做柴烧。

无疑，我们研究民族村寨水口文化对于实施生态文明战略也是有其积极意义的。

（杨宗兴，原中共城步苗族自治县委党史研究室主任）

清溪古民居的重要价值

杨盛科

距县城东北 11 公里处的儒林镇清溪古民居村落群自元朝至元四年（1267）始建至今已有 740 多年，已发展成有村民 1300 余户的密集型村落。古民居内杨姓苗族占总人口 80%，全村保留有较完整的明清古建筑 110 余座，完整的四合院 18 座。清溪古民居被发现后，省市民俗学专家、古建筑学专家、杨家将文化研究者共 200 余人先后前来考察，每年接待各地专家学者、游客 5000 余人。通过第一轮网络投票及省民委精选，清溪古民居进入湖南省民族特色村寨十强的行列。2008 年 11 月，县政府将清溪古民居公布为县级文物保护单位；2010 年，文物部门将清溪古民居向国家文物局申报为全国第七批重点文物保护单位。清溪古民居已撩开其神秘古朴的面纱将其重要价值展现在世人面前。

清溪古民居是历史的见证

据《杨氏族谱》载，清溪杨姓始祖系杨再思第六世孙杨应魁。杨应魁生于宋理宗宝庆元年（1225），曾任绥邑莲荷巡检司。元至元四年（1267）杨应魁偕卿氏及子女由赤水下籍清溪。他见此处山清水秀，远山龙脉起伏有序，后龙山脊来势高远，十八罗汉山脉气势磅礴，地势开阔，水口紧闭，断定此处是兴丁聚财之风水宝地。于是决定将此处作为归宿之地。他见屋前的溪河曲折迂回，流水清澈见底，于是将此地取名为“清溪”，此名一直沿用至今。

杨应魁在清溪定居后，为了方便子孙们生活和耕作，在清溪河上架设了龙拱桥。明洪武元年（1368），当地杨姓族众筹资在清溪河西北处修建了清安桥。明洪武十一年（1378），又集资修筑了一座水坝，引龙泉洞溪水至村内，沿后街用青条石修筑了一条长2000米、宽0.6米、深0.7米的水渠穿村而过。这条水渠已使用600多年，给清溪民众带来极大的便利，既方便了民众的生活用水，又可灌溉良田，还可预防火灾。此引水渠成为清溪杨姓苗族热心公益事业的历史见证。

明万历年间，社会相对稳定，经济得到发展，人口增长迅速，清溪民居建筑逐年增加并基本连成一片。为了方便民众经商，一条宽4米、长1500米的石板街道应运而生。这条穿村而过的街道既是交通要道，又是当时的“农贸市场”，街道两边有店铺上百家。昔日有名的老字号“天和铺”“三义和”等商铺至今保存完好。从这些老店铺和老街遗址中可看出当时清溪商业老街的繁华。

明崇祯五年（1632），钦命太仆寺少卿、湖南巡按监军监察御史杨乔然由京奉旨还乡祭奠竹枝坡先祖杨昌万、杨洪，始建杨氏官厅。当年杨乔然还赴京奏请题以“杨氏官厅”之名，并立“察院碑记”，又置匾书写“派总关西”挂于官厅内，这些文物至今保存完好。清嘉庆十八年（1813），以杨正校为首动员清溪民众筹资在清溪大水口修建了杨氏宗祠，方便本地杨姓后裔就近祭祀，至今仍然香火旺盛。

清溪古民居建筑群、古公共设施及宗祠已历经数百年保存至今，它们都是清溪杨姓苗族先辈们生活的实证。这些实证为今人提供辅助记忆，使后辈从这些实物中了解古代苗族社会、经济、文化、宗教的发展状况，同时又是杨家将文化从古代延续至今的实物见证。

清溪古民居是文化载体

民居是供人们日常起居用的建筑，是劳动后消除身心疲劳的主要场所，它与人们的生活、休息、娱乐关系密切，在生活上表现出高度的私密性。民居的文化特征受时代、民族、地方气候、材料等因素的制约，形成显著的不同风格特征。在功能和技术上，苗族民间工匠们因地制宜，因材制用，根据清溪地势平坦的特征、民众的生活方式与习惯而修造。清溪古民居中虽然没有吊脚楼式建筑，但每座住房都表现出苗族民众的文化心理，具有鲜明的地方传统特色、浓郁的民族风情与乡土气息。

清溪古民居建筑群多以四合院为主，它是民居的传统布局形式之一。这种四合院一般以矩形、方形庭院四面修造房屋，每座房屋之间用走廊连贯起来。各房屋的外墙形成对外封闭式的边界，一般对外不开窗。明清时期的四合院系砖木结构，院内有小天井，用于采光。天井的地面用鹅卵石铺设成圆形、柳叶形图案。正屋是四合院的主体，故堂屋门都是精雕细琢。堂屋门以六扇门为主，下半部为平板，上半部为花窗图案，上下部的中间隔板雕刻有福、禄、寿、喜等文字及花草图案，显得格外秀气。马头墙高耸于屋脊之上，将邻近的民宅隔开，其主要作用是防火，故又称隔火墙。四合院的一楼是住房，二楼作客房、粮仓和杂物间。大门又称槽门，八字形，门坎高。苗谚说："千斤槽门四两屋。"苗民对修造槽门是十分讲究的，除了选择最佳的黄道吉日外，还十分注重材料与设计。因为槽门能显示出主人的身份，是屋主人的脸面，主人的形象与社会声望可从槽门的设计与构造中看出来。

苗族是尚武的民族，"佩刀挟弩"是苗家风情。马少侨先生曾吟绝句赞道："苗军十万下诚徽，吴楚云低角倒吹。破壁尚留完者宅，乱山红叶挂旌旗。""赤水西头古寨高，飞山神庙已蓬蒿。杨家风范依然在，丫角村姑也佩刀。"此诗赞美了杨家将当年全民操练的尚武精神。清溪古民居建筑内至今还保留有昔日杨家将先辈们练武用过的石礅、石锁、上马石、插枪用的有眼石板等遗物及练武用的器械。从这些遗物中可看出昔日杨家将勇猛剽悍、不屈不挠的尚武精神。有三座民居内还保留有明清时期朝廷赐给杨氏武将的牌匾，这些牌匾可以说是一种荣耀，它记载着明清时期清溪苗民尚武的成果和精忠报国、征战沙场所做出的重要贡献。

清溪古民居建筑群是"杨家将文化"的一个重要组成部分，它是清溪杨姓苗族先民近千年来生产、生活和习俗的真实记录，负载有历史文化的信息，它浓缩了苗族的顽强精神，标志着苗族的风格，凸显着苗族文化的价值，同时还展示着广大苗族民众的美好追求，在民族学、社会学、历史学、民俗学、建筑学等方面都具有十分重要的史料研究价值。

对民族古建筑保护和开发的思考

杨焕敏

民族古建筑是民族文化的亮丽风景线，保护、利用、开发民间古建筑，是民族文化当前面临的一大课题，笔者结合建筑文化分析古建筑保护价值之所在，探索民族古建筑保护与开发利用相结合出路。

2016年中国乡村旅游、生态农庄收入4800亿元；同年，湖南省城步苗族自治县蒋坊乡铺头村在一群年轻人的策划下，村支两委自发组织摄影、美术、文学、旅游、宣传等各届人士的协助，大力宣传和保护现有的古建筑、挖掘人文底蕴，并通过组织活动、做新闻和微信公众号等新兴自媒体进行推广，通过一年多时间，使一个小小的铺头村红遍了祖国南疆，村民也从旅游中享受到了实惠。这次策划可以说是民族古建筑开发利用的成功实例。

现成片或不成片的古建筑在民族地区呈星点状分布，随着时间流逝，这些残留的建筑所承载的文化面临着埋没甚至消失的危险，这些古建筑将的开发利用出路是我们面临的一道严峻课题。

一、城步民族古建筑总体分析

1. 分布状况。现城步民族古建筑已经为数不多，特别是保存比较完好成片的更是凤毛麟角了，仅分布在儒林镇的大竹坪、清溪村，茅坪镇的大叶头，丹口镇的羊石村，长安营镇的长坪村、大寨村，五团镇金树村，西岩镇的杨家山村，蒋坊乡铺头村、杉坊村等地；但不成片的建筑就比较多，基本上各乡镇均有发现。

2. 产权情况。谈保护利用就要涉及产权和管理，分析城步民族古建筑的产权主要有三类：第一类是政府官方产权统一管理的古建筑，如利济门城楼、文昌庙等；第二类为集体所有产权众人管理的古建筑，如大竹坪村的杨氏官厅、丹口镇兰玉故里、茅坪镇的杨氏宗祠、长安营镇大寨村的千户所衙门、天王庙等，此类建筑没有明晰的产权，有的属全体氏族或家族所有，有的属本村全体村民所有；第三类为私人产权的建筑，如清溪村、易家田村、羊石村等地的房屋，属单独家庭或多个家庭所有，比如大竹坪村保存完好的四合天井屋，共五户人拥有产权，两户分占正屋各一半，两户各分占一偏房，门厅又是另一户分占。

3. 建筑分类。分析城步县境内的古建筑，从建筑结构来分析主要分为干栏式穿斗架木楼和徽派民居两大类。干栏式穿斗架木楼主要分布在汀坪乡、五团镇、丹口镇、长安营镇等高山坡地，本地称之为吊脚楼；徽派民居主要是儒林镇、西岩镇、丹口镇等地势平坦、人口聚集之地，表现为青砖黑瓦、雕栏画枋。

4. 建筑设计。民间成片的古建筑在整体布局上很有讲究，非常有研究价值，仅就保存完好的清溪古民居来分析，全村现保存较完好的明清古民居有 110 余栋，完整的四合院落 18 座。该村总占地面积约 35 万平方米，总建筑面积约 4.2 万平方米；在建筑选址来看，该村所有建筑自南门街中分，街左上下按台阶式分布为三排民居，街右也上下按台阶式分布为三排民居，再几户留一条三尺宽巷子，形成条块状分布，行人、禽畜出入非常方便；从防火布局来分析，该村在台阶分布的建筑前设置高、低两条水渠，由村外小溪中引水穿村而过，一来方便洗涮，二来用作消防汲水；清溪的古民居建筑多以单门独户四合院为主，一般为二进或三进，分庭院、前厅、堂屋，左右厢房不等。内部建筑结构以穿斗式木构架为主，部分建筑以抬梁式与穿斗式建筑相结合的建筑手法，主体建筑以悬山顶为主，沿围墙砌筑的房屋均为硬山式，所有建筑木立柱都是落在磉墩石上，这是清溪古民居的特点之一。堂屋隔扇门一般为六扇，上半部为雕花窗图案，下半部为平板，隔心都缀有福、禄、寿、喜字样的雕花图案，各种花鸟雕刻精美，栩栩如生。堂屋地面以三合泥和方青砖或铺筑为主，檐廊和天井地面以鹅卵石镶嵌而成，图案设计多以同心圆、柳叶纹图案等。这些图案充分体现了苗族在宗教、美学等多方面的文化内涵。〔代表性建筑设计：（1）城步孔圣庙以宋代的普和寺为基地，从城北迁文庙扩建而成。此建筑参照了山东曲阜孔庙大成殿、北京故宫太和殿和苏州寒山寺的建筑风格，还结合了城步民族建筑习俗进行修建。木结构部分都采取卯榫连接方式，重檐歇山顶，柱下磉墩石都有精刻花鸟图案，飞檐翘角造型优美，蟠龙彩凤形象逼真，花鸟图案栩栩如生。1974年后殿和魁星阁在风雨中同时倒塌。现仅存正殿两座，厢房五间。（2）利济门城楼始建于明弘治十七年（1504），县志记载初建时城围五里三分，高1丈8尺，阔8尺，上覆楼220间。明嘉靖二十二年重修，在嘉庆、道光年间曾两次进行全面维修，民国八年由知县吕佐文主持维修，并改名为利济门。该楼为双层建筑，系石构件和木构件组成，拔地而起，气势雄伟。城门高4.8米，宽4.8米。拱门上方嵌一块长1.68米、宽0.7米的石碑，上镌刻“利济门”三个20公分见方的大字。城门上层为古典式的城楼，全为木结构。面阔三间，进深一间，四面回廊，两侧扶拦油漆彩绘，饰以青山绿水，鱼虾戏水。回廊上方的横方上饰以“双龙抢宝”“丹凤朝阳”及花草鱼鸟，窗棂镂空，对称花格。屋顶为瓦面，饰以琉璃瓦檐，重檐歇山顶。主建筑靠河边下方两侧，增设两个方座式石墙，墙上建两座凉亭，木结构，四柱单檐翘角，顶上置以五个宝瓶收刹，亭的顶棚上绘有圆形的“龙凤呈祥”与“诸葛八卦”图案，边缘窗眉全镂空对称花纹图样，四周同为回廊。凉亭与主楼之间砌两条70.4米长、2.4米宽的石坎，23坎拾级而上，两边加扶栏，通向城楼。〕

二、城步民间古建筑现状

通过平时的大量走访和了解，现城步民间古建筑的现状具体如下。

1.年代久远，日晒雨淋导致古建筑损毁严重。一是因不方便和破旧而无人居住，80%以上的处于无人管理的状况，特别是产权在个人的，因长期无人居住管理，外面断垣残壁，屋内残砖破瓦，木头腐朽破败，房间杂草丛生；二是有人居住的大多数是家境贫寒无力新建房屋的人，只是墙倒用破砖码一下，瓦破用盆接一接，更无力修缮老宅；三是只有极少部分老人是老宅居住时间长有感情而花费了点精力进行维护，但是也是新物修旧房，外墙破了个洞，要一车红砖来补一下，栏杆过道进风雨就装个铝合金窗，修成个三不像的古建筑，特别是茅坪镇大叶头杨氏宗祠为明代所建，六百多年的风雨使门头破损了，今年村里把原来漂亮的山墙全部拆除用钢筋水泥进行了重建，再也找不回原来的模样了。

2. 古村落无发展规划，是古建筑日渐消失的客观因素。规划工作现阶段还只存在于规模城镇范围，对村级的建筑规划基本还在探索过程，因现在经济社会得到了极大的发展，农村人均收入不断提高，古老的建筑因适用面积小、使用不方便而逐步失去了使用价值。不少口袋丰满起来的村民回乡第一件事就是要新建房屋。因为没有统一的规划，而现阶段法律规定农村一户只能有一处宅基地，加之农村也无太多的土地用于重新建设，于是拆旧建新的情况就大量出现。

3. 现古建筑保护现状分析。经多处走访，了解现阶段保护利用的情况，已经有初步保护的仅几种情形：一是自动自觉型。现蒋坊乡铺头村，村里有识人士和村委主动组织进行宣传和保护，社会效益已经初见成效，部分有先知先觉的村民已经得到了经济上的回报，但整体的保护工作还在省城专家规划设计之中；二是剃头挑子型。在保护上政府已经积极引导，但老百姓等靠要，不见兔子不撒鹰。比如清溪古建筑群，政府投入了不少钱进行维护引导，但由于村民个人得不到收益而热情不足，更有甚者在外地摄影爱好者进入拍摄时关门拒客，形成负面影响；三是养尊处优型。所有权在政府的古建筑管理机构上面保障了各项经费，管理者根本没有将古建筑开放展出引导民众保护意识，更无开发利用设想，比如我县文昌阁等建筑根本不对外界开放；四是利用不当型。比如利济门城楼，一度出租给饮食经营，由于经营形成的油污给建筑造成损毁，经营者的私搭乱改而给原建筑造成一定程度上的破坏；五是中饱私囊型。比如杨氏官厅的开发，没有正式的管理人员，没有规范的财务，就由村里族中几位老者看门，不是凭票参观，看门人鼓动别人捐香火钱就行，而钱就私进看门人的口袋；六是金饭碗讨饭型。本可以着眼古建筑进行好好开发利用，但偏偏跟风去搞其他开发，比如 2016 年平林种荷花，现在汀坪、丹口多个村马上就要规划种荷花，比如桃林种桃花，马上各个乡都开发种桃花，比如南山路边种映山红，汀坪、丹口、五团等乡镇的村马上动员人去深山挖映山红种路边，不一而足。

三、探索民族古建筑保护利用出路

已经保存的民族古建筑是我县文化艺术的结晶，要保护更要利用，个人认为要从以下几方面努力。

1. 提高认识，全民参与保护。要从更深更远的意义上来认识和看待古建筑保护工作。中国古建筑学家，国家文物局古建筑专家组组长，原中国文物研究所所长，京杭大运河世界遗产申报组组长罗哲文指出：保护文物不仅是文物管理者的事，保护古建筑不仅是古建筑工作者的事。所以要大力宣传古建筑保护的意义，特别是宣传外地保护利用古建筑综合开发的成功经验，让古建筑产权人自发形成保护的意识，并投入到自觉的行动中去。

2. 开展现存古建筑普查工作。对全县的现存古建筑进行一次全面的摸排工作，特别是对有文化底蕴、历史内涵的古建筑、古建筑群进行全面普查，厘清所有者权属，保存现状情况，听取建筑产权人对建筑保护的意见和建议。

3. 对有价值的古建筑投入进行科学修复和保护。首先，政府加大投入，特别是对产权私有和集体所有的，要政府先行投入资金进行整体和局部的布局规划设计，这样才能有理有据的引导建设和保护；其次，保护和修复工作要按文物保护的原则进行科学规划和设计，一方面要对有保护价值的成片建筑进行整体的布局和规划，特别是对清溪、铺头、长安营、五团等地的建筑，要结合当地特色进行统一布局设计和规划，防止在成片古建筑群里进行现在建筑新建，如贵州千户苗寨、宏村知名景点等，所有新建筑不能在老建筑群内进行新建，要另行划出新建区域，湖南省摄影家协会在城步采风时就感慨：原来城步有许多梯田和吊脚楼相结合的独特风景，如今西式建筑不断侵入吊脚楼群，再也找不到具有特色的拍摄地点了！另一方面在保护性修缮时要坚持以旧材料修旧建筑，以老手法修旧建筑，做到修旧如旧，防止修旧变新不如不修的状况，特别是对有历史和成片的古建筑更应坚持这一原则。所以在保护修缮时要舍得花钱，要请有专业资质的专家队伍来进行规划，要请有专业资质的古建筑修复公司来进行施工，防止土法上马，只求外表的光鲜亮丽。现在大竹坪杨氏官厅、大竹坪成片民居建筑已经修得没有一点古建筑的原味了，我们陪过许多外地参观者，他们都说不值得看，完全把古建筑变成了仿古建筑。

4.依托自治立法优势从立法层面保护。少数民族地区拥有自治立法优势，要充分利用这一优势尽快出台民族古建筑保护法规条例，制订保护措施，通过立法来制止非民族文化式的建设被损毁，防止古民族建筑文化的消亡犹未为晚。

5.鼓励以乡镇或村居为单位进行古建筑开发利用探索。保护古建筑的目的是要通过保护来获取经济和社会收益，再者没有利益的事老百姓不会投入资金和精力去做，所以在保护的前提下要对古建筑进行综合开发和利用，在外地已经有不少成功的案例，有进行乡村特色旅游开发的，有建设摄影、写生基地的，也有与大城市养老机构进行租用开发合作的，各种方式不一而足，县旅游局和商务局大可以组织相关内容的相关洽谈，支持村民进行开发利用，从而达到保护和综合开发相得益彰。

6.寻找民间古建筑工匠发掘技艺传承。文物古迹不仅限于古迹，更重要的内容是它所承载和包含着文化传承。我县的古建筑文化综合着干栏式穿斗建筑（吊脚楼）与外来徽派建筑文化的融合，各具特色又相互渗入，所以只要对古建筑的深入研究，定可从中发现工匠文化、民族文化的地区特殊代表性，可以把相关手艺进行传承，可以是旅游表演式的，也可以是实实在在的传承。

7.争取民间古建筑手艺人非遗申报。据本人的走访和初步了解，现徽派建筑工匠在我县已经找不出来了，而制作干栏式穿斗木建筑的工匠在我县部分乡镇还有部分传承，但年龄均在50岁以上，年轻人都去学现在砖混结构建筑，几乎没有接班吊脚楼建筑的。通过开发利用的带动作用，完全可以挖掘和传承一部分濒临失传的工匠手艺，进行文化传承和文化遗产的申报保护工作，特别是对干栏式建筑的工艺、文化等完全可以申报文化遗产，现在其他地方并无相关申报项目。

8.充分利用政府及公众管理民族古建筑开展引导教育。特别是要像开放民族体育中心和南桥上的风雨桥一样，无偿开放县城孔圣庙、利济门、杨氏官厅等保存较好的古建筑，让民众能自由地进入参观，以将古建筑相关知识和保护利用思想植入到普通民众和下一代中去，形成保护利用的大氛围和可持续性。

9.在县城开辟一片纯原生建筑群旅游。建议在白云大道边的36峰脚边及武龙高速边的山脚下利用坡地地势，因地制宜，规划出大片面积的民族吊脚楼群，凡是符合设计条件的纯木结构吊脚楼可以政府低价出让土地使用权，不符合的一律不允许新建设其他建筑。通过约十年左右的引导建设，一方面在县城周边建设一片贵州千户苗寨式的特色民居群，打造形成新的旅游景点，另一方面通过纯木吊脚楼的建设保护好苗乡特色建筑人员的手艺。

（作者系城步苗族自治县纪委监委干部、湖南省老摄影家协会会员）

关于城步苗族传统饮食文化的调查与思考

雷学业

苗族是一个有着悠久灿烂独特文化的民族。苗族有着自己个性鲜明、风格特异的语言、文字、居住、服饰、饮食及其他农耕文化。苗族也是一个崇尚美食的民族，有着自己独具魅力的“生、冷、腌、腊、野、辣”饮食风格，营养健康，绿色环保，独具魅力，充满情趣，树立了喜香好甜、偏酸嗜辣、热爱浓茶烈酒的饮食习俗。

一、城步苗族传统饮食文化丰富多彩

（一）主食米饭辅食杂粮

历史上，城步苗族的主食以籼米饭和糯米饭为主，辅以红薯、玉米、南瓜、䅟子、荞麦等杂粮。籼稻又叫麻谷，谷粒长大，带长尾，米粒粽红，但产量低，亩产三四百斤，数量极为有限。城步苗民忙时一日三餐米饭，闲时米饭拌红薯、包谷、南瓜、萝卜等杂粮，大部分晚餐是吃蕨粑、红薯、芋头、䅟子粑、荞子粑等杂粮，中餐大都喝油茶。糯谷产量比籼稻更低，亩产二三百斤，但稻米奇香，软糯有黏性，是打糍粑、蒸米酒、做阴米的上等食材，平时珍藏不露，视若珍宝。每当逢年过节，或有贵客登门时，主人才会蒸煮糯米饭，招待客人，一饱口福。至于享有“贡米”之称的“长安香禾米”和蓝氏“乌禾米”，也属城步“麻谷”的两个品种。

杂交水稻是20世纪70年代以来盛行全国的主打稻种，城步苗乡也不例外，弃种了产量过低的本地麻谷稻种，普遍插播杂交水稻，解决了温饱问题，苗族同胞世世代代“有饭呷”的现象一去不返。

在城步苗乡，油茶是一种仅次于米饭的主食，油茶在城步的盛行，史料记载最早为三国时期，已有近2000年历史。油茶是城步苗族的传统饮食，一日三餐均可食用，中餐作为主食是它的主要职能，迎宾待客必备油茶。早餐喝油茶全天精神饱满，中午喝油茶解渴充饥，晚上喝油茶消食安神；盛夏喝油茶解暑除热，寒冬喝油茶提温去寒。与龙井、普洱、大龙袍、乌龙茶、沱茶、毛尖等茶叶不同，城步油茶作为茶品，其茶叶叫峒茶，是一种盛产在南山山腰苗乡峒寨的茶叶，富含茶多酚和氨基酸，春茶萌发期在3月下旬，4月中旬开采。经精心加工成茶叶饼后，可长期放置备用。城步油茶作为主食，在于油茶的主料充实丰富，花样众多，阴米、黄豆、花生、玉米、板栗、蕨粑、糍粑、红薯、豆角、苦笋……都是油茶的好主料。佐料则有生姜、大蒜、葱花、胡椒、辣椒等。峒茶汁的浓涩，主料的香甜，配料的香辣，构成了城步油茶特有的亦茶亦食要件，使城步油茶起到了养精提神、果腹充饥、祛寒除湿、驱瘴除疠的作用，以致在城步历经千年而不衰，且具弘扬光大之生命力。

（二）蔬菜水果品多质优

城步杂粮有红薯、芋头、炕芋、凉芋、马铃薯、南瓜、玉米、黄豆、蚕豆、弯豆、高粱、稗子、荞子、麦子、六谷等众多品种，蔬菜有白菜、青菜、萝卜、胡萝卜、辣椒、四季豆、豆角、藠头、黄瓜、丝瓜、苦瓜、木瓜、黄木豆、旱菜、韭菜等，水果则有橘、梨、桃、杏、李、草莓、葡萄、西瓜、猕猴桃等。

黄豆出产较高，营养丰富，在城步苗族饮食中发挥的作用最大，它既是油茶的主料，又是重要的菜品，家常豆腐、油发豆腐、鸡爪豆腐、卤豆腐、腊豆腐、霉豆腐、猪血饼……有十多种吃法。春节前夕，苗家妇女将黄豆浸泡一晚，磨成豆腐，将五花肉剁成肉酱，拌适量生鲜猪血和匀，捏成饭碗大小一坨的豆腐丸子，把竹篾灰筛洗净，铺上稻草，将猪血丸子一个个摆匀，晾干，适当加柴（炭）火烘烤，做成“猪血饼”，颜色暗红，油光锃亮，或蒸或炒，拌适量辣椒粉、大蒜、香酥爽口，咸辣相宜，是苗乡酒席上的一道佳肴，更是馈赠亲友的美食礼品。

无辣不成菜。嗜辣决定了苗族人的性格。辣椒成为苗家餐桌上必不可少的佐料。鲜椒、干椒、泡椒、辣子粉、香辣椒、酸辣椒、剁辣椒……五花八门，吃法多样。香辣椒的吃法最为独特。农历七八月，城步当地的青椒成熟了，选择那些个大皮厚的青椒洗净，置开水中焯一下，剖开，掏出辣椒芯，将已拌匀了椿木芽、紫苏、五香、蒜末的豆腐渣用筷子夹入空心青椒，捏紧，一条条齐紧地摆放在灰筛簸箕中，放烈日下暴晒三四日，干透即可炒食或炸食。

城步水果原以野生居多，近 20 年来，城步苗胞投资开发果园的势头猛增，葡萄、猕猴桃、西瓜、橘子、杨梅，椪柑、雪莲果、红心柚基地遍地开花，除能满足本地市场需求外，还大量销往长沙、广州、桂林市场，以其优质品质深受市民喜爱。尤其是新兴品牌苗乡梨横空出世，发起于兰蓉乡，引种到儒林镇，种植面积上万亩，以其个大、皮薄、肉厚、汁甜、耐储存而备受青睐，成为广州、深圳等沿海城市的俏货。

（三）风味茶叶独树一帜

城步盛产茶叶，人工种植、加工茶叶的历史接近 2000 年。城步巫、资、浔、渠四水的发源地，具有优越的宜茶自然条件。城步境内的峒茶、乌粒芽茶、青钱柳茶，都有悠久的栽植历史，且与苗乡群众生活息息相关。

城步峒茶系第四纪冰川期的古老茶树品种，是湖南四大地方群体种之一。城步峒茶中茶多酚、氨基酸含量分别达 38.9%、4.33%，儿茶素总量达 268.12mg/g，高于国际著名品种肯尼亚种，酚氨比 7—9，滋味醇和，具有极高的商业价值。1987 年湖南省农作物品种审定委员会认定为省级品种。1988 年，湖南省农学院对城步峒茶的资源调查及其染色体核型的研究表明，峒茶属南方大叶茶树，与云南大叶种亲缘关系较近，属一个种群，其植株树型、树姿、叶片和花器官等形态特征均类似云南大叶种，且红碎茶品质优异，摆脱了中小叶种的弱点。

城步乌粒芽茶书名为三叶海棠茶，其特型产品三叶虫茶为城步所独有，其固有的黄酮类物质具有独特的保健功效。据清光绪年间修的《城步乡土志》卷五记载："茶有儿峒茶，略可采用。亦有茶虽粗恶，置之旧笼一、二年或数年，茶悉化为虫，余名曰虫茶。收贮经久，大能消痰顺气。"而早在明代万历年间，著名医药学家李时珍在《本草纲目》中对虫茶进行了详细记载："此茶装笼内蛀虫也，取其屎用，蛀屑贮耳出汁。”当这种三叶海棠的茶叶在笼箱或木桶中被虫子吃光后，虫子排出的虫屎就成为极其珍贵的“虫茶”。虫茶呈黑褐色，类似油菜籽，用开水冲泡即能喝，其功效清心提神，降血压，顺气，解毒，清肿。1996年，湖南农业大学对城步虫茶的生物安全性进行了检测，对其水浸物、茶多酚和氨基酸三项品质指标进行测定，表明虫茶是一类优质茶，它的含铜量高于常规茶，含钙量是常规茶的 2.4 倍，氨基酸含量是常规茶的 3.5 倍。湖南农大的研究结论为“城步三叶虫茶营养丰富，是一类可以开发的保健饮料食品”。城步虫茶从清朝雍正年间开始，被列为朝廷贡品，现在开发生产的虫茶产品，是一种与安化黑茶齐名的高端茶叶，备受海内外茶客青睐。

城步青钱柳茶富含硒、锗，当地苗胞称之为“甜茶子”，含有大量的有机营养成分和无机营养成分，具有明显的降血糖、降血压、降血脂，增强肌体免疫力，抗氧化，防衰老等功效，是城步苗乡群众日常生活中不可或缺的常规饮料，常喝身体健康，延年益寿。近年来，县里组建了青钱柳公司，其研发的青钱柳茶叶产品有青钱柳茶（含条形茶、袋泡茶）、青钱柳配方茶、青钱柳茶饮料、青钱柳含片等，是国家地理标志保护产品。

（四）苗家酿酒醇香醉人

酒是苗族人的生命！

在数千年与天斗与地斗与自然博弈的生涯中，苗族人民发现了水稻，“苗是最早种田人”。随之而来的，苗族先民也发明了用稻米酿酒的技术。

城步是酒的故乡。城步苗族酿酒，品类众多，花样百出。米酒、甜酒、状酒、药酒、红薯酒、苞谷酒、高粱酒、䅟子酒、金瓜酒、杨梅酒、葡萄酒、藤鹅梨酒、金刚刺兜酒、刺芽子酒、五加皮酒、青钱柳酒、竹筒酒、蜈蚣酒、五步蛇酒、黑蚂蚁酒、蜂蛹酒……光是这一串串酒名，足以让你垂涎三尺，闻酒生香。

农历九月九，是城步苗族的酿酒节。这天，家家户户拿出上等糯米，浸泡变软，用木甑蒸熟，稍加冷却后，放苗家草本酒曲搅拌均匀，装坛密闭发酵，置炕上、火塘边或酒窖中，并不即时熬制。待到年关，拿出发酵充分的坛坛酒糟，生火上甑，蒸馏成酒，芳香扑鼻，醇浓醉人，一家熬酒，全寨飘香。如在九月九当天“拔酒”时加上红薯、苞谷、高粱、䅟子等杂粮，年关就能分别酿出红薯酒、包谷酒、高粱酒。糯米酒浓香，红薯酒浓涩，高粱酒浓烈……如在糯米甜酒中拌入蜜糖或冰糖，有的甚至加猪板油同时酝酿，经过秋冬两季密封发酵，酒味甘甜醇和，芳香扑鼻，滴酒成丝，稍饮即醉。而九月九的“金瓜酒”更具风味。主人选择那些形大色黄肉厚的老南瓜，在瓜顶剜开一个饭碗大小的圆口，掏尽瓜籽，将蒸熟的糯米饭拌匀草本酒曲，趁热灌注南瓜腹中，再将剜开的瓜皮覆盖原处密封，用旧棉絮将南瓜包紧保温，置入箩筐或纸箱，放于火塘边或炕上，十天后开盖，用竹筷翻动搅匀，再密封半月，南瓜即已糖化，并发酵成酒。然后轻轻剥去南瓜皮，将南瓜轻放酒坛中，添加适量白酒，密封至春节，发酵成为上等的“金瓜酒”。酿放愈久，香味愈醇，后劲愈足，成为春节款待嘉宾贵客的“玉液琼浆”。

当代精心研发生产的苗乡竹筒酒和青钱柳酒，更是当今“酒中酒霸”。城步是楠竹的故乡。精明的苗族人将白酒传统工艺与现代生态工程技术融合，采用微创技术将纯粮原浆注入正在生长的楠竹中进行二次发酵纯化，释放基酒中的氰化物、甲醇等有害物质，吸收了竹汁等营养成分，也吸收了天地日月之精华，历经一年半载竹中酝酿，成功酿出风格独特的苗乡竹筒酒，这种竹筒酒富含对人体健康有益的钙镁锌硒和竹叶黄酮，浓烈芳香，色泽金黄，香飘竹海，入口绵甜香醇。

（五）家禽家畜挑起荤菜大梁

荤菜是人类主食的一个重要组成部分。荤菜的主要食材来自家禽家畜和山珍野味。早在原始社会时代，城步就出现了早期人类的活动，至今保存有西岩镇朝园里新石器时代遗址，出土了斧、铲等众多文物。城步先民饲养家禽家畜，最早始于母系社会时代。“众人围猎，见者有份”的习俗留传至今。鸡、鸭、鹅、猪、牛、羊……陆续成为城步先民的驯化动物。

鸡、鸭、鹅等家禽是城步苗族最喜爱的荤菜食材。光是鸡肉，就可以做成十多种美食口味，清炖鸡、清炒鸡、清蒸鸡、麻辣鸡、腊鸡、螺丝鸡、板栗鸡、蕨芭鸡、天麻鸡、酒炒鸡……每一道口味，都清香无比，韵味绵长。鸭和鹅也一样，鲜吃腊吃，百吃不厌。“大十五（大端午）”前后的“血浆鸭”，那是城步苗族吃“仔鸭”的最佳方法。这个时候，本地青椒刚好成熟，“头暑鸭”长得羽翼丰满，盛三五勺糯米甜酒置于菜碗中，将鸭血淋于甜酒内，搅匀备用。将仔鸭剖净，剁成条块，将猪板油或茶油烧熟，将鸭肉爆炒、焖熟。再另用铁锅将仔姜、青椒炒熟，倒入鸭肉锅同炒，拌入甜酒鸭血，和匀翻搅，不使烧锅，鸭肉、鸭血、甜酒、青椒、生姜的新鲜香味油然而生，弥漫厨房，沁人心脾。善吃的苗胞有三点讲究，一是鸭身上刚冒头的毛顶不拔，美其名曰“鸭毛呷得十片，鸡毛冒呷一边”，那毛顶血汁浓重，可口耐嚼；二是用剪刀剪去鸭翅羽毛，留住血筒，鸭翅酥软汁浓，满口流香；三是不撕鸭脚板皮，清洗干净即可，细嫩爽口，嚼而有味，是下酒好菜。好吃者专挑鸭头、鸭翘、鸭翘（尾）、鸭脚板来吃，懂礼信者甚至将这些“硬货”孝敬长辈和客人。

家畜都是由野兽驯化过来的，家畜食材在苗族饮食中充当着重要角色。牛肉在城步苗族中有 10 多种吃法，芹菜炒牛肉、冬笋炒牛肉、烂牛肉、腊牛肉、牛八宝、牛百叶、牛肉火锅、牛肚火锅、牛排火锅、酸辣牛杂……吃法多变，样样有味。

家猪由野猪驯化而来。目前我国已知的年代最早的家猪出自河北省邯郸市武安磁山遗址，距今 8000 年左右。被驯化的家猪憨厚老实，为人类带来物质享用和经济富足。猪作为农耕文化的代表，成为财富的象征。我们平时所说的“吃肉”，基本上指的是吃猪肉。青椒炒肉、米粉肉、红烧肉、浮（念 páo）汤肉、回锅肉、扣肉、腊肉、卤猪肉、酸椒炒猪杂……百吃不厌。而年关享受“浮汤肉”，更成为当代人的美味乡愁。“杀年猪”是城步苗族春节习俗中的一项最隆重的年事活动。腊月二十前后开始宰杀年猪，苗胞们吃过早饭，先在神龛上敬香三烛，焚纸一叠，然后将肥猪赶出圈舍，在庭院或堂屋中宰杀年猪。那喷出的猪血不能称呼“猪血”，而叫“猪红”，一半用木盆盛好，用于晚餐食用和做猪血丸子；一半任它流淌地上，名曰“满堂红”，寓意来年事业兴隆，生意红火，人丁兴旺。剃毛开膛后，取下猪头四瓜，将龙骨砍成三指宽一块，放铁鼎内熬汤，再砍下一块 5—10 斤重的股肉，切成两指宽一块，放入已炖熟的龙骨汤中同煮，将“猪红”划成寸方大小坨状，倒入肉锅中，待其色由红变黑，加入食盐，即可食用，无须任何佐料，其味浓鲜香甜，细嫩如蜜，油光爽口，肥而不腻。城步苗语谚云“猪呷叫，鱼呷跳”，这种美味佳肴就叫呷“浮汤肉”。每逢杀年猪，合家老少，至亲好友都要拢场，少则一桌，多则三五桌，热热闹闹，喜气满堂，年味浓浓。余下的腰方肉，趁热切成三四斤一块，即时置木桶内加盐淹制两三天，然后取出一串串挂在火塘上方，经过三四十天烟熏火燎，日渐色黄油滴，成为腊肉。

（六）山珍野味食趣盎然

城步独特的地理位置和气候环境，成就了独特的野生动植物资源优势。20世纪60年代以前，华南虎、黑猩猩、野猪、花豹、山羊、竹鼠、穿山甲、锦鸡、野鸭、蛇、龟、鳖、河鱼等种类繁多，为山区苗民提供了众多天赐食物。

城步境内的溪壑涧流中，生长着一种能爬上大树捕食鸟雀的“娃娃鱼”，学名大鲵，因其叫声如同婴儿啼哭，故名“娃娃鱼”，属脊椎动物门、两栖纲，有尾目，长达四五尺，四腿短粗，可陆地爬行，腰圆肥大，全身无鳞，暗褐色，有黑斑，以动物为食。平时游于水中，捕食鱼虾、螃蟹；有时潜伏草丛中、洞穴边，捕食蛇、鼠、昆虫等，还可爬上大树，伏于树枝丫间，张开嘴巴，将胃中液体呕于口腔，引诱口渴的鸟雀昆虫，伺机吞入腹中。鲵肉细腻清甜，汤香如鸡肉，鲜美可口，含有大量高蛋白、高脂肪，营养丰富，是一种色、香、味俱佳的珍贵肉食品和滋补品。明清两代，朝廷下令作为贡品上献御膳房，供皇室享用，由专门猎户捕获，免除猎户捐税。而在长安营乡的河溪中，还生长一种独特之鱼——龟鱼，俗名黄尾鱼，学名粗须铲颌鱼，个体瘦小，腹部膨大，每尾长约五寸，重约一两。每条雌性黄毛鱼胸鳍基部中间都有一个小洞，这就是“鱼龟”在鱼体上钻起的孔穴。“鱼龟”是一种甲壳动物，从卵至幼虫寄生在母体腹内，长大后离开母体另寻寄主，遇到黄尾鱼便从胸鳍基部穿孔而入，寄生在黄尾鱼身上。“鱼龟”可食，味同鲜鱼，且药用价值极高，可治疗呕吐、腹泻、胃痛、气痛和癌症等病，疗效极佳。

城步野生植物中的竹笋和蕨子，更是苗胞餐桌上的珍肴。蕨子全身都是宝。每年三月，待蕨子长至五六寸高，将其采摘回家，去顶洗净，切成两寸长一段，将油烧熟，倒入锅中翻炒，焖熟，拌入干椒粉、葱花，“清炒蕨子”美味即成。而伴腊肉炒食，其味更佳。至秋冬季节，蕨叶发黄变老，蕨根在地下肥硕壮大，苗胞们上山将蕨根一担担挖回家，洗净泥土，放在宽阔的岩石板上捶打捣碎，用木桶沉淀，去除杂质，得到一种白色的淀粉，这种淀粉就是珍贵的蕨粑粉。新中国成立前，蕨粑是一种能够顶替米饭的主粮。改革开放以后，蕨粑逐渐成为味美色佳、营养丰富的山珍。将蕨粑切成两指宽的片状，油炸香透，撒上食盐、黄豆粉、芝麻和葱花，蕨粑香脆嫩甜，如酥如糖；将蕨粑油炸炒熟，拌入酸椒姜丝，脆嫩酸辣，口感绵软，令人胃口大开。将蕨粑切成两三寸长条状，放入炖熟的鸡肉中，加胡椒粉、葱花，汤色金黄，香甜可口，如喝人参燕窝汤……

山中竹笋多，其味胜山珍。春天，苗胞们上山采回小竹笋，去壳煮熟，小心撕成小笋条，切成小笋丁，蒸一小锅糯米饭，与笋丁混合成团，放入食盐和干椒粉，倒入石臼舂成笋泥，然后舀出来，捏成一个个拳头大小的笋粑，烘干或晒干，食用时将笋粑用油炸透，呈金黄色时出锅，拌入胡椒粉或葱花，嫩脆清香，爽口如酥，开胃送饭。“笋粑”成为城步苗胞招待贵客嘉宾的珍贵菜肴。将冬（春）笋去壳，去除老蔸，剖出笋肉，切成“宝尖”形状，用开水焯过，晒干，净如白玉，美其名曰“玉兰片”，拌肉炒食，味美无比。20世纪七八十年代城步茅坪罐头厂将其加工成冬（春）笋罐头，产品远销港澳台、日本、韩国和欧美地区，成为国家创汇的拳头产品。近年来城步南山桑威有限公司专门从事风味竹笋食品的研发生产工作，其产品2013年获得中国华夏有机食品认证，2016年5月被评为“第十届中国国际有机食品博览会优质产品”，同年12月荣获“2016年湖南农博会农产品金奖”，2017年获得“湖南省名牌产业证书”“湖南省创新农业经营龙头企业证书”“湖南省创新农业优秀示范品牌”“湖南省最受欢迎新优农特产十大品”称号，受到国家有关部门和省、市、县政府奖励，“风韵竹笋”深受国内外市场青睐。

二、城步苗族传统饮食历史文化底蕴浓郁

苗族饮食不仅仅是美味可口的独特佳肴，更是富含数千年苗族历史文化底蕴的精美食品，是历代苗族人民为生存而长期与自然和社会进行艰苦、智慧斗争取得的结果。每一道传统饮食的背后，都隐藏着一个感人的故事，从而更增添了苗族饮食的神秘色彩，丰富了苗乡饮食的文化内涵。

城步油茶是湖南省非物质文化遗产保护项目，早在三国时期就已盛行，诸

葛亮七擒七纵孟获的故事就跟城步油茶有关。相传孟获共有八个老婆，其中最小的一个被乱兵所杀，其余七人逃入深山老林，因为缺少食物而又饿死六人，余下一人爬入林中“蛮子”（苗民）的一间茅棚内，被“蛮子”施以“油茶”，才得以保住性命。其时正是农历三月初三。孟获仅剩的这位女人回到他身边后，对以油茶施救的“蛮人”心存感激，便将“蛮子”请到孟府中天天为她打油茶吃，久之，孟获也好喝油茶，便下令于每年的三月初三举行“油茶会”，以示纪念，“三月三”油茶会习俗流传至今。孟夫人也因此成为城步油茶的“鼻祖”，被称为“油茶之母”。新中国成立后，城步苗族文艺工作者精心创作了动人心弦的“油茶歌”，排练出了优美迷人的“油茶舞”。“油茶歌”唱道：“姑娘巧手打油茶，水甜茶香遍苗家。金杯玉钵捧在手，敬向毛主席献油茶。”歌词尽管只有短短四句，但因其内容精炼、特色浓郁、感情丰富、声韵动人而被《人民日报》刊载。1964 年，城步苗族舞蹈“油茶舞”参加了湖南省少数民族业余文艺观摩演出，随后被省文化厅选送到北京参加全国少数民族文艺汇演，城步油茶舞得到了党和国家领导人的充分肯定，参演的城步苗族演员在人民大会堂受到了伟大领袖毛主席的亲切接见。自此，“城步油茶”的美名传遍了全国各地。

城步山区盛产“六谷”。“六谷”又称“苡米”，属禾本科植物，果实椭圆，果仁称“薏米”，可拌稻米煮食，炖肉、炖鸡、炖猪脚营养更加丰富，成为城步苗族的传统美食。早在东汉时期，苡米就被朝廷官员称为“珠宝”。据《后汉书·马援传》载，马援征“交趾”（南蛮五溪地区），曾食薏米，觉味美可口，遂引种内地。马援是东汉的开国名将，史称“伏波将军”。晚年他率军远征“五溪蛮夷”。由于岭南地区湿热，马援的很多士兵都感染了“瘴气”，先是手足麻木，下肢肿胀，然后全身浮肿，生命垂危，马援忧心如焚。这时当地一些土著苗民告诉马援，用薏米煎水服用，可以治疗瘴气。马援一用，果见奇效。班师回朝时，马援特地装了一车苡米回京。然而朝中一些奸佞小人却诬告马援私自带回一车珠宝，据为己有。但是当时马援圣眷正浓，光武帝没有轻信。后来马援再次出征岭南，不幸打了败仗，命丧军中。此时朝中奸佞小人旧事重提，说马援当年装的就是珠宝。光武帝勃然大怒，追夺马援的“新息侯印”，害得马援的家人惴惴不安，不敢将马援的尸体运回京城，只在城外草草安葬了事，连个吊唁的亲友都没有。一代名将，死后凄凉，验证了马援早年“马革裹尸而还”的谶语。

糯米也被城步苗民视为“珍宝”，多在一些重要场合食用。逢年过节，特别是春节，一定要蒸糯米饭、打糯米糍粑吃、熬糯米酒喝。祭祀活动时，也会以糯米饭或糯米糍粑献祭。苗家姑娘出嫁、苗家青年接亲、新娘回门、“打三朝”等重大活动，也要带糯米饭或糯米做的“阴米”做礼品。在城步长安营乡盛产一种兼籼、糯特征的稻米，名曰“香禾米”，煮成饭后，银光熠熠，清香扑鼻，入口糯而不腻。清乾隆年间，为镇压湘桂黔边界苗民大起义，清廷在长安营建立了“宝庆理瑶同知府”（宝庆二府），当地军政衙门因香禾米奇香而将其作为向清廷进贡的特产，长安香禾米摇身一变成为“贡米”，身价百倍。城步还有一种特殊的糯稻叫“乌米禾”，“乌米禾”煮成的饭叫“乌米饭”。城步苗民吃“乌米饭”，其习俗源远流长，充满传奇色彩。一是城步杨姓苗民吃“乌饭”，缘起于宋代杨家将杨文广兄妹。相传杨文广南征广西时不幸被俘，关在柳州罗城，其妹杨金花多次给兄长送饭，都被狱卒抢吃一空。金花无奈，生出妙计，到山中摘来乌泡草等捣出乌汁，和入糯米煮成“乌饭”，用竹篮装好，内藏密信和短剑，嘱兄里应外合歼灭敌人。金花手提竹蓝将乌饭送进监狱，狱卒见饭色乌黑疑有毒而不敢抢吃，便送给了杨文广。文广饿得正慌，大口把乌饭吃完，立时发现了密信和短剑，得知妹妹已带兵埋伏在罗城四周，便勇猛地从狱中冲杀而出，与妹妹里应外合，将敌人歼灭，占领了罗城。为纪念文广兄妹，杨姓苗民便流传吃乌饭直至今日。而蓝氏苗民吃乌饭的习俗则缘起于明朝开国大将蓝玉。相传蓝玉因功高震主被朱元璋诛杀，其族人冒死将蓝玉头颅装入谷箩内藏好连夜逃出京城，马不停蹄赶回其祖籍地城步扶城峒（今丹口镇），蓝玉的头血已将竹萝内稻谷染得乌黑，族人不忍食用，就留作种子，来年撒在秧田，竟然长出了紫黑色的稻禾，秋天结出血乌色的谷子，其米粒也呈血紫色。蓝姓后人为纪念祖公，便将蓝玉受害之日——农历四月初八定为忌日，各家各户在前一天煮好乌饭，做好乌糍粑，敬奉玉公，然后全家同吃一餐乌饭，而糍粑则留待次日冷食，或宴请宾客。但这种“乌禾”品种从不外传，只在蓝氏内部自种自食，世代相传。

城步地处雪峰山脉和南山山脉交汇处，是典型的大山区，进入秋冬季节，苗族猎户三五成群上山狩猎野猪、麂子、山鸡、野兔，等等，猎物多了吃不完，就盐渍后烘干存放，于是就有了腊野猪、腊兔、腊鼠、腊鸟、腊鱼……同样，家禽家畜也做成腊味，缓解了肉食过剩变坏的难题，经久耐放，成为美味。一户苗族家庭是否富庶，就看这户农家炕上的腊货多少。年猪养得肥大的人家，腊肉可“对吃一年”。1934 年 12 月 5 日，中央主力红军突破敌人四道封锁线，强渡湘江，从广西资源县车田乡大河湾进入城步杨梅坳，经汀坪、五团、南山、长安营分别出广西龙胜和湖南绥宁到达湖南通道县，转兵贵州。红军在城步历时 7 天，行程 335 公里。一位江西籍的红军战士，驻扎在城步蓬峒一户富足的苗民家庭，每天他都帮助这家苗胞挑水、扫地、背柴、切猪草，苗胞很是感动，临行时，主人从炕上取下一块腊肉，烧好洗净，送给这位“江西老表”。“老表”欢喜接过，小心翼翼地用油纸包好，放进挎包，带上了漫漫长征路。在翻越大雪山、过泥泞草地的极其艰难的日子里，每当饥渴难耐、精疲力尽的时候，“老表”就小心地取出用油布层层包裹的腊肉，用匕首割下一小块，慢慢嚼食，腊肉的咸味、油腻和奇香，帮助他提供营养，恢复体力，走过了最艰险的雪山草地，完成了万里长征，胜利抵达陕北。红军长征胜利 80 周年的时候，这位老红军撰文深情回忆了这段令他终生难忘的往事。“一块腊肉走长征”的动人故事，成为城步苗乡的一段美食趣谈。

三、城步苗族传统饮食文化形成原因探析

城步苗族传统饮食文化的形成，是和城步的地理气候环境、历史原因和苗族风俗习惯密不可分的。

（一）特殊的地理气候环境成就了传统饮食

城步地处湖南省西南边陲，沅江支流巫水上游，位于北纬 25° 58′ —26° 42′，东经 109° 58′ —110° 37′，平均海拔 696.8 米，地理位置适中，属亚热带山地气候，年平均气温 16.1℃，无霜期 271 天，年降雨量 1218.5 毫米，适宜于各类动植物生长，是天然动植物基因库。这些种类繁多的动植物，为城步人民提供了丰富的食材，荤菜素菜，应有尽有，取之不竭。如城步传统美食酱盐菜，就是用城步本地产青菜制成。每年春分前后，苗胞们将青菜砍

下，春日下晒半干，洗净，再晾干，取下切成粗细适中的菜末，拌匀米浆，添加食盐，揉和均匀，使菜末变得较为硬朗，然后装进菜坛，密封，让菜末与米浆在坛中发酵变黄，半个月后即可取出食用，芳香爽口并略带酸味。用它能做成酱盐菜豆腐（米豆腐）汤、酱盐菜猪血汤、酱盐菜蒸米粉肉（扣肉）、酱盐菜下面条等多种美味。新中国成立前，城步缺盐，城步苗民往往挑桐油、生漆、松脂油、药材、土鸡、腊肉等特产去桂林、武冈等地贩卖，再换回食盐等生活用品，来回途中做饭，只要烧开一小锅水，撒上随身携带的一两把酱盐菜，加点盐，就是一锅香甜带酸的酱盐菜汤了，开胃送饭，解乏提神，夏可除瘴，冬能御寒，因而流传至今。

（二）苗族所处的社会地位成就了传统饮食

苗族是一个苦难深重的民族，长达数千年的五次大迁徙，苗族被逼从江湖平原走向深山野岭。平地良田尽为汉人所占，苗人悉数迁往高山逼仄之处，山高水冷，土地贫瘠，出产极薄，粮食奇缺，苗家人过的是“半年蔬果半年粮”的日子。城步美食“油茶”的背后，隐藏着苗族先民诸多的痛苦和辛酸。因粮食奇缺，达不到“一日三餐白米饭”的梦想，苗民只能将糯米加工为“阴米”，经炒爆后扩张，一粒一粒数着拌茶水喝，再添加红薯、玉米、黄豆等杂粮蔬菜裹腹。蕨粑现在是一道山珍，可做成多种美味，殊不知古代苗族先民采食蕨粑，实在是无奈之举，先不说走进深山采挖、捶打蕨根之艰难，沉淀、过滤蕨粉之费力，就是加工成蕨粑之后代饭吞食，也不是一件容易的事情，那时候缺油少盐，更无鸡汤佐料，一日三餐蕨粑，吃得人面黄肌瘦、便秘难消啊！

（三）独特的民族习俗成就了传统饮食

苗族是一个善于狩猎的民族。苗族在收获了野牛、野猪、麂鹿等猎物后，要将其肌肉均分成若干份，分给现场所有人员，兽头奖给首功之人，四爪奖给猎狗，骨头碎肉炖熟同吃，内脏炒食，这叫“见者有份，有肉同吃”。城步苗族流传至今的打野猪、呷“浮汤肉”就是沿用了古代狩猎习俗。

四、弘扬传统饮食文化，助推乡村文旅发展

饮食文化是重要的旅游资源，在“食、住、行、游、购、娱”的旅游六要素中，饮食居于首要地位。随着社会经济的发展，生活质量的提高，人们对饮食也有了更高的的要求，一日三餐不仅是为了吃饱，更多地是为了吃好，吃出味道，吃出品位，吃出营养。苗族饮食文化既要有自己独特的地方风味，同时也要改革创新，继承和发扬并重，把苗族传统饮食文化与新时代饮食理念结合起来，以满足不同民族不同地区不同层次的游客需求，让苗族美食在新时代经济社会发展尤其是文旅发展中发挥出独特的作用。

（一）挖掘饮食文化内涵，打造苗族美食名片。苗族美食是吸纳世界眼球和对外交流的一张亮丽名片。城步得天独厚的自然环境，丰富多彩的绿色环保食材，传统纯正的食品加工技艺，成为外界无法复制的美食秘境。要抢抓国家实施乡村振兴战略和创建南山国家公园试点机遇，加大生态环境保护力度，努力发掘饮食文化内涵，抢救传统饮食加工技艺，与省内高校和科研机构合作，改良传统农作物品种改良，改进种植模式，提高农作物的品质和产量，提高农户收益。目前的当务之急，就是积极发掘苗族饮食文化内涵，因地制宜打造城步八大美食品牌，它们就是西岩三绝：盘龙、粉肠、老鸭崽；土桥三罐：藠头、冬笋、蜜橘罐头；丹口三艳：油茶、乌饭、血酱鸭；长安三宝：河鱼、虫茶、香禾米；南山三怪：萝卜、奶粉、腊牛肉；拦牛三香：蕨粑、腊肉、苗乡梨；蓬峒三汤：峒茶、米酒、浮汤肉；五团三味：米酒、豆腐、瘠田辣。加大对苗族美食传承人的保护和培养力度，打造苗族美食名片，使世人通过一道美食认识一个民族，爱上一个村寨和一座城市。

（二）开发饮食商品市场，打造美食特色产业。目前，城步牛奶食品和羊奶食品都已发展成为食品产业，“南山奶粉”曾经跃居全国第四大品牌，畅销全国，如今龚牧鲜奶以其味鲜品纯抢据湖南市场尤其是学生奶市场，发展前景光明。青钱柳茶叶和酒产品已形成产业，其产品成功申报为国家地理标志保护产品，发展势头强劲。城步竹笋罐头、蜜橘罐头、藠头罐头和微菜食品 20 世纪风靡东南亚，成为日本、韩国市民的奢侈美味，近年来又经城步南山桑威有限公

司认真研发生产，成功获得国家有关部门和省市认定的优质食品称号，“风韵竹笋”深受国内外市场青睐。油茶食品已走进超市和农贸市场，所开发的“油茶包”如方便面一般能满足各地“油茶客”的需要。要进一步改进苗族饮食有产品无产业、有口碑无市场的尴尬局面，加大食品研发力度，将食品变成商品，形成产业，带来效益和财富。

（三）加大食品包装力度，提高苗族饮食美誉。要充分发挥苗族饮食以家常菜为主，高端菜为辅，取材于日常百味，讲究甜、辣、鲜、香、酸的优势，请国内著名美食专家尤其是对苗族美食有研究的专家认真研究菜谱，科学配方，做到腊鲜搭配，酸甜合理，干湿协调，荤素适当，色香味俱佳，营养健康。早餐可以苗家糯米粥、苡仁粥，穇子粑、甜酒、油茶和红薯、玉米等为主，中餐以油茶、糯米饭或香禾米饭、酸豆角炒肉丝和腊鸡板鸭为主，晚餐以腊肉、猪血饼、猪脚炖薏仁米和本地鸡鸭鹅鱼及山野小菜为主，以此类推，交错循环，让游客一日三餐都沉浸在苗乡美食的熏陶中，让他们如入仙境，乐不思归。要在传统菜名的基础上进行冠名，以增强游客对苗族美食的印象，提高苗家美食的知名度。要对苗族美食进行包装，方便提携邮寄，做成馈赠佳品。

（四）糅合苗族歌舞文化，开辟美丽乡村旅游。苗族是能歌善舞的民族，苗族歌舞，韵律迷人，姿态婀娜。苗族山歌、情歌、酒歌、嫁女歌、贺郎歌，歌歌动情；苗族芦笙舞、长鼓舞、摇摇舞，舞舞迷人。如在游客进入苗寨时，张灯结彩摆香案，男女老少迎佳宾，阿哥高唱“拦门歌”，阿妹敬上“拦门酒”，芦笙悠悠，唢呐声声，山歌情歌嘹亮，场面热闹壮观，气氛感人，让游客未进寨门，心先陶醉。我国南方苗侗瑶壮等民族“长龙宴”习俗，就是美食文化和歌舞文化糅合发展的产物，成百上千的游客围长桌而坐，摆成长龙，欢歌笑语，美味飘香，令游客心旷神怡，如入仙境。还要加大民宿文化开发力度，修建特色浓郁的吊脚楼型“农家乐”，让游客欣赏苗家优美田园风光的同时，领略苗家的建筑风格和建筑艺术，体会苗家美食生产制作乐趣，品尝苗家美食风味。让游客置身吊脚楼，亲手打油茶，打糍粑，舂阴米，磨豆腐，喂鸡鸭，杀肥猪，烧腊肉，体会苗族饮食的制作奥妙和乐趣，从而加大游客活动量，消耗其体能，增强其食欲。

（五）改革不良饮食习俗，推进社会文明发展。进入中国特色社会主义新时代，人们的饮食习俗也将发生变革，崇尚自然生态、绿色环保、健康营养，以野生动物尤其是重点保护动物为食材的食俗将被革除，娃娃鱼、竹鼠、鸟类、穿山甲、五步蛇、野猪等都是重点保护动物，它们再不能成为人们餐桌上的美味佳肴，以这些为食材的传统饮食习俗都将被革除，人类的饮食习惯要为生态文明和社会文明建设让步，让大自然共享蓝天碧水。

五、结 语

苗族饮食是苗族地区绿水青山奉献给人类的丰富供养，是苗族人民对人类社会的智慧创造。苗族饮食不是山珍海味，不是异馔奇肴，不是饕餮大餐，也不隶属于中国八大菜系，她是凡俗之食，平民之食，更是当今社会的小康之食。

“民以食为天”。随着旅游事业的蓬勃发展，各地都十分注重旅游商品的开发、生产和销售。但旅游商品要真正成为推动旅游业发展的重要因素，必须要在地方特色上做文章。民俗旅游商品对一个景区的旅游业起着极其重要的作用，充当了旅游景点的名片，是推动当地旅游事业发展的“形像大使”。“食”是旅游六要素中的第一大要素，民族地区必须把民俗旅游业作为关系全局和长远的重要产业之一，集中力量建设和培植民族美食文化产品，开发“美食特色游”，依托自身的文化、资源和环境优势，打造特色旅游品牌，发展民族特色经济，助推精准扶贫和精准脱贫，使苗族社会共同融入全国小康社会。

（发表于 2019 年 6 月 28 日中国社会科学网民族学频道）

城步苗乡油茶的制作技艺及其传承保护与发展

赵　华

油茶流行于中国南岭山脉的湖南城步、通道、靖州、绥宁、新宁，广西三江、龙胜、资源、恭城、全州和贵州、云南、广东的部分地区，是当地苗、瑶、侗、壮、布依族等少数民族最具特色的传统民族饮食。制作油茶各地称法不一，“打油茶”“烧油茶”或“煮油茶”，并且各地做油茶的工具、原料、制法、喝法都有所不同。城步苗族同胞特别喜爱喝油茶，大多数人家一天要喝一两次油茶，有些人家一日三餐饭前都要喝油茶。亲戚朋友来了，也以油茶相待。苗族同胞在各种节庆活动、红白喜事中常举行油茶宴。如今，苗族民间在娶亲嫁女等喜庆活动中仍然用油茶原料做彩礼，新媳妇“回门”时，婆家也会打发油茶原料回娘家以作打油茶待客之用。一些有经济头脑的苗家妇女将油茶打入广东市场，成功地开办了众多油茶店。城步苗乡油茶用料科学、做法精细、香气浓郁、风味独特，具有较高的保健和药用价值，作为绿色健康食品而名声远扬。

一、城步苗乡油茶的起源

城步苗乡油茶的产生具有悠久的历史。城步苗族称茶为“槚”（读 jiǎ，茶叶树的古称），称喝油茶为“茹卢大”，与《尔雅》中的“苦茶”的解释完全一致。《油茶会的来历》一文记载了油茶的流传情况：诸葛亮七擒孟获时，孟获有八个老婆，最小的一个被乱兵所杀，其余七个逃进深山老林，因为缺少粮食，在山中又饿死六人，余下一人爬进一间茅棚内，被当地“蛮子”以油茶相救，得以保住性命。这天是农历三月初三。孟获仅剩的这个老婆为感激“蛮人”的救命之恩，回家以后便天天打油茶吃，并要孟获下令于每年三月初三举行油茶会，以示纪念。这说明城步苗乡油茶在后汉就已产生，在三国时期已经非常流行。

城步地处湘西南边陲，自古为南楚与百越相交之地，苗族先民居住环境山高水冷，气候严寒，蛮烟瘴气和毒蛇蚊虫横行。在缺医少药的古代，他们受神农“茶能解百毒，祛病患”的启发而喝茶抵御蛮烟瘴雾，防治疾病。但过多喝浓茶引起身体不适，于是他们在茶汤中加入阴米、黄豆、玉米、生姜、胡椒等杂粮和调味品，既能祛湿散寒、驱瘴除疠，又能充饥解渴、提精养神，于是便发明了“油茶”。史料表明，明代已基本形成较为正规的油茶。清朝光绪年间《靖州乡土志》有对苗乡油茶的记载：苗人“以冻米杂盐豉煮之，谓之油茶”。“姜牙蜜饯满盘陈，风味油茶亦可人。绝忆头纲新焙出，二凉亭子雨前春。”这首诗歌也描绘了油茶的独特风味。

城步县南部山区的汀坪乡、五团镇、兰蓉乡、白毛坪乡、丹口镇地处崇山峻岭之中，山多田少，交通不便，长期以来，粮食（大米）供应不足，人们只靠种植五谷杂粮维持生计。于是在长期艰苦的生活中，他们发明了大杂烩的“苗乡油茶”，形成了吃油茶的饮食习俗。而在历史上，城步县北部的西岩镇、茅坪镇由于地势开阔，水田较多，粮食（大米）供应基本不成问题，因而当地群众没有喝油茶的传统。可见城步油茶是人们与当地地理环境作斗争，为解决温饱问题而在长期的生产生活实践中产生的。

城步苗乡油茶包含着苗族先民健康的饮食理念和生活智慧，经历1000多年的演变，已成为当地的一种独特的饮食习惯、生活风俗，成为人们日常交往的一种重要方式，它是苗族先民与大自然开展斗争的记录，是一项伟大的创造发明，凝聚着苗族先民顽强的生命力与创造力，记载了苗族发展的历史，对研究苗族文化具有重要参考价值。

二、城步苗乡油茶的制作技艺

城步苗乡制作油茶的过程称为“打油茶”。“打油茶”需要专门用具和专门食材，具有独特的制作过程与方法。

（一）“打油茶”主要用具

打油茶用具主要有铁锅、擂钵、擂钵柱、茶叶篓篓、茶杯、茶盘和茶料碗。擂钵、擂钵柱、茶叶篓篓、茶杯、茶盘和茶料碗是打油茶的专门工具。

1. 铁锅。打油茶用的铁锅俗称锅子，并非打油茶用的专门工具，而是和炒菜共用，它是一个下小上大、锅口直径 6—10 寸、深约 4 寸的铁锅。铁锅锅口两侧各有一个锅耳，锅耳用两根缠绕的铁丝或者锤扁的铁条在弯曲成弧形后连接，用此把铁锅提起来。

2. 擂钵。陶制，形似菜碗，内径 20—25 厘米，比菜碗稍深一些，内壁自底部起有辐射状、弯曲的粗糙条纹（粗糙条纹有利于擂烂茶叶），擂钵口前侧有一个用来倒茶水（茶汤）的小嘴，后侧有一个类似漱口杯杯把的把子，使用者据此把擂钵拿起来。

3. 擂钵柱。即茶叶杵，木制，形似我国北方的擀面杖，但它上端小下端大，长约 20 厘米，平均直径 5—6 厘米，使用者手握上端，用下端在擂钵里擂烂茶叶。

4. 茶叶篓篓（茶滤）。用竹篾编制而成，形状像半个剖开的葫芦，一头大一头小，大头比碗口稍大，小头后端是手柄。

5. 茶杯。茶杯是苗乡人们喝油茶的专用工具，它类似饭碗，但比饭碗小一点。苗家人买茶杯时，请店主在茶杯上錾了 1、2、3、4……等号码，便于喝油茶时记住号码。

6. 茶盘。苗家为端茶而特制的木质盘子，它一般用油漆漆成红色，盘面上画有花、鸟、鱼、日出等图案。茶盘呈矩形，一般能放 10 多个茶杯。

7。茶料碗。以前苗家的茶料碗常是用楠竹做成的类似饭碗一样的工具，也有把大个的长熟变硬的球形白瓜上下剖开，用瓜皮做成碗，用来装茶料。现在一般用有盖的铁盆盛装茶料。

8. 汤瓢。用来舀茶汤的工具，形似汤匙，比汤匙大，一般能舀半杯茶汤。

9. 茶罐。以前苗家的茶罐是个黑色砂罐子，它形似葫芦，口沿前方有一个用来倒茶汤的嘴，罐子后边是一个弯曲的手柄。现在一般用铁盆盛装茶汤。

（二）“打油茶”主要食材

城步苗乡人们打油茶的主要用料包括茶叶、茶料、佐料、茶油、水和盐，大多是自产或自己制作，经济实惠，且打出来的油茶香醇味美。

1. 茶叶。农家自制的土茶叶，属黑茶。茶叶是打油茶的关键材料，打油茶非常注重茶叶的质量。茶叶的制作过程为：

（1）采摘。在每年清明节至谷雨前后，农家妇女开始采摘茶叶。采摘茶叶要求不是很严格，只要是无病虫害，无其他夹杂物的嫩茶叶都可以。打油茶所用茶叶对嫩度要求也不高，一般一芽三四叶最好。茶叶幼嫩一点，做出来的茶汤色泽更黄、浓度更高，但不经打（只能开一两次汤）；茶叶粗老一点，做出来的茶汤色泽略黑、浓度稍低，但经打许多（能开三四次汤）。人们认为谷雨那天采摘的芽叶最好，俗称谷雨茶，为苗乡茶中佳品。

（2）蒸煮。把采摘回来的鲜茶叶放到木甑中蒸或者铁鼎中煮，蒸煮到杀青程度时便可把茶叶舀出来。为了提高茶叶的品质，可放一些猪油以增加茶叶的色泽亮度，有些人也放一些淘米水或米粥。

（3）揉捻。蒸煮以后的茶叶舀出来放到木盆或竹簸箕里，要趁热揉捻，使叶片细胞内含物渗出到叶子表面。揉捻不要过度，只要把茶叶揉到半碎半粗时即可。揉捻后的茶叶再捏成小块或者团饼。

（4）摊凉。揉捻后的茶叶要进行适度摊凉，一般用竹簸箕薄摊 20 分钟，茶叶要摊匀，防止有闷味。

（5）初烘。把茶叶薄摊于竹筛或金属网筛上，置于茶堂灶火或木炭火上，架高稍稍烘烤。烘烤期间要轻翻几次。

（6）摊晒。如果天气晴朗，可以把茶叶放在阳光下摊晒几个小时，如遇阴天则直接复烘。

（7）复烘。把初烘或摊晒后的茶叶放到茶堂灶火或木炭火上，架高烘烤，直至烘干。烘烤期间仍然要轻翻几次茶叶，以使茶叶均匀，避免烤焦。

（8）贮藏。茶叶烘干后温度降到 30℃以下时便可贮藏备用。贮藏茶叶可用薄膜塑料袋装袋，扎口贮藏，也可放置于干燥的容器中贮藏。

2. 茶料。茶料主要有阴米、黄豆、花生、玉米、糍粑、蕨粑、苦笋、豆角、米豆腐、栗子豆腐、板栗，等等。

（1）阴米。阴米是油茶的主要用料，制作方法是：首先把糯米浸胀，滤干，然后拌一些粗糙的米糠，用木甑蒸熟成糯米饭，再把糯米饭稍晒干，捏碎，用碓舂扁，最后用浅口大簸箕把其中的米糠簸干净，阴干。做好的阴米应放入密闭的袋子或干燥的器皿中保存。为了保证阴米的质量，宜选择粒大色白的糯米来做。现在苗乡人们做阴米已有很大改革，很多地方用糯米花取代了阴米。糯米花是将糯米煮熟后，捏成小块晒干而制成。此外还有用锅巴晒干当作阴米打油茶。

（2）黄豆。打油茶宜选择颗大匀称的黄豆。

（3）花生。即花生仁，打油茶宜选择颗大匀称的花生。

（4）玉米。有嫩玉米和老玉米之分。老玉米可用油直接炒爆，也可制成灰包谷后再放油中炒爆食用。灰包谷是用生石灰水或者灶堂灰水把玉米煮到爆花程度，再洗净晒干而成的干玉米。

（5）粑粑。粑粑主要有糍粑、糖粑、蕨粑等。

糍粑是用糯米粉和水调成糊状，加入事先做好的糍草和白糖，拌匀，揉合成团，擀开成条，切成拇指大粒的丸子，再放烧沸的茶油锅中炒制，炒熟炒黄即可。糖粑做法与糍粑相同，不同之处是其中少了糍草而已。蕨粑是一种营养丰富的保健食品，现在应该属于山珍之类了。做法是用蕨粑粉（野生蕨子根榨出的淀粉）和水调成糊状，加入白糖，在油锅中煎制成饼，再剪成小块。

（6）苦笋、豆角、米豆腐、栗子豆腐、板栗。

3. 佐料。苗乡油茶所用佐料主要有生姜、大蒜、辣椒、芫荽、葱叶、胡椒等。

4. 茶油。山茶油最好，花生油、菜子油、猪油等油也都可以。山茶油是农家自产自榨的茶油。《本草纲目拾遗》里说，茶油可润肠、清胃和解毒杀菌。用茶油和茶叶“打油茶”，可谓相得益彰，保健价值和药用价值颇大。

5. 水。油茶要达到色美味香，用水是非常讲究的。不同的水打出来的油茶，其质量会有天壤之别。不同的茶叶适应不同的水，有的茶叶适合山泉水，有的茶叶适合井水，有的茶叶适合河水。打出来的油茶水（茶汤）呈金黄色，称为“合水”，打出来的油茶水（茶汤）呈红色或褐色，称为“不合水”。“合水”是最好的，“合水”的茶汤色香味俱全。“合水”与“不合水”的主要原因在于水中的不同矿物质成分。不同地方的水，其矿物质成分不同，所以不同地方的水打出来的油茶，其质量也就不相同了。在城步，乡里人家打油茶都用山泉水、井水，县城人打油茶则常用河水（自来水）。

6. 盐。苗乡人们打油茶在开茶水和煮鲜玉米、粑粑、苦笋、豆角、米豆腐、栗子豆腐、板栗等茶料时需要加盐，打油茶所用的盐与我们日常所能用的食盐无异。

（三）“打油茶”的过程方法

打油茶的过程可分为：炒（煮）茶料、开茶汤、散茶和端茶。

1. 炒（煮）茶料：（1）将阴米放于煎热的油中爆炒成酥脆的米花，呈金黄色时捞出沥油；（2）将黄豆、花生、脆玉米等用油炸脆；（3）把糍粑、蕨粑、嫩玉米、苦笋、豆角、米豆腐、栗子豆腐、板栗等茶料煮熟或炸熟。

2. 开茶汤：（1）泡洗茶叶。根据需要取适量的茶叶，用温开水浸泡几分钟，这时茶叶就会被泡开，然后倒掉泡茶叶的水。泡洗茶叶的目的是去除茶叶里的炉墨、灰层等杂质，同时除去茶叶里的一部分苦涩味。（2）开茶汤（俗称开茶水）。开茶汤分为开头锅汤和开二、三四锅汤。开头锅汤的方法是：把油茶锅烧热，放入茶油或食用油，油烧开后放入事先泡好的茶叶，稍炒茶叶至发出清香时，再放入适量的开水，熬煮茶汤，待茶汤足够浓后，用汤瓢舀出茶汤，用茶叶篓篓滤去茶叶，用擂钵盛装茶汤，再倒入茶罐，放火塘边加热备用。开二、三四锅汤的方法是：把开过头锅汤的茶叶放到擂钵里，用擂钵柱擂烂茶叶，再倒入油锅中稍炒，加开水熬煮成茶汤，其余做法同开头锅汤。每锅茶汤开多少依喝茶人数而定，以每人一轮半杯茶水为准。茶叶的多少决定茶汤味道的轻重，有人喜欢喝浓茶，就多放些茶叶；有人则喜欢喝淡一点的油茶，就少放一点茶叶。（3）烩茶汤（俗称烩茶水）。把生姜、大蒜、辣椒等擂碎放入滚沸的油锅中炒香，再放入前面所开的茶汤，烧开，加盐，香、咸、苦、辣、甘的茶汤即成。

3. 散茶、端茶：散茶就是主人按喝茶人数，在茶盘中摆好茶杯，将阴米、花生、玉米、蕨粑等各种茶料分放杯中，撒上葱叶、芫荽、胡椒等佐料，然后再放入滚沸的茶汤，即成香酥可口的苗乡油茶。茶散好之后，主人会用苗家特制的木质茶盘将茶杯端到你面前，请你享用。茶杯上有编号，你端到哪杯哪杯就是你的“专号”，你记住自己的编号，喝完一杯后再把茶杯放回茶盘中，喝下一杯时你就不会端错。喝油茶时，主人会招待客人围桌而坐或者围着火塘而坐。主客边喝边聊天，其乐融融。

三、城步苗乡油茶的传承、保护和发展

按照联合国教科文组织《保护非物质文化遗产国际公约》的规定，城步油茶属于非物质文化遗产中的传统手工艺技能——民族民间烹调技艺。城步油茶是城步苗乡人民在长期生产和生活实践中创造并传承下来的，是城步各族人民的重要精神财富，是民族自我认定的重要依据；它不仅是一种历史文化遗产，还是一种重要的经济资源，对促进城步社会和县域经济的发展意义重大。因此我们应当承担起“城步油茶”非物质文化遗产的保护、传承与发展重任。

城步县委、政府对城步“苗乡油茶”非物质文化遗产的保护做了大量的工作，并取得了较大成绩。城步在 2005 年成立了“城步油茶协会”；2006 年初出台优惠政策支持、扶持民间开办油茶店；2007 年制定了《关于加强城步苗族自治县非物质文化遗产保护工作措施的意见》，组织专门人员对油茶的分布区域、传承谱系、历史沿革、文化内涵进行调查研究，并将调研资料用文字、录音、摄像、多媒体等手段进行全面、系统记录；2008 年城步“苗乡油茶”成功申报湖南省非物质文化遗产保护名录，目前正在积极申报国家级非物质文化遗产名录；2018 年，城步县油茶协会隆重挂牌，首家城步油茶体验店在华强农特发展有限公司高调开业。

为了更好地传承、保护和发展城步苗乡油茶文化，促进城步民族文化和县域经济发展，我们可以在以下几个方面做出努力。

（一）抓紧申报国家级非物质文化遗产保护名录

目前，城步周边地区油茶文化的培植和油茶产业的开发如火如荼。喝油茶习俗在广西三江、龙胜、资源、恭城、全州、平乐等地也十分流行，油茶店已开遍县城和桂林市的大街小店，油茶为越来越多的市民和游人所喜爱，成为都

市里有特色的饮食。广西正加大对油茶的挖掘、保护、开发工作力度，各项工作紧锣密鼓地进行。恭城油茶、平乐油茶已被列为广西非物质文化遗产名录，目前也正在申报国家级非物质文化遗产名录。恭城油茶还获得了国家工商总局颁发的地理标志证明商标注册证书。自 2011 年举办广西首届油茶文化节以来，每年 3 月都在桂林恭城举办油茶文化节。广西油茶文化节举办规格较高，活动形式新颖，吸引了大量的中外游客，对于推介恭城油茶效果显著。2013 年 11 月“品味广西：八桂油茶香”活动在广西南宁举行，活动邀请了广西各族特色油茶如恭城瑶族油茶、平乐水上瑶族油茶、龙胜壮族油茶、融水苗族油茶、三江侗族油茶进行现场打油茶展演，同时还举办了“广西油茶论坛”“八桂油茶百人宴”“油茶文化长廊图片展”“油茶知识有奖抢答”“观众体验打油茶”等活动，向大众展示了广西浓厚的油茶文化，增进了大众对广西油茶的了解。恭城油茶、平乐油茶已成功开发出用开水冲泡的“浓缩油茶”，畅销日本、韩国等地，年产值数千万元。

城步苗乡油茶的传承、保护和发展具有自己得天独厚的优势。城步油茶与广西等其他地方的油茶有相似之处，也有更多的不同之处。城步油茶的茶料更丰富，制作过程更复杂，茶汤更浓，味道更醇厚。尤其值得注意的是，城步油茶所用茶叶是城步峒茶，这是一种品质甚佳的茶叶，茶多酚含量达 38.9%，儿茶素总量为 268.12mg/g，高于国际著名品种肯尼亚种，1987 年被湖南省农作物品种审定委员会认定为省级品种。城步峒茶原产地为湖南省城步县杨梅坳乡（现汀坪乡）天堂村、太阳村，现已在湖南西南部和广西北部地区广泛种植。

我们必须正确认识周边地区油茶文化和油茶产业的发展情况，正确认识城步苗乡油茶传承、保护和发展的优势，加大政策扶持力度，积极开发苗乡油茶产品，挖掘苗乡油茶文化，大力申报国家级非遗，抢占城步苗乡油茶的传承、保护和发展的制高点。

（二）大力培养城步苗乡油茶传承人

随着社会的发展，人们的温饱问题已基本得到解决，物质生活日益富足，生活节奏不断加快，新的文化、新的思想、新的生活方式也不断融入，许多年轻人对传统的“打油茶”习俗有抵触，不愿学习苗乡油茶的制作技术。苗乡油茶的制作技术遵循“传女不传男”，男人们只管喝油茶不会打油茶。近年来，苗乡众多年轻人外出务工、求学，留在家中的老人们想带学徒也找不到对象，因而出现了部分家庭无“打油茶”传承人的情况。在城步，会打油茶的年轻人越来越少，传统的苗乡油茶制作技术如今正面临失传的危险。

因此我们必须积极采取措施，大力培养城步苗乡油茶传承人。政府文化部门应积极收集、整理城步油茶的历史传说、制作方法、功用价值等方面的资料；财税部门在资金、税收方面予以倾斜，支持城步油茶创业者、就业者；劳动部门给予相关技术支持，加大就业培训力度；宣传部门挖掘油茶文化资源，包装推介现有油茶文化传承人；中小学校开设“打油茶”劳动技术课，同时鼓励家庭式传承和师徒式传承，让苗乡群众在日常的生活实践中学习、保持“打油茶”的生活技能。如此多措并举、多方协作，城步苗乡油茶才不致中断传承人。

（三）培养高素质民俗文化专业人才，争取城步苗乡油茶早日成功申报国家级非遗

要加快培养非遗土专家或引进非遗研究人才，争取城步苗乡油茶申报国家级非物质文化遗产名录成功。非物质文化遗产研究人才是一种高素质的、具有多学科知识和技能的复合型人才，在非物质文化遗产保护中发挥着非常重要的作用。城步油茶能否早日成功申请国家级非遗名录至关重要。早日成功申报国家级非遗能得到国家资金的重点扶持，能提高知名度，便于旅游开发，从而使城步苗乡油茶得到更好的保护、传承和发展。

（四）积极开发城步苗乡油茶产品，制订城步苗乡油茶行业标准

城步苗乡油茶这一苗族传统的民间风味美食，长期以来，只是作为农村和城镇居民的日常生活消费品和待客食品而存在。我们应该主动出击，更好地挖掘城步苗乡油茶的文化内涵，不断改进制作方法，改革创新口味，扶持个体商户开展油茶经营，创办城步油茶实体店；我们还可以利用现代先进工艺，参照方便面的生产模式，开发方便饮用的油茶产品；可以制订城步苗乡油茶行业标准，扩大城步油茶影响力，使城步苗乡油茶走出城步，走向全国。

（五）借助蓬勃发展的旅游事业推介城步油茶产品和油茶文化

现在，随着城步旅游业的发展和外来人口的增加，在县城和旅游线路上已设有专门经营油茶的店铺，让游客在欣赏城步美丽的民族风情的同时还可以品尝到芳香四溢的城步苗乡油茶，但其经营规模和经营方式还处于初级阶段。

城步有得天独厚的旅游资源，正在加快建设南山国家森林公园。优美的风光、迷人的景色、神奇的民俗、古朴的民风，以及苗乡油茶特有的风味和深厚文化，随着交通事业的快速发展，将以强烈的神奇感吸引更多游客来到城步。我们能够借助蓬勃发展的旅游事业推介油茶产品和油茶文化，更好促进城步苗乡油茶的传承、保护和发展。譬如，可以借助一年一度的“六·六山歌节”或者举办“城步农特产品展销活动”“城步油茶文化艺术节”，介绍城步油茶的历史、制作方法、功能价值，推销城步油茶产品；可以利用现有的旅游线路和旅游景点开展游客参与“打油茶”活动，让游客亲身体验“打油茶”的无限风情；可以利用网络、影视、报刊媒体介绍有关城步苗乡油茶的历史、文脉、艺术和产品，更快更好地把城步苗乡油茶推介到全世界。

（赵华，城步一中一级教师，中国地理学会会员）

独特有趣的城步婚娶习俗

杨进步

城步苗族自治县的苗家山寨有着浓郁的民族文化传统，其中尤以青年男女的婚俗风情独特有趣，千百年来久盛不衰。

一、对歌定情

俗话说男大当婚，女大当嫁，苗家山寨的青年男女恋爱向来自由，男孩年满18岁，女孩年满16岁就开始找对象，挑男选女由自己做主。苗族男女青年恋爱主要是以歌传情、以歌定情，山歌就是每个人孩提时期开始熟悉的民族文化。苗乡山寨最喜欢以“歌场”的形式庆贺喜庆节日，如“三月三赶歌场”“六月六日苗族合款歌场”“中秋歌场”“年节歌场”“婚寿喜庆歌场”等，“歌场”就是苗族青年男女谈情说爱的良好时机。每逢歌场，男女青年们把自己打扮得漂漂亮亮，三个一群五个一伙地聚到一起，或围坐在火塘边，或蹲坐在树荫下开始对歌。初识者交朋友，相识者叙旧情，既增加了男女青年的交往，又丰富了苗家同胞的文化生活，涓涓情意融合在歌词中，浓浓的爱牵在两人的心里。男女青年对歌，往往通宵达旦，直到晨曦方散。歌场中所唱的歌，双方按程序进行，即序歌、请歌、赞歌、排歌、花歌等。其歌词和对歌方式如下：

男唱：石榴开花叶又青，
　　　阳雀开叫催阳春；

哥哥初次进歌场，
妹妹有情来接声。
女唱：阳雀叫了是春分，
石榴开花甜在心；
哥哥莫怕妹现丑，
你唱头来我接声。
男唱：妹妹唱歌好细声，
画眉叫得好动听；
有心捉只画眉鸟，
日日夜夜听妹音。
女唱：哥哥话语好逗人，
妹妹冇进学堂门；
茶花开在深山里，
石雕菩萨是实心。
男唱：山茶花开深山中，
我爱茶花变蜜蜂；
石雕菩萨摆得稳，
不像楠竹节节空。
女唱：山中杉树一排排，
我爱哥哥好人才；
哥哥是棵栋梁树，
妹妹变草树下栽。
男唱：郎得相思爱摘花，
妹害相思爱织麻；
两人害的一样病，
何不拢来做一家。
女唱：挑土栽树望成材，
挑水浇园望花开；
两边眉毛隔不远，

哪日才能长拢来?
男唱：想妹一春又一春，
手攀芭蕉泪湿巾；
为郎是棵芭蕉树，
年年换叶不换心。
女唱：一年四季好阳春，
种田种土望收成；
妹盼情郎如春燕，
早日衔泥进家门。
……

男女青年通过歌场对歌，从相识相知到相爱，把自己的爱意寄予对方，以定终身。

二、鸾书“八字”认亲

苗族青年男女定情后，男方要请一位媒人做证婚人，还要在寨子里请一位德高望重、有一定文化、善于辞令和知礼仪的长辈写“鸾书”，鸾书要根据男青年的出生年月日和时辰（即男方八字）写上祝贺婚姻美满幸福的对联，但男方只能写上联，下联由女方请人写。鸾即雄性吉祥鸟，代表男士；凤为雌性吉祥鸟，代表女士。鸾书的制作方法是将一张红纸裁成 8 寸宽 1.6 尺长，然后由两头向中间对称折叠成六页，称六合门，意思是六亲六合。并在每页的左边写上带有祝愿、喜庆的上联：

第一合：珠联璧合
第二合：白头偕老
第三合：易曰乾坤定矣

帖底左边书：

犬子 ××× 生于 ×× 年 × 月 × 日 × 时期同姻合

鸾书还要用红纸做一个封套，封套的长度为 8 寸，与鸾书齐平，切不可长于鸾书或短于鸾书，封套长了会视为男方看女方不起，“把女方和亲戚朋友一裤裆兜了”；封套短了让鸾书露出外头，看作是男方为孤家寡人，难过日子。所以制作鸾书要相当谨慎，否则会引起麻烦。

鸾书制成后，在封套正面写“庚书”或“福庚”两字，背面写上“囍”字，由男方预办猪肉一脚（又称一腿，约 18 斤），衣料 6 个或 8 个（即女方和女方父母、爷爷、奶奶，每人 2 个），上好米酒一桶（约 18 斤）等礼品，礼品都要加贴红纸，由男方挑着担子，媒人拿着鸾书，提着鞭炮往女方家里送庚帖，此称“担八字”。

女方也必须安排一位有知识和德高望重的长辈接“鸾书”。男方走进女方堂屋要鞠躬，媒人边燃放鞭炮边高声说：“吉星高照，满门高升，不才男子，登堂认亲。”女方代表一边燃放鞭炮，一边高声接客：“紫气盈庭，蓬荜生辉，千里来龙，入水为安。”然后双手接过鸾书置放在神龛上，点燃香烛，将男方礼品一一排列祭奉祖先。女方把所有的亲戚朋友请来共进宴席，开宴时，媒人向在座各位举杯道：“寒门犬子冒昧高亲，未读诗书，不礼不恭，但蒙各位赐教，慢慢完情。”随即引出男方自左至右向各位亲戚朋友鞠躬，女方长辈则在旁一一进行介绍：“这位是爷爷、奶奶，这位是父亲、母亲，这位是舅舅、舅母……”男方必须一一记住，以免日后称呼错了。认亲礼毕后，女方主持礼仪的长辈拿出鸾书请女方长辈过目，或念给他们听，然后在鸾书右边填回柬：

第一合：凤翥鸾翔

第二合：同心永结

第三合：诗云钟鼓乐之

帖底右边书：

小女 ××× 生于 ×× 年 × 月 × 日 × 时是结缘理

再在封套“福庚”右边写上“合意”或“天成”二字，将鸾书双手送还给男方，并说：“鸳鸯成双，龙凤呈祥。”男方双手接过鸾书也要称谢：“喜接连理，天地久长。”

三、嫁女歌“俚啦俚”

“俚啦俚”是城步苗族自治县苗族家庭嫁女时独特的一种歌场形式。迎娶新娘前一天，男方要准备好丰富的各种礼物，特别要组织一支会唱歌的队伍，去女方寨子里接亲。当晚在女方的堂屋里、火堂边、新娘的房子里，所有的亲戚朋友、来宾围坐在一起，分接亲方和嫁女方相互对歌，每一句歌词唱腔结尾都用“俚啦俚”拉调，所以统称为“俚啦俚”。“俚啦俚”只有嫁女的当晚在女家唱，是苗族人特定的一种歌场唱腔。先由接亲方起歌，然后由女方歌队接唱，双方一唱一和，既有相互敬重歌，也有排对歌和问答歌、调情歌，从傍晚一直唱到第二天黎明。黎明鸡叫后，转唱离娘歌、娘教女歌、谢来亲歌，整个歌场从欢乐到离别，亲情依依，哭哭啼啼，歌声中夹杂着难分难舍的啼哭声，听者无不动情流泪。

（一）起歌

一进堂屋二进厅，俚呃俚啦俚！
三进茶堂起歌声；呃啦呃俚呃啦！
六亲九眷来相伴，呃俚呃俚啦俚！
一齐陪伴到天明。哦啦呃俚呃啦！

灯火熊熊蜡烛明，俚呃俚啦俚！
今夜高亲到寒门；呃啦呃俚呃啦！
花园陪伴过一夜，呃俚呃俚啦俚！
怠慢高亲要宽心。哦啦呃俚呃啦！

一个堂屋四四方，俚呃俚啦俚！
红漆桌子摆中央；呃啦呃俚呃啦！
火盆烧的栗炭火，呃俚呃俚啦俚！
麻烦主人到天光。哦啦呃俚呃啦！

一个绣房四四方，俚呃俚啦俚！
蜡烛照得亮堂堂；呃啦呃俚呃啦！
各位来宾轮流唱，呃俚呃俚啦俚！
唱了花园唱离娘。哦啦呃俚呃啦！

（二）十进花园

一进花园急忙忙，俚呃俚啦俚！
丢落歌本在家乡；呃啦呃俚呃啦！
想要回家拿歌本，呃俚呃俚啦俚！
竹篙打水路又长。哦啦呃俚呃啦！

二进花园好痴呆，俚呃俚啦俚！
痴呆坐下打开台；呃啦呃俚呃啦！
前门打开来亲路，呃俚呃俚啦俚！
后门打开舅娘来。哦啦呃俚呃啦！

三进花园唱几声，俚呃俚啦俚！
粗言几句请来亲；呃啦呃俚呃啦！
前门打开来亲路，呃俚呃俚啦俚！
摘片木叶起歌声。哦啦呃俚呃啦！

四进花园坐四方，俚呃俚啦俚！
四片木叶请两房；呃啦呃俚呃啦！
二片奉送来亲客，呃俚呃俚啦俚！
留下两片请舅娘。哦啦呃俚呃啦！

五进花园坐四方，俚呃俚啦俚！
一门五福在中央；呃啦呃俚呃啦！
有请舅娘开声唱，呃俚呃俚啦俚！
我吹木叶伴歌场。哦啦呃俚呃啦！
六进花园请六亲，俚呃俚啦俚！
六亲九眷坐朝门；呃啦呃俚呃啦！
想要修书来奉请，呃俚呃俚啦俚！
奈何肚内无诗文。哦啦呃俚呃啦！

七进花园唱七声，俚呃俚啦俚！
七言八句不成文；呃啦呃俚呃啦！
小小鸡公才开叫，呃俚呃俚啦俚！
洞口桃花莫笑人。哦啦呃俚呃啦！
八进花园请高贤，俚呃俚啦俚！
七言八句不成篇；呃啦呃俚呃啦！
多读诗书多开唱，呃俚呃俚啦俚！
我未进学堂坐一边。哦啦呃俚呃啦！

九进花园请高亲，俚呃俚啦俚！
六亲九眷到寒门；呃啦呃俚呃啦！
莫怪寒家无款待，呃俚呃俚啦俚！
纸包灯草莫冷心。哦啦呃俚呃啦！

十进花园唱满门，俚呃俚啦俚！
满门尽是读书人；呃啦呃俚呃啦！
同进花园把歌唱，呃俚呃俚啦俚！
来年金榜又题名。哦啦呃俚呃啦！

（三）离娘歌（由伴娘和新娘唱）

娘家做女十八年，俚呃俚啦俚！
时刻不离娘身边；呃啦呃俚呃啦！
在家离娘终有归，呃俚呃俚啦俚！
明日离娘半重天。哦啦呃俚呃啦！

离了亲娘去他方，俚呃俚啦俚！
好比鸳鸯离池塘；呃啦呃俚呃啦！
鸳鸯难舍池塘水，呃俚呃俚啦俚！
妹子难舍自家乡。哦啦呃俚呃啦！

在家做女贵如金，俚呃俚啦俚！
多亏爹娘养成人；呃啦呃俚呃啦！
自从受胎娘怀肚，呃俚呃俚啦俚！
让娘坐睡不安宁。哦啦呃俚呃啦！

娘边做女贵如金，俚呃俚啦俚！
难忘爹娘养育情；呃啦呃俚呃啦！
本想给娘做老女，呃俚呃俚啦俚！
自古养女嫁别人。哦啦呃俚呃啦！

娘边做女贵如金，俚呃俚啦俚！
爹娘养我白操心；呃啦呃俚呃啦！
我是儿子孝娘亲，呃俚呃俚啦俚！
我是妹子嫁别人。哦啦呃俚呃啦！

娘边做女十八年，俚呃俚啦俚！
时刻不离娘身边；呃啦呃俚呃啦！
随喊随应随时到，呃俚呃俚啦俚！
明日喊女隔重天。哦啦呃俚呃啦！

爹娘养我命安排，俚呃俚啦俚！
伴娘天光要分开；呃啦呃俚呃啦！
拜别爹娘莫伤心，呃俚呃俚啦俚！
年头岁尾又回来。哦啦呃俚呃啦！

（四）娘教女（由娘或叔伯母唱）

在家做女贵如金，俚呃俚啦俚！
嫁到男家改性情；呃啦呃俚呃啦！
一来要顺公婆意，呃俚呃俚啦俚！
二来要宽丈夫心。哦啦呃俚呃啦！

在家做女贵如金，俚呃俚啦俚！
嫁到男家改性情；呃啦呃俚呃啦！
三餐茶饭勤打点，呃俚呃俚啦俚！
衣衫浆洗要干净。哦啦呃俚呃啦！

在家做女贵如金，俚呃俚啦俚！
嫁到男家有家人，呃啦呃俚呃啦！
兄弟姐妹家家有，呃俚呃俚啦俚！
和睦相好一条心。哦啦呃俚呃啦！

在家做女贵如金，俚呃俚啦俚！
嫁到男方改性情；呃啦呃俚呃啦！
家婆骂你莫回嘴，呃俚呃俚啦俚！
丈夫打你莫冷心。哦啦呃俚呃啦！

在家做女贵如龙，俚呃俚啦俚！
早晨睡到日头红；呃啦呃俚呃啦！
嫁到男家做媳妇，呃俚呃俚啦俚！
早做茶饭早出工。哦啦呃俚呃啦！

（五）谢来亲（女方歌队唱）

雄鸡三唱天已明，俚呃俚啦俚！
亲朋戚友要启程；呃啦呃俚呃啦！
只怪寒门无招待，呃俚呃俚啦俚！
少礼怠慢众来亲。哦啦呃俚呃啦！

少礼怠慢众来亲，俚呃俚啦俚！
粗言两句表心情；呃啦呃俚呃啦！
来日常来寒舍坐，呃俚呃俚啦俚！
怠慢各位要宽心。哦啦呃俚呃啦！

（六）出亲（由男方歌队唱）

金鸡三唱大天光，俚呃俚啦俚！
奉请新娘出绣房；呃啦呃俚呃啦！
堂前鞭炮声声响，呃俚呃俚啦俚！
拜别祖先拜爹娘。哦啦呃俚呃啦！
金鸡叫罢大天光，俚呃俚啦俚！
新娘要去郎家乡；呃啦呃俚呃啦！
夫妇同心齐好合，呃俚呃俚啦俚！
天长地久百世昌。哦啦呃俚呃啦！

到此，“俚啦俚”歌场完毕，女方全家及亲戚朋友欢送，新娘随接亲队登轿或坐车启程。

四、贺郎歌成婚

女方嫁到男方的当晚，男方家里也要举办歌场闹洞房，同辈的亲朋好友都来唱贺郎歌。唱贺郎歌时不邀请陪同新娘的“上亲客”（女方家中送亲的长辈）参加，“上亲客”由男方的族长陪坐聊天。新郎新娘在晚宴席上向来宾敬完酒后，就被青年男女们簇拥着进了洞房。因为闹洞房动作有些粗俗，唱的歌词也有出格的地方，所以男女双方的长辈都尽量回避，由着一伙青年男女们哄闹欢乐。贺郎歌也是一种独特的唱腔，只限定在闹洞房时唱，但歌词随意性强，内容大致可分为序歌、敬酒歌、祝贺歌和调情歌等。

（一）序歌

白：手拿鞭炮乒乓响，
双脚迈步进洞房。
今夜洞房花烛夜，
一对男女好成双。
亲朋戚友来祝贺，
闹得洞房喜洋洋。
有心贺男又贺女，
各位歌手请开腔。

唱：一扇大门两边开，
一对鸳鸯飞进来；
左边飞进梁山伯，
右边飞进祝英台。
双手铺开绵绣床，
邀请新人进罗帐；
右边坐的凤仙女，
左边坐的龙神郎。

炮竹声声闹洋洋，
特意恭贺贵新娘；
东边脸上祥云起，
西边脸上红云降。

炮竹声声闹洋洋，
满门喜联放豪光；
左边上写的夫妻恩爱长结义，
右边上写的鸾凤和鸣百世昌。

（二）敬酒歌

手端茶盘四四方，
一壶美酒在中央；
日里拿来迎宾客，
今夜拿来贺新郎。

一杯酒来酒又清，
双手拿来贺新人；
夫妇同饮这杯酒，
早生贵子跳龙门。
二杯酒来酒又香，
双手拿来贺新郎；
夫妇同饮交杯酒，
早生贵子状元郎。
三杯酒来酒又清，
今夜洞房贺新人；
喜庆洞房花烛夜，
恭贺夫妇百年春。

四杯酒来酒成双，
双手捧来敬鸳鸯；
鸳鸯夫妇同到老，
鸾凤和鸣百世昌。

五杯酒来喜气多，
双手捧来新人喝；
夫妇同饮五杯酒，
五男二女同登科。

六杯酒来酒又甜，
双手捧到新郎前；
六亲九眷来祝贺，
六合同春家团圆。

七杯酒来酒又香，
双手捧给贵新娘；
新娘喝了这杯酒，
和合夫妻福无疆。

八杯酒来桂花香，
特意捧来贺新郎；
新郎喝了这杯酒，
恩爱夫妻百年长。

九杯酒来是重阳，
重阳美酒敬新娘；
夫妇同饮重阳酒，
子子孙孙坐满堂。
十杯美酒杯杯香，
杯杯美酒敬新郎；
夫妇交杯同饮尽，
儿孙世代得安康。

（三）祝贺歌

飞来凤凰结成双，
首咏诗经第一章；
今夜洞房花烛夜，
明年生个好儿郎。

郎才女貌两相宜，
洞房花烛影相依；
共结丝萝山海缘，
永偕琴瑟寿眉齐。

百年夫妇乐今宵，
宾朋莫要苦煎熬；
莫教织女银河等，
快放牛郎过雀桥。

（四）调情歌

此类歌由闹洞房的人随意即兴创作演唱，歌词粗俗出格，可多可少，下面仅举几例：

今夜洞房花烛亮，
新人脸上放红光；
一条鲤鱼来试水，
摇床拱被到天光。

一朵红莲两瓣光，
一丘独田水汪汪；
鲤鱼跳进水田里，
深的深来长的长。

一条黄龙长又青，
一丘独田水又深；
水涨独田龙摆尾，
上上下下到天明。

英雄新郎一杆枪，
吹熄蜡烛快上床；
娇美娘子莫喊痛，
一枪插进冇底塘。

今夜洞房老鼠响，
年轻妹子莫听窗；
若是老鼠出来了，
拱得你的胯根痒。

这类调情歌随意性长，除唱腔相同外，唱词放纵，没有固定对象，在时间上由闹洞房的主持人掌握，一般不超过三更半夜。到时，主持人接声唱送合歌，欢闹着的青年男女兴犹未尽地走出洞房。

今夜洞房喜洋洋，
各位动步出洞房；
祝贺夫妻同偕老，
婚姻好合百年长。
一对新人入罗帐，
我用双手把门关；
房门内关龙凤对，
早生贵子状元郎。

苗家的歌就是就样饱含情趣，将浓浓的爱情和生活的欢乐融合在那悠扬的歌声里，因而世世代代传承下来。

值得探究的城步苗款

杨青辉

《城步苗款》是城步苗族自治县苗族学者银龙先生花近30年心血挖掘、整理和编译出来的一部反映苗族历史与文化的优秀作品。令人惋惜的是，这部书尚未正式出版，编译者银龙先生就因病与世长辞。而值得庆幸的是，这部作品在省、市、县有关部门领导和城步一些离退休老同志的高度重视下，于2004年3月得以正式出版发行。我是一个地道的城步苗人，曾帮助银龙先生誊抄过这部书的部分手稿。如今，每当我翻阅这本书的时候，对银龙先生的敬佩之情便油然而生。

苗款是指苗族在氏族发展阶段的社会组织形式，是一种维持苗族地区正常生产生活和抵御外来势力的地域性基层组织，苗民在讲款传款过程中派生出来的叙事文本即款文，又叫款词、“学公爷”。《城步苗款》分为天地起源款、人类起源款、政权起源款、苗族源流款、苗民起义款、款源款、合款、款坪款、坪头款、议事款、祭祀款、规款、条款、坪尾款、礼仪款、藏款、葬歌款等。所叙述的内容涉及到苗族的哲学史、社会形态史、民族源流史、民族文化史和宇宙观、道德观及价值观等方方面面。《城步苗款》一书，被湖南省民族研究会理事和省苗族会理事张正清先生称赞为“苗族研究的‘活化石’，苗族文化的‘小百科’”。它所提供的资料无所不有，无所不包，很值得我们去探讨和研究。现就“天地起源款”与“人类起源款”做点探究。

一、“天地起源款”充分体现了苗族先民的宇宙观。对于天地是怎样形成的，早在数千年前苗族先民就有了认识。如“苗款”云：

……太阳出有根，月亮出有源。初初年间，漆空虚，上阳朝冂刀间，乱阳世界，包罗天地。先置黑地，后置明天。上出冂刀月立乾坤。（注：

“门月”二字，查《辞海》和《汉语词典》无此字样，属苗文符号，苗区方言读“嗨冒”，译成汉语是混沌前的意思。“门冂月”三字，亦是苗区方言，读“雾麻麻”，意即有微光，译成汉语是混沌初始状态）

以上几句款词，银龙先生的译意是（后文译意者均同）：“太阳出来是有根的，月亮产生是有源的，在天地形成以前，也就是混沌前期，或叫天地世界开辟的状态，天是漆黑的，什么也没有，是空虚的。那个时候，天没有日月，是个没有光的黑世界，包括天和地，都是混混沌沌。到后来，也就是混沌初始，日月开始萌芽，似黑不黑，似光不光。先有黑地，后才有明亮的天，这个时候开始立乾坤。”从苗款原文来看，苗族先民仅用简单的寥寥数语，就勾勒出了宇宙生成之理。对天地与人类的产生，苗款有以下之说：

天大只有一粒米，地大只有一鱼，只有鱼鳞灵变化，变作金鸡凤凰身。金鸡抱出三天子，一个结二，二结三，三个结四天盘古，这个千千变头，万化乾坤。

以上的意思是：天很大，但只发现有一粒米大小的物质；地很大，却只发现有一个鱼的生物体。其他物体没有变化，只有鱼鳞在灵变，逐渐变成了人头锦鸡像凤凰一样的身子，这是天地生成后最早出现的人。后来，她生了三枚蛋，经过孵化，崽子脱壳而出。之后，就一生二，二生三，三生四，他们就是开天的盘古。接着各种物体和生物一个接一个地不断涌现，千变万化，这个时候的世界是一个千变万化的世界，乾坤由此而立。

苗族先民叙说的“天地起源款”正好印证了《易经》《道德经》《说文》对天地形成之说法。《易经》云：“太极生两仪，两仪未分，其气混沌如鸡子。”《道德经》云：“道生一，一生二，二生三，三生万物。”《老子》又云：“有物混成，先天地生……可以为天下母，吾不知其名，字之曰道。”《老子》讲的“道”。即宇宙万物之本原，物质世界之本体。《说文》云：“混沌初开，乾坤始奠；混沌之气也，阴阳未分之象。乾，天也，坤，地也。”从苗族先民对天地世界形成的认识来看，说明苗族自古以来就是一个非常有智慧的民族，是一个非常优秀的民族。

二、“人类起源款”对人类的形成、进化论产生出另类研究课题。人类起源款将人类产生过程分为“上元盘古”“中元盘石”“下元盘古”三个时期，即产生—毁灭—再产生—再毁灭—再产生。而在我国民间流传下来的神话故事中，人们一直认为人类始祖就是开天辟地的盘古。对于上元盘古的产生，苗款原文有这样的记述：

> 上元盘古鱼变化，变作金鸡凤凰身，金鸡换出三天子，一个结二，二结三。盘古一出，象当天不动，脚踏地皮不开，三个结成一砣，凤（合）成一块（注：“凤”，是苗语的发音，即“合”的意思），果个像生出开天盘古。

以上的意思是：上元盘古的人起源于鱼，鱼鳞慢慢地变化，变成了锦鸡凤凰鸟的样子，后来，她生出三枚蛋，经孵化，崽子脱壳而出，人头鸟身，他们就是早最的三天子，就是开天的盘古。盘古一出，他们就想用手拿天，天拿不动，他们又想用脚把地皮踏破，但也踏不破。后来，他们三个联合起来开天辟地，结果成功了，他们确实成了开天盘古。这便是苗族先民认为“人是由鱼演变而成”的道理。

苗族先民认为人类产生和发展的第二个时期是中元盘古，苗款云：

> ……几起几落，上阳朝（注：指上元盘古的混沌时期）五万年。五万年前难脱皮，长生不老千万岁，神仙万等太平年，果个正是上元盘古（注：“果个”是“这个”的意思，当地苗人土话）。上元盘古人断种，中元盘古人出身，天气夫人做人种，炫王李帝管乾坤……

以上苗款的大概意思是，地球上的人类是几起几落，上元盘古时期约有五万年。这个时期的人，像蛇一样以脱皮方式返老还童，长生不老，可活到千万岁，但脱皮的时候很难受。这个时期的人同神仙一样，互相没争斗，是个太平世界。不知什么原因，上元盘古人忽然断种了，后来中元盘古由天气阴阳作用生成一个女人，叫“天气夫人”，由她做人种，一个接一个地生，后来出生的人多了，由姓张的当王，姓李的做帝，共管天下。而关于古时候人以脱皮方式返老还童的故事至今仍在城步民间流传。

苗族先民认为人类产生和发展的第三个时期，是下元盘古，苗款原文是这样叙说的：

> 焦可元年，天大旱，晒破岩头做两边，晒死蛇虫做泥土，晒死鬼神难出身，晒干江河无流水，又是一个乱阳世界，去了中元盘古。中元盘古人断种，下元盘古人出身，灵气夫人做人种，正是开天立地人……

这段款词的意思是：在焦可元年（史料无考，可能是远古时期苗族先民所称年号），天不下雨，发生了特大旱灾，太阳将石头晒作了两边，蛇和虫等无数生物晒死后变成了泥土，鬼神怕晒不敢出身，江河断流，天下又变成了一个乱世界。这时的中元盘古，人又断种了，下元盘古的人又开始出身。这个时候的始祖，也是一个女人，她是天地之精华灵气生成的人，是下元盘古人类的种子，是下元盘古开天立地第一人。

《城步苗款》引用的资料很多，而且是立体性的和全方位的，我们不可能用一篇或几篇文章就诠释得了的。但细读它，不仅让你增加知识，受益匪浅，而且还能让你对苗族历史文化有所了解。看完它，如同看完一部神奇的、多画面的三维立体电影。我很赞同苗学者张正清先生为《城步苗款》作序中对银龙先生做出的评价。银龙先生用“城步苗款”作为书名，足见其对民族对祖先们的一种敬重和虔诚之心。银龙先生是一个只念过小学的苗族干部，却敢于涉足博大精深的苗族历史文化领域，并且能够适时抢救出“城步古苗款”这一珍贵文化史料，其志可敬，其勇可钦。

（本文作者系政协城步苗族自治县原学习文史委主任）

湘西南苗乡神医水师初探

杨进步　曹正城

水师——民间伤科医生，历史悠久，在我国已有近2000年的历史。在汉代以前，我国农村就有水师的称呼。它是我国民间治疗跌打损伤、无名肿毒、蛇咬毒伤及各种疑难杂病唯一的一支专业性、半耕半医性的医疗队伍。

城步苗乡水师，是特殊的“医师”。他特殊在有自己独特的医疗医学理论和见解，做到诊伤接骨不打麻药，不用开刀，大大缩短了治疗愈合的时间，减轻了患者痛苦，恢复快、效果好；同时，为患者节约了医药费用开支，减轻了病人和家属的精神压力和经济负担。

城步苗乡水师，是我国民族中医药文化宝库的贡献者和乡村医生的重要组成部分。从古至今，他们为乡村广大群众看病诊伤，排忧解难，做出了卓越的贡献；它的思想、技术、药攻和治疗效果得到了广大劳动人民的高度赞扬和认可。在那些缺医少药、经济落后的乡村，水师的作用显得尤为重要。在医学科技高度发展的当今世界，水师仍然起到了不可替代的作用。有些被大医院宣布的“不治之症”，经水师治疗，“死马”能变成“活马”；一些被大医院曾经多次动手术，治不好的病和伤，在水师那里却能迎刃而解，因而他们被称之为“神医”。

一、城步苗乡水师的历史渊源及其影响

苗乡水师在古代和新中国成立之初是十分吃香的，队伍也比较大。

城步地处湖南雪峰山脉和广西越城岭余脉交汇处，这里山高林密，溪河纵

横，中草药资源十分丰富，几乎每乡每村都有水师。水师靠治病疗伤养家糊口，有名的水师家中都比较殷富，名声也好，受人尊敬。那时水师吃香的原因，主要是科学不发达，医疗机构少，交通、通信又十分不便，医疗水平也相对较低，大大小小的病，特别是生活在山区的人所患跌打损伤、无名肿毒，都请当地的水师医治。现在，水师队伍已日益缩减，濒临消失。年轻的水师很少，年老的水师大多隐居山林乡村，真正懂水师全套技术，能疗伤治病、身怀绝技的屈指可数。主要原因是现在医药科技发达了，医院和诊所县乡都有，一般的病都去诊所打针买药，大病就去医院住院治疗。现在的年轻人，也很少有人去学这门技术。这门技术难以学精，难以养家糊口，更难发家致富。现在偶尔为人疗伤治病的水师，90% 以上都上了年纪的，一般在 50 岁以上。也有个别年轻的学这门技术，但难有恒心，难耐寂寞，真正学得精深达到炉火纯青的极少。而现在的患者，一般不会先找水师疗伤治病，除非是医院治不好的疑难杂症，或是医院伤科接不上位与接不对位的骨折，无奈之下，患者或患者家属才带着侥幸的心理去寻找水师。其实，城步苗乡水师许多秘传的治疗方法和草药，以及那些科学暂时无法解释，又实实在在能辅助疗伤治病，甚至可直接疗伤治病的灵符法水，确实值得重视和研究，值得保护、挖掘和传承创新。

从清末经民国时期和新中国成立后的 50—70 年代，在湖南城步与广西龙胜的交界处，城步苗乡水师享有盛誉。如我县汀坪乡团心寨村的杨柱水师。杨柱（又名杨盛善）生于 1924 年，他师从于其父老水师杨昌宁，为乡村百姓救死扶伤，盛传佳话。杨昌宁也是一个师承祖宗武功医术的老把式，因生活所迫，要往桂林挑盐。清末民初兵荒马乱，抢劫盗窃时有发生，昌宁凭借自己的武功和医术，一方面为盐帮商客和沿途百姓治病，另一方面为大家防抢防盗。当时湖南盐商在桂林塘下墟起货，市场比较繁盛。墟场集日，时有设擂比武。杨昌宁武艺高强，凡逢擂场，他也要登台试试身手。每逢他上台，他拳脚并用，几招便把对手打败，因而享誉一方。据说一次在兴安住伙铺，屋前田里有头大水牛在吃草，同行便说："昌宁你能把那头牛放翻吗？"杨昌宁二话不说便走过去，双手紧握牛角，一个扫堂腿便把牛打个四脚朝天，引得围观者啧啧称奇。1927 年军阀混战，一队枪兵路过城步团心寨，看到杨昌宁家里比较富足，便要他拿 500 光洋，昌宁拿不出，枪兵就把昌宁家老小三口绑上南山吊羊（即作为诈财人质）。没过几天，又来了一股枪兵梁子（旧时指正规部队）。双方打了起来，吊羊的枪兵伤亡很多，有的手臂、大腿被子弹贯穿发炎了，痛得要命。就对昌宁讲："你要能治好我们的伤，就不杀你们，放你们回家。"昌宁同意为他们治伤。他找来几根棕绳，从伤口处穿过反复拉扯，清除了腐肉，再找来草药，塞入伤口，不到几天工夫，竟然伤口全好了。昌宁老少三口被放了回来。其儿子杨柱读过两年私塾，满 13 岁就随父亲杨昌宁练功行医，很受父亲看重，17 岁即能独当一面行医。父亲去世后，杨柱就名传湘桂两省。1960—1962 年，他被抽调到洞头山伐木场当医生。伐木场有 1000 多人砍树，经常有伤者，他疗伤接骨，不分昼夜。70 年代初期，湘桂两省修筑城步至龙胜公路，成千上万人开山修路，伤筋断骨工伤情况时有发生。老水师杨柱便成了工地上的义务医生，来回奔走在工地上，解决了工地受伤民工远离区、社医院而不能及时救治的难题。公路竣工通车时，指挥部为感谢杨柱老水师的支持和贡献，给他送上了一面"热情支援城龙公路的好水师"匾牌。1979 年，山东省一位姓梁的剧团演员，因为高空表演跳马摔下来，伤了腰椎、颈椎，脑神经受损，在山东多家医院治疗一年多没有好转，后来在全国报纸上看到介绍城步苗医骨科水师杨柱的事迹，慕名来到城步苗乡团心寨找杨柱，仅治疗半个月，就恢复了健康。他回到山东后特意寄来一面"疗骨神医"大锦旗表示感谢。

二、城步苗乡水师医治患者的一般步骤

水师治病过程均以一碗水开场，由水师含一口水喷到患者的伤处，继之推拿患部，再以中草药内服、外敷去疾除病。

一碗水使整个疗程、疗效蒙上了一层神秘的面纱，以为所有的"法术""魔力"都附于这一碗水中。其实这一碗水极为普通，塘水、河水、井水、自来水都可。而在苗族地区的外人看来，这一碗水可是法水、神水，法力无边。

以下主要介绍医治骨伤的步骤。

一是观察患者受伤情况。骨伤患者多为外伤性骨错位，胫骨折断，粉碎性骨

折，甚至皮肤肌肉破裂性外伤，断骨外露，通常必须迅速采取治疗措施。

二是点穴。点穴是治疗的第一步，伤者因伤情而疼痛难忍，有的鲜血外流不止，严重者甚至失血性休克。因此，他利用点穴为患者止痛，利用点穴为伤口止血。

三是摸、揉、拉、扯，为患者伤骨正位。摸是进一步探明骨折程度，逐步修复破损骨裂变部位；揉是在修复破损骨时将外损骨刺归位；拉是将主骨折断错位通过拉回归到正常位置；挫伤性骨折必须强力拉动归位，如大腿半月板严重损伤和腰脊重压性折断，必须固定好患者的上身或者下身，水师用力抱住伤者胸部或双膝，脚抵固定物（如墙壁），一下子运用暗力，在伤者不觉察时须臾之间将骨折主要部位拉扯到位。有的病人因为受伤后找不到水师，在一些条件较差的医院误诊而导致伤骨未能复位。因此，水师要用重招拉扯办法复位，重新治疗。

四是上夹。水师通过摸、揉、拉、扯，将伤骨按正常状态回归原位后，为防止患者走动时伤骨再错位，必须用有一定硬度的物体把损伤复位后的骨骼固定下来，通常用杉木树皮作为夹板材料。杉木树皮透气，轻质，硬度适中，用3—4块长约30厘米，宽3—4厘米的杉木皮，把表皮削光滑，内皮包扎围在伤骨部位，用麻绳把两端捆扎起来。有时也用松木薄板作固定材料，但松木板要加工成适用薄片，费时费力，不如杉木皮快捷适用。为了让患者伤处活血通筋活络，固定夹必须每3天松拆一次，然后再固定，轻者10天，重者一个月左右就会痊愈。

五是敷药与服药。水师骨科敷药以草药为主。敷药是将山野草药，如牛膝、大血藤、小血藤、骨碎补等止血、生肌、活血、补血、通经、活络之类的药舂擂成粉状，加酒或加水搅拌成饼，敷于绑扎患处，再用干净布包裹起来。现在则用医用纱布绑扎了。外敷药每天换一次，按伤口愈合情况确定配置药的加减；服药，通常用血藤、当归、牛膝、赤芍、黄芪、骨碎补等通经活络的中成药，外加5岁以内童子尿，以促进身体里外配合，尽快促进伤口愈合的作用。

三、城步苗乡水师医治患者的独特之处

（一）精准的点穴功夫

城步苗乡老水师带徒弟，首先要他们死记硬背人体的128个止痛穴、止血穴，不记住穴位就不传其他功夫。学徒们一般来自自己的儿子或亲朋好友的子女，他们各有特点，有老实听话的，也有好玩嬉要的，但到了这个关键点上，谁也来不得半点马虎。所以学徒一年时间内，除了吃饭睡觉外，就是背经络穴位，找不准就不上场。这样一来二去，徒弟们硬是被师傅逼出来了，人体在12个时辰的经络走向，各个部位的止痛点、止血点，像刻碑文一样都熟记于心中。而现在的外科手术，都是通过注射麻醉剂，或局部麻醉，或全身麻醉。对出血用的是电烙或钢夹等，这些现代技术比起古老的点穴术，或多或少还有一些副作用。

（二）娴熟的摸、拉、揉技术

摸是最先的手法。水师在点了止痛穴后，通过摸来判断骨折程度、断折移位情况，如同现代医院拍X光片一样，摸到心中有数，在心中确定拉的力度。力度小，无法复位，力度大则加重伤势，所以摸的基础功十分重要。拉是在摸的基础上确定正位办法，力气要适中，动作要迅速，在病患者不知不觉中仅用一两秒就把折断错位的骨头归位了。揉是拉的补充，主骨拉正位之后，轻轻揉动，将散开太多的碎骨揉归正位，起到自然磨合作用。

（三）轻巧的夹板技术

水师通过拉、揉将骨正位后，必须用夹板固定，以免移动。现在医院骨科正位是用打石膏筒，上钢板，这种固定法十分烦琐，石膏筒不透气且笨重；钢板则伤骨，恢复后还要取钢板。水师正骨夹板用的是干杉木皮，即轻便又透气，取3—4块长约30厘米，宽2—8厘米的杉木皮，将外表粗皮削细，然后用木皮里紧贴受伤部位，用布条或小麻绳捆扎两头，就固定了。

（四）纯正的山野草药和奇特的用药办法

夹板固定要留出一定伤位皮肤，用于敷药。水师用药与现代中医不同，而是注重于伤者受伤的时辰、部位，按 12 个时辰和受伤部位辨证定药。如伤在头部，则以天麻、防风、独活、川芎为主；若伤在胸部则以柴胡、桔梗、枳壳为主；若伤在腰部则用杜仲为主；伤在下身用独活、五加皮、牛膝等为主；四肢则用血藤、桂枝、桑枝等。重点是将上、中、下体位用药加上活血通经、止血生肌药物。城步境内及周边县到处是崇山峻岭，山林茂密，中草药资源丰富，品种繁多，水师们采集洗净晒干后，加工成粉随时备用。

（五）崇高的医疗道德准则

老一辈苗乡水师反复告诫弟子要“有求必应，有伤必治，不论报酬”。这 12 字医德，尤其是“有求必应、不论报酬”8 个字最为重要。“有求必应”，就是无论你有不有空都得出诊，半夜喊半夜行，远也去，近也去，走路爬界也要去；才端饭碗，有人喊了，丢落饭碗必须行，这叫救人于水火之中。“不论报酬”，更是苗乡水师救死扶伤、助人为乐的奉献精神，不论钱多钱少，都要精心尽力医治。决不允许行医开口论价、依伤谈价。自古以年来，城步苗乡的水师救苦救难医治伤病患者无数，对特困家庭的患者，他们治伤接骨，有时连茶水都没喝一口，凳子都没坐一下，免费治好就走。现在农村群众生活好了，经济富裕了，但他们行医还是从不讲价钱，最多的才收千把元，少的几十元，有时给一只鸡（鸭）、一瓶酒、一斤猪肉也行。同样的伤，在大医院可能要花费成千上万元，有时还不一定能治得好，但通过水师医治，几百元也许就解决了问题。如 2018 年，广西柳州市三江县的梁某到山上砍树，一根大枯树干掉下来打在他头上，头骨破裂，颈骨受损，外伤出血，颅内瘀血，在医院昏迷救治 10 余天，病情未见好转，其家人慕名找到城步汀坪乡的水师廖代红，请求出诊。廖代红用草药为其治疗，仅半个月就痊愈了。其家属在医院花了 1 万多元，而廖代红仅收了他 180 元医疗费。

四、城步苗乡水师医技医药传承发展面临的困惑及对策

（一）水师医技医药传承及人才培养面临的困惑。

1. 医技传承发展缓慢，从业人员不断缩减。历代以来，水师的医技一般是祖传父教，轻易不肯示人，要传也限于“传子不传女”。即使是配草药时，也要背着外人动作。因而水师医技传承发展缓慢，至今只掌握在少数人手里，视为祖传之宝，甚至于有“国宝”一说。城步水师新中国成立初期有近 200 人从业，到如今已不足 100 人。

2. 传统水师中医药治病疗伤的方式方法，正面临现代医学的严峻挑战，服务领域缩小，特色优势不足。

3. 缺乏相应的管理机制、体制。自古以来，水师均为祖传、师传或家族内传，地方政府卫生部门对其管理也不多，缺乏相应完善的管理机制、体制，使少数水师成了“游医”。

4. 从师者不想原本照搬式学习老水师传授的敬祖念诀请师的程序，认为是迷信；不肯学习人体 12 经络与 128 穴位，认为难记难背，不肯运用穴位来止痛止血；不想上山采摘草药，认为采草药费时费力，采回还要加工，麻烦得很；对摸、拉、揉正骨手法不专心理解难掌握，粗心随意。

5. 从师者对“有求必应，不论报酬”的医德有异议。认为现在是市场经济，国家医院看病都要先交钱后看病，有钱才治病，而我们农村水师却随喊随到，不论报酬。现在讲究经济效益，有付出必须得有回报，也要像国家医疗部门一样，先讲好价钱，预交钱，然后才治病疗伤下药，这样做合情又合理。费力不收钱或出诊利微薄，只讲奉献的事情少数从师者是不愿干的。

（二）几点建议

城步水师的医技医药是我县劳动人民长期与疾病和自然作斗争总结出来的。从对我县民间水师中医术、中医药走访的调研情况看，他们的中医药水平确实高超、博大精深，不愧为是城步民族的中医药精品文化。

发展中医药是民族复兴的大事。小康不小康，首先是健康。人民健康是生活美好的重要基础，也是改善民生、实施乡村振兴的重要内容。为促进城步苗乡水师队伍的快速发展，使其医技医药能世代传承，发扬光大，走出大山，走向世界，建议如下：

1. 将我县水师神奇独特的医技医药功能纳入非物质文化遗产项目向国家有关部门申报，争取国家层面的重视支持；同时还要将其纳入全县经济社会发展规划，加大开发推广力度。

2. 把我县汀坪乡团心寨村（该村现有水师 4 人）确立为“苗乡骨科水师”中医药文化传承基地。积极发挥老一辈水师的传帮带作用，打破自古以来医技“传子不传女”和“不传他人”的禁区，让更多的从师者能学到老一辈水师的绝技，从而造福更多人的健康。

3. 成立城步水师民族中医药文化研究会。会长可由县人民政府或人大、政协的副职领导担任，副会长由德高望重的老水师兼任。该会主要研究在新时代背景下城步水师医技的传承、创新、发展和利用，广泛吸纳全国各地中医药和西医药的最新研究成果，推动城步苗乡水师的医技医药走现代化、产业化的新路子，服务于城步的医疗卫生事业，为建设健康、富饶、美丽、幸福新苗乡城步添砖加瓦。

4. 由县财政、县卫生健康局每年安排一定的专项经费，用于民族中医药传承人的培训、教育和医疗技术知识的更新等支出，让苗医苗药发扬光大，重振雄风。

5. 在县卫生健康局设立苗医、苗药开发研究中心，专门负责全县民族医药的开发、水师的考核管理和水师执业资格的认定注册等项工作，并制订切实可行的管理考核办法。

6. 合理确定好农村水师行医收费的价格。以临床价值为导向，以中医优势服务、特色服务为重点，加大政策支持力度，完善水师服务价格机制。要分批遴选中医优势明显、治疗路径清晰、费用明确的病种实施按病种付费，合理确定付费标准。通过对部分慢性病病种等实行按人头付费、完善相关技术规范等方式，鼓励引导农村水师提供适宜的中医药服务。及时将符合条件的水师自办的医疗诊所纳入医保定点单位。还要积极将适宜的水师中医医疗服务项目和中药按规定纳入医保范围。

7. 创造条件，制定优惠政策，鼓励本乡本土的大学医科毕业生回家乡建家乡，拜老一辈水师学医、行医服务家乡百姓。

8. 建立民族中医药人才表彰激励制度。加强中医药传承创新表彰，建立中医药行业表彰长效机制，注重发现和推介中青年骨干人才和传承人。对业绩突出、医技高明、医德高尚的水师传承人，通过考察考核，要及时吸收到县、乡医院工作。

9. 国家层面要调整乡村中医药人才培养和使用的政策。一方面要从政策上进一步拓宽有利于乡村中医人才成长和使用的空间和途径，使其有更多的机会展示其才干，发挥其优势。另一方面，应尽量力避因西医的“科班”性管理给乡村中医药人才培养和使用带来的“晕轮效应”和“蝴蝶效应”，保护中医药人才，尤其是乡村民间中医弟子，能遵循其自身规律更好更快地“脱颖而出”。对“无专业学历”的民间中医药师承、祖传和自学有成的中医弟子，可以考虑尽可能缩短“师承考核”和“确有专长考核”中关于“3 年”“5 年”的时限规定，而使其随时同步于全国性中医类执业医师资格年度考核考试。在对乡村中医药人员的技术职称晋升方面，能否对“规定学历”不再做硬性规定，以利于他们有同等的晋升机会，拓宽其发展奋斗的路子。

（杨进步，城步苗族自治县非物质民族文化研究会会长；曹正城，城步苗族自治县政协原党组第一副书记、常务副主席。本文获贵州省苗学会 2020 年学术年会暨新时代背景下苗医苗药传承创新发展研讨会优秀论文奖，未设等级奖）

试谈象形法在苗医药中的运用

周杨斌

人类的历史，从生物医学角度讲，是一部与疾病、死亡不断斗争的历史。实践出学问、实践出科学。世界各民族都是经过长期实践，总结出了自己的、独特的民族传统医学。苗族是一个古老的民族，在历史实践中也形成了自己的苗族医药学。

一、象形疗法

本人在长期从事城步苗族医药的民间研究中发现，苗族医药具有相当大的象形性。何谓象形疗法？简而言之，就是取自然植物、动物药中与人体组织、患病部位、疾病表现特征相同或相似的东西以治疗人的各种疾患。它虽然不同于中医的辨证论治，但在几千年以来的中医治疗方法中却有它的影子。比如，中医的脏器疗法，以猪心配方治人心脏之疾患，以猪腰子配杜仲治肾虚腰痛，等等。

其主要特征，首先是注重药物应用上的象形性，比如核桃像人脑，就用核桃补脑；鬼笔科真菌红鬼笔极像发炎溃烂的男性龟头，以之治邋遢疳有特效。

其次是药物配方上非常注意药名与病名的相克、相制。如苗医病名老鼠拱禾仓（又名老鼠偷粪，相当于现代医学的肛门直肠周围脓肿），而治疗所用的独特秘药就是能吃老鼠的猫，用它的牙齿或骨头，置新瓦上焙燥研末，用桐油调涂。有立时止痛，且愈后不易复发之妙。老鼠疮（又名：九子疡，相当于现代医学的淋巴结核），用老鼠刺根（为冬青科枸骨，老鼠怕老鼠刺）炆鸡蛋吃，就有药到病除之妙。治缠蛇丹（带状疱疹）、铁蛇伤（被铁耙刺伤或铁锄挖伤），因它们的危害性如毒蛇咬伤，故常用治毒蛇咬伤的的药物来治疗，且有佳效；蛇头指（手指头感染）用可治毒蛇咬伤的凤仙花捣烂外敷有特效；治疗毒蛇咬伤又常用似蛇头（如扛板归、花脸七、高莴苣等的叶象蛇头）、蛇身（魔芋杆、天南星杆象蛇身）、蛇舌（如半夏、掌叶半夏的佛焰苞象蛇舌）的药物，或像蜈蚣（因为蜈蚣克蛇，如飞天蜈蚣，即西南蓍草；千条蜈蚣赶条蛇，即羊齿天门冬）等来治疗，且疗效甚好；蜘蛛毒（相当于现代医学头顶部蜂窝组织炎）溃烂，用蜘蛛窝捣烂外敷，亦有生肌收口之妙，且可预防反复发作。这样的例子，比比皆是，不胜枚举。

二、象形取药

自然物质，无论是植物还是动物，其中有许多东西，其外形特征、物质属性与人体组织形状、物质属性比较，有不少相同或相似之处，在医疗上有着一种特殊的治疗作用。

与人体形状相似的植物，最典型的首推人参。人参原野生于东北长白山，现在许多地方已引为人工种植，人参的根块，常具人形，有头、身、手、脚，故于人身五脏六腑、四肢百骸之气阴阳，均有所补益；与人脑相似的植物，主要是核桃，形似人头，皮骨俱全，敲开硬果壳，其果仁形状如人的脑髓，左右脑、沟回纹路，惟妙惟肖；牛皮冻极像人的肠道，故于肠胃疾患有特殊疗效，民谚云："肚子痛，呷牛皮冻"；南沙参空松如肺，马兜铃悬垂如肺之多叶，故可入肺治咳；如肾之女贞子可补肾；如男子阴茎、阴囊的红冬蛇菰，苗医常配方治男子阳痿不举；羊齿天门冬块茎甚众，如多子之妇人，故又名多崽婆，常配方用以治不孕症；取蜗牛头一伸一缩的特性（以之焙干研末，用桐油调涂）治疗只伸不缩的脱肛和子宫脱垂有卓效。

接骨疗伤，要使折断的骨头重新连接，往往要使用捣烂黏性很强的药物，如苎麻根（麻蔸）、栗叶榆根皮（鼻涕柴）、星毛冠盖藤根皮（猢狲接骨）等来粘连骨头，可取得迅速痊愈的疗效。

三、药物识别

苗医谚语云："草木中空定祛风，对枝对叶可除红，枝叶有刺能消肿，叶滑藏浆散毒凶，香麻定痛驱寒湿，叶甘汁白补虚同，根黄清热退黄用，节大跌打驳骨雄，色红入血双调节，色白利肺咳嗽松，圆梗白（黄）花寒性药，热药梗方花色红，苦能解毒兼清热，咸寒降下把坚攻，味淡多为利水药，酸涩收敛涤瘀脓。"这些谚语说明药物形态、颜色、气味及口感与其功用存在一定规律性。如毛茛科的威灵仙、女萎，葡萄科的爬山虎，木通科的大血藤、三叶木通，五加科的穗序鹅掌柴、细柱五加，防己科的青藤，五味子科的异型南五味子等茎杆中空有孔的许多药物，均能祛风通络止痛，利湿消肿；茜草科的茜草，忍冬科的接骨木，苋科的柳叶牛膝，玄参科的接骨仙桃草，唇形科的血见愁、反背红等枝叶对生的许多药物，均能活血散瘀、凉血止血以双向调节；菊科的蒲公英、大蓟，蔷薇科的金樱子、小果金樱子、茅莓，五加科的楤木、虎刺楤木等全株多毛多刺的许多药物，均能清热解毒，消肿排脓，祛风止痒；堇菜科的犁头草、匍伏堇、五味子科南五味子属的红木香、黑老虎，虎耳草科的冠盖藤、星毛冠盖藤等叶片光亮、捣烂甚黏糯有浆的许多药物均能解毒、拔毒、排脓、接骨；杜鹃花科的滇白珠，姜科的箭杆风，五加科的三加皮，茜草科的鸡屎藤、毛鸡屎藤等气味辛香的药物及毛茛科的草乌头，天南星科的天南星，芸香科的麻口皮子药、竹叶椒等入口甚麻的药物均可祛风除湿止痛；萝藦科的牛皮冻，桔梗科的南沙参、土党参、四叶参等鲜品折断有白汁如乳，且味微甜的药物均能补益气血；桑科的穿破石、藤构，茜草科的虎刺，玄参科的铃茵陈，藤黄科的田基黄等根为黄色的药物均可清热利湿退黄；茎节膨大者如苋科的柳叶牛藤、粗毛牛膝，紫茉莉科的紫茉莉，买麻藤科的小叶买麻藤等均可接骨、理跌打；色红者入血分，如薯蓣科的薯莨、秋海棠科的掌裂叶秋海棠、红白二丸，芍药科的赤芍药等药物均能清热凉血止血、活血散瘀双向调节；色白者如桔梗科的桔梗、兰科的白芨、三白草科的三白草等药物均可入肺以清肺祛痰止咳；杆圆花白或花黄的许多药物如报春花科的大田基黄、虎尾珍珠草，菊科的一枝黄花、蒲公英、五月艾、鸭脚艾、胜红蓟、马兰等，其药性皆寒凉；而干方花红的许多药物如唇形科的紫苏、华荠苧、小花荠苧、疏花荠苧、藿香等药性皆温热；味苦的药物如马鞭草科的马鞭草、大青叶、臭牡丹，防己科的金果榄，马兜铃科的青木香，唇形科的青鱼胆草，小檗科的十大功劳、马尾连，蓼科的虎杖、土大黄等均能清热解毒；咸寒药物如芒硝能软坚泻下；入口其味甚淡的药物如木通科的三叶木通、五加科的通草、清风藤科的清风藤均具有利水渗湿之功；酸涩的药物有收敛、宣通双向调节的功效，如大戟科的算盘子既能收敛止泻、止痢、止白带，又能活血舒筋治跌打、风湿；生在水中或水边汗潮湿处的药物一般能利湿、化湿、解毒消肿，如天南星科的石菖蒲、禾本科的来尿珠、凤仙花科的野凤仙花、泽泻科的水慈姑等；生在石壁岩缝、树木上的许多药物一般性凉，吸湿力特强，故于人身之湿可除，或于人身之阴可补，如水龙骨科石韦、江南星蕨、攀缘星蕨，槲蕨科的骨碎补等许多蕨类药物均可清热利湿兼祛风湿，兰科的广东石豆兰、石仙桃，肾蕨科的肾蕨等药物往往还有滋阴、利湿双向调节的功效。

四、五色入五脏

根据“同类相通，象形相融”的规律，红色的药物一般在心血管上发挥治疗作用（如丹参、薯莨）；青色的药物一般在肝、胆上发挥治疗作用（如大青叶、凤尾草、九头狮子草）；黄色的药物一般在脾、胃上发挥治疗作用（如穿破石、田基黄、黄精）；黑色的药物一般肾、膀胱上发挥治疗作用（如女贞子、桑葚、海金沙根）；白色的药物一般在肺上发挥治疗作用（如白芨、南沙参）。

综上所述，说明城步苗族医药在治疗上有浓厚的象形性，在药物药性识别上有特殊的操作规律性可寻，值得我们大力挖掘、整理、提高和运用，为本民族乃至全国各族人民的健康贡献自己的力量。

城步苗瑶“狗头帽”探源

肖三雄

城步苗、瑶二族人以狗为图腾，你也许没听说过。传说古代苗、瑶族人在举办庆鼓堂活动时，大伙集合在庙里先吃狗饭（米汤样的饭）；瑶族人过年时要学狗的样子在桌下爬一圈（卡田庆鼓堂传承人罗仕荣口述），如狗一般吃三口饭（黄伞老寨瑶族人口述）。那苗、瑶小孩子小时候戴过的狗头帽，你还记得吗？

苗家孩子大多戴过的这种自做的帽子叫“狗头帽”，很多人都记忆犹新。在帽顶两旁，左右开孔，装两只毛皮的“狗耳朵”。帽子的材料采用上等的鲜艳绸缎呢子，镶嵌金钿。帽的边缘有银子或黄铜打造的九子太婆佛像吊坠。

传说戴这种像狗头一样的帽子，能让孩子像狗一样健康成长。帽上的九子太婆佛像代表着神仙保佑。狗头帽也是苗、瑶族头饰之一，很具有民族特色。

为什么苗、瑶人崇拜狗呢？连帽子也做成狗头样呢？

据晋代干宝《搜神记》记载，古时候，各族“番王”（中土没有教化地区的领袖）乱我南蛮边境，苗瑶土番受欺凌，部落中却无人能敌。苗瑶土番王只好贴出皇榜，谁能打败来犯番王，愿把公主许配给他。皇榜贴出三天后没见一人敢揭，苗瑶土番王万分心急，这时有个叫盘瓠的龙犬模样的野兽揭了黄榜，自告奋勇上前杀敌卫国。盘瓠龙犬咬死了番王，拯救了国家，便按黄榜条件与三公主结婚。为了变成人形，龙犬要让烈火蒸七天七夜，由于公主心切，第六天就揭了盖，故盘瓠头部还未变成人头，还是狗头。皇帝便把他派到南京十宝殿为王。盘瓠王夫妇到南京后，教人种田耕地并生有三男一女，畲、瑶两族便是他们的子孙，所以瑶族每年三月三十、六月三十都要举行“迎祖”祭祀仪式，祈祖保佑风调雨顺，家家平安。

为了维系本民族的共同心理，苗、瑶两族人的小孩，都把帽子做成狗头的形状，戴在头上表示自己是盘瓠的子孙后代，也是缅怀自己的祖先。

后来汉族人南迁以后，见此帽能遮住小孩的耳朵和脸部，保暖性能特好，也加以仿效。但汉与苗瑶有明显区别，汉族人的狗头帽是用于保暖，除帽子形状像狗头没其他含义，做工也相对粗糙简单。

可苗、瑶人做的狗头帽，做工精细，有重大文化内涵，贴有佛像、保佑成长之类的金银饰品。

那为什么狗头帽上还有“九子太婆”佛像呢？相传在很久很久以前，有一个老婆婆，她刚 20 岁时，丈夫就去世了。由于对丈夫的忠贞，下决心一辈子再也不嫁人。时间像流水一样过去，转眼已年过花甲。她身边无儿无女，里里外外田边地头，不论家务事或农活都得亲自去做。

有一天，她到山地里讨猪食，回想自己的一生，感到很凄惨，便朝天大哭起来。哭声震动了大地，惊动了山上的草草木木。哭干了眼泪，喊干了喉舌，再也哭不出声音了。在万分悲痛的时候，忽然身旁站着一个白发苍苍的老人。老人亲切地问道：“你有何事如此伤心！怎么哭得这么伤心？能不能把你的不幸之事告诉我？我尽力为你解愁。”

老太婆听见声音后，急忙抬头一望，见是一个慈善的白发老人站在自己的旁边。老婆婆就把自己的苦楚，一五一十地讲给了老人听。

她说：“我出嫁后，20 岁丈夫就去世了，我发誓一生不嫁二夫。至今我年近花甲了，身边无儿无女，不管天晴下雨，刮风下雪，我都得下地干活。现在年老做不动活计了，以后的日子不知怎么过呀！我越想越难过，难过了就想哭。今天遇见你老爷爷，就请你给指点吧。”

她边说边给老爷爷连磕了九个头。白发爷爷听完诉说后，慢慢地把她扶了起来。然后从兜里拿出九个梨子递给老太婆，并嘱咐说：“你把这九个梨子拿回去，到家后，每隔两年吃上一个，你吃下这九个梨子，以后的日子就会慢慢好起来，忧愁也就没有了。但千万要记住，每隔两年才能吃一个。”

老婆婆回家后，急忙拿出白发爷爷给她的梨子，小心翼翼地掂来掂去，梨子散发出一阵阵清香味。她高兴得连皮都忘了削，就放进了嘴里，还没咬，梨子“骨碌”一下子就滑进了肚里，虽没有细细品嚼，但嘴里却一阵比一阵香甜，由于梨鲜、味美，她忘记了白发老爷爷嘱咐每隔两年才能吃一个梨子的话，就一气不停地将九个梨子吃完了。事隔一年后，老太婆一胎生下九个儿子，面貌、长相都一模一样，就连哪个是大的，哪个是小的，老太婆都不能一一辨认。

几年过去了，九个儿子都逐渐长大了。但老太婆不会给儿子们取名字，凡有事需儿子们帮做，只会喂喂地呼叫，一叫，九个儿子都一起跑来她的身边，问道："阿妈，叫我们做哪样事？"

由于不会给儿子们取名字，这事又给她带来了忧愁，真是没有儿子盼儿子，盼来儿子又愁取名字。夜间，老太婆梦见白发老爷爷亲切地对她说："过去你没有儿子想儿子，如今你有了儿子仍愁苦，为你以后有事便于喊儿子，现我帮你从大到小给他们取名字，以后有什么事只要按名字呼叫就是了。记住：大先锋、二大力、三耐刀、四剥皮、五蒸蒸、六大肚、七长脚、八钻洞、九牛力。记住了吗？"

老太婆点头说："记住了，多谢老爷爷再次帮忙。"待老太婆醒来时，天已大亮了，她按照夜间做梦时白发爷爷取的名字呼叫儿子，一叫一个灵，一个个都站到她的身边。几年后，九个儿子都长大成人了，都能帮妈妈做事了，老太婆的日子也越过越甜了。从此以后，人们都亲切地称老太婆为"九子太婆"。之后苗、瑶就有了这种传承文化，戴上九子太婆佛像的狗头帽象征着健康成长，儿孙满堂。

科学定位“苗族文化园”生态与民族相得益彰

——对湖南南山国家公园“苗族文化园”建设的思考

吴进学　华竞男

一、湖南南山国家公园情况概述

2016年8月经国家正式批准三江源国家公园、大熊猫国家公园、东北虎豹国家公园、湖北神龙架国家公园、浙江钱江源国家公园、湖南南山国家公园、福建武夷山国家公园、北京长城国家公园、云南普达措国家公园、甘肃、青海祁连山国家公园，作为中国首批十大国家公园体制试点区。

湖南南山国家公园试点区地处湖南省邵阳市城步苗族自治县境内。该试点区整合了南山国家级风景名胜区、金童山国家自然保护区、两江峡谷国家森林公园、白云湖湿地公园（含十万古田风景区）4个国家级保护地和部分具有保护价值的区域。总面积635.94km^2，涵盖城步县7个乡镇，3个林场1个牧场，43个村（居），有常居人口2.79万人。

2018年上半年，城步县正式挂牌成立湖南南山国家公园管理局，由湖南省人民政府垂直管理，委托邵阳市人民政府代管。管理局下属四个管理处和一个综合执法支队。目前四个管理处都在全面铺开公园项目的建设工作。其目标是构建“山水林田湖草”生命共同体，形成亚热带低海拔原生性常绿阔叶林等自然生态系统保护新体制模式，保障我国南岭山地生态安全，打造我国南方低山丘陵自然生态系统保护样板，南方少数民族聚居地社区发展与生态保护互助共赢样板，自然资源资产空间规划和保护利用集中统一管理样板，国家公园全民共享样板。以实现人与自然和谐共生。

二、苗族文化园设立于公园的南大门是最为科学的定位

从整个公园的版图看，主要呈南北走向，略向东西扩展，实际上是覆盖历史上的莫宜、蓬峒、扶城、横岭及拦牛五峒地区。而城步的生苗（与世隔绝的苗人称生苗，汉化了的苗人称熟苗）人口又集中在五峒地区。这些地方苗族人口集中、稠密。都是古苗寨村落，苗族文化沉淀聚积、底蕴丰厚、风情浓郁，尤其汀坪乡区域，这是一块古老而神奇的苗族文化沃土。该乡很有区位优势，她地处 S219 线最南端，与广西壮族自治区的龙胜、资源两县毗邻，也是今后武龙高速的重要出站口所在地。距广西桂林机场 150 公里，距武冈机场 100 公里。目前南山国家公园管理局规划了南北两个大门,北大门设在县城郊两公里处的两江峡谷景区入口，南大门设立在县城的最南端——汀坪乡团心寨的古苗村。笔者认为，南山国家公园苗族文化园设于汀坪乡的团心寨是最科学的选择，其理由：一是区位优势明显。二是最能集中反映五峒地区的苗族古老文化，既有其独特性又有普遍性。三是城步油茶文化的原始基地。四是这里号称歌海之乡，是一座民歌宝库，是 20 世纪 60 年代由著名音乐家白诚仁先生改编创作的《挑担茶叶上北京》湖南民歌的原始曲调《苗家贺郎歌》发源地。五是城步最原始最地道的集苗族音乐舞蹈于一体的《跳鼓堂》和城步著名的民间小调传承基地。六是至今保留最为完整的苗家独特婚俗、酒礼等众多民俗的特色乡镇。七是被湖湘文化交流协会正式批准命名的全省第一个“少数民族文艺发展传承基地”。八是红军长征两次经过城步的重要宿营地。九是具有北国草原气派和江南山地秀美的壮阔高山平原——十万古田景区的入口。可见苗族文化园的选址，无论从人文景观、生态自然景观还是区位条件都是最为理想的定位。

三、苗族文化园建设内容要多元且丰富

城步自 60 大庆以来，本土苗族文化得到深度发掘、整理、传承、弘扬和发展。可以说取得了前所未有举世瞩目的成就。如成功地打造六·六山歌节的国家

级节庆品牌，对县城建筑进行民族文化包装，修建了气势恢宏的大型民族文化体育中心，建立了城步苗族文化展示馆，苗绣、苗服的研究开发已逐步形成了产业，苗族语言及歌舞得以倡导普及，苗族政治、历史、经济、文化、艺术的研究已营造出火热而高端的氛围，并在全国苗学研究领域有一定影响。然而，能够给社会供外界以实物形式展示，既看得见又摸得着的苗族文化场所，除丹口下团新铺里杨光清家有一农耕文化陈列室外，全县几乎找不到。县文管所多年来业务基本没铺开，实物陈列没得到更新，民间发掘、整理、收集工作跟不上。笔者建议国家公园苗族文化园的建设应设置文化内涵丰富、特色鲜明，集体验、教育、感染、观赏和娱乐性于一体的可行性项目，以充分表达、再现、演绎古老、神秘、深邃、和谐的苗族乡土文化。

（一）修建一个文化名人雕塑广场

1. 人物雕像：白诚仁、何纪光、杨多香。

白诚仁（1932—2011），国家著名音乐作曲家，称民歌之父。他于 20 世纪 50 年代末期两次专程到城步汀坪团心寨采风，根据团心寨的苗族贺郎歌的曲调改编创作成中国经典民歌《挑担茶叶上北京》，已唱遍祖国大江南北。他的成名曲作还有《洞庭渔米乡》《苗岭连北京》《围坐火塘唱苗歌》等。

何纪光（1939—2002），我国 20 世纪著名男高音歌唱家，他演唱的经典歌曲有《挑担茶叶上北京》《洞庭渔米乡》《济公之歌》。

杨多香（1875—1951），女，苗族，城步五团镇水口寨人，著名民间歌手，素有“山歌王”之称，被录入《城步人物谱》。她对唱山歌可对三天三晚，越唱越来劲，唱得对方认输才罢休。她满肚子全是歌，会唱很多种民歌。她的特点是脑子灵聪，反应敏锐，记忆丰富、出口成章、嗓音洪亮，歌声优美动听、如同天籁，在湘桂边界享有盛名。

2. 龙雕塑。城步苗族的图腾崇拜物是龙，并且城步为龙艺术世界，城步丹口下团的吊龙已名扬四海，被申报为国家级非物质文化遗产。全县民间有各种各样的龙，按取材编织来分，竹编的有吊龙、爬龙（蟠龙）、滚龙、举把龙、提龙、肩挑龙、青龙、红龙、黄龙、花龙、飞龙、角龙、单人龙、米筛龙、簸箕龙、背篓龙；木制的有长凳龙、矮凳龙、高凳龙；草制的有稻草龙、过江藤龙、树叶龙；火把制作的有火龙，此外还有以人群集为龙身的人龙。如此种种，异彩纷呈，种类繁多。可选择城步有特色有代表性的如吊龙、爬龙设计一组气势雄伟的巨龙雕塑。

（二）修建一个城步苗族农耕文化博物馆

收集五峒地区乃至全县的农耕（生产生活）既古老又有特色的实物。

1. 农耕用具；2. 秋收用具；3. 古老饮具；4. 捕鱼用具；5. 猎山用具；6. 打柴用具；7. 农家生活石制用具；8. 稻田灌溉抽水用具；9. 古时稻米加工用具；10. 原始榨油用具；等等，内容丰富，不胜枚举。

（三）修建一个苗族文艺表演场

组建一支常年性业余原生态苗族文艺表演队伍，随时为团客进行表演。

（四）修建一个苗族婚俗体验馆

让外来游客亲自体验苗家这种独特的婚俗，欣赏当一回苗家新郎、新娘的无穷乐趣，领略一番难忘的城步苗家风土人情。

（五）修建一个苗族体艺竞技场。

竞技场设有高脚马、押甲、打陀锣、挤油尖、踢毽子等多项比赛项目，均由游客自身参与。

（六）修建一个红军长征文物陈列馆。

把当年红军两次经过城步的史实以实物和图片展示出来。因史实内容较长，这里只作简述。

第一次红六军团，1934 年 9 月 8 日上午，由越城岭→广西资源车田→湖南界，兵分两路入城步县境。主力部队从湖南界→蓬峒公社东河、枞树包→沙基铺宿营。军团司令部设沙基铺刘子丰家，六军团长肖克住此。另一路从湖南界→大坪头→大河宿营。九日上午大部队会合于隘上，9 日中午发生横水界之战。9 月 11 日凌晨西征→丹口→绥宁、通道。红六军团西征途经城步历时五天，主力部队行程 280 华里，另一支部队行程 240 华里。

红一方面军，1934 年 12 月 4 日由广西资源县车田→湖南界→大湾河口→湖南城步枫树坳。同时分两路前进：第一、三、五军团由枫树坳→苦李湾→下牛水→蓬峒公社横路口宿营。第八、九军团及兴国师由枫树坳→竹林塘→贝子河口→龙胜县的上坳头，其中有一支约 60 人的侦察部队由贝子河口→城步高桥。

红一方面军在城步境内历时 8 天，征程 665 华里，踏遍了城步的五峒苗寨。

（七）在苗族文化园一侧建好民族饮食、工艺、用品特色一条街，可由安置的农户承建，要求突出鲜明的苗族风格，南大门的整个建筑物都要典雅别致，富有浓郁的民族格调。

总之，湖南南山国家公园兴建苗族文化园是自治县实施民族区域自治建设发展的必然要求，是自治县传承和弘扬苗族文化的重大要务，也是拉动城步乡村旅游振兴县域经济，实施精准扶贫、脱贫的重要之举，更是建设生态文明，促进人与自然和谐共生，打造我国南方少数民族地区生态与民族相得益彰特色公园的希望所在。

后 记

《情韵苗乡——城步苗族自治县历史文化研究成果选粹》的公开出版，标志着城步苗族文化研究以新的姿态显露于大江南北。集47位苗族文化研究者的心血和汗水，本书入选优秀论文和其他文稿97篇，内容涵盖了城步苗族地区的政治、经济、社会、军事、历史、教育、民俗、服饰、歌舞、建筑、苗医苗药、节庆、饮食等诸方面。

最为感人的是省内外领导和苗学专家，长期以来对城步苗族文化研究的关心与支持：曾担过中共湖南省委常委、统战部部长和湖南省政协党组副书记、副主席等职务的石玉珍，在百忙中为本书写下了热情洋溢的《序》；中国人类学民族学研究会苗学专业委员会、民族旅游专业委员会、民族节庆研究专业委员会、生态人类学专业委员会，以及湖南、贵州、云南、海南、广西等地的省级苗学学会（民族学会、侗学研究会），对本书中的有关研究成果，曾在其举办的年会或论坛上大力给予了推介；湖湘文化交流协会会长、原湖南省文史馆副馆长、巡视员阳盛海，中南大学博导杨成胜教授，邵阳市政协原副秘书长、经科委主任张正清，湖南涉外经济学院音乐学院副院长杨明刚副教授等，对本书提出了许多宝贵的修改意见。

新中国成立以后，有不少本土民族学者专家，对城步苗族文化进行了实地深层次的调研，且硕果累累。如20世纪80年代初，有邵阳市马少侨研究员的《城步杨家将轶闻》，还有马铁鹰、尹建德、银龙、刘志阶、魏人栋、丁中炎等，对城步苗族文化的探究均有专著或专文。2013年城步苗学学会建立以来，吴扬勋、曹正城、王安伯、肖祥海、吴进学、雷学业、杨凯焱、杨进步、杨宗兴、杨盛科、刘学用、肖三雄等都是其中的优秀研究代表。他们的许多佳作，如《“生态游”“民俗游”“开心游” 城步打造乡村旅游产业的探索之路》《让古村落、古民居成为“镇寨之宝”》《全国苗族地区经济社会发展之比较研究》《试论民族地区的绿色发展——以城步等全国五个单列苗族自治县为例》《关于城步长征红色文化资源的调查与研究》《南方杨家将 湘楚屋脊“飞山”之雄——湘西南城步苗区千年杨家将历史文化探究》《对湖南（南山）“六月六山歌节”的回顾与思考》《乡村振兴背景下民族地区乡村旅游发展路径探究》《千年杨府孕育千年文化》《关于湘桂黔边区苗族习俗的调查与思考——以城步苗族自治县为例》《湘西南苗乡神医水师初探——以城步苗族自治县为例》《关于明代颖国公杨洪祖籍的考证》《城步“杨氏官厅”的来由及其历史影响》等，分别被有关媒体隆重推出，同时在全国、省、市级征文大赛和论坛中获奖，产生了较大的社会影响力，对进一步讲好城步故事、传播好城步声音、树好城步形象，助推城步经济社会高质量发展起到了积极的作用。

本书经编委会多次讨论，对所有来稿几经精选才最终定型。由于县委、县政府对苗族文化研究的大力重视和中国文史出版社的鼎力支持，还有本书各位论文作者的辛勤付出，以及湖南省政协《文史博览》杂志社原社长兼总编辑杨天兵，对本书的编撰出版也提供了很多方便，才使得本书顺利付梓。在此，我们一并深表谢意。由于我们编辑业务水平有限，人手不够，时间仓促，书中不妥之处在所难免，敬请读者不吝批评指正。

编　者

2022 年 8 月